兩頭不到岸

楊國強 著

兩頭 不到岸

二十世紀初年
中國的社會、政治和文化

香港中文大學出版社

《兩頭不到岸：二十世紀初年中國的社會、政治和文化》

楊國強 著

繁體中文版 © 香港中文大學 2023

國際統一書號 (ISBN)：978-988-237-276-4

2023年第一版
2023年第二次印刷

出版：香港中文大學出版社
　　　香港　新界　沙田 · 香港中文大學
　　　傳真：+852 2603 7355
　　　電郵：cup@cuhk.edu.hk
　　　網址：cup.cuhk.edu.hk

*Trapped between Past and Present: Chinese Society, Politics, and Culture
in the Early Twentieth Century* (in Chinese)

By Yang Guoqiang

Traditional Chinese edition © The Chinese University of Hong Kong 2023
All Rights Reserved.

ISBN: 978-988-237-276-4

First edition　　　　2023
Second printing　　　2023

Published by The Chinese University of Hong Kong Press
　　　　The Chinese University of Hong Kong
　　　　Sha Tin, N.T., Hong Kong
　　　　Fax: +852 2603 7355
　　　　Email: cup@cuhk.edu.hk
　　　　Website: cup.cuhk.edu.hk

Printed in Hong Kong

目　錄

中國自數千年來，常立於一定不易之域，寸地不進，跬步不移，未嘗知過渡之為何狀也。雖然，為五大洋驚濤駭浪之所衝激，為十九世紀狂飈飛沙之所驅突，於是穹古以來，祖宗遺傳，深頑厚錮之根據地，遂漸漸摧落失陷，而全國民族，亦遂不得不經營慘澹，跋涉苦辛，相率而就於過渡之道。故今日中國之現狀，實如駕一扁舟，初離海岸線而放於中流，即俗語所謂兩頭不到岸之時也。

——梁啟超，〈過渡時代論〉(1901)

自 序

一　19世紀與20世紀之交：
從守舊的一邊倒到開新的一邊倒

庚子之變後，惲毓鼎撰述19世紀末期的時事和政潮，以「甲午之喪師，戊戌之變政，己亥之建儲，庚子之義和團，名雖四事，實一貫相生，必知此而後可論十年之朝局」[1]為總論。說的是因「甲午之喪師」而有「戊戌之變政」成為這個過程的起端，之後一事與一事的「一貫相生」，便演為順康以來兩百五十多年間從未有過的「晚清朝政之亂」。[2]當日身在東南的甘鵬雲所見略同，而言之更加具體和連貫：

> 戊戌八月以前，一維新之局也；戊戌八月以後，一守舊之局也。維新之極不恤，舉祖宗法度，一切紛更之。新進持權，忽棄老成，老成側目，於是新舊兩黨界畫鴻溝，如冰炭之不可復合矣。忌太后持重，頗礙新法進行，謀脅太后以兵事，未成而謀泄。太后垂簾訓政，六君子授首，康、梁遠遁，而維新之局終，守舊之局自此始矣。人則守舊之人也，思想則守舊之思想也，政策則守

1　惲毓鼎：《崇陵傳信錄》，載章伯鋒、顧亞主編：《近代稗海》第13輯，成都：四川人民出版社，1989年，第494–495頁。

2　張謇：《張謇全集》第5卷(上)，南京：江蘇古籍出版社，1994年，第450頁。

舊之政策也。守舊之極，遂至恃邪匪以衛中國，仗妖術以敵列強。

其間以主事者的「固執一己頑固之見」主導一時，而成當日朝局之「群昏當軸，不達時變」。[3] 就惲毓鼎所說的「一貫相生」而言，則這個過程由「維新」一面的進攻性開始，而一旦事勢翻轉，則變為「守舊」一面的戾悍。之後是中外開釁，外來的暴力恣肆橫行以入，打破了這種「頑固」和「群昏」。秋瑾直白地謂之「闖成大禍難收拾，外洋的八國聯軍進北京」。[4] 衝擊自外而來，起於戊戌八月的這一段「守舊之局」遂在庚子與辛丑之交分崩離析。於是19世紀終止於這種分崩離析，20世紀開始於這種分崩離析。

從戊戌到庚子一路動盪劇烈。張謇後來統括而言，指述這一段歷史「始於宮廷一二人離異之心，成於朝列大小臣向背之口，因異生誤，因誤生猜，因猜生嫌，因嫌生惡，因惡生仇，因仇生殺。惡而仇，故有戊戌之變；仇而殺，故有庚子之變。戊戌仇帝，仇小臣，卒仇清議；庚子殺大臣，殺外人，卒殺無辜之民」。[5] 而就這個過程起端於「守舊之局」推倒「維新之局」，並以「新舊兩黨」之勢如「冰炭」為既定之勢來說，則由戊戌的「惡而仇」走向庚子的「仇而殺」，實際造成的已是守舊壓平了開新，而以放手掃蕩之勢形成了一邊倒。當時刑部郎中左紹佐致書大學士徐桐說：「佐生五十有四年，目睹洋務之壞，幽憂憤鬱，以迄今日。幸得逢聖武天斷」，一掃埃氛，「豁然如沉疴之得蘇也」。並且主張「既廓清腥穢，則凡電桿、鐵路、商務、礦務，一切可以引致洋人之端，皆當禁而止之」，[6] 其言之斷然正映照了這種守舊的一邊倒之下，既不能容

3　中國社會科學院近代史研究所《近代史資料》編輯組：《義和團史料》下冊，北京：中國社會科學出版社，1982年，第846頁。

4　郭延禮、郭蓁編：《秋瑾集‧徐自華集》，北京：中華書局，2015年，第171頁。

5　張謇：《張謇全集》第5卷（上），第450頁。

6　中國社會科學院近代史研究所《近代史資料》編輯組：《義和團史料》上冊，第230頁。

忍變法維新，也不能容忍此前三十年以洋務為中心的借法自強。這個過程隨「聖武天斷」而走向極端，但當外來的暴力逼入中國，並與之直面相逢，又在極短的時間裏直接打斷和碾平了這種極端。之後是作為暴力的延伸，庚子與辛丑之交的八國聯軍挾戰勝之餘威指索「禍首」與懲辦「禍首」，則此前居有權勢而主導了這個過程的人物都已圈入了被指索、被懲辦的範圍之內，隨其各自跌撲而霎時消失於權力所在的朝局之中。以歷史內容而論，辛丑之於庚子，正成了一種全盤倒轉。與之相伴而來的，已是另一種動盪劇烈。

　　敍述這一段歷史的《庚子記事》按聞見作實錄，敍述京城的時事，其中「辛丑正月」的一則説：

> 初八日，今日菜市口斬理藩院尚書啟秀、刑部左侍郎徐承煜。護送囚車，彈壓法場，皆是各國洋兵，約數百人。去年殺立山諸公時乃數千義和團護決，今則數百洋兵護決，世界變遷令人浩嘆。[7]

葉昌熾的《緣督廬日記》在同一天記錄了菜市口的同一個場面，然後引申而論，言之慨然：

> 戊戌所殺者，除楊侍御 [楊深秀] 外，皆南人也，今皆北人。戊戌皆漢人，今除天水尚書 [趙舒翹] 外，皆旗人也。戊戌皆少年新進，今則皆老成舊輔，反手覆手，頃刻間耳。[8]

前者以辛丑年間的法場比庚子年間的法場，尤著意於由義和團「護決」到洋兵「護決」的「世界變遷」之大翻地覆，並從這種「變遷」中明白地看到了外力在中國的極度伸張而居高臨下，及其極度伸張和居高臨下的無可阻遏。後者以辛丑年間的殺人比戊戌年間的殺人，並由「南人」與「北人」、「漢人」與「旗人」、「少年新進」與「老成舊輔」的對舉和對照，以

7　中國社會科學院近代史研究所《近代史資料》編輯室：《庚子記事》，北京：中華書局，1978年，第71頁。

8　中國史學會：《義和團》第2冊，上海：神州國光社，1951年，第477頁。

抉示南北、漢旗和少年老成之各成對待，背後則都是四年之間開新與衛
舊的爭鬥激烈和戾氣彌漫，而其間起落無定，殺人者最後又成了被殺
者。前者的記述和後者的記述各從一個方面省視這段歷史，又彼此對應
地說明：當初著力壓平了開新一方的「守舊之局」，此日在外來暴力的
橫掃之下一經掊擊，便已聲光俱熄，蕩然無存。梁啟超描摹其時的人心
與世相，說是「辛丑、壬寅之後，無一人敢自命守舊」。[9] 與之因果相及
的，則是曾被壓平的開新一方勃勃然重起於辛丑、壬寅之後，化其新學
新知為時論、策論、呈文、奏議，之後又影響廟堂，進入了詔書之中。
由此形成的獨步一時和無可匹敵，便實際地造就了開新的一邊倒。

就其立意而言，守舊旨在維繫中國之固有，以期存本根；開新旨在
以西法變中國之固有，以期應世變。兩者各有自己的理由。但就實際
的歷史過程而言，則由戊戌到庚子守舊的一邊倒，在辛丑、壬寅之後驅
變而為開新的一邊倒，又是在外力鍥入新舊之爭的衝擊下實現的。因
此，自一方面而論，新與舊之間的這種此長彼消並不是中國社會自然發
生、自然演化的結果；自另一方面而論，與外力衝擊相伴而來的獨步一
時和無可匹敵，同時又在使開新的一邊倒一經生成，其引為大法的西學
西政猶在知其然而不知其所以然之中，便已居有強勢。當此甫受重創而
「國勢日蹙」，致「政府夢督於上，列強束脅於外，國民怨讟於下」[10] 之
日，遂能以其弘彰西法震盪四方，牽引朝野，攝動人心。隨之是時人所
見的「今之見曉識時之士，謀所以救中夏之道，莫不同聲而出於一途，
曰歐化也」。[11]

以「歐化」說西學、西政、西法、西藝之於「中夏」，則對應的顯然
已是一種西學、西政、西法、西藝的當頭籠罩了。而「莫不同聲」和「出

9　梁啟超：《飲冰室合集》第3冊，北京：中華書局，1989年，《文集》之
　　二十五（上），第145頁。

10　張枬、王忍之：《辛亥革命前十年間時論選集》第2卷，下冊，北京：生
　　活‧讀書‧新知三聯書店，1963年，第1055頁；故宮博物院明清檔案部匯
　　編：《清末籌備立憲檔案史料》上冊，北京：中華書局，1979年，第149頁。

11　張枬、王忍之：《辛亥革命前十年間時論選集》第2卷，上冊，第52頁。

於一途」，又說明了時人之識時務者相信「歐化」為理所當然者的廣泛和眾多。與這種由開新到「歐化」的思想走向同在一個過程之中的，是「辛丑、壬寅之後」，在新政名目之下延接戊戌年間維新變法被截斷了的理路，直接促成停科舉、興學堂、練新軍，其除舊布新之際，一以「東西洋」所已經有為應當有，以「東西洋」所未嘗有為不可有。之後又越過了當初戊戌變法所籌想的範圍，行之更遠地變官制、立諮議局、設資政院、力行城鄉地方自治，以自上而下的「改弦更張」節節鋪展，統名之為「籌備立憲」和「咸與維新」。[12] 由此促成的既是一種劇變，又是一種急變。就程度而論，兩者俱為19世紀中葉以來的中西交衝所未曾有。而後是自60年代以來的三十年以洋務為中心的借法自強過去之後，劇變和急變交作之下，清末最後十年開始了近代中國社會變遷的另一個歷史階段。

　　三十年借法自強以製器、練兵、鐵路、開礦、航運、電報等等為重心，移來的西人之「長技」大半都在形而下一面。雖説其間已經有清流與洋務的紛爭和頡頏，但與形而上者謂之道相比，這種由形而下的器所帶來的今時不同往昔，仍然脱不出中國的倫常名教和文物制度而能別開一局和另成一路，於是而有三十年之間中體西用提調借法自強的可能和事實。迨「甲午之喪師」，而後戊戌「維新之局」起於時移勢遷之際。「維新」而以「變法」立宗旨，本在於對此前三十年的借法（自強）之改變中國的程度有限，以表達對於這種有限程度的否定和超邁。而辛丑、壬寅之後的清末新政既以延接戊戌變法的理路為起點，則其「採列邦之良規」以「維新更始」[13]的大幅度改制和易法，便一定會從形而下延伸到形而上。與上一代人的製器、練兵、鐵路、開礦、航運、電報等等移彼邦之器為中國之器，而西用猶在中體提調之下相比，科舉、學堂、官制、諮議局、資政院、地方自治和立憲政治之舉「中國之法度」以「比照各國

12　故宮博物院明清檔案部匯編：《清末籌備立憲檔案史料》上冊，第169頁。
13　故宮博物院明清檔案部匯編：《清末籌備立憲檔案史料》上冊，第67、96頁。

之法度」，而「欲盡去舊法」[14] 的急迫興革，則都會以變制不同於變器的衝擊之彌廣和衝擊之彌深，使久在一脈相延之中的中國社會被置於西法的分解組合之下失掉了本原。因此，當日直觀這個過程而眼界不為新政所囿的人已明白地看到：被稱作「舊法」的東西既生成於牽匯萬端之中，又存在於牽匯萬端之中，是以一旦摧折，同樣會牽匯萬端而引來四面傾塌。其時的一則論說於此尤其言之明瞭：

> 竊維一代之興，其官法制度皆非一時所能定也。自其初累世經營，皆身歷而手訂之，以積久而馴至於大備。雖後間有變革，而要不過進退損益於其間，故自秦、漢以訖於今，上下二千餘年，設官分職，相循不易，故語所謂其或繼周，百世可知也。

「累世經營」和「進退損益」，都說明既存的制度和法度之所以能夠長久地延續和穩定地維繫社會，是制度和法度自身皆曾歷經漫長的過程，在既以社會為對象，又以社會為內容的不斷校正和深度應和中形成的。因此制度與法度雖外觀地出自「累朝聖君賢相經畫之宏」，而其本原和根脈則繫於中國人的社會、歷史和文化之中。相比於這種本原和根脈，權力和意願都不足以匹比和匹敵：

> 及至世變多故，禍難繁興，亦時有自奮私智以投時宜者，然其為政終不可行，即行之亦終不可久，苟強為之，亦未有不大敗者。如唐之兵制，自張說而改，宋之新法，自王安石而行。其人皆學問深博，通曉古今，又值積弊之後，與可為之時，故專行不顧，欲改成法，以邀一切之功，而軍弱民弊，卒以釀異日藩鎮擅兵，宗社傾覆之禍。此其尤大彰明較著者也。

張說和王安石都曾為糾弊而「改成法」，又都未見及成法內裏的牽匯萬端，而致舊弊未除，變法召來的新弊已不可收拾。這是中國人熟知的歷史舊事，然而以唐宋比此日，則「唐與宋之所改，不過數端而已，其為

---

14 故宮博物院明清檔案部匯編：《清末籌備立憲檔案史料》上冊，第140頁。

禍之烈已如是,若如今立憲之議,則是舉歷世相承之官法制度,盡取而紛更之,其造端之大,固十百於唐宋也」。[15] 其著力表達的都是此日推想後來的一派憂患。

時當「論者皆謂憲政一行,可以強國」[16] 之日,這些論說關注的並不是未經實證而猶在嚮往之中的「強國」之願景,而是正在「維新更始」名義下施行「如今立憲之議」的實際過程,以及這個過程所造成的現實中國與歷史中國的斷裂。就「歷世相承之官法制度」由「累世經營」而「大備」,由「進退損益」而經久,遂成其「相循不易」和「百世可知」而言,則「經營」與「損益」的過程之自然而然和不得不然都說明:歷史中的「制」與「法」前後之間常能一脈相通,既在於其同以中國人的社會、歷史和文化為最直接的依傍,也在於其同以中國人的社會、歷史和文化為最穩定的內核。由此構成的確定性與具體性,便成為制度與法度「相承」和「相循」的實際內容,而牽匯萬端的本義即在於此。因此制度和法度不是懸空的東西,其中含結於深處的穩定內核和根本依傍尤其無從自為願想地切割分解。然則以千年歷史的「相循不易」對比十年新政的「盡取而紛更之」,顯然是時至晚清末期,「歷世相承之官法制度」被牽入「立憲之議」而置於「各國之法度」比照之下的過程,同時又是一個「官法制度」之中由「累世經營」與「進退損益」沉積而成的內核、依傍、確定性、具體性,從而社會、歷史、文化與「官法制度」的聯結,都被東西洋學理消解掉和過濾掉了的過程。而後是曾經延接千年的制度和法度,在當軸的眼中全成了抽象的東西和沒有確定內容的東西。

當時人記述說:「此次編定官制」,實際「主其事者不過一二人,而主筆起草亦只憑新進日本留學生十數人」。其間的汪榮寶「清末以留學生為顯官,共曹汝霖等見稱四大金剛」,曾「一年間擢民部參議」,並「兼

---

15 故宮博物院明清檔案部匯編:《清末籌備立憲檔案史料》上冊,第113、151–152頁。

16 故宮博物院明清檔案部匯編:《清末籌備立憲檔案史料》上冊,第227頁。

憲政館、法律館、資政院事。一時所謂新政條教，出榮寶手者十九」[17]
為尤其顯目。而比借助於「留學生」取法東西洋更加直接了當的，還有
籌備立憲之日，「新定法律草案出自日本律師岡田之手」[18] 的記述。「新
政條教」之「出榮寶手者十九」和「法律草案」之出「日本律師岡田之手」，
都説明其時新制度和新法度徑情直遂地取代已被抽象化與空洞化了的舊
制度和舊法度之輕易簡捷。這個過程急速地改變了中國社會被稱為上層
建築的那個部分，然而與之相對而見的，則是作為中國主體的民間社
會，以及生存和延續於其間的萬千蒼生仍在「四千年舊習」[19] 之中，並
沒有隨東西洋學理而變。兩頭之間形成的不僅是分明的差異，而且是直
接的相抵相格。後來的時論評議這種矛盾，説是歐人「所謂文明者，歐
人之文明而非他族之文明；其所謂政治者，歐人之政治而非他族之政
治」。[20] 明言中國與東西洋學理和制度的不相對等，以及中國對於東西
洋學理和制度的難以匆匆吞嚥而消受自如。但辛丑之後自上而下的「採
列邦之良規」挾開新的一邊倒而來，由於無人「敢自命守舊」，這個過程
便因沒有了與之力能相抗的對手，遂無須深究中西之間的學理、事理和
人情物理，隨後是沒有理的制約，其時的開新、維新、變法、變制、籌
備立憲都已很容易地成為一種既不識章法，又不知忌憚的馭勢而行了。
主其事者的專注所及，並不在歐人的文明和政治與中國的不相對等，而
全在歐人的文明和政治與富強對等，並因其與富強對等，而亟迫地移入
了種種與中國不相對等和無從消受的學理和制度。作為一種歷史結果，
清末的最後十年遂因之而成了晚清七十年裏以西法變中國聲勢最亟迫和
震動最劇烈的時代。

17　故宮博物院明清檔案部匯編：《清末籌備立憲檔案史料》上冊，第443頁；
　　徐凌霄、徐一士：《凌霄一士隨筆》第3冊，太原：山西古籍出版社，1997
　　年，第1068頁。

18　胡思敬：《國聞備乘》，載榮孟源、章伯鋒主編：《近代稗海》第1輯，1985
　　年，第292頁。

19　故宮博物院明清檔案部匯編：《清末籌備立憲檔案史料》上冊，第223頁。

20　經世文社：《民國經世文編》第1冊，北京：北京圖書館出版社，2006年，
　　第617頁。

二 「盡去舊法」與一個沒有本體與本位的中國

西法與中國的不相對等，是因為和二千年中國的文物制度相比，西法之於中國是一種沒有歷史的東西。所以，用西法變中國而能行之亟迫劇烈，與之相為表裏的一定會是歷史意識在這個過程中的節節式微和泯滅。于式枚説：

> 當光緒初年，故侍郎郭嵩燾嘗言西法，人所駭怪，知為中國所固有，則無可驚疑。今則不然，告以堯、舜、禹、湯、文、武、周、孔之道，漢、唐、宋、明賢君哲相之治，則皆以為不足法，或竟不知有其人。近日南中刊布立憲頌詞，至有四千年史掃空之語，惟告以英、德、法、美之制度，拿破崙、華盛頓所創造，盧梭、邊沁、孟德斯鳩之論説，而日本之所模仿，伊藤、青木諸人訪求而後得者也，則心悦誠服，以為當行。前後二十餘年，風氣之殊如此。[21]

從光緒初年的以西法比附「中國所固有」，到此日的「不知」歷史和「掃空」歷史，具見「前後二十餘年」的「風氣之殊如此」，正反映了以洋務為中心的三十年借法自強之日，一世之人心中仍然積存的歷史意識，在繼之而起的後一個時代裏已被漠漠然置於度外，日去日遠。就辛丑之後的中國而言，這是一種引人注目又牽動極深的社會思想丕變。而由此一路迤延，至民國初年黃炎培以「實用主義」為教育立宗旨，主張歷史一科的教與學，「除近世大事擇要授之外，全不取系統的」，只須「授以職業界之名人故事等」[22] 為理所當然，顯然是其意中已全無數千年中國的歷史。作為對比，是同時的章太炎深惡自居於開新的人物一面「狂吠亂罵」中國「過去的事都沒有用」，一面又在讀「西洋史，記得希臘羅馬的事，記得一二百年前英、俄、德、法、奧、美的事」，視之為顛倒本末和逆

---

21 故宮博物院明清檔案部匯編：《清末籌備立憲檔案史料》上冊，第306頁。

22 經世文社：《民國經世文編》第7冊，第4171頁。

乎常理。並通觀當時，尤以「今人之病即在不讀史」為一世大患。[23] 兩者立論不同，又以其立論不同的自為陳說格外真實地寫照了20世紀初年，歷史中國在人心中遠去的速度和程度。對於二千多年間歷史意識與政治意識常在一體相連之中的中國人來說，這種因「無一人敢自命守舊」而致布新走向極端、除舊走向極端的古今之爭已爭無可爭，帶來的其實是一個沒有歷史的中國。

于式枚以「駭怪」為詞寫照光緒初年中國人眼中的西法，說明了沒有歷史的西法進入自有漫長歷史的中國曾經窒礙重重。因此，產出於後洋務時代的這種沒有了歷史的中國，其接納沒有歷史的西法已經了無窒礙而正相對等。有此對等，隨後才可能有維新、除舊、變法、變制以所向披靡之勢急劇地改變中國。然而就中國之為中國而言，其本體和本位都是在歷史遷延中形成，由文化累積所化育的。所以，一個沒有歷史的中國，同時又成了一個沒有本體和本位的中國。與之對應，便是此前三十年借法自強恃為通則的中體西用，在辛丑之後的歷史變遷裏已面對潮流所歸的「一變舊制」而無從頡頏，日甚一日地淹沒於「尊西人若帝天，視西籍如神聖」[24] 的另一種世情世相之中了。

當此沒有了本體和本位之日力行變法，則以西法改變中國便很容易成為「舉一事革一弊」，皆遠望外洋而「靡不惟東西之學說是依」[25] 的澎湃騰達和漫無邊際。與之相隨而來的，是「靡不惟東西之學說是依」一定會引入各種各樣的西法，而西法之各種各樣，又一定會演化為西法之各是其是。於是一種因果促成另一種因果，作為當日真實的歷史過程，在開新的一邊倒已使新舊之爭爭無可爭之後，又見各奉一種西法和各成一種流派的新與新之爭接踵而起，以其各自獨尊發為各自恢張。比之新舊

23　章太炎著，章念馳編：《章太炎演講集》，上海：上海人民出版社，2011年，第75、433頁。

24　轉引自丁守和編：《辛亥革命時期期刊介紹》第1集，北京：人民出版社，1983年，第315頁；第3集，第59頁。

25　轉引自丁守和編：《辛亥革命時期期刊介紹》第5集，第432頁。

之爭，其互鬥互克的聲勢又常常更加宏大。而後是同在立憲主張之下，朝野之間相爭相鬥；同在開新一脈之中，革命與立憲相爭相鬥；同以西學為源頭和歸旨，無政府主義與民族主義相爭相鬥。此外還有國家主義、世界主義、軍國主義、集權主義、分權主義，以及由此派生而出的文明、公理、尚武、排滿、非聖、萬國新語和「無君無父無法無天」等等各立旨義，各自倡說，演化出彼此之間既不相勾連又無從勾連的種種新道理。然而以西法改變中國的過程倉促而起，既和此西法與彼西法的各式各樣一路相伴，又和此西法與彼西法的扦格爭鬥一路相伴，對於被改變的中國來說，這個過程便不能不是一種無序衝擊下的震盪。光緒末年朝廷展布籌備立憲，張之洞電告「軍機處釐定官制大臣」，陳述變法所到之處的地方一片亂象：

> 方今天災迭乘，民窮財匱，亂匪四起，士氣浮囂，外省之學堂無不思干預公事，攘取利權，海外之學生尤為狂妄，動輒上書政府，干預朝政，凌辱監督橫索錢財，電致本省督撫，抵斥地方官，及加查核，十無一真，其悖謬情形罄牘難書。而待舉之新政甚多，州縣外受督責，內憂賠累，疲於奔命，無米為炊。督撫支左絀右，救過不遑，但能撫綏鎮遏，平靜無事，已自不易。若改變太驟，全翻成局，需費太多，課虛責有，不惟官吏耳目眩惑，無從措手，權力改變，呼應不靈，竊恐民心惶惑，以為今日即是官民平權，刁民、地棍藉端鼓眾，抗糧不完，釐稅不納，緝盜匪則抗匪不服，籌賠款則抗欠不交，傳訊不到，斷案不遵，一切紀綱法度立致散亂逾越。國紀一失而難收，民氣一縱而難靖，恐眉睫之禍有不忍言者矣。

在清末最後十年，他曾是達官中的「於各種新政提倡甚力」[26] 者，而「提倡」一旦移入實際的社會過程，則眼中所見的，是朝廷預備立憲所恃之

26　張之洞著，苑書義等主編：《張之洞全集》第 11 冊，石家莊：河北人民出版社，1998 年，第 9562 頁。

新法與「外省之學堂」和「海外之學生」手裏的新法不同；「州縣」與「督撫」
奉旨而行的新法又會與「刁民地棍」引之以抗上抗糧的新法不同。新政
召來的變化未見富強而先見學界亂、官場亂和民間亂，與其當初之「提
倡甚力」相比，顯然都在意料之外。

　　若由此連類而及當時人記述中所說的「清末號為預備立憲，而政治
污濁，一切設施舉措，多以促亡。蓋親貴之攘利權，巧宦之獵臕仕，均
藉憲政為大好題目也。各督撫以風會所趨，亦爭言憲政以投時尚，政
客、遊士麕集幕府，藻采紛披之電牘連翩競起，皆所謂持之有故、言之
成理者，而不顧政局如斯，病在根本」，[27] 以寫照當時更加多見的「憲政」
被用為「題目」的各利其利，則其間所持的新法之歧義紛雜又越益不可
名狀和越益等而下之。就本原而言，被稱作「親貴」、「督撫」、「州縣」、
「政客」、「遊士」、「學生」、「刁民地棍」的社會群類都產生於中國社會，
存在於中國社會，並因之而原本都同在一種社會架構的縮連之中，又同
在一種社會秩序的制束之下。有此縮連和制束，則個體、群體、整體的
區分和合一，都因其身在範圍人人的公共性之中，而能夠確定地形成相
互維繫的穩定關係。而後確定和穩定扶持了社會的安定，從而有眾生的
安寧和安貼。然而這兩段文字以各色人等在新法名義下的各逞手段，互
相分爭所促成的個體脫出了群體，群體脫出了整體的無從縮連和無可制
束為事實，說明了西法之急劇改變中國，最先發生，並牽及人人的，是
舊日各分等序而聚合人際，被張之洞稱之為「國紀」的社會秩序和精神
秩序，在「一變舊制」和「盡去舊法」的群起擾動之下紛然解體。由此造
成的四分五裂，與各逞手段，互相分爭相為表裏的，又是人在其中的
「後顧無依，前趨無宿」，[28] 四望紛然，又四望茫然。

　　與三十年以洋務為中心的歷史過程相比，辛丑之後的中國人一面因
「上年京畿之變，大局幾危。其為我中國之憂患者可謂巨矣」[29] 的外力逼

27　徐凌霄、徐一士：《凌霄一士隨筆》第 2 冊，第 515 頁。

28　經世文社：《民國經世文編》第 1 冊，第 457 頁。

29　朱壽朋編：《光緒朝東華錄》第 4 冊，北京：中華書局，1958 年，第 (總)
　　4727 頁。

扼，而常在變法圖存之「急起直追，已患不遑」[30] 的岌迫之中。一面又因
外力以強暴致勝而剷除守舊化為思想震盪，已一變其「昔所視為夷狄
者」，而為「今則帝天之矣」。因此，與「辛丑、壬寅之後，無一人敢自
命守舊」相映而見的，是「庚子以還，國人由懼外而諂外」成為一種與歐
化相伴而來的社會現象而格外引人注目。[31] 其間被世人目為「新學之士」
的群類，尤「以歐美一日之強也，則溺惑之，以中國今茲之弱也，則鄙
夷之，溺惑之甚，則於歐美弊俗秕政，歐人之所棄餘者，摹仿之惟恐其
不肖也；鄙夷之極，則雖中國至德要道，數千年所尊信者，蹂躪之惟恐
少有存也」。[32] 時至20世紀初年，正是前一種意識與後一種意識交相疊
合，而致變法的亟迫與這種「溺惑」和「鄙夷」難分難解地主導了名為「新
政」的過程。之後是起於變法圖存的這個過程隨西法一路疾走，而又並
無定軌可循，與其「摹仿」和「蹂躪」的一派盲目相為因果的，便只能是
現實中國與歷史中國的斷裂，出自上層的變制度和變法度與民間社會的
脫節，以及個體和群體在無從綰連和無可制束中的四分五裂。所以，外
觀地看，這個過程在追躡西洋和東洋的朝野共鳴中單面亢進，以前所未
有的廣泛程度為中國造就了一種速成的近代化。然而與之共生的斷裂、
脫節和四分五裂所帶來的社會深處的強烈震盪，以及同樣與之共生的因
惶急而亟迫，由懼外而諂外的一時俱來和互相交纏，又在使當日中國的
中外之爭和新舊之爭錯綜糾結，而致後一面常常淹沒了前一面，遂成其
兩面之間的內涵漫漶模糊，外延也漫漶模糊。

　　以19世紀中葉以來外力俯視之下的逼扼困苦反襯此日的懼外而諂
外，則比之社會深處正在發生的震盪，本來由中外衝突而生的創巨痛
深，以及由此形成的中外之爭和中外之界，在取西法以改變中國的單面
亢進中淹沒於其時的「尊西人若帝天，視西籍如神聖」，已不能不算是
中西交衝六十多年來人心深處的倒錯和異變。與速成的近代化之直觀可

30　故宮博物院明清檔案部匯編：《清末籌備立憲檔案史料》上冊，第258頁。
31　經世文社：《民國經世文編》第8冊，第5192頁。
32　經世文社：《民國經世文編》第8冊，第5073頁。

見構成了對照的，是社會深處的震盪與人心之中的異變都發生在內裏，對於那個時候的中國人來說，其直接的結果，都成了這一段歷史變遷中更多的摧折和更多的迷離。而一代人所經歷的這種世局動盪，則又明白地映照出速成近代化的反面。作為那個時候的事實，內裏和外觀的這種相互矛盾，同時又一定會成為互相制約，而致速成的近代化移西法於中國，不能不與重挫和跌蹶常相伴隨，而常在一路傾力奔走，卻欲速而不能達之中。然而同樣作為那個時候的事實，是西法的各成流派和各是其是，又自能以一種西法與另一種西法的此落彼起，促成了這個過程的一挫再挫而又前後相逐，不止不息。時人從清末看到民初，熟視既久，舉其間的人物和情狀，概而言之曰：「悚夫歐美革新之隆，謬欲規摹仿效，謂彼一法一制一俗一慣一條一文，若移而殖之我，將旦暮可以強吾國。及為之而不效，則流血拚命以蘄之，革無效再革之，再革無效更革之。」[33] 而後是現實中國與歷史中國的斷裂更深，出自上層的變制度和變法度與民間社會的脫節更甚，個體和群體的四分五裂更劇烈，人心中的倒錯和異變更明顯，從而當日的社會與速成近代化之間的矛盾和悖反也更加積困積重。

三　扶搖飄盪的過渡時代

這是一個社會、政治、文化都在層層分解中走向支離破碎的時代；是一個舊學衰落，新學紛爭的時代；是一個無從以體用、本末貫串連結的時代和社會沒有了中堅的時代。因此，這個時代既不同於兩千多年來的傳統中國，也不同於此前三十年以洋務為中心而著力借法自強的中國。1902年，梁啟超作〈過渡時代論〉，在庚子與辛丑之後的大幅度變法剛剛開始之際，言之明瞭地稱「今日之中國，過渡時代之中國也」。其意中的「過渡時代」，既是「希望之湧泉也」，又是常在「危險」之中而沒有歸路的過程，而下筆申說，於後一面尤其言之諄諄：

33　轉引自丁守和編：《辛亥革命時期期刊介紹》第5集，第432頁。

抑過渡時代，又恐怖時代也。青黃不接，則或受之飢；郤曲難行，則惟茲狼狽；風利不得泊，得毋滅頂滅鼻之懼；馬逸不能止，實維躓山躓坷之憂。摩西之彷徨於廣漠，閣龍之漂泛於泰洋，賭萬死以博一生，斷後路以臨前敵，天下險象，寧復過之？且國民全體之過渡，以視個人身世之過渡，其利害之關係，有更重且劇者。所向之鵠若誤，或投網以自戕；所導之路若差，或迷途而靡屆。故過渡時代，又國民可生可死，可剝可復，可奴可主，可瘠可肥之界線，而所爭間不容髮者也。

因此，以「過渡時代」說「庚子國變」之後中國的大變，重心俱在「過渡時代」的「兩頭不到岸」。[34] 他在20世紀開端之日預言後來，所以，章士釗稱他為「知更之鳥」。而十年以後黃遠生論世相，以民初比清末說：

晚清時代，國之現象，亦憊甚矣，然人心勃勃，猶有莫大之希望。立憲黨曰：吾國立憲，則盛強可立致；革命黨曰：吾國革命而易共和，則法、美不足言。今以革命既成，立憲政體，亦既確定，而種種敗象，莫不與往日所祈向者相左，於是全國之人，喪心失圖，皇皇然不知所歸，猶以短筏孤舟駕於絕潢斷流之中，糧糈俱絕，風雨四至，惟日待大命之至。[35]

同樣的意思，李大釗謂之「百制搶攘」而「國運」衰痿，「未意其扶搖飄盪，如敝舟深泛溟洋，上有風雨之摧淋，下有狂濤之盪激，尺移寸度，原望其有彼岸之可達」，而舉目四顧，「固猶在惶恐灘中也」。[36] 他們都身歷了這個過程裏的以變應變和一變再變，而眼中之所見，顯然是從清末到民初，中國人仍未走出過渡時代而依舊在兩頭不到岸之中。但梁啟超預想的「希望之湧泉」，則都已汨沒於「往日所祈向者」——破滅之後的「喪心失圖」裏了。

34　梁啟超：《飲冰室合集》第1冊，《文集》之六，第28–29頁。
35　黃遠庸：《遠生遺著》上冊，卷一，北京：商務印書館，1984年，第88–89頁。
36　李大釗：《李大釗全集》第1卷，北京：人民出版社，2006年，第1頁。

　　民初猶未走出清末開始的「過渡時代」，説明了兩者雖因國體不同而各成一段，而就社會變遷的歷史內容而言，則都同出於一個源頭而同屬一個過程。清末的變法與發生在社會深處的斷裂、脱節、四分五裂和發生在人心深處的倒錯、異變相為因果，並在君權倒塌之後都留給了民國。但清末能使「人心勃勃」的立憲和革命，在民初俱成了不可收拾的「種種敗象」，而致人在其中「不知所歸」，之後是曾經深信變法的人不再相信變法。戊戌年間懷抱急切之心作〈擬上皇帝書〉，力倡變法的嚴復，這個時候追本溯源，從頭説起，在一封信裏深論因果始末，痛訴本是同道的康有為、梁啟超：

> 嗟嗟！吾國自甲午、戊戌以來，變故為不少矣。而海內所奉為導師，以為趨向標準者，首屈康、梁師弟。顧眾人視之，則以為福首，而自僕視之，則以為禍魁。何則？政治變革之事，蓄變至多，往往見其是矣，而其效或非；群謂善矣，而收果轉惡，是故深識遠覽之士，愀然恒以為難，不敢輕心掉之，而無予智之習，而彼康、梁則何如，於道徒見其一偏，而由言甚易。

遂成其「狂謬妄發，自許太過，禍人家國而不自知非」。尤其指梁啟超純持「理想」鼓盪天下，「欲以無過律一切之政法，而一往不回，常行於最險直線者也。故其立言多可悔，迨悔而天下之災已不可救矣」。[37] 這些話不能不算是言之鋭利。然而以被議的康有為民初作「國會嘆」，自劾「追思戊戌時，鄙人創議立憲，實鄙人不察國情之巨謬也」，[38] 被議的梁啟超民初已變其「一往無回」而常在「懺悔」[39] 之中為對照，則其自己否定自己，又更具典型性和更富深刻性地表現了其時的曾經深信者變為不再相信。後來梅光迪説：「我國嚴復氏，不明歐人學術源流，輒以其一時流

37　嚴復著，王栻編：《嚴復集》第3冊，北京：中華書局，1986年，第631–633頁。

38　康有為著，湯志鈞編：《康有為政論集》下冊，北京：中華書局，1981年，第882頁。

39　丁文江等：《梁啟超年譜長編》，上海：上海人民出版社，1983年，第874頁。

行者，介紹國人。如所譯之《社會通詮》中，分社會進化階級，為圖騰、宗法、軍國，其影響吾國當時思想者至大。吾國人之自甘居於文化落後民族者，實此書作之俑也。」[40] 於是痛詬康梁的嚴復也成被痛詬者。

比之辛丑之後的變法維新挾一邊倒之勢徑情直遂地前後相逐，這種先倡變法的人物此日之被人否定和自我否定，正明顯地說明，時至民初，曾在清末十年主導朝野而歆動人心的急變劇變，已被這一代人中的由希望而失望者置於事後省視之中，成了追而論之的究詰對象。康有為所說的「不察國情」，後知後覺地看到了與歷史中國斷裂的變法，因其脫空而起，文不對題，給現實中國帶來的其實是更多的攪動和淆亂。梅光迪指「自甘居於文化落後民族者」為大弊，尤其注目的是「歐化」淹沒了中體西用之後，一個沒有了本體和本位的中國，在浸灌而來的西潮面前只能跟著走的失其自我。嚴復深憾當日力倡移西法變中國的「康、梁師弟」之「於道徒見其一偏，而由言甚易」，則意在說明，十多年來以西學西法為一世開風氣的人物實際上並不真懂西學西法，從而並不真懂中國與西洋之間的異同。因此其「立言多可悔」，而風氣一旦演為萬竅怒號於天下，則已悔無可悔。與「辛丑、壬寅之後，無一人敢自命守舊」相比較，這些由辛丑、壬寅以來大變舊法，而所得「莫不與往昔所祈者相左」引發的深度質疑，正明顯地是在回歸於重新認識中國的本來和中國之固有。然則同屬過渡時代，其此一時和彼一時之間的觀念也在前後殊異的變遷之中。從曾經的「人心勃勃」到這個時候的質疑和回歸，是當初以「泰西變法三百年而強，日本變法三十年而強，我中國之地大民眾，若能大變法，三年而立」為預想的言之斷然，以及「能變則存，不變則亡，全變則強，小變仍亡」的危言警世，[41] 由其簡捷明瞭的單面立論，衍化為清末最後十年一往無回的單面亢進之後，本與這個過程相為因果，從而

40　梅光迪著，羅崗、陳春艷編：《梅光迪文錄》，瀋陽：遼寧教育出版社，2001年，第63頁。

41　康有為：《康有為政論集》上冊，第311–312頁；梁啟超：《飲冰室合集》第6冊，《專集》之一，第11頁。

被單面立論和單面亢進所遮蔽和迴避掉了的種種矛盾、逆反、衝擊、傾覆、動盪、瓦解、無序，以及隨這種掀簸而來的世路動亂，都在這個時候撤去了遮蔽，成為人人可見的事實而又直接殃及人人。因此，十多年來斷裂、脫節、摧折、四分五裂與人心的失措和異變步步累積而又不止不息，時至此日，時論已概括謂之曰「內變之烈，尤甚於外患」。[42]

就近代中國社會變遷的歷史過程而言，戊戌之前歷時三十年的借法自強起端於「萬不得已之苦心」和「內外臣工各有臥薪嘗膽之志」，[43] 那一代人以「萬不得已」和「臥薪嘗膽」自述懷抱，既說明時至19世紀中葉，為回應西人的衝擊，中國已不得不變；又說明借法自強自始即立腳於體用本末之分，不得不向歐西借法的中國仍然是守定自我本位而不同於歐西的中國。以此為比照，則因甲午喪師而有戊戌年間的「大變」、「全變」；因庚子國難而有辛丑之後的「比照各國之法度」而「盡去舊法」，並由「大變」、「全變」和「盡去舊法」，引申而有「歐化」之說，雖然都是沿此前三十年中國的不得不變而來，但其重心已隨時勢逼拶化為人心危岌，由人心危岌化為四望迷離，全然不同地移到了中國的東洋化和西洋化一面。因此，後洋務時代的中國之不得不變，其理路遂以「舊之亡也勃焉，新之興也勃焉。支那欲立新國乎，則必自亡舊始」[44] 為當然。這個過程使得合「各國之法度」為總稱的「新」，因其大而化之而越來越抽象，又使中國之為中國的「舊」，因其近在眼前而越來越具體，之後是危岌和迷離之下的除舊布新便只見舊的一面節節坍塌，而未見新的一面實隨名至。兩頭之間的矛盾無可化解，正說明一個「舊之亡也勃焉」的中國，因其沒有了立足的本體和本位，實際上又成了一個無從嫁接和消納「各國之法度」，以實現其蓬蓬然而新的中國。黃遠生筆下的「短筏孤舟駕於絕潢斷流之中」，李大釗筆下的「扶搖飄盪，如敝舟深泛溟海」，寫

42　經世文社：《民國經世文編》第8冊，第5193頁。

43　中國史學會：《洋務運動》第5冊，上海：上海人民出版社，1961年，第51頁；曾國藩：《曾國藩全集·奏稿》卷十二，長沙：岳麓書社，1987年，第7032頁。

44　張枬、王忍之：《辛亥革命前十年間時論選集》第1卷，上冊，第92頁。

照的都是這個起於開新的過程在「亡舊」之後的兩無所依而不知歸宿。而
作為曾經身在除舊布新的局中，而以文字動天下的人，嚴復、康有為、
梁啟超的否定和自我否定，是其立論的要旨，已由深信中國與東西洋之
間能夠互通和共通了無窒礙，從而深信移東西洋之成法可以強中國的盲
目一朝抉破之後，已變大信為大疑地反轉到由「立國自有本末」說中國與
東西洋之殊異和隔閡，而以「妄師」東西洋成法只能亂中國為論斷：

> 瑞士不師羅馬，美不師瑞，法不師美，葡不師法，各鑒其弊而損
> 益之，但取其合於本國之情，而為至善之止耳。今吾國何師乎？
> 即採擇歐、美，豈能盡從？況於遠隔絕海數萬里之域，有亘古歷
> 史民俗政教之殊，乃欲強移用之，削趾適屨，顧盼自喜，而不顧
> 其流血也，豈不大慎哉！[45]

論其事實，他們都曾是「妄師」的開先者，因此，以此評說民初時事，
其得自於跌挫起落的閱歷之知，又切近事理地為黃遠生和李大釗筆下的
兩無所依而不知歸宿解說了由來和因果。

本被置於度外的「亘古歷史民俗政教之殊」此日被引到論述的重心
之中，並由此省思，對比而見地直言「妄師」西國西法為大患，對於他
們來說，由今時反觀往昔，已是歷經歲月滄桑和世路顛簸之後走出了曾
經的盲目。然而以民初比清末，是時勢的逼拶仍在，則中西之對比仍
在；中西之對比仍在，則危岌和急迫仍在；危岌和急迫仍在，則人心中
的迷離仍在。在中體西用已經坍塌，而劇烈變遷之中的中國猶未能找到
一種不同的理路和軌路，以越出清末以來的「稍稍窺竊於異國之學說」
而「動以援引先例自豪」[46]之日，則歐西之聲勢仍然在以其廣罩四方而掀
動一世，使人望而生畏，望而生羨。因此，當上一代人正由「今吾國何
師乎？即採擇歐、美，豈能盡從」發為深度疑異的時候，繼起的後來人
又在以法蘭西「文明」和「美國思想」為導引，闡說「變古之道，而使人

45　康有為：《康有為政論集》下冊，第706頁。
46　孟森：《孟森政論文集刊》中冊，北京：中華書局，2008年，第816頁。

心社會劃然一新」[47] 的暢想和懸想。法蘭西文明和美國思想,主旨仍然
在大變中國,而其時的要義則已移到了文化一面。與「亘古歷史民俗政
教之殊」相比,其遠看歐西的眼光顯然猶在辛丑、壬寅以來的慣性之
中,而並沒有脫出一邊倒的單面亢進。這種一代人與一代人之間的嬗遞
起於彼此各立宗旨,而又歸於前後周而復始,因此,同在兩頭不到岸之
中,就古今中西之爭的內涵而言,是嬗遞有如循環。

作為一個過程,被梁啟超稱為「過渡時代」的這一段歷史,以戊戌
年間維新變法的震懾和張厲為思想起點,又以庚子之變後「舉凡朝章國
故,吏治民生,學校科舉,軍政財政」的「大加興革」以「挽回厄運」[48] 為
實際起點。兩者合匯,既決定了這個過程內在的急切,也決定了這個過
程縱深和廣延的一意遠伸和不斷遠伸。而與之相為表裏的,則是急切沒
有定則,遠伸沒有止境。這個過程期望用西方人的辦法來解決中國人的
問題,而後是秦漢以來的二千年歷史中國在西法的衝擊下新舊蟬蛻,失
其本相。但過渡時代之「兩頭不到岸」,又說明西方人的辦法沒有解決
中國人的問題,而解決問題的過程,卻又為中國人帶來了更多的問題。
時人謂之「舊宅第已毀而不能復建之,則惟有露宿」。[49] 所以,對於身在
其間的中國人來說,由變法開始的過渡時代,實際上成了最亢激的時
代、最不安定的時代、最茫無端緒的時代和最趑趄徊徨的時代。由此顯
現的是新陳代謝中的撩亂一面和危懸一面。

然而置這個過程於近代中國的歷史變遷之中而通觀前後,是過渡時
代的斷裂、脫節、摧折和四分五裂,既以其一變再變的一路倉促,展示
了傳統中國變為現代中國所經歷的逼迫之下以變應變的身不由己,又以
其一變再變的一路倉促,展示了逼迫之下以變應變的惶遽和懵然。而以
中國社會的歷史轉型立論,則與亢激、不安定、茫無端緒和趑趄徊徨對

47　陳獨秀:《陳獨秀文章選編》上冊,北京:生活・讀書・新知三聯書店,
　　1984年,第79頁;中央檔案館編:《中共黨史報告選編》,北京:中共中央
　　黨校出版社,1980年,第8頁。

48　朱壽朋編:《光緒朝東華錄》第4冊,第(總)2771、4727頁。

49　康有為:《康有為政論集》下冊,第714頁。

應的，是產生和形成於漫長歲月之中而被統稱為傳統的種種結構、秩序、關係、守則以及倫理和思想，在這個過程中由脫榫而脫裂，由脫裂而傾塌。同一代人的亢激、不安定、茫無端緒和趑趄徊徨相比，傳統的脫榫、脫裂、傾塌都留給了後來的中國，並會長久地影響後來的中國。而後是貞下起元，作為另一個過程，後過渡時代的社會變遷，其深處的歷史走向和歷史內容，便是為上下俱在瓦解之中的中國重造一種直立於古今中西之間，以攏聚和維繫著生的社會結構與人間秩序。直立於古今中西之間，則重造的過程，是本被置於兩端而互相對立的時代內容與千年歷史，歷經千迴百轉的重重變遷，在外來之物的中國化和歷史中國的現代化中而歸於合一。而後是時代內容不再陌生，千年歷史不再陳舊。因此，重造社會結構和人間秩序，同時又是在變盲目為自覺中重造中國的本體和本位。而過渡時代看不到結果的連年顛沛跌撲，也因之而在歷史的前後連續之中有了可以理解和認知的意義。

本書以「兩頭不到岸」為名，意在循其本來的源流相承和前後相沿，置晚清末期和民國初年於同一個歷史過程之中，由社會、政治和文化在這個過程裏發生的激變和劇變，尋究這種激變和劇變挾前所未有的烈度和深度造成斷裂、脫節、摧折和四分五裂的由來、內涵和結果。並以此說明過渡時代之後，以國民革命為起點的另一個時代繼之而起的原因和理由。就這一段歷史的矛盾、錯雜、人物之多變和世事的紛亂而言，我歷時五年的寫作，只能算是以有限的視野表達有限的讀史所得。

本書的出版，得到孫曉林老師、甘琦社長、毛升先生、陳甜女士、余敏聰先生和我的學生裘陳江君、王婧婭君的關照和幫助，在此向他們深致謝意。

楊國強

2021 年 11 月

第一編

科舉停置
與後科舉時代的知識人

第一章

天下有事功名多途
和晚清科舉入仕的逼仄

一　內憂外患交迫和晚清的保舉捐納

隋唐到明清的一千多年裏，科舉制度起於「以試為選」，又立定於「以試為選」。[1] 則一千多年裏朝廷選官和士人入仕，便常態地和主要地實現於讀書應試之中。然而時至清代後期，這種前後相承而歷時久遠的定規和常態已變其舊日局面。光緒年間吳汝綸論世事人事，直言「天下有事，功名多途」。[2] 說明「以試為選」的科舉制度以外，當時又另有自上而下取用職官和自下而上進入仕途的別樣路徑。以科舉為來路的功名遂因此而漸變本義。而「多途」之為多途，又尤以「捐納、軍功兩途入官者眾」，[3] 造成了咸同以來的官場之不同於此前的大觀。溯其始末因果，則兩者都是由 19 世紀中期那一場延續了十多年的內戰促成的。

就此前兩百多年的清代歷史而言，經捐納而得官職、因軍功獲保舉都屬本來自有先例。但在兩百多年裏，前者因河工、賑濟、營田、軍需

1　陳大齊：〈陳序〉，載鄧嗣禹：《中國考試制度史》，長春：吉林出版集團，2011 年，第 1 頁。

2　吳汝綸著，徐壽凱、施培毅點校：《吳汝綸尺牘》，合肥：黃山書社，1990 年，第 14 頁。

3　陳弢輯：《同治中興京外奏議約編》第 1 卷，上海：上海書店出版社影印，1985 年，第 37 頁。

各由「事例」而起，並不構成連續性；後者因戰爭中的克敵制勝、攻城掠地而起，並不構成普遍性。同治末期毛祥麟說：「自道光辛丑、壬寅間，海疆用兵，始大開捐例。咸豐初，粵匪繼起，蔓延十五六省，軍餉浩繁，例遂久開不閉。」又說「至軍功一途」，則「每克復一州一縣，紛紛保舉，在營文武員弁之親戚故舊，皆得列名」。[4] 前者說的是捐納從有限度變為沒有限度；後者說的是保舉從有規矩變為沒有規矩。兩頭的變化都起於太平天國引發的十多年內戰。此後的數十年裏，內戰帶來的大規模兵事雖已停息，但中外之間的民族戰爭逼迫而來，同時是此起彼伏於內憂外患交迫之下的海防、塞防、河工、賑濟、洋務、籌餉等等，皆各成要務而各立名目，都在使這種沒有限度的捐納和沒有規矩的保舉沿此鋪展，了無底止地一路延續，又在一路延續裏層層擴張，為那個時候的中國造出了越來越多的官。而由此形成數量上的大幅度累積，在數十年之間，已使一千二百多年以來「以試為選」的科舉制度一步步騰出空間，不得不與「捐列頻開，流品幾不可問」[5] 和「近世保舉之弊，十倍於捐納」[6] 下的「仕途於是乎雜矣」[7] 直面相對，共處於同一個時代的社會之中，並合為同一個官僚群體。以「近世」的數十年比往昔的一千二百多年，這是一種前所未有的丕變。

　　捐納大半緣起於籌度支的戶部，保舉大半緣起於管地方的疆吏。前一面的目的在於開餉源，後一面的理由在於酬勞績。就本意而言，兩者都不是為了選官，但開餉源和酬勞績能夠行之有效，則兩者都是在科舉以外別開一重直入官場的門徑中實現的。而比之三年一次的鄉試和會試在法度制束之下的既有時間限定，又有名額限定，這種另開的門徑因其不立法度而尤多自由，又因其尤多自由而更容易漫無邊際，

4　毛祥麟：《墨餘錄》，上海：上海古籍出版社，1985年，第212–213頁。

5　王延熙、王樹敏輯：《皇朝道咸同光奏議・法治・通論》卷一，第15頁，轉引自許大齡：《明清史論集》，北京：北京大學出版社，2000年，第157頁。

6　榮孟源、章伯鋒主編：《近代稗海》第1輯，成都：四川人民出版社，1985年，第256頁。

7　毛祥麟：《墨餘錄》，第212頁。

不辨良莠。其時的奏摺説「捐輸原為籌餉計」，而利源所在，則籌餉促成招徠，招徠促成廣攬，遂有各省自行其是的「捐輸減成章程」，以期多銷多得：

> 直東兩省離京不遠，報捐章程與銅局相等；豫省以餉票折收加一成現銀，約居十成之二；湖、廣、川、浙約居十成之三；江西、兩廣約不及十成之三；雲、貴約居十成之二；安徽全收餉票，約居十成之一，其餘各省均無過於三成者。計由俊秀捐納州縣至指省分發，不過千金。[8]

這種「十成之一」、「十成之二」、「十成之三」，説的都是「捐輸」得官用來交易的銀子，其實際數目常常是在一減再減之中。各省「減成」，初旨都是廣為招徠，而直接的結果則是得官太過容易和造官太過放濫：

> 從前捐納州縣，一官不下萬金。非家道殷實，及自度才器尚堪任使者必不敢冒昧呈捐，其父兄亦不令其子弟躁進。即任官後經手錢糧，思欲染指，自揣身家甚重，不肯嘗試為非。所以我朝屢開事例權濟一時，均無大弊。獨至今日不然者，實因捐一州縣，所費無多，有力者子弟相沿爭為壟斷，無力者借貸，而至易於取償。[9]

而後是「眾志紛然，群趨於利」。[10] 若以翁同龢日記中所説「新放四川道玉銘，曾充庫兵，開木廠」，又報捐道員的記述相比照，[11] 則具見其時得官的隨心所欲和造官的百無禁忌，以及由此催生出來而不同於科場面目的人物和情狀。與之同出一源而同存於一個時間裏的，還有「軍興以來

8　閻敬銘：〈請道府州縣四項無庸減成疏〉，《皇朝經世文續編》卷十七，吏政二，載沈雲龍編：《近代中國史料叢刊》第75輯，台北：文海出版社，1966年，第495–496頁。

9　閻敬銘：〈請道府州縣四項無庸減成疏〉。

10　閻敬銘：〈請道府州縣四項無庸減成疏〉。

11　翁同龢：《翁同龢日記》第5冊，北京：中華書局，1997年，第2689頁。

保舉漸濫」[12]而致「保舉打仗之員甚多，而接仗之地人皆不知」[13]的杜撰軍功，以及此後沿其軌轍紛至沓來的「使館隨員有保」、「出洋肄業有保」、「海防有保」、「勸捐有保」、「招墾有保」、「救護商船有保」、「督銷緝私有保」、「釐金溢額有保」、「籌辦電報、鐵路有保」、「機器局、船政局、洋務局、水師學堂、武備學堂莫不有保」等等，而自世人看去，正成其「一歲保數十百案，一案保數十百員。刁紳、劣幕、紈綺皆竄名其中」[14]的成群結隊進入官場。

與一路辛苦地從「以試為選」裏走出來的科舉士人相比，這種沿捐納、保舉而進入官場的人因其別有來路，便在整體上另成一類。道光一朝朝廷開捐，而道光帝於召對之際與翰林問答，曾直言「我最不放心者是捐班，他們素不讀書，將本求利，廉之一字，誠有難言」。[15]捐納入仕者之不可信，全在於其「素不讀書」而不能明理。他所用為對比的，顯然是讀書出仕而更能明理的科舉中人。之後，同治朝御史周恒祺的一道奏摺說：

> 科甲人員，雖未必盡屬廉潔，而自念讀書考試歷數十年之辛苦，偶得一官，一旦因貪去職，則所得不若所失之大。即不肖偶萌貪念，亦有所顧忌而不敢為。若捐納州縣，不過費一二千金，得之原易，一旦出膺民社，無不施其掊克之謀，以為取償之計。迨宦囊既飽，即以其餘捐升府道大員。較之為循吏而以卓異待升，不更捷乎？縱令發覺嚴參，而彼已為富家翁矣。[16]

這段論說言之明晰，同樣在把「科甲人員」和起於「捐納」的做官人分成兩路，而以前者總體上的猶有是非之辨來對比後者總體上的沒有是非之辨。就是非之辨為義理之大辨而言，則這種把科舉中人與捐納中人置於

12　陳弢輯：《同治中興京外奏議約編》第2卷，第16頁。

13　張集馨：《道咸宦海見聞錄》，北京：中華書局，1981年，第350頁。

14　榮孟源、章伯鋒主編：《近代稗海》第1輯，第256頁。

15　張集馨：《道咸宦海見聞錄》，第119–120頁。

16　陳弢輯：《同治中興京外奏議約編》第2卷，第5頁。

兩頭，互相丈量而深作褒貶，著眼點顯然不僅僅是其讀書入仕和納資入仕的不同，而是入仕途徑不同所造成的兩者之間品類的高低和德性的優劣。因此，「捐班」雖已列於官界之中，但君主舉而論之，表達的是懷疑和蔑視，言路舉而論之，表達的也是懷疑和蔑視。而君主引為深憂的「將本求利」和言路引為深憂的「取償之計」都說明，懷疑和蔑視，其共有的原因和理由，皆在於這些由市道而得官的人，很容易把商賈逐利的市道移來當成臨民的做官之道。所以，在朝廷的功令裏，以科舉為正途，這些人只能算是異途。與之相對應的，是科舉猶自居有重心之日，國家法度對異途入仕者的更多督管辨察：

> 捐納及各項人員非由正途出身者，向於銓選分發到省時，由督撫面加考試，別為一二三等。一二等照例委用。三等實任開缺，候補者停委道府州縣等官，以左貳雜職降補。不列等第者諮回原籍學習。誠以職守所在必讀書明理，始可望其為守兼優，否則假以冠戴之榮，未便畀以事權之重，立法本極周詳。[17]

這種「立法本極周詳」，反映的是異途入仕與科舉入仕在朝廷意中本來的不相對等。因此久宦京師，曾做過刑部員外郎的陳康祺後來作《郎潛紀聞》，其中一節因事發議，說是：「我輩承乏秋官，本當神明法外，依古義求平，若事事按律科斷，則一刀筆吏足以了之，何以睿皇帝煌煌聖諭，非甲科人員不得與聞秋讞乎？」[18]秋讞責在複審各地報來的死刑案，面對的是人命關天。而「神明法外，依古義以求平」，則尤重合天理國法人情為一體，從「按律科斷」的定案裏審出錯案和疑案。因此，帝王以「非甲科人員不得與聞秋讞」立家法，既是以此慎重民命，也是以此歧視異途。在這種慎重民命與歧視異途的重合裏，「非甲科人員」

---

17 朱壽朋編：《光緒朝東華錄》第1冊，北京：中華書局，1958年，第(總)708頁。

18 陳康祺：《郎潛紀聞初筆 二筆 三筆》上冊，北京：中華書局，1984年，第182頁。

之「不得與聞」，直接反映的正是「非甲科人員」之不足與聞的整體預設，其中既包括捐納，也包括保舉。而以此為當然，則這種異途「不得與聞」的官缺和差使，在那個時候的中國其實並不僅止於刑部和秋讞。

這些事實說明，捐納、保舉雖因19世紀中期以來內憂外患的催化而成為官場常開的門洞，但與之俱來的，則是出自其間的群類自始即與科舉士人構成了一種實際上的對立和分別。同光間歐陽昱作《見聞瑣錄》，曾記述過這種對立分別之一路上達九重之上：

> 宣宗時，夷務孔亟，國用頗不足，戶部尚書孫瑞珍請開捐舉人例，准其一體會試，每人銀十萬兩。當時捐者二人，一為廣東潘仕誠家，一為吾省黃宗模家。後御史某參曰：「自開捐以來，凡販夫賤子與目不識丁者，皆可佩印綬，居民上，士人無不喪氣。所恃者，科甲一途，尚堪鼓勵人才耳。今舉人復可捐，則寒窗攻苦之士，其氣愈餒矣。孫瑞珍世代科第，不應忘其本來而獻此謀，以失天下士心也。」宣宗閱之，立命停止。[19]

清代的捐納入仕，京官至郎中為止，外官至道員為止。前者正五品，後者正四品，若以進士及第為起點做官，則都須升轉多年，換過幾次頂戴才能夠達到。而與爬完了登天之梯的進士相比，則舉人尚在沿科舉之路登天的半途之中，依當日的準尺衡量，其官格並不能算是已經充分齊備。因此，在報捐道員納銀萬餘、報捐州縣納銀不過數千之日，[20] 這一段記載舉開捐舉人的「每人銀十萬兩」，以見其輕重倒置而不相對稱；又舉廟堂之內的論爭及帝王對於論爭的裁斷，以見羅掘俱窮於「國用」不足之下，捐納做官猶可，捐納舉人則不可。倒置和論爭，都說明了本來一體相連的科舉功名和仕途官職，其時已被分成屬性不同的兩種東西，後一種能夠折算成銀子，所以是有價的；前一種不可以折算成銀子，所以是無價的。有價與無價出於帝王的判定，正是以此劃出納銀授

19　歐陽昱：《見聞瑣錄》，長沙：岳麓書社，1986年，第103頁。
20　參見許大齡：《明清史論集》，第42頁。

官的界限和範圍，為產出於科舉制度的功名保留了「以試為選」的本色。就科舉制度孵育了萬千士人，萬千士人又依傍於科舉制度所形成的滔滔然天下皆是而言，其間最能打動君心的，無疑是奏議中以「失天下士心」為戒，提醒帝王立國之不能失天下士心。因此，在捐納、保舉已使官場門戶洞開之後，籌餉的計臣沿此引申，把科舉所造就的功名引入廷議，期於別立捐納名目，以補國計之不足，但在帝王心中，出自科舉的名器卻始終是一種不可移動的東西。時當四海窮困，孫瑞珍之後，又有過同屬一類的主張和同屬一類的碰壁：

> [咸豐三年]禮部侍郎陶樑，請仿照康熙年間例，報捐生員，文生每名壹佰兩，武生減半。四年，戶部侍郎羅文恪公惇衍奏議稱：粵東大姓，往往聚族而居，積有公產，請令一姓捐銀至萬兩者，將該族子弟每遇歲試，永遠取進文、武學額各一名。侍郎何彤雲，請開各省舉人、進士捐免停科之例。皆奉旨反駁。[21]

比之「立命停止」，「奉旨反駁」顯然又更多一重叱責的意思。而回聲起於士林，則以「聖明獨斷，杜絕權宜，二百年取士之大經，不容市井販夫得操進退」[22]為天下之大幸。

　　這種官職可以捐納、保舉，而功名不可以捐納、保舉的限定和區分，同時是在對比之中，把後者的身價之貴放到了前者之上。因此，雖然19世紀中期以後科舉、捐納、保舉三者都已越來越固化地成為常態的入仕途徑，但從咸豐朝、同治朝到光緒朝中期，多數士人所自覺選擇和傾力以求的仍然是由科舉進身。光緒初年「秦晉豫大祲」，翰林吳觀禮「以辦賑染疫死」，並因此進入時人的記述之中。而溯其仕途履歷，則「觀禮以舉人刑部外員郎居[左]宗棠幕，保至陝西道員，後註銷道員官階應試，中辛未進士，入翰林」。[23]他由從五品的員外郎得保舉而成

21　陳康祺：《郎潛紀聞初筆 二筆 三筆》上冊，第232頁。
22　陳康祺：《郎潛紀聞初筆 二筆 三筆》上冊，第232頁。
23　徐凌霄、徐一士：《凌霄一士隨筆》第3冊，太原：山西古籍出版社，1997年，第855頁。

正四品的道員，之後棄去道員重回科舉，經「以試為選」而成進士，入翰林，但以品級而論，道員變為翰林，已是四品落到了七品。這個過程曲折迂迴，卻以一種自願的選擇說明了那個時候的士人心中之所貴。與之同歸一類而守定取向的，還有屢試屢挫而久困於科舉之途的張謇。他曾赴朝鮮為吳長慶佐幕助成「定亂之功」，而不願受保舉，[24] 寧可身經屢試屢挫，仍然不改舊轍，之後歷時十一年之久始成正果。他們的人生路跡都說明，雖然此日正途之外，又有了異途，但就士心之所歸而言，則積一千二百多年之久，科舉制度的價值和聲光並未因此橫來之變而立時脫落。所以咸豐年間因順天鄉試而興大獄，致大學士柏葰以下多人「斬決」，多人「杖」「流」，一時天下震動。出自帝王的詔旨謂之「此次執法嚴懲，為士林維持風氣」，明顯地表達了一種守護科舉制度的自覺意識。於是而有記述中的「乾綱一震，士氣皆伸」。[25] 前一面和後一面，顯然都交集於科舉制度和士人群體的相為依存。而時當捐納、保舉駸駸乎而起之日，這種牽動了朝廷和民間的一世關注之所在，卻全在捐納、保舉之外，並反照了捐納、保舉在人心中的無足輕重。

　　然而比之科舉的「以試為選」既有法度，又有限度，捐納、保舉則因章法寬弛而能了無制束。同治三年（1864）翁同龢在日記中說「曾國藩以肅清皖北保舉各員文武千人」，然後非常詫異地謂之「自來所未睹」。[26] 他所指的應是當年十一月曾國藩所奏〈水陸各軍肅清皖北江北出力員弁四案並保摺〉，其間附呈的名單之長，委實使人看了目眩。然而在相近的時間裏，出自曾國藩奏議而性屬同類的「保舉」，至少還有〈克復寧國府城並請獎恤出力員弁摺〉、〈遵保救援潁州克復霍邱出力文武員弁摺〉、〈湖南東征局籌餉官紳請予獎敘摺〉、〈雨花台解圍出力員弁請獎摺〉、〈江西肅清及青陽解圍匯案請獎摺〉、〈今夏攻克九洑洲水師員弁請

24　張謇：《張謇全集》第6卷，南京：江蘇古籍出版社，1994年，第205頁。
25　毛祥麟：《墨餘錄》，第201–202、207頁。
26　翁同龢：《翁同龢日記》第1冊，1989年，第365頁。

獎摺〉[27] 等等，與之相應和的都是一串一串名單。其間〈官軍迭復江岸各城隰出力員弁六案請獎摺〉，則一摺而保舉了「各員文武」近三千人。[28] 這些「請獎」的奏摺，以及由此累積的「獎敍」數目都出自同治朝的頭兩年，因此，由縱向作比較，曾國藩帶兵十多年而歷經百戰艱難，以軍功造官的規模一定會遠遠超出這個數目；由橫向作比較，同一段時間裏還有左宗棠奏報的〈請將隨營出力各文員先行甄敍片〉、〈遵保迭次打仗出力員弁兵勇摺〉、〈遵保克復嚴郡出力員弁兵紳勇摺〉[29] 等等，以及李鴻章奏報的〈匯保淮揚水師會克太平蕪湖等處出力員弁摺〉、〈保舉克復南匯在事人員片〉、〈克復嘉定等城三案出力員弁並保摺〉[30] 等等，他們的「遵保」和「匯保」，同樣都在以軍功造官。而且湘軍淮軍之外，當日中國的其他兵隊既在接仗，則必有軍功；既敍軍功，則必有保舉，由此匯積而成的則是一個更大的數目。

這種因軍功而起的大規模保舉得官開啟於內戰之中，但在內戰止息以後的數十年裏，軍功雖已減少，但以各種名目繼起的「勞績」則越來越多。以此請「獎敍」，保舉得官便多了種種五花八門的由頭和名目，而種種五花八門，最終又都會成為越積越多的數量。與之一路相伴的，遂常見言路綜貫前後而「痛論」「自軍興以後，保舉太濫」：[31]

> 夫從軍以摧鋒敢死為上，而敍勞乃屬文員；治水以負薪揵竹為功，而請獎不必工次。甚或一案累百人，少亦數十人，連名比牒，作福市恩，此何異於斜封墨敕哉？[32]

27　曾國藩：《曾國藩全集》第5冊，長沙：岳麓書社，1988年，第2533、2934、2976頁；第6冊，1989年，第3280、3711、3743頁。

28　曾國藩：《曾國藩全集》第4冊，1988年，第2259–2329頁。

29　左宗棠：《左宗棠全集》第1冊，長沙：岳麓書社，1987年，第29、95、193頁。

30　顧廷龍、戴逸主編：《李鴻章全集》第1冊，合肥：安徽教育出版社，2008年，第89、105、211頁。

31　朱壽朋編：《光緒朝東華錄》第1冊，第(總)999頁。

32　朱壽朋編：《光緒朝東華錄》第3冊，第(總)3340、3425頁。

核其名實，「則凡保案中任勞者十之二三，徇情者十之七八」；論其情偽，則「下吏生事以邀功，大臣植私以濫舉」。[33] 比之內戰中的以軍功得保舉，兩者都使後來的「獎敘」更多私意，又更多任意，則「保舉」之「太濫」也隨之而後來居上。光緒二十年(1894)的一道奏摺以當時比從前說「永定河合龍保案，嘉慶、道光年間，每次不過一二十員，乃近來疊保至二三百員」；另一道奏摺引常識論事理說「山東河工保案，近年多至五六百人。推原其故，由於吏部曾定以每決口門一處，准保異常尋常者六員，以為雖甚盛漲，至多不過十餘處耳。孰意所報決口之多寡，概以所保之人數為衡，如擬保六百人，則稱決口一百處」，遂至「一二十里之內竟至百處有餘」。然後追問說：「不知此六七百人何所託足？」[34] 前者的「一二十員」變為「二三百員」，和後者的五六十人變為「五六百人」，都說明了那個時候的保案迭開，因其濫而成其多的實際程度。而在這種有舊例可以沿用的河工之類以外，還有前代所未有的「或夤緣出洋，或掛名海運，一保兩保，已道員而紅頂矣」[35] 那樣別開一路而別成一類的勞績和保舉。而「夤緣」與「掛名」又說明由此產生出來的，大半也是因其濫而成其多。

　　與保舉猶以酬功酬勞為名義相比，因「國用」不足而起的捐納，則立足於上之所求在籌餉，下之所應以白銀，自始便不能為朝野的清議所容，從而自始便與義利之爭一路伴隨。兩頭之間形成的既是一種真實的矛盾，又是一種人在其中無從化解的矛盾。因此，捐納之綿延不絕，又會與這個過程裏的翻覆和起伏交錯而見。道光一朝以「宣宗文皇帝御極之初，首停捐例，當時以為美談」[36] 開頭，但時當國計所入不能敷所出，則同是「宣宗文皇帝」，也仍然只能重開捐例以濟時艱。迨繼起的咸同兩朝十多年內戰過去之後，光緒四年(1878)的上諭曾經追述「軍務

33　朱壽朋編：《光緒朝東華錄》第2冊，第(總)1474頁。
34　朱壽朋編：《光緒朝東華錄》第3冊，第(總)3340、3425頁。
35　朱壽朋編：《光緒朝東華錄》第3冊，第(總)3194頁。
36　朱壽朋編：《光緒朝東華錄》第1冊，第(總)60頁。

未平」之日「開捐納職」的「不得已」，並明示「自應及時停止，以肅政
體」。[37] 然而帝王意志並不能繞出這種「不得已」。過了六年，朝旨以「軍
餉緊要」，令廷議「豫為籌畫之處」，之後又沿此「籌畫」依舊回到了「開
捐」一途。其間戶部的奏議特別引七十年前嘉慶帝既知「捐例本非善
政」，而不得不「暫開豫東事例」之日，當時詔旨裏備述兩難以明示「諸
臣」的一段話，以說明七十年之後的同此困境和同此心境：

> 如確有把握，立能濟軍需河工之用，奏上時朕採取施行，即將捐
> 例停止。若止言捐例之弊而別無良謀，其言皆朕所稔知，毋容虛
> 陳奏牘也。[38]

帝王和臣下都知道捐納不是好事，但時處「各省地丁錢糧未能復額」，
而「出款倍增」的四面無路之中，欲「求其不病商累民，而於財用即可稍
裨者」，則「惟有開捐一事」。[39] 在數十年開捐之後停捐、停捐之後再開
捐的否定和否定之否定裏，陳說道理的「止言捐例之弊」之空言無補不
逮開捐納職的「立能濟軍需河工之用」，正反映了內憂外患交困之下，
與利害的急迫相比，是非之論辯已不足以成為一種說服力了。所以，翻
覆和起伏，結果都擋不住一個一個應時而起，又後來比照從前為理由而
生的「捐例」。

　　但在這種被利害所牽引的過程裏，一頭的「財用即可稍裨」，已在
另一頭化為官場裏一茬茬苗長的「捐班」，遂使戶部的困境經此轉移，
實際上變成了吏治和治吏的難題。當日的時論指保舉之大弊，在上下之
間的「徇情」和「植私」。然而「情」和「私」都附著於個體對個體的關係之
中，並非人盡可求而人皆能得。與之相對比，則捐納顯然更多公共性，
也更多公開性，又因這種公共性和公開性而更直觀地發生於眾目睽睽之
下，從而更直接地成為朝野訾議之交集。所以捐納入仕的人物和故事常

常被引入當時的記述和論說，而記述和論說最容易注目的，則大半都在
「流品日雜」、「因緣為利」、「肆其掊克」、「廉恥之道衰」[40]一面，以著力
抉示其質地上的德性之惡。但在這一面以外，捐納與保舉相比而見的公
共性和公開性，同時又在以人盡可求和人皆可得為招徠，累積地化為無
分上智下愚的兼收廣納。由此產出的數量，是一種比質地更滯重地影響
了當日中國的東西。光緒三年 (1877)，山西巡撫曾國荃奏告「晉省歷年
災歉」，已成「赤地千里」而苦束手無策。然後引「天津上年賑飢成案，
請旨飭部頒發虛銜實職空白實收執照二千張」，用為「辦理捐輸，以資
接濟」。[41] 至光緒二十六年，陝西、山西重災。陝撫岑春煊、晉撫錫良
又援二十多年前的「晉省成案，請發實職空白部照」以辦「撫恤」。[42] 這
種一個成案引出一個成案的過程，不僅沿襲，而且擴展。以光緒三年一
個省須以「二千張」捐納「執照」之所得用為「接濟」相比類，則二十多年
之後兩個省的「撫恤」顯然需要更多的「部照」。然則比之翁同龢昔日以
保舉「文武千人」為詫異，這一類由「執照」和「部照」造就的「虛銜」、「實
職」數目都遠遠過之。而兩者之外，在光緒三年之後的二十多年裏，被
稱為「大捐」的，又有「台防經費事例」、「海防事例」、「鄭工事例」、「新
海防事例」、「江南籌辦防務例」、「江寧籌餉事例」、「順直善後實官捐」[43]
等等，其間的每一個「事例」都旨在籌措大堆銀子，以應對國家面臨的
大事。與這種大堆銀子相對應的，便是大批白丁通過捐納獲得翎頂補
服。而以晚期的數十年比此前的二百年，則後來的捐納又尤以「虛銜」
不斷地減少而「實職」不斷地增多為定向的走勢，由此生生不息，結果
是19世紀70年代末期之後的中國，初入仕途的地方官裏，捐納已經多
於正途了。[44]

40　朱壽朋編：《光緒朝東華錄》第4冊，第 (總) 3911頁。

41　朱壽朋編：《光緒朝東華錄》第1冊，第 (總) 454頁。

42　朱壽朋編：《光緒朝東華錄》第4冊，第 (總) 4586頁。

43　許大齡：《明清史論集》，第69頁。

44　何炳棣：《明清社會史論》，台北：聯經出版公司，2013年，第56頁。

二　正途和異途由各分一路到漫漶莫辨

數十年之間，保舉入仕匯積為巨大的數量，捐納入仕也匯積為巨大的數量。而在同一個時間裏，朝廷與士林又共以正途、異途分清濁上下，自覺地為讀書入仕的科甲一途保留一種獨有的尊嚴和優越。後一面沿一千二百多年科舉制度的歷史慣性而來，本屬那個時候的人心所共認和事理之當然。這種由歷史慣性演化為共認和當然，著眼的是人以群分的面目不同和類別不同，其間並不涉及數量與數量的對比。然而當久被置於異途的保舉和捐納在其隨時勢而變遷的過程裏一路膨脹，不斷地為官場造出源源湧入的做官人，其間生成的數目，便因其越來越多而成其越來越大。隨之形成的矛盾在於：比之科舉制度由歷史慣性所造成的社會心理，這種科舉之外產生的數目之多和數目之大，已是另一種實際存在的力量。而後是兩頭之間的一路傾斜無從維持兩頭之間原有的平衡，一方與另一方太過懸殊的數量對比，不會以其實際發生的一步一步地淹沒掉清濁上下之間的界限，使正途和異途同在一個變了形的官場之中，而不復再能分得清清楚楚。

保舉和捐納造成了一個多官的時代，相伴而來的便是「處處有官多之患」。[45]光緒八年(1882)閩浙總督何璟說：福建一省的「候補試用府廳州縣佐雜鹽務各班」，已有「一千二百餘員」。[46]同一年山西巡撫張之洞說：同治以後，晉省「候補人員」數年之間已「驟增三百餘人，蓋多於舊日者，十之七矣」；[47]光緒十四年雲貴總督岑毓英說：「雲南地居邊荒，素稱瘠苦，候補人員向本無多」，而時至此日，則「捐保各案與正途並進」，遂使「滇省候補同通州縣至一百五十餘員，尚有已據稟到，留省未經考驗者又百餘員」。[48]每一個地方都在層積累進地接收分發而

45　朱壽朋編：《光緒朝東華錄》第2冊，第(總)1760頁。

46　朱壽朋編：《光緒朝東華錄》第2冊，第(總)1299頁。

47　張之洞著，苑書義等主編：《張之洞全集》第1冊，石家莊：河北人民出版社，1998年，第136頁。

48　朱壽朋編：《光緒朝東華錄》第3冊，第(總)2467頁。

來的官員,但每一個地方又都無從安置這些越來越多的官員。一則後來的記述言之鑿實地說:

> 候補文官之多,莫如江寧。宣統末年,在江寧之候補道三百餘員,府、直隸州三百餘員,州、縣一千四五百員,其他佐貳雜職約二千餘員,冠蓋薈萃,備極一時之盛。顧此三數千候補人員與江寧所設差缺數目相較,僅能得三十與一之比例。蓋寧、蘇兩屬,僅轄道缺七,府缺八,直隸州三,廳三,縣六十七,若專以江寧而論,合道、府、廳、州、縣計之,不滿五十缺也。[49]

宣統末年地方官場裏的這種看不到出路的擁擠和淤塞,是在數十年歷史的前後相承中形成的,所以擁擠和淤塞,正寫照了數十年之間官員總量的大幅劇增,都在轉化為官僚制度自身運轉和自我維繫的大患。

地方官場擁擠淤塞,同在多官之世,京中的官場也擁擠淤塞。光緒初年言路論時務,已對比今時之不同於往昔,為人君說京曹「人才抑塞」的情狀:「朝廷取士,首重甲科。多士幸入詞垣,重以散館考試,高等則授職編檢,次則分用部屬,次則銓選知縣,求才實用,內外分司,法至善也。乃近日各部候補司官,多者數百,少亦不下百數十員;加以保舉捐輸,插補插選」,遂致「求補一缺,動需一二十年」。[50] 以當日「工部滿缺九十餘,漢缺僅十八」[51] 為例,對比「候補」之中的「數百」和「百數十」之尤多漢缺,則後者遠望前者之遙不可及是非常明顯的。而相隔十年之後,出自廟堂的議論申說天下之大利大害,筆下仍然要常常牽入同一個題目:

> 曩時[六部]員缺既通,人得及時自效,故歷練久而成就多。比年部曹皆苦淹滯,但舉候補者言之,自吏部而外,員數之浮於額

---

49 徐珂編:《清稗類鈔》第3冊,北京:中華書局,1984年,第1360–1361頁。

50 朱壽朋編:《光緒朝東華錄》第1冊,第(總)507頁。

51 徐凌霄、徐一士:《凌霄一士隨筆》第1冊,第222頁。

缺，不當落第。循資平進，正途或十餘年不得敘補，捐班或二十餘年不得序補。[52]

而後是「擁擠滋甚，澄敘靡由」之下，舊日「六部為儲才之地，名臣循吏半出其中」，而今但見「登進之途」寬，「傑出之才」少。[53] 眾多的京官構成了前所未有的龐大數量，同時是眾多的京官又淹沒於這種前所未有的龐大數量之中，大半都成了一種面目模糊的存在。

　　科舉制度下的鄉試和會試以三年一度，各有定額為常態，所以能夠從以試為選中露出頭來獲得功名的人，始終是一個有限的常數。[54] 與之相銜接，則清代官制中的「缺額」和銓敘中的章法，都是以這種常態為前提和常數為對象的。由此提調上下，科舉入仕之大體上能夠井然有序正在於此，科舉入仕的規矩森嚴也正在於此。然而數十年之間保舉、捐納在科舉制度以外累積地造出的成百上千，以及合成百上千而為成千上萬，對於官制和銓敘來說，便成為一種持久的沖刷和累積的倒灌，遂使沖刷倒灌所至，數十年之間，官制越來越罩不住官界，銓敘越來越守不住章法。與之相為因果的，則是隨科舉入仕的井然有序和規矩森嚴不復再能成為牆垣和界限，出自「以試為選」的士人既已不再能自守一類，遂不得不移入成百上千和成千上萬之中；既已移入成百上千和成千上萬之中，遂不得不與保舉入仕和捐納入仕的各色人等同在一個宦海裏起伏沉浮。以一千二百多年以來的科舉歷史相比照，這是一種顯然的淪落。一則奏議說：「國家以科目取士，雖不能盡得有用之才，而明體達用足膺艱鉅者，多由此出。至捐納一途，原屬權宜之計，正途八九，捐班一二，於吏治尚未大害也。即如六部之郎中、員外、主事，是登甲第後所擢用者也；外省之道、府、州、縣，是有司方面親民者也，而今則由捐納者比比皆是。」[55] 與「國家以科目取士」相比，「捐納一途」本屬異常。

52　朱壽朋編：《光緒朝東華錄》第3冊，第(總)2528頁。

53　朱壽朋編：《光緒朝東華錄》第3冊，第(總)2528頁。

54　晚清多恩科，已越出常態。

55　朱壽朋編：《光緒朝東華錄》第1冊，第(總)41頁。

因此，以異常對照正常，這段話的主旨是在申述，由科目選出來的人比「捐納者」切近義理，從而更靠得住。對比兩者是為了區別兩者，然而其末了所舉的「捐納者比比皆是」，則又說明，科目與捐納之間的界限實際上已在日趨湮滅之中。

這種界限湮滅的過程，使本以清濁分高低的正途與異途越來越相對等，但對於正途來說，這種對等所帶來的，卻常常是仕路上的不平等。當時人說直觀之所見曰：

> 近來仕途日雜，相率以迎媚為能。一遇優差，夤緣鑽刺，無所不至，各部院大臣，點派差使，既不考其賢否，校其資序，甚至各存意見，互相齟齬，於是捐納未久者可得優差，而正途資深稍知自重者視若贅瘤。又或以優差而得優獎，遂可越次升補，名曰搶缺。夫搶之一事，豈可形諸仕途？[56]

這種以京官為對象的觀察所引發的深度不平，是正途得差補缺之不如捐納。而在同一個時間裏，京城以外的地方官場裏更多異途入仕者，遂又有更多異途駕正途而上之的各色路數：

> 讀書通籍多半寒畯之士。其以歸班知縣銓選，以即用知縣分發者，類皆中年以後之人，正宜使之及時自効，俾得早展百里之才。從前選輪只數十人一周，到班甚易。近因各項插班甚多，一輪須一二百人一周，到班甚難。而捐納人員，一經上兌便可得官。甚有未及歲者先行納資，豫為服官地步。勞績人員，一二年投効，一兩次保獎，即成正印一官。而歸班知縣，即用知縣，計其得官年歲，較之庶吉士部屬等官，固已有傷老大，又復選補無期，欲歸銀捐則苦於寒素，僅歸即用則苦於壓班，徒使晚成之器，幾成廢棄之材。[57]

56　朱壽朋編：《光緒朝東華錄》第1冊，第 (總) 506頁。
57　朱壽朋編：《光緒朝東華錄》第1冊，第 (總) 881頁。

當保舉、捐納以其不斷造出的成百上千匯為累積成千上萬之後，出自科舉取士的有限常數便已被淹沒於其中了。與之一同被淹沒的，還有讀書人在寒窗孤燈之下日復一日付出的千辛萬苦。然而前一段說京官的文字以「捐納未久者可得優差」，反襯「正途資深」者之被「視若贅瘤」；後一段說州縣官的文字舉「捐納人員」和「勞績人員」之易於得官，反襯「讀書通籍」者的「到班甚難」與「選補無期」，則又非常明白地說明，在保案、捐例之層出不窮化為異途入仕的了無止境之日，了無止境同時又在化數量為衝擊和聲勢。對比之下，則科目取士已不僅是被淹沒的，而且是被壓抑的。所以，光緒朝言路曾由吏治論及科目與軍功、捐納，尤其非議「各督撫喜用軍功、捐納，以致升遷調署，異途捷足先登，而正途少與焉」的以好惡為偏斜。然後說：「夫以正途之惘惘無華，其趨蹌應對誠不若異途之工」，而「身膺民社，凡所以培養民氣者，必自讀書稽古中來」。[58] 這些論說起於廟堂，深度反映了作為一種選官制度曾長久罩天下的科舉取士，此日已光華黯去而困處於層層蜷縮之中。而「各省督撫」之能夠以好惡為偏斜，且行之無窒無礙，正以大吏慣於輕忽正途和有意輕忽正途的事實，具體地說明了其時行使權力的人物，在這個過程裏的心中之觀念變和眼前之尺度變。數十年之間，奏議和時論常常以「捐例開而仕途雜，保舉濫而名器輕」[59] 來概括這個時代「政體」的悖乎常理，而寫照的則是科舉制度在晚清官場的由盛而衰，以及科舉制度由盛而衰與保舉、捐納節節膨脹的相為因果。數十年之間官僚產出的歷史，也因之而在這個過程裏成了一種制度敵不過異途膨脹的此消彼長。

　　制度敵不過異途膨脹，是因為造就了異途膨脹的東西，能夠改變制度並且正在改變制度。光緒初年，御史梅啟熙舉過去所未曾有過而此日常常可以見到的「在任候選」，以說明捐納帶來的出格顛倒和出格顛倒帶來的無常和無序：

58　朱壽朋編：《光緒朝東華錄》第 1 冊，第 (總) 916 頁。

59　朱壽朋編：《光緒朝東華錄》第 2 冊，第 (總) 1760 頁。

有州縣而捐知府在任候選者，與本管知府跡似平行；直隸州而捐
道員在任候選者，其本管知府他日將為屬吏。職分相抗，按能表
率？且大計群吏，以廉為本。乃各州縣清廉自守，累年不得升，
即升亦不過一階，而貪吏剝取民財，加捐班次，且越級捐升，仍
在本任恣其貪黷，是貪吏不可為而可為矣。[60]

然後統括而謂之「官聲不問優劣，有錢即可自升」。[61] 科舉制度的以試為
選，立意在於把富與貴分開來；但捐納之由輸財得官，則不僅富與貴可
以相連，而且富與貴可以對等。因此，「有錢即可自升」雖於理大謬，
卻正是從這種相連和對等裏自然衍生出來的。而以「國家設官，大小相
維，各有體制」[62] 為當然，則作為歧出的東西，「自升」和「越級捐升」之
成為當日的事實，只能是以一種名分的矛盾、倫理的矛盾為衝擊，而實
現於傾翻綱紀的過程之中，而後是舊日的官場等序和權力秩序失其常軌
與常度，不復再能維持整體上的籠罩力和管制力。

名分、倫理、綱紀、等序、秩序，以及籠罩力和管制力的變化，都
是深處發生的制度變化。一千二百多年來，官常與官制本與科舉制度連
體而生，因此，雖然朝廷把正途和異途分為兩路，並歸後者於「權宜之
計」，但當籠罩官僚和管制官僚的官常、官制因異途的衝擊而失其軌度
之日，這種曾被另分一路而當作「權宜之計」的東西，又一定會更進一
層地侵及科舉選才的制度和過程。當時人記述見聞，遂常常言及這種保
舉、捐納侵及科舉之內的事實，引為訝異。其中一則說：

曹益三以山東歷城縣令閽人起家，入資為知縣，分發江蘇、權吳
令。某歲縣試，索題於幕賓，為書莫、春、者三字與之。曹點名
畢，提筆寫題紙，乃誤書者字為在，眾大嘩，幾至罷考。[63]

60　朱壽朋編：《光緒朝東華錄》第1冊，第（總）153頁。

61　朱壽朋編：《光緒朝東華錄》第1冊，第（總）153頁。

62　張集馨：《道咸宦海見聞錄》，第294頁。

63　徐珂編：《清稗類鈔》第2冊，1981年，第603頁。

科舉制度下的功名始於進學以成生員，與之相對應的，是科舉制度下的
考試始於以童生為對象的縣試、府試、院試。曾在其中走過一遭的人
說：「所謂縣試，便是先從縣裏考試，主試的便是縣官。縣試畢後，便
是府試，主試的便是知府。縣試、府試考過以後，便是學台來考試了，
名曰院試（俗稱道考）。這一次考取了，方算是一名秀才，然後才可以
去鄉試。」[64]縣試、府試、院試考的都是詩書，從而都是文化。以此相
對照，則本以看門為業的曹益三由捐納而得官，又由「權吳令」而得主
持文風素盛之地的縣試，遂成了不讀書的人在考讀書的人；成了沒有文
化的人可以操弄以試為選，並因之而可以裁定文化的高低。比之「有錢
即可自升」的直接傷及官制而間接傷及科舉，這種出自捐納的人物由異
途而入，在其一手提調考試的過程裏，實際上已由外而入，使自己成了
科舉制度畸生的一部分。而對於科舉制度來說，則從這種由異途而入的
異類身臨場屋而俯視多士，已不能不是一種頭腳顛倒，面目全非。數十
年之間，捐納產生了大批本非士人的州縣官，便是同時在產生大批能考
讀書人而自己並不讀書的人。因此，後來又有包天笑筆下「米店老闆」
出身的蘇南知縣馬海曙，以及他主持縣試的場面：

> 在一般考生的目中，因為他是捐班出身，便有些瞧不起他，常常
> 的戲弄他。在點名的時候，都擠在他案桌左右，七張八嘴，胡說
> 白道，甚而至於用一根稻草，做了圈兒，套在他的頂珠上，以為
> 笑謔，也是有過的。[65]

其時已近晚清末期，與「闇人」起家的曹益三因出錯試題而致「眾大嘩，
幾至罷考」的群情憤激相比，「戲弄」、「笑謔」和「七張八嘴，胡說白
道」，則已是熟視已久之後的見怪不怪。頭腳顛倒而能見怪不怪，既可
以見到這一類前代做不出來的事在數十年間已成為一種普遍的事實；
又可以見到後起的數十年改造了漫長的一千二百多年，而使此日的科

64　包天笑：《釧影樓回憶錄》，香港：大華出版社，1971年，第86頁。

65　包天笑：《釧影樓回憶錄》，第93頁。

舉制度已顯然地不同於之前的科舉制度。兩者構成的都是那個時候的世變。

縣試被稱作「小試」或「童試」，所指猶是登天之梯的起端一段。[66]而相比於「小試」，科舉的變化之所以成為那個時候的世變，程度更深的一面，還在於由科舉制度所維持，而久被中國社會當作天經地義的以功名分貴賤，在這個過程裏已常被置於世人與世情的比較之中，並且越來越經不起比較。當時人曾以一段對話為白描，以寫照官場眾生相：

> 有歐陽某者，以道員入都引見。一日，某貴人招飲。歐陽至，主人迎客，甫一揖，僕白內有事，主人送茶即去。時盛暑免褂，旁一客金頂紗袍，歐陽因與揖坐。良久，歐陽忽問曰：「觀汝相法，讀書應可得志。」客謹對曰：「向亦曾讀書。」又問曰：「已入泮否？」客曰：「曾蒙某大宗師取入學矣。」曰：「然則鄉試如何？」客曰：「已於戊子科僥倖。」又亟問：「會試幾次？」曰：「庚寅幸成進士。」歐陽至是甚觳觫，猶問曰：「朝考後點用何職？」曰：「翰林院庶吉士。」歐陽復問：「留官否？曾得差否？」客曰：「前年蒙派充湖南鄉試副主考。」歐陽大愧失辭，不復有語。俄而客轉詢曰：「公以道員在外，當是由翰林截取？」歐陽惶悚言非是。曰：「然則應是部曹改捐？」言亦未嘗得進士。客又請問鄉試何科，彼此當有年誼。歐陽復悚言未曾中舉。曰：「如此應是由廩貢報捐？」歐陽慚言少時未嘗應童試，即報捐今職。客正色曰：「吾聞捐一道員不過萬金，而外省當佳差，往往歲得數萬。牟利之道，洵為最工。」歐陽大慚。[67]

這個故事由捐納一方的洋洋自得而輕率發問開始，又以其自取其辱和自慚形穢為了結，意在說明科目與捐職在人心中的高低之分和輕重之分。然而問答所涉及的「部曹改捐」、舉人報捐和「廩貢報捐」等等，又說明

66　包天笑：《釧影樓回憶錄》，第86頁。

67　徐凌霄、徐一士：《凌霄一士隨筆》第4冊，第1256頁。其中兩處錯訛，據銖庵：《人物風俗制度叢談》，上海：上海書店出版社，1988年，第126頁改定。

了已經從科舉考試裏獲得了不同功名等第的士林中人，也常常要借道於捐納，並常常在借道於捐納。《見聞瑣錄》説：

> 湖北范鳴和，嘗為吾省[江蘇]副主考，後又捐吾省候補道。初入翰林時，名鳴瓊，散館列一等第八，在鄂省則第一，向未有不留館者。而顯廟[咸豐帝]改為主事，人莫測其故。[68]

這種由翰林散館而改主事，則身份已屬部曹，之後再捐候補道，在當日便是「部曹改捐」。《凌霄一士隨筆》説：

> 客談呂海寰軼事：原籍山東掖縣，遊京師，遂入大興籍，補博士弟子，領同治六年丁卯鄉薦。會試屢不第，以舌耕為業，設帳於戶部經承樊某家。時咸豐間政府所發鈔票，已等廢紙，惟捐官上兌尚可用。樊家所存甚多，一日樊與海寰談及，曰：「先生何不捐一部曹，此間所存之鈔票可作上兌也。」海寰唯唯。樊遂代為上兌，捐一員外郎，簽分兵部。[69]

比之范鳴和在仕途之內借捐納而自己移動自己，呂海寰以舉人報捐起家，是由仕途之外走入仕途之內。兩者都有得自於科舉的功名，但使他們由低向高而更上一程的卻又都是捐納。數十年之間正途與異途各分界限，然而以吳觀禮註銷保舉而得的道員，重回科場以取進士、翰林，以及張謇寧肯久困場屋屢試屢挫，而不願由保舉進身的執著為對照，則范鳴和與呂海寰顯然以其另成一路的選擇，顯示了正途與異途共存之日，士人世界中的不變之外還有可變。而比之前者的面目清晰和可以歸類，後者之捐納得官和捐納升官，已在正途和異途之間顯得面目模糊和不可歸類了。

一千二百多年來，以功名分貴賤曾是一種公認的尺度和唯一的尺度。由此形成的歷史慣性，曾使朝廷一面不得不由軍功而行保舉，因國

68　歐陽昱：《見聞瑣錄》，第172頁。

69　徐凌霄、徐一士：《凌霄一士隨筆》第4冊，第1546頁。

用而開捐例;一面又用心把保舉、捐納與科目劃分開來,以力為維持功名的獨尊。與之對應而見,便是這個過程裏的讀書人,猶能有執著於功名的守此不變者。但保舉、捐納既能造官,其實已在致人以貴。丁柔克的《柳弧》一書多記身歷的見聞,其中一則說:

> 予在如皋時,忽來一唐觀察奉拜,云本地人,予疑之。傍有吳觀察僕笑曰:「此事有故。唐大人即唐先生也。唐為某大銀號夥,銀號有玉圖章一,以為憑信,可以各省一呼十萬。唐竊其圖章,已用不資,號怒,欲訟之。唐亦怒,遂日夜捐一道員與之相抗,而捐道之錢亦號中錢。現索圖章甚急,不知此事如何了結也。」予笑領之。[70]

而後「[銀號]大費周折,請出多人,情願將唐已用之錢作為欠項,號中復借銀三千兩與唐,到省進京之用,俟為官後再行統還。而銀號此次又用錢不資,其事始結」。[71] 一個侵蝕了大筆銀子的夥計「捐一道員」便能白日升天,使東家不得不後退屈服,具見世人眼中所看到的,是捐納之致人以貴,其身價並不異於科舉的功名。但在兩者之間這種直觀上的無從分辨背後,則是一千二百年間科舉以功名分貴賤,其立意和取義所養成的內在價值,以及這種內在價值在人心和世情中的長久聲光,其時已淹沒於世人與世情直觀而見的功名多途,和功名因多途而生的變異和錯雜。因此,當日時論前後相繼,紛紛陳說「名器濫」和「名器甚濫」[72]為大患,既是在指保舉、捐納產出的名器之多,尤其又是在以內涵和價值作對比,指正途與異途並存之下的名器已經名實相歧,全然不同於本來意義的科舉制度賦予名器的十丈靈光。而引這種陳說對比此日出現於士人世界中起家正途,之後復取道異途更進一程的人物和現象,則同時又

70　丁柔克:《柳弧》,北京:中華書局,2002年,第152頁。

71　丁柔克:《柳弧》,第152頁。

72　朱壽朋編:《光緒朝東華錄》第1冊,第(總)66頁;毛祥麟:《墨餘錄》,第214頁;劉大鵬著,喬志強注:《退想齋日記》,太原:山西人民出版社,1990年,第69頁。

可以看到，當時的議論猶著力於要分清的東西，在實際的社會存在中常常不再界限分明而不可渡越。由此形成的是應然與實然、道理與事實之間的矛盾，而反照的則是應然改變不了實然和道理改變不了事實。因此，即使是記述了這一場銀號裏的風波，以描畫小人之善用捐納及捐納之助成了小人的丁柔克，其自身也曾在「科場失意」之後捐過候補道員。[73] 由後來回頭看從前，顯然是初心已變。與之相彷彿的，還有以翰林起家，之後做了三十多年地方官的張集馨。他因久歷仕途而見慣世情，又因見慣世情而深惡捐納，並在自編年譜裏於此痛詆至再至三，然而其同治三年 (1864) 歲末的日記，則又列有一段文字，專門陳述自己剛剛經手的捐納：

> 托蓋臣為二全捐員外分部行走。大全已捐，遇缺即選同知，得缺後，可奉其母並挾其婦同蒞任所。二全可攜其媳來京供職，其家薄田租入，可貼補在京當差，計甚善也。伊兄弟俱年已四十，毫無成立，再復優遊鄉里，識見行為必且日就卑鄙；今各給一官，則來往者皆係官場，目耳涵濡，似可稍為闊大，將來子孫長大結親，亦省得在三家村中做來做去，無一發旺人家。[74]

記述中的「大全」和「二全」都是他的侄子。若以「年已四十，毫無成立」，且慣於「優遊」相推度，兩者顯然都不是有出息的人。當張集馨深惡捐納而施以痛詆之際，其筆鋒所向，都是直指捐納之下不配當官的人在當官，[75] 但此日為「毫無成立」的侄子捐員外、捐同知，他所一手經營，而以為「計甚善也」的籌劃，無疑同樣是在把不配做官的人送到官場裏去。兩面之間形成的是一種不僅明顯，而且尖銳的矛盾，而這種見之於一人一身的矛盾，又以其對同一種東西的一面痛詆一面融入，具體而清晰地演示了在一個應然改變不了實然，道理改變不了事實的時代裏，科舉人

73　丁柔克：《柳弧》，〈前言〉，第1頁。

74　張集馨：《道咸宦海見聞錄》，第404頁。

75　張集馨：《道咸宦海見聞錄》，第126、214、275、290、317、354頁。

物的心頭壁壘在自相抵牾中一步一步脫散，以及正途與異途之間的界限在這個過程中的由分明而模糊，由模糊而漸滅。因此咸豐八年（1858）歲在戊午，朝廷因科場舞弊而興大獄，曾使天下震動。而時至光緒一朝，京中士議追說戊午舊事，已由今視昔，概乎言之曰：「惟近三年來，兩宮吉地，先帝陵工，以及實錄、玉牒館，偶效微勞，每邀殊寵。若輩多捐納閣、部官，洊保顯秩，並不必區區甲乙科矣。」[76] 天下重科目，而後科場有舞弊。這一段文字持過去未久的歷史為事實，以反照眼前所見的科舉，而歸之於「區區」，直言其實際上的無足輕重，以說明一路過來世相的變遷。而科舉之成了「區區」，則是「捐納」和「洊保」與之互相匹比而更加易取易得的結果，兩頭之間遂構成了時人眼中的因果顯然。因此，在一千二百多年獨尊之後以「區區」指稱科舉，寫照的正是社會取向和社會心理中出自深處的逆轉。

在這個應時而起，又伸展無定的過程裏，功名多途造成的功名分解和功名錯雜，以及曾經獨尊的科舉在這個過程中日趨而日益失重，都已層層消融了朝廷功令在「讀書明理」與「素不讀書」之間所設定的分類和分界，隨後是得自於科舉的功名無以自立，不能不一步一步地消泯於正途和異途的舛錯駢雜之中。

三　異途淹沒正途和科舉入仕的逼仄

當保舉、捐納產出的成百上千和成千上萬湧入官場，又經分發而流向各省、各部的時候，這些人所到之處，便是擁擠和堵塞所到之處。而後是京師和地方都苦於官多缺少，入仕造成的矛盾已變成了銓選面對的矛盾。銓選講資格，在科舉制度下，這種資格是與科舉連在一起的。曾在晚清久仕京曹，之後又出任地方的何剛德民初追憶春明舊事，說是「從前京曹循資按格，毫無假借；人人各守本分，安之若素。境雖清

76　陳康祺：《郎潛紀聞初筆 二筆 三筆》上冊，第10頁。

苦，而心實太平也」。[77] 因「循資按格」而前後有序，因前後有序而人人都能找到自己的位置，於是而有「安之若素」的靜氣。他以「從前」一詞作界定，實際上對應的是清代二百數十年相沿而來的規矩。時至光緒一朝，則「資」與「格」都脫出了科舉制度，並因之而既不能「循」，也不能「按」。一則奏議說：「部臣為鼓勵捐輸起見，捐納一途多立插班名目，內選外補，佔缺獨多，以致正途人員均被積壓。」[78] 另一則奏議說「近來督撫臣每有保薦他省候補候選人員送部引見之請」，而「一經奉旨發往，便壓各班」。[79] 官多缺少，所以有候補候選以及由此構成的先後之序。但前者說的是捐納一途可以後來先到；後者說的是保舉一途可以後來先到。與這種「插班」和壓班形成對比而異常醒目的，是本應位在前端的正途被推到後面，成了讓路的一方：

> 進士榜下知縣曰即用，俗有「一日可補，百年可補」之語，言補缺遲速視大吏之意也。而以捐班擁擠，即用知縣往往久不獲補，故又有「即用者不用也」之語。曾有某即用知縣，分發江西，到省多年，除授終虛，家將斷炊矣。因以大字署門聯曰：「即用終不用，皇恩仗憲恩。」意謂天子許以即用，而大吏故靳之也。[80]

這一類意不能平的事不曾發生在清代的前期，而日多一日地出現於清代後期，正說明保舉、捐納與科舉並存之日仕路的難以「循資按格」之後，官界的銓法之亂。

在這個仕途因擁擠而戳破了舊有的章法，從有序變為無序的過程裏，出自「督撫」的「保薦」常常是無定的，而出自「部臣」為「鼓勵捐輸」多立的「插班名目」，則一經產生，便成定章，而且「捐輸」隨國用之需求而走，需求之促迫，遂演為一種「插班」之後又有另一種「插班」；一

77　何剛德：《春明夢錄・客座偶談》，上海：上海古籍出版社，1983年，《春明夢錄》下，第33頁。

78　朱壽朋編：《光緒朝東華錄》第1冊，第(總)708頁。

79　朱壽朋編：《光緒朝東華錄》第3冊，第(總)3370頁。

80　徐凌霄、徐一士：《凌霄一士隨筆》第1冊，第84頁。

種「名目」之外又有另一種名目的了無止境。光緒十一年 (1885) 言路論
「海防開捐」與銓法的扞格說:「新例海防先用、即用兩項,係一個月截
數一次;海防三班儘先各項,係兩個月截卯一次,在戶部但期迅速,可
免流弊,而吏部銓選班次,則各歸各項,迥然不同。」[81] 顯見得「先用即
用」和「三班儘先」,都是戶部為招攬捐輸而創立的「插班名目」,而對吏
部來說,則這種不斷生成的東西又是自相抵牾和首尾不能相顧的東西。
但在數十年間的各種捐例已為官場造出了彌望皆是的候補官之後,繼起
的捐例能夠用為「鼓勵」以召喚來者的辦法,又只能是這種不斷生成的
新的「插班名目」。因此言路的指陳餘音猶在,而光緒十三年戶部議開
「鄭工新例」,復於各色名目以外,已再立「班次較優」,名之為「遇缺先」
的「花樣一項」。[82] 數十年之間,一次一次「捐例」既在累積地產生「班
次」,也在累積地產生「花樣」,兩者同出於一源,而比之面目猶可辨識
的「班次」,被稱為「花樣」的那一類物事名目更多並且籠罩更廣,以至
一派紛雜。後來的歷史著述曾約而舉之,計有:

> 捐納應補先、捐納開復先、捐納分缺先、捐納分缺間、捐納雙單
> 先、勞績捐班先、捐納雙單、勞績捐班後、捐納進士先、捐納翻
> 譯進士先、捐納舉班先、捐納俸滿教職先、捐納恩蔭先、捐納難
> 蔭先、捐納進士教習先、捐納貢生教習先、捐納咸安宮教習先、
> 捐納優貢先、捐納孝廉方正先、捐納滿舉先等。[83]

由此編連而成的五花八門罩定官場,遂使人在其中,已無所逃於天地
之間。

　　「花樣」由捐班衍生,以時序而論,是一種後起的東西。然而與捐
納得官相比,「花樣」之為用,則在於得官之後候補候選,須經此一途
始能爭先得缺。因此,當日所謂「捐納一途多立插班名目」說的本是同

81　朱壽朋編:《光緒朝東華錄》第2冊,第 (總) 1916頁。
82　朱壽朋編:《光緒朝東華錄》第2冊,第 (總) 2354頁。
83　許大齡:《明清史論集》,第139頁。

一種東西。但時當保舉入仕須候補，捐納入仕須候補，科舉入仕也須候補，而且班次各立名目，前後相逐，又常以新例壓舊例，新班壓舊班為當然，則新班既立，無分保舉、捐納、科舉，既在候補候選之中，便都只能「加銀過班」[84] 以俟補選。與之相隨而來的，是衍生於捐納的「花樣」已在這個過程中越出了「捐納一途」，成了銓選中的通則和常法，既罩定了異途，也罩定了正途。而後是捐輸倒灌而入科舉，「即由科甲出身者，亦由捐納花樣而得缺」。[85] 光緒末期，一則應詔陳言說：

> 正途、勞績兩項，其歸部候選，而選缺無期者甚多，各項人員不甘沉滯，呈請分發，尚須繳分發銀兩，或候選原有三班，仍須捐分發三班，加以京官印結，所費不貲。有志寒儒選缺則無望，分發則無資，虛耗壯歲，幾致廢棄。[86]

然後權其利害曰：「戶部得各項捐款，歲不過數十萬金，而虧政體，重官累，貽害已多。正途人員既已選舉於前，仍須捐款於後，以負累之身，出而臨民，其能砥礪廉隅者幾何矣。」[87] 這些話敘述了捐納伸入銓政之後，化為仕路中的既不合情，又不合理，表達的都是讀書人的一派痛切。相比於范鳴和以翰林捐道員，呂海寰以舉人捐員外郎，以及張集馨為「大全」、「二全」捐「同知」、捐「員外」皆出於各自的自願選擇，從而表現為一種個體的行為，則「科甲出身者」亦皆須「捐納花樣」才能「得缺」，已顯然不是選擇，而是無可選擇。由此形成的整體性變化，以「正途人員既已選舉於前，仍須捐款於後」的矛盾，說明了咸同以來的半個多世紀裏，捐納以其節節伸展演為無度擴張，一路衝擊科舉，影響科舉，壓擠科舉，積久嬗蛻，已在實際上改造了科舉和同化了科舉。而對

84　許大齡：《明清史論集》，第139頁。

85　莊建平編：《近代史資料文庫》第6卷，上海：上海書店出版社，2009年，第266–267頁。

86　故宮博物院明清檔案部匯編：《清末籌備立憲檔案史料》上冊，北京：中華書局，1979年，第250頁。

87　故宮博物院明清檔案部匯編：《清末籌備立憲檔案史料》上冊，第250頁。

於科舉制度來說，被改造和被同化，則只能是歷時一千數百年之後的高處跌落和前途渺茫。

此前的二百多年裏，朝廷屢開捐例而不肯沽賣出自於科舉的功名。然而數十年之間異途與正途此長彼消，從衝擊、影響、壓擠到改造和同化，身背功名的科舉中人其實已越來越深地困處於逼仄之中而光華層層剝落。明清五百餘年的科舉以翰林為頂端，因此翰林群體在這個過程裏挾下的升降起落和不得不變，尤能典型地映照科舉制度和科舉人物在同一種時勢裏的變異程度。

翰林之成為科舉的頂端，本在於「回翔政府，儲才養望」。[88] 而既期之以大，處之以貴，則大和貴都會化作宦途優勢。《道咸以來朝野雜記》說：「道、咸間，士人多以點翰林為仕官捷徑，編修、檢討十年可至侍郎，雖未必盡然，亦差不多。咸豐初元，升途尤速，以坊缺疏通也。」其間的「崇文勤公[實，見亭河督公子]，由道光庚戌翰林，至咸豐四年，已升至工部侍郎，才五年耳」。[89] 侍郎正二品，與正七品的編修相隔十級；與從七品的檢討相隔十一級，以官價而論，兩頭之間足夠遙遠。因此翰林院中的多數人十年之內能夠走完這一段自下而上的長路，不能不算是騰達躍進。而與宦途之內的這種優勢相為表裏的，是宦途之外的聲勢和光焰。當時人說：「道光以前，翰林出遊者少。偶乞假歸，士大夫邀迎恐後，大商、富氓、諸後輩張宴歌舞，求翰林一過其家不得。車騎所過，道路瞻望，嘖嘖稱論，或誇舊時相識以為榮，鄉塾師常舉姓名以勸子弟。」[90] 由此形成的一派熱鬧，以起自民間的「邀迎」、「瞻望」、「稱論」，都顯示了翰林在當日之歆動人心。人心所歆動的顯然不是此日的官階，而是後來的遠大前程。

這是一種五百年來久積的尊嚴和榮顯，因此，當「事例既開」之後，因「六部司員，皆可入資行走」，曾使翰林院裏的人睥睨相向，「幾視部

88　錢穆：《國史新論》，北京：九州出版社，2011年，第247頁。

89　崇彝：《道咸以來朝野雜記》，北京：北京古籍出版社，1982年，第23頁。

90　朱克敬：《瞑庵雜識‧瞑庵二識》，長沙：岳麓書社，1983年，第122頁。

郎為喻等」，[91] 以見其固結而來的傲岸。然而時逢「事例既開」，則翰林與部曹其實都已在同一個過程之中，當「事例即開」演化為捐納對於科舉的衝擊、影響、壓擠，以及改造和同化，並四面合圍而來的時候，「仕官捷徑」和「道路瞻望」都隨翰林自身的變遷而日去日遠。時人概述數十年之間的後來的不同於之前說：

> 翰林為清要官，得之者，莫不羨為神仙中人。每榜用庶吉士者，率不過二三十人。多四五十人，六七十人，自開國以來，僅三、四次，不可覯也。近因捐官者多，恐以即用[知]縣，擁塞捐途，故自咸豐以來，每榜三百人內外，約三分用翰林，七分用主事、中書、知縣。一榜翰林，或至八十餘人，九十餘人，可謂多矣。[92]

庶吉士被稱為「新翰林」而以「觀政」和「進學」為本分，[93]「三年必散館」。之後「或留館職，或改主事、中書，或改知縣」。其間的分等，舊日久以「翰林留館」為「清貴已極」；而「散館時用主事、中書、知縣，則尤為終身恨事」。留館之所以「清貴」，是因為「仕官捷徑」和「升途尤速」皆在於此。但翰林之「清要」和「清貴」，本以翰林在數量上的有限為大前提，迨科舉為避讓「捐途」而改其常規，致一榜所出的庶吉士由「二三十人」變為「八十餘人」和「九十餘人」，則前榜與後榜在相接相繼中疊加而累積，時至光緒一朝，翰林院裏已是舉目所見，滿眼擠擠插插，既看不到清要，也看不到清貴了：

> 翰林多有二三十年不得開坊轉職者。有妙年入館，至白首尚未進一階者。加之貧士在京供職，艱苦萬狀。於是有以得翰林為畏途者矣。故於散館時，留館者，則父母妻子皆怨嘆窮苦無已時，僕隸下人，則皆揚去。若散主事、中書，則非二三十年不能得一官。若散知縣，則舉家慶賀，而僕隸下人，亦洋洋有喜色，謂主

91　陳康祺：《郎潛紀聞初筆 二筆 三筆》上冊，第308頁。

92　歐陽昱：《見聞瑣錄》，第54頁。

93　錢穆：《國史新論》，第247頁。

人得外官，從此不患貧也。蓋翰林散知縣，謂之老虎班，不半年，即可選實缺出京。[94]

當日的「疏通京員之法除京察記名簡放外，只有保送銓選兩途。而翰林無保送之例，又無銓選之班」，[95] 曾經的「神仙中人」遂一變而為相互擁擠的涸轍之鮒。置身於這種翰林、部曹、州縣之間的「昔以為高，今以為苦；昔以為辱，今以為貴」的顛倒裏，便常見「散館考時」有意「錯誤一二字」，以此求外放而不願意留館的人和事。然則由昔而今，清要和清貴消失的地方，留下的已只有「捐官之濫，宦途之擁」和「士人之窮，世風之變」的相為因果。[96] 而「儲才養望」的翰林院則在這個過程中成了「怨氣所積」之府，以至於身歷其間者後來評說這段歷史，徑直把甲申、甲午「兩次推翻軍機之事」歸之於翰林群體的「怨氣所積」，並視為「亦實相迫而成」[97] 的理所固然。這種推論說明，捐納對科舉的衝擊和壓擠所造成的影響和引發的回應，有時候會走得很遠。

　　從「咸豐初元」的「升途尤速」，到光緒一朝的「二三十年不得開坊轉職」，是一個產生於科舉制度的「仕官捷徑」在功名多途中走向滅寂的過程。但此落彼起，與之相互映襯而構成了直接對比的，是同一個時間裏又有另一種仕官之捷徑正沛然而起，苗長於科舉制度之外。光緒中葉，王韜追說自己「二十七八年之前」已先論洋務而「不敢質之於人」，然後以此日的「其局大變」為訝異：

今則幾於人人皆知洋務矣。凡屬洋務人員，例可獲優缺，擢高官，而每為上游所器重，側席諮求；其在同僚中，亦以識洋務為榮，囂囂然自鳴得意，於是鑽營奔競，幾以洋務為終南捷徑。其能識英國語言文字者，俯視一切，無不自命為治國之能員、救時

94　歐陽昱：《見聞瑣錄》，第55頁。

95　朱壽朋編：《光緒朝東華錄》第3冊，第(總)3395頁。

96　歐陽昱：《見聞瑣錄》，第55頁。

97　何剛德：《春明夢錄‧客座偶談》，《客座偶談》卷二，第3、5頁。

之良相，一若中國事事無足當意者，而附聲吠影者流，從而噓其焰，自惜不能置身在洋務中，而得躬逢其盛也。噫嘻！是何一變至是也。[98]

他是晚清中國先識洋務的人物之一，但這段話說的則是其意中的洋務其時已變作富貴之途，並駸駸乎正在成為仕路裏的「終南捷徑」。與他的觀察匹配而見的，又有張之洞撫晉之日廣作告示，「延訪習知西事通達體用諸人，舉凡天文、算學、水法、地輿、格物、製器、公法、條約、語言、文字、兵械、船炮、礦學、電汽諸端，但有涉於洋務，一律廣募。或則眾美兼備，或則一藝名家，果肯聞風而來，無不量材委用」。[99] 相比於王韜的放言以論世相，張之洞所表達的是那個時候自上而下以洋務為要務的收攬。而同時的士人旁觀這種自上，曾發為異議說：「今當國諸公，求才太切，至欲狗屠馬販中儲邊材、使節之選，何如因時改制，仍與儒冠儒服者議天下事也。」[100] 然則舉「狗屠馬販」為比方以極言其濫，用來與彼時之「一律廣募」和「無不量材委用」相對應，顯見得「一律廣募」和「量材委用」以求材，其著眼點自始即已不在科舉制度的程式之內。

因此，彼時被當作「眾美兼備」或「一藝名家」的應時而起者，大半都是借道於保舉、捐納走入「終南捷徑」之中的。其間的代表性人物，有「以諸生納官」[101] 入李鴻章幕府的盛宣懷，其宦途起於「議敘主事，改候選直隸州」，復「洊保知府、道員，並賞花翎二品頂戴」。而後任津海關道，遷宗人府府丞，再遷工部侍郎，又入郵傳部任侍郎、尚書。「每為上游所器重」，當道謂之「才識宏通，於中外交涉機密，能見其大。

98　王韜：《弢園文錄外編》，上海：上海書店出版社，2002年，第26頁。

99　張之洞：《張之洞全集》第4冊，第2399頁。

100　陳康祺：《郎潛紀聞初筆 二筆 三筆》上冊，第233頁。

101　費行簡：《近代名人小傳》，〈官吏〉，北京：中國書店出版社影印，1988年，第143頁。

其所經辦各事，皆國家富強要政，心精力果，措置裕如」。[102] 因此，他既以捐納和保舉得官，又以洋務而扶搖直上，三者在他身上匯為一體，構成的是一種與科舉入仕顯然不同的官場通途。與之路徑相彷彿的，還有以舉人捐員外郎的呂海寰曾「資郎行走」京師有年，之後入總理衙門充章京，「洊歷總辦暨同文館提調等差，迭膺優保，迨甲午，遂由兵部[郎]中外簡常鎮通海道。丁酉開缺，以四品京堂候補，充出使德國大臣。值庚子之變，以周旋壇坫，累得升擢。壬寅回國，已簡任左都御史，留滬辦理商約，旋又升兵部尚書」。[103] 他由捐納起家又得薦保，而仕路捷徑則也在洋務。在他們之後，又有「幼遊美，通英語」的唐紹儀，袁世凱充「朝鮮商務委員」之日「隸其下為翻譯官」，之後「以縣丞屢擢至同知，嗣從世凱於北洋，薦升道員，授津海關道」，又「開缺擢京堂」授郵傳部侍郎，任「奉天巡撫」；以及由舉人「留學日本速成法政，歸納資為郎中」，歷經「憲政編查館」提調、「政務處」參議而「擢授四品京堂」的陸宗輿；「留美農業大學」，歸國「授農科進士」，尋「晉四品銜」的陳振先；「幼從事方言同文館，通英國語言文字，參使事北美」，之後「以外吏受知袁世凱，援之入外務部，擢至右丞」的周自齊；等等。[104] 與19世紀中葉因內戰而造成的「天下有事，功名多途」相比，這些出現於19世紀後期到20世紀初年的人物皆屬世人眼中的「洋務人員」，他們所體現的顯然已是另一種「天下有事，功名多途」了。

　　一千二百多年來朝廷取官以科舉入仕為常態，因此一千二百多年來功名都出自於科舉，肇始於科舉和連著於科舉。以此為比較，則咸同以後的因「有事」而「多途」雖起於不得不然，從而不得不以「異途」立名目別作標示，但數十年之間，這種「多途」已既為「有事」所推助而廓然張大，又隨「有事」成為時務的重心而進入了仕途的中心。這個過程改變

102 中國史學會：《洋務運動》第8冊，上海：上海人民出版社，1961年，第43–77頁。

103 徐凌霄、徐一士：《凌霄一士隨筆》第4冊，第1546頁。

104 費行簡：《現代名人小傳》，〈官吏〉，第41、53頁；〈帝制黨〉，第163頁。

了功名的出處和路數，也改變了千年科舉制度養育出來的社會心理。因此，庚子之變後一年，梁啟超作時論，引為注目的是「吾聞數月以來，京師及各省都會，其翻譯通事之人，聲價驟增，勢力極盛。於是都人士咸歆而慕之，昔之想望科第者，今皆改而從事於此途矣」。[105] 若以王韜的評說對照梁啟超的議論，則「翻譯通事」一類之能夠「聲價驟增，勢力極盛」，顯然是被統稱為洋務的物事因居有官場的捷徑而傾動八方，在世路中泛化和人心裏放大的結果。而作為一種對比而見的事實，「昔之想望科第」在這個時候的翻然轉向，又直觀地顯現了同一個過程裏，科舉制度前所未有的「聲價」低落和不復再能感召一世。

科舉久與士人相依為命，因此，由科舉制度的這種積久而來，又前所未有的聲價低落和奄奄無氣，正可以見到光緒後期的中國，科舉制度已經是內在的質地大不相同，外在的形象大不相同，以及隨之而來的，其植根於一世人心之中的價值大不相同。起家翰林，而又親歷了這種變遷的胡思敬曾通貫前後而綜述之曰：

本朝最重科目，咸、同時俗尚未變，士由異途進者，鄉里恥之。左宗棠以舉人參楚南戎幕，敘功至郎中，加卿銜。曾國藩、胡林翼、宗稷辰交章論薦，瞀不就官，乃欲請諮會試。文宗謂郭嵩燾曰：「左某年且五十，可勸令早出，何以改進士為榮耶。」奉新許振禕從曾國藩遊最久，屢次軍營保獎，皆辭謝不受，卒入翰林，擢道員，官至廣東巡撫。江西人嫁女，必予秀才。吉安土俗，非士族婦人不敢躡紅繡絲履，否則嘩然訕笑，以為越禮。新翰林乞假南歸，所至鼓吹歡迎，斂財帛相贐，千里不齎糧。盧陵周氏、泰和蕭氏由淮鹺起家，擁資各數百萬。新法初行，巡撫柯逢時勸令輸財市義，為奏獎京堂，兩家子弟皆不屑。周維藩選拔蕭敷德、敷政兄弟，先後領鄉薦，極力營求，一舉擲數萬金不惜。[106]

105　梁啟超：《飲冰室合集》第1冊，《文集》之六，北京：中華書局，1989年，第47頁。

106　榮孟源、章伯鋒主編：《近代稗海》第1輯，第252頁。

以左宗棠和許振褘為實例，説的是從軍的士人雖然以事功得保舉，而心之所願，則在由科舉進身。以盧陵周氏和泰和蕭氏為實例，説的是商人之家的讀書子弟對捐輸得來的京堂蔑乎視之，而「極力營求」的是「領鄉薦」，中舉人。雖説咸同以後，保舉、捐納對科舉取士的衝擊、影響和壓擠已經在改變官場和仕途了，但這些人物各自所做的選擇，以及存在於同一個時間而更富廣度的「俗尚」和「土俗」，都説明歷時一千數百年之後，科舉制度養育出來的價值尺度和社會取向，在一段不算很短的歲月裏仍然積留於人心之中。但「功名多途」既因「天下有事」而生，又因天下多事而長，由此形成的此起彼伏和相互對照，是一個不斷地以個體實例摧折舊時價值尺度和社會取向的過程。因此，至光緒末期，則胡思敬眼中所見，已是昔之「遺俗，今不然矣。諸生焚棄筆硯，展轉謀食四方，多槁死。翰林回籍措資，俗名『張羅』，商賈皆避匿不見」。[107] 他以「本朝最重科目」起講的大段文字作反襯，意在説明前後變化的深刻程度。而與「今不然矣」同時俱見，並成為直接對比的，是他筆下所列的一長串名單，以及由此映照的另一種事實：

> 是時事例大減，由俊秀徑捐道員只二千餘金，中外顯宦大半因之以起。段芝貴由試用道得巡撫，趙秉鈞由試用道得侍郎，劉式訓、胡惟德、黃誥由試用道得出使大臣，盧靖、方旭由試用道得提學使，劉世珩、施肇基由試用道得參議，陳昭常、姚錫光由試用道得左右丞，張德彝由試用道得都統，吳熙由試用道得提法使，朱啟鈐、榮勛由試用道得廳丞，劉永慶、李準由試用道得提督，黃忠潔、徐紹楨由試用道得總兵。[108]

這些人物之間雖然品類不同，質地不齊，而其間之共性，則是沒有一個人由甲科入仕以成「顯宦」的。科舉與「顯宦」之間的這種反比大變成法，從而大變了附著於成法的種種人生經驗和人生選擇。自遠離官場的下層

107 榮孟源、章伯鋒主編：《近代稗海》第1輯，第252頁。
108 榮孟源、章伯鋒主編：《近代稗海》第1輯，第226頁。

士人看去，便但見四顧茫然。光緒二十七年 (1901) 一個山西的在籍紳士說：「讀書之士困，由於捐納之例開。現在進士舉人且不能得一官，終身坐困閭閻者十有八九，何況生員貢生乎。有子弟之家，所以棄讀書而就他業者，職此故也。」而後「讀書者甚少」，直接造成「應童生考試者」的「廖廖無幾」：

> 太原府屬十餘處，不足額數者，徐溝為最，祁縣次之，陽曲、榆次二縣僅可足額。太原、太谷、文水人數雖多，亦不及百人，不過倍於額數而已。交城、清源亦有餘額。苛嵐州、嵐縣、興縣地瘠民貧，而應試者尚較勝於府南等處。世道之壞於此可見。噫。

> 徐溝一邑，每案考取童生十六名入泮，而每案應童生試者，多則八九十人，或五六人，或三四人。今春縣試才一人而已。往往搜羅他邑之人，以足其額。[109]

他用具體的數字描述了斯文一脈的奄奄無氣。以中國之廣袤與南北之差異而言，這種七零八落的童試場面應當不會程度同等地一時於俱現於普天之下。但以同一年梁啟超泛而論之的「昔之相望科第者」改而從事他途；以及起家進士而文名甚藉吳汝綸直白地稱科舉「已是弩末」[110] 為其時的人同此心，與這種七零八落合為比類通觀，則很容易看到，本與科舉制度深相依連的中國人，這個時候正越來越多地與科舉制度日去日遠。由此反觀道光年間湖南湘潭縣「頭場報名者二千餘人」，[111] 安徽瀘州「應府縣試者常三千餘人」，[112] 同治初年江南鄉試收「試卷一萬八千本」，四川「應鄉試者萬五千人」，光緒初年順天鄉試「實到人數一萬七百九十六名」，[113] 與清代縣試所取之額不過十數人至數十人、鄉試所取之額不

109　莊建平編：《近代史資料文庫》第6卷，第277–278頁。

110　吳汝綸：《吳汝綸尺牘》，第313頁。

111　歐陽兆熊、金安清：《水窗春囈》，北京：中華書局，1984年，第11頁。

112　劉體智：《異辭錄》，北京：中華書局，1988年，第3頁。

113　翁同龢：《翁同龢日記》第1冊，第351、409頁；第3冊，1989年，第1149頁。

過數十人至百餘人相比較，則前者的一縣匯集成千和後者一省匯集的上
萬，都顯示了以求取科名為志業的人口曾經達到的規模，而這種規模所
代表的正是曾經有過的一世之趨向。然則以今視昔，從道光朝到光緒朝
末期，相隔七十餘年之後，由科舉制度聚合起來，並源源不絕的萬千人
口已在「棄讀書而就他業」中無以凝集，從而失掉了互相黏合的共性，
並正自下而上地逐層脫落，四面散去。脫落和散去的歷史內容，是一千
三百年漫長歲月中養育而成的科舉主體，正在20世紀初年走向四分五
裂。光緒二十九年(1903)《遊學譯編》作書「勸同鄉父老遣子弟航洋遊
學」，說是「向之極可慕戀之科舉，今已為蕉夢矣。而出洋學成，量與
出身，已見明諭，宦達之路，利祿之路，學問之路，名譽之路胥於是乎
在」。[114] 其間沿用的路數仍然是由「功名多途」引申而來的，而指述的則
是作為一種制度的科舉當日雖然猶未停止，而作為一種歷久而存的功名
之途，科舉在人心裏和世路中其實已如尸居餘氣，不廢而廢了。

---

114 張枬、王忍之：《辛亥革命前十年間時論選集》第1卷，北京：生活・讀
　　書・新知三聯書店，1960年，上冊，第386頁。

第二章

千年歷史的一朝終結：
科舉造就士人和士議傾覆科舉

一　科舉制度的內在偏失及其延續千年的歷史理由

　　光緒三十一年（1905），朝旨以「方今時局多艱，儲才為急」對比「東西洋各國富強之效」的「無不本於學堂」，明示彼邦興盛的因果昭然和中國人的取法所在。而後是科舉既被置於這種簡捷明瞭的推論之中，已不能不為「推廣學堂」讓路，於是而有「著即自丙午科為始，所有鄉會試一律停止，各省歲科考試，亦即停止」[1] 的一朝了斷。歷時一千三百餘年的科舉制度遂因一紙詔書而止。然而在詔書之前已經發生，並直接催生了詔書的，則是中西交衝下的數十年世局劇變和士議橫恣，及其交相震盪衝擊制藝和科舉的歷史過程。若由此朝前追溯，則還有更加長遠的一段歷史過程。

　　科舉制度起於隋唐，之後穿越一個一個王朝的盛衰起落而成為一種恒定的存在，從而恒定地為中國人築成了一個以此選官取士的漫長時代。但在這個漫長的時代裏，作為制度的科舉又常常要面對朝野之間的疑議、異議和非議，其自身也因此而在一代一代士人中成了久被關注又久被論說的題目。生當咸同之間的福格留心掌故，曾作《聽雨叢談》一書，在一千二百多年之後概述「科目」之由來和是非說：

1　朱壽朋編：《光緒朝東華錄》第 5 冊，第（總）5392 頁。

若付主司憑文取人，命之曰進士，則始於隋唐之世也。然其科目
甚多，非必斬新一局，猶存吾黨四科之意。才氣肆瞻者，有身言書
判科；野處巖棲者，有樂道不仕科。其專主於章句者，惟進士一科
耳。進士之科，始於隋煬帝大業二年，至唐之時，已有浮靡無用之
論。宋世因之。司馬光復有請設十科取士之法，亦未專重於章句。
其專重進士，專以王氏之八比文取人材者，實自勝國成化之世為
始。數百年來，士夫非科目不能進身，非八股文不能科目。苟有班
馬之才，孫吳之略，不由八股之學，則群相詆訕，斥為廡官，轉成
終身之辱。是以士自束髮訖於成名，只須習熟講章，摹擬墨套，此
外不須一涉。且防誤入子史一詞，致成疵累。雖有世家大族，芸編
插架，只供作陳設，與鼎彝瓷石，同為美觀，相戒毋敢寓目。一旦
得志成名，以為讀書之事畢矣。王應麟為宋末大儒，嘗言：「習舉
業者，苟沽名譽，得則一切委棄，漫不加省。非國家之所望於儒生
也。」在宋末舉業已如此，況後之以八比為舉業者也。黃南雷曰：
「流俗之倫，雖穿穴經傳，形灰心死至於君盡者矣。苟不策名，皆
謂之無成。豈知場屋之外，乃大有事。」卓哉斯言，可以深慨也。[2]

之後由隋唐宋明論及有清一代，敘述其間的前後變遷說：「本朝初年，
用人不次，故八旗科目，時舉時停，深恐習染虛浮，不崇實學。雖翰林
學士，不必盡由科目陟階。而其時人材蔚然，實有偉器，即漢籍中高士
奇、朱彝尊輩，亦何愧於八比之士。且文物之盛，盛於制科，制科之
盛，盛於數布衣、例監而已。乾嘉以來，士風漸以科目相尚，翰林史職
亦不能更以他途進身。斯所以八股之學益專，博涉之志益替。」[3]其概述
之中同時又表達了明顯的褒貶。雖說這種評議科舉的概述未必具有十足
的歷史準確性，但卻大體真實地寫照了科舉制度自身歷經的演變，以及
不同時代的人物從反面著眼對於科舉制度的思考和質疑。由這一面所派
生的論爭，形成了與科舉制度同樣漫長的一種歷史。

2　　福格：《聽雨叢談》，北京：中華書局，1984年，第77–78頁。
3　　福格：《聽雨叢談》，第77–78頁。

　　科舉起於隋唐，而對於科舉的指摘，也在同一個時候與之相隨而起。出自其間而富有代表性的，是唐人賈至所作的〈條議科舉狀〉，以為「今試學者，以貼字為精通，而不糾旨意；校文者以聲病為是非，而但擇浮艷。上採其教，下承其流，依風波盪，不知底止。忠信陵替，恥尚失所，末學馳騁，儒道不舉，凡此四者，皆由取士之失」。[4] 由「不糾旨意」和「但擇浮艷」而致「忠信陵替，恥尚失所」，陳述的是唐代試士重詩賦，遂使文辭與義理之間的輕重因科舉而被倒置。之後由隋唐至宋代，已是取士的制度屢經增益而章法大備，並且「聖朝廣開科舉之門」，而後「人人皆有覬覦之心」，[5] 規模尤比前代更廣。然而與之同時出現的，則又是時人以心中的理想和理想中的人才作對照，申論科舉之弊端的各見所見。蔡襄説：

> 擇官在於取士。今之取士，所謂制科者，博學強記者也；進士者，能詩賦，有文詞者也；明經者，誦史經而對題義者也。[6]

司馬光説：

> 竊以為取士之道，當以德行為先，其次經術，其次政事，其次藝能。近世以來，專尚文辭。夫文辭者，乃藝能之一端耳，未足以盡天下之士也。國家雖設賢良方正等科，其實皆取文辭而已。[7]

朱熹説：

> 如今時文，取者不問其能，應者亦不必其能，只是盈紙便可得。推而上之，如除擢皆然。禮官不識禮，樂官不識樂，皆是吏人做

4　姚鉉：《唐文粹》卷二八，轉引自陳登原：《國史舊聞》第2冊，北京：中華書局，2000年，第125頁。

5　王銍：《默記・燕翼詒謀錄》，北京：中華書局，1981年，第1頁。

6　蔡襄：《端明集》卷十四，〈國論要目〉。

7　李之亮：《司馬溫公集編年箋注》第3冊，成都：巴蜀書社，2009年，第87頁。

上去。學官只是備員考試而已，初不是有德行道藝可為表率，仁
義禮智從頭不識到尾。國家元初取人如此，為之奈何。[8]

他們說的都是取士之本義在於造人，但科舉既憑文字定取去，則自一面
而言，是具體的人和真實的人都已為文字所遮蔽；自另一面而言，是本
屬一藝的文字，又因此而在世人眼中已移為重心和要目。與隋唐科舉並
不提防主試與被試之間的往來相比，宋代科舉章法峻密，則尤以「無情
如造化，至公如權衡」，[9] 在主試的考官與應試的士人之間嚴立隔絕為要
端。隨之是隔絕之下，「皆取文辭」和「不問其能」都成了不得不然。蔡
襄、司馬光、朱熹之先後而起，對應的正是這種不得不然。而同為宋人
的葉適則總括而謂之曰「用科舉之常法不足以得天下之才」。[10] 其各自論
說，要旨都歸於科舉取士的文與人之間不相對等和法與人之間深重隔
閡。迨時移勢遷之後，明人別開一局，立八股為文體而定四書為範圍，
之後清承明制而一脈相沿。由此帶來的是明清五百餘年裏科舉取士之法
再變，士議之評說科舉也再變。

　　由於清人在明代二百數十年之後，又在隋唐宋元一千年之後，以眼
光而論，便更多了一種縱觀審視的深度和寬度，因此清人以一千年積留
的利弊說科舉，以二百數十年積留的利弊說八股，由此產出的異議和非
議都遠多於前代。其中尤其引人注目的，是歷經明清之交的天崩地坼之
後，從天崩地坼中走出來的一代士人各自省思，對於科舉制度的深究鞠
詰。黃宗羲說「取士之弊，至今日制科而極矣」：

　　古之取士也寬，其用士也嚴；今之取士也嚴，其用士也寬。古者
　　鄉舉里選，士之有賢能者，不患於不知。降而唐宋，其為科目不
　　一，士不得與於此，尚可轉而從事於彼，是其取之之寬也。[11]

8　朱熹著，朱傑人、嚴佐之、劉永翔編：《朱子全書》第17冊，上海：上海古
　　籍出版社、合肥：安徽教育出版社，2002年，第3531頁。
9　歐陽修：《歐陽修全集》第4冊，北京：中華書局，2001年，第1716頁。
10　馬端臨：《文獻通考》上冊，北京：中華書局，1986年，第316頁。
11　黃宗羲著，沈善洪、吳光編校：《黃宗羲全集》第1冊，杭州：浙江古籍出
　　版社，2005年，第14、16頁。

然後詳論之曰：「王制論秀士，升之司徒曰選士；司徒論選士之秀者，
升之學曰俊士；大樂正論造士之秀者，升之司馬曰進士；司馬論進士之
賢者，以告於王而定其論。論定然後官之，任官然後爵之，位定然後祿
之。一人之身，未入仕之先凡經四轉，已入仕之後凡經三轉，總七轉，
始與之以祿。唐之士，及第者未便解褐，入仕吏部，又復試之。韓退
之三試於吏部無成，則十年猶布衣也。宋雖登第入仕，然亦止是簿尉令
錄，榜首才得丞判，是其用之之嚴也。」他歸結此中之要義為「寬於取
則無枉才，嚴於用則少倖進」，以對比他身在其中而熟視已久的「今也
不然」：

> 其所以程士者，止有科舉之一途，雖使古豪傑之士若屈原、司馬
> 遷、相如、董仲舒、揚雄之徒，舍是亦無由而進取之，不謂嚴乎
> 哉！一日苟得，上之列於侍從，下亦置之郡縣。即其黜落而為鄉
> 貢者，終身不復取解，授之以官，用之又何其寬也。嚴於取，則
> 豪傑之老死丘壑者多矣；寬於用，此在位者多不得其人也。[12]

「豪傑之老死丘壑者多矣」是一種推想，「在位者多不得其人」是一種判
斷。這些話出自《明夷待訪錄》，而《明夷待訪錄》的立意在於「思復三代
之治」。[13] 所以，比之唐人議唐代科舉和宋人議宋代科舉，黃宗羲對明
代「制科」的訾議，其匹比的尺度更迂遠，也更多儒學的理想主義。以
此論明代的科舉和明代的學術，便但見「三百年人士之精神，專注於場
屋之業」，遂成其「舉業盛而聖學亡」的一派顛倒。[14] 與他同屬一個時代
的顧炎武同樣訾議科舉，並且論說越富廣度，下筆也越見銳利。但就個
人的識知和關注而言，其痛楚又尤在立八股為文體、定四書為範圍的時
文，其深詆也尤在科舉以時文取士和以時文造士：

12　黃宗羲：《黃宗羲全集》第 1 冊，第 14、16 頁。
13　黃宗羲：《黃宗羲全集》第 1 冊，第 192 頁。
14　黃宗羲：《黃宗羲全集》第 10 冊，第 4、19 頁。

國家之所以取生員，而考之以經義、論策、表判者，欲其明六經之
旨，通當世之務也。今以書坊所刻之義謂之時文，舍聖人之經典、
先儒之注疏與前代之史不讀，而讀其所謂時文。時文之出，每科一
變，五尺童子能誦數十篇，而小變其文，即可以取功名。而鈍者
至白首而不得遇。老成之士既以有用之歲月銷磨於場屋之中，而少
年捷得之者又易視天下國家之事，以為人生之所以為功名者惟此而
已。故敗壞天下之人才，而至於士不成士，官不成官，兵不成兵，
將不成將，夫然後寇賊奸宄得而乘之，敵國外侮得而勝之。[15]

這段文字著力抉發時文之害，並以此為前朝亡於「敵國外侮得而勝之」
的結局說因果，其理路同黃宗羲由制科之弊演繹出「豪傑之士」的「老死
丘壑」，並以此與「在位者多不得其人」相對舉一樣，都是一種跨度太大
而無從實證的推導。但身在明清嬗遞之際而由今時返視往昔，那一代人
抱身世家國情懷論時論世，其思想視野便很容易以著眼於大處為共有的
普遍性，並因此而多能擅用廣申博引，把選定的問題推導到大處和深
處。所以，同在這種思想視野之中，當日顏元評說時文與顧炎武理路相
似，其推導之既深且遠也與顧炎武相似：

法弊滌弊，則法常行；弊生變法，則法即弊。如棄選舉取八股，
將率天下賢愚而八股矣。天下盡八股，中何用乎？故八股行而天
下無學術，無學術則無政事，無政事則無治功，無治功則無升平
矣。故八股之害，甚於焚坑。[16]

與一朝之興亡相比，「焚坑」已是舉秦皇為比方，極言其摧鋤斯文而使
天下無學，顯然罪過更深而且禍害更大。與前代人的疑議和異議相比，
見之於此日的這些言之滔滔說明：在科舉制度歷時一千多年之後，清初
的士人看明代的取士之法，顯然是「專尚文辭」以取人的舊弊之外又多
了一重以八股為制藝的新弊。

15 顧炎武：《日知錄集釋》中冊，上海：上海古籍出版社，2006年，第967頁。
16 顏元：《顏元集》下冊，北京：中華書局，1987年，第691頁。

　　清代承接了一千多年的科舉制度，也承接了明代二百數十年的以八股為制藝。因此，清初那一代人注目的問題和留下的思考，便同樣成了此後二百六十多年裏士林中人的省視之所在和議論之所在。顏元之後八十年，生當乾隆一朝的袁枚說：

> 自時文興，制科立，《大全》頒，遵之者貴，悖之者賤，然後束縛天下之耳目聰明，使如僧誦經、伶度曲而後止。此非宋儒過，尊宋儒者之過也。今天下有二病焉，庸庸者習常隸舊，猶且不暇，何能別有發明？其長才秀民，又多苟且涉獵，而不肯冒不韙以深造。凡此者，皆非尊宋儒也，尊功令也。功令之與宋儒，則亦有分矣。[17]

他由時文而牽及宋儒和「尊宋儒者」，則其意中所不能消受的，大端尤不在時文立八股為文體，而在時文定四書為範圍，並以《四書大全》為法式；遂使四書和宋儒都化作「功令」，成了「束縛天下之耳目聰明」的東西。這一套道理因非議時文而能與前人相印和，但非議時文而專以「尊宋儒者」為對手，又明白地反映了其時正在發生的漢學駸駸乎而起和宋學在久盛之後的趨於落勢，以及盛衰影響之下，士林取向的轉變與朝廷「功令」之間的不相對稱。清人之評說科舉，也因之而多了一重隨學術變遷而來的理據和準尺。至道光初年，龔自珍作〈擬釐正五事書〉，說：「今世科場之文，萬喙相因，詞可獵而取，貌可擬而肖，坊間刻本，如山如海。四書文祿士，五百年矣；士祿於四書文，數萬輩矣。」而「五百年」和「數萬輩」積為「既窮既極」，此日已不能不「改功令，以收真才」。[18] 他所引為大病的，是八股文體懸罩之下，取士造士的良莠難分，一片混沌。此後三十多年，曾國藩作〈武昌張府君墓表〉說：「自制科以四書文取士，強天下不齊之人，一切就瑣瑣者之繩尺，其道固已

17　袁枚：《小倉山房詩文集》下冊，上海：上海古籍出版社，1988年，第1560–1561頁。

18　龔自珍：《龔自珍全集》，上海：上海人民出版社，1975年，第344頁。

隘矣。近世有司，乃並無所謂繩，無所謂尺。若閉目以探庾中之豆，白黑大小，惟其所值。」而「士之蓄德而不苟於文者，將焉往而不黜哉？」[19] 他是一個做過理學工夫的人，但以「四書文」稱時文而深加指摘，其意中所不滿的，又尤在於四書與時文的合為一體。四書尚義理，以此為對比，則「瑣瑣者之繩尺」和「其道固已隘矣」，說的都是義理之不復成為義理。與他們立意相近的，還有生於嘉慶中葉，之後歷經道、咸、同、光四朝的陳澧。他曾作〈科場議〉三篇，以「文章之弊，至時文而極；時文之弊，至今日而極」作統而論之，然後解說其所以為「極」曰：「時文之弊有二：代古人語氣，不能引秦漢以後之書，不能引秦漢以後之事，於是為時文者，皆不讀書。凡諸經先儒之注疏，諸史治亂興亡之事跡，茫然不知，而可以取科名得官職，此一弊也。破題、承題、起講、提比、中比、後比，從古文章無此體格，而妄立名目，私相沿襲，心思耳目，束縛既久，錮蔽既深，凡駢散文字詩賦，皆不能為，此又一弊也。」兩者之中，又是「前之弊大，後之弊小」。[20] 相比於「後之弊」猶是一種文章之弊，則「前之弊大」由「代古人語氣」而來，指的是時文試士，題目取自四書而程式則在代聖賢立言。但以時序而論，四書範圍之內的聖賢皆屬秦漢以前的人物，因此取士的時文同時又像是在劃定一種知識界限，使跟著走的士人無須用工夫於秦漢之後二千多年裏義理所託的諸經注疏、民生所繫的治亂興亡，由此形成的矛盾是：科舉制度用考試選官，其間立為準尺以區分高低優劣的，應當是文化和知識的程度。然而「為時文者，皆不讀書」，又說明時文取士之所選，以及因其所選而化為所造，實際上更容易催生和助長的，卻是既不通經又不知史、知識偏枯不全的人物。所以，他以此為時文之大弊，著眼處顯然在天下士人的造就和被造就。

從17世紀到19世紀，這一類出自士林的評說、論斷、疵議、詰問連為前後相繼，一路貫穿於清代二百多年之間。而論其指向，二百多年

---

19 曾國藩：《曾國藩全集·詩文》，長沙：岳麓書社，1986年，第261頁。
20 陳澧：〈科場議〉，載盛康輯：《皇朝經世文續編》卷六十六，禮政六貢舉。

之間的士議反思科舉，大半都集矢於時文。以此為對比，則乾隆年間舒赫德奏疏議科舉，則不僅詆斥時文，而且由此直入，深而論之，推及科舉制度本身：

> 科舉之制，憑文而取，按格而官，已非良法，況積弊日深，僥倖日眾。古人詢事考言，其所言者，即其居官所當為之職事也。今之時文，徒空言而不適於用，此其不足以得人者一。墨卷房行，輾轉抄襲，膚詞詭說，蔓衍支離，以為苟可以取科第而止，其不足以得人者二。士子各占一經，每經擬題，多者百餘，少者不過數十，古人畢生治之而不足，今則數月為之而有餘，其不足以得人者三。表判可以預擬而得，答策隨題敷衍，無所發明，其不足以得人者四。且人才之盛衰，由於心術之邪正，今之僥倖求售者，弊端百出，探本清源，應將考試條款改移而更張之，別思所以遴拔真才實學之道。[21]

他說的都是「憑文而取」的不足以識人和得人，就其所持的理路而言，顯然更接近於唐人議科舉和宋人議科舉。而「改移而更張之，別思所以遴拔真才實學之道」，則又以其更加徹底的推導，把這種理路引入了廟堂的廷議之中。與起自廟堂以外的士人各作議論相比，便尤其引人注目。清人指抉科舉之弊，多由「八股」、「時文」、「科場之文」、「四書文」起講，反映的是明清五百年科舉的因別立制藝而致偏失，他們注目的時病不盡全同於前代，他們筆下的論旨也不盡全同於前代。因此，同在這個過程之中，舒赫德以「科舉之制」為「已非良法」，由此起講而重「制」重「法」，則橫掃的範圍便自始即已越出時文而意在科舉制度本身，雖說其持之有故，言之成理並未越出唐人與宋人的舊轍，但有此亢揚一鳴，又俱見清人看明清五百年科舉制度，也會有前此一千多年裏曾經出現過的對於這個制度的反面立論和全盤否定，並因此而與前代的評說構成了一種思想上的連貫。

21　〈議時文取士疏〉，載賀長齡、魏源：《皇朝經世文編》卷五十七，禮政四學校。

明清之間非議八股試士，對比而起的主張常常是以「勒之以論策」[22]為當然；唐宋以來非議科舉制度，對比而起的主張常常是以「辟舉之法」[23]為當然。從唐宋到明清，非議科舉制度和非議八股試士，立意都是傾力在為當世指陳病象，所以其各自立論而所見略同，常常能因真實而見深刻。

但就「論策」和「辟舉」在隋唐之前久已有之而言，其捨此取彼之際其實是在回歸；然而就歷史中的來龍去脈而言，是科舉本自起於為辟舉糾弊，並在其一路演變中自然淘汰了策論而言，則回歸所指向的猶是回到舊日老路，其中的利與害仍然無從確定而不可測度。因此，當日張廷玉奉旨「議覆」舒赫德的奏疏，正是追溯古今之法的前一種弊端與後一種弊端之消長起伏，以及由此產生的因時而變和不得不變，以說明今世之弊難於用古法了事：

> 取士之法，三代以上出於學，漢以後出於郡縣吏，魏、晉以來出於九品中正，隋、唐至今出於科舉。科舉之法，每代不同，而自明至今，則皆出於時藝。三代尚矣，漢法近古，而終不能復古。自漢以後，累代變法不一，而及其既也，莫不有弊。九品中正之弊，毀譽出於一人之口，至於賢愚不辨，閭閻相高。劉毅所云「下品無高門，上品無寒士」者是也。科舉之弊，詩賦則只尚浮華，而全無實用。明經則專事記誦，而文義不通。唐趙匡舉所謂習非所用，所用非所習，當官少稱職之吏者是也。時藝之弊，則今舒赫德陳奏是也。聖人不能使立法之無弊，在乎因時而補救之。[24]

「自漢以後，累代變法不一，而及其既也，莫不有弊」，說的是二千多年來，時當舊法成弊，則不得不別立新法，而後是除弊的新法一經展布，

22　魏禧：〈制科策上〉，載賀長齡、魏源：《皇朝經世文編》卷五十七，禮政四學校。

23　顧炎武：《顧亭林詩文集》，北京：中華書局，1959年，第24頁。

24　張廷玉著，江小角、楊懷志點校：《張廷玉全集》上冊，合肥：安徽大學出版社，2015年，第98–100頁。

其自身又會為這個世界帶來另一種弊。在這種歷史留下的事實裏，沒有一種「取士之法」是「無弊」的。因此，「蘇軾有言，得人之道在於知人，知人之道在於責實。蓋能責實，則雖由今之道而振作鼓舞，人材自可奮興。若謂務循名，則雖高言復古，而法立弊生，於造士終無裨益」。他和舒赫德一樣看到了其時的科舉之弊，但與舒赫德不同的是，其意中的科舉之弊既不全是因法而生弊，也不都能用變法來消弭。是以「時藝取士，自明至今殆四百年，人知其弊而守之不變者，非不欲變，誠以變之，而未有良法美意以善其後」。其間的矛盾在於：

> 必若變今之法，行古之制，則將治宮室、養遊士，百里之內置官立師，獄訟聽於是，軍旅謀於是；又將簡不率教者，屏之遠方，終身不齒，其無乃徒為紛擾而不可行，又況人心不古，上以實求，下以名應。興孝，則必有割股、廬墓，以邀美名；興廉，則必有惡衣菲食、弊車羸馬，以飾節者矣，相率為偽，其弊尤繁。甚至藉此虛名以幹進取，及乎蒞官以後，盡反所為，至庸人之不若。

> 若乃無大更改，而仍不過求之語言文字之間，則策論、今所現行表者、賦頌之流，是詩賦亦未嘗盡廢；至於口問經義，背誦疏文，如古所謂帖括者，則又僅可以資誦習，而於文義多致面牆。其餘若三傳科、史科之法、書學、算學，崇文、宏文生等，或駁雜放紛，或偏長曲技，尤不足以崇聖學而勵真才矣。

然則就前一種變法之不可以行和後一種變法的更加紛亂而言，相為權度，「則莫若懲循名之失，求責實之效，由今之道，振作補救之為得也」。他相信「責實」比變法更能起此日的科舉之衰，「然此亦特就文學而言耳，至於人之賢愚能否，有非文字所能決定者。故立法取士不過如是，而衡品論人，初不由此」。[25]

舒赫德的「陳奏」，重心在於「科舉之制」的「弊端百出」，張廷玉則言之更深地說明：作為取士之法，科舉取士所能夠做到的其實是有限

25　張廷玉：《張廷玉全集》上冊，第98–100頁。

的。這是制度的設定和制度的限定。因此，「立法取士不過如此，而衡品論人，初不由此」，又說明：一千年來的訾議科舉和四百年裏的訾議時文，其間最終歸結於「賢愚能否」的各色弊相，背後的原因實際上常常在立法取士所能達到的限度之外。「不過如此」寫出了科舉的本來面目，從而在指為弊端那一面之外，還維護了科舉制度本有的合理一面。

這種對於科舉制度合理一面的闡述，曾是清代士議中同樣引人注目的一面。是以在張廷玉之前，侯方域已取義於同樣的道理論說養士和取士之要，「尤在勿以文藝為浮華，而以德行為藉口，蓋其所可飾者行也，而其所不可飾者文也」。以此「可飾」和「不可飾」分人物之等類，則「舍文而論其行者，奔競之端也；既論文而後察其行者，齊一之術也」。在他所看到的真實的士人世界裏，是「天下固有文學而無德行者，未聞不文不學而有德行者」。所以，「道德發聞之謂德，百行卓越之謂行，是文學之所不及也，非謂其遺文學也。且有人於此，策之以經而不對，考之以文而不能，問之以字而不識，無論其實不長者，即果然矣，亦不過市井之願，耰鋤之老耳」。[26] 其言之明瞭，主旨都是申述「憑文而取」的事之必有和理所當然。在張廷玉之後，又有朱克敬説：「今世學者多以時藝為小道，夫時藝之視古文，誠有莛楹之別，然在高人名士言之則可，有政教之責者不當言也。有明以來，以此取士，一代之公卿大夫，名臣循吏，皆由此出，烏可目為小道而不講乎？且朝廷所以懸此取士者，非真謂時藝能得人，而工時藝者即可以治平天下也。任事者必有專精之志，強固之氣，又明於聖人之理，詳於先王之制度文為，然後充之以閱歷，施展其才能，而後能泛應不窮也。」而「應科目者，其志氣期於必得，而又求理於四子，考名物於六經，苟如是矣，授之以官，使之閱歷而施展焉，雖不中不遠矣」。[27] 其言之明瞭，主旨都是申述時文取士的命意並不止乎選官，而尤其在於用儒學的義理化育「應科目者」。

26　侯方域：〈重學校〉，載賀長齡、魏源：《皇朝經世文編》卷五十七，禮政四學校。

27　朱克敬：《儒林瑣記‧雨窗消意錄》，長沙：岳麓書社，1983年，第100頁。

侯方域著重說「憑文而取」的理由，朱克敬著重說時文試士的理由。兩者之所論都在張廷玉統括而言之的「不過如此」之中，但兩者都以各自的見理通達，為「不過如此」說明了道理之所在，即價值之所在。

　　作為取士之法，科舉選人的準確程度是有限的。然而在一路延續的漫長過程之中，科舉制度又以籠罩之廣和鍥入之深而成為一種牽匯萬端的社會存在，實際上已不僅僅是一種取士之法了。時至明清兩代的五百餘年裏尤其如此。道咸之間，邵懿辰曾由取士之法的前後變遷而論及儒學的入於世道人心，言之尤為詳明：

> 三代下道義功利，離而為二，而猶幸道義得附功利而存，何也？自孔子雅言詩書禮，翼贊周易，因魯史成春秋，其後群弟子相與撰次其言辭行跡為論語，而又各以意推衍為大學中庸七篇之書，經火於秦，論語伏於屋壁，大學中庸泊於戴記，而七篇夷於諸子。豈經書之藏顯固有時，何尊慕而信用之者少也？[28]

孔子之教形成文字著述之後，曾經在很長的一段時間裏並不彰顯。而使儒學從「夷於諸子」裏走出來，並歷久彌新地四布天下的，是一代一代的取士之法。就其事實而論，這又是一個以功利成就道義的過程：

> 漢武帝始以英傑之才崇向儒術，用孔子六經收召當世賢良俊茂之士，其後遂為成格。而史遷讀功令乃至廢書而嘆；班固繼譏之，以謂儒道所由，廣祿利之途然耳。明太祖既一海內，與其佐劉基以四子書章義試士，行之五百年不改，以至於今。議者又謂以排偶之文汩傳疏之體，束髮小生哆口執筆代聖人立言，為侮聖傷道之大者。[29]

由於取之以道義而獎之以利祿，出自道義一面的譏議便始終與這個過程相伴隨，而明清五百年之間的「議者」又越見後來居上的高亢。但邵懿辰更多歷史主義的平情說理，因此能夠以另一種眼光看待其「不得已而

28　邵懿辰：〈儀宋堂後記〉，載《半巖廬遺集》，光緒三十四年刊本，第21–22頁。

29　邵懿辰：〈儀宋堂後記〉，第21–22頁。

為此制，蓋亦厄於世變」的因果相隨，並進而越出選官取士的範圍，更富廣度地論述這種「道義得附功利而存」的取士之法，以見「其為效亦有以陰福天下後世而人不知」的實際影響和深層意義：

> 秦漢迄元明至今二千餘年之久，田不井，學不興，聖君賢宰不閒出。苟無孔子之六經，與夫有宋程朱所考定四子之書在天壤之間，與飲食衣服常留而不敝，則夫乾坤幾何而不毀壞，人類幾何而不絕滅耶？徒以功令之所在，爵賞之所趨，故雖遐陬僻壤，婦人小子，皆能知孔子之為聖，程朱子之為賢；名言於其口而允出於其心，猝不知其納於義理之域。是其為效固已奢而澤天下後世固已博矣。[30]

顯見得選官的取士之法對於歷史中國更大的造就，是把儒學義理撒到了「遐陬僻壤」之間和「婦人小子」之中。由此反問，則「向使漢不以經術進人，明不以制義試士，天下之士，不見可欲。忽忘敝棄之久，雖聖賢精神與天地相憑依，必不至歸於泯滅無有，然亦安能家喻戶曉，焯然如今之盛邪？」[31] 當大半「議者」都在就科舉而論科舉的時候，他以漢代經術與明清制義之間的一以貫之串連古今，非常明白地説明，科舉不僅是一種「憑文而取」的制度，而且是一種維持教化的制度。從「經術進人」到「制義試士」，其間的「進人」與「試士」都是功利，而「經術」和「制義」則都是道義。兩者之合而為一，便是「道義得附功利而存」。由此施為一朝一朝的「功令」，遂使選官取士的過程以儒術歆動天下，並在播染人心中深入人心。而後的「家喻戶曉」和人人「納於義理之域」，已是選官取士的過程，同時又成了因利祿之途而成就一世之教化的過程。教化以浸潤喚起自覺，造就了南北東西之人的同在「皆能知孔子之為聖，程朱子之為賢；名言於其口而允出於其心」之中，於是而有上下共認的是非、共奉的價值，以及同一種規範自我的精神秩序，同一種善處人己的倫理秩序。

30　邵懿辰：〈儀宋堂後記〉，第 21–22 頁。
31　邵懿辰：〈儀宋堂後記〉，第 21–22 頁。

　　由教化所生成的這一面維繫了世道人心，卻並不在科舉制度的本義之內，但這一面自始即與科舉制度因果相承而且深度依連，以更廣的視野作觀照，其周延所及和牽動所及，實際上已經遠遠大過了科舉制度的本義。是以在他之後，光緒初年沈葆楨作奏議，言之深切的也是這一層道理：「八比代聖賢立言，今雖漸失初意，然國家所以統天下之智愚賢不肖，不敢棄聖經賢傳如弁髦者，未嘗不賴乎此；而士民親上死長之義，亦隱隱藉以護持。」[32] 顯見得八比取士之是非得失是可議的，然而是非得失之外，與八比取士內相縮結的，一頭是「國家所以統天下之智愚賢不肖」，一頭是「士民親上死長之義」的由此得以「護持」。兩頭都為當日世局的本根所寄，從而皆屬議無可議。他們的陳述都在回應同一個時代裏貶斥科舉和排抵時文的論說，而作為制度的科舉與時文以其生生不息的派生和演化，實際影響了中國歷史與中國社會的程度也因此而見。

　　這種由同一個對象引發的各是其是和各非其非，既真實地反映了科舉制度之弊，也真實地反映了科舉制度之利。而身在利與弊的相互對照之間，便常常會使從反面評說科舉的人物立論不能一以貫之。所以曾明言「今科舉之弊極矣」的朱熹，同時又明言「也廢他不得」，並直白地説：「居今之世，使孔子復生，也不免應舉。」[33] 而曾作〈答尹似村書〉，痛詆時文「束縛天下之耳目聰明」的袁枚，於〈胡勿厓時文序〉中已一變口吻，亟言時文對於個體士人的深刻造就：

> 古文者，自言其言；時文者，學人之言而為言。自言其言，以人所不能言而己能言為貴；學人之言，亦以人所不能言而己能言為貴。夫至於學人之言而為言，似乎傳聲博影而言人人同矣。不知所學者何人也，聖人也。聖人之言，聖人之心也。能得聖人之心，而後能學聖人之言。得之淺者，皮傳於所言之中而不足；得之深者，發明於所言之外而有餘。

32　中國史學會：《洋務運動》第1冊，上海：上海人民出版社，1961年，第181–182頁。

33　朱熹：《朱子全書》第17冊，第3536頁；第14冊，第415頁。

孔子學周公者也，孔子所言，周公未嘗言。孟子學孔子者也，孟
子所言，孔子未嘗言。周、程、張、朱學孔、孟者也，周、程、
張、朱所言，孔、孟未嘗言。時文者，依周、程、張、朱之言，以
學孔、孟之言，而實孔、孟與周、程、張、朱皆未嘗言。然明諸大
家，學其言而言之矣；本朝諸大家，又學其言而言之矣。言之肖與
否，雖不能起數聖賢於九原而問之，而天下之人，皆以為肖，皆以
為聖人復起，不易其言，此四百年來，時文之所以至今存也。

「能得聖人之心，而後能學聖人之言」，則時文的本旨正是儒學在人心中
的內化。由這種內化申而論之，則「或謂時文小道，不足以取士。不知
天下事莫不有名焉，有實焉。如務其名乎，則古之鄉舉、里選，即今之
時文也；古之策論、詩賦，即今之時文也。其無人焉一也。如按其實
乎，則於時文觀心術，即古之鄉舉、里選也；於時文徵學識，即古之策
論詩賦也。其有人焉一也」。[34] 以〈答尹似村書〉對比〈胡勿厓時文序〉具
見真實的袁枚，既是一個逆反於時文的人，同時又是一個真懂時文和推
崇時文的人。與之相彷彿，咸豐後期曾下筆非議四書文「強天下不齊之
人，一切就瑣瑣者之繩尺」的曾國藩，同治初年作家書〈諭紀瑞侄〉，而
言之諄諄的已是「侄此際專心讀書，宜以八股試帖為要，不可專恃蔭生
為甚，總以鄉試會試能到榜前，益為門戶之光」。稍後，又因「紀瑞侄
得取縣案首」而「喜慰無已」。在另一封家書中說：「吾不望代代得富貴，
但願代代有秀才。秀才者，讀書之種子也，世家之招牌也，禮義之旗幟
也。」[35] 他看重的是科舉可以養成「讀書之種子」。有此種子，而後成己
成人，始能有「門戶之光」。因此，與得自父輩軍功的「蔭生」相比，「八
股試帖」雖然可議，猶是子弟成就讀書種子的入戶之門徑。他在咸豐後
期非議時文，說的是真話，在同治初年以「八股試帖為要」，說的也是
真話。而同一個時段之內兩種真話之間形成的扞格抵牾則與袁枚略同。

34　袁枚：《小倉山房詩文集》下冊，第 1771–1772 頁。

35　曾國藩：《曾國藩全集·家書》卷二，長沙：岳麓書社，1994 年，第 1067、
　　1193 頁。

因此，比之從正面說科舉的那些人物和言論，這些出自同一個人說科舉和時文的前後相異，其不同的評論正以明顯的矛盾以及這種矛盾的自相纏繞，更具體而且更深刻地映照了科舉制度自身的矛盾和難於以一面而作論斷。

科舉因矛盾而有利弊，然而科舉的利和弊又常常出自一個源頭。蘇軾説：

> 一之以考試，奄之以倉卒，所以為無私也，然而才行之士，無由而深知。委之以察舉，要之以久長，所以為無失也，然而請託之風，或因之而滋盛，此隋唐進士之所以有弊，而魏晉中正之所以多奸。[36]

他對比而論科舉和察舉，說明兩者都有毛病，而兩者的毛病又都是從正面的立意中衍生出來的，從而都是有理由的。與之同屬一個時代的蘇頌說：「夫彌封謄錄，本欲示至公於天下。然而徒置疑於士大夫，而未必盡至公之道，又因而失士者亦有之。」[37] 前者以宋人說隋唐科舉，後者以宋人說宋代科舉。從隋唐的「一之以考試」，到宋代「彌封謄錄」，是一個制度的重心越來越自覺地移向「至公」的過程，而由此所截斷的主試一方與被試一方之間除文字以外的一切往來，又使「考官但校文詞，何由知其行實」，以致「士之賢否，而進退之間繫乎幸與不幸」，[38] 成為科舉取士被當時和後來長久指目的大弊。這種大弊與「無私」和「至公」同出一個源頭而共造一重因果，就科舉制度而言，便成了利之所在即弊之所在。此後八百多年，已時至晚清，官文說「歷代取士之法不外選舉考試兩途，軍興以來，論者多患科舉之弊，請變通之法」，然後主張以「訪求人才」[39] 為糾弊之計。主張變「考試」為「求訪」，顯見得其意中的「科

36　呂祖謙：《宋文鑒》卷一二二，轉引自陳登原：《國史舊聞》第2冊，第128頁。

37　蘇頌：《蘇魏公文集》上冊，北京：中華書局，1988年，第213頁。

38　蘇頌：《蘇魏公文集》上冊，第213頁。

39　〈請擢用優貢疏〉，載陳弢輯：《同治中興京外奏議約編》第5卷，第17頁。

舉之弊」仍然是「考官但校文詞」之下的「才行之士，無由而深知」。而作為對比，則是與他年輩相近的魏源論選官取士，深以為科舉制度「雖所以教之未盡其道，而其用人之制，則三代私而後世公也」。[40] 他尤其看重的，是朝廷和天下士人之間這種自上而下的「至公」。以當日因科場案而興大獄所引發的士人群起共鳴匯成的迴響作對照，[41] 則魏源的話無疑比官文更能代表多數讀書人的心聲。兩者所說互不相同，而從這種由科舉制度引發的各立一端深入科舉制度的內裏，則分立的兩端其實又最終結穴於同一個地方。因此，八百年歷史變遷之後，晚清人所面對的科舉之利弊依舊是宋代人所面對的科舉利弊。

科舉取士以「憑文」與知人之間的脫節為弊，而弊端之存在與「無私」和「至公」相因依；時文試士以「束縛」而且「錮蔽」耳目聰明為弊，而弊端之存在與天下之教化相纏連。由於這種因依和纏連，科舉的弊病雖因其易知易見而一代一代屢被非難，但非難之無從轉化為「變通」和「變法」以去其弊，全在於剗除科舉之弊的過程，不能不由一面而傾翻另一面，同時又摧鋤了科舉之利。科舉制度形成於歷史之中，其利弊的同出一源和相為因果也形成於歷史之中。而後是利弊之共存，又歷史地形成了一種難以單面「變通」的「常例之法」。明人袁中道說：「古今之法，無全利無全害者。夫大利大害之法，久不見其利，而見其害，率不數傳而止。惟有一種常例之法，無論巧拙，皆能用之，持之也若無心，而究竟歸於無毀無譽，故久而可不變。」然後比較古今而論之曰：

> 蓋古用人取人之法，有鄉舉，有辟署等法，而今皆不能行，所存者止科目耳。有九品官人等法，而今皆不能行，所存者止資格耳。夫古之法皆格而不能行，而獨科舉資格存者，豈法久弊生，而此獨無弊歟？非也。科舉之法，乃宋學究科也，士為帖括，糊名易字，任有司甲乙之。即有高才博古通今之儒，而不及格，終

40　魏源：《魏源集》上冊，北京：中華書局，1976年，第61頁。

41　毛祥麟：《墨餘錄》，第200頁。

身不得沾升斗之祿。又時文爾雅，不投有司，好尚相軋，總歸沉滯。及其雋者，出官登朝，與文字分為二途。[42]

這些話說明：就個體的才識和遇合而言，「科舉之法」的普遍尺度常常會失其準頭，從而取捨之間把人放錯位置。因此，立足於個體，其為弊之害是非常明顯的。然而與「鄉舉」、「辟署」、「九品官人等法」相比，「科舉之法」又在以自己整體上的「至公」，為一個最需要恒定和穩定的常態社會，維持了一種整體上恒定和穩定的上下流動。而並不圓滿的「科舉之法」歷經了隋唐以來的一個一個王朝始終無可替代，其原因蓋在於此。他說：

> 然吾以謂天下之才，誠非科舉之所能收，士之有奇偉者，誠不宜以資格拘之。顧此皆非常之事，而世無非常之人，則相安於額例而已矣。今使離科舉而行聘薦，彼主聘薦之人，果具隻眼者耶？銓選者破格用人，又果能辨之於未事之先否耶？徒滋紛紜無益也。且天下無事，常時也；書生主衡，常人也。以常人處常時，而行常事，亦可矣。設有賢者於此稍通融之，而亦不必出於例之外也。如斯而已矣，如斯而已矣。[43]

「鄉舉」、「辟置」、「九品官人」之法都由個體的人和具體的人主持，從而都會因人而轉移，因人而變化，其本性決定了這些舊日的制度皆不能形成「無論巧拙，皆能用之」的「常例之法」，遂都成了「而今皆不能行」的東西。科舉制度的不同，在其所求為「至公」，是以所重在客觀。而客觀之易於化為「常例」而成一定之規和不易之規，便使國家用人能夠「以常人處常時，而行常事」。因此，科舉制度雖累被抨擊，而又能與抨擊相伴隨，一路透迤地帶著弊病走過了一千多年。其間曾有過宋代元祐一朝「仿古創立經明行修科，主德行而略文藝」；之後又以孝、悌、睦、姻、任、恤、忠、和八種德行立「八行科」取士。後來馬端臨總評之曰：

42　袁中道：《珂雪齋集》中冊，上海：上海古籍出版社，1989年，第848–849頁。
43　袁中道：《珂雪齋集》中冊，第848–849頁。

> 八行科立，專以八行全偏為三舍高下，不問內外，皆不試而補，
> 則往往設為形跡，以求入於八行，固已可厭；至於請託徇私，尤
> 難防禁。大抵兩科相望，幾數十年，乃無一人卓然能自著見，與
> 名格相應者。[44]

之後又有過「洪武中嘗停科目十年」，而行之未久又重回科舉取士的反
覆，[45] 以及與之相隔三百餘年的清初康熙一朝「停止八股文」五年，而後
又重新以時文試士的反覆。[46] 停科目和停八股都是為了糾弊，而最後終
以重歸科目和八股的反覆為結局，則以其否定之否定說明，糾一面之
弊，往往又會造成更大的弊。在此之後，復有「乾隆盛時，錢竹汀已議
變科舉，道光間馮林一又議之」，而皆屬「空談策論，漫無章程，實令
人罔知所從」[47] 的言之成理而無從施行。相比之下，袁中道所說的「如斯
而已」和張廷玉所說的「不過如此」，則更能無涉褒貶地表述歷史的本相
和人在其中的取捨之難。

二 變法與科舉

一千年裏的疵議科舉和五百年裏的疵議時文，雖然各自闡說，而前
者之共性，都在於指責科舉之法不能真得「明六經之旨，通當世之務」
的儒學「俊義」；[48] 後者之共性，都在於指責以八股為程式，則影響所
及，天下的讀書人皆不能真「明聖賢之書」。[49] 兩者的立場都在儒學，兩
者的準則也都在儒學。但從19世紀70年代開始，疵議猶在不止不息之
中，而歷經數十年中西交衝之後，中國人面對的時勢已翻然大變；遂使

44　馬端臨：《文獻通考》上冊，卷三十一，第296頁。

45　馮桂芬：《校邠廬抗議》，上海：上海書店出版社，2002年，第37頁。

46　《清實錄》第4冊，北京：中華書局，1996年，第2758頁。

47　轉引自許全勝：《沈曾植年譜長編》，北京：中華書局，2007年，第214頁。

48　顧炎武：《顧亭林詩文集》，第22–23頁。

49　陳澧：〈讀書議〉，載盛康輯：《皇朝經世文續編》卷六十五，禮政五學校下。

蒿目時艱的經世濟時之論隨之而翻然大變；最終又使科舉制度面對的詰問和究詰也翻然大變。

　　科舉取士的緣起和歸旨都在於「得人」。[50] 然而時當西人藉通商、傳教「入中國」，而「以兵脅我，殆無虛歲」[51] 之日，衝擊所至，已是「天地自然之運會至於今而一變其局」：[52]

> 自開闢以來，神聖之所締造，文物之所彌綸，莫如中國，一旦歐洲強國四面環逼，此巢、燧、羲、軒之所不及料，堯、舜、周、孔之所不及防者也。今欲以柔道應之，則啟侮而意有難厭；以剛道應之，則召釁而力有難支；以舊法應之，則違時而勢有所窮；以新法應之，則異地而俗有所隔。[53]

當此古今之變而「急圖富強以為自立之道」，則「方今所急者莫如洋務」。[54] 而後是由這一路派生的「用人最是急務」和「儲才尤為遠圖」，[55] 已不能不使「洋務」之「用人」和科舉的「得人」各成一路而彼此相悖。薛福成說：

> 所謂才者何常？時方無事，則以黼黻隆平為貴；時方多事，則以宏濟艱難為先。夫道德之蘊，忠孝之懷，詩書之味，此其體也。而論致用於今日，則必求洞達時勢之英才，研精器數之通才，練習水陸之將才，聯絡中外之譯才。體用兼該，上也；體少用多，次也。當風氣初開之際，必有妙術以鼓舞之，則人自濯磨矣。[56]

雖說他仍然以「體」為尊，但著力推重的則顯然是「用」。因此，在「風氣初開」而實際上無從徵召「體用兼該」之日，他特別又把「體少用多」列

50　顧炎武：《顧亭林詩文集》，第22頁。

51　中國史學會：《洋務運動》第1冊，第52–53頁。

52　中國史學會：《洋務運動》第1冊，第170頁。

53　中國史學會：《洋務運動》第1冊，第259頁。

54　中國史學會：《洋務運動》第1冊，第170頁。

55　中國史學會：《洋務運動》第1冊，第52頁。

56　中國史學會：《洋務運動》第1冊，第259頁。

為「次也」。由於少與多之間的無可界定，其一片模糊，實際上便在以「體」的收縮為「致用於今日」的伸展讓出空間。在那個時候的中國，這種不同於舊日的度量才與非才之繩尺，在切近時務而同此困境的士大夫群體裏很容易心同理同。於是而有見之於奏摺、信函和論説之中的「惟有破格用人」；[57]「一孔之儒，逞其目論」，而「率皆不切之務」；[58]「今日人材，如練兵、籌餉、造船、簡器、出使銜命，皆無資格可守，亦非資格之人所能為力」，[59] 以及「延訪通才」、[60]「拔取其才」[61] 和「得人尤為最難」；[62]「目今解事人少，辦事人尤少」，[63] 等等。而以這一類按洋務面目塑造出來的「洞達時勢之英才，研精器數之通才，練習水陸之將才，聯絡中外之譯才」為理想人物，對比「逞其目論」而「率皆不切之務」的「一孔之儒」，則「急圖富強以為自立之道」的過程，從一開始便已不能不牽及科舉取士和時文試士。

同治末年，李鴻章奉旨「籌議海防」，已由人材消乏推及「不學之過」，又由「不學之過」推及「下不學由於上不教也」：

> 軍務肅清以後，文武兩途，仍舍章句弓馬未由進身，而以章句弓馬施於洋務，隔膜太甚，是以沈葆楨前有請設算學科之奏，丁日昌前有武試改槍炮之奏，皆格於部議不行。而所用非所學，人才何由而出？近時拘謹之儒，多以交涉洋務為浼人之具，取巧之士又以引避洋務為自便之圖。若非朝廷力開風氣，破拘攣之故習，求制勝之實濟，天下危局，終不可支。日後乏才，且有甚於今日者。以中國之大，而無自強自立之時，非惟可憂，抑亦可恥。[64]

57　中國史學會：《洋務運動》第1冊，第55頁。

58　中國史學會：《洋務運動》第1冊，第222頁。

59　中國史學會：《洋務運動》第1冊，第336頁。

60　中國史學會：《洋務運動》第1冊，第231頁。

61　中國史學會：《洋務運動》第1冊，第232頁。

62　中國史學會：《洋務運動》第1冊，第99頁。

63　中國史學會：《洋務運動》第6冊，第293頁。

64　中國史學會：《洋務運動》第1冊，第53頁。

然後總歸其旨曰：「臣愚以為科目即不能驟變，時文即不能遽廢，而小楷試帖，太蹈虛飾，其非作養人才之道。擬應於考試功令稍加變通，另開洋務進取一格。」[65] 他以「章句弓馬」通論「文武兩途」的不識時務和不合時宜，而落腳點則全在繫乎萬千士人的「科目」和「時文」。作為主持洋務的人物，李鴻章由「籌議海防」而引申出來的這些論說，富有代表性地說明，曾經長久遭受非議的科舉和時文，從此又被洋務席捲而入中西交衝的漩渦之中。因此，李鴻章之後，又有羅應旒上書論洋務，而以「今日之時文、詩賦、小楷」為「人皆知其無用」；[66] 有朱採上書論洋務，而以「小楷、試帖」為「此二者無用於世，無關於人，盡人知之」；[67] 以及王韜在時論中所說的當此「通今為先」之世，「中國之士」因「時文之累」而知古「不知今」，[68] 等等，都是在用同一種眼光和同一種理由評判時文，以及時文背後的「科目」。

與長久以來持儒學「俊義」為理想，以批評科舉之不能「得人」，持「聖賢之書」為準尺，以批評時文之不能明真義相比，像這樣引「施於洋務，隔膜太深」為大謬，以指責「科目」與「時文」之「無用」的論斷，顯然是一種前所未有和全然不同的路數。前後之間的這種不同，其本源在於洋務以效西法圖自強為宗旨，因此，科舉既被捲入中西交衝的漩渦之中，則取士之法所應對的已不僅是聖賢，而且是西人。張樹聲說：「學以致用為貴，本無中西之殊。歐洲界在海西，地氣晚開，其人秉性堅毅，不空談道德性命之學，格物致知，尺寸皆本心得。」而後能「跨海東來，無不雄視中土」。[69] 薛福成說：「夫泰西百工之開物成務，所以可富可強、可大可久者，以朝野上下敬之、慕之、扶之、翼之，有以激勵之之故也。若是則謂與今之中國相反。」因此「中國果欲發憤自強」，則

65　中國史學會：《洋務運動》第1冊，第53頁。

66　中國史學會：《洋務運動》第1冊，第174頁。

67　中國史學會：《洋務運動》第1冊，第337頁。

68　王韜：《弢園文錄外編》，第68頁。

69　中國史學會：《洋務運動》第2冊，第124頁。

「必先破去千年以來科舉之畦畛，朝野上下皆漸化其賤工貴士之心」。[70]
前者由「致用為貴」說西人，把「格物致知」移到了「道德性命之學」的前
面；又以「本無中西之殊」為當然，使其筆下所舉的西人之已然，實際
上變成了中國人的不得不然。對於正在以四書五經，從而以「道德性命
之學」試士的科舉制度來說，這種起於歐西而演化為中國論說的理路，
無疑已是直面而來的顛覆。後者由泰西的「開物成務」而言其「百工」之
尊，然後以彼邦之所以能「可富可強，可大可久」反比「今日之中國」，
而歸咎於「千年以來科舉之畦畛」。然則以西法相推度，是「百工」的可
尊和應尊猶在科舉士人之上。對於久為天下取士和造士的科舉制度來
說，這種引西國比中土的侃侃而言，同樣是直面而來的顛覆。

　　張樹聲的話出自奏疏，薛福成的話出自策論，而以「致用為貴」說
「格物致知」，以「開物成務」說「可富可強，可大可久」，則都共同地反
映了起於「製器」、「練兵」的洋務事業，其效法回應西人衝擊的重心，
自始便在於技術。而當技術成為時務裏的重心之後，人才的選擇為之轉
移，人材之造就也為之轉移。則不尚技術的取士之法，便不能不被置於
應當改變和必須改變之列：

　　　泰西各國創造利器，未及百年，而成就如此之精，自非舉國人矢
　　　恒心爭思自奮，烏能如此。中國若不稍變成法，於洋務開用人之
　　　途，使人人皆能通曉，將來雖有防海萬全之法，十年、二十年後
　　　主持乏人，亦必漸歸墮廢，或名存實亡，未其能持久也。[71]

這段話的主旨顯然是在「稍變成法，於洋務開用人之途」一面。而比「稍
變成法」說得更加直白，並因之而更能達意的，還有「功名之路開，奇
傑之才出矣」。[72]《易經》說「形而上者謂之道，形而下者謂之器」，而後
有中國人心目中的本末之分。朱熹稱之為「道器之間分際甚明，不可亂

70　中國史學會：《洋務運動》第 1 冊，第 395 頁。
71　中國史學會：《洋務運動》第 1 冊，第 377 頁。
72　中國史學會：《洋務運動》第 1 冊，第 157 頁。

也」。[73] 所以，舉數千年來儒學的傳承和展開皆以「道」為源頭和歸宿相對比，則此日以洋務為立場論「科舉之畦畛」和時文的「無用」，雖然與此前千餘年裏詆議科舉的士論同屬對於這種取士之法的立異和否定，但千餘年裏的非議科舉，歸根結底都集矢於科舉的不能全合聖人之道；而此日把無從對接「開物成務」和「創造利器」看作科舉的大病，顯見得已是倒置本末。而既以「器」為經世之要務，又以「器」為事理之要目，與之相表裏的，則是「形而上者謂之道」被放到了他們的視野之外。然則把這種沒有「道」的「器」當作一世之要務，以排抵當日的科舉制度，其別開一路的技術主義實際上不僅否定了科舉，而且否定了此前一千多年裏的士林人物對於科舉的否定。這種變化發生於身當西人的衝擊，並正在汲汲乎回應西人衝擊的那一代中國人之中，其直接反映的時代內容已全然不同於前代非科舉的士議，其持有的理據和宗旨也已全然不同於前代非科舉的士議。因此，就唐宋以來評說科舉制度的思想歷史而言，這種變化正是以前後之間的斷裂另立一局，開啟了一個由古今之變所主導，並隨古今之變的激化而越走越遠的過程。

效西法以圖自強的洋務改變了中國人審視科舉的眼光。與之前的士林議論因疵議科舉而常常懷念薦舉、因疵議時文而常常懷念策論相比，則此日由另一種眼光所派生的「稍加變法」和「稍變成法」之歸於「另開洋務進取一格」，顯然已經繞出了大部分士人熟識已久，並因之而能共同判別利弊的尺度和範圍。所以，即使是同屬洋務一脈的左宗棠，雖然也著力於造船造炮回應西人，而其意中的理路則不同於李鴻章的理路，而尤不能信以「器」為大，即可以成為取士之法。當其經營西陲之日，曾在一封信裏說：

　　竊以為近時人心之蔽，每因此關未能勘破，遂爾見異思遷，奪其素志，浸欲崇般倕之社而廢澤宮，精考工之言而棄官禮，慎孰甚焉。今試以藝事言之：聚儒者於一堂而課以金工、木工之事，固問十不能答一，蓋以非所習也。與華之百工校且然，況泰西師匠

73　朱熹：《朱子全書》第 23 冊，第 2755 頁。

乎？治天下自有匠，明匠事者自有其人，中不如西，學西可也，匠之事也。然奚必胥天下之人而匠之，又並治天下之匠而薄之哉。一事之成敗利鈍，非所能知，因成敗利鈍而喪其心之所明，以求有成無敗，有利無鈍，必不可得也。況所謂成者利者，乃天下所謂敗與鈍乎？範文正有言「吾知在我者當如是而已」。近時自負深知洋務者，殊未之思耳。[74]

稍後又在另一封信裏說：「人見西士技巧，卓絕古今，以為華人學制，必須聰穎俊達之士。不知彼中均由匠人推擇，並非於士類求之。況中華學制，本執柯伐柯，較之天工開物，又自有別，使三千七十之徒，執贄般倕，不亦傎乎？」[75] 他與李鴻章同以軍功起家而名位相埒，並同是世運丕變之日為中國先開洋務的人物。因此，「中不如西，學西可也」，在這一點上，他與「近時自負深知洋務者」並無歧異。但「學西可也」的同時，他又非常明白地把「澤宮」與「般倕之社」分開，把「官禮」與「考工之言」分開，把「儒者」之事與「匠之事」分開，要端都是在把道與器分開，並明示兩頭之間的以道為本。就其眼中所見，是自負深知洋務者都重器，然而「自負深知洋務者」又常常「奪其素志」和「喪其心之所明」。以前一面的外有所牽比後一面的內無所立，則其間缺失的顯然是「形而上者謂之道」。而舉孔門三千弟子七十二賢人為譬，以總稱士人，又意在說明道的傳承須有主體。然則「胥天下之人而匠之」的顛倒錯亂，是變士為匠，遂使以器為大，而且以器獨大之下，世間不復再有論道之人。其立論之旨，顯然與薛福成所倡的破「科舉之畦畛」，以「漸化」朝野上下「賤工貴士之心」的說法不僅相互扞格，而且截然悖反。所以，雖然左宗棠由事功致高位而成達官，卻並不喜歡用「學以致用為貴」那一套道理輕議科舉，他在家書中教子說：

---

74 左宗棠：《左宗棠全集》第14冊，上海：上海書店出版社影印，1986年，第12160–12161頁。

75 左宗棠：《左宗棠全集》第15冊，上海：上海書店出版社影印，1986年，第12847頁。

> 今之論者動謂人才之不及古昔由於八股誤之，至以八股人才相詬
> 病。我現在想尋幾個八股人才與之講求軍政、學習吏事亦了不可
> 得。間有一二曾由八股得科名者，其心思較之他人尚易入理，與
> 之說幾句四書，說幾句大注，即目前事物隨時指點，是較未讀書
> 之人容易開悟許多。可見真作八股者必體玩書理，時有幾句聖賢
> 話頭留在口邊，究是不同也。[76]

他所重的不僅在有用，尤其在明理，從而尤其在人的「素志」和「心之所
明」。相比於李鴻章所說的「小楷試帖，太蹈虛飾」，顯然是各成一路。

　　與左宗棠持論相近的，還有同時的沈葆楨。作為福州船政局的開
此一局者和先期主持者，沈葆楨也是那個時候著力辦洋務的人，因此也
是一個深知「中不如西，學西可也」的人。由於「中不如西」，他曾請「設
算學科」[77] 以資造就，雖為部議所格，其仿西法的用意則是明白可見
的。然而他並不盡歸科舉、時文為無用，也並不以「破格」和「另開洋務
進取一格」為事理之應然。當日答朝廷諮問，他在奏議中說：

> 今之仕途有四：曰科甲、曰軍功、曰吏員、曰捐納。因材器使，
> 何地無賢？偏重一途，或有時不能自堅其說。臣以為自古無久而
> 不弊之政，隨時補救，則視乎其人。為部堂、為疆吏者，誠能
> 仰體朝廷所實維賢之意，不執成見，但嚴別其人之賢否，可者用
> 之，不可者去之，涇渭分則人知自勵，觀感興起，豈有甘以不肖
> 終者哉？[78]

他引當日的功名多途說明，其時朝廷用人，除了「科甲」之外，還有其他
三種路徑。就「軍功」和「捐納」的尤易登堂入室、一路全無約束而言，
由此「進身」，本已全無窒礙。因此，以事實論事理，則當時的科舉制度
其實並沒有構成堵塞「洋務進取」的壁障。與之相比對而成佐證的，是時

76　左宗棠：《左宗棠全集》第 13 冊，岳麓書社，1987 年，第 67–68 頁。

77　中國史學會：《洋務運動》第 1 冊，第 52 頁。

78　中國史學會：《洋務運動》第 1 冊，第 182 頁。

人記聞中所描述的「嘗見中朝士大夫相聚而談曰：『今日仕途孰為終南之捷徑乎？』曰『莫如通商各國事務衙門。其為利也，則有薪水之添；其為名也，則有升遷之速；其優敘也，幾如軍營之克城擒渠；其超擢也，幾如翰詹大考一等；其按期保舉也，實同於軍機章京；其逾格錄用也，實過於京察卓異』」。[79] 總理衙門為當時朝廷經營洋務的總匯所在，而這些話說的都是一入其中，便能騰達。在一個仕路擁塞的時代裏，這是一種鮮明的反差。其間曾有過張蔭桓起家於「以資為縣官」，一路累受保舉，先任出使大臣，後任總理衙門大臣，[80]《清史稿》稱他「驟躋巍官」，又稱他「務攬權，為同列所忌」，[81] 正以其鋒芒畢露的意態展示了彼時由科舉之外「進取」洋務，自能成其聲勢煊赫的事實，而這種事實的存在，同時也顯示了以洋務為立場非議科舉之堵塞人才之路，其實過度衍化而並不十分切題。但伸張洋務的議論既已置科舉於對立一面，則其中的「自負深知洋務者」又很容易以過度衍化為當然。所以，那個時候的策論曾沿此過度衍化而言之極端地說「今之世，若以禦夷滅寇危疑大事另責之一流人，而富貴爵祿則以備甲科諸途，以資格而得之者享用位置之具，夫是以人才不出而時事日壞」，[82] 其立意顯然與「開洋務用人之途」和「功名之路開」則「奇傑之士出矣」同歸一途。這些話以紙面上的道理為道理，因此能夠言之界限分明。然而這些道理由紙面移到真實的歷史之中，便同樣成了不能切題的東西。以19世紀50年代崛起於內戰，之後又立足東南造船造炮，以力圖自強回應西人，從而為「所急者莫如洋務」築成了實際開端的湘淮軍功人物群而言，則身當世變而面對「危疑大事」，這些最先自覺地以擔當世運為己任的人物，其實大半都是從科舉制度裏走出來的士大夫。然則以歷史對照議論，顯見得其意中的「另責之一流人」，俱是下筆了無際涯而常常會走到歷史事實之外的臆想。

79　中國史學會：《洋務運動》第1冊，第593頁。

80　費行簡：《近代名人小傳》，〈官吏〉，第108頁。

81　趙爾巽等撰：《清史稿》第41冊，北京：中華書局，1976年，第12436頁。

82　中國史學會：《洋務運動》第1冊，第335頁。

在一千多年裏，儒學中人用儒學的道理批評科舉之弊以後，19世紀70年代，因中西交衝而生的洋務又用另一種道理批評科舉之弊。然而同在洋務之中，左宗棠、沈葆楨與李鴻章、張樹聲、薛福成之間的各是其是，又説明了這種後起的道理雖然別開一路並常常過度衍化，但在那個時候的中國卻還並不足以自成一統而推倒舊日的道理。因此，其籲請朝廷「力開風氣」，立論的分寸也多半僅止乎「稍加變通」和「稍變成法」。後來何剛德在《春明夢錄》一書中記前朝舊事，曾追敘説：「薛叔耘副憲（福成）出使外洋，甚著聲望。當時之熟悉洋務者無出其右，余欲從而學焉。渠曰：洋務究屬偏才，政治家宜求其全者，何必見異思遷。且此事非二十年經驗不辦，非僅懂西文，嫻西語遂可稱職也。」[83]則觀照前後，顯見得即使是推崇「譯才」為今日「必求」之人才，並力主「破去千年以來科舉之畦畛」的薛福成，其心中之所重也一時與另一時之間並不能一以貫之。這種不同人物自為表達的各是其是，以及同一個人物的前後自相歧異，都反映了因中西交衝而催生的新道理，實際上猶是一種單面立論的道理，從而猶是一種並不圓滿的道理。所以，在洋務為中心的三十年漫長歷史裏，這套道理一經生成，便作為一種思想存在而一路起伏一路延伸，既沒有成為一種入人之心的強音，也沒有實際地促成過取士之法的「稍加變通」。

然而作為一個迫來的歷史過程，中西交衝始終是因外力的衝擊而延續，以及在對於這種衝擊的回應之中實現的，因此，這套道理既由中西交衝所催生，又一定會隨外力衝擊和挾迫的激化而發生變化。在這種歷史因果裏，發生於甲午年間的中日戰爭，以前所未有的劇烈創痛前所未有地打碎了中國人心中的自我形象，從而大幅度地改變了中國人的自我認知，震盪所及，遂使起於洋務的這一套非科舉之説，被後起的時論引為要務所在的大題目，當初見之於奏議和策論的那些道理因之而化為那個時候言之滔滔的報章文字，以掀動時潮而影響人心和改變人心。時至戊戌年間，則以除舊布新為名目，在百日之間已經把這一套新道理對於

83　何剛德：《春明夢錄・客座偶談》，《春明夢錄》上，第33頁。

舊科舉的否定，移到了大變成法之中，並且演化出一套牽拽更加廣泛，又推斷更加岌迫的論說。

甲午後二年，梁啟超主《時務報》，作〈變法通議〉，深論科舉之弊，明言「欲興學校，養人才，以強中國，惟變科舉為第一義。大變則大效，小變則小效」。之後二年，他又聚匯群集於京師的各地舉人，作〈公車上書請變通科舉摺〉，挾一腔急切申論：「頃者強敵交侵，割地削權，危亡岌岌，人不自保。皇上臨軒發嘆，天下扼腕殷憂，皆人才乏絕無以禦侮之故。然嘗推求本原，皆由科第不變致之也。」[84] 同一個時間裏，又有嚴復說：「夫科舉之事，為國求才也，勸人為學也。求才為學二者，皆必以有用為宗。而有用之效，征之富強；富強之基，本諸格致。不本格致，將無所往而不荒虛。」因此此日救時，必「痛除八股而大講西學」。[85] 伸張的也是這一套道理。這種由「強敵交侵」推演到「人才乏絕」，又由「人才乏絕」推演到「科第」之不能不變，雖然下筆更多意態之促迫和立論的獨斷，而其間的路數則與李鴻章那一代人的陳說大致略同。由此明白顯示的是兩者之間的前後承接，以及兩者所共有的同一種時代內容。然而就強敵環伺之下的時勢與國運而言，則90年代後期已顯然地不同於70年代初期。

由於這種不同，梁啟超上書皇帝，用之以否定科舉的，已不僅是器，以及附著於器的技術，更是以「西學」為總稱的西方世界的知識體系。他對比而論說：中國的「考官及多士」，能夠「通達中外，博達政教之故，及有專門之學者」少之又少，以此「至愚極陋」之人而「當官任政」，來應對「泰西四十六之強國，萬億之新學新藝，其為所凌弱宰割拱手受縛，乃其固然也」。之後統而論之，指泰西的「新學新藝」為今世之「智」所在，而以中國之科舉為今世之「愚」所在，並把這種愚智之分的影響由讀書應試的「多士」推及中國人的整體：

84　梁啟超：《飲冰室合集》第1冊，《文集》之一，第27頁；《文集》之三，第21頁。
85　嚴復著，王栻編：《嚴復集》第1冊，北京：中華書局，1986年，第43頁。

科舉之法，非徒愚士大夫無用已也，又並愚其農工商兵婦女而皆愚而棄之。夫欲富國，必自智其農工商始；欲強其兵，必自智其兵始。泰西民六、七歲必皆入學識字學算，粗解天文輿地，故其農工商兵婦女皆知學，皆能閱報。吾之生童固農工商兵婦女之師也，吾生童無專門之學，故農不知植物，工不知製物，商不知萬國物產，兵不知測繪算數，婦女無以助其夫。是皇上撫有四萬萬有用之民，而棄之無用之地，至兵不能禦敵，而農工商不能裕國，豈不大可痛哉。

今科舉之法豈惟愚其民，又將上愚王公。自非皇上天亶聖明，不能不假於師學。近支王公皆學於上師房之師傅，師傅皆出自楷法八股之學，不通古今中外之故，政治專門之業，近支王公又何從而開其學識，以為議政之地乎？故科舉為法之害，莫有重大於茲者矣。

夫當諸國競智之時，吾獨愚其士人，愚其民，愚其王公，以與敵智，是自掩閉其耳目，斷刖其手足，以與烏獲、離婁搏，豈非自求敗亡哉。[86]

他所列舉的「植物」、「製物」、「萬國物產」、「天文輿地」、「測繪算數」以及「古今中外之故」和「政治專門之業」都是知識。而科舉以經義試士，立意本在納士子於「義理之域」，從而納天下於「義理之域」。所以「雍正中，有議變取士法，廢制義者，上問張文和，對曰：『若非制義，恐無人讀四子書，講求義理者矣。』遂罷其議」。[87] 由這段君臣之間的對話，可以看到的正是科舉制度守定的主次之分和輕重之分。就人類認知的分類而言，知識和價值無從匹比，因此知識和義理也無從匹比。雖說在實際的思維過程中知識與義理之間能夠形成關聯，但通觀梁啟超所羅舉的連串名目，則這種來自「新學新藝」的知識，大半都是與義理界分清晰

86　梁啟超：《飲冰室合集》第 1 冊，《文集》之三，第 22–23 頁。
87　陳康祺：《郎潛紀聞初筆 二筆 三筆》下冊，第 602 頁。

而各成一脈的東西。因此，以泰西「萬億之新學新藝」為是，來說明中國科舉之非，則其言之滔滔的層層演繹，實際上是在兩種不可類比的對象之間作以此律彼而辨愚辨智。

引「新學新藝」立說，背後是一套以有用反無用的道理。但同時人不信這種以此律彼者，則列舉出自「義理之域」而由科舉進身的中興名臣，指陳其應時而起之日，「一時藝學、譯學無不絡繹奔赴以供大才之用」，而成經世濟時之事功的實例，以說明有「用人之才」和「用於人之才」之分。並說明「國家宜求用人之才，不宜求用於人之才」。這也是一種有用無用，大用小用的道理。而以這種道理相度重，「新學新藝」不過是「一身一家之用，一材一藝之能，一手一足之效，何足任天下事哉」。[88] 兩者各成一種理路而無從交集，但時勢逼迫之下，以「智」比「愚」和化「愚」為「智」的非科舉之說更容易成為一種動人之心的邏輯，而後是義理便成了應被知識打倒的東西。然則歸科舉於愚，同時是其意中之智已全萃集於西學之中了。相比於上一代以「器」為大的洋務人物置「道」於視野之外，這種邏輯沿前者留下的那一套道理而來，又創為程度更深，而且更具整體性的攪動。所以，相比於上一代洋務人物的論說，這種在「強敵交侵」映襯之下的用知識撻伐義理，又使那個時候的科舉制度被更加急迫地拖入了無從應對的困境之中。

梁啟超後來回溯晚清廢止科舉的歷史過程，說是繼「郭嵩燾、馮桂芬等」之非議科舉，「到戊戌維新前後，當時所謂新黨如康有為梁啟超一派，可以說是用全副精力對於科舉制度施行總攻擊」。[89] 以其時康有為作〈請廢八股試帖楷法試士改用策論摺〉，說「魏科進士、翰苑清才」而不知「亞非之輿地，歐、美之政學」；譚嗣同作〈報貝元徵〉，說「惟變學校變科舉，因之以變官制，下以實獻，上以實求」始可救時；徐勤作〈中國除害議〉，說「故謂覆中國，亡中國，必自科舉愚民不學始也。不

88　故宮博物院明清檔案部匯編：《清末籌備立憲檔案史料》下冊，第994頁；梁啟超：《飲冰室合集》第1冊，《文集》之三，第42頁。

89　梁啟超：《飲冰室合集》第5冊，《文集》之三十九，第43頁。

除科舉搭截枯窘之題，不開後世書後世事之禁，不去大卷白折之楷，八
股之體，試帖之詩，定額之限，場期之促，試官之少，累試之繁，而求
變法自強，猶卻行而求及前也」，[90] 等等，無疑都是在以同一種宗旨表達
同一種主張。「施行總攻擊」，說的正是其一時俱起。然而以當日留下的
文字，以及由此引發的反響作比照，則更能以「全副精力」發為論說，
並前所未有地以其聲光遠播造成社會思想大幅度震盪的，是梁啟超的
「妙才下筆，不能自休」和「筆端又有魔力，足以動人」。[91] 是以當時鄭孝
胥由《時務報》說到梁啟超，謂之「梁君下筆，排山倒海，尤有舉大事，
動大眾之概。目下各省聞風興起者，山鳴谷應」。[92] 因此，與前一代洋
務人物非科舉的議論既出自個體，又常在此起彼落之中相比較，此日的
「對於科舉制度施行總攻擊」，則能夠借助於「去塞求通」[93]的《時務報》
以文字「動大眾」，並在「聞風興起」的同聲相應和回聲四起中匯為那個
時候的輿論。

　　嚴復說「八股錮智慧，壞心術，滋游手」，並推而論之曰，自科目
「創為經義」，其害在於「破壞人才」，使「天下後世」久「被其愚」；[94] 章起
祥說「時文積弊太深，愚我震旦，抑我士氣，為患靡窮」。[95] 這些話共指
時文、八股之大弊為「愚」士人和「愚」天下，顯然與梁啟超引為大法，
用之以力闢科舉的那一派以知識抑義理的論說心相近而理相同。張元濟
說：「今之自強之道，自以興學為先，科舉不改，轉移難望。吾輩不操

90　康有為著，湯志鈞編：《康有為政論集》上冊，北京：中華書局，1981年，
　　第269頁；譚嗣同：《譚嗣同全集》上冊，北京：中華書局，1981年，第
　　210頁；舒新城：《中國近代教育史資料》下冊，北京：人民教育出版社，
　　1961年，第961頁。

91　嚴復：《嚴復集》第3冊，第632頁。

92　上海圖書館編：《汪康年師友書札》第3冊，上海：上海古籍出版社，1986
　　年，第2971頁。

93　梁啟超：《飲冰室合集》第1冊，《文集》之一，第100頁。

94　嚴復：《嚴復集》第1冊，第41、43、45頁。

95　上海圖書館編：《汪康年師友書札》第3冊，第1958頁。

尺寸,惟有以身先之,逢人說法,能醒悟一人,即能救一人。」[96] 梁慶桂說:「當今急務,以儲才為第一義,而人才之所以振興,則開學校,變科舉,其亟亟也。」[97] 這些話共以人才出於學校為當然,所以學校重於科舉而成為圖自強的要義和要務,顯然與梁啟超倡為變法,而以「強中國」與「養人才」為因果,又以「養人才」與「興學校」為因果,再以「興學校」與「變科舉」相因果的層層推論心相近而理相同。在這種對應和呼應之外,更廣泛地合成了一時群鳴的,還有其時高夢旦自述「鳳謙生二十又八年矣,六歲就傅讀聖賢之書十餘年,以為治國之道,無有外此者。及出而觀當世之政,則大悖先王之所為,心竊惑焉。既而涉獵譯書,又從出洋局學生遊,略聞泰西建官、設學、理財、明刑、訓農、制兵、通商、勸工諸大政,喟然嘆曰,唐虞三代之盛,其在泰西乎」;[98] 夏曾佑自述「屏絕塵氛」,立意致力西學,「擬盡通其義,然後追想成書」;[99] 以及裘吉生自述此後「當盡棄虛文而讀時務矣」;[100] 楊之培自述「甲午事起,覺所學無甚益於世,乃盡拋故業,留心於經世之學,暇則肄習西國語言文字,以通天下之務」;[101] 等等。雖說這些人物的各自表述,說的都是身處古今中西之間個人在學問取向上的轉變,其中並沒有直接涉入科目與時文的內容,但時當「對於科舉制度施行總攻擊」之日,學校和科舉的對立,知識和義理的對立,智與愚的對立,其內裏與深處都是泰西「萬億之新學新藝」和中國以「經義」為主幹的文化之間的對立。所以,對科舉制度的「總攻擊」,同時又一定會是一個中學與西學,舊學與新學相互比較和此消彼長的過程。對於這些人來說,其仰慕西學之心未必全是在這個過程中生成的,但這個過程的鋪展,卻助長了西學的聲勢,從而助長了對西學的個體的仰慕演化為合群共趨。

---

96 上海圖書館編:《汪康年師友書札》第3冊,第1676頁。

97 上海圖書館編:《汪康年師友書札》第3冊,第1882頁。

98 上海圖書館編:《汪康年師友書札》第3冊,第1608頁。

99 上海圖書館編:《汪康年師友書札》第3冊,第1325頁。

100 上海圖書館編:《汪康年師友書札》第4冊,第3490頁。

101 上海圖書館編:《汪康年師友書札》第3冊,第2362頁。

　　而就另一面言之，則發生在士人群體裏的這種顯然的取向轉變，又會使「惟變科舉為第一義，大變則大效，小變則小效」那一套道理非常容易由入耳而入腦入心，從而非常容易成為那個時候聳動天下的強音。因此，當其在甲午之後節節恢張而掀動輿論之日，這一套起自士林的道理同時又在一路上達地走向高處，以前所未有的深度影響政局。而後是非科舉實際地成了變法的一部分。在這種議論轉化為政治的過程裏，身在其間者以「科舉一變，則海內洗心」為設定的預想，曾促成過「擬聯合同志，共集義款，以百金為一分，總集三千金，分饋台官，乞為入告。其封事則請同志中文筆優長者擬定，或主詳盡，或主簡明，各明一義，各舉一法，其宗旨不離科舉一事。務使一月之內，十折上聞，天高聽卑，必蒙垂鑒」[102]的籌劃。遂使自下而上的急迫促成自上而下的急迫，並在戊戌年間達到頂點，於是而有朝廷下詔，「自下科為始，鄉會試及生、童歲科各試向用四書文者，一律改試策論」。[103]雖説梁啟超意猶未足，以為「不惟八股當廢，即科舉亦當全廢，而一切學級，悉自學校出」，[104]但「科舉一變」而「海內洗心」的預想剛剛觸及八股，實際上已經與衝擊和震動同時俱見於遠離京城的地方。當時一則出自湖北的記述説「上諭廢八股時文，改試策論」之後，「縣中生童亦皆起而謀之，盡去昔之敲門磚，求所以作策論之法」。[105]這是一種明顯的變化，也是一種被動的變化。

　　然而以其由來説其了局，則戊戌年間的中國對於科舉制度的這一場「總攻擊」，既以附著於變法為其因果而達到了頂點，此後又因同一種因果，而不能不隨變法的失敗而碎裂脱散，在極短的時間裏被一朝摧折。作為一個與政潮同起同落的過程，其起落之間可謂興也勃焉，亡也忽焉，但原本以評説為表達方式的非議科舉，則從此已匯入了近代中國的

102　梁啟超：《〈飲冰室合集〉集外文》上冊，北京：北京大學出版社，2005年，第4頁。

103　朱壽朋編：《光緒朝東華錄》第4冊，第（總）4102頁。

104　梁啟超：《飲冰室合集》第6冊，《專集》之一，第34頁。

105　上海圖書館編：《汪康年師友書札》第3冊，第2320頁。

變法維新之中，並越來越與實際政治深相交纏。而作為一個思想製造輿
論和輿論傳播思想的過程，這種以前所未有的力度促成的前所未有的廣
度，已使知識與義理的對立、學校與科舉的對立、智與愚的對立漫溢泛
濫，浸灌於中國士人的思想之中，極大地改變了他們的視野和理路。之
後的由此累積和累積中的發酵，則都不會隨政潮的起落而漸滅。因此政
潮起落之後，當日的士人議論猶以來日方長相期望，深信「現在新機已
發，非朝政所能遏抑」。[106]

三 「世局原隨士議遷」：人才出自學堂和學堂推倒科舉

戊戌後二年庚子之變起於華北，又以其結局逆轉了戊戌年間的政潮
起落。而後是曾經在撲殺下失敗的變法主張蓬蓬然重起，非科舉和變科
舉的論說也蓬蓬然重起。庚子年歲末，嚴復說：

> 今夫學之無用，至於吾制科之所求，可謂極矣，而猶以為必不可
> 變。今年五六月間，北土攘夷之舉，雖有儀秦之舌，無以自解於
> 天下後世。而推其禍之所由來，舍八股詩賦，吾不知其所屬。何
> 則？民之聰明，梏亡於功令，雖至淺之理，至明之事，其智亦不
> 足以與之也。嗟夫！持十年以前之中國，以與今日者較，將見
> 往昔雖不足云強，而但安靜為治，猶可以自存，無論改弦更張者
> 矣！至於今，未然之事不可知，就令幡然改之，欲為斯賓塞爾之
> 所謂體合者，豈有及耶？[107]

他仍然在沿用愚智之辨說科舉之弊，而以剛剛過去的庚子之變為實例辨
愚辨智，則其所注目，又尤在於群起一哄地捲入「北土攘夷之舉」的下
層民眾，以及他們在八國聯軍用槍炮作表達的暴力面前的一觸即潰。他
以外國人的霸蠻對比中國人的蒙昧，而統括地歸於「民之聰明，梏亡於

---

106 上海圖書館編：《汪康年師友書札》第3冊，第2766頁。
107 嚴復：《嚴復集》第4冊，第906頁。

功令」。這種解説捨去了庚子之變深處的歷史因果，但在那個時候的中國，卻能以戊戌年間灌入人心的那一套道理為烘托，言之成理地把取士的科舉制度同這一場國難直接地連到了一起。

嚴復的話以其言之憤然真實地説明，對於親身經歷了甲午年間的中國由「變局」而入「危局」，之後又親身經歷了庚子年間的中國由「危局」而入「殘局」的一代知識人來説，從戊戌到庚子，其間的一以貫之，是危局和殘局都在為中國人重新詮釋科舉制度，使這種原本熟識的東西脱出了本義的範圍而周延越來越大，並在置之於倒推歷史以説因果之中，所須負擔的責任也越來越大。由此編連而成的是一種深度否定。但在智與愚相對立，知識與義理相對立，學校與科舉相對立的理路裏，否定同時已成為一種反證和反比，由此促成和與之對應的，便是另一頭的「吾國自經甲午之難，教育之論，始萌蘗焉」。至「庚子再創」，則「教育之聲，遂遍滿於朝野上下」，[108] 這是一個起於戊戌而在庚子之後大幅度恢張的過程。這個過程因關科舉而興，卻同樣在使承當了「教育」的學校脱出了本義而周延越來越大，並因之而在籌劃來日「幡然之變」的先期預想中，對這種沒有根蒂，而且非常陌生的東西寄託的憧憬和執信也越來越大。

庚子後一年，劉坤一和張之洞以三萬餘言作聯銜會奏，回覆朝廷「欲求振作，當議更張」的詔書諮問。而其間被置於首位，並最先「詳悉條議」的，則正是在「變通政治，人才為先」的名目下的非科舉和崇學堂：

> 現行科舉章程，本是沿襲前明舊制，承平之世，其人才尚足以佐治安民。今日國蹙患深，才乏文弊，若非改弦易轍，何以拯此艱危。然而中國見聞素狹，講求無素，即有考求時務者，不過粗知大略，於西國政治未能詳舉其章；西國學術未能身習其事。現雖舉行經濟特科，不過招賢自隗始之意，只可為開風氣之資，而未必遽有因應不窮之具。[109]

108　梁啟超：《飲冰室合集》第2冊，《文集》之十，第53頁。
109　張之洞：《張之洞全集》第2冊，第1393–1430頁。

與出自個體而匯為輿論的士議常以亢激脫跳為特色相比，這些見之於章奏體裁的文字評論科舉，無疑更多一點說理的圓到。但其論「人才為先」而以「西國政治」和「西國學術」為要目，兩者之所指，顯然與之前梁啟超稱為泰西「萬億之新學新藝」的東西本身同屬一物。而循此以論，則不能不由「拯此艱危」與「育才興學」的合而為一立論，並把中國人的「拯此艱危」和「興學育才」與彼邦相等類以作比擬，而直接接到了「泰西各國學校之法」的「猶有三代遺意」，遂能成「其人才日多，國勢日盛」的因果明瞭，以及「日本興最驟，而學校之數在東方之國為最多」所展示的「興學之功，此其明證」。而後是上以「欲求振作，當議更張」相求，下以「非育才不能圖存，非興學不能育才」相應，外國人的「學校之法」和「興學之功」，便直捷地化作了中國人以「學校之法」變科舉，和中國人對「興學之功」的期望。劉坤一和張之洞於聯銜會奏中說其大旨曰：

> 竊惟今日育才要指，自宜多設學堂，分門講求實學，考取有據，體用兼賅，方為有裨世用。惟數年之內，各省學堂不能多設，而人才不能一日不用。即使學堂大興，而舊日生員年歲已長，資性較鈍，不能入學堂者亦必須為之籌一出路。是故漸改科舉之章程，以待學堂之成就。似此辦法，策論乃諸生所能，史學、政治、時務乃三場策題所有，考生斷不致因改章而閣筆，科場更可因改章而省費。而去取漸精，學業漸實，所得人才固已較勝於前矣。茲擬將科舉略改舊章，令與學堂並行不悖，以期兩無偏廢，俟學堂人才漸多，即按科遞減科舉取士之額，為學堂取士之額。[110]

並預想以「十年三科之後，舊額減盡，生員、舉人、進士皆出於學堂」為這個過程的了局。

在他們的「條議」裏，「酌改文科科舉」與「酌擬今日設學堂辦法」是相表裏的。而這種進入了奏議的「條議」之能夠具體地生成，其背後又有著「半年以來諮訪官紳人士，眾論僉同」的群議和「兩廣督臣陶模、山

---

110 張之洞：《張之洞全集》第 2 冊，第 1393–1430 頁。

東撫臣袁世凱諮來奏稿」[111] 的合議。因此，就其用「按科遞減」的辦法謀想十年之內消滅科舉以盛興學校而言，宗旨本與戊戌年間梁啟超力倡「朝廷大變科舉」和「州縣遍設學堂」相同，都寄意於兩者之間的此消彼長。但這種在群議和合議之後形成的會奏，又說明相隔不過三年，同樣的主張已由並不當權的士人群體快速地移入了當權的官僚之中。是以在會奏之外，又為會奏提供了一種背景更加廣袤的官場社會相，其間格外引人注目的，是當日被王文韶稱作「苗性尚未退淨」[112] 的岑春煊雖被目為不入斯文之列，卻也能自覺進入時趨，在同一個時間裏正以「欲雪此恥，要在自強，自強之道，首需培植人材。學校者，人材所由出也。故必自廣興教育始」的新道理回應西太后「此恥如何可雪」[113] 之問。而以練兵起家的袁世凱，此日對西人所說的是「當前只有兩件事重要，即學校和軍隊」。[114] 與劉坤一和張之洞相比，岑春煊和袁世凱都不能算是士林中人，因此他們對於教育和學校的一派神往與極度熱心，顯然大半都來自耳食之得和臆度之知，但也正是借助於他們的合力拱抬，這種原本存在於輿論鼓盪之中的主張，才得以在庚子以後源源不斷地湧入廟堂，形成朝野之間以變法相呼應的共鳴。而後是出自詔旨的興學堂和變科舉，便化為由國家權力導引和推動的自上而下層層鋪展。歷時一千三百多年的科舉制度遂因此而被置於一種前所未有的大變之中。

　　在同一個時間出自疆吏應詔群議「更張」的奏疏裏，粵督陶模的〈圖存四策摺〉同樣以興學育才為立論的大題目，而亟亟乎以求的急迫則遠過於劉坤一和張之洞：

111　張之洞：《張之洞全集》第 2 冊，第 1393–1430 頁；朱壽朋編：《光緒朝東華錄》第 4 冊，第 (總) 4727–4735 頁。

112　吳永口述，劉治襄筆錄：《庚子西狩叢談》，長沙：岳麓書社，1985 年，第64 頁。岑氏家世淵源於廣西土司。

113　榮孟源、章伯鋒主編：《近代稗海》第 1 輯，第 88 頁。

114　莫理循著，駱惠敏編，劉桂梁等譯：《清末民初政情內幕》上冊，北京：知識出版社，1986 年，第 311 頁。

> 自甲午以後，詔設學堂者屢矣，而人才不出，何也？則以利祿之
> 途仍在科目，欲其舍詩賦、八股、小楷之慣技，棄舉人、進士之
> 榮途，而孜孜致力於此，此必不可得之數也。是故變法必自設學
> 堂始，設學堂必自廢科目始。[115]

因此，「今宜明降諭旨，立罷制藝、大卷、白折等考試，飭下直省督撫
通行所屬各州縣，限一年內建立小學堂一區」，而「未能建立者，革職
永不敘用」。[116] 他要的是一種了斷，而不是一個過程，其立意顯然更接
近於三年之前梁啟超在〈變法通議〉中非科舉、倡學校，而以「大變則大
效，小變則小效」為論斷所顯示的一派斬絕。而時當20世紀初年，以前
者的一手了斷對比實際上構成了一個過程的「十年三科之後，舊額減
盡」，則顯見得了斷關注的是科目之弊，因此可以不留餘地；而過程也
關注科舉之弊，但同時進入視野之中的，還有萬千與科舉之弊深度牽結
的讀書人，[117] 由此籌想的「十年三科」為度，便多了一點以人為對象的稍
留餘地。然則當此大變成法之初，同時又面對千年歷史積留的沉重慣
性，就其本願而論，朝廷更容易接受的一定不會是一種了斷，而只能是
一個過程。因此，光緒二十九年（1903）上諭昭告的「自丙午科為始，將
鄉、會試中額，及各省學額」俱「逐科遞減，俟各省學堂一律辦齊，確
有成效，再將科舉學額分別停止，以後均歸學堂考取」[118] 的先後次第，
正是在相隔兩年之後，把先倡於劉坤一和張之洞的同一種主張移到了詔
書之中。

　　兩年之後直接促成了這一道詔書的「各摺片」裏，居於重心的一摺
依舊出自張之洞。但其主旨雖然仍在以「遞減科舉」為請，而身在世變
亟迫之中，則理隨勢走，論說的主幹已是由「奉旨興辦學堂已及兩年有

115　陶模：〈圖存四策摺〉，載甘韓輯：《皇朝經世文新編續集》卷一中。

116　陶模：〈圖存四策摺〉。

117　劉坤一、張之洞會奏之際電文往來，多以「科舉變法」與「定士心」之間的兩
　　　頭兼顧為要。見張之洞：《張之洞全集》第10冊，第8586頁。

118　朱壽朋編：《光緒朝東華錄》第5冊，第（總）5129頁。

餘，而至今各省學堂仍未能多設」，講到「科舉未停，天下士林謂朝廷之意並未專重學堂」，再講到「人情不免觀望」，以致「入學堂者恃有科舉一途為退步，既不肯專心向學，且不肯恪守學規」。然後舉「當此時勢阽危，非人莫濟，除興學堂外，更無養才濟時之術，若長此因循，坐糜歲月，國事急矣，何以支持」為設問，又以「是則取材於科舉，不如取材於學堂」為回答。[119] 與辛丑年他和劉坤一在聯銜會奏中所說的「將科舉略改舊章，令與學堂並行不悖」相對比，則此日指學堂「未能多設」由於「科舉未停」的反推因果，顯然更近於陶模「設學堂必自廢科目始」的兩者不能「並存」和科舉之沒有了餘地。同一種意思，在他與袁世凱的聯名合奏裏，已尤為直白地謂之「其患之深切著明，足以為學校之的而阻礙之者，實莫深於科舉」，以及「科舉一日不廢，即學校一日不能大興」。是以綜貫而論，雖說他一再籲請的「遞減科舉」仍然是一個「分三科減盡」[120] 的過程，但由「科舉一日不廢，即學校一日不能大興」的言之斷然，又非常明顯地可以看出他心中正在更快苗長的其實也正是一種了斷之想。而與此相伴的岌岌乎以求，同樣是一種更近於陶模的急迫。作為當日變科舉的代表人物，他以自己在兩年之中的後來不同於以前，說明了庚子之後的變科舉，自始即倉促地起於國難的扼迫，同時又倉促地接入了戊戌以來智與愚相對立、知識與義理相對立、學校與科舉相對立的思維定向之中。由於前一面，這個過程便不能不長在「時勢阽危」的牽引之下，從而不能不隨之一路翻動；由於後一面，這個過程便不能不以學校為中心和主導，從而不能不日熾一日地寄望於學校，同時又把這種口熾 口的寄望當成理由，施為日深一日地痛惡科舉和痛撻科舉。而後的兩面交匯，則都會使這個過程裏的人物常在前後騰躍和章法無定之中。

119 張之洞：《張之洞全集》第3冊，第1597頁；朱壽朋編：《光緒朝東華錄》第5冊，第(總)5127頁。

120 舒新城：《近代中國教育史資料》，北京：中國人民大學出版社，2012年，第553–554頁。

　　洋務人物的非科舉，其議論大半以「另開洋務進取一格」為主張。與之相比較，自戊戌年間的輿論鼓盪到庚子之後的廟堂群議，是學校已被當成了重造乾坤的神器。時人謂之「當今之世，萬事都無濟，惟學堂、報館為救黃種之根本」。[121] 其斬釘截鐵的不容討論，顯然說理少而獨斷多，更像是在表達一種信仰。但就歷史事實而言，則以洋務為中心的三十年歷史過程裏，次第出現的京師同文館、上海廣方言館、福建船政學堂、江南製造局附設操炮學堂和工藝學堂，以及布列於南北的電報學堂、鐵路學堂、礦務學堂、醫學堂和水師學堂、武備學堂等等，都說明戊戌之前的中國，其實已經移來了種種取法於泰西「新學新藝」的學校。而同樣作為一種歷史事實，是留心時務的人直觀所見，大半並沒有看到這種已有的「興學育才」裏，其已有的人物和情節之全然可信和全然可取。鄭觀應說：「今中國既設同文、方言各館，水師、武備各堂，歷有年所，而諸學尚未深通，制造率仗西匠，未聞有別出心裁創一奇器者。」[122] 陳其璋說：同文館「自開館以來，已歷三十餘年，問有造詣精純，洞悉時務，卓為有用之才乎？」陳耀卿說：泰西各槍炮火藥皆「從格致中出」，中國「事事效法之，不惜重價聘請西人，於是南北洋均設立機器局，同文、武備先後並舉，電線、兵輪次第添設。所有同文、武備考取肄業各生，數年後技藝嫻熟，即令出洋。閱歷既深，熏陶既久，復加考試，授以官職，遂為洋務出身以為干城之寄，法至善也」；而國家竭數十載之經營，「乃一旦與倭人對敵」，但見「所謂洋務出身者或逃避伏法，或戰敗降倭，或潛亡內地，前功盡棄，莫可挽回」。何熙年說：「今學生之於洋人，尊之若神明，奉之若徒隸。羨其服食之精，則見獵心喜；誇其器械之利，則談虎色變。」[123] 盛宣懷說：「同文館、廣方言館出洋學生，糜費不少而得人不多。」蓋「孔孟義理之學未植其本，

121　上海圖書館編：《汪康年師友書札》第3冊，第2685頁。
122　夏東元編：《鄭觀應集》上冊，上海：上海人民出版社，1982年，第248頁。
123　朱有瓛主編：《中國近代學制史料》第1輯，上海：華東師範大學出版社，1983年，上冊，第589–590、595頁。

中外政法之故未通其大，雖嫻熟其語言文字，僅同於小道可觀，而不足以致遠也」。[124]

　　這些評說出自戊戌之前的五六年之間以及甲午之後的一二年之間，就其各自的積年審視觀察而言，顯見得這些「事事效法之」的學校和學校裏產出的人物，都不能算是構成「救黃種之根本」。因此，以這些既有的事實，以及同時代人對於這些事實的觀感為對照，則戊戌年間被用來痛詈科舉，並深信有此一物便可以「大變則大效」的學校，其實自始已是一種以觀念推演觀念和由理想催生理想的東西。與此前三十年以洋務為中心的那段歷史相比，戊戌之後的這一面更多依託於思想的自信和盲信，所以這一面更脫空。迨庚子之後變法再起，朝廷以興學為要務，遂使庚子之後學校的種類益多，數量也益多。但其間仍然看不到朝野兩頭期望中的「一興學」，則「一切良法乃可次第講明而舉行」[125] 的一派通泰。當日「出使各國考察政治大臣」奏議「各國學務」，而先以「我國自興學以來」的「紛然」無序為對比，總論之曰：

> 興校既多，需材彌眾，監督、教習、管理諸事，懸席待人。校員之賢否，督撫既不能周知，而所謂學務處者，自總辦之司道以迄員紳，大抵皆不諳學務。校員中即有略知時務，亦或剿襲書報浮誕之說，自命開通，官長既信為學界之人才，而新奇偏激之談，又往往為無識之生徒所怖服，實則鈔撮譯籍，以為講義，而尚不能盡通，遷就眾見以為管理，而猶不免衝突。蓋以未受教育之人，強之行教育之事，支離蔓衍，謬種流傳，其弊殆不能悉數。[126]

這些話說的是興學一方雖然居高臨下，其實既沒有可以施教的「校員」，也沒有可以授人的真知。而後由「鈔撮譯籍」的「尚不能盡通」到「支離蔓衍，謬種流傳」，便成了那個時候學校裏普遍可見的景象。其間所指

124　朱壽朋編：《光緒朝東華錄》第4冊，第3880–3881頁。
125　上海圖書館編：《汪康年師友書札》第3冊，第3142頁。
126　故宮博物院明清檔案部匯編：《清末籌備立憲檔案史料》上冊，第964頁。

述的「殆不能悉數」顯然已非一朝一夕。與之兩相對比而相互映照的，是同一個時期奉派管「高等實業學堂」學務的翰林院編修作呈文，陳說受教一方的「種種謬戾」：

> 光緒三十年 [1904] 由農工商部奏立高等實業學堂，並蒙奏派職充該堂教務長，是年六月招考，九月開學，年假前考試諸生尚稱安靖。及至三十一年正月，即行聚眾滋事，倡首者十餘人，而四川之賀昌運為最，當即斥革，餘則記過示懲。而少年聚處，易動難靜，自此氣漸驕，心漸肆，已非初到學堂之象。其中立品勤學者，不過數人，下此謹飭之士，冀得出身，尚知守分，而好事者流，素日既不勤學，臨考則鈔襲傳遞，亂號槍替，百弊鹹備。其尤者挾制教習，訂題目於考前，爭分數於考後，逮數人得計，遂群相效尤，久則群請優加分數，教習、管理員並代言之，以分數加多，為學堂之光榮。[127]

這種「徒騖虛名」和「但求粉飾於外」已是興學之「成效難期待」。比之更「謬戾」的還有動輒「聚眾反抗」，「結黨立會」，並徑能以此「劫制同學，皆令無敢自脫」。而自京城裏的「實業學堂舉目四望」，則「各省交通，沾染風氣」，遂又有「近者如雲南學生一堂滋事，而省城四五學堂，結聯同黨，助以暴動」[128] 的讀書人面目的大幅度異化。由此形成的，又是那個時候的學校另一種普遍可見的景象。

就時間而論，當朝廷以「遞減科舉」助成興學之日，這兩種隨詔書推廣學校而發生於學校之中的普遍景象，都已在世人注目之中。所以，作為因興學而見的弊端，後一面的弊端對於前一面的興學，正構成了一種明顯的矛盾，從而後者對於前者又是一種事實對於理想的質疑。然而在那個時候的中國，與「遞減科舉」以助成興學相為表裏的觀念推演觀念，以及理想催生理想，自始便不是自內而生的，而是在西洋之歐美和

---

127 故宮博物院明清檔案部匯編：《清末籌備立憲檔案史料》下冊，第 989–990 頁。
128 故宮博物院明清檔案部匯編：《清末籌備立憲檔案史料》下冊，第 989–990 頁。

東洋之日本對照之下的以彼量此和捨此取彼。以此為來路和定向，則這種觀念推演觀念的過程，便自始已不為實際社會所制約，而能自成一派隨時勢而走的邏輯。因此，雖然出自學校的「支離蔓衍，謬種流傳」和「聚眾滋事」，「百弊咸備」都近在咫尺，但光緒三十一年（1905），由袁世凱主稿，並合集疆吏當中的強有力者趙爾巽、張之洞、周馥、岑春煊、端方聯名而進的會奏，已在籲請「宸衷獨斷，雷厲風行，立沛綸音，停罷科舉。庶幾廣學育才，化民成俗」了。以時日計，上距光緒二十九年朝旨定為「作新之基」的「遞減科舉」中額，期以「三科減盡，十年之後，取士概歸學堂」之想不過僅僅隔了兩年：

> 臣等默觀大局，熟察時趨，覺現在危迫情形，更甚曩日，竭力振作實同一刻千金，而科舉一日不停，士人皆有僥倖得第之心，以分其砥礪實修之志。民間更相率觀望，私立學堂者絕少，又斷非公家財力所能普及，學堂決無大興之望。就目前而論，縱使科舉立停，學堂遍設，亦必須十數年後，人才始盛。如再遲十年，甫停科舉，學堂有遷延之勢，人才非急切可成，又必須二十餘年後，始得多士之用。強鄰環伺，豈能我待。[129]

這些話說明：當年促成朝廷以「十年三科」減盡科舉中額，理由是「時勢阽危」；此日推翻十年之期，轉以「立沛綸音，停罷科舉」為應然和必然，理由同樣是「時勢阽危」。而其「更甚曩日」，已使此日的人心急迫更甚曩日，所以由「更甚曩日」引申更廣，遂又有「科舉夙為外人詬病，學堂最為新政大端，一旦毅然決然，捨其舊而新是謀，則風聲所樹，觀聽一傾，群且刮目相看，推誠相與」的一番以外人之好惡為中國說是非的道理。

以同一個時間裏因興學而生的弊象作比照，這種從「危迫情形」起講，一路連到「科舉夙為外人詬病」與「學堂最為新政大端」的直接對舉，則由其間的振振有詞而不涉當日學堂裏的眾生相，正可以看到那個時候

---

129 朱有瓛主編：《中國近代學制史料》第2輯，上冊，第110–111頁。

的觀念推演觀念，動力和引力其實都是自外而來的。因此，其自成邏輯
的一以貫之中派生出來的，大半都只能算是無從附著於20世紀初年中
國社會的願想和臆想：

> 且設立學堂者，並非專為儲才，乃以開通民智為主。使人人獲有普
> 及之教育，且有普通之知能，上知效忠於國，下得自謀其生。其才
> 高者，固足以佐治理，次者亦不失為合格之國民，兵農工商，各完
> 其義務而分任其事業。婦人孺子，亦不使逸處而興教於家庭。無地
> 無學，無人不學，以此致富奚不富，以此圖強奚不強。[130]

由停科舉興學堂以改變士人，到停科舉興學堂以改變國人，雖然展示了
一種前所未有的宏大，但就其脫空而起的一派思想描畫思想而言，這種
宏大的本相，不過是遠望彼邦，以得自稗販的東洋知識和西洋知識表達
不著邊際的期望。[131] 所以，其間用之以動帝王之心的「無地無學，無人
不學」，在奏議裏被當作既設學堂便可以召之即來的東西，其實與中國
人的精神世界和生存狀態都隔得非常遙遠。然而原本「十年三科」的期
限因此而終止於乙巳，則又清楚地說明，這種觀念推演觀念和理想催
生理想在此日中國居有的強勢和獨大，以及由此獨大所造成的所向披靡
而無可抵擋。親歷過這段歷史的姚叔節後來作詩詠嘆清末十年，說是
「世局原隨士議遷，眼前推倒三千年，但使西鄰無責言，阜則利用國本
堅」。[132] 雖說末了一句未必能當人人之意，但他以「西鄰」之「責言」觀
照彼時的「士議」，卻非常明白地使人看到，這種出自觀念的理想和懸
想之所以不立根基而能一時獨大，靠的並不是其內含的真理性，而是以
大變中國自身以回應「西鄰」之「責言」的願想。「停罷科舉」的奏議集中

---

130 朱有瓛主編：《中國近代學制史料》第2輯，上冊，第110–111頁。
131 甲午之後嚴復、梁啟超由中西之比先說開民智，之後又經輿論的各作詮釋
   而一面遠播八方，一面大而化之。至民國初年，則嚴復盡變其舊說，梁啟
   超也盡變其舊說。前後之比，正見其無從附著的懸空立論。
132 張寅彭編：《民國詩話叢編》第1冊，上海：上海書店出版社，2002年，第
   108頁。

體現了這種願想，但此日奏議既以士議為來路，又隨士議而起伏，因此
與之一路相伴的始終是發自士林的呼應。當時章梫致書汪康年說：

> 頃聞得內廷一極好消息，為廢科舉。端午帥到京，亦持此議甚
> 力。果廢科舉，乃救亡第一政策。擬請令弟頌谷同年，從速於報
> 端發一大論以鼓動之，可言廢後有百利而無一害。各國無科舉，
> 如此之強，成效具在。可一提醒，至要至感！[133]

以「鼓動之」為呼應，以「各國無科舉，如此之強」為「成效具在」，表達的
正是大變中國自身回應「西鄰」之「責言」的共鳴。這些話出於個人，但代
表的顯然不僅是一種個人意識。所以，此前又有《湖北學報》說：「科舉一
日不廢，即學校一日不能大興，士子永無實在之學問，國家永無救時之
人才，中國永遠不能進於富強。」[134] 在這種廟堂與士林的呼應和共鳴裏，
起於戊戌年間的變科舉以興學堂之說，最終演化為庚子之後學堂推倒科
舉的事實。其間先倡非科舉和力倡非科舉者，多半都是從科舉制度裏孵
化出來，或者曾向科舉制度討取過功名的讀書人。[135] 這是一種異乎常情
常理的社會現象，又是一種在歷史變遷的逼扼下形成的真實社會現象。

　　以科舉制度一千三百多年的歷史比戊戌到乙巳的七年之間，又以
「十年三科」比「立沛綸音，停罷科舉」，則清末的廢置科舉不能不算是
在倉猝中實現的過程。那一代士人的切入於時務者促成了這種倉猝，但
在一千三百餘年之後廢置科舉，由此帶來的對於中國歷史和文化的深層
翻攪既牽動當下，又牽動後來，遂成了「時勢阽危」之外，中國人同時
面對的另一重進退失據，從而使促成了倉猝的人物因之而不能不左顧右
盼。所以，自戊戌以來曾力詆科舉的嚴復，至庚子後二年，其論說的重

133　上海圖書館編：《汪康年師友書札》第2冊，第1962頁。

134　丁守和編：《辛亥革命時期期刊介紹》第2集，北京：人民出版社，1982
　　年，第159頁。

135　即使是沒有科名的嚴復，也曾「中年慕科第，應鄉試者數，治八比文尤劬
　　甚」，見錢基博：《後東塾讀書雜誌》，武漢：華中師範大學出版社，2014
　　年，第259頁。

心已由一頭移到了另一頭,變為:「然則今之教育,將盡去吾國之舊,以謀西人之新歟?曰:『是又不然。』英人摩利之言曰:『變法之難,在去其舊染矣,而能擇其所善者而存之。』方其洶洶,往往俱去,不知是乃經百世聖哲所創垂,累朝變動所淘汰,設其去之,則其民之特性亡,而所謂新者從以不固。」至停罷科舉之後一年,他又倒敘七年之間的一程急於一程,而歸之以懷疑論和不可知論:

> 逮甲午東方事起,以北洋精兵而見敗於素所輕蔑之日本,於是天下愕眙,群起而求所以然之故,乃恍然於前此教育之無當,而集矢於數百千年通用取士之經義。由是不及數年,而八股遂變為策論,詔天下遍立學堂。雖然,學堂立矣,辦之數年,又未見其效也,則嘩然謂科舉猶在,以此為梗。故策論之用,不及五年,而自唐末以來之制科又廢,意欲上之取人,下之進身,一切皆由學堂。[136]

然後說此後之結果如何,實非斯世斯時所能測度。[137] 前一段話表述的是對中國的歷史文化由漠視而轉為正視;後一段話表述的是從非科舉的局中鼓吹者變為廢科舉的局外旁觀者。然則自戊戌至乙巳,七年的過程他走了一半便已止步,其個體的認知和取向遂因此而被截為兩段。這種一人一身的明顯變化,既寫照了倉猝之下的意向多歧,也寫照了倉猝之下的人心無定。與之相類似,而又更多兩頭徊徨和自我扞格的,還有曾以文章受知於曾國藩的吳汝綸。他在戊戌變法之日說:「竊謂廢去時文,直應廢去科舉,不復以文字取士。舉世大興西學,專用西人為師,即由學校考取高才,舉而用之。」一個月後,又變其說為「中西之學,終須分途。其由學堂薦舉者,止可由西師試西學;為中國之學,仍以考場糊名易書之法為之耳」;並以「時文廢後,後生應科舉,欲求外國時務,舍閱報無從問津」,而閱報不能遍及,則「此舉本為興西學而設,竊恐西學未興,而中學先廢,亦中國之奇變」。然後深以「諸公輕率獻

---

136 嚴復:《嚴復集》第3冊,560頁;第1冊,第166頁。
137 嚴復:《嚴復集》第3冊,560頁;第1冊,第166頁。

議，全不計其利弊，國無轉移風氣為物望所歸之人，愈變必且愈壞」為
不以為然。但時至庚子以後再論同一個題目，其說復一變之後再變，以
為「朝廷已廢時文，但用策論取士，亦難得真才。近時竟無考官。愚意
當徑廢科舉，專由學堂造士，用外國考校之法，較有實際」，不能不算
是言之斷然。而與此相抵牾的，是相近的時間裏其意中「又有愚慮，見
今患不講西學，西學既行，又患吾國文學廢絕」。蓋「後生才力有限，
勢難中西並進，中文非專心致志，得有途轍，則不能通其微妙。而見謂
無足重輕，西學暢行，誰復留心經史舊業，立見吾周、孔遺教，與希
臘、巴比倫文學等量而同歸漸滅，尤可痛也」。[138] 雖說吳汝綸謝世於「停
罷科舉」之前，但其暮年心之所繫，則一直與這個過程相牽結。而與嚴
復的半途而止，從局內走到局外相比，他顯然更多地遊移於這個過程的
兩端之間，並因其內在的徊徨和扞格而承受了更多的「尤可痛也」。

　　在19世紀與20世紀之交，他們都曾是學堂推倒科舉的時潮中人，
並因此而都相信學堂和科舉的不能兩立。但嚴復的前後截為兩段和吳汝
綸的徊徨扞格又說明：同在時潮之中，他們又比「致治必賴乎人才，人
才必出於學校，古今中外，莫不皆然」[139] 的單面立說和無端涯之崇拜，
更多地看到了科舉制度內連著歷史文化，而學校則未必盡是一片光
華；[140] 並因之而比別人更切入地面對著以勢而論，「欲學校成材，則科舉
宜廢」，[141] 以理而論，則「中國之舊，豈宜一概抹殺」[142] 的深刻矛盾。這種
矛盾又說明倉猝實現的「停罷科舉」，實際上只能是一個還沒有想清楚就

138　吳汝綸：《吳汝綸尺牘》，第132、139、142、249、260頁。
139　朱壽朋編：《光緒朝東華錄》第5冊，第（總）4998頁。
140　嚴復說：「至於學堂，又何取乎？瞶瞶者以為必洋人乃知辦此，不知教中國少
　　年以西學，其門徑與西人從事西學霄壤迥殊。故近日所成之才，其病有二，
　　為西人培羽翼，一也；否則學非所用，知者屠龍之技，而當務之急反茫然。」
　　見嚴復：《嚴復集》第3冊，第539頁。吳汝綸說：「南洋公學，聞弊端百出，
　　金陵格致書院，疑亦非驢非馬。」見吳汝綸：《吳汝綸尺牘》，第260頁。
141　吳汝綸：《吳汝綸尺牘》，第266頁。
142　嚴復：《嚴復集》第3冊，第539頁。

已經在傾力推行的過程，從而只能是一個只顧一頭和一廂情願的過程。其間居於主流的大半都屬嚴復所說的「未嘗有人為數十年、百年計者」。[143] 而後是形成於倉猝之中的矛盾，便成了留給後來歷史的矛盾。

自戊戌到乙巳，七年之間，由非科舉而變科舉，由變科舉而停科舉，前後相接地連為一個越趨越急的過程。這是一個重心從報章移向奏議，並以奏議催促而成的詔書終此一局的過程。因此在當時人的心目中，與「停罷科舉」直接對應的，便是用奏議斷送了這個制度的那些人。羅惇曧作〈記廢科舉〉曰：

> 王文韶在政府，恒以聾自晦，為人透亮圓到，有琉璃球之目，遇事不持己見，獨於廢科舉一事，極堅持。張文襄自鄂督展觀，留京師，力謀廢科舉，結袁項城以助力。其時榮祿當國，文襄與榮祿言，榮祿亦頗贊之，惟自以非出身科目，不敢力主廢。文韶謂：「老夫一日在朝，必以死爭之。」文襄浩嘆而已。及文韶出樞垣，端方以江督入覲，過天津，項城與商廢科舉，乃約文襄聯請諸朝，遂得請。朝士方頌文韶，乃集矢袁項城。丙午，項城入都議官制，朝士攻之尤力，項城乃幾敗矣。請廢科舉之奏，為北洋主稿，電商鄂督連銜，文襄來電，乃加入考優、拔與舉、貢考職兩段，科舉依然未絕也。

> 文襄方力倡廢科舉，而甲辰會試，其任婿林世燾以候補道員中進士，欲請歸原班，文襄乃一日五電，責其必取館選。留學生殿試授官，亦文襄在樞府時力主行之。[144]

其中的細節間有未諦，而一個一個人頭則數得很清楚。在20世紀初期的中國，從庚子後一年劉坤一、張之洞的會奏，袁世凱的疏奏，陶模的疏奏，以及此後張之洞與袁世凱的合奏，張之洞與張百熙、榮慶的合

---

143 嚴復：《嚴復集》第3冊，第573頁。

144 羅惇曧：《羅癭公筆記選》，太原：山西古籍出版社，1997年，第222頁。此節舒新城選入《近代中國教育史料》，北京：中國人民大學出版社，2012年，第559頁。後者標點較準確。

奏，一直到袁世凱、趙爾巽、張之洞、周馥、岑春煊、端方的會奏，這些前後相接地以古今中西之比論科舉與學堂的人物引類相聚。他們既是達官中的居有重勢者，又是達官中的先入而變者。而合兩面於一身，遂使本來由輿論主導的時潮之所趨，最終變成了權力主導下的變法過程。而前後相比，成為一種顯目對照的，則是19世紀末期挾「排山倒海」之勢對科舉作「總攻擊」的梁啟超，進入20世紀之後已絕少重新回到這個題目再作滔滔論說，就其居言論界之重鎮而言，這是一種異乎尋常。而七年以前猶在恪守中體西用的張之洞，卻在這個過程裏既為當時注目，又為當時側目，並被評點描畫，成了時論譏詆的「過河拆橋者」。一則事後的記述敘此一段情節說：

> 張之洞探花及第，以翰林累遷至內閣學士，外簡山西巡撫，遂致大用，可謂科舉中得意者，後乃偕袁世凱力持廢科舉之議。袁本以異途致通顯，主保留科舉者，責備尚不甚嚴，對張則極詆為「過河拆橋」。

蓋「元順帝時，平章政事哲爾特穆爾建議罷科舉，太師右丞相巴延以為然，遂定議。參政許有壬爭之力。翌日宣詔，特命許為班首以折辱之。許懼禍不敢辭。治書御史布哈詬之曰：『參政可謂過河拆橋者矣。』許以為大恥，移疾不出」。然後比較而論之，以為「其受譏與張之洞同，可謂張之前輩。然許為反對罷科舉者，徒以畏禍不敢辭宣詔班首耳，若張則為罷科舉之主動人物，過河拆橋，當之無愧，許猶非其倫也」。[145] 這兩段文字都把張之洞和袁世凱看作清末涉入變科舉和停科舉的大吏中居於中心的人和提調全域的人。而相比於羅惇曧之說尤偏重於陳述事狀和始末，則後者以「科舉中得意者」與「異途致通顯」的大不相同，分別對應張之洞和袁世凱，顯然是意在說明，本由科舉所造就的張之洞，一變而為「罷科舉之主動人物」的逆乎人情物理。

145　徐凌霄、徐一士：《凌霄一士隨筆》下冊，北京：中華書局，2018年，第1611–1612頁。

　　對於起家清流，而被辜鴻銘稱作「儒臣」[146] 的張之洞來說，這是一種在世人眼中的失其本相。但作為另一面的事實，就「甲辰會試」不過在乙巳停罷科舉的前頭一年，而事關侄婿，則「一日五電，責其必取館選」即必入翰林而言，又具見被目為「罷科舉為主動人物」的張之洞，其意中之所重仍然以科舉為根深蒂固，並尤其以翰林為一世之榮途。因此「必取館選」的張之洞和「停罷科舉」的張之洞之間便構成了別人看了奇異而自己無從疏解的矛盾。作為比較，袁世凱的女兒後來說：

> 我父親先後應過兩次「童子試」，都沒有考中。他盛怒之下，就把過去所做的詩文完全燒毀。後來，他在直隸總督任上，曾聯合湖廣總督張之洞、兩廣總督岑春煊、兩江總督周馥會銜奏請停止科舉。這個害人的科舉制度，也就由此而被廢除。我父親以後經常談論這件事，他認為這是他一生中最為得意的事情。他說，他是從小就痛恨這種科舉制度的。[147]

袁世凱兩應童子試而不能得秀才，遂以科舉的失敗者成為科舉制度的局外人。而從「盛怒」到「痛恨」，又寫照了其個人對於這個制度的積怨之深和其來有自。因此由他主稿的籲請「立沛綸音，停罷科舉」一摺雖然意在言之成理，但這種積怨一定會羼入其間而成為別樣的動力。有此一段因果，則以失敗者和局外人反科舉，對於袁世凱來說，反科舉的過程自能徑情直遂而不會有瞻此顧彼的矛盾。以此作對照，顯見得和他合力推倒了科舉的張之洞，同時又以其在這個過程中的矛盾自成一副面目，並因此而與沒有矛盾的袁世凱區別開來。前者和後者之間，遂隔了一段積久而來的盤陀心路。

　　曾為張之洞佐幕的辜鴻銘後來引「小人重勢，故常以勢滅理，君子重理，而能以理制勢。欲以理制勢，要必知所以用理，權也者，知所以

146 辜鴻銘：《張文襄幕府紀聞》上，載雷瑨輯：《清人說薈》，上海：上海文藝出版社，1990年，第4頁。

147 吳長翼：《八十三天皇帝夢》，北京：文史資料出版社，1983年，第4頁。

用理之謂也」為道理，並區分「用理得其正為權，不得其正為術」的全不
相同，然後總論之曰：「甲申一役，清流黨諸賢」因「知有理，而不知用
理以制勢」成其挫跌，隨之是本屬清流一脈的張之洞由此而變：

> 甲申以後，文襄有鑒於此，遂欲舍理而言勢。然舍理而言勢，則
> 入於小人之道，文襄又患之。於是躊躇滿志，而得一兩全之策，
> 曰為國則舍理而言勢，為人則舍勢而言理。故有公利私利之說。
> 吾故曰文襄不知權，文襄之所謂權者，乃術也，非權也。[148]

辜鴻銘以局外旁觀作一己之評，雖未必能盡中肯綮，卻明瞭地看到了張
之洞在理與勢之間的四顧彷徨而失其定力，並以這種甲申以後的變化，
為張之洞推倒科舉之日仍不能忘情於「必取館選」的矛盾，提供了一種由
來和詮釋。但「舍理而言勢」同時又不肯全脫「舍勢而言理」，則兩頭之間
的矛盾便一定會演化為兩頭之間的翻覆。所以乙巳年詔旨停科舉，而兩
年後張之洞電覆學部論「學政權限」，已由「言勢」岌岌乎轉向了「言理」：

> 學政擬請專用翰林院衙門官員。近時惡習，無論官私何種文字，
> 率喜襲用外國名詞，文體大乖。文既不存，道將安附？惟翰林官
> 於舊日文學較有根柢，識解純正者居多，遇各學堂監督、教員、
> 學生有宗旨悖亂，文體謬劣，附和亂黨邪說者，必能隨時諮明督
> 撫懲罰糾正，以端學風。

顯見得理勢一經易位，則其意中的翰林院便比學堂更靠得住。之後復由
此引申，而立意更遠：

> 此次奏停科舉，聲明優拔貢考試三科後即行停止，思慮尚未周密。
> 應請奏明將優拔貢考試永遠留存，專取經明，行修，文學優長之寒
> 畯。則中國文學於學堂外留此一線生機，實保存國粹之一道。[149]

148　辜鴻銘：《張文襄幕府紀聞》上，第8–9頁。
149　許同莘編：《張文襄公年譜》，台北：商務印書館，1969年，第197頁。

在停置科舉之後，優貢、拔貢只能算是科舉制度僅剩的一點殘餘。而奏
停科舉的張之洞此日又欲奏明「永遠留存」科舉的這點殘餘。正是一種
明顯的翻覆，而與這種前後翻覆相對應的，是其心中之深憂，已經由
「廣學育才」移到「方今中國文教日微，孔教將絕。若並此科亦停，習國
文者更無生路，此後無人再讀儒書，將來小學、中學、師範、高等各學
堂更無人可為中國經史、國文教習之人。不及十年，天下將並無一識字
者矣」。[150]

　　這些話與嚴復說的「百世聖哲所垂創，累朝變動所淘汰」一朝俱去，
則「民之特性亡」，以及吳汝綸說的「立見吾周、孔遺教，與希臘、巴比
倫文學等量而同歸澌滅，尤可痛也」皆旨義略同。然而作為一個直接用
學堂推倒了科舉，從而間接地促成了他眼中的「中國文教日微」的人，
這些話以「此後無人再讀儒書」為來日之大患，則在其力謀「中國文學在
學堂外留此一線生機」的申述裏，不會沒有一點內省之後的惆悵與追
悔。因此「優拔貢考試」之外，同一年張之洞又別立名目，「奏設存古學
堂」，[151] 以「多致心力於中國經史詞章之學」為宗旨，期望能夠用之以維
持「國文永存不廢，以補救各學堂之所不足」。[152] 就當日的時趨而言，
「存古學堂」是一種學堂之外的學堂，並且是一種與學堂立異的學堂，
而在張之洞暮年的心懷裏，則是「關係緊要，區區最所關心，萬不可令
其廢墜」[153] 的東西。而其間的「補救」一詞，無疑正是在說自我糾錯。然
則以乙巳年「停罷科舉」為分界，顯見得相隔不過兩年，曾經亟亟乎趨
進的張之洞又一變而在轉身回歸之中。這種前後之間的扞格太過昭彰，
以至於時人旁觀，曾總括而謂之「先人而新，後人而舊」。[154] 與袁世凱

150　吳劍傑：《張之洞年譜長編》下卷，上海：交通大學出版社，2009年，第
　　1018–1019頁。

151　許同莘編：《張文襄公年譜》，第203頁。

152　吳劍傑：《張之洞年譜長編》下卷，第968頁。

153　張之洞：《張之洞全集》第11冊，第9672頁。

154　佚名：《張文襄公事略》，載《清代野史》第6輯，成都：巴蜀書社，1988
　　年，第125頁。

把「廢科舉」當作其「一生中最為得意」之事的一派膚淺單純，無窒無礙相比，張之洞的趨進和回歸都出自「舍理而言勢」與「舍勢而言理」的相制相扼與此落彼起之中，相制相扼和此落彼起都不會是「得意」的事。因此，以後來的回歸反觀之前的趨進，則張之洞的先奏停科舉，之後又對「停置科舉」力圖「補救」，正以其個人的徊徨趑趄，比袁世凱更深刻地反映了「廢科舉」過程中理與勢的不能兩得其平，以及促成了這個過程的先期預想與這個過程實際鋪展之間的無從合攏。

　　歷時一千三百餘年的科舉制度因士議而失其理由，因奏議而最終停置。就外觀而言，這是一種自上而下的丕變，就性質而言，這是一種用思想改造社會的丕變。天下士人的人生、價值和入世之路都因此而地動山搖。然而主導了思想丕變的輿論和主導了社會丕變的權力同歸一途，遂使隔絕於權力與輿論之外的萬千讀書人窮途末路之際，四顧茫然的一派蒼涼只能自生之而自滅之，淹沒於「大學、高等、師範、實業、速成永久」趁時而起的「紛然並陳」[155] 之中。一場被嚴復目為「吾國數千年中莫大之舉動」的歷史震盪，便見不到激烈反應地成了一個了無震盪的過程。而與之相映而見的，卻是旁觀了這個過程的西人李提摩太（Timothy Richard）在 19 世紀末說「中國科目意美法良，不可廢也。惟題目不廣」，應擴展而廣延之。在 20 世紀初說當日的學制「沒有把舊學校的學生作為新式學校的生源，這實際上等於放棄了帝國內最好的資源」。[156] 他既在同情地理解科舉制度，又在同情地理解科舉士人。作為一個久居中國的外國人，這些話便為戊戌以來那一段變科舉和停科舉的歷史留下了一種別樣的思想痕跡，並對奏議用之以說服皇帝的「科舉夙為外人詬病」提供了一種具體的反證和直接的反證。

---

155 故宮博物院明清檔案部匯編：《清末籌備立憲檔案史料》下冊，第 964、978 頁。

156 李天綱：《萬國公報文選》，北京：生活・讀書・新知三聯書店，1998 年，第 359 頁；李提摩太：《親歷晚清四十五年》，天津：天津人民出版社，2005 年，第 288 頁。

第三章

學堂與社會之間：
晚清末期的興學和毀學

一　詔旨興辦學堂與民間社會的羅掘俱盡

光緒三十一年 (1905) 朝廷停科舉，之後學堂便成為調度天下讀書人的重心所在和人心所歸。但就時序而論先後，則學堂時代的啟端在此之前其實已經開始了。

光緒二十七年 (1901)，在八國聯軍的逼迫下倉皇西狩的皇帝和太后猶未回京，詔旨已在「人才為政事之本」的主題之下，著力於籌劃「興學」，以期「作育人才」：

> 近日士子，或空疏無用，或浮薄不實。如欲革除此弊，自非敬教勸學，無由感發興起。除京師已設大學堂，應行切實整頓外，著各省所有書院，於省城均改設大學堂，各府及直隸州均改設中學堂，各州縣均改設小學堂，並多設蒙養學堂。[1]

而後是「革除此弊」和「感發興起」都委之於「各該督撫學政，切實通飭，認真興辦」。對於那個時候士人的養成來說，變「所有書院」為「學堂」，顯然是一種跨度極大的改弦易轍。而沿此更作遠伸，則又有尤為要端的「出洋遊學」。其間的「通諭知之」始末相貫而言之詳備：

1　朱壽朋編：《光緒朝東華錄》第 4 冊，第 (總) 4719–4720 頁。

造就人才，實係當今急務。前據江南、湖北、四川等省選派學生
出洋肄業，各省督撫一律仿照辦理，務擇心術端正，文理明通之
士，遣往學習，將一切專門藝學，認真肄業，竭力講求。學成領
有憑照回華，即由該督撫學政，按其所學，分門考驗。如果學
有成效，即行出具切實考語，諮送外務部復加考驗，據實奏請獎
勵。其遊學經費，著各省妥籌發給，准其作正開銷。如有自備旅
資出洋遊學者，著各該督撫諮明該出使大臣隨時照料。如果學成
得有優等憑照回華，准照派出學生一體考驗獎勵，候旨分別賞給
進士、舉人各項出身，以備任用，而資鼓舞。[2]

這種詔書與詔書的前後相接，以八方共舉的急迫表達了期望之殷切。之
後管學務的大臣次第作〈進呈學堂章程摺〉、〈重訂學堂章程摺〉、〈學務
綱要〉以及〈學部奏請宣示教育宗旨摺〉等等，並經上諭頒布，遂為蓬蓬
然而起的興學育才劃定了「人與法相維」[3]的學制、宗旨、程法。就一面
而言，這個過程作始於停置科舉之前，又直接促成了停置科舉。就另一
面而言，這個過程是在把出自單面願想，並「從日本照搬」[4]而來的「章
程」、「綱要」和「宗旨」，移到既不合單面願想，又不識外國成法的中國
社會之中，與芸芸眾生直面相對，而後是自上而下地推行興學，最先引
發的卻是變動化為攪動，攪動激成震動。

　　作為一種既有的事實，19世紀中葉以來的數十年之間，中國人已
經在效西法以圖自強的一路追躡中，先後置立了以洋務為歸屬的各種學
校。同時，又由幼童赴美開先，隨後有船政大臣派學生赴法國，北洋大
臣派員弁赴德國，南、北洋大臣合力選派福建船廠生徒赴歐洲學習工藝
和兵船，以及甲午之後官私兩途赴日本的日多一日，等等。以此為前
史，則被看作「當今急務」的學堂「作育人才」和遊學「造就人才」，其實
已經在移外來而入內的過程之中了。數十年之間的歷史以洋務為中

2　朱壽朋編：《光緒朝東華錄》第4冊，第（總）4719–4720頁。

3　舒新城：《近代中國教育史料》，第190頁。

4　李提摩太：《親歷晚清四十五年》，第288頁。

心，學堂和遊學的從無到有，大半都與製器練兵及中外交涉直接相關和間接相關，從而大半都與民間社會隔得很遠。因此官家關注的東西並未成為民間關注的東西。然而此日的「興學」已成為新政中的「急務」，並由詔書以君權的力量布達四方，摧生助長。則由此造成的已是一種自上而下的提攝和廣罩。提攝廣罩都是重心下移，而後是之前數十年裏與民間社會了不相涉的學堂和遊學，已在極短的時間裏節節鋪展，呼風喚雨，促成了南北俱起的遍地興作，使這個發端於育才的過程直接伸到了底層民眾之中，隨之而來的是地方社會與這個過程之間的糾結重重，扞格重重。

　　興學意在育才。但「立一學堂，則開辦有費，常年又有費；派一遊學，則川資有費，留學又有費」，詔旨一旦移入事實，這個題目的重心實際上已轉化到財力一面。[5] 而時當興學成為新政中的要務之日，環顧天下，目中所見的卻是20世紀初年中國「物產虛耗，百物踴貴」之下，「官民交困」而「羅掘一空」的一派世景雕零。當日陳夔龍先巡撫河南，後巡撫江蘇，從事的都是奉行詔旨，而一身支絀於兩頭之間，曾總論力不從心之苦說：「慨自甲午而後，繼以庚子之役，償款數鉅期迫，財力竭於外輸，其原因一也。內外亟圖自強，百度同時並舉。他不具論，即練兵、興學兩大端，歲支之款殆不可以數計，原因二也」，[6] 俱言所列兩端之間的互相重疊又彼此相扼。其間的「歲支之款殆不可以數計」，則尤其說明了耗之於興學的銀子數量之大。而以國計窮於「羅掘一空」為其時積久積重的困境，這種「歲支之款殆不可以數計」的來路，便不能不無序擴張，伸到舊日守定的章法之外。朝旨稱之為「就地籌款」和「聽由民間捐資籌設」；[7] 士議稱之為「立學之費取之農」；[8] 奏疏稱之為

5　陳夔龍：《陳夔龍全集》下冊，貴陽：貴州民族出版社，2014年，第154頁。
6　陳夔龍：《陳夔龍全集》下冊，第209頁；故宮博物院明清檔案部匯編：《清末籌備立憲檔案史料》下冊，第199頁。
7　〈光緒二十八年三月七日俞廉三奏〉，收入《諭摺匯存》，轉引自張朋園：《湖南現代化的早期進展》，長沙：岳麓書社，2002年，第198頁。
8　故宮博物院明清檔案部匯編：《清末籌備立憲檔案史料》上冊，第229頁。

「國家責之部臣,部臣攤派各省,不問其如何籌集」,而概「以此法」亟
求「展轉取盈」。[9] 因此,朝廷興學層層推及地方,與這個過程一路相隨
而行的,又一定會是「就地籌款」和「取之於農」化為名目雜多的捐稅和
勒取。而後是其層層推及,便演化為言官論事引為警戒的「各州縣興
辦學堂,多於已經加抽各項之外」,又常常「重複加抽」的了無止境。[10]
其間更極端的,還有「民有訟者即罰款以充學堂」的全無道理和規矩可
言。[11] 詔書中的學堂和遊學落到地面即已化為捐稅,原本與興學沒有關
係的底層人口,遂因承擔捐稅而被動地與興學有了一種切近的關係。這
是一種「刻剝」[12] 之下攫取和被攫取的關係,從而是一種常在緊張之中的
關係。

但興學的過程之伸入民間社會而可以「展轉取盈」,其「就地籌款」
的路數便不會僅止於這種「立學之費取之於農」。光緒二十八年(1902),
四川學政吳郁生奏請「就地籌款,化私為公」,以「集資斧」,派送士子
「就學東瀛」:

> 查川省各州縣多有紳富捐設學田,津貼應試文武生童。現在武科
> 既停,歲有閒款,並為一用,聚則見多,約計每年可提數千金。
> 又,中富之邑,津捐、賓興等局,時有贏餘;文昌宮各廟會,向
> 多糜費,或酌提奇零,或量勸伙助,大縣、中縣,歲籌二三百
> 金,當尚不難。此二項擬分飭各屬,按年清解,名為遊學經費。[13]

這一節奏議中所列舉的「學田」、「津捐」、「賓興」都是從科舉制度裏派
生出來,本以讀書應試的士人為對象的社會資助,時至清代已遍及南
北。作為一種歷史記述,同治年間的《武寧縣志》說:

9　故宮博物院明清檔案部匯編:《清末籌備立憲檔案史料》上冊,第126頁。

10　中國第一歷史檔案館、北京師範大學歷史系編:《辛亥革命前十年間民變檔
　　案史料》上冊,北京:中華書局,1985年,第49頁。

11　劉大鵬:《退想齋日記》,第172頁。

12　故宮博物院明清檔案部匯編:《清末籌備立憲檔案史料》上冊,第207頁。

13　朱壽朋編:《光緒朝東華錄》第5冊,第(總)4937頁。

> 武邑賓興會，起自道光壬寅歲，闔邑紳耆稟請前令王師道，得捐
> 輸約數萬金。首事潔己奉公，設立善後規條，至詳至當。自歲科
> 文武童試暨鄉會試，資贈數目，輕重有差。比詳各大憲立案。

同時的另一種記述說世間讀書人貧苦者居多，「每屆鄉會之期，取之裕
者，固不乏人，而牽蘿補屋稱貸以益者，恒十居七八，其甚者往往以設
措維艱，因循中止」。[14] 以「投措維艱，因循中止」寫照士人因無處籌借川
資，致不能赴鄉試會試，並以此為當日常有的事，則前一段文字之撮敘
「武邑興賓會」的始末，正富有代表性地說明了作為社會資助的「賓興」之
由來和生成，及其以接濟士子之貧為本義的公益性、地方性和合理性。
「學田」、「津捐」等等，彼時皆與之同屬一類。而其間的「稟請前令」和「比
詳大憲立案」，並由此敘及「首事」的「潔己奉公」和「善後規條」的「至詳
至當」，又都說明，作為來源的「捐輸」雖然出自私人，但既攏聚於「賓興
會」一類名目之下，其實已是一種歸屬於民間社會共有的地方公款了。
因此四川學政的奏請，顯然是在科舉尚未停置之日，已經把這一類由科
舉派生的濟貧之資當成了利藪，並力謀伸手而入，以興學的名義提調支
配這種本來不屬官家所有，從而不在官家指掌之內的地方公款。然則以
「學田」、「賓興」、「津捐」的由來和歷史相比較，這種地方官以權力推翻
舊時成規的收公益為官有，其牽動之大，無疑又更過於「攤派」和捐稅。

　　當此「就地籌款」之日朝廷因此一摺而掘開了「不糜公家之費」[15]的
法外之大洞，迨科舉停置，則「酌提奇零」和「量勸佽助」已一變而為伸
手提取的全無窒礙和了無邊際，從而在天下共效中遍及於那個時候的南
北東西之間，並且連類而及，層層兼併，又不斷延展到其他具有公共屬
性的地方款項。而後是騰挪移易之間，累積多年和經營多年的這種地方
公款輕易地改變了歸屬，同時連帶地抹掉了寄託於其中的公共利益。清
末最後一年杜亞泉概論「今日之教育行政」，言之明切地說：

14　轉引自楊聯陞：《中國語文札記》，北京：中國人民大學出版社，2006年，
　　第110、112頁。

15　朱壽朋編：《光緒朝東華錄》第5冊，第(總)4938頁。

> 今日教育上最顯著之弊害，在各地方多設立有名無實之學堂。此
> 種學堂，其名義上無論為官公私立，實際則皆為一二私人，歆於
> 創立學堂之名譽，且冀籌取地方之公款以恣其消費，憑藉官廳之
> 權力以張其聲勢。[16]

在十年興學育才和騰挪移易交相為用之後，他眼中見到的都是「有名無
實之學堂」，而尤其引人注目的又是主其事的「一二私人」之興風作浪，
用心謀名、謀利、謀勢，所圖全在興學育才之外。其間統括而言的「地
方之公款」能夠「籌取」而「恣其消費」，被目為那個時候「最顯著之弊
害」，正說明地方公款歸於興學的過程，同時是舊有的「善後條規，至
詳至當」在官立、公立、私立的各色名義下瓦解於一片混沌之中，被不
立規矩和全無法度的自為挪移和伸手而取層層打破的過程。兩者交疊，
遂使九年之前奏摺中預想的「就地籌款，化私為公」一經進入這個過程，
則很容易一路反向而行，使一頭以公家為名義的攫取，在另一頭已演變
為各自「籌取」之下的化公為私。而底層社會全程直觀這種不立規矩和
全無法度的攫取，以及攫取之化為私利，對於朝廷興學的感受和感應，
便不能不以興學之利尚遙不可見，地方的公共利益卻經此侵奪而一路流
失為直接的目睹身受，並自然地喚出人心中的意不能平和排斥抵拒。其
因果始末之間，具見朝旨催發興學，而「就地籌款」和「不糜公家之費」，
卻又一定會使興學所起之處，最先觸動而傷及的常常是民間一家一戶的
利益和地方社會共同據有的利益。這是一種內在於這個過程裏的定勢，
則其節節伸展便往往又是無度地伸展。因此「學田」、「津捐」、「賓興」
一類「地方之公款」被騰挪移易而屬性全變之日，與官家離得更遠的寺
廟及其附著的廟產，同時也在被當成以可用為興學的利源。

光緒二十八年《欽定小學堂章程》列「一切建置」之目，明示「現在
甫經創辦，或借公所寺觀等處為之」；次年繼起的《奏定初等小學堂章
程》和《奏定高等小學堂章程》各列「屋場圖書器具」之目，同樣都把「甫

---

16 杜亞泉著，田建業等選編：《杜亞泉文選》，上海：華東師範大學出版社，
　　1993年，第25頁。

經創辦，或借公所寺觀等處為之」當作事理之應然。[17] 興學集聚生徒，
則「建置」和「屋場」所對應的，都是「建造學堂需費甚巨」。[18] 而相比於
數量有限、分布也有限的公所，寺廟的既多且廣顯然更加一目了然，從
而更易動人之心。因此，此前四年歲在戊戌，張之洞作〈勸學篇〉，以
應和當日出自上層的「廟堂旰食，乾惕震厲，方將改弦以調琴瑟」和起
自下層的「學堂建，特科設，海內志士發憤扼捥」。而其中的「設學」一
節，則已謀及於此而又思之爛熟：

> 或曰：「府、縣書院經費甚薄，屋宇甚狹小，縣尤陋，甚者無之，
> 豈足以養師生、購書器？」曰：「一縣可以善堂之地、賽會演戲之
> 款改為之，一族可以祠堂之費改為之。」「然數亦有限，奈何？」
> 曰：「可以佛道寺觀改為之。」今天下寺觀何只數萬，都會百餘區，
> 大縣數十，小縣十餘，皆有田產。其物業皆由布施而來。若改作
> 學堂，則屋宇、田產悉具，此亦權宜而簡易之策也。[19]

之後又說得更遠：「方今西教日熾，二氏日微，其勢不能久存，佛教已
際末法中半之途，道家亦有其鬼不神之憂，若得儒風振起，中華乂安，
則二氏固亦蒙其保護矣。大率每一縣之寺觀取十之七以改學堂，留什之
三以處僧道；其改為學堂之田產，學堂用其七，僧道仍食其三。計其田
產所值，奏明朝廷，旌獎僧道，不願獎者，移獎其親屬以官職。如此，
則萬學可一朝而起也。」[20] 這些籌劃學堂的論說出自維新變法之日而未
能施及當時，但「寺觀何只數萬」的能夠「權宜而簡易」地轉化為「萬學」
的「一朝而起」，卻以一個疆吏的立場，真實地表述了地方官籌辦學堂
於「國步艱虞，百廢待舉，而庫儲一空如洗」[21] 之際共有的權衡和取徑。
因此，相隔四年之後，朝廷以急迫之心興學，這一套道理便很快地移入

17　舒新城：《中國近代教育史資料》中冊，第 410、437 頁。

18　朱有瓛主編：《中國近代學制史料》第 1 輯，下冊，第 809 頁。

19　張之洞：《張之洞全集》第 12 冊，第 9704、9739–9740 頁。

20　張之洞：《張之洞全集》第 12 冊，第 9704、9739–9740 頁。

21　朱壽朋編：《光緒朝東華錄》第 5 冊，第 (總) 5117 頁。

地方社會，施於本屬方外的佛道世界之中。而後是「廟產辦學」與「僧界騷然，陽拒陰抗」[22] 相為因果。時人記述清末學堂流派，曾舉「其尤可怪者，方外防侵奪，集其徒眾，設計保叢林，遂立僧學堂」[23] 為那個時候借興學之名以拒興學的出格路數，而反映的卻正是列於欽定章程和奏定章程中的「借」用「公款寺觀」，一旦行之於地方，則會越出借用的範圍而自為擴張，在地方官的手裏變成張之洞所籌想的「屋宇、田產」一併收用。由「捐稅」而「賓興」、由「賓興」而「廟產」，其間的節節伸展，非常具體地說明了興學育才以「就地籌款」為來源，則「就地籌款」實已等同於各逞長技的劫取。沿此同一種理路延伸，又曾有謀及「以恤無告堂、恤嫠、救嬰諸款充辦」學堂的逆違天理人情。[24] 隨之生成的「騷然」是一種廣泛驚動，以至當日朝廷曾下詔「不准任蠹役藉端滋擾」佛道世界裏的「大小寺院」和「僧眾產業」，以及官府「不得勒捐廟僧，以端政體」。[25] 以「政體」為說，是指相比於徵取民間社會，這種掠奪鬼神世界的事趁時而起，則因其從來未有和太過極端，已直接傷到了朝廷的臉面。其中的「蠹役藉端滋擾」，正說明這個過程裏的收用「廟產」，同樣是常常與私利和私欲相交雜的。而「滋擾」和「勒捐」之不得不由朝旨立禁，又反照了「滋擾」和「勒捐」在當日的普遍程度和不受管束的程度。然而「廟產辦學」的「權宜而簡易」，又決定了「廟產辦學」之容易為地方權力所用，以及由此已經形成的慣性，在時處「國家責之部臣，部臣攤派各省，不問其如何籌集」之日，並不是朝廷以其一紙詔書的概而言之所能限定的。因此直到民國初年，還常見地方政府辦學務「不是要提倡教育，不過縣署規定以廟款作地方教育經費，恐怕不辦一個學堂來擋塞，縣署就要提款，弄得財政旁落」而「影響祀神的大事」。[26] 顯然是政

22　章伯鋒、顧亞主編：《近代稗海》第11輯，1988年，第484頁。

23　榮孟源、章伯鋒主編：《近代稗海》第1輯，第235頁。

24　莊建平編：《近代史資料文庫》第9卷，第494頁。

25　〈飭地方官保護寺產感言〉，《申報》，1905年4月14日。

26　莊建平編：《近代史資料文庫》第10卷，第76頁。

府之施行於地方猶在相沿而來的慣性之中，因此地方之回應政府，也仍與此前以「僧學堂」防侵奪的老辦法相似。

二　興學與毀學

朝廷興學推及地方，而由此一路派生的這種化為捐稅的「立學之費取之於農」、本來的「地方之公款」在挪移中化為私利，以及「廟產辦學」與「滋擾」、「勒捐」和「侵奪」交雜錯綜的同生共長，則同時又都在使興學的過程不斷地異化，成為一個自上而下地為地方帶來衝擊和震盪的過程。因此，對於地方社會中的多數人來說，「興學」、「辦學」和由此生成的學堂，便不僅是一種自外而入的東西，而且是一種徵斂無度而害及生計的東西。前者生成的是陌生，後者造成的是痛楚。而後是國家權力自上而下地力推興學，陌生和痛楚自下而上地發為回應，抵拒扞格隨之而起，遂使那個時候的興學又常常要面對出自於民間的反興學。所以，清末最後十年，與朝廷在新政名義下的興作更張對映而見的，常常是「民變之案接踵而起」，連綿不絕。[27] 其間尤其多見「學堂經費，靡所底止」積為「民怨沸騰」，[28] 致州縣興辦學堂而動輒觸發地方糾眾「毀學」的一類情節。

光緒二十九年 (1903)，直隸總督袁世凱奏報沙河縣「抽收煤釐」以助「學堂經費」，引起「窰戶土棍」的「聚眾抗官」；[29] 光緒三十二年，署貴州巡撫岑春蓂奏報都勻府因「派捐學堂經費」，激為民眾的「聚眾滋事」和官府的派兵「彈壓拿辦」；[30] 光緒三十三年，護理四川總督趙爾巽奏報

27　劉大鵬：《退想齋日記》，第128頁。
28　劉大鵬：《退想齋日記》，第162頁。
29　中國第一歷史檔案館、北京師範大學歷史系編：《辛亥革命前十年間民變檔案史料》上冊，第49頁。
30　中國第一歷史檔案館、北京師範大學歷史系編：《辛亥革命前十年間民變檔案史料》下冊，第706–707頁。

邛州「因抽紙捐作學堂經費」，促成「無知愚民，糾眾打毀收捐紙行」；[31]
以及宣統二年(1910)第二鎮統制官向陸軍部呈告易州城內「亂民因捐事
焚毀學堂暨自治局情事」；[32]等等。除了奏報和呈告之外，還有見之於
光緒三十二年《時報》的陝西「民間多怨」，泄為「打毀釐局學堂」；[33]見
之於光緒三十七年《閣抄匯編》的江西樂平因「抽收靛捐興辦學堂」而致
鄉民「生變」，聚眾「拆毀地方官署及其他一切之局所」；[34]見之於宣統二
年《國風報》的山東萊陽「因查提廟產，及抽收人口捐」而「激成公憤」圍
攻署衙，「境內教堂學堂，亦一律焚毀殆盡」；[35]等等。以其性質而言，
這些民變同歸一類，皆屬自發而起；論其地域之布列，又是南北東西一
時俱起。自發說明了主動性和直接性，俱起說明了廣泛性和普遍性。
因此，其一時一地的聚眾而爭雖然此起彼落，實際形成的卻已是一種總
體上的大規模和大震盪。當日《東方雜誌》曾以「毀學果竟成為風氣耶」
立題目，四顧天下說：「自無錫毀學之事起，四川、江西，旋亦有毀學
之事。今則廣東毀學之事又見矣」，[36]指述的正是這種匯集的規模和遠
播的震盪。學堂推倒了科舉，但取代了科舉的學堂在中國的產生和形
成，自始即已把發端於「作育人才」的事業實際地轉化為「吾民長負」之
苦累了。因此，作為一個真實的歷史過程，這種自上而下地推行興學，
同時又在以其觸發的社會矛盾，自下而上地打破了先期預設於這個過程
之中的那一套道理和構想，而後是當日的興學聲勢浩大，而意願與結果
之間全然不相對稱。

31　中國第一歷史檔案館、北京師範大學歷史系編：《辛亥革命前十年間民變檔
　　案史料》下冊，第770頁。

32　中國第一歷史檔案館、北京師範大學歷史系編：《辛亥革命前十年間民變檔
　　案史料》上冊，第63頁。

33　李文治編：《中國近代農業史資料》第1輯，北京：生活‧讀書‧新知三聯
　　書店，1957年，第961頁。

34　李文治編：《中國近代農業史資料》第1輯，第963頁。

35　李文治編：《中國近代農業史資料》第1輯，第968頁。

36　轉引自丁守和編：《辛亥革命時期期刊介紹》第3集，1983年，第194頁。

由戊戌之前開其端緒，又在辛丑之後走向高潮的報章論述、奏疏陳説和詔旨布告，曾以種種新學理直接促成了學堂與科舉的此長彼消。但對於其時多數底層民眾來説，學堂被報章、奏疏、詔旨急迫地召喚而來，之後又挾著國家權力進入民間，是遠看變成了近觀，而由此獲得的對於學堂的具體認知，則大半來自官府勒迫下的「加徵加税」。[37] 相比於朝廷託付給這個過程的「非育才不能圖存，非興學不能育才」，出自民間的這些感受和認知，則反映了力行興學在清末中國曾經有過的另一重社會內容。而更直接，從而更明顯地影響了那一段歷史的，則正是後一重社會內容。這是一種不在朝廷籌算之內的社會內容，但生當斯世斯時，其更直接，又更明顯地合為滔滔然天下皆是，已更真實地展示了因興學而起的上下窒塞和人情向背。

上層的預想和下層的感受在這個過程中兩不相接，出於上層的「興學」遂不能不與起自下層的「毀學」迎面相撞。而興學之直捷地召來毀學，又以一種激烈的方式具體地説明：在近代中國的歷史變遷裏，教育的大變成法，自始便因其與大眾的扞格而把教育牽到了與社會的相互矛盾之中；而推倒了科舉的學堂在中國的產生和形成，也隨之而成了一個既在多數人口之外，又與多數人口對立的過程。光緒末年王國維曾作條陳呈學部，由海寧一地的「[學校] 之經費，往往人自為籌，地自為政，紳士主其事，而官受其成」説世情與學務，切言其間的深相抵牾：

> 夫地方紳士豈盡善良？凋劣之青衿，不學之賈豎，窺一時之大勢，竊興學之美名。官以辦學之人而稍加敬禮，紳乃藉官之勢肆其恣睢。小民負戴之菽麥、屠宰之羊豕，幾於入市無税無物不徵。而其藉以干預他事，武斷鄉曲者，更無論矣。長吏之於鄉僻，既為耳目所不周；小民之疾學堂，殆視教會為尤甚。以教會不過習慣上之衝突，而學堂則關乎生計上之問題故也。一邑如此，天下可知矣。[38]

37　劉大鵬：《退想齋日記》，第162頁。

38　王國維著，謝維揚、房鑫亮主編：《王國維全集》第14卷，杭州：浙江教育出版社、廣州：廣東教育出版社，2009年，第88頁。

其眼中所見，顯然是紳比官更邪惡。這種邪惡反映了紳士群體此日正在發生的劣質化，然而「藉官之勢肆其恣睢」，又說明紳權之引入學務，其實是官府促成的。因此「人自為籌」和「地自為政」的既無舊的法度又無新的法度，正是由朝旨興學，而官府各施其技的層層推衍裏一路派生出來的實際結果。而舉「小民之疾學堂，殆視教會為尤甚」作比較，則是以19世紀後數十年裏，本以傳播福音為職分的西教自外而入之後，曾一變其宗教的本來面目而成為地方之大患的事實，陳說民間社會的與之格格不入。其觀察的重心，又更多地觸及這個以興學之名造學堂的過程，同時又在使出自這個過程的學堂還未成形就已經變為人心中的異端。新生的學堂因一身所附集了太多矛盾而淹沒育才的本來面目，遂致所起之處常常以動盪不寧造為怨恨，被民間社會當成了同教會一樣不能認同和不肯接納的東西。動盪不寧造為怨恨，正說明這個過程以變科舉和停科舉為取法於東西洋的學堂讓出路來，但相比於自然地生成於中國歷史之中的科舉制度，則移來的學堂剛剛進入中國，便已捲到了東西洋所沒有過的興學與民生相扼相抗，官紳與小民相扼相抗的漩渦裏，不得不以其既在多數人口之外，又與多數人口對立，並以由此引發的動盪匯入當日的世路起伏之中。因此，學堂終結了科舉，而以此為起點的別開生面，實際上又成了一千三百年科舉歷史反照下，教育與社會之間從前所未曾有過的阻隔重重和抵牾重重。

三　公平的失落：學堂與貧富之界的衍化和固化

19世紀末期以來的士議曾盛讚學堂之美，並以學堂與科舉不能兩立發為群起鼓盪，促成了朝廷停科舉。但當被召喚出來的學堂次第而起之後，與下層社會的「小民之疾學堂」同時發生而且遙相應和的，又是出自20世紀初年士議的深抵學堂。其間的前後轉向太過明顯，便成了那個時候引人注目的思想現象。光緒三十三年 (1907) 劉師培論「新政病民」，而言之痛切的，尤以學堂之弊為大端：

夫學堂之善於科舉，夫人而知。然按其實際，則學堂之制，便於
紳士、富民，貧民鮮蒙其益，遠不若科舉之公。科舉之世，雖有
搶［槍］替、通關之弊，為富者用以杜貧民進身之階，然制舉之
文，至為淺陋，雖貧者亦可自修，學費豐絀，非所計也。及僥倖
獲選，則貧民與富民同升，未嘗有階級制度寓其間也。若學堂既
興，無論其為公立、為私立，入校肄業，莫不索費，購書閱報，
所費滋多。彼鄉野貧民，仰事俯蓄，尚虞缺乏，子弟雖有求學之
心，亦以無資而中止。是則享學校出身之榮者，均富民子弟。多
數貧民，因失學之苦，致絕進身之望。無階級制度之名，具階級
制度之實。[39]

與下層民眾因重徵苛斂之苦起而「毀學」相比，他更多地著眼於社會，
而以公平為度量好壞優劣的尺度。所以他尤其不能漠然視之的，是對於
中國社會來說，「學堂之制」已如同分類和分途，「由是而降，貧民永淪
於奴隸，富者益智，貧者益愚」，之後是「因智而貴，因愚而賤，可逆
睹也」。[40] 此日上距學堂推倒科舉不過兩年，但這些話已經在力陳學堂
之「不若科舉」了。顯見得當初被論說引來的東西一旦移入事實而越出
初想，則論說又會隨事實而走，從一面翻到另外一面。陶希聖後來回憶
幼年在河南開封入「旅汴中學」，說是「辦學的經費在藩庫裏沒有著落。
於是布政使通令各州縣官『捐廉』」。而「所謂『捐廉』，就是由各州縣田
賦的『耗羨』中拔繳而已。州縣官一律外省人，他們捐廉創辦學校，他
們的子弟優先入學，且無須繳納學費。所以學校的名稱是『客籍』和『旅
汴』。本省的子弟們不過搭學而已」。[41] 在這種「田賦」雖出自本地，而
入學以外省官僚子弟優先的辦學過程裏，「階級」之分正顯然可見。自
孔夫子以「有教無類」聚徒授學之後，「有教無類」遂成為一種不移的道

39　劉師培著，萬仕國輯校：《劉申叔遺書補遺》上冊，揚州：廣陵書社，2008
　　年，第794–795頁。

40　劉師培：《劉申叔遺書補遺》上冊，第794–795頁。

41　陶希聖：《潮流與點滴》，北京：中國大百科全書出版社，2009年，第4–5頁。

理，為後世留下了入人之心的教育平等觀念，並一脈相延於二千多年之間。因此《清史稿‧選舉志》概説清代學制，於「國學」、「官學」、「府、州、縣」之外，又列述「社學，鄉置一區，擇文行優者充社師，免其差徭，量給廩饌。凡近鄉子弟十二歲以上令入學。義學，初由京師五城各立一所，後各省、府、州、縣多設立，教孤寒生童，或苗、蠻、黎、瑤子弟秀異者」，[42] 以見施教和受教的未嘗立一格以限天下。收錄於《隨園詩話》中的「嘲村學究」一節，説：「漆黑茅柴屋半間，豬屋牛圈浴鍋連。牧童八九縱橫坐，天地玄黃喊一年。」[43] 這種以「牧童」為對象而以千字文為課業的教與學，顯然立意並不在求取功名那一路。也正因為如此，其描畫雖意在調侃，卻又以描畫的具體性地寫照了當日窮民與知識之間維持聯繫的可能。所以，時至20世紀初年，在「莫不索費」的學堂面前，這些曾經有過的事實便都成了直接的對比：昔「義學之制，隨在而有，赤貧之家，其子弟均可入學，且可免費，所成就者甚多。今則非得學校卒業文憑，不克進身，而赤貧之民，永無得學校文憑之望矣」。[44]兩頭之間太過懸殊，因此同時的言官陳説於廟堂，引為不平的也是學堂「每入一人，歲需百餘金，中國寒士居多，有力入學者，率皆大族富商，而寒畯子弟，轉嘆向隅」。[45] 而後是朝野之間相互共鳴。在這種朝野共鳴的背後，還有更多由同一個題目引發的時論和奏論。

42　趙爾巽等撰：《清史稿》第 12 冊，第 3119 頁。

43　袁枚：《隨園詩話》上，北京：人民文學出版社，1982 年，第 261 頁。

44　劉師培：《劉申叔遺書補遺》上冊，第 795 頁。

45　故宮博物院明清檔案部匯編：《清末籌備立憲檔案史料》下冊，第 995 頁。吳汝綸日記中説：「庚子後一年，法人樊國梁 (Alphonse Favier) 為中國議小學堂章程，謂學生終年在學者歲出修金百金；在學午餐者歲出五十金，不在學寢食者歲出二十五金。」見吳汝綸：《吳汝綸全集》第 4 冊，合肥：黃山書社，2002 年，第 675 頁。合而計之，則一個小學堂學生之歲費大體在一百二十五金到一百五十金之間。而李宗仁説其時「一兩銀子至少可兌制錢一千四五百文，而一碗叉燒面不過制錢十文」，見李宗仁：《李宗仁回憶錄》下冊，南寧：政協廣西壯族自治區委員會文史資料研究委員會，1980 年，第 46 頁。雖然各地容有差異，而兩相比較，猶可以大體地知道，依清末的民生而言，學堂「歲需」的程度。

　　自戊戌以來，當國人之先知先覺者仰望「西國學校以教育為主義，無人不當教育，故無人不當入學」，並以此為比照，深信中國「學校不能大興」，則因果相及，致「國家永無救時之人才，中國永遠不能進於富強，即永遠不能爭衡於各國」[46] 的時候，其憧憬全在學堂能夠大變形質，使中國人能一蹴而就躡歐追美。同當初的這種憧憬相比，則這個時候以「大族富商」與「寒畯子弟」相對舉而深論「階級之名」和「階級之實」，其間的關注顯然已經從「富強」移到了平等。比之猶在遠處的富強，平等是一種更切近，從而更直接地以其實際結果牽動社會和關乎人人的東西；因此，比之「救時之人才」一類沒有具體性和確定性的闡釋推演，顯然是「貧民」的「失學之苦」和「進身絕望」，以其常在耳聞目睹之中而更能直入地寫照世相。

　　二千多年來中國貧富不齊，但從「有教無類」派生出來的種種人情物理融入制度和禮俗，曾在很大程度上成為實際上的屏障，把世間的貧富之分和貧富之界擋在了讀書上進的門外。朝廷停科舉之後一年，章太炎在東京作演講，特舉被他稱作「最惡劣」的科舉制度，而力言其內含的合理一面：

> 為甚隋、唐以後，只用科舉，不用學校？因為隋唐以後，書籍漸多，必不能像兩漢的簡單。若要入學購置書籍，必得要無數金錢。又且功課繁多，那做工營農的事，只好閣 [擱] 起一邊，不能像兩漢的人，可以帶經而鋤的。惟有律賦詩文，只要花費一二兩的紋銀，就把程墨可以統統買到，隨口咿唔，就像唱曲一般，這做工營農的事，也還可以並行不悖，必得如此，貧人纔有做官的希望。若不如此，求學入官，不能不專讓富人，貧民是沈淪海底，永無參預政權的日了。

46　轉引自丁守和編：《辛亥革命時期期刊介紹》第 5 集，1987 年，第 25 頁；第 2 集，第 159 頁。

這種「富人」與「貧人」彼此均等的讀書上進之路，他稱之為「帶幾分社會主義的性質」，[47]在那個時候，應該算是出格恭維了。而在「最惡劣」的科舉制度已經停置之後猶著力論說其「必得如此」的合理和合情，正是深知失此屏障，則會是「求學入官，不能不專讓富人」，而致貧民「沉淪海底」的更加惡劣。以此與劉師培所指學堂帶來的「富者益智，貧者益愚，因智而貴，因愚而賤」相比較，具見其思考和評說的大旨略同。而作為其時以言論醒世的代表人物，他們在學堂與科舉代謝之日，全幅關注都交集於貧人失路和寒畯向隅一面，正折射了清末中國以變法除舊弊，常常會因其急迫匆促而同時又在以變法造新弊。學堂與科舉的代謝因舊學不如新知而起，其奉為通則的理路在於以知識促成人民的由愚而智，即以知識造就國家的由弱而強。但承載了這種願想的學堂之層層傳播知識，又是在不平等地分配知識中實現的，其間的因果便成了一頭的由富而智，由智而貴；另一頭的由貧而愚，由愚而賤，一千三百多年來科舉制度的「未嘗有階級制度寓其間」，遂一朝傾覆而全然顛翻。而後是貧與富的兩頭對比和對立，已使這個引入新知以圖富強的過程溢出了詔書和奏議為之設定的範圍，從作育人才的教育問題演變為摧折平等的社會問題。

就時間的先後而論，社會問題是由教育問題衍生出來的，但教育的言之成理和社會的不合公道，以其內涵迥異而相互反照，構成的卻是一種近在眼前，又無從彌合的矛盾。

在貧富不齊而「寒士居多」的中國，士人中的大部分都與貧更接近，並且更自覺於為「貧者」求公道。因此，作為知識分子的讀書人能夠接納藉學堂以「進於富強」的言之成理，但作為「寒士」代表的讀書人，則面對教育問題演變為社會問題，一定不會容忍出自學堂的這種以貧富分配知識，從而由貧富決定貴賤的興學育才之法的不合公道；尤不會容忍其顛倒原本由「有教無類」所維繫的社會平等，而使貧富之分在學校主

47　章太炎著，章念馳編：《章太炎演講集》，上海：上海人民出版社，2011年，第7頁。

導的教育之下固結為階級之界。清末最後十年裏士林議論的半路轉向和前後抵牾，正是由此而起，又與之共存的。其間尤其典型的，是此日痛訴學堂「無益於治，而轉以病民」的劉師培，五年之前下筆論時事，曾深信「兵戰不如商戰，商戰不如學戰」，因此須亟立「大、中、小學校，以開全國人民之智識」，並以此發為自覺鼓吹。[48] 就其個人來說，五年前後的不同，是一種後來的認識改變了從前的認識；但作為旨在濟時的士議，這種半路轉向和前後抵牾，又反映了當日取法於東西洋學理所導引的變遷，雖然自成其一面的道理，但實際上罩不住並不只有一面道理的中國社會，所以變遷的過程常常會激成一面的道理和其他道理、小道理和大道理、少數人的道理和多數人的道理之間的重重矛盾。當「進於富強」呼喚出來的學堂變成了「富室子弟恃為進身之路」之後，[49] 其直接的結果化為普遍可見的事實，便是「各州縣只立一兩等小學，經費鉅萬，竭盡一方之力，學生多者百餘人，少者數十人，此外則誦聲幾絕矣」，以至「瘠邑窮鄉之間，反以學堂既設，而學者更鮮」。時人通論前後，謂之「明期教育之普及」，而貧富懸隔，「竟至學殖之就荒」，[50] 興學與育才之間，遂成為一種顯然的反向而立和反向而行。反向而行，是一廂情願之想以其一面的道理普罩天下，最終是一面的道理也不復成為道理。因此士議之轉向、抵牾和自己推翻自己，都是起於預設的思想在這種大起大落之中的不得不變。而曾經在鼓盪的時論中被闡述得簡單明瞭、易知易懂的學堂，則在思想趨近事實的觀察省視之中一變簡單明瞭，顯出了其本來的複雜和矛盾，以及這種複雜和矛盾在中國社會所生成的正面和反面。生當其時，於是人促成了變遷，之後又隨變遷而變。

　　相比於此前詔書停科舉的匆促急迫，思想隨事實而變，以及因之而來的觀察省視之由淺入深，都是一種不斷的認知和後來的認知不斷

48　劉師培：《劉申叔遺書補遺》上冊，第8、17頁。

49　劉師培：《劉申叔遺書補遺》上冊，第795頁。

50　故宮博物院明清檔案部匯編：《清末籌備立憲檔案史料》下冊，第978、995、1040頁。

地對之前認知的糾正。已經推倒的科舉便常常又會被重新引入思考和論說，以對比學堂施教興學的成敗得失。在這種過去和當下的糾結裏，相比於歷時一千三百餘年的科舉制度停置之日未曾見到的強烈反應，則觀察、認知、糾正、思考、論說便成了遲來的迴響出現於這個後起的過程之中，並且由清末一路延伸到民國；又不斷地從一個問題延伸到另一個問題。

四　阻隔深重：學堂中人與大眾之間的俯視和嫉視

學堂授學的貧富不相對等，以「索費」為入門之券而築成了一種隔離內外的牆界，限定了知識流播的社會範圍。而與之同起於一種因果的，則是進入了學堂的讀書人在牆界之內的天地裏駸駸乎變化氣質，以其自為聚合而別成一種不同於舊日士人的群類。宣統年間出自華北地方官的一則呈告說：

> [時]值天氣亢旱，有高陌社等處十八村民眾，於六月二十日祈雨進城，由學堂門前經過，該堂學生在外聚觀，私議愚民迷信。祈雨人聞之，即與辯論。斯時人多勢重[眾]，遂擁入學堂，將門窗器具均有砸毀。[51]

在這場無端而起的衝突裏，學生剛剛學來的那一點新知識一旦致用，便化作了對於鄉民的俯視和異視。俯視和異視都是一種鄙視。作為回應，是鄉民祈雨的滿腹愁苦變為一腔忿激，之後由動口到動手，城裏的學生和鄉間的農人便成了對立的雙方。

在已經過去的二千多年裏，中國社會以士農工商相分相維，而耕與讀常相依連，所以士與農本在切近之中和親近之中。同治六年(1867)，孫毓汶簡放四川鄉試主考官，由京入蜀。其日記敘述沿途移步換景，多

51　中國第一歷史檔案館、北京師範大學歷史系編：《辛亥革命前十年間民變檔案史料》上冊，第64頁。

見的是「前數日有雨，地氣稍潤，秋禾大半布種」，「連日旱途焦爍，地幾不毛」，「灤城十九、初三得雨兩次，晚秋一律布種，彌望青葱，非復保陽以北枯焦景象也」，以及「河以南，雨澤沾足，田禾茂密」，[52] 等等。雖說孫毓汶在晚清不被清議所許可，但其日記中留心物候的記述表現的猶是一個士人的憫農之心，並因此而更能寫照其時士之為士的普遍意態。所以，以此為積久而有的世情，則此日這種由祈雨所觸發的從紛爭到「砸毀」，正以學生一方只見「迷信」，而對旱魃為虐之下的蒼生之苦無知無覺，並以「祈雨」的農民為群相譏嘲的對象，說明了學堂初起之日，學堂中人看學堂以外的天下之眾生，已如韓愈所說的「越人視秦人之肥瘠，忽焉不加喜戚於其心」，兩頭各在一種精神世界之中而苦樂無以溝通。而後是由清末至民初，民眾仍然起伏生息於舊時的生產過程和生活狀態裏，而養成於學堂的學生卻在思想上和空間上走向其心目中的高處和遠處，並因其高和遠而與多數人相分相離。黃炎培曾概言這種兩頭脫節說：

> 乃觀今之學子，往往受學校教育之歲月愈深，其厭苦家庭、鄙薄社會之思想愈烈，扞格之情狀亦愈著。而其在家庭、社會間，所謂道德、身體、技能、知識，所得於學校教育，堪以實地運用處，亦殊碌碌無以自見。即以知識論，慣作論說文字，而於通常之存問書函，意或弗能達也；能舉拿破侖、華盛頓之名，而親友間之互相稱謂，弗能筆諸書也；習算術及諸等矣，權度在前，弗能用也；習理科略知植物名辭矣，而庭除之草，不辯其為何草也，家具之材，不辯其為何木也。[53]

「厭苦」、「鄙薄」和「扞格」，說的都是自居於高處和遠處的「學子」之自外於社會，而之後的種種「弗能」，說的又是其據為高處和遠處的東西

52　莊建平編：《近代史資料文庫》第1卷，第189–190、193頁。

53　經世文社：《民國經世文編》第7冊，北京：北京圖書館出版社，2006年，第4167頁。

實際上的並不足恃。前者反映了「學校教育」與中國社會的太過窵遠，後者也反映了「學校教育」與中國社會的太過窵遠。黃炎培自清末以來即戮力於興學，是一個以教育為事功的人。因此與局外之議論相比，他的這些評說無疑在觀察之外又更多地包含了累積的體驗和思考。

「厭苦家庭，鄙薄社會」，以及與之相為因果的「扦格之情狀」，都顯示了那個時候的學堂既已自立一種牆界，之後是從牆界裏走出來的「學子」進入牆界之外的那個世界，便不能不與多數人相對比而見其判然不同，並因之而成了自我異化的少數。所以，「學子」處人己之間的這種自我異化雖由對比而見，反映的則是人在牆界之內所獲得的造就，以及由此生成的明顯變化。

自學堂推倒了科舉，其直接的結果是原本「子弟讀書，家塾有父兄之督責，師長之教訓」的個體存在和分散存在，一變而為進入學堂，即在「少年聚處」之中，成了群體存在和集中存在。有此一變，遂使過去在父兄和師長重重抑勒之下的「易動難靜」得以各自釋放，又在相互感染中層層放大。「聚處」於學堂的受學過程，便很容易地同時成了不斷累積和盲目伸展其少年性心中的自我意識，並化自我意識為「氣漸驕」和「心漸肆」[54] 的過程。與一千三百多年來科舉制度下的士人養成相比，顯然是學堂已把讀書人的型塑置於一種完全不同的空間當中了。這是一種脫出了當日社會之尋常日行起居的空間。因此，傳統士人轉變為近代知識人的歷史演化裏，後來的歷史敘述中引人注目的新人物與新氣象，溯其原始，則在當時人的眼中卻更多是與出格和齟齬連在一起的。光緒

54　故宮博物院明清檔案部編：《清末籌備立憲檔案史料》下冊，第989頁。少年士子一旦群聚則易群哄，科舉制度下已是如此。包天笑說：「蘇州小考，童生們的吵鬧是有名的，人們呼之為『童天王』，那些書吏們辦公事的，見了他們都頭痛。後來各省設了學校，蘇州學校的學生，也常常鬧風潮，其實也不是新玩意兒，在我們舊式考試時代，已經很流行了。凡是少年們，都喜歡生出一點事來，那也是一種自然的趨勢。」但那個時候這種群聚不常有，所以哄鬧也僅見之於「小考」之日。見包天笑：《釧影樓回憶錄》，第93頁。

末期已是「天下競言學矣」，[55] 一個在京師大學堂做教習的外國人敘述其
直觀所見的人物和氣象，卻稱之為：「那裏的學生是一幫很粗野的人，
他們自稱是『將來主人翁』；校長是一個敢於向皇上檢舉慶親王奕劻和載
振不道德行為的人，但卻可憐巴巴地懼怕這些不守規則的年輕人。」[56]
筆下流露的無疑是一派困惑和詫異。就清末的學堂本以東西洋學堂為眼
中之榜樣和心中之理想而言，則這種出自西人的困惑和詫異反照之下，
可以見到的正是取法所得來的東西移入中國之後的水土不服和面目全
變。其間的「主人翁」一詞作為流行於新起一代之中的時髦話頭和體面
話頭，在那個時候因其多義而常常可以各作引申。但「主人翁」與「很粗
野」和「不守規則」相匹配，顯然更多地是對應於一種個人本位的自我意
識；而學堂裏的「主人翁」整體地成了世人眼中的「一幫」，並能夠使管
事的一方「懼怕」，則這種個人本位的自我意識同時又正是其時正在形
成中的知識人共有的群體意識。

　　若由京師大學堂而及京師大學堂以外的中國，當時人目睹學生一群
一群隨興學而起，印象尤其深刻的，又常常是其「一切習為自由之説，
萬不復受約束」的合群而動，「橫流滔滔」。[57] 一則記載敘述「萬不復受約
束」之下的學堂場景説：「上堂受課，虛心靜聽者，固不乏人，而嬉笑
謔語，與昏睡無聞者，十有六七。逮課畢，則相率出門，逸遊晏樂。
此際聽之不可，規之不從，而叩其所學，則茫然不知」的「輕躁浮動，
泛駕趺躐」。[58] 其間的「嬉笑謔語」、「昏睡無聞」和「逸遊晏樂」都寫照了
「習為自由之説」下的自在和自如。而「十有六七」，所對應的則正是學
堂雖然由詔書派生出來，但學生的多數卻自始即在沒有規矩可以收管之

55　故宮博物院明清檔案部編：《清末籌備立憲檔案史料》下冊，第978頁。
56　莫理循：《清末民初政情內幕》上冊，第298頁。
57　故宮博物院明清檔案部編：《清末籌備立憲檔案史料》下冊，第989頁；人
　　民文學出版社編輯部：《中國近代文論選》下冊，北京：人民文學出版社，
　　1959年，第524頁。
58　故宮博物院明清檔案部編：《清末籌備立憲檔案史料》下冊，第989–990、
　　996頁。

中。更等而下之的，還有「何物惡少年，演而為眼懸金鏡，嘴銜雪茄，一口『阿那大』、『密西斯』諸惡腔」[59]那樣眾目睽睽之下的異色異樣。通觀而論之，則由這種「一切習為自由之說」延伸而來的「橫流滔滔」，以及時人觸目生厭的別成異色異樣雖然表現各不相同，但其共以一己一群駕乎群倫的自尊和獨尊，則皆與京師大學堂裏的學生一樣，源頭顯然都出自與「主人翁」同義的個人本位的自我意識。而這種不見於古來中國的個人本位意識，一經成為學生的群體意識，實際上又已使出自學堂的知識人自成一格，在那個時候的中國社會裏越來越明顯地變得無從溝通和非常陌生。

由於無從溝通，當他們日復一日地疏離於多數人的時候，同時又會是多數人對他們以疏離回應疏離，與之既不相親，又不相識。時人謂之「民間最惡學堂」。[60] 所以，興學多年之後，魯迅以小說描寫世相，其筆下的農村社會專以「假洋鬼子」指稱出自學堂的新知識人。[61] 就其時中國農村人口的好惡之分而言，正是一種紀實。這種側目相看的異視，與「勒捐」、「侵奪」觸發的鄉民打學堂一脈相沿，而由學堂推及出自學堂中的人，多了一重知識人對大眾的隔閡和大眾對知識人的隔閡，其內涵又比當日的「民變」一觸即發更加深化和固化。所以，在他之後，毛澤東作《湖南農民運動考察報告》，說的也是「農民寧歡迎私塾（他們叫『漢學』），不歡迎學校（他們叫『洋學』），寧歡迎私塾老師，不歡迎小學教員」。[62] 以中國歷史中久有的崇尚文化和敬重讀書人為傳統的常態，像這樣大眾對於新知識人的嫉視顯然同樣是一種古所未有。

學堂中人的俯視大眾和大眾之嫉視學堂中人都隨興學而起，則兩頭之間的矛盾正反映了興學的過程既在造就新知識人，又在造就新知識人的局囿。時至20世紀30年代，章太炎說：

59　人民文學出版社編輯部：《中國近代文論選》上冊，第275頁。

60　劉大鵬：《退想齋日記》，第180頁。

61　魯迅：《魯迅全集》第1卷，北京：人民文學出版社，1956年，第82頁。

62　毛澤東：《毛澤東選集》第1卷，北京：人民出版社，1953年，第43頁。

> 吾觀鄉邑子弟，負笈城市，見其物質文明，遠勝故鄉，歸則親戚
> 故舊，無一可以入目。又上之則入都出洋，視域既廣，氣矜愈
> 隆，總覺以前所歷，無足稱道，以前所親，無足愛慕，惟少數同
> 學，可與往還，舍此，則舉國皆如鳥獸，不可同群。[63]

他稱之為「別樹階級，拒人千里」。然後舉「昔日士人」的「涵泳《詩》、
《書》，胸次寬博，從無此等現象」[64] 相對照，以說明前一種讀書人和後
一種讀書人的差別之大。從「鄉邑」到「城市」，之後又「入都出洋」的拾
階而上說明，與科舉制度下的「家塾黨庠」近在咫尺而可以「人自為課」[65]
相比，則推倒了科舉的學堂已不僅是牆界之內的另一重天地，而且是一
個越走越遠的過程。牆界使新學理和新知識化作了人世間的分野，而一
路遠走之際，留在身後的則不能不是曾經的熟識和親近，在日積日久
中退萎，變成了陌生和遙遠。因此，作為兩面交匯的結果，「惟少數同
學，可與往還」，說的是知識人相聚相群的範圍之隘；「舍此，則舉國皆
如鳥獸，不可同群」，說的是知識人與社會的懸隔之深。這是一種知識
人在轉向近代的演化過程中生成的小群與大群之分。此前的舊日讀書人
由小試 (縣試、府試、院試) 而鄉試，由鄉試而會試以求進取，其中的
每一步都需同鄉的保結，因此士人的身份始終都是與自己籍貫所在的鄉
里連在一起的。其間生成的功名以小試產出的秀才和鄉試產出的舉人為
大半，因此大半歸於在籍紳士，在籍即長在鄉里。而由會試中式走入仕
途的士人，則常常會因守制而回鄉，因開缺而回鄉，並最後因致仕而回
鄉。他們雖然曾經遠走，其人生的根脈卻從來沒有與自己所屬的鄉里斷
裂過。所以身在其中，舊日的士人雖間有君子小人之分，但君子小人都
未曾脫出社會而自為懸浮。自科舉停置之後，這種形成於歷史之中的連
繫已隨過去了的歷史一時俱去。然而隋唐以來一千三百多年，尤其是明
清五百多年漫長歲月留下的印記和印象則依然近在眼前，並直接構成了

63　章太炎：《章太炎演講集》，第410頁。

64　章太炎：《章太炎演講集》，第410頁。

65　故宮博物院明清檔案部編：《清末籌備立憲檔案史料》下冊，第978、995頁。

歷史對於現實的映照。因此章太炎評說「鄉邑子弟」的變化，其意中不會沒有這種映照和比較。相近的時間裏，潘光旦評說「新式的學校教育對於民族固有」的「環境」並「沒有發生關係」。不但「沒有發生新的關係，而且把原有的關係，原有的綿續性給打斷了」，表達的也是前後映照之下的思考：

> 就物質的環境而論，中國的教育早應該以農村做中心，凡所設施，往往是應該以百分之八十五以上的農民的安所遂生做目的的；但是二三十年來普及教育的成績，似乎唯一的目的是在教他們脫離農村，而加入都市生活；這種教育所給他們的是：多識幾個字，多提高些他們的經濟的欲望，和消費的能力，一些一知半解的自然科學與社會科學的知識和臆說，尤以社會科學為多，尤以社會科學方面的臆說為多；至於怎樣和土地以及動植物的環境，發生更不可須臾離的關係，使百分之八十五的人口更能夠安其所遂其生，便在不聞不問之列。結果，這百分之八十五的人口便變做相傳下來的越過了淮河的橘子，即使不成變種，終必歸於漸滅。目前甚囂塵上的農村破產，便是漸滅的一種表示。百分之八十五的人口原是在農村裏長下很好的根了的，如今新式教育已經把他們連根拔了起來，試問這人口與農村，兩方面安得不都歸於衰敗與滅亡？[66]

因此，作為一個歷史過程，是「二三十年來中國的教育，有能力把農工子弟從鄉村裏吸引出來，卻無方法把他們送回鄉村裏去，從而改造農村，重新奠定國家的經濟與社會的基礎」。[67] 對於農村來說，教育便成了一種流失。在他們的評說裏，章太炎著眼於學堂變化性氣，說的是這個過程中學生之遠離民眾；潘光旦著眼於育才造為傾畸，說的是這個過程催化了農村的「破產」。當「二三十年」之前朝野共倡興學育才的時候，

---

66 潘光旦：《潘光旦文集》第8卷，北京：北京大學出版社，2000年，第556頁。

67 潘光旦：《潘光旦文集》第5卷，第14頁。

這兩種變化都不在那一班人的預想和預計之內，但二三十年以來，這兩種變化卻在累積地為中國人帶來科舉制度下未曾有過的知識人的錯位和懸空。

　　清末的變法引來了新的教育制度，也使教育與社會之間的懸隔成為一種前所未有的問題。後來的歲月裏，重造教育與社會的統一便成為中國歷史變遷的要務之一。

第四章

無從歸聚：清末民初知識人的社會形象

一　裨販而來的新知識與中國社會的扞格

　　20世紀初年學堂推翻了科舉。而後是學堂和科舉代謝，教育的中心便已移到了城市；與之同時，又是授學的重心急速地移到了時人心目中的新學新知一面。19世紀末期，自命維新的龍璋在一封信裏説「今日之人才，究非鑽研故紙者所能夠陶冶」，他更相信的是「通英國語言文字者」和「通格致諸學者」之能夠成為人才。[1] 與70年代薛福成列舉的「英才」、「通才」、「將才」、「譯才」[2] 相比，前後之間的要義大略相同，但先起的論説見之於個體獻議，後來的論説大半發為一時群鳴，在20世紀初年的新派人物中，已是一種主導輿論的共知共識。之後輿論支配變法，「英國語言文字」和「格致諸學」之類都成了學堂裏的主要課目。但時至民國初年，世人熟視之後統而言之的，已是「近來中國之青年半生精力大半消磨於外國文字之中。若言專門學問，轉置諸第二位」，之後嘆為「真可慨也」。[3] 曾經的期望所寄，一變而為「真可慨也」，説明新學新知化為課目，直接得到的其實並不是期望中的人才。

1　上海圖書館編：《汪康年師友書札》第3冊，第3037頁。

2　中國史學會：《洋務運動》第1冊，第259頁。

3　莊建平編：《近代史資料文庫》第4卷，第580頁。

　　與舊日士人和學問之間歷久形成的關係相對比，以「半生消磨於外國文字之中」，而致不能以「專門學問」自立的「近來中國之青年」，顯見得更像是一種學到一半，猶未長全的比無可比。然而就兩者之各成一類，人以群分而言，則出自新知新學的一方又無須長全，並志不在長全。嚴復說：「科舉既廢」之後，士類「進身無階」，遂「出洋惟取於速成，返國悉趨於奔競」。嘗「親見東遊日本速成歸國，持三四卒業文憑，昂然見官長，唾手月二三百金」，而「人人歆動，以為是固可以從學憑得也」。[4] 吳文祺說：中國人之求學於學堂，是「讀英文的，想做洋行買辦；學經濟的，想做銀行經理；學政治法律的想做官」。因此，「學術不過是手段，目的是別有所在。目的一達到，手段早已用不著了」。[5] 他們說的都是新學新知之化為利祿，尤比科舉試士的時文帖括直接可行，所以更能動人動心。由此更進一層，以中國文化的尤重學以成人，所以先重學以為己作對比，章太炎說：今日之「公私立學校，只知授學生以知識，而於做人一道，卻少注意。學生缺乏道德修養，心靈鍛煉，甚至只趨利祿之途，於氣節德操少有顧及，安能望其成大才、肩大事」。學以為己，則能夠自省，所以「科舉時代底人，大概都曉得自己學問底不足，現在學校裏底學生，差不多有自滿的態度，這就是科舉還出幾個人才，學校不出人才的原因」。[6] 康有為說：「昔者以經義試士」，從之而學者「豈必盡行，然猶知之而懷恥也，今則舉習經義之士，皆易而為學法律之人」，遂「日以爭權利為事，而未嘗有道德之存其心」。[7] 梁啟超說：「我國學生，本亦寒素之士居多，惟近年來則紈綺之風大盛。衣食惟求精美，居處惟求安適，其最堪痛心者，則莫如求學之青年，奢侈放縱，既傷其德性，復害其學業」。與這種隨興學而來的風氣丕變相對稱的，

4　嚴復：《嚴復集》第2冊，第293頁；嚴復：《嚴復集補編》，福州：福建人民出版社，2004年，第92頁。
5　劉東、文韜編：《審問與明辨：晚清民國的「國學」論爭》下冊，北京：北京大學出版社，2012年，第626頁。
6　章太炎：《章太炎演講集》，第210、290頁。
7　康有為：《康有為政論集》下冊，第905頁。

則是學堂內外「以新學自炫者遍國中，而忠於學問者無一人。學絕道喪一語，今日當之矣」。[8] 他們所看到的，都是新學新知為一世所推重之日，直接受新學新知染化的學堂中人，則內裏的進德意識和力學意識皆太過稀薄，以至於成學成人俱不能及舊日的讀書人。這些文字以其各敘所見而又所見略同，大體地描畫了學堂替代科舉以後，新一代知識人初起之日的群體形象，其間的關注所及則由興學育才的初旨移到了新一代知識人的人格一面。這些以新知識人為對象的評議説明：科舉雖已停置，但一千三百餘年裏科舉制度下形成的讀書人形象，卻依然是此日中國人心目中讀書人應有的形象。因此新知識人雖然出於學堂而別成一類，而論人論事之際，則很容易被置於兩相對照之中，以彼之長比此之短。

與這種大體描畫之側重人格相比，新文化運動後期惲代英由「中國教育便再不發達，何致會如此的沒有人才，乃至於一國許多事，都不能做？中國亦辦了二三十年學校，多少總要成就幾千幾百人才，這些人才畢了業，便到哪裏去了」發問，然後從「社會改造」説到「教育改造」，觀照的也是出自學校的新知識人，而視野顯然更大：

> 許多「盲目的向上」的教育家，聽見人家説教育是高尚、純潔、根本改造社會的事業，便自命為他們是社會託命的人。然而他們的教育，除了糟蹋社會上的金錢，做房子，買儀器以外，低的只能給學生一些模糊影響的知識，高的亦只能為學生養成庸懦柔順的品格。[9]

之後是這種「盲目向上」的「教育家」一批一批地化育出與之同類同種的學生：

8　梁啟超：《飲冰室合集》第4冊，《文集》之二十九，第43頁；《文集》之二十五（下），第7頁。

9　惲代英：《惲代英全集》第4卷，北京：人民出版社，2014年，第467–468、472頁。

> 我看見許多好學生卒業以後，不但對社會無有益的貢獻，對自身亦
> 無合式的喫飯地方。之所以如此的，只因他們在校的時候，全然不
> 知社會情形，與某種職業實際的需要。一般當教師的，多直接或間
> 接把外國的書本講義裨販傳述下來，內容多少不合中國情形。這些
> 教師，因為學問大了，地位高了，自己以為不必，而且亦不屑考察
> 中國實際的情形。所以謬種相傳，這種洋學堂的洋學生，卒業後只
> 好在外國人以至少數中國人所辦工廠銀行中做奴僕。[10]

被清末中國人迎入學堂的新學新知，歷經「二三十年」的施教與受學之
後，其間的「裨販傳述」之異色異味和不易消化，已使這種來自外國「書
本講義」的東西在轉輾授受中具現形相，而常常與「中國實際的情形」不
能合攏。「教育家」之所以被看成「盲目向上」，正在於其自立立人，皆
以外國為上而以中國為下，以及由此造成的前者隔斷了後者的「全然不
知社會情形」。當時人曾作〈輪迴教育〉一文，言之銳利地說：「這些教
員所講的內容多是些美國政治、美國經濟、美國鐵路、美國商業、美
國……美國……他們讚賞美國和冬烘先生頌揚堯、舜、禹、湯一般。」
而後是學生「畢業後也到美國去混個什麼M、什麼D。回來依樣畫葫
蘆，再唬後來的學生。後來的學生再出洋按方配藥；這樣循環下去，傳
之無窮，是一種高級的輪迴」。[11] 這種內在於教育過程中的矛盾說明，
「鄉邑子弟」之「負笈城市」，而後「入都出洋」[12] 在其從空間上一程一程
地越走越遠的同時，又在從深度上一層一層地纏繞於這種矛盾之中。人
在其間進學受教，越走越遠和層層纏繞便都成了「盲目向上」導引下的
改變和重造。

　　通觀而言，相比於對學堂中人的人格德性作評說褒貶，惲代英更著
力於說明的是，作為一個由教育生成的社會群體，新知識人實際上並不

10　惲代英：《惲代英全集》第4卷，第467–468、472頁。

11　轉引自舒新城著，呂達、劉立德編：《舒新城教育論著選》上冊，北京：人
　　民教育出版社，2004年，第516–517頁。

12　章太炎：《章太炎演講集》，第410頁。

關注中國社會和並不認識中國社會。與附著於新學新知的知識人因其自成一群而俯視大眾，與社會中的多數與之自相疏離作比較，這種不知不識是外來的新學新知本身不能內化於中國社會的結果，從而是受學的新知識人在這種新學新知導引下，被捲入另屬一種類別的文化系統而遊離於既有的社會現狀之外。然而這些遊離於社會現狀之外的人依然是一種實際的社會存在，從而是一種仍然在影響中國的社會存在，因此，在近代中國歷史變遷中產生出來的知識分子與大眾脫節，社會上層的政治、思想與社會下層的經濟結構脫節，城市與鄉村脫節，沿海與內地的脫節裏，這種新起的知識人群體都與之直接關聯或間接關聯，成了內在於脫節過程之中的社會力量。1919年李大釗作〈青年與農村〉，以理想主義發為呼籲，力求填平這種脫節留下的空間：

> 在都市裏漂泊的青年朋友們呵！你們要曉得：都市上有許多罪惡，鄉村裏有許多幸福；都市的生活黑暗一方面多，鄉村的生活光明一方面多；都市上的生活幾乎是鬼的生活，鄉村中的活動全是人的活動；都市的空氣污濁，鄉村的空氣清潔。你們為何不趕緊收拾行裝，清結旅債，還歸你們的鄉土？[13]

並預言「只要知識階級加入勞工團體，那勞工團體就有了光明；只要青年多多的還了農村，那農村的生活就有改進的希望」。[14] 但以後來的事實對照這種期許，顯然是「盲目向上」造就的遊離既已匯入歷史過程中，則「漂泊」於都市的「青年朋友」便不會被單純的理想主義輕易地召回「鄉土」。

二 學潮起落和師生倫理的蛻變

這些議論前後相接地出現於科舉停置之後的三十年之間，一面寫照了新學新知在教育過程中的利祿化，一面寫照了新學新知與中國社會的

---

13 李大釗：《李大釗全集》第2卷，北京：人民出版社，2006年，第307頁。
14 李大釗：《李大釗全集》第2卷，第307頁。

壅隔。兩者的交相為用，都在使知識人日益分明地成為一種隨興學而生，又自為標格的社會群體。然而與一千三百年間的科舉士人相比，世人直觀而多見的，則是在「商業化的學校制度之下，與階級化的學風之下，集合若干青年於一堂，不相關乃至於互相敵視地過生活」，而且「教育法術總不外教以爭權，教以吹法螺」。則已經同大眾疏離而自成一群的知識人，自身又並沒有足夠的親和程度和認同程度，以維繫彼此而聚集為整體意義上的「團體」。[15]而後是各自成群，又牽延而起的「閙然不靖」便先見於那個時候的學堂。[16]其間最易引發而常常聳動一時的，是新知識人的產生和形成時期一路相伴的各色各樣的學潮。錢基博記述早年在江南陸師學堂讀書的章士釗說：

> 時校律嚴，為士釗敬憚；然以此為躁妄者不便。時值上海南洋公學大罷學後，陽湖吳敬恒稚暉主《蘇報》，特置「學界風潮」一欄，恣意鼓吹，士氣驟動，風靡全國。中國學生之以罷學為當然，自敬恒之倡也。當時知名諸校，莫不有事，陸師亦不免焉。時士釗既以能文章，為校士魁領，則何甘於不罷課而以示弱諸校。一日，毅然率同學三十餘人，買舟之上海，求與所謂愛國學社者合，並心一往，百不之恤。三十餘人者，校之良也，此曹一去，菁華略盡。[17]

當其揮手東去之日，既對身為總辦而「尤重士釗」的俞明震「函勸不顧」，又對「主講國文，兼授史地」的馬晉義「垂涕示阻，亦目笑存之也，自以為壯志毅魄，呼嘯風雲，吞長江而吹歇潮矣」。當這一場「風雲」停息之後，則「三十餘人，由此失學者過半，或卒以惰廢不自振」。因此，「中年以後，士釗每為馬晉義道之，往往有刺骨之悔」。[18]這個過程所見的「此曹一去，菁華略盡」，正是學生群裏的一種分化組合。而以當初「何甘於

---

15 舒新城：《舒新城教育論著選》下冊，第763頁；徐凌霄、徐一士：《凌霄一士隨筆》下冊，2018年，第1688頁。
16 故宮博物院明清檔案部匯編：《清末籌備立憲檔案史料》下冊，第967頁。
17 錢基博：《現代中國文學史》，長沙：岳麓書社，1986年，第446頁。
18 錢基博：《現代中國文學史》，第446頁。

不罷課而以示弱諸校」的一呼而起，比後來的「刺骨之悔」，則又說明了這
種分化組合之容易發生，以及這個過程中意氣與盲目的一路交相混雜。

　　在清末民初的中國，這種與學潮相為表裏而小群脫出大群，之後自
起自落於聚散無常之間的事，曾是許多新知識人共同經歷過的人生閱
歷。民初報人黃遠生後來作〈懺悔錄〉，自敘清末在南潯公學的一段生
涯說：

> 此時學生，正講革命自由民權種種。余輩羨慕南洋公學學生鬧學
> 之風潮，為報紙所讚嘆，既為電賀之，文曰：「南潯公學全體學
> 生，恭賀南洋公學同學全體脫離專制學校之苦」，大書特書，登
> 之中外日報，其可笑如此。又以小故，與學校尋鬧，全體罷學，
> 以余為代表。迄今思之，余實此一大罪惡主動之人。罷學後，同
> 學或赴海上而嬉，或即赴南洋公學投考。此時公學完全官辦，余
> 即投考之一人。昔日電賀他人之脫離專制，今乃自己脫去自由之
> 校，而欲求入專制之校而不可得。無主義、無理想、無節操，自
> 余少時蓋已然矣。

然後總論那個時候學潮隨興學育才而起，說是「此時學生風氣，以罷學為
一大功名。自南洋公學發起後，窮鄉僻壤，皆受影響，幾舉全國之學校
而破壞之。蔓延及於海外，日本留學生之罷學者，年必數起，最後以留
學生取締風潮為歸宿」。[19] 在他的敘述裏，是因有「革命自由民權種種」，
而後罷學有了反「專制」的名義和道理，但同時因「報紙所讚嘆」起「羨慕」
之心，則由其時的「以罷學為一大功名」，又可以看到，「革命自由民權種
種」，對於「此時學生」不過是一種膚泛空洞，既沒有規定性，也沒有具體
性的東西。由於沒有規定性，又沒有具體性，遂使這些自外引入而震盪
一時的名詞能夠隨意比附，自為解釋，並用之以造出他們意中的萬眾注
目。所以，當這一場南潯公學仿效南洋公學的「全體罷學」哄然群起，最

19　黃遠庸：《遠生遺著》上冊，北京：商務印書館，1984年，卷一，第128–
　　129頁。

終以各自四散為了局之際，本來猶未真知的「革命自由民權種種」，便都不足以串連始終而收拾人心。雖說黃遠生的事後追敍引此為疚而深自刻責，但時當「士氣驟動，風靡全國」和「窮鄉僻壤，皆受影響」之日，那一代形成之中的新知識人其實大半都曾與這種「風靡」和「影響」的裏挾離得很近。在後來的歷史名人裏，郭沫若小學時代因「罷課」而遭「斥退」，中學時代因「風潮」而遭「斥退」；[20] 茅盾中學時代因「和學監搗亂」而遭「記過」，後被「除名」；[21] 曹聚仁中學時代因怒罵舍監而遭「除名」，並且連帶而得「志趣卑下，行為惡劣」的八字「考語」；[22] 舒新城小學時代因「憑一時的意氣，作快心之舉」，以「鼓動罷課」而遭「開除學籍」；[23] 胡適中學時代 (中國公學) 因參預「風潮」而「雖不在被開除之列，也在退學之中」；馬敍倫中學時代 (養正書塾) 因與學堂當局衝突而遭「開除」出校；[24] 等等。

　　這些「風潮」大半起於師生之爭，以及由此激成的學生與學校當局之爭。其間不會沒有是非之辨和賢與不肖之分，也不會全屬是非之辨和賢與不肖之分。曾經捲入中國公學風潮的胡適二十多年之後追記這段舊事，而一經成稿，即先送呈當日主持校務，並因之而在「風潮」中先被「攻擊」，成了「主要目標」的王敬芳，請他「批評修改」。王敬芳在回信中追述始末，說自己留學日本的時候同樣曾是「鬧過風潮的人」，比之胡適，本已先知此中滋味。然後說：

> 人類最容易犯的毛病，是主觀的偏見。常有人因一時立腳點不同或觀察點不同，往往終身視為仇敵。你當公學鬧風潮的時候，何嘗不視我為罪大惡極的人。如今你這篇文章，不但對於當時公學

20　郭沫若：《少年時代》，北京：人民文學出版社，1979年，第86、149頁。
21　茅盾：《我走過的道路》上冊，北京：人民文學出版社，1981年，第85頁。
22　曹聚仁：《我與我的世界》上冊，太原：北嶽文藝出版社，2001年，第103頁。
23　舒新城：《三十五年教育生活史：舒新城自述》，杭州：浙江大學出版社，2018年，第54–55頁。
24　胡適：《四十自述》，第62頁；馬敍倫：《我在六十歲以前》，第10–11頁。兩書均載胡適、馬敍倫、陳鶴琴：《四十自述·我在六十歲以前·我的半生》，長沙：岳麓書社，1998年。

的當局有很多原諒話，並且很懇切的託我校正當時事實上有無錯誤。這種雅量，實在令人佩服。[25]

兩頭的對話是隔了二十多年之後對於往事的平情說理，而此日的彼此之間可以平情說理，正在於當年各爭所爭，尚能相爭以理。但學潮之起端各異，學潮之情狀也各異。作為反照和對比，則是清末辦理高等實業學堂的主其事者呈文說學務，舉為實例而言之憤然的另一種師生之爭：

> 今年自正月開學至五月，未經期考，自應遵照奏定章程，於暑假前考試。乃諸生徒顧私誼，竟欲不考，以便數人之私。遂託辭天氣炎熱，有礙衛生，來請免考。因與酌擬每日卯時入考，巳刻散場，該生等以既無礙衛生，初皆遵諾。至五月初一日，諸生惑於異說，仍來堅請免考，而事在應考，再三未允，該生退後，即糾眾罷課。自此連日聚眾於禮堂，登台演說，喧囂哄亂，並逼令監督撤去考試之諭，以至暑假亦竟不考，而即散學。[26]

其中之尤見「悖橫」的，是「同學有不願與聞者，倡首諸人，威逼萬端，且更勒令入會」。並於會中分立「報告員、糾察員、幹事員、書記員等」各色名目，以至「一堂之內，嚴防密探，儼成敵國」。[27] 在這場因「數人之私」而起的風波裏，學生一方純用劫法，顯然並不能算是相爭以理。而學生一旦掀動風波，其發為「悖橫」的程度則猶不止此。清末在湖北幫辦學務的陳慶年日記中有一節說：

> 二更時，自強學堂學生管存元 [江漢關道瞿延韶之婿]、王傳銘 [湖北臬司刑幕某之子] 使酒捽市人、亂毆，與委員出言不遜，糾黨尋鬧，通班鄂人和之，竟敢毀管堂委員窗扇什物，聲勢洶洶，人不能阻。[28]

25　莊建平編：《近代史資料文庫》第9卷，第206、210–211頁。

26　故宮博物院明清檔案部匯編：《清末籌備立憲檔案史料》下冊，第990頁。

27　故宮博物院明清檔案部匯編：《清末籌備立憲檔案史料》下冊，第990頁。

28　莊建平編：《近代史資料文庫》第1卷，第279–280頁。

次日又「誣謂管堂[委員]左祉銘[斑]平日屢罵湖北人,任意妄為,以挑眾怒,遂致毀擊房物,洶洶大哄。今日復不允各生上學,云欲得左而甘心焉。左匿於家,以避其凶鋒」。而後是國法和情理皆莫能糾繩,教與管因此而俱窮。他由此發為感嘆,慨而論之曰:「中國各方學堂,學洋文外,上別無所教,下遂漸薄理義,以侮辱他人為能事。無論其學不成,即學成亦有何用?」[29]與身在風潮之中的學生一方常被「斥退」、被「開除」、被「除名」相對照,後面兩個故事則更多顯示了學校的當局一方在風潮面前的被動避讓和束手無策。

以上海的中國公學、北京的實業學堂和湖北的自強學堂為可以對比的事實,顯然是清末民初的風潮起於學堂,其因果各色各樣,其理路也各色各樣。但這種各色各樣一經報章發為輿論的「恣意鼓吹」,便都成了一模一樣的東西。曾是「恣意鼓吹」的始作俑者吳稚暉後來作里昂(中法)大學校長,而為「諸生哄而驅」之,且「布詞醜詆」。學潮的鼓吹者因之而成了學潮驅逐的對象,則衝擊之外又多了一重有如報應的羞辱。他「大憤絕去」,並在「歸國以後,誓不更興辦學事。私居聚議,每嚴顏斥若輩青年無望,恨恨不已」。然而「持論大廷,建言新聞,則又大神聖而特神聖其新中國之新青年者,壹是有褒而無貶,有書而無但;且制為通律曰:『學生與教習鬥者,學生必勝;猶之人民與政府戰者,人民必勝。』藉是長養天下學生暴動,曾不動色」。[30]作為那個時候的一個代表人物,這則記述以吳稚暉見之於「私居」和「大廷」全不相同的兩種態度,說明了當日蓬蓬然而起的「恣意鼓吹」雖然以文字為學生造聲光,而著眼點其實大半並不在學界風潮本身,而在以學界風潮鼓盪天下。但清末民初的大規模興學與這一類「恣意鼓吹」相遇於既定的歷史過程之中,則風潮與學校共生,遂不能不使「師生每成仇讎」成為引人注目的世相和時論中的題目。[31]而以此日比往昔,則身為西人而久在中國的丁韙良

---

29 莊建平編:《近代史資料文庫》第1卷,第279–280頁。

30 錢基博:《現代中國文學史》,第465–466頁。

31 舒新城:《舒新城教育論著選》下冊,第673頁。

(W. A. P. Martin) 描述其眼中所見的中國人之於老師，說的是「沒有一個國家」，「如此尊崇教師的職位。不僅生活中的教師受到最深切的敬意，而且『教師』這一名稱本身，從抽象的含義上說，就是崇拜的對象。在一些特定的情況下，『師』與『天、地、君、親』聯繫在一起，被鐫刻在碑銘中，成為五種主要的尊崇對象之一，用隆重的典禮加以奉祀」。[32] 就知識人之為知識人而言，師生本在同一個群類之中。他記述了一種曾經有過的長遠歷史存在，因此，以這些給外國人留下了深刻印象的舊日景象說世路之變遷，則與中國既有的這種以倫理維繫而被稱為師道的關係相比，顯然是這個時候因學校而形成的師生關係已別成一種模樣，學生看老師和老師看學生，都已變得非常不同了。

三　共生與紛爭之中的社會相

「師生每成仇讎」成為學界風潮中的一種社會現象，其深處的歷史內容，是師生之間本以倫理為支撐的內在縮結，因無法重建於倫理已經變化了的學校之中，遂不能不互相脫裂，各成一方。而風潮起於學界，其一種場面與另一種場面的因果各色各樣，理路各色各樣，面目各色各樣，以及其散布於南北之間，潮來潮去而各成群起一哄的眾聲喧嘩，最終都歸於興盡意闌之後各自紛紛散去的橫不能聚成團，豎不能連成線。所以，一面是從清末到民初，時論嘆為「風潮」的「日多一日」，[33] 一面是「日多一日」的風潮大多數所共有的分散性、臨時性、隨意性、易變性、小群性，都在以其潮來潮去和各色各樣立此存照，反映了身為風潮主體的學生既與教師互相脫散而各成一方，其自身同樣也在相互脫散而各成一方之中。當日因南洋公學罷學，遂有愛國學社。而本在日本留學的鄒容「偕張繼等五人排闥入」陸軍學生監督宅，「榜頰數十，持剪刀斷其

32　轉引自莊士敦著，陳實偉等譯：《紫禁城的黃昏》，北京：求實出版社，1989年，第132頁。

33　舒新城：《舒新城教育論著選》上冊，第542頁。

辮髮」，之後「潛歸上海」，棲於愛國學社，於理應屬同類相聚。「是時，社生多習英吉利語，君調之曰：『諸君堪為賈人耳！』社生皆怒，欲毆之」，[34] 則顯然而見的是同在風潮之中的人，其共處之際也不能自然相洽，以至於毆人者幾幾乎被毆。因此，出自學堂的新知識人雖以章太炎所說的自相「往還」遠離大眾，而作為一個在歷史變遷中產生的社會群類，卻並沒有形成能夠以類相歸的同一性、整體性和凝聚性。而後是「師生每成仇讎」，同時師生又常在代謝之中，以上一代學生成為下一代老師而構成了一種不斷的再生和重造，由此形成的傳承，以及一面傳承一面泛化，都會使新知識人的多爭和互爭成了那個時候的知識界的常態。沈尹默後來以「新舊之爭」立標題，追溯新文化運動的前史說：「太炎先生的門下可分三派：一派是守舊派，代表人是嫡傳弟子黃侃，這一派的特點是，凡舊皆以為然。第二派是開新派，代表人物是錢玄同、沈兼士，玄同自稱疑古玄同，其意可知。第三派姑名之曰中間派，以馬裕藻為代表，對其他二派依違兩可，都以為然。」這是其各自原有的本來面目，「但當太炎門下大批湧進北大以後，對嚴復手下的舊人則採取一致立場，認為那些老朽應當讓位，大學堂的陣地應當由我們來佔領。我當時也是如此想的」。[35] 前一段文字說的是同門之間的新舊之分；後一段文字說的是以師門為牆界的內外之爭。因此這些敘述雖以「新舊之爭」立名，其筆下的次第而敘，寫照的卻是內外之爭的漲起淹沒了新舊之分的事實。以他所舉的章太炎門下「三派」都有留學日本的經歷為同屬新知識人一類，來與「嚴復手下舊人」作對舉，則用「新舊之爭」為統括，雖然名實不盡相合，[36] 而尚不能算是全無所本。與之相比，1924年舒新城評說當時的「教育界」，其中相分相爭的一派支離破碎則已沒有頭緒而無可統括：

34　章太炎著，湯志鈞編：《章太炎政論選集》下冊，北京：中華書局，1977年，第793頁。

35　王世儒、聞迪編：《我與北大》，北京：北京大學出版社，1998年，第71頁。

36　以歷史先後敘次第，嚴復之為新派其實比他們更早。

我國教育界的派系少以主張分，而多以地域分：北京的江浙派、
兩湖派，江蘇之江南、江北，浙江之浙東、浙西，全國之東洋、
西洋，東洋之某大、某高，西洋之英國、美國、德國、法國、比
國、意國，美國之TC派與非TC派，國內之某大、某高等不一而
足。考其內容，則大半為謀個人的利益，而有如斯不倫不類的派
別。各派別除各為其本派的利益而外，對於國家無共同之教育方
針，所以某國庚子賠款退還的消息一經傳出，教育界的各派便發
生許多內訌。[37]

之後，由「教育界」而及民初的中國社會與政治，尤其引為感慨的是，
「自命為知識階級之執牛耳者的教育界無組織、無團結如此，無怪乎政
客與軍閥之黠者，常利用之以為政爭的工具。論知識與人數，政客、軍
閥都不及教育界，而教育界反為魚肉，任人宰割者，其原因在無組織，
更在於無大規模的組織」。[38]他深詆當日「教育界」的「無組織、無團結」，
若就「教育界」之「自命為知識階級之執牛耳者」，則其意中的「無組織、
無團結」同時也在寫照整個「知識階級」。而就科舉停置以後，學堂養成
學生，之後學生走出學堂，以新知識人的身份從業於教育界之外的各入
一行而言，他在論說中把「教育界」與「政客、軍閥」劃分開來的那一條
設定的界限，實際上又不足以說明知識人的分布與流動並不為這種界限
所圍的事實。

　　以「政客、軍閥」統指權力所在的政界，則其時留下的更多文字記
載由政界眾生相評說新知識人，描述的都是科舉選官的制度停置之後，
後起的新知識人雖然自以為另成一路而不同於舊日士人，其實仍然在沿
著一千三百餘年留下的慣性群趨於名利所在的政界之中。劉成禺說：
「光、宣之際，張、袁聯袂入京，分執朝政，人以為政權在漢人；實則
載洵掌海軍，肅王掌民政，載澤掌財政，載振掌農工商，倫貝子掌資政
院。張之洞常對鄂中門生在其幕下者嘆清室之將亡，謂親貴掌權，違背

37　舒新城：《舒新城教育論著選》上冊，第500頁。
38　舒新城：《舒新城教育論著選》上冊，第500頁。

祖訓，遷流所及，人民塗炭，甚願予不及見之耳。當時與其謂親貴掌權，毋寧謂旗門掌權，滿人敢於為此，實歸國留學生之為朝官者有以教之耳。」然後舉其大端，各作描繪：

> 自軍諮府創立以來，濤、洵領海陸軍，倚日本歸國留學生為謀主，各省陸海軍學堂出身者附之。雖革命健將中，亦多海陸學生，而其時據大位者，皆由奔走旗門而來也。奔競之風，由京中遍及各省，上行下效，恬不為怪。其他文職朝士，談新學者集於肅王、端方之門，作官者則入載洵、慶王父子之門，談憲政者又趨於倫貝子之門；某也法律政治大家，某也財政科學大家，彈冠相慶，幾不知人間有羞恥事。[39]

顯見得這些出自留學生的新知識人甫出校門便歸依於「旗門」，既以「奔走」表現了對於權力的附著，又以「有以教之」表現了知識之化為手段和政潮的因之而起。由此開先而引導後來，至民國初年，當時人所見到的已是「青年子弟，高等遊民，微論為學生、為教師、為新聞記者、為黨人說客，凡國民中之稍優秀者，無不鼓吹政治主義，逗挑政治感情，為社會之蠹蝨，營寄生之生活」。[40] 作為這個時候「國民中稍優秀者」的「學生」中人、「教師」中人、「新聞記者」中人和「黨人說客」中人之「無不鼓吹政治主義」，而用意又在於「逗挑政治感情」，這種前所未見的景象之成為民初中國熟視慣見的社會現象，既由清末「歸國留學生」的「奔走旗門」和「有以教之」前後相沿而來，又以其後來居上的人數之多和範圍之廣說明：知識人之不同於舊日的科舉士人，在於他們既已整體地失掉了考試入仕的徑途，而其中的個體又猶在以附著於權力為各自逐利的捷徑。因此，「無不鼓吹政治主義」，就一方面而言，是「鼓吹」等同操弄，

39　劉成禺：《世載堂雜憶》，北京：中華書局，1960年，第144–145頁。同書另有一節說：「清振貝子赴日，首攜留學生陸宗輿以歸，後曹汝霖、張宗祥、金邦平亦相繼來北京，均有大用。而元老學生戢元丞尚在上海，乃謀召其入京，此不經考試，大加擢用之留學生也」（第155頁），則言之更為具體。

40　經世文社：《民國經世文編》第5冊，第2923頁。

是以知識人以此為業，則不能不被目為「社會之蠹蝨」；就另一方面而言，是「政治主義」而以「挑逗政治感情」為秘技，則其涉入政治的過程，便只能是起於攪動而歸於攪動，於是一面是「全國之高等流氓，乃等於插標入市之豬牛，小者賣其皮肉，甚者乃至毛骨不留」，一面是「全國稍有才力聰明之士，各舉旗幟，奮矢相攻」。[41] 在這些敘述裏，「全國稍有才力聰明之士」和「全國之高等流氓」，指的都是同一個從新知識人中蘗分出來，而藉政治以「營寄生之生活」群類。而其間由「各據旗幟」的一派與一派相爭，到「插標」自賣的個體與個體相爭，都在顯示從頭到尾的四分五裂和從上到下的四分五裂。時當「無不鼓吹政治主義」，「旗幟」雖然可以集群，但以「插標入市」的自賣為趨附的路徑，則一群一派易聚易散。人在聚散無常之中，便只有個體的存在，而沒有作為社會群類的整體歸屬。與舒新城痛詆的「教育界」相比，這種附著政治而別成一路的「國民中稍優秀者」，同樣是在「無組織、無團結」之中。

四　無從聚合：士人社會的變遷

從受學一方的易起學潮到授學一方的「無組織，無團結」，再到「稍才力聰明之士」的「無不鼓吹政治主義」而「各據旗幟，奮力相攻」，都可以看到知識人養成過程中的相互離散，以及知識人走出學堂之後，其生存狀態和活動狀態的相互離散。因此，民初中國，知識人所在之處，最容易見到的都是個體與群體之間的無從認同，以及個體與個體之間的不相認同。而就事理以言因果，則「無組織，無團結」的分散，本質上是沒有共信而見不到合群意識；「奔走」和「寄生」的各尋依傍，本質上是無從歸屬而見不到群類的獨立意識。然則不相認同正是由無從認同衍生而來的。所以，就外觀而言，自科舉停置，產出於外國學校和中國學校的新知識人已經取代了舊日士人的地位，但其自身的內沒有形成獨立意識和外沒有形成同類凝聚，又決定了他們並沒有實際地據有這種地位。錢穆

41　黃遠庸：《遠生遺著》上冊，卷一，第5、132頁。

説：「國史自中唐以下，為一大變局，一王孤立於上，不能如古之貴族世家相分峙；眾民散處於下，不能如今歐西諸邦小國寡民，以輿論眾意為治法。而後天下乃為舉子士人之天下。」[42]中唐之下的「一大變局」是科舉制度促成的，以天下士人為範圍的科舉同時是以天下士人為範圍的凝合和集聚。因此，在「一王孤立於上」和「眾民散處於下」之間的這種「舉子士人之天下」裏，士人之能夠自為群體，並以其明顯的群體特徵而與其他人口相區別，正說明了科舉制度不僅產出了士人，而且從整體上以一種群類的同一性組織了士人。有此自為群體，時當「一大變局」之下的上下俱無重心，舉子士人便被實際地置於中國社會的重心，從而與國運和世運連到了一起。之後，又因其與國運和世運的相連相結，而不能不以梁啟超所說的「與國休戚」為群體倫理。[43]即使時至清末，廣東讀書人簡朝亮並未應試出仕，而身在士林之中便是身在這種倫理之中，其自述懷抱，猶以「僕維不才，無以報國，庶幾讀書申明大義，斯亦下士之責」[44]為理所當然。而「與國休戚」的「下士之責」出於一個沒有功名的讀書人，又實證地說明了這種倫理自覺在士人群體中的實際存在和自為延續。然而「與國休戚」，則「休」歸之，「戚」也歸之，成歸之，敗也歸之。因此，與國運和世運相連的士人又常常被置於國運和世運的起落之中，一面被責備，一面被期望。自謂身歷「甲午、戊戌、庚子、辛亥四次重要關頭」的瞿兌之，「垂老」之日曾以晚清史事總論士人群體說：

> 中國自宋以後，是士大夫的政治。士大夫政治可以說誤盡蒼生。但是沒有士大夫呢，更不知今日成何世界矣。即以光緒朝中而論，自相殘害破壞的是士大夫，議論紛紜以致國是不定的也是士大夫。然而試想光緒初元清流的糾彈權貴，抨擊閹竪，扶植綱紀，排斥佞諛，是何等義正詞嚴，凜凜有生氣。儘管動機不盡純潔，儘管直言不被採納，然而這種氣概，是叫人有所忌憚的。國

42　錢穆：《中國近三百年學術史》下冊，北京：商務印書館，1997年，第653頁。

43　梁啟超：《飲冰室合集》第4冊，《文集》之三十，第40頁。

44　轉引自吳天任：《梁鼎芬年譜》，廣州：廣東人民出版社，2018年，第108頁。

> 本所以不動搖，就靠在此。君主之威雖然無所不極，小人之傾害
> 亦無所不至，終覺得士大夫的公論不能輕易抹殺，士大夫的身份
> 不能輕易摧殘。[45]

他言功言過，寫出了自己直觀所見的晚清士大夫，並以其言功言過明瞭地闡釋了士人群體既已居一世之重心，則天下不寧，自不能不承擔誤蒼生之責；又以其沒有士大夫「更不知今日成何世界」的一言以斷，說明朝野搖晃而時處傾危之際，這個群體猶能合力守護「國本」和維持「公論」，從而使天下沒有全然失其所歸。因此，雖然瞿兌之眼中的晚清士大夫品相不齊而不盡可愛，但他的敘述又非常明白地使人看到：與「國本」之「所以不動搖」和「公論」之所以「不能輕易抹殺」直接對應的，仍然是當日士大夫的群體存在和整體意志。晚清與民國相去不過一間，但比較而見，被稱作「國民中稍優秀者」和「全國稍有才力聰明之士」的民初知識人，已常在時人的睨笑怒罵之中，而看不到一點「生氣」和「氣概」。他們已經自成一種社會群類，但又內不見獨立意識，外不見同類凝聚。由於內沒有形成獨立意識，則其時的知識人不足以產生自覺的整體意識；由於外沒有形成同類凝聚，則其時的知識人不足以自成其群體的存在。而後是以個體意識為本位，又化個體意識為散漫存在便成了這個群類在清末民初文字記述中的經常態狀。

相比於同一千三百多年歷史相連接，並由一千三百多年歷史化育的科舉士人，產生於清末的知識人是朝廷用國家力量興學育才催生出來的，其背後並沒有一個自然養成的歷史過程。因此不能同類相聚而自成群體，正是未經自然養成，而得自於催生而來的一種猶未認識自己的迷離。以這種迷離為起點，而後漫長地演化於中國歷史的變遷之中，初生的知識人才能一步一步地在更完全的意義上成為後來的知識人。

---

45 瞿兌之著，虞雲國、羅襲校訂：《銖庵文存》，瀋陽：遼寧教育出版社，2001年，第121頁。

第五章

從聲光炎炎到前途失路：
後科舉時代知識人的生成和困蹇

一　晚清的學堂崇拜和新學生之不足以崇拜

光緒三十一年(1905)朝廷停科舉。之後新起的知識人與舊日士人的代謝，便成為那一段歷史裏的重要內容。作為一種前所未有的社會群類，知識人是以其出身於學堂和遊學為標幟而別成面目，與舊日的士人相區別的。時當科舉為興學讓路之日，這種區別分出的是兩者之間的高低上下；時當清末籌備立憲以百度更張除舊布新之日，又是朝廷需要新學，而知識人出自新學。因此那個時候為朝野所共奉的人才出於學堂的一派道理，便成了直接把這個群類拱入權勢之中的動力，而後是知識人甫自初生，便已身在四通八達的一路發皇之中。光緒朝末期，御史吳鈁疏奏論「釐訂」官制，而先以科舉既停之後的「人才絕續之交」，說朝廷用人的無可選擇：

> 此後新政日繁，需材日多，將於何途取之，勢不能不取之學堂，而全國學堂甫有萌芽，尚無效果。臣竊慮三五年內，必難遽得學堂人才之用，憂時者求才無計，迫而索之東西洋留學生。而以臣所聞，留學情形則亦有未可恃者，蓋外人專門之學頗極精微，決非十年以內所能研究，不特私費者無此財力，即官費者亦無此日力，淺嘗輒止，所在皆然。其賢者視影惜陰，望洋興嘆，二三浮薄之士，則略通文語，專事欺蒙，甚或敢為大言，甘溺邪說。而

操薦舉之柄者，又未必人盡公忠，濫保私人，援引親故，一或不
慎，流弊何窮。[1]

由「勢不能不」到「迫而索之」，說的都是之前演變而來的歷史格局，已
成為後來限定的歷史格局。則時當科舉停置之際，最先湧入官界的，大
半都是「東西洋留學生」，其中又以「二三浮薄之士」為尤善自顯自見而
容易出頭。當時的憲政編查館曾說其大略曰：「惟入官試驗，一時尚無
善法，而內外百司推行新政，需才孔殷，此項遊學畢業人員，為數又屬
有限，爭先羅致，亦理勢之自然。」於是「往往負笈初歸，而剡章已列」。

在這種無須「試驗」，徑由「私相延攬，以辟召而得官」[2]的過程裏，
「羅致」便是騰達，留學生不僅能因此進入仕途，而且能因此走到高處。[3]
其影響所及，又一定會越出其「為數又屬有限」的範圍，化為聲光炎炎
的迫人氣焰。曾在日本學過法政的易宗夔當時正身任資政院議員，而議
事之際指斥「各省提學使」，又指斥地方之「議長」，動輒居高臨下，統
而言之，鄙稱之為「科舉時代的人」。[4]當此聲光隨權勢而走之日，與這
些海外歸來的新人物一同與「科舉時代的人」相對而立，並一同被當道
倚重的，還有養成於中國學堂的土生土長的新人物。光宣之交盛宣懷奏
議論礦務，而陳說之中尤其令人印象深刻的，則是涉入其間的「礦務學
生張金生」，一經奉派勘礦，便已與兩名道員對等敵體，比肩共事，之

1　故宮博物院明清檔案部匯編：《清末籌備立憲檔案史料》上冊，第416頁。

2　朱壽朋編：《光緒朝東華錄》第5冊，第（總）5824–5825頁。

3　曾是留美學童的蔡廷幹後來說：「當光緒初年由美返國時，士大夫見識未
　　開，對吾儕不無意存輕藐，甚且出於疑忌。獨李文忠、劉公峴林、周公玉
　　山二三有遠識者，稍加顏色。迨其後，張文襄、袁項城、端午帥諸先達，
　　薦拔吾儕，不遺餘力，視李文忠諸公有加。以故數十年間，吾同學之登仕
　　版者，文武兩途，類多通顯。」見莊建平編：《近代史資料文庫》第9卷，第
　　82頁。他自敘同一群人在光緒初年和光緒後期所感受的冷暖殊異，而張之
　　洞、袁世凱和端方之大用這一群人，對應的則正是清末最後一段歷史中的
　　「新政日繁」而人才處「絕續之交」。

4　李啟成編：《資政院議場會議速記錄》，上海：三聯書店，2011年，第549頁。

後又直接接替其中的一名道員，出任主持地方礦務的「幫辦」。[5] 顯見得官場雖有等序，而學生自能一路直入，越級而上。與之相類，《汪穰卿筆記》中有一節，說的也是那個時候的學生：

> 京曹官有奉部命至湖南某州有所調查，一日偶與人家婚宴，座中有昂然氣態出眾者。問之，則以湖北尋常師範畢業生，在其州中辦新政者也。一人忽前語曰：「某家逼婚事，君何不過問歟？」其人曰：「吾何暇為之，吾既辦全州教育，而州官又浼吾辦警察，豈暇為此？」請者又徐曰：「君盍姑問之，某家固尚有三牛也。」此人聞言，即俯首沉思，不復言有暇否矣。[6]

一個「尋常師範畢業生」既已總綰「全州教育」，又將提調一州之警政，這種全無規則可言的權力集歸同樣打破了官場等序。出自學堂的「昂然氣態出眾者」因之而輕易地進入了地方社會的上層，但作為汪康年實錄彼時眾生相的一種典型形象，則其太過直露的貪鄙，同時又說明與之俱入，並影響後來的，將會是這種由知識人演化而來的新官僚大幅度劣質化。

這些各不相同的記述，都寫照了20世紀初年中國社會曾經有過的學堂崇拜和遊學崇拜，以及由此派生的學生崇拜和留學生崇拜所曾達到的程度。風會所趨，其時籍屬桐城的吳汝綸致書桐城紳士，由當日的「鄉試題名，中者甚多，殊以為喜」起講，然後言之諄諄地說今日之時移勢易，而歸旨則是科舉已不如學堂，「此次招考取入學堂之諸生，將來榮譽，不止過於科第，即一邑盛衰，基胎於此，無任殷盼」。[7] 他以此勸諭鄉里，具見取向分明。同時又有《泰晤士報》（The Times）駐北京的記者莫理循（George Morrison）在一封信裏說的，「聖人[孔夫子]的第七十六世後裔衍聖公」通知柔克義，「他打算把他的已往懂得很多英語的侄子送進

5　朱壽朋編：《光緒朝東華錄》第5冊，第（總）5502頁。
6　章伯鋒、顧亞主編：《近代稗海》第11輯，第490頁。
7　吳汝綸：《吳汝綸尺牘》，第313頁。

這裏的美以美會辦的學校」,[8] 同樣是取向分明。在那個時候,吳汝綸為鄉里謀將來和衍聖公為侄子謀將來,都因其各自的文化身份而代表性地表現了人隨風會而走的事實。而身在這種風會之中,其時的留學生則自以為真能高人一等。因此民初北京歐美同學會曾有提案說,「夫留學生為國民優秀知識階級,不但諳熟東西洋最新學術,洞悉世界潮流,且曾親歷立憲先進各國有年,於法治精神,尤多心得,為國家計,自應特別設法」待遇之,「俾能貢獻其學識經驗」。還有人出洋留學之前,已在報紙刊登廣告,自期「來日學成回國之時,適中華仰才之秋也」。[9] 前者由彼邦而來,所以顧盼自雄;後者則還沒有離開中國已在顧盼自雄。

　　然而與這種學生崇拜和留學生崇拜同時存在而成為對比的,則是當時人以其聞所聞和見所見發為評述,卻並不相信學生的值得崇拜和留學生的值得崇拜。一則記載說:「自科舉廢倡言新學,凡留學日本三年畢業歸國者,送部應廷試,或賞翰林,或進士,或舉人,皆出於一榜焉。此從來科名未有之變局也。」然後舉例說:「光緒末年,有粵人某廷試得翰林,呼何秋輦中丞為秋輩,讀奸宄之宄為究。予初以為言者過甚耳,迨指其人而實之,始知不謬。吁!此亦國之妖異也,安得不亡哉!」[10] 以「粵人某」為實例,則具見留學生識的中國字太少。另一種記載說:「聞繪圖生某,痛言留東生徒之怪現象,舉凡人生醜劣行,皆一一貢獻之,發露之,不稍匿。猶自號於眾曰:吾國民也,吾當為社會之主人也。噫!」由「流東生徒之怪象」,則具見留日學生的不易以人世間常情常理相度量。[11] 其間刊於宣統年間《時事報》的〈擬考試人員上唐寶鍔書〉,尤立意峭刻而行文了然直白,先以「公非所謂留學畢業生者耶?公非所謂畢業考取翰林耶?以如此翰林,有如此之知識,此足見留學生之特色,令人崇拜不暇。生不敏,新學固有所未知,舊學

8　莫理循:《清末民初政情內幕》上冊,第501頁。信中提到的柔克義(William Woodville Rockhill)是當時的美國駐華公使。

9　轉引自舒新城:《舒新城教育論著選》上冊,第569頁。

10　章伯鋒、顧亞主編:《近代稗海》第10輯,1989年,第316頁。

11　孫寶瑄:《忘山廬日記》下冊,上海:上海古籍出版社,1983年,第1118頁。

亦非其所長」作彼己之分而自居於謙卑一方，然後筆鋒倒轉，出之以調侃諷刺説：

> 日前天津審判研究所考試正班新到人員，蒙命題為〈唐明皇以詩書賜吐蕃論〉，一班考試人員，幾不知唐明皇為何人，吐蕃即今為何國，搜索枯腸，不得其解。若非公登壇講題，謂唐明皇即鑒書內之唐太宗，吐蕃在中國，即今之俄羅斯，生等幾乎要遞白卷矣。而不識時務之優貢某，不知自諒，竟敢出而辨難，以吐蕃為西藏，以明皇為玄宗。此等無根據之談，誠如公所云：「爾於中學則致力矣，歷史地輿之學素未講求，無庸爭辯，致誤正解。」

在其一派非常明顯的挖苦裏引入這一段「優貢某」與唐寶鍔之間的論辯，實際上是在以具體的人物作對比，顯示「科舉時代的人」與留學生之間知識上的高低之分和差異程度，以及「留學生之特色」的傲慢和虛驕。因此一派挖苦之後，又「檢閱《御批通鑑輯覽》」，為之説唐史，自「太宗以來，中間高宗、中宗、睿宗，而後至於明皇」；並據歷史指述地理，為之説唐代的吐蕃，「實為今日西藏之地」。末了言之鋒利地譏嘲説：

> 想公另有一部鑒史，一幅輿圖，得於留學之時，為人之所未及見。故畢業回國，博取翰林，有如拾芥。公之所謂素諳新學，素諳歷史地輿之學，殆即以此。以是知留學之知識，可謂成矣。[12]

與當時人説當時事多見發抒感嘆相比，這些文字首尾完整，留下的是一段歷史情節和一種歷史形象。而由此產生並與之相伴的以誚薄表達輕蔑，正説明作為知識人的留學生本應以一己之學植自立，但「命題」之後又「登壇講題」的留學生則以其太過明顯的信口臆説與「優貢某」形成對比，證明了自己的不能以學植自立。因此，挖苦和譏嘲表達的都是對於留學生之為知識人的蔑乎視之。在二千多年以敬崇文化為傳統的中國

12　劉聲木：《萇楚齋隨筆 續筆 三筆 四筆 五筆》下冊，北京：中華書局，1998年，第765–766頁。

裏，這已是一種極度嘲鄙。而原本倚為光彩的「博取翰林，有如拾芥」則隨之滋味全變，留下的只是一種供人指指點點的名實不相對等。

當新舊嬗遞之際，留學生應時而起，並且先聲奪人，因此，從「粵人某」到「留東生徒」，再到「如此之翰林」的唐寶鍔，其間的記載所及，都是當時的留學生。而藍公武在民國初年說：「即以今之新進俊髦高談歐美者流而言，亦多思想卑野，知識淺薄」，而且「內乏信仰力」又「中心無主宰」，[13] 顯然同時總括了遊學一路和學校一路。稍後孟森說「計自廢科舉、改學校以來」，多年之「所造就不過半通不通之人才」，[14] 則其概而論之，對應的已全是本土所辦的學校和本土所產的學生。從光宣之交到民國初年，是一個因新學崇拜而致學堂崇拜、學生崇拜和留學生崇拜從風而起，掀動朝野的時代，學生之騰躍而上，靠的應當是別人沒有，而他們獨有的「東西洋最新學術」。但在這些生成於同一個時間裏的記述和評斷中，學生和留學生之被比為「國之妖異」、「人生醜劣行」、「如此之知識」以及「思想卑野，知識淺薄」和「半通不通」等等，其所以深被鄙薄，卻大半正在於其「東西洋最新學術」的不足取，以及與之相隨的性氣蛻變。這種崇拜和鄙薄的彼此相逆又一時共存，便成了20世紀初年中國社會裏與知識人相伴而生的真實矛盾。

知識人的歷史起點與這種矛盾內在地交集，則以此為開端，構成了這種矛盾的兩個方面都會長久地存在，並沿各自的因果深度影響後來的知識人與中國社會。

二　停科舉與舊式士人的合流於新知識人

由於興學育才與停置科舉牽連而起，同時是兩者之間的此長彼消，正在萬眾注目之下重造人世間的榮枯窮達，因此比較而言，在知識人產生和形成的過程中，學堂崇拜和學生崇拜便成了更能直接影響和最先直

13　經世文社：《民國經世文編》第8冊，第5028–5029頁。
14　孟森：《孟森政論文集刊》中冊，北京：中華書局，2008年，第793頁。

接影響中國社會的一面。影響所及，又尤其明顯地見之於原本為科舉所收攏，而此日已無所皈依的士人處進退失據之間，為這種此長彼消和榮枯窮達所牽引，紛紛然以變應變。所以，當那個時候的人正以「各國留學生考試，賞翰林、進士、舉人有差」的「崇拜西歐，極力則傚」[15] 為見所未見而引為詫異之日，而與之相隔不過咫尺，已有經鄉試、會試、殿試、朝考而得翰林者企求「遊學」，比為「拔出」於「地獄而升之天堂」[16] 的另一種見所未見。若以其時奏摺中提及的山西在籍翰林院檢討梁善濟「前在日本學習法政，於彼國法制，多有研究」、浙江「在籍翰林院編修陳敬第」曾「遊學日本，於各國政法並能留心體察」，[17] 以及直隸人劉春霖先中狀元，後從「日本政法大學畢業」等等這些到過「天堂」又回來的人物相推度，顯然是和他們類似的翰林院中人其實不會太少。而同在以變應變之中，則翰林以下，見之於記載的進士、舉人、秀才同樣經由「遊學」而一變其科舉士人的本來面目者又會更多。[18]

這種由此入彼的轉身實現於個體的自願選擇，與之相比，光緒後期朝廷既立「仕學館」，又立「進士館」，已是旨在群體地改造「科舉時代的人」，朝旨謂之「加意陶成，用資器使」。其間由詔書指令「凡一甲之授職修撰、編修，二三甲之改庶吉士，用部屬中書者，皆令入京師大學堂，分門肄業」，[19] 自當時人看去，便是已經由科舉出頭的士類之優秀者又在「屈伏充生徒」。由此形成的一身兼有科舉所得的功名和學堂所得的「卒業文憑」，[20] 則決定了這些奉旨進入京師大學堂重作「生徒」的一甲、二甲、三甲進士，與一千三百餘年間產出的科舉士人實際上已不會全然相同。曾是生徒之一員的滿人金梁後來記此一段光景說：「癸卯、

15　劉聲木：《萇楚齋隨筆 續筆 三筆 四筆 五筆》下冊，第779頁。

16　上海圖書館編：《汪康年師友書札》第3冊，第2948頁。

17　故宮博物院明清檔案部匯編：《清末籌備立憲檔案史料》下冊，第685、688頁。

18　李啟成編：《資政院議場會議速記錄》，〈附錄〉。

19　《清實錄》第54冊，2008年，第61668頁。

20　榮孟源、章伯鋒主編：《近代稗海》第1輯，第252頁。

甲辰兩科同年，朝夕聚處，常談笑為樂。余自額其宿舍曰斗室，出入最盛，各為品題，若者宰輔，若者督撫，若者卿貳，若者監司。同人常笑指余室曰：『入斗室，如入小朝廷，百官公卿，人才無不備也。』湯同年[化龍]，厚重不輕言笑。一日謂余曰：『君日指目同輩，而未聞自置何等，殆將以帝制自娛耶？』譚組庵則曰：『君霸才，當王海外耳，非中國所能容。』余笑斥之曰：『殆排滿耶？』」[21] 就其「談笑為樂」的種種題目而言，顯見得這些由科舉而得功名者一入大學堂，互相影響的便都是不肯循規蹈矩，安分守己，遂使其中的不少人物經此造就，在民初都更容易與新知識人合為一流，以成其掀天揭地。辛亥年湯化龍助成湖北的革命和譚延闓助成湖南的革命，皆循此一路而來。而在仕學館和進士館之外，稍後出現的地方諮議局和北京資政院又別開生面，提供了一種以議事為名目，能同時容納出身科舉的士人、出自遊學和學堂的學生，以及一身而兼此兩重身份者的更大的空間。這些人各有來路，從而各成一類，但在資政院和諮議局引東西洋學理評說中國時事，並以公議和群議自立主張而表達政見的過程裏，其間的公議和群議，又會使原本的各成一類，因其不斷趨近而同化於時潮之中。所以，清末的報章以「諮議與督撫之爭執」和「資政院與軍機之衝突」[22] 為特寫，以描述當日政象之一派奇異。其中的「諮議局」與「資政院」，顯然都被看成一種集體的存在和擁有共同意態的存在。由此等而下之，又有汪康年筆下「尋常師範畢業生」那樣的新人物與舊日士人中本來還算「明白耐勞之士紳」[23] 合為一途，在地方自治的名目下，共聚於地方社會各式應時而生的機構裏。隨之是同在一個無須恪守章法的歷史過程之中，兩種人之間的利益日益交集重合而界限日益漫漶模糊，漫漶模糊便是一種融化和同化。

這些現象出現於20世紀初年的科舉士人之中，說明了科舉停置之後，學堂和遊學不僅在直接地產出一種與之不同的新知識人，而且又在

---

21 章伯鋒、顧亞主編：《近代稗海》第11輯，第294頁。

22 中國史學會：《辛亥革命》第4冊，上海：上海人民出版社，1957年，第71頁。

23 故宮博物院明清檔案部匯編：《清末籌備立憲檔案史料》下冊，第759頁。

以這種新知識人的後來居上作示範，使科舉士人中的個體紛紛然躓而從之，並且積個體之多而合群地朝著新知識人那一面移動。而後的兩頭交匯和同化，便成了中國近代知識分子形成過程中的一重真實歷史內容。因此，當清末民初的新知識人被置於評說之中，以其「別樹階級，拒人千里」、[24]「對社會無有益的貢獻」、「不合中國情形」[25] 以及「無組織，無團結」[26] 等等為陌生和異樣；與之同時，又是本來熟識的舊日士人因無皈依而無拘束，也在評說中普遍地變得陌生和異樣。所以民國的前十多年間，當時人的見聞錄入文字，便有指述浙江的「大荊土豪某，亦廩生也，一鄉無不畏之。呼嘯成群，四時所收禮物、食品堆積滿屋，官亦仰其鼻息」。又有「張雲雷等所建虹橋念佛社，藉以斂錢，所入不資。大氐土豪所為，總不外此。瑞安士紳更壞」；[27] 有指述江蘇的「江北各屬地廣而瘠，民眾而貧」，近年已至「遊民失業十居八九」，而「地方士夫或負社會之屬望，或肩自治之重責，多以攫取金錢為唯一主義」；[28] 有指述湖北的「正人君子」等「對抗議會之策」，及地方社會的「士紳暗鬥甚烈」；[29] 有指述山西的「民國之紳士多係鑽營奔競之紳士，非是劣矜、土棍，即為敗商、村蠹」，皆「藉勢為惡，婿官殃民，欺貧諂富」；[30] 等等。若以光緒後期一個以教讀謀食的在籍紳士目睹「日來里中構釁者數家」，在日記中自責「余德不修，莫能化及鄉人也」[31] 為其時猶能見到的鄉紳維持地方的自覺意識，則以此作比較，顯然是後來的鄉里人說鄉里事，記

24　章太炎：《章太炎演講集》，第410頁。

25　惲代英：《惲代英全集》第4卷，第472頁。

26　舒新城：《舒新城教育論著選》上冊，第500頁。

27　符璋著，陳光熙點校：《符璋日記》下冊，北京：中華書局，2018年，第892頁。

28　黃秉義著，周興祿編：《黃秉義日記》第5冊，南京：鳳凰出版社，2017年，第2005頁。

29　朱峙三著，胡香生、嚴昌洪編：《朱峙三日記》，武漢：華中師範大學出版社，2011年，第354、501頁。

30　劉大鵬：《退想齋日記》，第322、336頁。

31　劉大鵬：《退想齋日記》，第69頁。

述的已是清代二百六十多年來以科舉士人為主體的地方紳士，在這個時候整體地向著「壞」和「惡」一面演化。就其中一節把「劣衿」與「土棍」、「敗商」、「村蠹」視同一類而言，又見此日紳士的構成已隨社會的變遷而在變化之中。然而光緒末年朝廷議「直省官制」，曾有條陳説其時「每州縣中，廩、增、附生合計必有三四百人至七八百人」之多，並預計「三十年後」，這些「膠庠秀士」才會「日即雕零」。[32] 如果加上身份更高一點的舉人和貢生，則科舉制度留給後來中國的士人，在數量上一定還會更多。而與學堂中人的負笈城市相比，他們都是在其時被稱作鄉里的地方社會中養成，從而根脈猶在地方社會的群類。因此，依其既有的歷史承襲和積留的歷史總量而言，民初的十多年裏被指為「士紳」、「地方士夫」、「紳士」者，其實仍應是各有功名的科舉士人居多。

　　作為一種事實，紳士之中的間有「劣衿」，本屬自古已然。而此日的紳衿之「劣」所不同於自古已然者，又在於後來的紳士自身已隨清末以來移入世路的新法而變。光宣之交，辜鴻銘呈文論新政，説是「近日各省督撫多有借西法新政之名目，以任其意之所為」，由此上下應和而衍為事實，便是「好大喜功之督撫」與「遇事攬權之劣紳」同歸於「藉此以徼名利」[33] 之途。他説出了這段歷史中紳士之附著於「西法新政」的自為伸張；也説出了這段歷史裏紳士中最先據有聲勢的，常是其間品類不高的「劣」者。就西法新政本與新起的知識人同出一源而言，則出自科舉的紳士人物之附著於西法新政已是一種自變形質。而其間尤以「劣紳」為引人注目，又説明這種自變形質的過程是在向下走去。而後是自清末至民初，西法新政更進一層，紳士的演變也更進一層。1912年，一則日記記述浙江平陽的地方政治説：

> 是冬國會選舉，志澂本大有希望，而以平陽共和黨組織不力。黃篤生入國民黨，尚感其不能制勝，乃電召殷鑄夫婦，為運動當

────────────

32　故宮博物院明清檔案部匯編：《清末籌備立憲檔案史料》上冊，第515–516頁。

33　故宮博物院明清檔案部匯編：《清末籌備立憲檔案史料》上冊，第309頁。

選，志澂乃為大礙。余於選舉前又不能善為布置，遂致著著落後。至選舉時，永嘉徐象先（慕初）、林式言等運動百出，王志澂、劉祝群等思以計破之，遇有重複投票者，當場弋獲，宣告作弊無效。於是徐、林等遂率眾亂毆志澂，致起訴訟。[34]

這種由地方開始的「國會選舉」，騰躍於局中的無疑都是地方紳士。而由其各逞手段的「運動百出」論事實，正可以見「選舉」的本義仍然是在「遇事攬權」。然而紳士之群爭各依黨派，施展為「運動百出」和「以計破之」，則這種「遇事攬權」，又以其與時俱進的名目之新和手法之新，已比辜鴻銘之所見更上了一層樓。在這個過程裏，舊日的士人和出自學堂的新知識人已同在黨派之中，自外觀而言便是合為一體。但「選舉」、「組織」、「運動」、「布置」之類大半為昔時的紳權所未曾有，而皆出自新知識人更接近和更內行的「西學新政」一路。就此而論，顯然是舊日士人之與新知識人的合為一體，只能形成於被動地跟從和仿效之中。由於合為一體，所以當日輿論所指目的「全國稍有才力聰敏之士」、「所謂上流社會者」，以及「國民中稍優秀者」，[35] 實際上對應的都應當是這種在合為一體中嬗變而成的近代知識人；而合為一體之實現於舊日士人隨新知識人而變之中，則又決定了他們得自於科舉的氣質和面目不能不一路異化。因此，雖然個體地說，這個時代仍會有科舉士人的實際留存和自覺留存，但整體意義上的士大夫則正在新舊同化和共同演化的過程裏一面分解，一面融入近代知識人之中。對於二千多年來以士農工商分群類，並置士於四民之首的中國社會來說，士人自身隨學堂崇拜和學生崇拜而變，不能不是一種明顯的氣質之變。

34　劉紹寬著，溫州市圖書館編：《劉紹寬日記》第2冊，北京：中華書局，2018年，第549–550頁。

35　經世文社：《民國經世文編》第5冊，第2923頁；黃遠庸：《遠生遺著》上冊，卷一，第5頁；梁啟超：《飲冰室合集》第4冊，第40頁。

三　學堂的「整批生產」和社會之無從「消納」

　　學堂崇拜和學生崇拜在極短的時間裏掀動上下，改變了科舉制度在一千三百多年裏累積而成的社會格局，同時改變了養成於這種格局之中的讀書人。然而與歷時一千三百多年的科舉制度比較，學堂崇拜和學生崇拜又是一種由利祿之途的轉移而直接促成的驟然而起。驟然而起是背後沒有歷史築成的依託和腳下沒有自內而生的根基。因此，當轉移而來的利祿之途由通達到仄隘，由仄隘到截斷之後，這種起於驟然的學堂崇拜和學生崇拜不能不由其興也易，一變而為其衰也易。至民國初年，當時人眼中所見，已是今昔顯然不同：「從前出洋畢業回國，當軸極意優待，年俸視大學士十倍且有不止，其次亦必五倍」，之後，「當民國元二年，機關林立，學生得事較易，而俸薪皆百數十元不等。今則事少人浮」，難以為繼。[36] 他說的是由盛轉衰之間前後不到十年。與之相印證的，是 1915 年《申報》曾論「留學之用途」，說「中國費無數之金錢派遣留學生留學」，真能「學成而歸」的其實並不算多。而於其當時的境況則尤多惋惜：

> 果學成歸國矣，而或為他國用焉，或為地方用焉，或竟置之閒散焉，其為政府用者無幾也。今政府思有以用之矣。思用之，於是乎，有考試之舉。而或被擯於文字焉，或被擯於科學焉，或被擯於口試焉，其合於政府所懸之格者又無幾也。此無幾合格之學生，其必能盡其用矣乎？然而，據都人士推測，則謂此次考試學生因受減政裁員影響，即所取最優等之數人，恐亦不能盡用。嗚呼！此果留學生一時之命運歟？[37]

比之清末京官所目睹的「出洋」回國者之備受「當軸極意優待」而無庸考試，這個時候留學生的歸路已隔斷於「被擯」和「不能盡用」，選才的考

36　何剛德：《春明夢錄‧客座偶談》，《客座偶談》卷二，第 8、10 頁。

37　轉引自黃秉義：《黃秉義日記》第 4 冊，第 1854 頁。

試之法因其太過隨意，則反成了一種扼制。因此，時至民初，同一個群類已不再是「當軸」倚重和優待的對象了。而置身於「事少人浮」之間，這些曾經一派光焰的人既已光焰熄滅，實際上便成了多餘的人。若又引「前清」以來已被當成「定例」的學生依「西洋一品，東洋二品，本國三品」[38] 分等次，做等次之間的比較，則位列「三品」的本國學生，其「一時之命運」顯然會困窒更深。至20年代中期，「據中華職業教育社統計，自民國六年至十五年十年間，江蘇中小學生畢業生之不能升學，又無業可就者，其比例率常為百分之四五十」，而「內地學生之不能升學而又無業可就者，其比例率當有過無不及」。至30年代初期，中央大學的畢業生「大半無事可做」，同時的「留學生閑居上海一隅者已達二千」。[39] 顯見得「一品」、「二品」、「三品」雖因分等而高低不同，但同屬興學育才產出的新知識人，則「無事可做」和「閑居」一隅，都說明他們一旦走出學校的不知所歸，其實同在伯仲之間。

「無事」和「閑居」都是讀書與生計之間的斷裂。所以，當時鄧之誠由清末變科舉言及民國「學校生徒」，說是「二十年來」，一面是「進用者不必試，試者不必得」，一面是「生徒學成而無所職者日多」；鄧嗣禹以三十年前比三十年後，說是「自罷科舉後，中大學畢業，無啖飯之所，於是紈絝子弟，終日逸遊；貧困之士，有志莫遂」。[40] 二千多年來，中國的多數讀書人都長在清貧之中，但鄧之誠和鄧嗣禹的今昔比較，尤其重在指述這種讀書人「無啖飯之所」，及其數量之日增「日多」的了無止境為前代所未有，並溯其由來，共歸於清末造其因而民國受其果。

就人才的育成和歸宿而言，科舉制度產出的是功名士人，功名便是出身；學校「有文憑學位，而無出身」，遂「與眾流並進」。[41] 然而當清末興學之初，主其事者用來動員讀書人的，都是在把本屬科舉的功名利

38　舒新城：《舒新城教育論著選》上冊，第569頁。

39　舒新城：《舒新城教育論著選》下冊，第718、804頁。

40　鄧嗣禹：《中國考試制度史》，第7、267頁。

41　鄧嗣禹：《中國考試制度史》，第7頁。

祿移到學堂之中。辜鴻銘在民國年間追記説：「猶憶昔年張文襄嘗遣鄂
省學生出洋留學，瀕行諸生來謁，文襄臨別贈言慰之曰『生等到西洋，
宜努力求學，將來學成歸國，代國家效力，戴紅頂，作大官可操券而
獲，生等其勉之』云云。」之後評論説曰：蓋「未脱於功利之念也」。[42]
而由此「功利之念」造成的上以利祿召，下以利祿應，則一定會使科舉
既停之後，利祿之想轉而浸灌於學校。[43] 然而吳汝綸在清末眼見這種
仕路移向學堂的翻江倒海，已看出其根本上的難以為繼，並因之而遠望
來日，深憂「天下安得如許多官」。[44] 時至民初，梁啟超在教育部作演
講，已舉「即西河沿一帶客棧，求官者多至數萬，遑論他處」，以説明
這個時候的教育正在不斷產出官吏之候補者，以及這些官吏候補者在當
下中國的沒有出路，[45] 吳汝綸所預見的矛盾便成了一種可見的事實。而
後有何剛德以科舉比學堂論説這種矛盾，而言之條理清晰：

> 今日學堂之弊，與學生無與也。而當時興學者，急於觀成，倉猝
> 定制，人不一心，適蹈不知輕重之弊也：
>
> 一在畢業太易。科舉時代，三年一會試，取進士三百餘人焉；三
> 年一鄉試，各省統計，取舉人約二千人，五貢並不及此數。進士
> 固即時任用，而得意者尚不及半；舉貢分途，消納十不得一。日
> 積月累，後來已擁擠不堪矣。今改科舉為學堂，大學畢業視進
> 士，中學畢業視舉貢，而且無人不可畢業焉，今默揣其數，試問
> 何以位置？

---

42 辜鴻銘：《張文襄公幕府記聞》上，第7頁。徐凌霄、徐一士《凌霄一士隨
   筆》又記山東巡撫胡廷幹蒞山東高等學堂致詞：「勖諸生繼續努力求學，謂
   將來可以做到司道哇！」見徐凌霄、徐一士：《凌霄一士隨筆》第3冊，第
   1077頁。
43 梁啟超：《〈飲冰室合集〉集外文》中冊，第667頁。
44 吳汝綸：《桐城吳先生日記》上冊，石家莊：河北教育出版社，1999年，第
   373頁。
45 梁啟超：《〈飲冰室合集〉集外文》中冊，第667頁。

一備索學費。從前寒士讀書，無所謂學費也。且書院膏夥，尚可略資以貼家用。今則舉學中田產，悉數歸入學堂，而學生無論貧富，一律取費。且膳宿有費，購書有費，其數且過於學費。其出洋之由於官費者，寥寥無幾，其自費之費，即千金之家，亦必裹足焉。是出洋學生不得有寒士矣。

一不恤生計。學生之棄家產，負重債，以期畢業者，不過求出路以取償耳。今對待學生者，則曰：學生之頭角崢嶸者，不難自謀其生；歷次考試，亦有任用。即不然，亦得有學位，則亦已矣。不觀當日之秀才乎，秀才中舉中進士，固有出路，若終於秀才，則亦有秀才頂戴榮身也。有何不可？不知當日秀才無資，本無產可破，今之秀才，則大半自破產來也。此二者視之太輕，勢窮而變，不易通也。[46]

「倉猝定制」而「適蹈不知輕重之弊」的但顧目前未籌後來，使學堂推倒科舉的過程雖由造就人才的願想為起端，但其一路演化和派生，卻實際地為20世紀前期的中國帶來了一種前所未有的社會困境。

　　人才與社會相牽結，但就範圍而論，則社會問題又顯然大於人才問題。因此，維持於兩者之間而力求其穩定和平衡便成為古今之同然。一千三百多年裏，自隋唐的科舉選官到宋以後的科舉取士，其各立章法，前後不同，正是在不斷地提調兩端，以維持穩定和平衡。其間的一路演變，一方面，由選官而取士，是科舉制度的立意，從原本只為政府補充官僚移向了兼為天下士人謀出路；一方面，又是這個過程由詩賦而經議、由帖經而八比的一變再變，以及與之相伴的一千三百年之間「科試之法，欲其難，不欲其易」[47]的施為實際演進，都在化為上進之路中的步步艱難崎嶇。前者謂之「廣設科目以容之」，旨在使每個士人都能

46　何剛德：《春明夢錄‧客座偶談》，《客座偶談》卷二，第9–10頁。
47　顧炎武：《顧亭林詩文集》，第21頁。清代朝旨曾明令鄉會試「斷不可出熟習常擬之題」。見《清實錄》第6冊，2008年，第5523頁。

進入科舉取士的自我成全之中，後者謂之「苛持繩尺以扼之」，[48] 則旨在使每一個士人都能夠明白地看到，科舉取士的尊榮，其實是公平地實現於少數人淘汰多數人的「大比」之中的。因此，「廣設科目以容之」與「苛持繩尺以扼之」的同一，對於朝廷來說，便是每一次從鄉試和會試中獲得功名的人都是有限的，從而始終都在指掌的籠罩之下；對於士子之失意者來說，又是每一次繩尺「扼之」以後，科舉取士與自己的距離仍然近在咫尺，從而前頭的那一條出路依舊是由科舉取功名。曾國藩說他父親「應小試者十七役」，於四十三歲「始得補縣學生員」；[49] 李慈銘說自己「十試而成舉人，又四試之後五十二歲始成進士」，[50] 皆歷經久「扼」而不肯自棄。若舉宋人有七十二歲「中試」[51] 者和清人有八十多歲中進士者[52] 為實例，以通論科舉制度下的眾生相，正可以看到一千三百年間這樣的人和事之常常而有。歷經久扼是一種深深的困苦，因此旅店的破壁便多見來而又去的士人敘寫蒼涼的下第詩。但身受久扼而不肯自棄，又說明這是一種個體自覺選擇，自願承受並自為消化的困苦。所以，一千三百餘年間無時沒有士人之失意，而失意的士人卻仍然都在科舉制度之內。這種個人的蒼涼並沒有匯集為群體的憤怒，沒有使常被制扼的士人與科舉制度互相對立，演化為那個時候的社會矛盾。

由後來者看從前，顯見得「廣設科目以容之」和「苛持繩尺以扼之」，正是以其相互之間的平衡，造就了成功與失敗的平衡，個體與群體的平衡，士人與科舉制度的平衡。而由從前比照後來，則清末興學朝野皆深信「科舉既改，將來必有才識之士，為中國轉旋氣運者」，[53] 從而深信悠悠萬事，唯此為大。其期想在此，其眼界也在此。然而以因果而論，則學堂推倒了科舉，同時是學堂也推倒了一千三百餘年間由科舉制度長

48　何剛德：《春明夢錄・客座偶談》，《客座偶談》卷二，第1頁。
49　曾國藩：《曾國藩全集・詩文》，第331頁。
50　金梁：《近世人物志》，北京：北京圖書館出版社，2007年，第9–10頁。
51　方浚師：《蕉軒隨錄・續錄》，北京：中華書局，1995年，第162頁。
52　陳康祺：《郎潛紀聞初筆 二筆 三筆》上冊，第218頁。
53　上海圖書館編：《汪康年師友書札》第3冊，第2063頁。

久維持的種種平衡。之後，一面是取代了科舉的學堂「將學校教育工廠
化，而以整批生產的方法出之」；[54] 一面是取代了士人的學生一經身入
學堂，則「無人不可畢業」。因此，與科舉制度下進士與舉貢的產出既
以時間立間隔，又以數量立限度相比較，這種「整批生產」和「無人不可
畢業」已是既沒有間隔，也沒有限度。以梁啟超所見「西河沿一帶客棧」
的「求官者多至數萬」為事實，而由此一時一地匯聚的人物覘民國初年
的世情，顯見得成群結隊的知識人都在以學校比科舉，把今時的「學位」
當作與昔日的功名相對等，從而可以憑此以入官界的物事。而原本被
「苟持繩尺以扼之」限定了數量的入仕資格，經此代換，已在「整批生產」
中變為時間上不相間斷、數目上無邊際的東西了。而後是「默揣其數」
以究詰「何以安置」，便成了一世共見的問題和沒有人能回答的問題。

　　唐宋以來的一千三百餘年裏，從科舉選官和科舉取士中衍生出來，
而被一代一代士議所指責的，是選官和取士的數量往往溢出官僚政治的
實際需要，給官場留下了一茬一茬的冗員。[55] 作為一種貫串千年的事
實，其長久的存在既說明了「扼之」的不得不然，也說明了以「扼之」堵
擋這種內生於科舉制裏的不斷增長，其實猶不足以完全擋得住這種不平
衡。因此，時至晚清，相比於當時人以國勢阽危、「人才不出」批評科
舉的新議論，這種由歷史沿襲而來的「日積月累」而「擁擠不堪」其實是
一個更熟識的老問題，並因之而是當時人眼中更容易看到的科舉之積
弊。新議論旨在效西法以造別樣的人才，而關注不及於此，然而當新議
論促成了學堂推倒科舉之後，推倒了科舉的學堂卻成了實際地延接，並
且更劇烈地擴張科舉制度這種千年積弊的一脈相承者。而比之科舉造成
的「日積月累」而致「擁擠不堪」猶在可以度量的範圍之中，則「整批生產」
所對應的，實際上已是不可度量和不可範圍了。猶在範圍之內，是科舉

54　舒新城：《舒新城教育論著選》下冊，第686頁。

55　《新唐書》第4冊，北京：中華書局，1975年，第1175頁；趙翼：《廿二史
　　札記校證》下冊，北京：中華書局，1984年，第38頁；錢穆：《中國歷代政
　　治得失》，北京：生活・讀書・新知三聯書店，2001年，第57頁。

的積弊表現為官場困局；不可範圍，則是學堂產出的無限性與「何以安置」的有限性互相角抵，而後是原本以官場為界限的困局，便直接演化為20世紀初年中國的社會矛盾，以程度而論，已屬更加困頓。其間並不在「當日興學者」預想之內的是，此前的一千三百年裏，「廣設科目以容之」向士人提供的空間，本與「苛持繩尺以扼之」互相依存，前者是借助於後者而得以實際地維持的。因此，學堂的「整批生產」既已打破了「苛持繩尺」，則不能不使脫出了「扼之」的學生，同時也成了沒有相應的空間可以「容之」的群類。在近代中國的歷史嬗蛻裏，像這樣變法的願望在歷史因果的牽引下進入天地玄黃之中，一路走到前臨歧途、後無歸路的事雖然所求與所得全然相悖，卻又是常常而見的事。

　　就讀書與生計而言，與民初的仕途「何以安置」相比，後來用得更多的「無事」、「閑居」、「無所職」和「無啖飯之所」所指陳的，顯然已不全是當初「作大官可操券而獲」之想的未遂所願，而是謀食之切和謀食之難。科舉制度下的讀書人也有謀食之切和謀食之難。但那個時候，讀書是一種個人自己籌劃的事，謀食也是一種個人自己籌劃的事。這種自己籌劃，不過是個體的守貧和處約。《郎潛紀聞》一書留意收錄清代的科舉掌故，其中一則説：「吳江沈彤冠雲，後鴻博科徵士之表表者。少醇篤」，而「家計甚貧，家無灶，以行灶炊爨」。曾「絕糧，其母採羊眼豆以供晚食，寒齋絮衣，纂述不倦」。另一則説：「侍講學士江寧秦公大士，乾隆十七年殿試第一人也。精篆隸行草之學，未貴時，賣字以自給。」還有一則説：「興縣孫文定公家世清貧，少耕且讀書，上山斧薪，值大風雪，斧落層崖間，緣跡手探之，幾至殭僕，卒不挫其志，遂成碩儒藎臣。」[56] 作者寫出了這些人的貧苦，也寫出了這些人身在貧苦之中的安寧和靜氣，就農業中國以物力不裕為人生之常態而言，這是一種為讀書而犧牲了謀食。所以其敘事之間連帶而見的，又有後人對於這種安寧和靜氣的敬意。這些事實具體地描畫了科舉制度下讀書人的生計。對於其中的個體來說，守貧和處約既是一個自願選擇的

56　陳康祺：《郎潛紀聞初筆 二筆 三筆》下冊，第669、671、686頁。

過程，又是一個漫長的過程。一生經歷了嘉道咸同四朝的陸以湉記其同時的一個讀書人説：

> 海寧徐楚畹學博善遷，鄉薦後，困於公車，家徒壁立，以星命之
> 學遊歷江湖三十餘年。嘗寓吾里北宮，每為人論一命，無貴賤皆
> 取百錢，題一詩簡端云：「若肯妄為些子事，何須更泛孝廉船？兒
> 童莫向先生笑，強似人間造孽錢。」後官天台教諭，卒於任。[57]

他身背著舉人功名而以「星命之學」覓食於江湖「三十餘年」，不能不算是長在生計艱難之中。但以詩言志，又具見其三十餘年裏，始終自安於生計艱難而不作非分之想。這些見之於文字記述的人物行跡各不相同，未必能統括科舉制度下的全部讀書人，然而他們各不相同地表現出來的這種大體相同的心志，則明顯地反映了那個時候讀書人中曾經有過的普遍性。因此，以一千三百餘年間科舉士人的謀食之切和生計之難，對比後科舉時代知識人的謀食之切和生計之難，則前者的生計之難始終與個體的自我選擇和自我籌劃連在一起，而後來的「畢業生無業可就」，[58] 以及這種困境為一世注目而促成的論説四起，顯然是他們的生計之難已越出個體自我籌劃之可能，成了個體與社會之間的難題。

在何剛德所説「學生之棄家產，負重債，以期畢業者，不過求出路以取償」的前因後果裏，由「從前寒士讀書，無所謂學費也」到今則「一律取費」，是今時之不同於從前，本在學生繳費於學堂，學堂以產出的學生供社會成為人心中的設定。有此不同於「寒士讀書」的一層套疊一層的新關係，學生以「求出路以取償」為當然，便不能不使學生的希望和失望都繫於社會。然而「無業可就」則説明社會並不能提供「出路」，所以其時的輿論曾舉「畢業後，真是一件可怕的事」以寫照「一般學生的普遍心理」，[59] 著重説明的正是學生和社會之間的緊張。這種一頭的「求

57　陸以湉：《冷廬雜識》，北京：中華書局，1984年，第22頁。
58　舒新城：《舒新城教育論著選》下冊，第718頁。
59　舒新城：《舒新城教育論著選》上冊，第514頁。

出路」和一頭的「無業可就」兩相脫榫，造成了學生和社會的兩不相合，但溯其由來，則此中之源頭既不在學生，也不在社會。

　　章太炎説的「鄉邑子弟，負笈城市」，之後又「入都出洋」；[60] 潘光旦説的「二三十年來普及教育」其「成績」和「目的」，都在使農村子弟「脱離農村，而加入都市生活」；[61] 以及李大釗用「都市裏漂泊」來形容他眼中所見的「青年朋友」，[62] 都指目於清末興學以來的「中等以上學校集中都市，而使鄉村青年不能不向都市求學」。[63] 這個過程以其單面流動和單面積聚造成的「科舉既絕，人士自弱冠出學後」，皆「聚於京，或津滬，而不能散居於其鄉」，與「各省鄉縣，曠邈千里，寂然無士」[64] 相互對照，使出自學堂的知識人很容易地成了不被認可而廣受訾議的對象。然而對出自學堂的知識人來説，這種以城市為歸向的單面流動和單面積聚的教育之路，一面以「教人吃飯不種稻，穿衣不種棉，做房子不造林」[65] 改變了他們內在的精神和取向，一面又把他們置於滿坑滿谷和越來越多之中：

> 現在的大學生，他們所得的知識更為統治的、消費的，更與民眾
> 生活無關，更與生產技術無關。所以他們畢業之後，除了擠到
> 都市裏過遊手好閒的日子，在生活習慣上，他們固然不願到民間
> 去，在生活技能上，他們也不能到民間去。然而都市的出路有
> 限，所謂人滿之患，從前不過是一句形容語，現在則成為事實。
> 而現在的所謂大學，還正在那裏努力地大批生產。[66]

60　章太炎：《章太炎演講集》，第410頁。

61　潘光旦：《潘光旦文集》第8卷，第556頁。

62　李大釗：《李大釗全集》第2卷，第307頁。

63　舒新城：《舒新城教育論著選》下冊，第686頁。

64　康有為：《康有為政論集》下冊，第1043頁。

65　陶行知：《陶行知全集》第1卷，長沙：湖南教育出版社，1984年，第653頁。

66　舒新城：《舒新城教育論著選》下冊，第673、808頁。

而後是「受過此種教育者之流為無業」的日多一日和不得不然，[67] 身在其中，則由單面流動而單面積聚的知識人同時便成了生計沒有著落的知識人。他們既廣被訾議，又長在無可依傍而前途失路之中。

而廣被訾議和前途失路之同生於一體，本在於兩者同由教育重心移到城市，則「鄉村青年不能不向都市」求學而來。就20世紀前期中國的人口總量而言，這數十年裏從「中等以上學校」畢業的學生顯然不能算多。但以「生活習慣上」的「不願到民間去」和「生活技能上」的「不能到民間去」總括這些人整體的共同性，則說明他們「負笈城市」來求學，而作為結果，是他們受教之後已為城市所化，並附著於城市而已形質和精神俱變。這個過程使他們身後的歸路在日復一日地遠去，而城市的空間有限和「出路有限」，則決定了多數出自學堂的人雖已為城市所化，卻並不會被城市真正接納。李大釗說：「吾國今日之學生問題，乃為社會最近所自造之階級身份，而被造就之人人，一入此階級、一得此身份之後，乃以此階級身份之故，社會反與為冰炭之質，枘鑿之勢，所學無論其為何科，社會皆不能消納之應用之。」[68] 顯見得與前代士人的謀食可以躬耕伐薪和遊歷江湖相比，此日已是教育的重心移到城市，一面使這一代知識人的生存方式只能是「擠到都市裏」，一面又是這種出自教育「大批生產」的個體，因只能圍於都市而正變為都市裏大批「無啖飯之所」的人。兩面交集，都在把本來並不算多的新知識人變成這個社會裏過剩的人。於是民初中國論時務的文字中便常常出現前代未曾有過的「高等遊民」一詞，以統稱這些沒有正當職業的知識人，並尤指「無職業」而「尋政治生活」[69] 的知識人。遊民一詞之取譬，正與過剩等義。

67　舒新城：《舒新城教育論著選》下冊，第673、808頁。
68　李大釗：《李大釗全集》第2卷，第86頁。
69　孟森：《孟森政論文集刊》中冊，第793頁。

四 民初中國新學生的聲光消褪
與舊科舉在人心中的餘輝未熄

當學堂的「整批生產」與學生的謀食之切和生計之難構成對比，演化為一種古所未有的社會問題之後，清末曾被當作「本原所在」的「教育為先」，[70] 便連同它所派生的時弊，在民國年間被置於長久的省思和審視之中了。而已被推倒的科舉制度，則以其造士和取士留下的漫長歷史成了現成的反照。這種反照見之於科舉停置以後，實際上又說明，科舉制度在一千三百餘年累積起來的影響，仍然是一種切近的存在和可以用來近看世事的存在。20年代中期舒新城說：「我國原是以農立國而且是小農制度的國家，平日的生活簡單，團體的活動又無必然的需要，所以教育制度比較偏重於個人的；自宋以後，書院制與私塾制成為定型的教育制度，歷史上植立了很厚的根基，一時要動搖它們本不容易。」而與這種「農業社會的生活習慣簡單勤樸」相對稱的是：

> 一般鄉民最需要的教育，只是解決農村生活上之種種困難——種植、畜牧，以及家常文件——其次則為名所趨，使子弟得入庠序，誇耀鄉里已足；至於生活問題則仍如農家故態，不以求學而驟變，亦不以求學為解決生活之工具。

> 其次，從前學校的組織亦極簡單，普通一學校一教師，而此教師在校既須綜理全校事務，對於其駐在之鄉村，又須為各居民——最少學生之父兄——之顧問，鄉間有事，教師可代為裁判解決，故教師與社會無隔膜，而且得鄉民之信仰。此係教師對於社會實在所負的責任。

> 第三，科舉制度取士以考試的結果為憑，不問學習之方式與時間，父兄得自由遣子弟入學——入學無定期，修業亦無一定期限——學生亦得按其個人學習能力努力進行；父兄無定期的負

---

70 故宮博物院明清檔案部匯編：《清末籌備立憲檔案史料》下冊，第961頁。

累，子弟有相當基礎並可在家理家，於減輕父兄負擔外，且可助
理家務。[71]

這些都曾是中國歷史裏熟見的事實和被視為天經地義的事實，因此，
「我們雖不能效復古派的聲調，說它們是怎樣好，但其為我國舊日教育
上的特點，我們不可不注意，卻是無疑義的。然而戊戌政變以後的新教
育，卻不注意於此，且有幾分崇拜外人的迷信，不僅制度的大綱要仿照
外國的，就是一切辦法的節目也要仿照外國的」。之後是近三十年來的
古今已經脫節和中西並不能合榫：

> 我國現行之教育制度與方法，完全是工商業社會生活的產物，而
> 國內的生產制度，仍以小農為本位，社會生產制度未變，即欲絕
> 塵而奔，完全採用工商業社會之教育制度，扞格不入，自係應有
> 的結果。[72]

他比較今時和往昔，著力於說明的是：在「現行之教育制度」猶未隨學
校而來並籠罩天下以前，一、舊時的教育對於多數中國人來說並不是
「解決生活之工具」；二、舊時承擔教育的主體，其自身始終融入於大眾
社會，並因之而能為大眾所親近；三、科舉制度與舊時的教育相依連而
通向功名，但這種功名之路出於自擇自謀而不致為生計造「負累」，所
以天下的「父兄得自由遣子弟入學」。對照而言，三者皆不同於「現行之
教育制度」，但三者都是從中國人的歷史文化中產生和演進地形成的，
從而都曾長久地與人情物理相印合，而植立「很厚的根基」於中國人的
生活之中。「根基」之能夠節節伸展和生生不息，正說明歷史中國的教
育與歷史中國的社會，曾因其相互對應而長在相互對接之中。所以，在
學堂推倒科舉的過程裏「仿照外國」而「完全採用工商業社會之教育制
度」，直接帶來的結果便是教育與社會之間的這種對應和對接一時斷

71　舒新城：《舒新城教育論著選》上冊，第 436–437 頁。
72　舒新城：《舒新城教育論著選》上冊，第 436–437 頁。

截。隨之是社會並未變化，而教育先已大變。他所列為要端，並分而論之的三個方面，都在對應和對接的斷截裏走向了反面。承擔教育的主體及其產出的人物，既因此變得無從融入大眾社會；而已被當作「解決生活之工具」的教育，則又以「負累」入學為起點，換來學成之後的「出路有限」。在這種今時與往昔的對比裏，議論的重心並不在區分中國舊日的教育與「現行之教育制度」之間的此劣彼優和落後先進，而是寫實地說明「工商社會之教育制度」與「小農制度的國家」的窒礙重重而「扞格不入」。因此，雖然他非常自覺地把自己與「復古派的聲調」隔離開來，但以他評說「現行之教育」的「崇拜外人」，並跟著「迷信」一路盲從的「絕塵而奔」相比擬，則反襯而見的，正是已經日去日遠的「書院制」、「私塾制」和「科舉取士」猶不能使人忘懷。

　　此後十年，潘光旦說：「就眼前而論」，人才不僅有「培植問題」，而且有「出路問題」，兩相權衡，後者尤其迫切。這種尤其迫切同樣出自今時與往昔的對比：「在以前的中國，栽培問題與出路問題有一個一併解決的方法，就是科舉制度。一個科舉出身的人在社會上可以取得一個優越的地位，在政治上也大率可以取得一個相當的位置。這種方法，在原則上是很不錯的」，缺點是「適用的範圍過於狹窄」。而「今日學校教育的結果，所暗示或明指的出路固然遠不止一二條，但實地取得出路的把握與保障反而不及從前。大學畢業的一紙文憑固然算不了什麼，高等文官考試及格的證書又何嘗真能夠換取為社會國家效力的機會呢？」[73] 清末學堂取代科舉，起因於人才「培植問題」的改弦易轍，但20年代人眼中所見，已是「出路問題」成為教育的困境，30年代人眼中所見，仍然是「出路問題」成為教育的困境。以科舉制度能合「栽培問題與出路問題」作「一併解決」為「從前」，則論其因果，「今日」的「不及從前」，是後來的「出路問題」皆因當初由「培植問題」而大變成法，為中國教育另開一局，而又只計前路不及後尾地單面獨進衍化而來。因此，當後尾越出了前路的先期籌想，從這種大變成法的另開一局裏派生出社會

73　潘光旦：《潘光旦文集》第9卷，第307–308頁。

所不能承受的重累之後，30年代的潘光旦、20年代的舒新城，以及比他們更早的何剛德都面對著同樣的問題，便都會在其評說教育的各自論述中同樣引入和詮釋科舉制度。就人物而言，何剛德是舊朝的進士，舒新城出自學堂，潘光旦既出自學堂又曾經遊學。因此，以其來路的各不相同為事實，則他們論事論理的相近與相同便不能不算是那個時候曾經有過的一種共識。對於久受撞擊而已經停置的科舉制度來説，則出現在民國年間的這些評説和詮釋正像是一種後來的重估。

從晚清中國的崇拜學堂和崇拜學生，到民初中國的不知「何以安置」學堂裏「整批生產」出來的學生，前後不過二十年時間，同一群人被時勢催生出來，之後由朝廷意中的富強之所寄託，變成了世人眼中的「遊手閑蕩者」。[74] 其開頭的一時光焰炎炎到後來長久的光焰熄滅，映照的都是後科舉時代知識人的社會地位在歷史變遷中的從升到降和從浮到沉。

學堂和學生產出於急迫的變法，與歷史長久的科舉制度相比本屬無中生有和從無到有。當時「急於觀成」的「興學者」顧盼於兩頭之間，指為明顯差異的是「夫學堂雖立，無進身之階，人不樂為也」。[75] 因此，詔旨興學之日，朝廷特為立「各學堂獎勵章程」各依等次，分別授「通儒院」、「大學堂」、「分科大學」、「各省高等學堂」、「高等實業學堂」、「中學堂」、「中等實業學堂」、「高等小學堂」以及各類「師範學堂」的畢業生以翰林、進士、舉人、拔貢、優貢、歲貢、廩生、增生、附生等等，並按格選補，用為「京官外官」。[76] 本「無進身之階」的學堂因此而成了仕途中的通衢。朝廷用國家權力為學堂造出與科舉相對等的功名，旨在移動重心，以成就學堂與科舉的此長彼消。所以，從「無進身之階」到利祿所歸，是一種由外接入的一時速成。之後應之而起的，則是志在功名的讀書人自覺自願地入學堂。出自俞曲園門下的陳漢章清末已是名儒，「京師大學（北大前身）時代聘請他為教授，但他因為當時京師大學的章

---

74 孟森：《孟森政論文集刊》中冊，第793頁。

75 張之洞：《張之洞全集》第12冊，第9749頁。

76 朱有瓛主編：《中國近代學制史料》第2輯，上冊，第118–124頁。

程有畢業後欽賜翰林一條，他寧願做學生，期望得個翰林」。這是國家
權力導引下的個人選擇。然而藉國家權力而用速成之法立「獎勵章程」，
造就的只是一種外在地附貼於學堂的表皮，從而是沒有根蒂的東西。因
此，當天下鼎革，後起的國家權力推翻了舊時的國家權力之後，原本的
「獎勵章程」猶未層層施行，便已戛然而止。曾經「期望得個翰林」的陳
漢章經此天翻地覆，「願望被辛亥革命打破了」，[77] 從1909年入學到1913
年畢業，遂在做了四年學生之後仍舊由北京大學聘為教授。而這一段曲
折所留下的故事，便代表性地寫照了本「無進身之階」的學堂，在一度
恢張之後重回沒有進身之階的過程。

　　學堂因得獎勵翰林、進士、舉人、拔貢、優貢、歲貢、廩生、增
生、附生而別增一重身價，正說明了這種身價的源頭都出自科舉制度，
而清末的學堂雖然推倒了科舉，卻又和科舉共用一種功名，並因這種移
接的社會地位而與科舉制度猶能一脈相沿。所以，當民初的學堂脫出了
這種同一個源頭的一脈相沿，則曾經有過的學堂崇拜和學生崇拜，以及
科舉士人仰望新知識人的趨而歸之，便因此而不能不漸次消散於另一個
時代之中。而後是民初的學堂既已不同於清末的學堂，與之相為因果
的，便是新知識人雖然和科舉士人同屬斯文一脈，但在以功名為尊和以
功名為貴久已深入人心世情的中國，同科舉士人的擁有功名相比，新知
識人的只有文憑而沒有功名，已既不屬尊，又不屬貴。其社會地位遂無
從以四民之首為比方，而不得不向下移去。20年代中期的時論曾舉安
徽教育界和湖南教育界為例，說其間之從業者的「待遇太薄」，了無生
趣，然後總而言之曰：

　　費數千金十餘年培植子弟，即能在大學畢業，在社會上謀得相當
　的職業，每月收入亦不過三五十元，且在鄉無赫赫之名，在外因
　欠薪、「撤差」等種種事實，生活尚有困難。而軍人不須教育費，
　一旦遇變，便可乘機攫取高官厚祿，故吾縣──溆浦──有「讀

77　茅盾：《我走過的道路》上冊，第93頁。

書十年，當兵一時」的童謠。意思是說讀書十年在社會上的地位，還不及當兵一時僥倖得來的好。[78]

因此，「吾縣小學教師改為訟師與投軍者甚多」。[79]

　　學堂「培植」出來的知識人「在社會上的地位」之低落，與其生計上的「出路有限」同生於一個過程之中並相互牽連，所以這種社會地位的低落中不會沒有經濟內容。但社會地位所反映的又是那個時候人心中的價值之輕重，因此，這種社會地位的低落並不會全然都以經濟為原因。民初的記載說山東人王壽彭為癸卯一榜狀元，任湖北提學使。「辛亥事起，倉皇離鄂。袁世凱以其為狀元也，使充總統府秘書」，後雖「總統屢易，而王以狀元頭銜，迄未更動。迨張宗昌督魯，曰此山東之文曲星也，宜延致之，因詢幕僚曰：『王狀元在前清為何官？』曰：『湖北提學使。』復詢提學使可方今日何官，對以差類今之教育廳長，遂以山東教育廳長請簡」。之後「山東大學開辦，張曰『校長須令學問好者為之』。學問最好莫過狀元，即令王兼長山東大學」。[80] 作為一個軍閥，張宗昌本在文化的邊界之外。但也正因為如此，這一段情節又能夠以一個軍閥的著力連通天上人間，比狀元為文曲星的既敬且重，共性地表達多數同在文化界域之外的中國人慣常的社會心理。因此，與這種軍閥的既敬且重心同理同，又有民間的既敬且重。張伯駒說：「入民國後，以上海猶太人哈同之喪禮題主為最闊綽：鴻題為狀元劉春霖，襄題為榜眼朱汝珍、探花商衍鎏；敬儀鴻題為一萬金，襄題各五千金，一時稱為絕後之盛事。又，京劇名武生楊小樓逝世，其婿劉硯芳欲得科甲題主以為榮，就商於余。余因為請傅沅叔年伯題主。傅為翰林，光宣時官直隸提學使，入民國為任教育總長，最為相宜。襄題則請陳蒪衷、陸彤士兩公。陳為某科

78　舒新城：《舒新城教育論著選》上冊，第445、495頁。
79　舒新城：《舒新城教育論著選》上冊，第445、495頁。
80　徐凌霄、徐一士：《凌霄一士隨筆》上冊，2018年，第7–8頁。

進士，陸則為戊戌會元。」[81]前一則故事發生於20年代中期，後兩則故事發生於30年代初期和後期，若以學堂造就的知識人「讀書十年在社會上的地位，還不及當兵一時僥倖得來的好」相對照，則這些事實都説明，在學堂推倒科舉二十年和三十年之後，科舉制度留下的功名雖已沒有了對等的實體，卻依然與人世間懸在高處的價值對應，而成為其時的一種社會身份和社會地位。所以就資歷而論，是前一場喪禮裏的劉春霖當日既中狀元，之後又曾隨時趨而走，赴日本習政法，並因此而多了一重遊學的身價。但此日之能夠多得「敬儀」五千金，卻全在於他曾經是一個狀元。而後一場喪禮裏的傅增湘之被請來「題主」為人增「榮」，其一身靈光大半並不在於做過民國的教育部長，而在於曾是前清的翰林。由此反視晚清的科舉制度在捐納、保舉擠壓之下日趨逼仄的一段歷史，以及隨後因學堂崇拜的衝擊而面目暗淡的一段歷史，具見數十年之間世情的多變和無常，以及多變和無常背後仍然存在的不變和有常。

梅光迪説：「儒家所稱之聖王，實際上寥寥無幾，然由科舉以進之名卿賢相，歷代多有。」[82]由此形成千年之間的流傳積為一代一代的久知熟識，則在捐納、保舉的擠壓和學堂崇拜的衝擊已經遠去之後，這種科舉停置多年，而由科舉派生的聲光仍然長久存在於人心之中的事實，又説明科舉派生的聲光是在漫長的歲月裏養成的，而構成了這種聲光之內涵和價值，其實是由一代一代被稱作「名卿賢相」的具體人格所表達和詮釋的。[83]對於個體的中國人和群體的中國人來説，歲月所養成和人格所詮釋都是一種歷久而成的內化，比之外在的衝擊，內化所形成的取向具有更深的固性。因此學堂推倒科舉，終結了一種歷時千年的制

81　張伯駒：《春遊社瑣談·素月樓聯語》，北京：北京出版社，1998年，第31頁。

82　梅光迪：《梅光迪文錄》，瀋陽：遼寧教育出版社，2000年，第81頁。

83　《南屋述聞》説：「張晴嵐閣學廷對卷，初列第五，世宗拔置一甲第三，遣內侍告文和曰：『爾子中探花矣。』文和驚懼，請見，固辭，至於泣下，上不得已為二甲第一。」見莊建平編：《近代史資料文庫》第1卷，第163頁。張廷玉官居大學士而泣求抑兒子功名，正以其尊功名以養功名之價值也。

度，卻並沒有終結這種制度衍生和維繫的價值內容和價值觀念。徐懋庸在回憶錄中說：「我在高小上學的時候很用功，國文成績較好。有一個鄰居的長輩曾對我說：『可惜啊，你要是在光緒、宣統的時候，也是一塊舉人、進士的材料呢』。」[84]他生於1910年，則高小時代大體上已是20年代之初了。其間的「可惜」，正是一種仍然存在於大眾之中的價值判斷。而以「鄰居的長輩」深抱惋惜為下層社會追說科舉，與之同時發生的，還有上層社會的追說科舉。蔣夢麟在回憶錄中說：「我和陳獨秀常講笑話。我是一個秀才，陳獨秀也是一個秀才。秀才有兩種：一種是考八股時進的秀才，稱為八股秀才。後來八股廢掉了，改考策論，稱為策論秀才。這種策論秀才已經有幾分洋氣了，沒有八股秀才值錢。」兩者的這種區別曾引出一段對話：

> 有一次陳獨秀問我：「唉！你這個秀才是什麼秀才？」
>
> 「我這個秀才是策論秀才。」
>
> 他說：「那你這個秀才不值錢，我是考八股時進的八股秀才。」我就向他作了一個揖，說：「失敬，失敬。你是先輩老先生，的確你這個八股秀才比我這個策論秀才值錢。」[85]

其時兩人都立在新文化的潮頭之上，而為萬千新知識人所仰望，但私下裏相互辨析的卻是舊日功名的上下高低之分，正在倡科學民主以反傳統的陳獨秀尤其認真。因此，與蔣夢麟筆下的「值錢」和「不值錢」相對應的顯然不是銀子，而是功名在人心中的輕重。在那個時候的中國，這種新人物猶不能忘情於舊功名的情節，比張宗昌稱狀元為文曲星，哈同和楊小樓題主以延請科甲為榮，包含了更耐久想的人情物理；又比「小學教師改訟師與投軍甚多」更內在，在從而更深一層地說明了，出自學堂的新知識人雖然已是一種實際的社會存在，並且與時人近在咫尺，但以

84　徐懋庸：《徐懋庸回憶錄》，北京：人民文學出版社，1982年，第13頁。
85　蔣夢麟：《西潮·新潮》，長沙：岳麓書社，2000年，第340–341頁。

讀書人造就的社會高度和亮度而論，則一世之人心所偏重的，卻大半仍然是遠去的科舉留下的久知熟識的形象。

五　知識人的城市化和知識人的前途失路

科舉造就的社會地位以其養成於漫長歲月中的人文價值為內涵，於是而有「世運文運，息息相通」[86]之說。然而社會地位一經形成，其外延又會越出人文價值。顧炎武説：一得為生員，「則免於編氓之役，不受侵於里胥，齒於衣冠，得於禮見官長，而無笞、捶之辱。故今之願為生員者，非必其慕功名也，保身家而已。以十分之七計，而保身家之生員，殆有三十五萬人」。[87]這種被稱作「青衿優免」的規矩，本意是在「培養士氣」。[88]他説的是明代，但功名之能夠成為一種護持則是科舉社會裏的常態。所以前後相接，時至清代的光緒年間，曾有過崇文門税吏對入京的士人「攔車訛索」並「百端恐嚇」，致「士論洶洶，咸懷不平」而驚動廟堂，引出上諭嚴詞切責的事。[89]具見侵及士人之激動公憤。而由這種功名的護持再作比類而推，又周延更廣，還有陳獨秀所説的：

> [貧困農民的兒子]如果能夠跟著先生進城過一次考試，胡亂寫幾百字交了卷，哪怕第一場就榜上無名，回家去也算得出人頭地，窮凶極惡的地主們，對這一家佃戶，便另眼看待，所以當時鄉間有這樣兩句流行的諺語：「去到考場放個屁，也替祖宗爭口氣。」[90]

86　徐珂編：《清稗類鈔》第8冊，1984年，第3897頁。

87　顧炎武：《顧亭林詩文集》，第21頁。

88　孫承澤：《春明夢餘錄》中冊，北京：北京出版社，2018年，第632–633頁。

89　朱壽朋編：《光緒朝東華錄》第2冊，第(總)1514–1516頁。

90　陳獨秀：《陳獨秀文章選編》下冊，北京：生活・讀書・新知三聯書店，1984年，第556–557頁。

「去到考場放個屁」不過是考生員而猶不能得，但在鄉里社會已「也算得出人頭地」而被「另眼相看」，正具體地說明了科舉取士的時代裏，功名化為庇佑，實際上曾經達到過的籠罩之廣。

功名之能夠「保身家」，是直接衍生於科舉制度，並只能附在於科舉制度的。因此，在科舉造就的社會地位中，相比於其人文價值一面的可以長久留存於人心之中，這種功名對於士人的庇佑，則自科舉停置之後即已不再是一種能夠免「侵」免「辱」的屏障。後起的知識人遂成了易侵易辱的個體。1912年「三月十九之夜，常州軍政分府趙樂群，挾衛兵往圍常州中學堂，逮捕監學陳士辛以歸。翌日即坐以侵吞軍餉之罪槍斃之，以電聞於都督莊思成，而法律上之手續遂了」。一個中學堂的監學被拽入「侵吞軍餉之罪」，其離奇之中不會沒有觸動人心的疑慮。然而疑慮未釋，陳士辛之頭已經落地。章士釗評論説：軍律用於軍人，軍法用於戰時，「今之戰事，果安在者？南部戰爭既已告終，民國統一復又宣布。二月十九號中央臨時政府陸軍部已通電各省裁撤軍政分府及遣散軍隊，此距今已月餘，今又何戰事之可言？是吾今日中華民國之人民，乃受治於普通法而非受治於軍法可斷言也」，而後申論説：

> 如記者所述不謬，請據以斷趙樂群槍斃陳士辛之事。陳士辛中學教員也，非軍人也，自不受治於軍律，非軍律裁判所所得逮捕。今日非戰時也，常州非戰地也，陳士辛亦不受治於軍法，非軍法裁判所所得逮捕。易詞明之，陳士辛之所受治者，乃普通法也，有權捕陳士辛者普通裁判所也。常州之有軍法裁判所與否，趙樂群槍斃陳士辛胡乃未經軍法裁判所審問，今暫不問。今所先問者，則惟趙樂群胡敢於平時擅用軍法慘戮平民一語而已。[91]

與功名「保身家」的舊規矩相對照，他以法治為新道理説這種武人弄權，率爾捕殺中學教員的無法無天，而反映的則正是新道理的脱空漂浮而不能保身家之安全。因此，後一年，「有《愛國報》主筆丁某作『時評』言『軍

91　章士釗：《章士釗全集》第3卷，上海：文匯出版社，2000年，第115–116頁。

人為國家賣命，非為個人賣命。若為個人，可謀生計之處甚多，何必從軍』，云云。當事判以跡近通匪，煽惑軍心，槍斃」。[92] 而在他們之後，一次一次攪動輿論而為天下人所共見的，又有教員周剛直被殺，[93] 報人胡信之被殺，[94] 邵飄萍被殺，林白水被殺，等等。作為一種對比，則是曾經奉狀元為文曲星的張宗昌，對付沒有了功名的文人往往殺心更重。十多年之間，這種以剛剛形成的知識人為對象的隨意「慘戮」之一見再見，構成了民初中國觸目的社會政治現象，與科舉制度下的一入「青衿」之列，便能「免於編氓之役，不受侵於里胥，齒於衣冠，得於禮見官長，而無笞、捶之辱」相比照，則後科舉時代的知識人已是本無身價，所以無從「保身家」。

知識人與科舉士人相比而見的這種社會地位的下移，外在地說明了今昔之間的判然不同。與之同時存在的，則又是知識人與科舉士人相比而見的更多內在的憤懣和不平。

舊日重士人，其常理在於「孝弟興乎庠序，達乎州巷，行乎道路，其士君子入事父兄，出事公卿」，而後「其庶氓明貴賤，順少長，辨等威，尊尊親親」，則「吏治有不成焉者乎」？[95] 以「士君子」和「庶氓」之間的這種因共生共存而能相互應和而言，顯然是士人之可重和應重，都本自於士人既在大眾社會之中，又為大眾社會信從。因此，在以四民分人口的中國，他們能夠實際地成為社會的中心。以此為本來面目，則後科舉時代的知識人由「負笈城市」入學堂，又由學堂「整批生產」而出，之後積瀦於城市，這個過程既使他們與那個時候中國的多數人越來越遠，也使他們與士人曾經居有的社會中心越來越遠。然而以學堂為源頭和由學堂所化育的民初知識人，又從一開始即大半都把「將來主人翁」和「吾當為社會之主人也」當作群體的自期與自負，並常常俯視天下而自信能

92　章太炎：《章太炎政論選集》下冊，第675頁。

93　周作人：《談虎集》，北京：北京十月文藝出版社，2011年，第200頁。

94　曹芥初等編：《死虎餘腥錄》，上海：上海書店出版社，2000年，第16頁。

95　查撰：〈論安徽吏治四〉，載盛康輯：《皇朝經世文續編》卷十九，吏政二吏論下。

夠「矯正這散漫無聊的社會」。[96] 自期、自負和自信都是內在於精神世界之中的東西，從而是一種雖有起伏而不容易消解的東西。因此，當他們出學堂入社會，便不能不在實際上的無足輕重和內心裏的「主人翁」之間前後顛躓，找不到自己的位置。

康有為說當日「人士」皆「聚於京，或津滬」，與之相應，則這種知識人的顛躓也多見於這些地方。在名人說舊日往事的記述裏，又尤多見於那個時候文人叢聚的上海。謝冰瑩20年代在「上海藝大」求學，同時又謀食於社會。後來難忘的是這個過程裏的「窮困時，就一個人跑去馬路上喝西北風，躲在亭子間裏喝自來水，或者索性蒙在被窩裏睡兩天」：

> 說出來，有誰相信呢？我已經四天沒有吃飯了。
>
> 起初是一天吃四個燒餅，或者兩個小麵包；後來由四個減成兩個，再由兩個減成一個，最後簡直窮得連買開水的一個銅板也沒有了。口渴時就張開嘴來，站在自來水管的龍頭下，一扭開來，就讓水灌進嘴裏，喝到肚子漲得飽飽的，又冷又痛，那滋味真有說不出的難受。[97]

在這種為窮所困而常常飢不得食的境地之中，知識人的生存狀態與城市底層貧民的生存狀態其實已是同屬一類，彼此之間並無高低可分。她以此敘述個體的感受，而以彼時上海匯聚的知識人之多為事實，則其背後則應是一種群體感受。相近的時間裏，徐懋庸也在上海求學。當他在30年代初期離開上海之日，曾以〈南行〉為名作留言，說是：

> 要是我的性格再強些，我可以在上海住下去；雖然無拳無勇，就拚一個天靈蓋去抵擋狼牙棒。要是我的性格再弱些，我會在目前

---

96 周月峰編：《少年中國通信集》，福州：福建教育出版社，2015年，第122頁。這種自期與自負一半來自學堂崇拜，一半來自20世紀初年輿論造就的青年崇拜。後者衍生於天演進化之說，而以梁啟超的〈少年中國說〉為塴本。

97 倪墨炎編：《浪淘沙：名人筆下的老上海》，北京：北京出版社，1999年，第151、148頁。

的濤聲淒厲的深夜跳下海去：在這樣的世界活不下去的人，不止我一個。

不幸的是，我的性格卻介於強與弱之間，我不能拼命戰鬥，我又不能拼命自盡。那末，我只好走了。[98]

學堂替代科舉直接促成了知識人的城市化，但既「不能拼命戰鬥」又「不能拼命自盡」的相為交掙之下「只好走了」，又說明他們雖已進入了城市空間，卻無從進入城市社會，只能以外來和寄泊為自己的存在狀態而長在身不由己之中。與其初生之日已經產生的自期、自負和自信相對比，兩頭之間顯然太過懸殊。這是一種歷史生成的矛盾，人在其間，便常常心長力紬和心力俱紬。郭沫若後來追憶20年代初期，他和郁達夫從日本回上海辦《創造季刊》，一面在文藝界以思想興波作浪，一面與「哀感」和「寂寞」相伴，「感覺著同情我們的人真是少，在那電光輝煌的肩摩踵接的上海市上就好像只有他和我兩孤零零的人一樣」。然後具體描述兩個人「在四馬路上一連吃了三家酒店」，又酒入愁腸，化為心聲，「我連說『我們是孤竹君之二子呀！我們是孤竹君之二子呀！結果是只有在首陽山上餓死』」，並因此而喚出了心中的激昂和賁張：

兩人都喝醉了，彼此攙扶著踉踉蹌蹌地由四馬路走回民厚南里。走到哈同花園附近，靜安寺路上照例是有許多西洋人坐著汽車兜風的。因為街道僻靜、平坦、而又寬敞，那連續不斷的汽車就像是在賽跑一樣。那個情景觸動了我們的民族性，同時也好像觸動了一些流痞性，我們便罵起西洋人來，罵起資本家來。達夫突然從側道上跑到街心去，對著從前面跑來的汽車，把手舉起來叫道：「我要用手槍對待！」我連忙去把他挽著，汽車從我們的身旁取了一個拋物線形跑過去了。[99]

98　徐懋庸：《徐懋庸回憶錄》，第50–55頁；倪墨炎編：《浪淘沙》，第236頁。
99　郭沫若：《學生時代》，北京：人民出版社，1982年，第127–128頁。

比之謝冰瑩的餓得「難受」和徐懋庸的「我只好走了」，其時的郭沫若與郁達夫已在頭角顯露之中，而並非困於一籌莫展的苦人。因此，其自比「孤竹君之二子」的「哀感」、「寂寞」和「孤零零」，以及罵「西洋人」、罵「資本家」和「用手槍對待」的心火宣洩，更直接、更自覺和更典型地表達的，大半應是知識人的自期、自負和自信與知識人的社會地位在實際上移向邊緣所形成的矛盾，以及由此催生的孤獨、忿鬱和沮然的重疊交集。這些人物以其各自陳説為實例，各從一面寫照了20世紀前期知識人的生存狀態和精神狀態。其間共有的都是眼前的困蹇，來日的茫然和心頭的意不能平。

　　與時人旁觀「自廢科舉，改學校以來」的世情丕變，以「無組織、無團結」和「鑽營權貴，憑藉黨人」刻劃知識人，又舉「京、滬各要地」之「佔據要津者，遊手閑蕩者」[100] 合為一體，以總而言之地統括知識人相比，則謝冰瑩、徐懋庸和郭沫若的各自陳説，正以他們已經經歷和正在經歷的顛沛起落，顯示了同一個群類的內在一面。對於知識人來説，這一面更真切，從而更能寫照其普遍和共同。因此，20年代和30年代的新文學以小説寫人生，便有魯迅所作〈在酒樓上〉裏的呂緯甫、〈孤獨者〉裏的魏連殳，郁達夫所作〈春風沉醉的晚上〉裏的「我」，柔石所作《二月》裏的蕭澗秋，茅盾所作《幻滅》裏的靜女士，葉聖陶所作《倪煥之》裏的倪煥之，老舍所作《趙子曰》裏的趙子曰，張天翼所作〈荊野先生〉中的荊野等等，被當作主角和列為主題的，都是各色各樣後科舉時代的知識人。而其間用形象思維串連情節，著力表現的，又都是知識人的希望、失望、矛盾、彷徨、苦悶、孤獨、抗爭、跌撲、失敗、迷惘、沉淪，以及重重挫折和坎坷裏常常見到的人性失其常度。由此形成的是一種世路歷程和心路歷程的相為因果與相為表裏，所以，世路歷程之無序、無定、無本、無常，又決定了和心路之中很難生成可以內化的守定和恒常。而由此返視剛剛過去的科舉時代，則可以看見的是今時的讀書人與

100　康有為：《康有為政論集》下冊，第1043頁；孟森：《孟森政論文集刊》中
　　冊，第793頁。

往昔的讀書人之間精神一面的明顯不同。半個多世紀之前，左宗棠自敍
早年生活說：

> 日有粗糲兩盂，夜有燈油一盞，即思無負此光景。今年垂耳順，
> 一知半解，都從此時得來。筋骨體膚，都從此時練就。無奇書可
> 借，惟就四書五經及傳注，晝夜潛心咀嚼，便一生受用不盡。[101]

在他之後，吳慶坻作《蕉廊脞錄》記清代人物史事，其中一節說和他同
時而年輩稍前的夏同善：

> 夏子松侍郎事繼母孝，其女兄弟之同母異母者凡九人，友愛之如
> 一。其已嫁而家貧之者，皆招使同居，並其姊妹之夫與其戚屬皆與
> 焉。家屢空，而食指恒數十人。戚友有就謀者，無少卻，急人之
> 急，或輾轉稱貸以周之。官屢遷而清貧如寒士，往往日止一飯。[102]

左宗棠說的是仕途之外的讀書人以「無負此光景」為本分，吳慶坻說的
是仕途之內的讀書人久處於「家屢空，而食指恒數十人」之中的安靜淡
如。由常理相度，這種「日止一飯」的事實際上不會多見。然而以康熙
年間見之於上諭的皇帝說翰林院中人，直言其「極貧者，衣服乘騎皆不
能備」，[103] 以及同治朝倭仁官居大學士，而「一生寒素，至無餘資乘轎」[104]
為事實，顯見得那個時候的功名社會中人常在局促之中。若又以鄧廷楨
應試屢挫，之後以「滿盤打算，絕無半點生機，餓死不如讀死；仔細思
量，仍有一條出路，文通即是運通」[105] 作自策自警為例，以體會讀書人
上進之日的一路困頓，則使人印象深刻的正是他們共有的身在困頓之中
反求諸己的無怨無悔。因此就其身在一挫再挫之中，又常與「清貧」、

---

101 轉引自錢基博：《精忠柏石室教育文選》，武漢：華中師範大學出版社，
　　2014年，第188頁。

102 吳慶坻：《蕉廊脞錄》，北京：中華書局，1990年，第105頁。

103 《清實錄》第6冊，第4978頁。

104 方濬師：《蕉軒隨錄‧續錄》，第394頁。

105 徐珂編：《清稗類鈔》第2冊，第600–601頁。

「屢空」相伴而言，科舉時代的士人與後科舉時代的知識人相去其實並不太遠。真正把兩種讀書人區別開來的，是前者居處於苦境和窮境之中猶能維持安苦安貧的那一片靜氣，在後者以「以天靈蓋去抵擋狼牙棒」與「哀感」、「寂寞」和「孤零零」交集的世界裏都已消失盡淨。與此同時，則是知識人與這個世界之間的緊張和抵斥成為一種常態。

　　然而從「負笈城市」入學堂開始，到出學堂之後又在「都市裏飄泊」，其間的年復一年既在使知識人成為附著於城市的社會群類，也在使知識人的世界實際上被圈圍於城市和限定於城市。隨後是知識人與這個世界之間的緊張和抵斥，便奇異地表現為城市化了的知識人對於城市的深度對立和否定。而十里洋場的上海同時又是文壇所在的上海，便成了那個時候最容易招徠知識人的地方，又因之而在那個時候最容易集聚抵斥，被知識人當成代表性對象施以口誅筆伐。五四後一年，陳獨秀論「上海這種齷齪社會」，說的是：「什麼覺悟、愛國、利群、共和、解放、強國、衛生、改造、自由、新思潮、新文化等一切新流行的名詞，一到上海便僅僅做了香煙公司、藥房、書賈、彩票行的利器。嗚呼！上海社會！」[106] 在後來的二十多年裏，又有魯迅說「上海實在不是好地方」，但平實而論，「上海本地人」其實「倒並不壞的，只是各處壞種，多跑到上海來作惡，所以上海便成為下流之地了」。[107] 周作人說：「上海灘本來是一片洋人的殖民地；那裏的(姑且說)文化是買辦流氓與妓女的文化，壓根兒沒有一點理性與風致。這個上海精神便成為一種上海氣，流布到各處去，造出許多可厭的上海氣的東西。」[108] 蔣夢麟說：「在上海，無論中國文化或西洋文明都是糟糕透頂。中國人誤解西方文明，西洋人也誤解中國文化；中國人仇恨外國人，外國人也瞧中國人不起，誰都不能說誰沒有理由。但是他們有一個共通之點——同樣地沒有文化；也有一

106　陳獨秀：《陳獨秀文章選編》中冊，第15、24頁。

107　魯迅：《魯迅書信集》下卷，北京：人民文學出版社，1976年，第660、706頁。

108　周作人：《談龍集》，北京：北京十月文藝出版社，2011年，第102頁。

個共同的諒解 —— 斂財。」[109] 梁遇春説：「上海是一條狗，當你站在黃
浦灘閉目一想，你也許會覺得橫在面前是一條惡狗。狗可以代表現實的
黑暗，在上海這現實的黑暗使你步步驚心，真彷彿一條瘋狗跟在背後一
樣。」[110] 林語堂説：「上海是可怕的，非常可怕。上海的可怕，在它那東
西方的下流的奇怪混合，在它那浮面的虛飾，在它那赤裸裸而無遮蓋的
金錢崇拜，在它那虛空，平凡，與低級趣味。上海的可怕，在它那不自
然的女人，非人的勞力，乏生氣的報紙，沒資本的銀行，以及無國家觀
念的人。」[111] 比這些評説更加言之獨斷而且一言以蔽之的，還有石評梅
説的上海「繁華囂亂，簡直一片鬧聲的沙漠罷了」，鄭振鐸説的「不幸
我們生存在上海，更不幸上海是一個大都市」，黎烈文説的「我厭惡上
海」，繆崇群説的「這繁華罪惡的上海」，徐懋庸説的「這魔鬼蟠踞著的
上海」，平襟亞説的「黑漆漆的上海」，胡風説的上海「是一個污穢的
海」，等等。[112] 在他們之外，同一段時間裏的胡適、茅盾、方志敏、葉
聖陶、朱自清、潘漢年、梁實秋、廖沫沙、謝六逸、蕭乾，蘄以説及上
海，筆下同樣是種種光怪陸離和異色異樣，以及對於光怪陸離和異色異
樣的憎惡。這些人物當日的取向各不相同，在後來的歷史敘述中歸類也
各不相同，因此，他們在二十多年裏各自表達所形成的這種彼此同一和
前後同一，正從整體上反映了其時的知識群類在這一方面自內而生的共
同性。然而以「斂財」、「沒有文化」、「金錢崇拜」、「非人的勞力」、「繁
華囂亂」，以及「冷酷無情」、「自私自利」[113] 和「曼徹斯特的臭味」、「紐
約的臭味」[114] 説上海的「可怕」和「污穢」，其著力描畫的實際上都是近代
城市形成過程中的面目。雖説那個時候常常京滬並稱或者京、津、滬並

109　蔣夢麟：《西潮・新潮》，第183頁。
110　倪墨炎編：《浪淘沙》，第324頁。
111　林語堂：《林語堂名著全集》第15卷，長春：東北師範大學出版社，1994
　　　年，第56頁。
112　倪墨炎編：《浪淘沙》，第59、126、140、172、237、394、475頁。
113　倪墨炎編：《浪淘沙》，第99頁。
114　陳獨秀：《陳獨秀文章選編》中冊，第43頁。

稱，但相比於曾是歷朝故都的北京和本屬北洋重鎮的天津，上海以通商
開埠，之後是19世紀中葉到20世紀前期的積數十年之久，既成為當日
中國最大的都市，也以其更加明顯的泛商業化，成為最直觀最具體地展
示天理人情異化為利益計算的地方。因此，二十多年裏群聚於上海的知
識人最多，二十多年裏知識群類又彼此同一，前後同一地排詆上海也最
明顯，就其歷史內容而言，由此表現出來的深度異己和直接對立，折射
的正是知識群類與城市社會之間整體的格格不入。所以梁啟超曾通論中
國社會的變遷並由此沿及當日的城市，說是「現在都會的生活，和從前
堡聚的村落生活截然兩途，聚了無數素不相識的人在一個市場或一個工
廠內共同生活，除了物質的利害關係外，絕無感情之可言」。[115] 他筆下
的「都會」並不特指上海，但其總括而論城市，又更具廣度地表達了知
識人對城市的異己感。

　　在20世紀前期的思想歷史裏，這些文字表達的都是對於城市的逆
反，然而做成了這些文字的各色人物自身都已久在城市之中，並且衣食
住行都脫不出這種圈定的空間範圍。兩相對照，其內裏一面與外在一面
遂構成了自相抵牾。就歷史過程而言，知識人的形成是在其自身城市化
的過程中實現的。他們因此而區別於舊日的士人，也因此而隨其產生和
形成，實際上已經成了城市世界中的一部分。但以「曼徹斯特的臭味」
和「紐約的臭味」對這個世界作比擬，則說明歷時二千多年的士為四民
之首以後，城市帶來的社會等序已是「商人在四民之首」。[116] 郭沫若言
中的「資本家」、蔣夢麟言中的「斂財」、林語堂言中的「金錢崇拜」，映
照的便都是這種等序之下主導城市的人物群和社會相。「士為四民之首」
是以讀書分貴賤，「商人在四民之首」則是以財產分貧富。因此，二千
多年裏居四民之首的士人猶可守貧守苦而意態從容，但20世紀的知識
人置身於城市社會之中，其擁有的知識和文化已是既在另一種社會等序
的罩定之下，又不能與這種社會等序對應和匹配，遂不得不在前顛後躓

115　梁啟超：《飲冰室合集》第7冊，《專集》之二十三，第10頁。
116　倪墨炎編：《浪淘沙》，第440頁。

之中，成了城市社會裏的本來無可恃，從而無可守者。無可恃和無可守，是既無從立身，又無以伸展。所以，對於這個群類的多數人來説，李大釗筆下的「飄泊」一詞，不僅是一種生存狀態的寫照，而且是一種精神狀態的寫照。他們雖已成為城市世界一部分，但與城市等序的這種不能對應和不相匹配，又決定了他們的實際存在既遠離城市社會中心，而精神取向又正同城市社會相互對立。城市的「淫巧」、「機變」、「鬼蜮」、「黑暗」、「罪惡」，皆與「沒有文化」、「金錢崇拜」和「冷酷無情」相為表裏，因此，在他們對於城市的排拒裏，引為支撑的猶是義利之辨。而就其內含的這種義利之辨而言，顯然是20世紀前期的知識人與已被他們取代的舊日士人之間，又仍然維持著一種前後懸連。兼有曼徹斯特臭味和紐約臭味的城市形成於中國歷史的近代化變遷之中；脱離鄉村，而以城市為集聚空間的知識人群也形成於中國歷史的近代化變遷之中。因此，知識人的城市化和城市化了的知識人對城市社會的深刻歧異和不肯認同，正以這種知識人的矛盾，真實地反映了造就變遷的歷史過程同時造就的歷史矛盾。而以「負笈城市」為起點，通觀知識人的生成和困塞，則變遷和矛盾的兩相交織，既塑造了知識人的面目，也塑造了知識人的立命之難。

第二編

科舉停置
與後科舉時代的政治和文化

第一章

科舉與民治

一 科舉制度與政府（國家權力）的開放

光緒三十一年(1905)朝廷停科舉，終結了一段漫長的歷史。然而當時人與後人對科舉制度的思考、審視、解說和評判，卻不會隨之而止。一方面，由於科舉停置，後科舉時代的社會和政治便成為一種過去所沒有的別樣映襯，反照出這個制度在一千三百年裏雖被熟視已久，而以選官取士為眼界，則猶有視野所未能及的社會內容。另一方面，積數十年中西交衝之所得，20世紀前期的中國人詮釋這個制度，已經在引彼邦的學理、治體和得失做比較，並因之而有了一種用現代尺度重估舊時傳統的新眼光。兩者都在一千三百年間的見聞和思慮之外。所以，作為歷史認識的延續，兩者又都決定了科舉停置之後的這種對於科舉制度的思考和審視，常常會比前人看得更廣一些和想得更深一些。

1917年，在國體政體俱變之後，杜亞泉說「吾儕昔者以厭棄科舉之故，斥辱不遺餘力，以為亡國由於斯，滅種由於斯」，同時一意「信仰選舉」，視之為西洋「至公普之法則也，立憲國家之流行品也」。然而時至此日，科舉與選舉都已見過，遂知「選舉與考試，實為至相類似之物」：

> 選舉與考試，皆國民行使參政權時，保障其公普之方法。參與立法，為國民參政權之一。國民不能全數列席於議會，則行選舉，以信仰之多寡為標準。信仰多者被選，此公普之法也。國民得為

> 國家官吏，亦為國民參政權之一。國民不能全數任命為官吏，則
> 行考試，以學力之優絀為標準，學力優者得第，亦公普之法也。[1]

「昔者」的撻伐科舉和停置科舉，其時的上下呼應和朝野共鳴，重心是
在科舉的接不上新知和科舉的不能出人才。但七年以後人隨時變，民國
的世局和時論，重心已經移到了「國民行使參政權」的循名責實。由此
比類而及，則科舉選官的政治權利一面便對應地成了更被關注的內容。
而後是當初因舊學不能逮新知而被「厭棄」的科舉制度，這個時候卻以
其內含的「公普之法」而能與西國的「選舉」相對舉，並被看成「至相類
似之物」。在這種前抑後揚裏，原本被上下呼應和朝野共鳴定義為選
才，又歸結於育才的科舉，因民初中國人面對國體與政體的嬗蛻，以及
與之相隨而來的關注轉移和眼光轉移而視角大變，在西國輸入的「國民
參政」觀念那一派光芒的照射之下和比較之下，顯示了其一千三百年間
與政治深度交集的本相。比之用選才和育才定義科舉，這種本相更加真
實地反映了作為歷史存在和歷史影響的科舉制度。從清末到民初的二十
年之間，同是以西法觀照科舉，而由先抑轉為後揚，正表現了那一代人
論時務常常一腔熱誠而識時務常常後知後覺。

產生和形成於中國歷史之中的科舉制度是中國人熟識已久的東西。
以這種熟識為比較，杜亞泉用「國民參政權」闡說科舉制度的內涵和意義，
顯然已經越出了唐宋以來一千三百年裏前人的關注範圍。然而以前人意
識中所未曾有的「國民參政權」闡說科舉，又使一千三百年間的歷史存在，
有了一種可以與現代政治的法則和觀念相印合的意義。所以，科舉停置
之後，20世紀的中國人對於科舉的追論評說，其注目處和著力處，常常
會與一千三百年間的論說不同，也與反科舉和停科舉之日的論說不同。
這個過程改變了豎看歷史的視角，而後是起於選官的科舉制度便在政
治、社會、文化的互為因果和層層貫連裏超出了選官的本來範圍，被置
於另一種更富廣度的詮釋之中，而廣度所至，常常自能形成深度。

---

1 周月峰編：《杜亞泉卷》(中國近代思想家文庫)，北京：中國人民大學出版
社，2014年，第345–346頁。

作為一種選官制度，科舉取士開始於隋、唐而演化於宋、明；作為一種政治學理，「國民參政」之說產自歐西而傳入中國。兩者在20世紀中國人的眼中之能夠互相匹比而且彼此交集，其重合處在於前者和後者都以政權的開放為本義。杜亞泉之前，嚴復已說，中國古來「設庶職資選舉，以招天下之人才，即以此為與民公治之具，其法制本為至密」。[2] 在杜亞泉之後，張耀翔又說，以「前清科舉制」相比於「今之學校制度，選舉制度，尤為民治」。[3] 前一段話裏的「與民公治」和後一段話裏的「尤為民治」，說的都是科舉制度下人民介入政治的實際可能。雖說以名而論，「公治」和「民治」都是由西方的現代政體派生而來的道理，然而以實而論，同西方相比，中國人的這種「公治」和「民治」又是從自己的歷史與文化中產生和形成的。嚴復以「設庶職資選舉」為「與民公治」，是合察舉和科舉為一體而概說歷史上的政權開放，後來沈兼士通論「選士與科舉」，則尤重於分疏其間的前後嬗蛻，以說明從察舉到科舉，與這種轉變相為因果而造成的，是政權開放在程度上的大幅度擴展：

> 前代對於人才的選拔，在兩漢為「鄉舉里選制」，在魏晉南北朝為「九品中正制」，都是由有司（如刺史、太守、中正等官）的薦舉，凡屬有志仕進的人都莫由自進；在科舉制度下，所謂「士子懷牒自進」，則有類於現在的考生帶著報名履歷表和證件親自去報名一樣，考試的機會，至此乃獲得一律平等。[4]

2　嚴復著，王栻編：《嚴復集》第2冊，北京：中華書局，1986年，第245頁。嚴復說「選舉」，取的是「選舉」一詞的歷史含義，對應的是察舉和科舉。

3　張耀翔：〈清代進士之地理的分布〉，《心理》第4卷第1期，1926年，見劉海峰編：《二十世紀科舉研究論文選編》，武漢：武漢大學出版社，2009年，第2頁。張耀翔說「選舉」，取的是「選舉」一詞的現代含義，對應的是代議政治下的票選。

4　沈兼士：《選士與科舉：中國考試制度史》，桂林：灕江出版社，2017年，第90頁。

因此，與「有司」薦舉而「莫由自進」的察舉相比，「懷牒自進」的科舉制度造就的這種「自由競爭和考試權獨立行使」，已前所未有地廣罩天下讀書人，從而「使有志之士開始獲得自動而普通的參政權或服官職的機會」。以此為起點，隨後而來的另一個歷史階段，他稱之為「中國民權發展史上嶄新的一頁」。[5]

就自下而上的選官而言，察舉所體現的已是政權的開放。但這個過程以人選人，其間作為對象的個體始終是擇定的和被動的，所以其間的開放始終是有限的。而以「懷牒自進」為法度，則原本的對象已變為主體，從而「有司」主導已變為士人的自立和自主。人在社會之中，便因家業而異，因權勢而異，因年齒而異，因秉性不同而異。這些差異決定了人與人之間的不相對等。「懷牒自進」之不同於「鄉舉里選」和「九品中正」，正在於其「自進」之可能，全在於以國家力量剝除了人與人之間的種種不同，使進入了科舉過程的每一個士人都還原為大致對等的個體。而後是每一個個體都能用相同的尺度來衡量。對於主持科舉的朝廷來說，以此施行的是一種普遍的平等；對於身在民間的士人來說，由此獲得的則是一種進取的主動。前者以平等求，後者以主動應，平等成為科舉制度的一種要義，則此後一千三百多年的科舉取士裏，便常常會見到對於弱者更多的關切成為上下同奉的公共意識。其間曾有宋代的太祖皇帝以「向者登科名級，多為勢家所取，致塞孤寒之路」為選官取士之大弊；[6] 又有清初昆山徐乾學、徐秉義、徐元文母教極嚴，「三徐既貴，每奉命握文柄，太夫人必以矢慎矢公、甄擢寒畯為勖」。[7] 七百年前的開國皇帝所重在「孤寒」，七百年後的「太夫人」關切在「寒畯」，這種出自不同身份的心同此理穿越了漫長歲月的前後相沿，不斷不絕，既反映了科舉制度中恒定的取向，也對應了科舉歷史裏牽動人人的社會內

5 沈兼士：《選士與科舉》，第90頁。
6 李燾編：《續資治通鑒長編》第1冊，北京：中華書局，1992年，第336頁。
7 陳康祺：《郎潛紀聞初筆 二筆 三筆》上冊，北京：中華書局，1984年，第195頁。

容。因此，從宋代科舉限制官僚子弟、宗室子弟，[8]到清代鄉試分官卷、民卷，並限官卷生員不能中魁，[9]以及會試以後殿試，道光朝皇帝為「寒士」讓路而不許宗室子弟入一甲，[10]都是顯然地壓抑居有優勢的群類，以期在一個並不平等的社會裏用自上而下權力為科舉造出一種平等。而後是「勢家」與「孤寒」同入場屋，憑文以定取去，遂既有督撫之子「五上公車」而不能得一第，也有少年孤貧而成相國的名臣；[11]既有十六歲已入翰林的早達，也有七十二歲始成進士、舉人的遲發；[12]既有囚官之子猶能以「一甲三名進士通籍」，也有孫廷銓官至大學士，「公子寶侗有高才，侍公京邸，每鄉試不許入京闈。嘗曰：『吾為大臣，汝又薄有文譽，使或以一第相溷，為結納之資，平生廉隅掃地矣。』寶侗卒為諸生」[13]的大官子弟自為避讓。

在這些見之於記述的各色情節裏，家業、權勢、貧富、年齒、親緣、秉性的差異都已被同一種尺度夷平，由此形成的平等是可見的，所以是真實的。而當這種可見的平等與功名連為一體，並且在宋代一變唐人「歲上第僅一二十人」之狹，而「廣開科舉之門」，致「進士入第十倍舊數，多至二十倍」[14]之後，則這種平等，又會與讀書入仕數量的大幅增加因果相映，而成為示範和催化，使天下讀書應試的人越來越多。19世紀末年梁啟超說「邑聚千數百童生而擢十數人為生員；省聚萬數千生員而拔百數十人為舉人；天下聚數千舉人而拔百數人為進士，復於百數

8　馬端臨：《文獻通考》上冊，北京：中華書局，1986年，第284頁；蘇軾著，孔凡禮點校：《蘇軾文集》第3冊，北京：中華書局，1986年，第956頁。

9　徐凌霄：《古城返照記》上冊，北京：同心出版社，2002年，第358頁。

10　吳慶坻：《蕉廊脞錄》，北京：中華書局，1990年，第63頁。

11　梁章鉅：《浪跡叢談 續談 三談》，北京：中華書局，1981年，第34頁；陳康祺：《郎潛紀聞初筆 二筆 三筆》下冊，第541頁。

12　陳康祺：《郎潛紀聞初筆 二筆 三筆》下冊，第716頁；方浚師：《蕉軒隨錄‧續錄》，北京：中華書局，1995年，第162頁。

13　陳康祺：《郎潛紀聞初筆 二筆 三筆》下冊，第860頁。

14　王銍：《默記‧燕翼詒謀錄》，北京：中華書局，1981年，第1–2頁。

進士而拔數十人為翰林」，統謂之「相率為無用之才」。[15] 20世紀初年康有為說：「昔有科舉之時，一縣之中，童生歲歲就試，得青其衿者，百僅一焉；諸生三歲一試，得舉於鄉者，百僅一焉；舉子三歲一試，得登第者，數十僅一焉。中非無遺才之憾也，而當其歲月就試，不忍捨去之時，縣常有千數百之人士，讀書談道者焉；省常有數萬之諸生，讀書談道者焉；國常有數千之舉子，讀書談道者焉。」[16] 前一段話立足於變舊法，後一段話立足於追懷舊法，因此觀感不同，褒貶也不同。但作為一種紀實，兩者又大體相同地說明了時至清末，讀書應試的人群所達到的數量規模和分布廣度。雖說其間的「百僅一焉」和「數十僅一焉」，對於個體來說是一種悲歡苦樂的不可知和不可測，然而著眼於隋唐以來的政治變遷，則顯然正是有了這個因科舉替代察舉而產生的讀書應試群體，以及他們在宋代以後與「廣開科舉之門」相為因果的積漸積多，才使國家政權面對這種積漸積多地造就了的數量規模和分布廣度，其開放的內涵和外延，遂能隨之而增其深度和廣度，獲得了「鄉舉里選」所未曾有過的公眾性和普遍性。

從「懷牒自進」到「甄拔寒畯」，科舉制度為不相對等的個體造出了一種應試入仕的機會平等。同一個歷史過程裏，科舉制度的空間鋪展，又在為人口、經濟和文風不相對等的地域之間造出了一種人才養成與人才出頭的機會平等。比之個體之不相對等的直觀可見，地域與地域的不相對等，則是在應試入仕的整體數量大幅增長之後，由對比而顯出來的。是以宋代「廣開科舉之門」，其時「東南之士」入仕人數與「西北之士」入仕人數之間的比例失衡，便因此而為人注目，並直接觸發了司馬光和歐陽修一方「主於均額」一方「主於核實」的爭論。[17] 雖說這種爭論當日並沒有結果，但對於科舉制度來說，由此顯示的事實則已是一種不能漠

---

15 梁啟超：《飲冰室合集》第1冊，北京：中華書局，1989年，《文集》之三，第22頁。

16 康有為著，湯志鈞編：《康有為政論集》下冊，北京：中華書局，1981年，第1042頁。

17 馬端臨：《文獻通考》上冊，第291–292頁。

然置之的傾斜。之後，歷經前後不滿百年，而又並不倚重文章選官的元朝之後，這種地域之間的失衡便以其積久積重，促成了明代以「南卷十六，北卷十四，[各]退五為中數」立定額，分南、北、中卷取士。分卷取士，是意在變「長才大器，多出北方，第樸鈍少文，難與南人並校」的不相對等，用先期分配的辦法造出「北方」和「南人」應試入仕的大體平等。[18] 當年司馬光的以「均額」為主張因之而成為這個時候的一種定章。然而北人以其「樸鈍少文」而「難與南人並校」又說明，南北之間仕進的不能平等，本自於南北之間文化累積的厚度不相對等。因此，如同不相對等的個體是在壓抑「勢家」本有的優越裏造就出平等的，不相對等的地域以「均額」營造的平等，則「樸鈍少文」的「北方」之能夠得以伸展，顯然是在對文風佔有優勢的「南人」施以數量限制中實現的。對於南人來說，便成了一種以此消成就彼長。這個過程由南、北、中分卷取士開始，但以中國之廣袤和一方與一方的各不相同，則這個過程一旦開始，地域之間的平衡便不會以南北之分為止境。因此，清代繼明代而起之後，沿此更進一程，遂又有「[康熙]五十一年，以各省取中人數多少不均，邊省或致遺漏，因廢南、北官、民等字號，分省取中。按應試人數多寡，欽定中額」。[19] 明代的南、北、中分卷取士因之而變為清代鄉試的分省取士。由此實現的顯然是一種更大程度的地域之間的平等。然而就「邊省」在空間上的遠離文化中心而言，其間人物的「樸鈍少文」，無疑又會比一般而言的北地文風不逮南人更加駑弱。因此以「或致遺漏」為關注，表達的正是一種著力扶持。與之同時而見的，則是在文化綿延厚積中養成了讀書人多的「南方大縣，挾冊操觚之士，少者不下千人」，[20] 不能不因「均額」而常在進取艱難之中。兩相對比，顯見得「分省取中」，實際上省與省之間的尺度已是寬嚴相殊而不能一樣。一生經歷

18　轉引自鄧嗣禹：《中國考試制度史》，長春：吉林出版集團，2011年，第188頁。

19　趙爾巽等撰：《清史稿》第12冊，北京：中華書局，1976年，第3158頁。

20　轉引自王德昭：《清代科舉制度研究》，北京：中華書局，1984年，第61頁。

乾、嘉、道、咸四朝的姚元之又説：「新進士殿甲後，朝考最重，蓋庶常之得否，只爭朝考入選與否耳。其入選有不用庶吉士者，或其省入選人多，不能全用。如甲戌科浙江省入選十二人，用庶常者九人，其三人則一部，兩即用。其不入選而得授庶吉士，必其省或有全不入選，或有而太少，故不入選者亦得邀用一二人。」[21] 則位居科舉制度頂端的翰林院，其選取庶吉士的過程，也是以考試為大法，而兼用截長補短維繫不同省份之間的平衡。因此，在這種壓抑「勢家」的權力優勢以成全天下士子之平等，又限制「南人」的文化優勢以成全各個地域之平等的過程裏，初旨本在文章選才的科舉制度，重心越來越明顯地移到了平等一面，移到了以局部的不公平構築整體公平的一面。而就其命意而言，重心移向平等，以及用局部的不公平構築整體的公平，著力以求的都是在造成一種可能——使科舉選官無遠弗屆地籠罩東西南北之間的所有地方，從而以最大的普遍性直接面對普天之下的一切讀書人。因此，這個過程的實際意義，又在於以個體為對象的文章選才，在一千三百多年裏日深一日地融入了政治權力的構成和再生之中，並以足夠的廣泛性使個體都有可能轉化而入政治權力的主體之中。與之相對應的，便是以個體為對象的選官取士的科舉制度，其更富深度的作用和影響，其實是朝廷以其不斷擴展的開放，在向士人之全體展示他們與國家政權之間的聯結和貫通。

　　錢穆事後論史，於此一面所讀出來的意思是：「採取分區定額制度，使全國各地優秀人才，永遠得平均參加政府。」[22] 這是一種歷史學家對於科舉制度下國家政權的開放，以及開放程度的詮釋。而其間由文化選官形成的政治構造，則在科舉制度已經遠去之後，仍然成為民初中國常常引發後來人思考的歷史內容之一。

21　姚元之：《竹葉亭雜記》，載趙翼、姚元之：《簷曝雜記・竹葉亭雜記》，北京：中華書局，1982年，第31頁。

22　錢穆：《國史新論》，北京：九州出版社，2011年，第278頁。

二　社會之各分等序和個體在等序之間的上下流動

1921年章士釗、陳源「聯訪英倫」，曾記彼邦小說家威爾思「談及中國國政」的言之「慨然」：

> 民主政治，非萬應之藥也。世間以吾英有此，群效法之，乃最不幸事。中國向無代議制，人以非民主少之，不知歷代相沿之科舉制，乃與民主精神，深相契合。蓋白屋公卿，人人可致，得非平等之極則。辛亥革命，貿然廢之，可謂愚矣。[23]

其時上距科舉停置不過十六年。而作為一個具有強烈政治關懷的外國知識人，他的這些話說明，對於已經過去的科舉制度，其身後留下的歷史痕跡中最易被人注目的正是它的政治一面；與清末的反科舉論說之漠視科舉制度的政治一面相比，具見眼光不同，則所見不同。英國久被看成民主政治的開先者和示範者，因此，在後科舉時代，抉發科舉制度中「與民主精神深相契合」的內涵，並為之鼓吹的事實出自英國知識分子，正顯示了「吾英」長久的民主經驗所養成的對於民主本義的真知，使他們能夠比清末那一代知其一不知其二的人物更加切入地看到：與代議制全然不同的科舉制度，同時又以其造就的政治權力的開放而和代議制下的民主實際上的「深相契合」。而身為新知識人的章士釗和陳源先後以白話、文言兩種文字樣式，向中國人轉述了這一段西人評述科舉的論說，則於著力傳播之中，又以其言之津津實際地表達了自己的心同此理。威爾思由當日的「中國國政」而沿及科舉制度的政治屬性，同此因果，對於那個時候的中國人來說，中國的「國政」與之更近，所以，由政治屬性認知科舉制度，以及由科舉制度的政治屬性映照歷史中國的本相，便又會因那個時候共和政體下「民治」的名實睽離，一派淆亂成為直接比對而看得更加分明。潘光旦後來說「人才的登進」曰：

23　章士釗：《章士釗全集》第5卷，上海：文匯出版社，2000年，第73頁。

> 從民間出來的賢人所造成的賢人的政治，我以為就是民治，我並
> 且以為才是真正的民治。籠統的民治是沒有意義的。任何國家
> 的民眾在才品上是不齊的，其中一小部分上智，一小部分下愚，
> 和大部分的中材分子，或更簡單的可以分成兩半，一半是中材以
> 上，一半是中材以下的。掌握政權的人應該從上智的一部分中間
> 出來，或至少從中材以上的一半人中間出來，任意抽調，固然不
> 合，平均公攤，亦未為允當。所以所謂民治，應當就是好民政
> 治，那就是賢人政治。好民是民，也是一般民眾的代表。[24]

因此，在二千多年的中國歷史裏，由於才品不齊，而後孔門有「尊賢」
之說；由於尊賢之說，而後「有一產果焉，曰：選舉制度」；由於立此選
舉制度，而後有既非「抽調」，又非「公攤」的「人才」之「登進」和「好民
政治」。然則統而論之，科舉制度「以帖括八股取士，法至偏隘，而所
務不切實用，我輩無不承認之」，但其一以貫之的「公開競試而加以論
次之根本原則，則始終不誣也」。潘光旦也是新知識人，因此不會不知
道科舉不是沒有毛病的，然而通觀一千三百多年之間，他又更相信構成
了這個制度的「根本原則」並不在「帖括八股」，而在以「公開競試」維繫
上下的政治開放。因此，以後來看從前，則清末停科舉的一派急迫，在
其眼中已是「西化東漸，學者驚於新奇，於舊制度之根本利害多未遑深
究」，即「攻擊排斥不遺餘力」，所見俱是一代人的「鑒別力之缺乏也」。[25]
與威爾思所說的「可謂愚矣」意同理同。

　　科舉制度的政治一面，因民初中國共和之名與共和之實不相對稱
成為一種反向對比而為人認識；也因西學傳入引來的民治民主之說化為
光芒照射而為人認識。所以，時當20世紀前期，遠在歐西的威爾思說
科舉制度，印象深刻的是「白屋公卿，人人可致」；中過舉人的梁啟超說

24　潘光旦：《潘光旦文集》第5卷，北京：北京大學出版社，1997年，第450–
　　451頁。

25　潘光旦：《潘光旦文集》第8卷，第155–156頁。

歷史中國的「民權」，舉為突出的也是「白屋公卿，習以為常」。[26] 兩者都由科舉制度所促成的社會流動，以及這種流動所達到的普遍程度，來說明一千三百餘年間中國人曾經有過的以考試為形式的政治開放。而「白屋」能出「公卿」，又尤指其間自下而上的流動能夠成為一種歷時長久的社會現象。在科舉取士的時代裏，帝王以護佑「孤寒」為自覺，世間以甄拔「寒畯」為公道，以當日的語意而言，「孤寒」和「寒畯」指的都是貧困。因此論人論世便有「諸生寒士居多」[27] 的統括之論，與之相應而見的，又有乾嘉年間曾任湖廣總督的畢沅「歲以萬金遍惠貧士」；[28] 同治初期任江蘇巡撫的李鴻章因江南鄉試大雪，「給士子銀每人四元」；[29] 同光之間任陝甘總督的左宗棠說甘肅鄉試，「應試士子半類乞兒，尚多由地方官資遣而來，睹之心惻」[30] 的種種事實。達官濟士和憫士，顯然都是在濟貧和憫貧，與之直接對應的則是士人的多數和士人的常態都在與貧相鄰之中。由於多數和常態，所以唐代的奏議已說是「選官多京債，到任償還」，宋代的詔書又有過「新及第授官人，無得以富家權錢，倍出息利，到任所償還」的明令，[31] 記錄的都是士人得官之初便已不能不借債到職的窮匱困窘，以及朝廷的不得不常常關注及此。奏議和詔書都以此為病，但奏議和詔書都改變不了這種現象。因此直至清代末期，士子的入京會師和及第之後的授官赴任仍然都須依靠重息借債來實現。[32] 這些各成一段的歷史情節寫照了多數和常態，便同時說明了由唐宋到明清，在世人的直觀而見裏，一茬一茬的「寒士」和「貧士」絡繹不絕地「懷牒」而來，其間由科舉而進身者，便非常具體地演示了一個一

26　梁啟超：《飲冰室合集》第4冊，《文集》之二十九，第98頁。

27　愛新覺羅・昭槤編：《嘯亭雜錄》，北京：中華書局，1980年，第343頁。

28　徐珂編：《清稗類鈔》第6冊，北京：中華書局，1984年，第2697頁。

29　翁同龢：《翁同龢日記》第1冊，北京：中華書局，1989年，第363頁。

30　左宗棠：《左宗棠全集》第11冊，長沙：岳麓書社，1996年，第550頁。

31　周壽昌：《思益堂日札》，長沙：岳麓書社，1985年，第55頁。

32　日本東亞同文書院編：《中國經濟全書》第8冊，東京：東亞同文會，1908年，第101頁。

個個體自下而上的社會流動。雖説後來取法於社會科學的歷史敍述喜歡由個體追溯祖孫三代，計量統計，注力於區分前代有過功名、職官的士人和前代沒有功名、職官的士人，然後以數量論性質，質疑科舉制度下社會流動可能達到的廣泛程度，[33]然而這種後人通過有限的計量所得到的局部精確，反映的並不是一千三百年間的中國人在這個過程中總體的直觀所見，以及由這種直觀所見所獲得的科舉制度下社會流動的實際感受。一則記載説：

> 翁文端公年二十四時，猶一貧諸生也。其祀灶詩有云：「微祿但能邀主簿，濁醪何惜請比鄰。」士當困厄無聊，易作短氣語，當公為此詩，豈自料兩朝宰相，再世帝師，三子公卿，四世翰苑，功名福澤為本朝希有人物哉？[34]

若追溯三代，則被敬稱為「文端」的翁心存「父咸封，官海州學正」，[35]而在相信計量統計的歷史敍述裏，有此八品末秩，已不能與平民子弟同歸一類而論社會流動。但在這一段記述裏，從「貧諸生」到「兩朝宰相」和「再世帝師」，歷史現場裏的中國人看到的翁心存只是一個寒士，而關注的全是科舉制度大幅度地改變了一個寒士的命運。就自下而上的社會流動而言，這是一種實證而見。以秩級而論，「主簿」不過九品，則舉其「微祿但能邀主簿」對比前後，尤其著意的是在説明這種自下而上的過程裏寒畯出頭所經歷的人窮氣短。

　　對於個體士人來説，前一面所顯示的是功名之可能，後一面所顯示的是功名之不易。身在科舉制度之下，兩面都是對於科舉制度直接形成的感知和認知，但這種個體的感知和認知形成與積累的過程，又始終在以其引導和催化牽動萬千人，因此一千三百餘年間，這種個體的感知和

33　這一方面比較典型的是張仲禮所著的《中國紳士》和艾爾曼（Benjamin A. Elman）所著《中華帝國晚期科舉文化》。

34　陳康祺：《郎潛紀聞初筆 二筆 三筆》上冊，第42頁。

35　趙爾巽等撰：《清史稿》第38冊，第11679頁。

認知又曾實際地影響了科舉的歷史。乾隆二十七年（1762）錢大昕奉旨主持湖南鄉試，事後奏報說：

> 湖南應舉士子四千餘人，三場之卷，凡萬二千有奇，合經書義論策詩計之，不下五萬六千篇。臣等自閱卷之始，至於撤棘，計十八晝夜，文卷浩繁，而時日有限，謂所去取者必皆允當而無一遺才，臣誠未敢自信也；然臣之心力，不敢不盡矣。[36]

斯時湖南分省取士以四十餘名為定額，並不算文風昌盛之區。而以四十餘名比「應舉士子四千餘人」，則考官閱卷的苦累，正反映了科舉所召來的士人數量之多。促成這些人自覺自願地進入場屋的，只能是他們對於科舉之能夠造就自下而上的認知和相信。在他之後一百多年，關注一世之文運的翁同龢留意科試且屢掌衡文，其日記中有同治三年（1864）順天鄉試「士子納卷已有一萬六百」、江南鄉試「試卷一萬八千本」、四川鄉試「萬五千人」[37] 的紀錄。雖說彼時綿延了十多年的內戰猶未完全停息，但這種分省而見的動輒成千上萬，已比乾隆年間的湖南更大範圍和更大程度地顯示了讀書人共有的取向。顯見得科舉造就了社會流動，對於天下士子，流動便成了眼中可見的上進和心中可能的上進。是以後人敘述歷史雖然以計量統計以顯其分類的精確，但在實際的歷史過程裏，始終是這種無從以計量作統計的感知和認知直接生成了，並不斷生成著成千上萬，而科舉制度昭示的政治開放，則正是因此成千上萬而具有了真實的意義。然則對於歷史來說，這種沒有計量統計的感知和認知雖然不算精確，其實更加真實。因此，在中國生活了五十年的赫德（Robert Hart）說：「沒有一個其他國家對教育會這樣地看重、推崇、利用和獎勵，沿著下寬上窄的高聳的階梯，最貧窮的農民的兒子也可以爬到最高

36　錢大昕著，陳文和編：《嘉定錢大昕全集》第9冊，南京：江蘇古籍出版社，1997年，第354頁。

37　翁同龢：《翁同龢日記》第1冊，第344、351、409頁。

處，位居宰輔之列。」[38]他以自己的閱歷之知說觀感，印象深刻的也是科舉造成的大幅度社會流動。

以「白屋公卿」概括而言社會流動，反映的是世人最易注目和最多注目的，大半都在自下而上的流動。因此各色筆記說掌故，便常常見到白屋中人沿讀書應試而一步一步走向高處的故事。《履園叢話》說，元和人姜晟「家赤貧，忍飢勵學，中乾隆丙戌進士，除刑部主事，歷官刑部尚書、湖廣直隸兩省總督」。[39]《新世說》說，「陶雲汀[澍]某年會試落第，無力出都，遂賣卜於市」。紀曉嵐見而「亟賞之」，以「邸中餘屋館之，並授餐焉。越三年而陶入詞林，累官至兩江總督」。又說，「袁爽秋[昶]少孤貧，隨戚北上，流落都門，薛慰農收養之，執雜役焉。後因事對答數語，慰農大奇之，使伴諸子讀」，遂由科舉入仕。庚子年「從容就義」之日已官至太常寺卿。[40]這些人物都出自清代，但像這樣朝為田舍郎，暮登天子堂的事則在唐宋以來的科舉歷史裏，久已有之，並常常被編入戲曲唱本，傳為民間羨動人心的佳話和美談。以至於民國初年章士釗與胡適辯論白話文與文言文，猶引申而及這種社會流動，說是「方愚幼時，吾鄉之牧童樵子，俱得以時入塾，受《千字課》、四書、《唐詩三百首》，其由是而奮發，入邑庠，為團紳，號一鄉之善士者比比也。寒門累代為農，亦至吾祖始讀書，求科名，以傳其子孫。凡通國情者，莫不知吾國自白丁至宰相，可依人之願力為之。文字限人之說，未或前聞」。[41]然而就其本來意義而言，流動實質上是一種淘汰。因此流動並不會僅僅只有自下而上，與白屋公卿同時存在的，還有「君子之澤」的數世而斬，以及與之相為表裏的自上而下的流動。

清初葉夢珠曾作《閱世編》，概說其積年之所見曰：

38　赫德著，葉鳳美譯：《這些從秦國來》，天津：天津古籍出版社，2005年，第98頁。

39　錢泳：《履園叢話》上冊，北京：中華書局，1979年，第154頁。

40　易宗夔：《新世說》，上海：上海古籍出版社，1982年，識鑒第七，第25、27頁。

41　章士釗：《章士釗全集》第5卷，第365–366頁。

以予所見，三十餘年之間，廢興顯晦，如浮雲之變幻，俯仰改
觀，幾同隔世。當其盛也，炙手可熱，及其衰也，門可張羅。甚
者胥、原、欒、郤之族，未幾降為皂隸；甕牖繩樞之子，忽而列
戟高門。氓隸之人，幸邀譽命，朱門之鬼，或類若敖。既廢而
興，興而復替，如環無端，天耶？人耶？[42]

他閱世所見的這種一姓之「廢興顯晦」的「俯仰改觀」未必全屬科舉家族。
但在科舉時代而以先秦歷史中的「胥、原、欒、郤」之家為比方，顯見
得比方之所及的，大半都應是科舉家族的由盛轉衰。雖說他由一姓之家
族說盛衰，遂多感慨繫之，然而視野轉到社會，則容易看到的是，與白
屋之能夠出公卿一樣，公卿之家在變遷中的淪落也出自同一個過程和同
一種因果。《道咸以來朝野雜記》說：「德珺如為穆相曾孫，是其長房之
裔」，「早年唱青衣正旦，其音可裂金石，以其面長，人皆以『驢頭旦』
呼之，一怒改為小生」。[43] 穆彰阿在道光一朝位居萬人之上，而其曾孫
一輩不能讀書應試，則已成世人眼中的「驢頭旦」。雖然時至清末，戲
子中的名角也能自為一時風光，但四民之外，倡優並稱，以千年歲月化
育而成的社會觀念而論，其時的戲子猶是三百六十行裏不能入於衣冠
的賤業。因此從曾祖的文華殿大學士到曾孫的「驢頭旦」，其貴賤之太
過懸殊，便成了曾祖和曾孫之間的斷裂。翁同龢於同治三年（1864）的
日記中說：「毛鴻賓、郭嵩燾請以捐項移獎子弟，奉旨申飭，發還銀
兩。」[44] 其時毛鴻賓任兩廣總督，郭嵩燾任廣東巡撫，皆因捐銀助餉而
應得敘獎。而「移獎子弟」則意在科舉一途之外化自己的「捐項」為子弟
的功名，以事理而論已近乎借己身之貴造後人之貴，因此朝旨以「申飭」
和「發還銀兩」表示了不能許可。之後是一代與一代之間分界釐然。而
以清代二百六十餘年為時限論此興廢無常「如環無端」，則後人與前人
之間的懸殊和斷裂還有更加言之詫異的。劉成禺說「昆山徐氏三兄弟，

42　葉夢珠：《閱世編》，上海：上海古籍出版社，1981年，第114頁。

43　崇彝：《道咸以來朝野雜記》，北京：北京古籍出版社，1982年，第94頁。

44　翁同龢：《翁同龢日記》第1冊，第358頁。

長乾學、次秉義、幼元文，係不同科之狀元及探花，同胞三鼎甲盛事，為中國科舉史上少見。論其官階，乾學官尚書，秉義官侍郎，元文入閣拜相」，俱見一門鼎盛。然後敘親身之見聞，以今時對比往昔：

> 民初予在北京，八大胡同，燈火繁盛，朝官豪富文人學士，車水馬龍，尤以陝西巷醉瓊林對門之聚福清吟小班，為首屈一指。班主婦徐娘，自稱昆山人，為徐健庵[乾學]尚書之後裔；養女凡三人，年齡與徐娘不甚懸殊。[45]

而以艷幟高張聳動一時，楊度、王克敏之類皆曾與之深相往還勾連。[46]然則就同為賤業而言，與德珺如的粉墨生涯相比，其倚門賣笑的北里生意顯然又更等而下之。在「既廢而興，興而復替」的盛衰起伏裏，像這樣宰相、尚書的後人轉入倡優一行的事太過極端，所以不會很多，但科舉之家在代相傳承中的一代不如一代，以及祖宗聲光猶在而子孫已經式微的事則比比而見。於是「門祚之靡常」[47]便成為一種慣見的世相。一千三百年間，科舉之家皆因文化和功名而起，因此，「門祚之靡常」正説明文化和功名是一種自求之而自得之的東西，從而是一種及身而得又及身而止，不能由上一代現成地傳給下一代的東西。所以家族的延續之中，科名會斷，學問也會斷。其時的記述説：「江慎修名永，婺源大儒也。其居處名江灣，地極秀異，而其裔設豆腐店。焦里堂名循，甘泉[江都]大儒也，其後人亦以賣餅為生。」[48]江永生當康乾之世，焦循生當嘉道之世，兩者都不以功名顯達，而在一個科名出自文化的社會裏，卻能名動公卿，久為功名社會中人所尊，與之相比，其賣餅賣豆腐的後人雖然仍未失其清白，但以文化而論，則已不能不算是自上而下的式微。在這個過程裏，科舉制度限定的文化與功名的自求之而自得之，以及文化與功名的及身而得和及身而止，既造就了自下而上，也促成了自

45　劉成禺：《世載堂雜憶》，北京：中華書局，1960年，第21頁。

46　劉成禺：《世載堂雜憶》，第21頁。

47　葉夢珠：《閲世編》，第114頁。

48　徐珂編：《清稗類鈔》第5冊，1984年，第2128頁。

上而下,而淘汰與流動相為表裏,其內涵和意義便都見於此。所以,與這個過程相應的,是歷史中國社會以貴賤分等為結構,而對個體來說,則升降都是流動;以升降為流動,則世間遂無永久的門第;世間無永久的門第,則政治開放才能夠成為一種可見的事實。

三 起自民間的自下而上與士人的社會代表性

個體的社會流動因其更多直觀的具體性而更容易引人注目。所以生當科舉時代,由「甄拔寒畯」而「白屋公卿」,世間人因見聞而生感觸,常常都落腳於一身一家的悲歡喜樂。然而在科舉制度停置之後,中國人和外國人都指述科舉之合乎「民主」和「民治」,則以此通觀這種由「甄拔寒畯」而「白屋公卿」的社會流動,其實際意義顯然已並不止於一身一家的悲歡喜樂。

在當日的詞意裏,「白屋」對應的是民間社會,「寒畯」對應的是底層社會。所以白屋入仕途和寒畯得「甄拔」,讀書人由此自下而上,其一人一身的流動同時又實際地構成了社會與政府之間直接的綰接。個體的流動是常態,兩頭的綰接也是常態。本以選官取士為初旨的科舉制度,遂因之而更多了一重朝廷連通民間、民間連通朝廷的意義。後來人以「民主」和「民治」相比附,著眼的顯然正是這種實現於科舉制度的社會與政府之間的綰接,以及朝廷與民間的連通。20世紀40年代,潘光旦作〈民主政治與先秦思想〉,以中國人的世情和道理說民治,其體會尤在「人民參與政權」的「可以有多種不同的方法,多種直接與間接的程度」:

> 在廣土眾民的國家,每一個國民直接參與政治,事實上不可能,而勢非間接不可,因此,最近情的方式自然是英美等國所實行的代議制度;不過,間接的方式並不限於代議制度一種,只要就一般民眾而論,下情可以上達,可以得到充分的反應,而就民眾中一部分有聰明才智的人而言,可以有方法直接加入政府,把聰明才智發揮出來,也就差強人意了。[49]

---

49 潘光旦:《潘光旦文集》第5卷,第434頁。

比之引學理深論民主的一層一層探賾索隱，而成其理路繁密而辭旨深遠，他舉此兩端為「差強人意」，其實更近於政治民主的初始涵義和常人意中的常理。而由此兩端觀照一千三百餘年之間，則科舉制度下的這種社會與政府的綰接和朝廷與民間的流通，已不能不算是曾為歷史中國促成過與之彷彿的「差強人意」。

宋人蘇軾曾作〈上神宗皇帝書〉，由其時的民間之「愁怨」，申說「人主之所恃者，人心而已。人心之於人主也，如木之有根，如燈之有膏，如魚之有水，如農民之有田，如商賈之有財」，並以「苟非樂禍好亡，狂易喪志，則孰敢肆其胸臆，輕犯人心」為直接的論斷；之後又說「臣自幼小所記，及聞長老之談，皆謂台諫所言，常隨天下公議，公議所與，台諫亦與之，公議所擊，台諫亦擊之」。[50] 是以「人心」的背後是萬千蒼生的哀喜苦樂，「公議」的背後也是萬千蒼生的哀喜苦樂。因此，前一段話以帝王所恃在「人心」論治亂安危，說的是民意至大而不可輕忽；後一段話以天下之「公議」為台諫的本源和由來，說的是引「公議」入廟堂，便是引民意入廟堂。與西學東漸之後潘光旦所指的「下情可以上達」相比，其間的命意顯然既同在一種理想之中，也同在一種願望之中。而由其「幼小所記及聞長老之談」寫照的世間之人情和人情之同然，正可以見這種理想和願望在那個時候的中國為人熟知和為人所信。但他以「人心」和「公議」為要旨作成奏論，與帝王對話的言之直白了然，又說明由萬千蒼生之苦樂哀喜匯成的民意雖生成於實際社會和存在於實際社會，而能夠引之為自覺擔當，使這種苦樂哀喜從政府之外進入政府之內的，則大半是科舉入仕的讀書人。

讀書人起自民間，因此讀書人本在與民意密邇相接之中。蘇軾之後五百多年，清初人于成龍賦詩說：「書生終日苦求官，及作官時步步難。窗下許多懷抱事，何曾行得與人看。」[51] 句句都在發抒鬱積的感慨。而以其總督江南江西之日「革加派，剔積弊，治事嘗至達旦」，並

50　蘇軾：《蘇軾文集》第 2 冊，第 730、740 頁。

51　王之春：《椒生隨筆》，長沙：岳麓書社，1983 年，第 30 頁。

且「好微行，察知民間疾苦、屬吏賢不肖。自奉簡陋，日惟以粗糲蔬食自給」，以致身死之後「民罷市聚哭，家繪像祀之」[52]為詮釋，則他所說的「窗下許多懷抱事」，顯然與蘇軾奏議中指述民意的「人心」和「公議」同在一類之中。因此「及作官時步步難」和「何曾行得與人看」，既以他一身之閱歷説出了這種懷抱轉化為事實的過程常常會苦於扞格窒塞，又以他心長力絀而意有未甘的一為發抒，説明了這種懷抱猶未湮滅而仍在願想之中。於是而有其生前勞心勞力「察知民間疾苦」與身後「民罷市聚哭」相為感應的紀實。在這些引民意入政治的文字表達和記述裏，蘇軾所重在闡說理之應然；于成龍所重在力行理之應然，又以其力行的心跡和行跡使人看到了理之應然的不會自然而然，以及理之應然的不得不然。兩者相隔遼遠的時間和空間，又以彼此的印合顯示了士人的共性。雖説以常情常理相度量，一千三百餘年間科舉入仕的讀書人各有面目，不會人人都能掬其一腔赤誠於「人心」、「公議」和「窗前許多懷抱事」。然而就總體而言之，在一個個體士人能夠自主選擇地由下而上流動的時代裏，社會底層的情狀既與個體士人的多數根脈相連，便一定會隨之而被帶入朝廷和官場。由此形成的也是一種自下而上的社會流動。

在二千多年中國人的政治觀念中，治天下的要義和歸宿都在於安天下，因此科舉制度猶未施行之日，引生民之疾苦入廟堂議論的事已常常可見。但兩漢四百餘年以察舉取士，個體的自下而上常在自上而下圈定的範圍之內；此後魏晉南北朝的四百餘年行九品官人法，積久而成上品與寒門常在隔塞之中，個體的社會對流也常在隔塞之中。八百年歲月裏，取士的入門之路本來不寬，後來更加狹仄，與之相為因果的，便是前四百年到後四百年的歷史變遷之中，底層的聲息與上層政治不能不越來越脱落疏離。迨隋唐繼起，立科舉制度選官，呂思勉説：

> 夫士而懷牒自列，州縣誠無必舉之之責也，然亦既懷牒自列矣，則終不得不試之；亦既合而試之，則終不得不於其中舉出若干人。故

就懷牒自列之人言之，誠未必其必獲舉。然合其全體言之，則長官之選舉，遂不能高下從心。此實人人有服官之權之所以克現於實。[53]

由於「人人有服官之權」成為一種實際的可能。之後一千三百餘年裏自為演化，最終以科舉取士一榜一榜的前後相接，連續不斷地造就了起於四面八方，由民間走到官場裏來的讀書人。這些人長成於地方，並因之而熟知地方的利弊和關切地方的利弊。而後是朝廷選官取士的過程，同時又成為四面八方的民意被各個地方的士人帶進朝廷的過程。在隋唐宋明之後，有清二百餘年不能算是言路發皇的時代，但收錄於《皇清奏議》一書之中而佔其篇幅之大半的〈痛陳民苦疏〉、〈請蠲民租慰民疏〉、〈備述地方殘苦疏〉、〈請除積弊疏〉、〈安置流民疏〉、〈特陳江南蠹民之害疏〉、〈因旱陳言〉、〈恤民二要〉、〈敬陳民困疏〉、〈課吏懲貪疏〉、〈安插流移疏〉、〈詳陳救荒之政疏〉、〈請開黔蜀屯政疏〉、〈請修江浙水利田圩疏〉、〈請禁無藝之徵疏〉、〈敬陳豫省堤工疏〉、〈敬陳江蘇四事疏〉、〈敬籌晉省積貯疏〉、〈請開台灣遏米之禁疏〉、〈敬陳東川事宜疏〉、〈安插粵東窮民開墾疏〉、〈請修楚省江岸疏〉、〈謹籌直隸積貯疏〉、〈詳議社倉事宜疏〉、〈請清查訟案以省冤累疏〉、〈籌回民墾種安集疏〉、〈籌新疆倉儲疏〉、〈議西藏善後事宜疏〉、〈籌時政救荒疏〉等等，[54] 由此形成立言於帝王之前的不止不息和此落彼起是非常明顯的。就其論旨和論域而言，則不止不息和此落彼起之所訴，都與蘇軾筆下的民間「愁怨」和于成龍關注的「民間疾苦」同在一脈相承之中。雖說這種陳訴未必總能得到預想中的回應和可以見到的結果，但借助於這種陳訴的直接性、具體性及其匯合而成的廣泛性、連續性，天下蒼生的生存狀態和虯結於民間的種種利弊，才得以沿此上達，常在朝廷的視野之中，從而為實際政治所直面

53　呂思勉：《論學集林》，上海：上海教育出版社，1987年，第54頁。

54　羅振玉輯，張小也、蘇亦工等點校：《皇清奏議》上冊，南京：鳳凰出版社，2018年，第8、10、76、124、129、134、145–146、173、186、193、326、373、393、399；下冊，第560、562、567、573、577、617、651、676、719、1005、1050、1194、1355、1497頁。

相對。一千三百餘年裏的奏議主要出自功名士人，所以，由始末説因果，顯然是讀書人既經科舉入仕而實現了個體的向上流動，同時又在以其個體的向上流動，促成了社會與政府之間的互相流動。歷史中的「下情可以上達」便因之而實現於這種周而復始的流動之中。

四　「選賢與能」：科舉取士的「出於其類，拔乎其萃」和歷史中國的安民治國

在這個過程裏，「下情」之可以「上達」和可能「上達」，主動者與承當者都是被稱作士的讀書人。傳統中國以士、農、工、商分人口而統謂之四民，但察舉選官和科舉選官，則始終以士為對象。因此，作為一個社會群類，與農、工、商同在四民之中的士，又非常明白地不同於農、工、商。其間的區別，孟子曾概括言之曰：「無恒產而有恒心者，惟士為能。」後人為《孟子》作注疏，指「恒產」為「民常可以生之業也」和「民所以恃以長養其生者也」，[55] 説的都是謀生的本業。在這個意義上論四民，則與農工商的各執一業謀生，又各以一業分類相比，士之為士，其本義不在「恃以長養其生」，從而並不是一種能夠直接賴之以維持生計的職業。所以，士人猶未入仕得俸祿之日，其自謀衣食之資，便多見「訓徒鄉塾」、[56]「躬耕山麓」、[57]「賣字以自給」，[58] 以及「為郡小吏」、「傭書於外」、「為人經理商業」，佐幕於官家之門下，[59] 等等。《明儒學案》説：王艮「七歲受書鄉塾，貧不能竟學。從父商於山東，常攜《孝經》、《論語》、《大學》袖中，逢人質難，久而信口解談，如或啟之」。[60]《清儒學案》

55　焦循：《孟子正義》上冊，北京：中華書局，1987年，第93–94頁。

56　黃宗羲：《宋元學案》第4冊，北京：中華書局，1986年，第2831頁。

57　易宗夔：《新世説》，卷四夙慧，第17頁。

58　陳康祺：《郎潛紀聞初筆 二筆 三筆》下冊，第671頁。

59　支偉成：《清代樸學大師列傳》上冊，長沙：岳麓書社，1986年，第126頁；下冊，第424、438、492頁。

60　黃宗羲：《明儒學案》下冊，北京：中華書局，2008年，第709頁。

說：汪中「少孤，家貧不能就外傅，母鄒授以四子書。稍長，就書賈鬻書於市，因遍讀經史百家，過目成誦」。[61]《郎潛紀聞》說：凌曙少時孤貧，「十歲就塾，年餘，讀四子書未畢，即去香作，雜傭保。然停作輒默誦所已讀書，苦不明詁解」，之後求「舊籍於市，私讀之達旦，而日中傭作如故」。[62]《清代樸學大師列傳》說：戴震「家極貧，無以為業。年十八隨父客南豐，設塾於邵武，課童蒙自給」。之後，「終身在貧困中，年三十時，家中乏食，與麵鋪相約，日取麵屑為饔飧。以其時閉戶著《屈原賦注》」。[63] 在這些記述裏，個體士人倚之以維持生計的設塾、佐幕、力田、傭作以及僱傭於商家等等，皆各成一類而了無統緒，又以其各成一類的了無統緒，寫照了作為社會群類的士雖在四民之中而與農工商同列，卻並沒有一種整體意義上自為依存的恒業。就恒業之為生業而言，每一種恒業都自成一種經濟關係，並派生一種經濟利益，人在其中，關係和利益便既是所得，也是限定。因此，自一方面論因果，是沒有恒業的士不能不以「寒士居多」為常態；自另一方面論因果，則是沒有恒業的士同時又不會為既定的經濟關係和經濟利益所制圍。與農工商的各守一業又為一業所限定相比較，這是一種群體的超越性。而在二千多年以四民構成的中國社會裏，正是以這種不受制圍的超越性為基石，才可能築成士的理想品格和群類歸趨。孔子說「士志於道」，因此其自覺境界便不能不立於「君子謀道不謀食」和「君子憂道不憂貧」。曾子謂之：「士不可以不弘毅，任重而道遠。仁以為己任，不亦重乎？死而後已，不亦遠乎？」[64] 這些話以一種理想形態說明了士在四民之中能夠自為一類，全在於他們與道相為依存。以農工商的既以一業為歸屬，便以一業為界限作比襯，則道所對應的是一種周延天下而廣罩眾生的公共性和普遍性。然則孟子舉無恒產而有「恒心」為士之獨異與獨貴，指的正是不在農工商一

61　徐世昌：《清儒學案》第5冊，北京：中華書局，2008年，第4079頁。

62　陳康祺：《郎潛紀聞初筆 二筆 三筆》下冊，第509頁。

63　支偉成：《清代樸學大師列傳》上冊，第138、143頁。

64　程樹德：《論語集釋》第1冊，北京：中華書局，1990年，第246頁；第4冊，第1119頁；第2冊，第527頁。

業之中尋歸依的士，卻能夠以其循道和守道的公共性和普遍性，代表天下人謀天下之利。其間的區別，王夫之稱之為「民志於民而安於利，士志於士而安於義」。[65] 作為一種大體的對稱，於是而有二千多年裏士林中人以天下為己任的自期和為民請命的種種故事，以及科舉選官比察舉選官更大地為士人張開入仕之門後的一千三百多年間，起於民間的士人源源不斷地進入政府，又源源不斷地把生民之苦樂帶到政府中來。而後由「士志於道」而造就的超越於一群一類的公共性和普遍性，在科舉制度促成的開放和流動裏以前所未有的程度影響國家權力，演化出一種後人比類為「民權」的開明官僚政治的主體。因此，以「差強人意」為尺度，則潘光旦所說的「下情可以上達」和「民眾中」的「聰明才智」者「可以有方法直接加入政府，把聰明才智發揮出來」，已以一種前現代的方式相互依連地出現於這個過程之中了。這個過程出自中國歷史，所以前現代的方式對於中國人來說，便是自然的方式和熟識的方式。[66]

　　科舉制度以「懷牒自列」為起點，論其本義，「懷牒自列」對應的應是無分士農工商的個人。因此沈兼士稱之為「一律平等」；呂思勉稱之為「人人有服官之權」。然而作為一個實際過程，科舉選官始於以詩賦經義為試，止於憑文而定取去，能夠入場屋求功名的，其實只能是士。兩面

65　王夫之：《宋論》，北京：中華書局，1964年，第18頁。

66　錢穆後來說：「中國科學不發達，考試制度亦預有關係。如在金元統治時期，異族君臨，政權不開放，考試制度鬆弛，有名無實。但中國社會其他各專門學術技能，如醫藥、天算、水利、工程、藝術、製造諸項，反而有起色。」見錢穆：《國史新論》，第280頁。他敘述了歷史中的事實，又以現代眼光衡量這種事實，指出了其間派生的矛盾。然而作為今人立足於現代返視過去而看見的矛盾，就一面而來說，與現代世界的因果相比，身在歷史過程中的中國人便是生在另一重因果之下的中國人，在他們的生存狀態和生存方式猶未及此之日，他們不會有這種矛盾和困惑。就另一面而來說，由這種科學發達和政權開放之間的矛盾作引申究詰，則對於科舉的追論，實際上已變成面對一個歷史造就的既定環境，後人在兩者不能兼得之下為前人作選擇：應當取政權的「開放」，還是應當取科學的「起色」？這是一個由後人評說科舉而生成的問題，也是一個後人難以回答的問題。

共存而互相對比，顯然是科舉制度預設了人人都能夠「懷牒自列」，但對於農工商中人來說，則一經「懷牒自列」，已變其原有的身份屬類而自我轉化為士了。這種先有人人可以為士的平等，後有人人可以為官的平等，其間的先後次第既說明作為一個社會群類，由文化養成的士與附著於個別的經濟關係和經濟利益的農工商判然有別，不能等夷；又說明相比於經濟關係和經濟利益的外在限定，孔子所說的「士志於道」和孟子所說的惟士能有「恒心」，都出自內在的自覺選擇，是以就個體而言，農工商中的人都可能由自覺選擇而自我造就，從士林之外進入士林之中。由此形成的也是一種社會流動。因此，本是書商夥計的汪中，本是「香作」傭工的凌曙，以及本以耕田伐薪為生計的孫嘉淦，[67] 都能以讀書力學自變氣質，列名於《清儒學案》之中。《嘯亭雜錄》說：

> 程魚門編修晉芳，新安人。治鹽於淮。時兩淮殷富，程氏尤豪侈，多畜聲伎狗馬，先生獨惜惜好儒，罄其資購書五萬卷，招致多聞博學之士，與共討論。先生不能無用世心，屢試不售，亡何，鹽務日折閱，而君舟車僕遫之費頗不資，家中落，年已四十餘。癸未，純皇帝南巡，先生獻賦，授內閣中書，再舉辛卯進士，改吏部文選司主事。[68]

之後，又參與纂修《四庫全書》，「改翰林院編修」，[69] 同樣成了列名於《清儒學案》中的人物。對於程晉芳來說，由「治鹽於淮」到「翰林院編修」，正是自覺選擇和自我造就下的一種嬗蛻。而以汪中、凌曙、孫嘉淦和程晉芳為實例，通觀士與農工商之間的對流和演變，以及士人與士人相比而見的四面八方和各色各樣，則身在此中而能夠互相認同，並因互相認同而匯為一類，全在於他們共由同一種文化塑造濡育，又共倚同一種文

67　陳康祺：《郎潛紀聞初筆 二筆 三筆》下冊，第686頁。

68　愛新覺羅・昭槤編：《嘯亭雜錄》，第295頁。

69　愛新覺羅・昭槤編：《嘯亭雜錄》，第295頁。

化立身行事。文化成為他們唯一的共性，他們又因之而成為文化直接的
承載者和踐行者。士與文化相依以存，而後是本因沒有恒業而在農工商
界域之外的無可歸類，得此文化賦予內涵和指歸，已變無可歸類為四民
之中的因其超越性成其公共性。「惟士為能」劃出了士與其他群類的區
別，所以，先有人人可以為士的平等，後有人人可以為官的平等，正說
明對象的不相對等，平等便不能不施行於區分之中。而後是從群類的區
分到個體的區分，科舉制度的起點平等和過程平等遂最終實現於以文化
為尺度的考試選擇。

　　科舉停置十六年之後英國文學家蕭伯納（George Bernard Shaw）與中
國學人交談，曾以科舉制度的這種先有人人可以為士的平等，後有人人
可以為官的平等與歐西作比較說：

> 能治人者，始可治人。林肯以來，政壇有恒言曰：為民利，由民
> 主之民治。然人民果何足為治乎？如劇，小道也，編劇即非盡人
> 能之。設有人言，為民樂由民編之民劇，語之不詞，至為章顯。
> 蓋劇者人民樂之，而不審其所由然。苟其欲之，不能自制，而必
> 請益於我。惟政府亦然，英美之傳統思想，為人人可以治國，中
> 國則反是。中國人而躋於治人之位，必經國定之試程，試法雖未
> 必當，而用意要無可議。[70]

以「人人可以治國」為預設，而後有英美代議制度的選舉和被選舉。但
在這種先期預設的人與人之間沒有等差的同質性裏，被過濾掉的職業、
年齡、閱歷、限界、教育程度、知識範圍、道德養成、認知能力和判斷
能力之間的千差萬別，則始終真實地存在於這個世界之中，並以其真實
的存在顯示了人與人之間的不相同一，從而說明太過抽象的「人人可以
治國」，其實與世間眾生的本相相去太遠。19世紀70年代法國歷史學家
伊波利特·泰納（Hippolyte Taine）說：

70　章士釗：《章士釗全集》第5卷，第74頁。

1849年，21歲的我成為選民，為此我深感困惑，因為我必須選擇
15至20名議員，而且，按照法國人的習慣，我需要選擇的不僅是
人，還有理論。按照別人的建議，我可以成為君主派或共和派，
民主派或保守派，社會主義者或波拿巴主義者；但所有這類派別
我都不是，甚至我本人也什麼都不是，有時候我真羨慕那些深信
自己已然成為某種角色的人。在對各種學說略加瞭解之後，我覺
得自己的思想中可能有某種空白。在別人看來很有根據的理由，
對我卻不是這樣；我不能理解，為何人們能在政治中依據自己的
偏好來作決定。[71]

他因「成為選民」而進入人人行使民權的過程，在「我深感困惑」和「我
不能理解」的一派茫然之中，「按照別人的建議」，以選擇的方式，對給
定的問題作出回答。而由此留下的則是一種深深的疑問：

這是顯而易見的表面文章和蒙蔽手法：在這種情形下，答案始終是
由問題決定的，另外，即使答案是非強制的，法國也不會比我更有
能力給出答案，因為1000萬個無知者依然形成不了一種認識。[72]

「21歲的我」之所以能夠「成為選民」而獲得民權，正是出自預先設定的
人與人之間才智與德性的同一。但「1000萬個無知者依然形成不了一種
認識」則說明，人與人之間德性和才智的不同其實更加明顯。其兩面之
間的不能貫通，正與五十年以後蕭伯納對「人人可以治國」的非議相等。

有此積疑而成非議，則時至20世紀初年，不相信人人可以治國的
科舉制度便在西人眼中成了一種直接的對比。由這種對比倒推「英美之
傳統思想裏」以「人人可以治國」為當然的平等，其前提只能是人在抽象
化中變成了沒有具體性的同質同類。中國人的不同在於明知「物之不

71　伊波利特・泰納：《現代法國的起源》第1卷，長春：吉林出版集團，2018
　　年，〈作者序〉，第1–2頁。
72　伊波利特・泰納：《現代法國的起源》第1卷，〈作者序〉，第1–2頁。

齊，物之情也」，[73] 人與人實際上並不一樣。因此治國只能以尚賢為本又守定「立賢無方」，[74] 以成就賢能進入政治的平等。由於世間的賢能始終不會是多數，所以合「立賢無方」與「物之不齊，物之情也」為一路，尚賢便只能實現於「選賢與能」[75] 的「出於其類，拔乎其萃」[76] 之中。這一套道理上溯三代，並經儒學循此立教，闡發弘揚，化為二千多年裏中國人的共知共識。因此，自兩漢察舉以「賢良方正」、「孝廉茂才」為名目選擇「宇內之士」，[77] 到隋唐之後科舉繼起，倚「國定之試程」拔取「躋於治人之位」者，都沿此一脈而長在「賢者在位，能者在職」[78] 的理路之中。比之歐西深信「人人可以治國」為民治，則「選賢與能」只能算是少數人治國。但以身在民治之中的蕭伯納比較中西的評說為觀照，卻可以看到：在中國人還不知道民治之名的時代裏「選賢與能」，本質上選的是能與天下之公利公義相應接的超越性品格和公共性品格。因此少數始終牽連著多數，構成了那個時候的「能治人者，始可治人」。而借助於這些被選出來的少數以實現「下情可以上達」，從而形成政府與社會之間勾連和對流的事實，被置於20世紀的政治論說以後來看從前的眼光之下，已以這種西人審視中國歷史，而以現代詮釋前現代的比類而論說明：能夠引民情民意入政治以安天下的，其實不僅只有歐西深信「人人可以治國」，而又常與「無知」和「困惑」相伴的民治。與此相應，則是熟識的科舉制度又被重新引入思考和解說，成為一種猶在眼前而仍須認知的思想存在。

73　焦循：《孟子正義》上冊，第399頁。

74　焦循：《孟子正義》上冊，第569頁。

75　胡平生、陳美蘭譯注：《禮記・孝經》，北京：中華書局，2007年，第110頁。

76　焦循：《孟子正義》上冊，第218頁。

77　轉引自沈兼士：《選士與科舉》，第18頁。

78　焦循：《孟子正義》上冊，第223頁。

第二章

士人政治：科舉制度下的權力與文化

一　文化與君權

　　士人因文化塑造品格而能別成群類，又經文化甄選拔取而得自下而上地流動。他們所到的地方，便是文化所在的地方，所以，科舉選官的過程，一面是士人不斷地進入政府，一面是文化深深地融入政治，兩者共存於國家權力之中，已使國家權力成為一種與文化合一的權力。16世紀後期來華的意大利傳教士利瑪竇（Matteo Ricci）曾作《中國札記》，説是：「標誌著與西方一大差別而值得注意的另一個重大事實是，他們全國都是由知識階層，即一般叫做哲學家的人來治理的。井然有序地管理整個國家的責任完全交付給他們來掌握。」[1]他記實地敘述了自己的所見所聞，並以此説明中國人的政治不同於西方人的政治。至19世紀中葉，被稱為「英國文壇上，為無上權威」的卡萊爾（Thomas Carlyle）曾論及科舉制度形成的這種權力樣式，而以「中國人真正企圖，在使其文人統治社會」為要義。與20世紀初期威爾思從科舉制度中看出和「吾英」之「民主精神，深相契合」的涵義，並為其「貿然廢之」而扼腕嘆息相比，卡萊爾立論的重心則在於：這種權力的樣式

1　利瑪竇著，何高濟等譯：《利瑪竇中國札記》上冊，北京：中華書局，1983年，第59頁。

既為歐西的政制所未曾有過，又比歐西的政制更加合理。[2] 以這些評說為事實，則對於西方人來說，科舉制度的這一面曾不僅引發認同，而且引發向慕。[3] 這一面形成於傳統中國的歷史之中，因此，西方人對此作出的省視和評說，又醒目地以出自一種權力結構裏的眼光對於另一種權力結構的推重，顯示了科舉制度所成就的文化與權力的結合雖然出自立憲政治之外，但在西潮東灌而古今中西交爭正炰炰乎迫來的時代裏，卻能夠進入彼邦立憲政治下的思想視野之中，並促成了那個世界裏的思考。而科舉制度的這一面，則得此反照而有了一種可以直立於古今中西之間的普遍意義。

　　在中國人的歷史裏，文化與權力的縮合本是一種源遠流長的觀念。《尚書》説「天佑下民，作之君，作之師」，[4] 其理想中的君師合一，正是文化與權力的合一。而這種道理在實際政治中的演化則經歷了一個漫長的過程。錢穆説：「總觀國史，政制演進，約得三級：由封建而躋統一，一也。由宗室、外戚、軍人所組之政府，漸變為士人政府，二也。由士族門第再變為科舉競選，三也。惟其如此，『考試』與『詮選』遂為維持中國歷代政府綱紀之兩大骨幹。」此謂之「政制後面，別自有一種理性精神」。[5] 在他所作的歷史分段裏，同屬「士人政府」，而「士族門第」的文化歸於一部分人，「科舉競選」的文化則廣及天下人。因此，由前者變為後者，之後考試和詮選成為支撐「歷代政府綱紀之兩大骨幹」，文化與權力的合一才能在完全的意義上成為可以感知的事實。而作為一個「每於和平中的伸展」，[6] 並結穴於「政制後面，別自有一種理性精神」的自然歷史過程，其間的一級「演進」為另一級，顯然都是在國家權力

2　梅光迪著，羅崗、陳春艷編：《梅光迪文錄》，瀋陽：遼寧教育出版社，2001年，第78頁。

3　鄧嗣禹：〈中國對西方考試制度的影響〉，載鄧嗣禹、彭靖編：《家國萬里：鄧嗣禹的學術與人生》，上海：上海人民出版社，2014年，第78–79頁。

4　阮元校刻：《十三經注疏》上冊，北京：中華書局，1980年，第180頁。

5　錢穆：《國史大綱》上，北京：九州出版社，2011年，〈引論〉，第13–14頁。

6　錢穆：《國史大綱》上，〈引論〉，第14頁。

的主導下自上而下地實現的。因此，這種逐級「演進」的過程同時又表現了權力的文化自覺。在「六經」留給後世的思想源頭裏，反覆出現而貫穿始終的觀念之一是「皇天無親」和「天命靡常」，所以常常會有「皇天上帝，改厥元子」而成人世間的天命轉移和朝代更替。[7] 而後是身在天命轉移之間，每一代君權都不能不以天命所歸昭示自己存在的歷史理由。但前朝和後朝因此興彼亡而斷續相接，與其各自的有限和無常相比，二千多年來引天道入人事並以人事說天理的文化則今古相承，以其一以貫之的長久和穩定成為天命轉移中的常數和常理。因此，在歷史中國，君權的天命所歸只能是由文化的認同、闡釋和融入來表達的。以此為因果，顯然是權力的文化自覺正出自於這種權力對於文化的深相依傍之中。這種依傍促成了錢穆筆下一級一級的「演進」，並在「科舉競選」裏築成了權力與文化合一的固結化和制度化。

《金史》說張浩在世宗一朝作太師、太傅，其間曾有過一段君臣對話：

> 初，近侍有欲罷科舉者，上曰：「吾見太師議之。」浩入見，上曰：「自古帝王有不用文學者乎？」浩對曰：「有。」曰：「誰歟？」浩曰：「秦始皇。」上顧左右曰：「豈可使我為始皇乎。」事遂寢。[8]

女真人起於漁獵，半路進入中原，對「政制演進，約得三級」所形成的那個歷史過程本非深知而猶在尚未全脫隔膜之中。於是而有內侍「欲罷科舉」的念頭和金世宗以「不用文學」為問的不識利害。就其要義而言，帝王「不用文學」，則君權便成了一種沒有文化的權力。所以，張浩舉「秦始皇」為回答，示之以秦代不尚文化，二世而滅。自前一面所見，秦代的君權是一種疏離於文化的權力；自後一面所見，秦代的君權是不為天命所歸的權力。後來的歷史闡說多以兩面的相為表裏說秦代興亡的因果，因此，以二世而滅反照不尚文化，已能使不識利害的金世宗切知利害。而後由「豈可使我為始皇乎」而「事遂寢」，正說明原本懵懵然視

7　阮元校刻：《十三經注疏》上冊，第212、227、505頁。

8　脫脫等著：《金史》第6冊，北京：中華書局，1975年，第1864頁。

科舉的帝王，得此提撕已明白了科舉的不可輕議。與金世宗的這種後知後覺相比，同屬半路進入中原的清代君權則自始即以倚重科舉為自覺和急切。《清史稿》記述清代選舉，說是：「世祖統一區夏，順治元年，定以子午卯酉年鄉試，辰戌丑未年會試。」次年，又「頒科場條例」，一循明代「舊例」，[9] 著意於明白宣示滿人的君權承接的是同樣的文化。而後是舊朝既已崩塌、新朝以其重建的文化和權力合一演示天命轉移，使有清二百六十餘年裏，滿人的君權成了中國的君權。與之形成直接對比的，是19世紀中葉太平天國起於東南，自立天朝。其間產出的是一種與「天父天兄之教」合一，而不能容納中國文化的君權。曾國藩舉其「竊外夷之緒，崇天主之教」為前所未有，尤以其所到之處「士不能誦孔子之經，而別有所謂耶穌之說，《新約》之書。舉中國數千禮義人倫、詩書典則，一旦掃地蕩盡」[10] 為意不能忍。「天父天兄之教」同二千年來的文化對立，與這種「天父天兄之教」合一的君權便成了不為文化所佑的東西。因此太平天國在十多年裏席捲東南，震盪天下，而根脈則無從伸入中國社會，最終以倏起倏落為了局而並不能轉移天命。這些不同的事實各成一類，都說明在君權時代的中國，權力的正當性和合理性皆繫乎文化之向背與可否，是以權力的存在、維持和行使，便長在既牽動文化，又為文化所牽動之中。而以此觀照選官的科舉制度，正尤能見其文化屬性與權力屬性的交疊為一。

由於權力的正當性和合理性繫乎文化的向背與可否，因此權力與文化的合一，便不能不自內而生地形成文化對於權力的塑造、規範和制約。明人呂坤說：

> 公卿爭議於朝，曰天子有命，則屏然不敢屈直矣。師儒相辯於學，曰孔子有言，則寂然不敢異同矣。故天地間，惟理與勢為最尊，雖然，理又尊之尊也。廟堂之上理，則天子不得以勢相奪，即相奪焉，而理則常伸於天下萬世。故勢者，帝王之權也；

9　趙爾巽等撰：《清史稿》第12冊，第3147–3148頁。
10　曾國藩：《曾國藩全集·詩文》，長沙：岳麓書社，1986年，第232頁。

理者，聖人之權也。帝王無聖人之理，則其權有時而屈。然則理
也者，又勢之所恃以為存亡者也。以莫大之權無僭竊之禁，此儒
者所以不辭而敢於任斯道之南面也。[11]

帝王南面稱尊，則以此為比方而說儒者「任斯道之南面」，是言其據「聖
人理」為師道之所在，而能成「尊之尊也」。若引《孟子》一書中所記述
的孟子見梁惠王、齊宣王、滕文公、鄒穆公，君臣問答之間，孟子常居
調教一方，而人君常在受教一方的「說大人則藐之，勿視其巍巍然」[12]為
前路之先例，顯然是從先秦以來，這種理與勢相比而尊的意識在中國人
的政治裏久已有之而源遠流長。理與勢相比而尊，並且「帝王無聖人之
理，則其權有時而屈」，都說明在儒學文化立定的準則和範圍面前，「帝
王之權」是有限度的。宋人的一則記載說：

夏竦薨，仁宗賜諡曰「文正」。劉原父判考功，上疏曰：「諡者，有
司之事。且竦行不應法，今百司各得守其職，而陛下侵臣官。」疏
三上。是時，司馬溫公知禮院，上書曰：「諡之美者，極於文正。
竦何人？可以當此？」書再上。遂改賜諡「文獻」。知制誥王原叔
曰：「此僖祖皇帝諡也。」封還其目，不為草辭。於是太常更諡竦
「文莊」。[13]

「諡」是一種身後的定評，因其出自朝廷，便性屬公評而關乎名教，於是
而有「仁宗賜諡」，直接引來自下而上的駁詰，而且至再至三。劉原父的
「疏三上」，主旨在於說明：諡事之責任歸於有司，已非帝王獨斷之事，
因此皇帝不能越過有司而徑行一己之意。司馬光的「書再上」，主旨在於
說明：皇帝的「賜諡」與士議之共識對於夏竦的評斷不相對稱，因此事關
以名立教，皇帝不能置私心之好惡於公評之上。王原的「封還其目」，則
對應的偏失雖然非常具體，但以道理而論，卻是大違禮法。與國計民生

11　呂坤：《呂坤全集》中冊，北京：中華書局，2008年，第646頁。

12　焦循：《孟子正義》下冊，第1014頁。

13　江少虞：《宋朝事實類苑》，上海：上海古籍出版社，1981年，第192頁。

相比，「賜諡」不能算是朝政中的大事，因此，這一段由「賜諡」為起因，致臣下前後相接地為皇帝糾偏糾錯的史實，便以他們心目中天子一身無小事的態度格外矚目地使人看到，文化與權力合一，則儒者「任斯道之南面」的「疏三上」、「書再上」和「封還其目」，都是在以公義化解一姓之帝王的私意，著力於使君權成為一種具有公共性和體現公共性的權力。而皇帝的意志在這個過程裏隨「疏三上」、「書再上」和「封還其目」的一改再改，變其定見，又說明：在歷史留下的成敗興亡映照之下，君權無「聖人之理」則既不能行遠，又不能長久的因果相連常在帝王的直接認知之中，並不斷地促成其自置於儒學義理之內的明切意識。所以，居廟堂之高，而理之所在，臣子可以與帝王爭是非。這一類事實常常出現在歷史之中，文化之能夠規範權力和制約權力正由此而見。

　　文化能夠規範權力和制約權力，而比規範和制約更內在，並且更富深度地影響權力的，是文化綿亙地在以教育塑造帝王。自宋代開「經筵」，沿前朝君主講論經史的舊跡廓而大之，立為國家要務，此後的八百多年裏，帝王之受學便成為奉天承運的大事。至清代康熙一朝，其「經筵日講」曾迤邐連行之十五年，日復一日，不怠不懈。當日帝王自述向學之忱和學而有得，說是：

> 朕惟天生聖賢，作君作師，萬世道統之傳，即萬世治統之所繫也。自堯、舜、禹、湯、文、武之後，而有孔子、曾子、子思、孟子，自《易》、《書》、《詩》、《禮》、《春秋》而外，而有《論語》、《大學》、《中庸》、《孟子》之書，如日月之光昭於天，岳瀆之流峙於地，猗歟盛哉！蓋有四子，而後二帝、三王之道傳。有四子之書，而後五經之道備。四子之書得五經之精意而為言者也，孔子以生民未有之聖，與列國君大夫、及門弟子論政與學，天德、王道之全，修己、治人之要，具在《論語》一書。《學》、《庸》皆孔子之傳，而曾子、子思獨得其宗。明、新、止善，家、國、天下之所以齊、治、平也。性教中和，天地萬物之所以位育，九經達道之所以行也。至於《孟子》，繼往聖而開來學，闢邪說以正人心，性善、仁義之旨著明於天下，此聖賢訓辭詔後，皆為萬世生民而

作也。道統在是，治統亦在是矣。歷代賢哲之君，創業守成，莫不尊崇表章，講明斯道。朕紹祖宗丕基，孳孳求治，留心問學，命儒臣撰為講義，務使闡發義理，裨益政治，同諸經史進講。歷經寒暑，罔敢間輟。[14]

他以「萬世道統之傳，即萬世治統之所繫」說四書五經之歷久而常新，表達的正是他所認識的文化與權力的合一，以及文化給予權力的內在涵義和內在規定。因此，這些話又表達了居「治統」之重心而站在權力頂端的帝王，自覺於不能不先得「道統」之真傳的了悟。而後是十五年裏「歷經寒暑，罔敢間輟」，在「儒臣」用心「進講」下持久延續的學而時習之，最終成就了帝王的儒學化。與之相應的是他所說的「朕企慕至治，深惟天下歸仁原於復禮，故法宮之中日陳《禮經》，講習紬繹，蓋不敢斯須去也」[15]的依連和親近。就一面而言，經筵日講，皇帝是受眾，因此，士人雖位居臣下，這個過程卻是在指教君主和造就君主；就另一面而言，正因為帝王實現了儒學化，君臣之間才可能在同一種道理下交流、對話和溝通，以成其治統的綿延不絕。

在傳統中國，與為官擇人的尚賢選能相比，君位的傳承以立長立嫡為常理。但長與嫡並不會天然地賢與能，因此，經筵成為一種制度，以及由此促成的帝王的儒學化，正是以道統之所在即治統之所在為「創業守成」的大本，期能日日新，又日新，化立長立嫡而來的帝王為「聖哲之君」，其意義不在一時一事，而在天長地久。《國聞備乘》說：

文宗大漸，時尚駐蹕熱河，內外洶洶，訛言蜂起。顯皇后進曰：「聖駕脫有不諱，樞府中疇則可[何]倚？」帝引后手，書「文祥」二字示之。后又言：「大阿哥幼沖，當典學，安可無付託者。」帝閉

14　康熙：〈御製序〉，載喇沙里、陳廷敬等：《日講四書解義》上冊，北京：中國書店，2017年，第1–2頁。

15　康熙：〈聖祖仁皇帝御製日講禮記解義序〉，載張廷玉等：《日講禮記解義》，北京：中國書店，2017年，第2頁。

目沉吟良久，徐驚寤曰：「得之矣。急用倭仁。」時倭仁被放新疆，
為葉爾羌幫辦大臣。帝崩，即日發急遞召之回京，命授讀東宮。[16]

咸豐帝臨死之日，被看作身後之大事的，一是主持政府的人；一是教育
幼帝的人。其極費思慮的「沉吟良久」，又說明在他心目中後者尤關至
要，所以尤其慎重。而不以才地見長的倭仁自「被放」中召還「授讀冬
宮」，全在於他是一個「篤守程朱」[17]的理學君子，浸潤於「道統」更深一
層。此後二十多年，正在為皇帝授讀的翁同龢有過一次奉命召對，他在
日記裏說：「[皇太后]首論書房功課宜多講多溫，並詩論當作，亦宜盡
心規勸，臣對語切摯；皇太后云書房汝等主之，退後我主之，我亦常恐
對不得祖宗也，語次揮淚。」[18]其間的關注都是猶在受學的光緒皇帝。由
這種以皇帝教育為主題的對話而引出列祖列宗的託付之重，並「語次揮
淚」，正說明立君之後，成就一個能夠上接道統的皇帝，既是學而後知
以變化氣質的過程，又是積久積難、不得不然的過程。若以這兩段相隔
了二十多年的情節通觀當時，顯然是近代化劇變已經來臨之日，中國最
後一個王朝仍然在以道統和治統的印合塑造君權。而以具體的歷史過程
說始末，則君權的整體延續是在個體君主的代謝和承繼中實現的，因
此，以道統和治統的印合來塑造君權，便不能不是皇帝受教育，皇子也
受教育。趙翼作《簷曝雜記》，曾記述過一個具體的歷史場景，以說明
清代皇子受學的無怠無逸：

　　本朝家法之嚴，即皇子讀書一事，已迥絕千古。余內直時，屆早
　　班之期，率以五鼓入，時部院百官未有至者，惟內府蘇喇數人往
　　來。黑暗中殘睡未醒，時復倚柱假寐，然已隱隱望見有白紗燈一

16　榮孟源、章伯鋒主編：《近代稗海》第1輯，成都：四川人民出版社，1985
　　年，第210–211頁。

17　張凌霄校注：《倭仁集注》，呼和浩特：內蒙古人民出版社，1992年，第
　　627頁。

18　翁同龢：《翁同龢日記》第4冊，第2103頁。

點入隆宗門，則皇子進書房也。吾輩窮措大專恃讀書為衣食者，
尚不能早起，而天家金玉之體乃日日如是。[19]

皇子之所以「金玉之體」而受此早起讀書之苦，是因為他們中會產生
將來的皇帝。

這些出自先後記述的實例都說明：文化與權力的合一既是自覺形成
的，又是在不斷地再造中延續的，而自經筵立為制度之後，向皇帝進
講，為皇子授讀，主體都是出自科舉的士人。他們以儒學啟沃君心，因
此，在帝王面前，他們代表了師道。20世紀初期嚴復翻譯《法意》，曾
在〈按語〉中說「西人所謂法者，實兼中國之禮典」。又說「孟[德斯鳩]
氏之所謂法，治國之經制也。其立也，雖不必參用民權。顧既立之
餘，則上下所為，皆有所束」。然後推論之曰：「如孟氏本書所稱者言
之，則中國之為立憲久矣。」[20]他並不真以為中國和泰西因此而可以對
等，但以西人之「法」比中國的「禮典」，則申明的是中國的帝王同樣在
「治國之經制」的規範和約束之下。「且至本朝祖宗家法，尤為隆重，蚤
朝晏罷，名為至尊，謂之最不自由之人可也。夫如是言，則吾國本來其
為立憲之國久矣。」[21]以康熙帝所說的「萬世道統之傳，即萬世治統之所
繫也」為「治國之經制」的要義所在，則與「其為立憲國久矣」相對應的，
正是儒學對於帝王的規範。而歷史中國文化與權力的合一，以及文化對
於權力的塑造，也因之而成了一種經得起現代詮釋的歷史內容。

二　文官政治的歷史內涵

帝王受學，以成其「道統在是治統亦在是矣」，是本乎以權力接受
文化。同在文化與權力的合一之中，士人經科舉入仕，則是先由文化養

19　趙翼：《簷曝雜記》，載趙翼、姚元之：《簷曝雜記・竹葉亭雜記》，第8–9
　　頁。

20　嚴復：《嚴復集》第4冊，第936、938、946頁。

21　嚴復：《嚴復集》第2冊，第240頁。

成，之後進入權力。歷史中國的文化以「三才萬物之理，生而備之，而古聖賢人所以致知力行以盡其性者，具在遺經。循而達之，其知與力，可以無所不極，然其事不越人倫日用之常」[22] 為本義，因此歷史中國的文化養成，所重在於讀書明理；在於君子人格；在於淑世濟時。汪輝祖暮年作《病榻夢痕錄》「自述生平」，其中一節追憶幼時受庭訓，與他父親「奉直公」的對話：

> [奉直公] 雜舉經書，令輝祖背誦，因問曰：「兒以讀書何所求？」輝祖對曰：「求做官。」奉直公曰：「兒誤矣。此亦讀書中一事，非可求者。求做官未必能做人，求做人即不做官，不失為好人。逢運氣當做官，必且做好官，必不受百姓詬罵，不貽毒子孫。兒識之。」後又雜舉《論語》、《學而》、《孝弟》數章，講説之夜分。[23]

汪輝祖的父親是個小官，他自己成年之後先為人佐幕，後進士及第做地方官，有循吏之名。這兩者都因讀書而來，但晚歲自敘之中特為記此一段先人的教誨，則説明其平生讀書，未敢輕忘其立足點是在做官之前先做一個好人。士農工商之天下，四民中都會有好人。而民國年間的人回望剛剛過去的歷史，注目的仍然是科舉士人。於是而有「從前不必説，就説明清兩朝以來，由科舉進士的人員，不知有多少萬了，而大多數都是正人君子」[24] 的大體而論，以及「讀書識字，最易發生廉恥」[25] 的概括而論。士人更多地被關注，因此士人更多地被評説。就「大多數都是正人君子」而言，汪輝祖説的是由讀書識字開始，儒學的義理在內化中造就人格。他受之於庭訓而一生守定的，是這種人格造就的自覺意

22　方苞著，劉季高校點：《方苞集》下，上海：上海古籍出版社，1983年，第489頁。

23　汪輝祖：《病榻夢痕錄・雙節堂庸訓・吳中判牘》，南昌：江西人民出版社，2012年，第7頁。

24　齊如山：《中國的科名》，瀋陽：遼寧教育出版社，2006年，第194頁。

25　楊蔭杭著，楊絳整理：《老圃遺文輯》，武漢：長江文藝出版社，1993年，第66頁。

識。一百多年後，錢基博說經義取士常能「於吾人不識不知之際，策德術心智以入慎思明辨之境涯，而不墮於鹵莽滅裂」；[26] 楊昌濟說科舉「強迫全國士子以讀四書五經，亦未始無其效。彼多數之讀經者，固志在科第，非真有取法古人之心，然沉浸於此不識不知之間，自隱受古聖先賢之感化」。[27] 他們共以「不識不知」描寫了多數人的未必常在自覺意識之中。但「德術心智」在「古聖先賢之感化」下的這種能夠趨於上進，又說明不識不知之間，義理的內化同樣在造就人格。對於身在其中的萬千讀書人來說，這是一個漫長的過程。

由個體而及群體，則內化的義理同時又以群議形成清議，外在地罩定每一個人。顧炎武說，兩漢「鄉舉里選，必先考其生平，一玷清議，終身不齒」，然後延伸而及「名教」的本義：「名之所在，上之所庸，而忠信廉潔者顯榮於世；名之所去，上之所擯，而怙侈貪得者廢錮於家。即不無一二矯偽之徒，猶愈於肆然而為利者」，並歸其根本於范仲淹所說的「夫名教不崇，則為人君者謂堯、舜不足法，桀、紂不足畏；為人臣者謂八元不足尚，四凶不足恥。天下豈復有善人乎？人不愛名，則聖人之權去矣」。[28] 然則「聖人之權」所依託的，是一個因清議而有「忠信廉潔」和「怙侈貪得」的是非善惡之分，因是非善惡之分而有「名之所在」和「名之所去」之分，因名之「所在」和「所去」之分而有「顯榮」與「廢錮」之分的過程。在這個過程裏，人人都在評議他人，同時又人人都在被他人評議之中。因此，相比於自內而生的義理自覺，清議是一種以公論為褒貶而外在地實現的義理制約。在由此形成的眾議已定高下，則私意難誣曲直的評判裏，古聖先賢的道理是與多數人的意志連在一起的，所以，在清議面前，個體都處於既在義理裁斷之下，又在多數裁斷之下的平等之中，沒有人能夠自以為是和敢於自以為是。同治朝後期天津發生教案，

26　錢基博：《現代中國文學史》，長沙：岳麓書社，1986年，第408頁。

27　楊昌濟著，王興國編：《楊昌濟文集》，長沙：湖南教育出版社，1983年，第54頁。

28　顧炎武著，黃汝成集釋：《日知錄集釋》中冊，上海：上海古籍出版社，2006年，第764、767、769頁。

因民教衝突演為中西對峙。奉旨辦理教案的曾國藩身入困局，一身為左
支右絀所苦，而士林中的「物議沸騰」已蓬蓬然起於朝野。其間有湖南士
人致書曾國藩，一則說其「以天下第一人，中外之所畏服者，而猶隱忍
若此，夷蓋有輕中國心矣」，一則說「吾師倡義旅時，其難百倍於今日，
何以百折不回？今權兼將相，以千百年僅見之一人，一中陷阱，而氣為
之餒，志為之惑，不思所以自振？」，都是在引大義相責備。而「權兼將
相」，並被看成是「天下第一人」的曾國藩則以「接手示，義正詞嚴，所以
責望於鄙人者，至篤且厚，感慚無已」為回答，[29] 並在家書中以「無以謝
清議」和「名已裂矣」發為嘆息。[30] 俱見一個大人物的畏清議和重清議。
然而也正因為出於那個時候的大人物，這種畏清議的事實，才更加典
型和更加具體地反映了清議對於士人的制束所達到的程度。

　　清議之可重，是因為士林中的是非善惡之辨，君子小人之分皆由此
而出。清議之可畏，是因為其褒貶所及，則無所逃於天地之間。光緒
年間身任四川總督的丁寶楨作家書，教訓正在山西做地方官的兒子說：

> 節壽、季規，雖餓飯亦飽，不可收分文。如爾在蒲州作知府，果
> 然能作一首陽餓士，即是千秋盛事，千載傳人。爾斷不可效俗吏
> 所為，貽世人恥罵。[31]

「世人恥罵」正是清議不容。引此為戒而不恤「餓飯」，既顯示了清議籠
罩之下人生取向的不能自由自在，也顯示了人在不能自由自在中的勉為
自覺自願。而心中長存這種「世人恥罵」並以此為群體對個人的裁判，
則以清議之可否律己，同時又一定會以清議之可否評人。光緒十六年
（1890）張謇參加會試，先被薦而後「被放」。他在日記中說「知堂批出孫
毓汶」，然後說彼「素不為清議所齒，得失無傷也」。但以其四年之後中

29　平步青：《霞外攟屑》上，上海：上海古籍出版社，1982年，第156–158頁。
30　曾國藩：《曾國藩全集·家書》卷二，長沙：岳麓書社，1985年，第1381–
　　1382頁。
31　丁寶楨：《丁文誠公家信》，濟南：山東畫報出版社，2012年，第208頁。

狀元而百感交集「不覺大哭」的場面為比照，[32] 顯見得對他來說，此日的落第不會不是一種重重的傷痛。而能夠使他強自慰藉，以平復心頭之痛的，正是對主事的孫毓汶「不為清議所齒」的蔑乎視之。在這種蔑乎視之裏，「不為清議所齒」由天下共識而來，實際上已成了一種比任何唾罵更強烈的士林異類。在曾國藩、丁寶楨、張謇留下的這些故事裏，其各有因果的情節，都説明科舉制度之外的清議與科舉制度的同時存在和廣泛籠罩。科舉以經義取士，清議以義理衡人，皆同出一個源頭之中。前者的選官以經義為本，能夠助成個體向善的內在自覺，但就整體而言，以文字為試，則其限度在於「人之賢愚能否，有非文字所能決定者」，[33] 兩頭之間遂以隔了一層為常態。而後者的清議成為制束，本質上已是一種以義理為天下之公器的人人制束人人。從而為清議所不容，便是為人人所不容。因此，比之個體向善的內在自覺，這是一種安身立命的外在壓力，顧炎武稱之為「君子有懷刑之懼，小人存恥格之風」。[34] 這種「懷刑之懼」和「恥格之風」，都是以整體為對象而言的人在壓力之下的自為收斂而不敢放逸。而後是清議施之於個體的制束，最終都轉化為對於士人整體的德性造就。

　　就歷史淵源而論，清議早於科舉。但隋唐以來的一千三百年裏，清議的主體始終是科舉的主體，清議的道理始終是科舉的道理。因此，對於一千三百年裏的萬千士人來說，與讀書而「發生廉恥」同時存在的這種以群議為可否的四面約束，已是清議和科舉深度交融，共在一個過程之中了。而「科舉出身」的人多數能夠成為世人眼中的「正人君子」，則正由此而來，既是內在的義理自覺，又是外在的以約束為造就的結果。

　　「科舉出身」多「正人君子」，與之對應的是士人由科舉入仕，其所得於四書五經的道理，便更容易轉化為內有所守的定力。而後是這些東

32　張謇：《張謇全集》第6卷，南京：江蘇古籍出版社，1994年，第309、852頁。

33　梁章鉅：《浪跡叢談 續談 三談》，第86頁。

34　顧炎武：《日知錄集釋》中冊，第764頁。

西都融入權力，成為由他們構成的文官政府的一種品格。比較而言，
19世紀中葉那一場漫長的內戰裏，被時勢捲入兵事的成群科舉士人，
常常在世路動盪的反襯之下尤能顯出這種得自義理的自覺。郭嵩燾為胡
林翼作行狀說：

> 家故有田數百畝，自筮仕貴州，誓先人墓，不以官俸自益。至是
> 位巡撫，將兵十年，於家無尺寸之積。[父]詹事公曾著《弟子箴言》
> 行世，公承其志，為箴言書院，規模皆所手定，悉以家所藏書納
> 其中，使人知務實學，而推見諸行事。然於書院終未逮見也。嘗
> 笑曰：「吾不幸死，諸君賻吾者，惟助修箴言書院，無贍吾家。」[35]

身任達官而「家無尺寸之積」，是取予之間的守定義利之辨；而兵火不
熄之日著力於籌建書院，則立足世運與文運相繫，為天下廣延學脈以養
育後來的士人。在與他同屬一代的人裏，沈葆楨死於兩江總督任上，
「平生學在不欺」而「自奉極儉約，廉奉所入，隨手散給族戚輒盡。遇地
方善舉，鄰省賑恤，必解囊為之倡，卒之日不名一錢」。丁寶楨死於四
川總督任上，而自通籍以來不忘讀書自勵，「器量恢豁」，而「凡有興
革，不避怨嫌」。身後「家屬貧不能舉火，成都府供食數月，蜀之舊寮
贈賻，始得歸」。[36]都與胡林翼同樣顯示了積學養而成的守定義利之辨。
而《客座偶談》一書說：「同治初年，左文襄克復全浙，移師督閩，下車
之始，百廢具舉。創立正誼書院，以課舉貢並選舉貢之高才者，住院校
刊正誼堂全書。宏開廣夏，寒士歡顏。影事今猶在目，記院中撰一聯
云『青眼高歌，他日誰為天下士；華陰回首，當年共讀古人書』。文章
經濟，名重一時。而大亂之後亟亟修明文事，元老宣猷，其魄力之大，
洵不可及。」[37]左宗棠治閩，使後人印象深刻的是「大亂之後，亟亟修明

35　郭嵩燾：《郭嵩燾詩文集》，長沙：岳麓書社，1984年，第361頁。

36　朱孔彰：《中興將帥別傳》，長沙：岳麓書社，1989年，第187、190頁。

37　何剛德：《春明夢錄·客座偶談》，上海：上海古籍出版社，1983年，《客
　　座偶談》卷二，第5頁。

文事」，其關注之所在，顯然與胡林翼在干戈四起之日孜孜興學，以期養成「他日」的「天下士」，立意都同屬一路。因此，「修明文事」和孜孜興學，都說明讀書人做官，其懷抱所寄的天下之治始終是德治和文治。在這一代人裏，曾國藩以百戰艱難崛起於內戰，當日被目為中興元勛。但他在家書中說的是：「吾所過之處，千里蕭條，民不聊生。當亂世處大位而為軍民之司命者，殆人生之不幸耳。」在批牘中說的是：「吾輩帶兵，若不從愛民二字上用功，則造孽大矣。千萬凜凜！」[38] 前者是對兄弟說的，後者是對下屬說的，表達的都是一個以事功致名位者念念不忘的蒼生意識。因此，他雖曾節制四省兵事，而平生讀書之所得成為一種間隔，使周遭的兵氣不致化為內心戾氣。

在那個時候的中國，這些人都成了記述中的好官。雖說以胡林翼、沈葆楨、丁寶楨、左宗棠和曾國藩為實例，並不足以統括天下所有出仕的科舉士人，但就亂世之尤其容易消磨志節，並喚出人心中的恣縱肆張一面而言，這些人合群地出現於亂世之中，以其各自力行見其學以致用和以學立身，正使人能夠具體地看到，經義取士和清議制約之下，義理維持的人格和態度更多一點恒常和穩定。作為比較，同治年間御史王道塘說：「今之州縣，流品混雜，一曰捐班，其中非無干員也，然多有市井之徒，借報效之美名，售貪婪之巧計。報捐只千餘金耳，所捐者少，而所願者奢，一旦握篆，遂以為商之法為官，侵牟漁奪者有難盈其溪壑者矣。一曰軍功，其中非無能吏也，然亦有武健之夫，勇於戎行，未必長於吏治，一旦得缺，遂以治盜之法治民，束縛馳驟，有妄行其嚴酷者矣。」[39] 兩者都在文官政治之外別成一副無情無義的面目。至光緒年間，又有通政司副使張緒楷說：「[國家] 元氣未復，正宜休養生息，以培本根，無如捐例頓開，軍功輩出，半皆貪墨嚴酷之徒，久不知撫字

38　曾國藩：《曾國藩全集・家書》卷二，第1326頁；曾國藩：《曾國藩全集・批牘》，長沙：岳麓書社，1994年，第310頁。

39　陳弢輯：《同治中興京外奏議約編》第2卷，上海：上海書店出版社影印，1985年，第7頁。

為何事。」而「任意妄為，毫無忌憚，一切審訊案件，創立非刑。有以布紙黏貼人身，向日曬乾，帶肉揭起，片片血淋，名曰剝皮；有以榛荊縛置人背，使芒鑽刺，逐條拔出，根根透骨，名曰抽筋；有以錘敲脛，應聲粉碎；有以炭炙膚，惡臭腥聞，又製有好漢凳、好漢筒、站枷、站籠等具，種種奇異，不可枚舉，無非故作威福，殘虐為快」。[40] 在他們的敘述裏，捐班「以為商之法為官」，軍功「以治盜之法治民」，說的都是不讀書的人在做官。隨之而來的「侵牟漁奪」和「殘虐為快」便以其內沒有義理可守，外不畏清議制約的無拘無束，更容易使吏治成為一種直露的惡，與儒學撫民以安民，安民以安天下的道理全然悖逆。因此，「市井之徒」和「武健之夫」被引入奏議，實際上是在與科舉士人做反比，以說明讀書的人做官和不讀書的人做官總體上的大不相同和事實上的大不相同。

捐班和軍功盛於清代的晚期，但由這種比較返視一千三百年間科舉制度與官僚制度的交相重疊，則易見本為文化主體的士人同時成為權力的主體，以及由此構成的文官政府之能夠長久地維持天下，並不是沒有歷史理由的。然則瞿兌之後來通論士大夫，而歸結於「國本所以不動搖，就靠在此」，對應的正是這種歷史理由。

文化和權力合一的文官政府之所以能夠維持「國本」，蓋在於以天家血脈為譜系的皇帝各有才識情性，各有喜怒好惡，從而一代一代人君之間，常常愚智賢不肖判然有別。與之相比，則文官群體由士大夫群體而來，其文化的同一性造就了整體的穩定性，其整體的穩定性又長久地維持和延續了政治傳統中的成規、常理和法度，使之不會隨帝王個人的賢明、庸常和暗昧之各不相同而大幅度起落無定。因此，不到天下板蕩，而致「時日曷喪，予及汝皆亡」[41] 之日，帝王一身的愚智賢不肖對於同一個時間裏的社會秩序和地方政事，其直接影響常在限度之內而不

40　朱壽朋編：《光緒朝東華錄》第2冊，北京：中華書局，1958年，第(總)1354頁。

41　阮元校刻：《十三經注疏》上冊，第48頁。

會遠達千里萬里。作為一個極端的實例，明代神宗皇帝君臨天下的四十八年裏，後期長處深宮，二十多年之間「不視朝，不御講筵，不親郊廟，不批答章奏，中外缺官亦不補」。孟森作明史，曾概敍之曰：

> 三十年十二月，大學士沈一貫奏御史巡差缺員。時天下御史巡行諸差務凡十有三處，至是缺其九。一貫等奏請遣御史分往受事，庶監察有所責成，而綱紀可振。不報。明年正月，復營乾清、坤寧兩宮，輔臣入視工程，乃得見帝，因極言巡漕巡倉二差，及河南、陝西巡撫缺應補受遣。三月，吏部奏天下郡守缺員。不報。時郡守缺者幾十之五。是時南北六卿正貳亦多缺不補。三十二年三月，閣臣請補司道郡守及遣巡方御史。不報。沈一貫擬各御史敕以上。不省。四月，一貫等上書催補科道，行取考選吳道行等四員，熊鳴夏等三員，散館題授王元翰等八員。不報。[42]

其間大理評事雒于仁自述「臣備官歲餘，僅朝見陛下者三」；而奉旨入閣，官拜大學士的王家屏，則「抵任三月未得見[皇帝]」。[43]然則二十多年的漫長歲月裏，帝王以「不報」、「不省」和「未得見」為常事，正是在其行之已久和行之已慣中把自己與國家的政事隔離開來了。而後的國家政事，便蹈於一種實際上沒有元首的局面。但與此對比而見的「奏請」、「極言」、「請補」、「催補」出自同時的諸臣，又明白地使人看到出仕的士人仍然在這種局面之中，並且仍然以其「士大夫的政治」在重重艱難裏竭蹶地提調國家政事。因此，萬曆後期的中國能夠在皇帝「不視朝」的君權懸空之下吏治不致潰散，國計猶可遷延，科舉照舊舉行，[44]生民尚未河決魚爛，而且歷經「援朝鮮」、「平嗦拜」和「平楊應龍」[45]三場武事而得以次第了局，都與士大夫政治相為因果，從而又都實證地

42　孟森：《明清史講義》上冊，北京：中華書局，1981年，第259、262頁。
43　孟森：《明清史講義》上冊，第259、262頁。
44　楊學為：《中國考試史文獻集成》第5卷，北京：高等教育出版社，2003年，第352頁。
45　谷應泰：《明史紀事本末》第3冊，北京：中華書局，1977年，第963–1003頁。

說明：由士大夫構成的文官不會隨皇帝的出格而整體地失其常度，所以，在科舉制度造成的士大夫與帝王共治天下的政體裏，作為社會重心和政治重心之所在的「國本」，其實是與文官主導的士大夫政治依連程度更深。

與明代的這一段歷史相比，咸同之後的晚清中國數十年裏，士大夫群體以其直接擔當世運的一路負重，承前繼後，而更加引人注目。咸豐初年，起於廣西的太平天國席捲東南，演化為十多年的漫長內戰；與之同屬一個時段，又有英法聯軍從南方打到北方，之後佔領京城，致皇帝倉皇北狩，並在第二年死於熱河。其身後留下的內憂外患交相纏迫，便成了五歲即位的同治皇帝和兩個二十多歲的太后，以孤兒寡母之身直面清代二百多年來曾未有過的深重困局。太平天國催生的是舊式農民戰爭的高峰；英法聯軍帶來的是中國人的歷史經驗裏從未有過，而被時人稱為「智勇俱困之秋」的危難──兩者都不是孤兒寡母手中的君權所能應付的。而後是內憂外患交迫之下，文官政治實際上成為這一段歷史的中心。一則以王朝為立場的事後論說，曾舉太平天國「南據江東，北窺畿輔，捻、回諸匪抵巇踵發，蹂躪遍十八省，天下大勢幾殆」為反襯，評述當日立起於漩渦之中的人物：

> 自胡文忠公建節鄂中，始陳布方略，調護諸將，屹成荊襄巨鎮。曾文正公以儒臣首創湘軍，激厲忠義，知人善任，幕府既開，魁桀雲集，疆圉名臣多出其間，川、淮諸將投袂繼起，威略遞布，遂殄巨憝。[46]

這個過程敉平了蔓延十多年之久的內戰，但這個過程裏「首創湘軍」以及「川、淮諸將投袂繼起」的效而從之，則都不是出自君權的指授，而是主其事者在戰爭中以成敗得失為取捨而抉破成法，別立新制的結果。因此，事後論說追敘這一段倒轉了「天下大勢幾殆」的歷史，主旨便不能不集聚於當日的士大夫政治。然而與太平天國造成的「天下大勢幾殆」

---

46 孫詒讓：〈咸豐以來將帥別傳序〉，載朱孔彰：《中興將帥別傳》，第1頁。

相比較，從鴉片戰爭到英法聯軍之役的「道光、咸豐以來，中國再敗於泰西」，[47] 則是西方人以暴力先導的源源不絕而來，打破了中國人「從古馭外之道，非掃穴犁庭，我誠有以制彼，即閉關卻敵，使彼以乘我」[48] 的舊時成法，並給中國人留下了一種前所未有的困厄。當時人稱之為「變局」、「創局」、「奇局」、「千古未有之局」，寫照的都是歷史經驗與西方人帶來的時代內容之間的無從匹比，以及當日的士大夫對於西方人的審視和對於自身的反思。而後是以「中國再敗於泰西」為事實，匹比和反思促成的借西法以圖自強，便成為中國人對西人逼來的直接回應。[49] 借西法以圖自強，是在中國人的辦法對付不了西方人之後，移用西方人的辦法來對付西方人。這個過程始於造船造炮而延及練兵、開礦、鐵路、電報、紡織、航運、翻譯、遣使、留學、海軍等等。並由一個歷史階段催生另一個歷史階段，在回應西人衝擊的艱難曲折裏不斷伸展。由此造成的變遷，又使中國社會的近代化獲得一種實際的起點。而追溯始末，其間以各自的力行為這個過程作先導的曾國藩、李鴻章、左宗棠、沈葆楨，以及那一代與之聲氣相應的人物，都是出自科舉而身在士大夫政治之中者。他們比深宮裏的君權更先識得變局，又更著力於回應變局，從而在古今中西之爭中更自覺地表現了歷史主動性。因此，後來的歷史敘述稱同治一朝為「中興」，但對照其起端之日的君權與孤兒寡母相依，自始即重困於內憂外患交迫之下的見不到乾綱獨斷，則從內憂外

47　中國史學會：《戊戌變法》第1冊，上海：上海人民出版社，1957年，第181頁。

48　中國史學會：《洋務運動》第1冊，上海：上海人民出版社，1961年，第104頁。

49　曾國藩說「師夷智以造船製炮」，見曾國藩：《曾國藩全集‧奏稿》卷二，長沙：岳麓書社，1994年，第1272頁。李鴻章說「中國但有開花大炮，輪船兩項，西入即可斂手」，見李鴻章：《李文忠公全書‧朋僚函稿》卷三，〈上曾相〉，同治二年(1863)四月初四日。左宗棠以「事在必須」創福州船政局；沈葆楨「以萬不得已之苦心，創百世利賴之盛舉」主持福州船政局。見中國史學會：《洋務運動》第5冊，第25、51頁。

患交相逼迫到後來的「中興」，顯見得為同治一朝重造世局的正是那個時候的文官政府。

　　明代的萬曆一朝和清代的同治一朝，各以不同的樣式顯示了繫於皇帝一人一身的君權曾經有過的懸空，同時又以這種懸空為對比，使人看到了科舉制度與官僚制度重疊而成的文官政府之不移不搖和一以貫之。在帝王與士大夫共治天下的時代裏，君權與文官政府本在一體之中，但出現於明代和清代的這種君權虛懸於實際政治之外，而天下秩序猶在禮儀人倫、綱紀、法度之中而沒有分崩離析的事實，則說明在歷史中國的社會結構裏，文化比政治更內在，與之相對應的，便是由文化主體而成為權力主體的士大夫和士大夫政治居朝野之間，實際上比君權更直接地在以自身的穩定維繫了社會的穩定。因此，一姓之天下有盛衰興亡，但由士大夫構成的文官政府，卻能夠穿過盛衰興亡的歷史斷續而始終長存於舊朝與新朝之中，成為歷史斷續中的不折不斷。

三　搢紳和鄉里：禮俗與地方之治

　　唐宋以來，科舉制度以考試定功名，維持了一個穩定的文官政府。而明代以後的五百多年裏，原本出自於禮部試（會試）的功名延展而及鄉試、府縣試，於是生員進學，舉人中式和進士及第便遞相等差地同為一類，以各自的功名為身份而與編戶齊民相區別。由此產生的增量所對應的是一個可觀的數目。然而功名延展，入仕的資格則並沒有延展，因此，除了進士的全部和舉人中的少數能夠循例得官，大部分秀才（生員）成不了舉人，大部分舉人成不了進士，擁有功名而區別於編戶齊民的士人中多數仍然在官場之外，以紳士為總稱而與士大夫政治相望於朝野之間。

　　溯其原始，搢紳之名派生於職官並附著於職官，「所謂搢紳之士者，搢笏而垂紳帶也」，[50] 俱見其因官而稱，久已有之。但明清五百多年裏的不同在於，紳士的主體是直接由科舉制度產生出來的，其生生不

50　房玄齡等：《晉書》第3冊，北京：中華書局，1974年，第773頁。

息從而源源不斷，正説明由於功名延展，本以選官為責職的科舉制度此日已不僅在一茬一茬地生成官僚，而且在一茬一茬地生成紳士，以規模而言，後者尤遠過前者。論其來路，官和紳都出自於同一個過程，但由科舉入仕的職官已歸朝廷調度，由此脱出了鄉里；而成不了舉人的秀才和成不了進士的舉人則大半不會遠走，仍在地方社會之中，與編戶齊民近在咫尺，密邇相接，在文官政府之外形成一種以名望影響鄉里的群體。明人呂坤説：

> 吾少時鄉居，見閻閻父老，閩閩小民，同席聚飲，恣其談笑，見一秀才至則斂容息口，唯秀才之容止是觀，惟秀才之言語是聽；即有狂態邪言，亦相與竊笑而不敢言短長。秀才搖擺行於市，兩巷人無不注目視之曰：「此某齋長也。」人情重士如此，豈畏其威力哉！以為彼讀書知禮之人，我輩材粗鄙俗，為其所笑耳。[51]

清人陳慶鏞説：「舉人、附生之所以貴於世者，謂其以詩書自致。」[52] 左宗棠説：「世之所貴讀書寒士者，以其用心苦 [讀書]，境遇苦 [寒士]，可望成材也。」[53] 舉人、秀才都是功名，而以「用心苦」和「詩書自致」為「舉人、附生之所以貴於世者」説來由，正著重於功名之不能僥倖而得，以及功名之為人仰視的理所當然。功名由讀書「自致」，同時功名又是出自朝廷的名器，兩者入於人心，便成為一世共認的標幟與身份。而後標幟與身份等同區分和選擇，使獲得了功名的士人無須推舉，便能夠成為地方社會裏的中堅人物和主導人物。呂坤所説的「人情之重士如此」，寫照的是一種自然形成的社會心理；而與這種生成於民間的敬重互相對應的，還有出自朝廷的看重和借重。清代的一道上諭説：

> 為士者乃四民之首，一方之望。凡屬編氓，皆尊之奉之，以為讀聖賢之書，列膠庠之選，其所言所行俱可以為鄉人法則也。故必

51　呂坤：《呂坤全集》中冊，第920頁。
52　陳慶鏞：《籀經堂集》，北京：商務印書館，2018年，第136頁。
53　左宗棠：《左宗棠全集》第13冊，第68頁。

敦品勵學，謹言慎行，不愧端人正士，然後以聖賢詩書之道，開
示愚民，則民必聽從其言，服習其教，相率而歸於謹厚。[54]

另一道上諭說：「國家所以重士者，以士之能自重也，故必端其所習，
而後鄉黨視為儀型，風俗資其表率。」[55]朝廷的期望在於這些因功名而
成「一方之望」者，能夠化學識為德性，以一身之言行示範鄉里，使「編
氓」知理之所可和理之所否；終成其「儀型」化為「風俗」，「風俗」等同「法
則」，人情歸於「謹厚」而天下歸於太平。朝廷以此為期望，正說明在當
日的中國，被稱為民間和鄉里的地方，社會秩序既與倫理秩序同源而
生，又與倫理秩序相依而存。由此形成的兩者合一產出於千年歷史之
中，並在漫長的歲月裏逐層累積，遂使歷史中國的政治治理不能不實際
地依傍於社會教化。梁啟超曾通論說：「儒家認教育萬能，其政治以教
育為基礎——謂不經教育之民無政治之可言；又以教育為究竟——謂
政治所以可貴者全在其能為教育之工具。」[56]就本義而論，他說的「教
育」，正是這種社會教化。而上諭指士為「四民之首」，重在其能得「鄉
黨視為儀型」而「聽從其言，服習其教」，以之為歸趨，則說明承擔這種
教化的主體始終是士人。在明清五百多年裏，又尤以眾多成不了舉人的
秀才和成不了進士的舉人，因其身屬在籍而切近「編氓」，在朝廷眼中
便成為直接關乎教化而影響一地風氣的群類。他們雖然不在仕途之內，
卻始終在社會秩序與倫理秩序的合一之中維繫著兩頭，從而始終是官家
「為政端在安民」[57]的一種實際依託。

54　王煒編：《〈清實錄〉科舉史料匯編》，武漢：武漢大學出版社，2009年，第
　　165–166、170頁。

55　王煒編：《〈清實錄〉科舉史料匯編》，第165–166、170頁。

56　梁啟超：《飲冰室合集》第9冊，《專集》之五十，《先秦政治思想史》，第
　　163頁。

57　聶亦峰：《聶亦峰先生為宰公牘》，南昌：江西人民出版社，2012年，第
　　17頁。

　　就朝廷以教化為天下之大事而言，這個以紳立名的群類既已據有「一方之望」，並成為「鄉人」之「法則」，尊為「鄉黨」之「儀型」，則其群體的真實存在，實際上更多地是在攏聚鄉里、凝集人群一面。蕭公權作《中國鄉村》，通論19世紀中國的農村社會，曾大約而言之曰：

> 一個鄉村的發展，極大程度取決於紳士——退職官員和擁有頭銜的士子——為有限的組織和活動提供的領導。經過科舉訓練、擁有特殊社會地位的人，積極推行社區活動，包括修建灌溉和防洪工程、修路、架橋、擺渡、解決地方爭端、創辦地方防禦組織，等等。毫不誇張地說，紳士是鄉村組織的基石。沒有紳士，鄉村雖然也能生存下去，但很難有任何組織完善的村社生活，以及像樣的組織活動。只要紳士有意維持其所在村社的秩序與繁榮，他們的領導和活動就會廣泛地為他們的鄉鄰帶來福祉。[58]

本以一家一戶為生存狀態的小農，正是經由這種紳士主導，而被稱為「組織」的攏聚和凝集，才得以實際地合群於倫理秩序和社會秩序之中，成為其中的一部分。而後才可能有整體意義上的鄉里社會，公共利益，以及禮俗之下的相互往還，貧富共處，[59] 以理息爭，以情交孚。正是身在這種熟悉而穩定的人際關聯之中，個體的編戶齊民既獲得了依傍和歸屬，也找到了自己在群體中的位置和義務，並因之而能夠有序地自存於人我之間。而社會秩序與倫理秩序的合一，又正是在這種攏聚、凝集和安頓了萬千人的過程中自為演生，自相沿襲，歷史地築成了一種以紳士為重心，並由紳士作骨架的社會結構。居中國五十多年之久的赫德說：「人民的領袖是那些全國競爭性考試中的優勝者」，而「人民的生活已經

58　蕭公權著，張皓、張升譯：《中國鄉村：19世紀的帝國控制》，北京：九州出版社，2018年，第376頁。

59　張廷驤編：《入幕須知（五種）》，光緒乙酉刻本。其中汪輝祖著的《學治續說》以一個地方官的經驗說：「富人者，貧人之所仰給也，邑有富戶，凡自食其力者皆可借以資生。」

由責任的模式規範定型」。[60] 兩者都寫照了這種結構之下地方社會的上
下相接和自我維持。因此，蕭公權所依次列舉的「修建灌溉和防洪工
程、修路、架橋、擺渡、解決地方爭端、創辦地方防禦組織」，以及他
所未及列舉而事屬同類的賑災民、[61] 置義田、修文廟、[62] 建書院、立鄉約
等等廣涉經濟、文化、一方之安寧、個體之生業的公共事務，都是在地
方社會的自行提調和自主施行中實現的。與之相應而見的，則正是官家
眼中紳士群體之於地方的不可替代性。

乾隆年間，湖南的一個州縣官說其閱歷之所得曰：

> 官與民疏，士與民近，民之信官不若信士。朝廷之法紀不能盡
> 喻於民，而士易解析，諭之於士，使轉諭於民，則道易明而教易
> 行。境有良士，所以輔官宣化也。且各鄉樹藝異宜，旱潦異勢，
> 淳漓異習，某鄉有無地匪，某鄉有無盜賊，吏役之言不足為據，
> 博採周諮，惟士是賴，故禮士為行政要務。[63]

咸豐年間，廣西一個奉旨辦團練的官員說：「辦理團練，固在乎地方官
實力奉行，尤在乎公正紳士認真經理。蓋官有更替，不如紳之居處常
親；官有隔閡，不如紳士之見聞切近。」[64] 在當日的官制裏，知州知縣
秩卑而親民，是國家權力中與地方社會離得最近的朝廷命官。但其「出
宰一邑」，便是以一身面對數十、上百平方公里中的數萬、數十萬人口
而「百務萃之」，[65] 顯見得從衙門到達民間，常常會是手臂遠伸而勢不能

60　赫德：《這些從秦國來》，第97–98頁。

61　章伯鋒、顧亞主編：《近代稗海》第13輯，1989年，第68頁。

62　汪輝祖：《病榻夢痕錄・雙節堂庸訓・吳中判牘》，第64–65頁。

63　汪輝祖：《學治臆說・禮士》，載張廷驤編：《入幕須知（五種）》，第12頁。

64　惠慶：〈奏陳粵西團練日壞亟宜挽救疏〉，載盛康輯：《皇朝經世文續編》卷
　　八十二，兵政八團練下。嘉道間久作地方官的姚瑩說「州縣雖曰親民而仁
　　信未孚，愚眾豈能盡曉官之賢否」，因此此須「搢紳信官」而「民信搢紳」，始
　　能「上下通而政令可行矣」，見嚴雲綬、施立業、江小角主編：《桐城派名
　　家文集 (6)：姚瑩集》，合肥：安徽教育出版社，2014年，第51頁。

65　盧錫晉：〈吏議〉，載賀長齡、魏源：《皇朝經世文編》卷十五，吏政一吏論上。

及和力有未逮。與這種空間上的限度同時存在的，還有地方官各有任期，秩滿而遷，由此形成的斷續，對於個體官員來說便是一種時間上的限度。前者使派出的國家權力對於地方社會常在隔閡之中。後者使流動的州縣官員對於地方社會常在陌生之中。[66] 因此，兩重限度之下的官府雖以親民為職責，其實難以伸展自如，既不容易收拾當下，也不容易謀劃長遠。然則「禮士為行政要務」和「固在乎地方官實力奉行，尤在乎公正紳士認真經理」，正反映了州縣政府面對以紳士為重心，並由紳士作骨架的地方社會結構，其治理地方不能不借力於紳士的事實。而以咸豐年間的時逢戰亂比乾隆年間的世局又安，由兩段文字中的辭氣不同，又具見時勢動盪之日官家之倚重紳界的尤其迫切。所以同在咸豐年間，湖北巡撫胡林翼言之更為直白地說：「自寇亂以來，地方公事，官不能離紳士而有為。」[67] 官所代表的是國家權力，紳所代表的是地方社會，以「官不能離紳而有為」表達兩者之間的關係，既說明了地方社會的紳士群體和國家權力之間與生俱來的共性，會自然地轉化為治世裏的官紳協濟和亂世中的官紳同舟。因此就出自朝廷的國家權力安民以安天下的本旨而言，從官與紳之間的這種關係裏可以看到的是：在歷史中國，自上而下的國家權力同時會在自上而下的過程裏不斷弱化；而不斷弱化的國家權仍然能夠無遠勿屆，則是攏聚鄉里，凝集人群的在籍紳士以其影響所及和提調所及安民以安地方，做到了守土安民的地方官本分所在而力不能及的事。所以不在國家權力之內的這種紳士主導鄉里的事實，又始終切近地與文官政府共生共存而無從剝離，實際上構成了士人政治的另一部分。

　　科舉制度以選官為本義，以此相衡量，則其間源源產出的成不了舉人的秀才和成不了進士的舉人，都只能算是正果之外的一種派生。然而這些沒有進入仕途的士人因國家給予的功名而成為「一方之望」，又因

66　俞樾著，徐明霞點校：《右台仙館筆記》，上海：上海古籍出版社，1986年，第39–41頁。

67　胡林翼：《胡林翼集》第2冊，長沙：岳麓書社，1999年，第1012頁。

身屬本土的內在於地方社會之中而「居處常親」。前一面與朝廷相接，後一面與地方相連，合兩者於一體而各成一種塑造，便使他們既成了沒官秩而有聲光的人，也成了沒有俸祿而有責任的人。就官界和紳界共生於一個源頭而共屬士人群體而言，其相同的一面和不同的一面俱在於此。搢紳本由科舉產生，因此聲光是文化給予的，責任是文化賦予的，從而在倫理秩序與社會秩序合一的地方社會，紳士之能夠影響鄉里和提調鄉里，正在於他們擁有更多以人倫為內核的文化，並因之而更多以義理自立和以禮俗化人的自覺。乾隆朝大學士陳宏謀曾編《五種遺規》一書，其中一節收入一個地方紳士所作而名為〈鄉紳〉的大段文字，說的正是這種由文化而禮俗的「以名節立身，以忠孝訓俗」：

> 倡率義舉，正己化俗。有利地方事，盡心告白官長，有害地方事，極力挽回上官。民間大冤抑，公行表白。里鄰口角，公道解紛。村眾逞凶，危言喝止。不說昧心人情，肯容人過，肯受逆耳之言。不評論女色。受謗不怨嗟。保護善良。公舉節孝。戒人忤逆。止人奸謀。扶持風化。主持公論。嚴禁子弟恃勢凌人。不許僕從倚勢生事。不偏護子弟，冤苦鄉鄰。不開害人事端。不以財勢，傲慢貧賤宗親。勸止人刻薄取財，夤緣功名。不侵佔人田園。不謀買人產業。不擾搭低銀。不薄本族，而妄認同宗。感化人一家好善。不包管戶外事。不隨淫朋遊戲。不藉端害人。不徇情冤人。不以喜怒作威福。止人不演淫戲。不謀奪風水，暨欺壓鄰傍風水損人。訓子孫甥姪，仁慈一體，不怒不縱。不欺凌幼弟庶弟。乘危不下石排擠人。不圖方圓適自己意，妨人便利。鼓勵人苦志讀書。勸人重義輕利。不掯短人價值。不因僕從言，慢侮親友。諭人和息詞訟。為人解冤釋結。不強借人財物。不強賒店貨。鋤強扶弱。敬老恤貧。不多娶姬妾。不畜寵童。不貪重利，將婢配匪類殘人。奴婢婚配及時，不壓良為賤。[68]

68　陳宏謀：《五種遺規》，北京：線裝書局，2015年，第304頁。

作為紳界中人的自我定規，這種逐條例舉的守則周詳細密而不避瑣碎，要旨都在於説明紳士居鄉里的應為和不應為。士為「一方之望」，便是身在眾目睽睽之下而舉手投足皆已成為觀照的對象。因此，其明白列示的種種不可為，都是克己於日行起居之間，而在眾目睽睽之下以自身的制行示人以是非之界，善惡之界，義利之界。於是而有「鄉黨視為儀型，風俗資其表率」的跟從。時論謂之風俗之好壞，「皆視鄉先生為轉移」。[69]

不在國家權力之內的紳士之能夠得民間所信而成為地方領袖，靠的正是這種立足於倫理的「儀型」和「表率」。所以，與克己一面對映而見的「戒人」、「止人」、「勸人」、「諭人」以及「保護善良」和「鋤強扶弱」，就其所「戒」所「止」而言，本義都是天理國法人情交匯之下的倫理約束和倫理制裁。而紳士一身一己的應為和不可為在這個過程中熏染遠近而潛移風俗，在「民自觀而化之」[70]中使士人先知先覺的是非之界、善惡之界、義利之界融入一鄉一里，化為人同此心、心同此理的公共意識和公共守則。其間的因果相承，可以明白地看到，倫理秩序之能夠化作社會秩序而籠罩一鄉一里，是與一鄉一里的紳士相為因依地實現的。因此，〈鄉紳〉一文雖然出自一個地方紳士的地方經驗，卻具體地詮釋了朝廷所期望的教化為治和梁啟超所歸結的教育為治的實際生成。歷史地説，兩漢以來牧民的地方官曾是教化的主體，於是而有紀傳中一個一個能得美譽的循吏。但以清人論時務所指述的「昔之設官也以撫字，而催科次之，今之課吏也以催科，而撫字不問焉」[71]為景象，顯然是二千年變遷之後，所見已是今昔之間並不相同。清代不是沒有循吏，然而「課吏」以「催科」為要務，則大體而言，教化的重心便不能不移到常在鄉里的紳士一面。所以當日的奏議説地方，以「執法在官，通情在紳」[72]為

69　陳登原：《國史舊聞》第3冊，北京：中華書局，2000年，第613頁。

70　陳宏謀：《五種遺規》，第374頁。

71　閻若璩：〈守令〉，載賀長齡、魏源：《皇朝經世文編》卷十五，吏政一吏論上。

72　郭嵩燾：《郭嵩燾奏稿》，長沙：岳麓書社，1983年，第13頁。

一般之論和統括之論。而「執法」與「通情」之各成一端，反映的正是這種重心在明清五百多年裏隨科舉的變化而移動。

明清五百多年之間科舉產出紳士，之後紳士維繫教化，紳士主持鄉里，在顧炎武所說的舊時「鄉亭之職」[73] 解體之後，為地方社會提供了一種不同於「鄉亭」的秩序領袖。由此派生的上下相維和各安其分便比州縣管地方更深地切入於民間，從而更直接地結成了實際上的鄉里之治。但與州縣管地方相比，這種鄉里之治由禮俗為教久久浸潤，既已化育了一鄉一里的公共意識和公共守則，而後紳士主持地方事務，其守成應變、取捨興革，便都以依託於這種公共意識和公共守則為理之應然和勢之不得不然。費孝通後來以社會學的眼光看這種鄉里之治，說是「積極的和自動的合作需要高度的契合，契合是指行為前提的不謀而合，充分的會意；這卻需要有相同的經驗，長期的共處，使各人的想法、做法都能心領神會。換一句話說，人和人之間的親密合作，不能是臨時約定，而需要歷史養成」。在這個過程中，「依賴著相關各人自動的承認自己的地位，並不是法」，而是儒家的「禮」，是「學而時習之」的「養成」。[74] 以此觀照鄉里的眾民散處，而能各自生息、勞作、繁衍於上下相維、各安其分之中，顯然是以紳士為領袖的地方之治更像是一種自治和共治。因此，直到民國初年，廣東已騷亂紛紛，而梁啟超追敘其父以一個在鄉的讀書人維持地方，猶曰「蓋自先君子既任鄉政，先絕賭以清盜源，復辦團練以防盜侵。吾鄉雖於丁男不滿千，然團保之力實足以自固。故三十年來辦清鄉之軍吏，其足跡未嘗一履吾茶坑，而吾茶坑亦未嘗一度以盜案勞有司之擽護。在鄉人固安之若素，而不知皆先君子瘁涸心血以易之也」。而「茶坑」之「鄉治」遂「為最於吾粵」。[75] 他以一個地方在亂世中的自為維持，寫照了這種延續了數

73　顧炎武：《日知錄集釋》上冊，第470頁。

74　費孝通：《費孝通全集》第4卷，北京：群言出版社，1999年，第306頁。

75　梁啟超：《飲冰室合集》第1冊，《文集》之三，第49頁；第8冊，《專集》之二十三，第128頁。

百的鄉里自治和共治在世路丕變之後的依然一線未絕，展示的正是其
來有自和源遠流長。

　　然而以事理而論，則五百多年裏世相紛雜，人間多態，若由個體而
論人物，則經科舉得功名而身列紳衿的秀才舉人，未必個個都會有「儀
型」和「表率」的自覺，於是在紳士成為「一方之望」的同時，又常有紳
界中人被目為「刁衿劣紳」而言之不齒。[76] 比之官場猶有上司下僚、官
箴官規的管勒，紳界更少外在的管制，一旦為「刁」為「劣」，遂更易直
露其面目之可憎。世情中的這一面説明，人與人不同，紳與紳也不同。
因此鄉里之治不會沒有以放辟詖邪擾動一時，以致四周不寧的人和事。
然而在倫理秩序與社會秩序合一而由紳士承當主幹的社會結構之中，承
當主幹的是紳士的群體與整體。而以「刁」和「劣」為指稱，則歸入其間
人和事實際上被當作紳衿的異類和地方的禍害，不為齊民所喜，也不為
朝廷所喜，在「官不能離紳而有為」的關係中已成了剔除出去的東西和
著力痛抑的東西。[77] 所以，明清五百多年之間「刁衿劣紳」常常有，但
所見都是整體之外的個體，各逞其「刁」其「劣」而無從合類集群，其起
也無常，其落也無常。而時非天下板蕩、天命轉移之日，則地方社會裏
的極大多數人口依然循行於常軌之內，在這種不變的社會結構籠罩之
下，大體穩定地維持著一種熟識的生存狀態和生活方式，並沿此常軌，
在18世紀有過一段被舊史稱作「盛世」的時代。

　　倫理秩序是一種文化秩序，因此倫理秩序轉化入社會秩序，其間
中國人所指的習俗、禮俗、風俗和來華西人稱之為「不成文法」[78] 的規
矩，對應的都是文化傳承過程和文化流布過程。由此形成的社會秩序與
之相為因果，則本性上並不是一種完全意義上的制度結構。自一面而
言，與制度相比，習俗、禮俗、風俗出自歷史深處，並因之而更具根本
性和固結性；自另一面而言，不能制度化的習俗、禮俗、風俗無處不在

76　許同莘編：《張文襄公年譜》，台北：商務印書館，1969年，第18頁。

77　朱壽朋編：《光緒朝東華錄》第1冊，第 (總) 524頁。

78　赫德：《這些從秦國來》，第104頁。

而又彌散無定。所以，以習俗、禮俗、風俗以及「不成文法」為源頭而
演生為一鄉一里的社會秩序，既由根本性和固結性層層累積而來；而其
無處不在和彌散無定，又須與對應的社會力量相為依附，合則成體。唐
宋以來的科舉制度夷平了曾經各為一方物望之所歸的大宗世族，使地方
社會本有的中心隨之而解體。明清以來的科舉制度則以其不止不息生成
的功名紳士，為地方社會綿延不絕地造出了另一種中心。相比於昔時大
宗世族的各有面目，各分流派，各成一局，五百多年裏的功名紳士是在
同一種文化、同一種尺度、同一種規則、同一種程式裏養成和產出的。
由此獲得的是與生俱來的同源、同根和同質。所以身在本籍的地方紳士
雖然南北東西之間相隔千里萬里，但卻同在共有的身份、共有的價值、
共有的取向之中，陌路相逢而能陌路相認。而後是由科舉得功名的紳士
主導鄉里和主持鄉里，其與生俱來的同源、同根、同質，又會超越南北
東西之間的山川風物之異，使每一個地方都形成骨架與內容大致相同的
社會常態。對於朝廷來說，由此帶來的千里同風和萬里共趨便成了真正
的天下一統。與官僚治國的自上而下相比，紳士群體身屬鄉里而領袖鄉
里，他們都在廟堂之外。但就千里同風和萬里共趨所牽連的底層社會萬
千人口，及其散布的四面八方之間而言，則群體的紳士不能不算是當日
中國的一種中堅。然則以天下之廣大和蒼生之眾多為著眼點，顯然是紳
界之舉足輕重不會在官界之下。因此，以歷史事實審度因果，本屬派生
的紳士群體，實際上正成了選官的科舉制度對五百多年裏的中國社會另
一種重大影響。

四　科舉制度：由文化統一而政治統一

　　隋唐以來的科舉制度以文化選官，在漫長的歲月裏改變了中國的讀
書人、中國的政府、中國的社會。而風會所趨，同一個過程又在以科舉
影響文化，實際地促成了中國文化自身的重心歸一。民國初年新文化蓬
蓬然而起之日，易白沙作〈孔子評議〉，總論漢代以後二千多年中國文
化的一以貫之：

漢武當國，擴充高祖之用心，改良始皇之法術，欲蔽塞天下之聰
明才志，不如專崇一説，以減他説，於是罷黜百家，獨尊儒術，
利用孔子為傀儡，壟斷天下之思想，使失其自由。時則有趙綰、
王臧、田蚡、董仲舒、胡毋生、高堂生、韓嬰、伏生、轅固生、
申培公之徒，為之倡籌安會，中國一切風俗、人心、學問，過去
未來之責任，堆積孔子之兩肩。全國上下，方且日日敗壞風俗，
斮喪人心，腐朽學問。此三項退化，至兩漢以後，當嘆觀止矣。[79]

雖説這種言之簡捷明快的一以貫之借助於新文化的聲勢一路播揚，在此
後百年裏成為不斷沿用的常談，但其簡捷明快本由過濾掉具體和捨棄了
複雜而得，因此與二千年史實相對照則未見全能合攏。《文心雕龍》説：

魏之初霸，術兼名法，傅嘏、王粲，校練名理。迄至正始，務欲
守文；何晏之徒，始盛玄論。於是聃、周當路，與尼父爭塗矣。[80]

「聃、周當路，與尼父爭塗」，便是玄學(道家)對於名教(儒家)的不肯多
讓。顯見得「兩漢」過去未久，孔子「壟斷天下之思想」的局面已不復再能
維持。而由顏之推所説的「何晏、王弼，祖述玄宗，遞相誇尚，景附草
靡」[81]作推想，則又見兩相對比，當日的一時聲光已盡歸「玄論」、「玄宗」
一面。之後，與玄學之盛俱起的，還有佛學之盛。《世説新語》説：

康僧淵在豫章，去郭數十里，立精舍。旁連嶺，帶長川，芳林列
於軒庭，清流激於堂宇。乃閒居研講，希心理味，庾公諸人多往
看之。觀其運用吐納，風流轉佳，加已處之怡然，亦有以自得，
聲名乃興。[82]

79　易白沙：〈孔子評議〉，《新青年》第1卷第6號，1916年2月15日。

80　劉勰著，周振甫注：《文心雕龍注釋》，北京：人民文學出版社，1981年，
　　第200頁。

81　顏之推：《顏氏家訓》，北京：中華書局，1954年，第16頁。

82　余嘉錫：《世説新語箋疏》，北京：中華書局，1983年，第660頁。僧淵後
　　來列名《高僧傳》。

與之同屬一個時代，又有徐陵「少而崇信釋教，經論多所精解。[陳]後
主在東宮，令陵講大品經，義學名僧，自遠雲集，每講筵商教，四座莫
能與抗」。[83] 前一個例子説的是士大夫為佛學所吸引，後一個例子是士
大夫的佛學化。與之相應，則是梁武帝時代的「都下佛寺五百餘所，窮
極宏麗，僧尼十餘萬，資產豐沃，所在郡縣，不可勝言」。[84] 然則佛學
雖然後於玄學而起，卻自能在朝野之間後來居上，並一脈相沿，生生不
息，其深度影響又延及隋唐的士人世界和民間社會。遂使時至宋代，大
知識分子之間猶有過一段令人印象深刻的對話：

> 荊公王安石問文定張方平曰：「孔子去世百年生孟子，後絕無人，
> 或有之而非醇儒。」方平曰：「豈為無人，亦有過孟子者。」安石
> 曰：「何人？」方平曰：「馬祖、汾陽、雪峰、岩頭、丹霞、雲門。」
> 安石意未解，方平曰：「儒門淡薄，收拾不住，皆歸釋氏。」安石
> 欣然嘆服，後以語張商英，撫几賞之曰：「至哉此論也。」[85]

馬祖、汾陽、雪峰、雲門都是唐宋之間各立宗派的高僧，張方平以為
這些人物的品性皆可以比類儒家的聖賢。因此，「儒門淡薄，收拾不
住，皆歸釋氏」，就學理一面而言，是兩漢以來儒學之淑世濟時，皆重
於人倫日常，所貴並不在深究形而上，而佛學則自立勝義，能以玄理
攝人，遂使一世之才人因其各求深邃，皆歸於釋氏。而由此形成的一
種局面變成另一種局面裏，則是兩漢的「獨尊儒術」在之後的七百餘年
裏先為玄學所格，後為佛學所格，其「獨尊」已經不再成為一種可以目
睹的事實。

　　迨北宋而南宋，漢代以來的儒學積久而變，以學理回應學理，在宋
儒手裏演化為希聖希賢的性理之學。其間由太極、理、氣、性、命串結

83　姚思廉：《陳書》第2冊，北京：中華書局，1972年，卷二十六，列傳第
　　二十，第334頁。

84　李延壽：《南史》第6冊，北京：中華書局，1975年，第1721頁。

85　志磐撰，釋道法校注：《佛祖統紀校注》下冊，上海：上海古籍出版社，
　　2012年，第1091頁。

貫連，於關注人倫日常的同時，更多了一重精研「天人一理」、「明心見性」的形而上學和個體「主敬」、「主靜」，「格物窮理」的踐履工夫，隨之而來的，是儒門義理發皇，不再淡薄。沿此一脈，同一個過程又從《禮記》中輯出《大學》、《中庸》與《論語》、《孟子》合為一體，遂使「五經」之外，復有「四書」。之後宋代以經義選官取士，元、明、清三代以「四書」選官取士，明、清兩代又以八股文代聖賢立言選官取士，於是科舉之所到，便是儒學之所罩。

章太炎後來說：

> 自明至清末，五百四十年，應試之士，無不讀經者。全國為縣千四百有餘，縣有學，府州又有學，為數不下一千六百區，假定每學有生員二百名，以三十年新陳代謝，則此五百四十年中，當有五百四十萬讀經之人。[86]

而這「五百四十萬讀經之人」以其所學遞相傳播，以及由遞相傳播而入人之腦、入人之心，又會造就儒學更大的普及。所以，比之兩漢之後曾經有過的玄學之「景附草靡」和佛學比照之下的「儒門淡薄」，他以明清為例統計科舉士人的取向，正說明了科舉制度以經義取士，才實際地造就了完全意義上的「獨尊儒術」。易白沙看獨尊儒術，見到的是「敗壞風俗，斫喪人心，腐朽學問」。但章太炎看到的是：

> 儒家之學，不外修己、治人。而經籍所載，無一非修己、治人之事。《論語》：「興於詩，立於禮，成於樂。」又：「不學詩，無以言；不學禮，無以立」，皆修己之道也。《周易》爻象，大半言修己之道，故孔子稱：「五十以學《易》，可以無大過。」夫修己之道，古今無二，經籍載之，儒家闡之，時有不同，理無二致。[87]

86　章太炎著，章念馳編：《章太炎演講集》，上海：上海人民出版社，2011年，第407、410頁。

87　章太炎：《章太炎演講集》，第407、410頁。

兩者各是其是，前者以外來的思想為眼光，後者以儒學的本義為眼光，其實無從交集。但章太炎所歸結的「古今無二」和「理無二致」，則合乎實際地說明了獨尊儒術會自然地造成中國文化的重心歸一。而由此更作引申，以政治和文化的關係作觀照，又會形成第三種眼光：與「淡薄」時期的「儒門」相比，宋以後科舉制度承載儒學，儒學便隨科舉而周行八方，成為當日所期望的六合之內，可以寄託「忠信廉恥之説」，以之「漸摩天下，使之胥出一途，而風俗亦將因之以厚」[88] 的浸潤化育，而由此形成的上下共奉和上下同歸，便是以文化的一統維繫了天下的一統。錢穆曾説：「明道之功，四書猶當在五經之上。」[89]四書與五經同出一源，而「明道之功」能在五經「之上」，顯然是科舉重四書，因此天下士子重四書；士子重四書，因此四書的道理能層層灌輸，深入於婦孺之間。「胥出一途」正與此相為因果。

用文化選官的科舉制度以前所未有的深度促成中國文化的重心歸一，以及重心歸一的中國文化以前所未有的廣度納入於「義理之域」都實現於這個過程之中。溯其由來，這個過程本與功名利祿相因依，但人在其中，則以讀聖賢之書、代聖賢立言為常課，從而人在其中，便共守於同一種文化之中，並為同一種文化所化育。[90] 而後是以功名利祿為途徑，同一種文化造就和不斷地再造就了同一種士人、同一種文官、同一種紳士、同一種人間的價值、同一種精神秩序，並隨科舉制度以及與科舉制度相為表裏的文化由中原伸入邊地，不斷地促成這種同一性在空間上的層層擴展。《閱世編》裏有一段記述説：

> 太宗得明副將何可綱，愛其才氣，欲降之，可綱不從，令左右説之百端，終不從。太宗親問其故，可綱曰「我嘗為諸生，讀孔子

88 嚴復：《嚴復集》第1冊，第41頁。
89 錢穆：《中國學術思想史論叢》第6冊，北京：九州出版社，2011年，第57頁。
90 參閱楊國強：〈科舉制度的歷史思考〉，載氏著：《衰世與西法：晚清中國的舊邦新命和社會脫榫》，北京：中華書局，2014年，第422–439頁；桂林：廣西師範大學出版社，2020年，第718–757頁。

書,知君臣大義。今日惟求速死耳」等語云云。遂死。死後,太宗深嘆美之,因曰:「孔子之教,其美如是!」即命立學宮於盛京,親致祭焉。國家尊聖右文之端,何公一人啟之也。[91]

就這一段記述而言,則是何可綱的從容而死,正以一種極端的方式把孔子的道理從漢人一面傳到了滿人一面。後來沈兼士更朝前推論,說是元代用人「偏於國族勛舊貴游子弟」,但科舉尚未廢棄。而「彼族的習尚,漸漸融於漢化,而中土的經籍,亦藉以迻譯,是普及文化和同化為一大國族的作用,正借著考試制度為之媒介了」。[92] 他相信科舉制度助成了文化上的民族融合。若以清代蒙古人倭仁出自科舉而成大儒、回人馬新貽出自科舉而成達官、滿人盛昱出自科舉而成清流為實例,顯然是同一種文化之下已無族類之界。因此,孟森於民國初年由當日的邊疆危機論及歷史中國的文化同一,稱「此之謂民族之自決,此之謂外人不敢生心」。然後說科舉之為用曰:

> 新疆為蒙、回各半之故地,光緒間設省開科舉,不數年而優秀之士已受六書之支配,士首四民,民皆慕士而不欲自外。所謂五族共和,回之一族,乃強作蒙藏之陪客;滿則自行消滅,滿人略無復識滿文者;蒙藏之所以扞格,乃誤於清代之自私,欲留作豐鎬故家之禁臠。當時若乘科舉之熱,一舉而推行之,安見不與天山南北爭烈。[93]

這些話未必全能切中肯綮地解釋那個時候邊疆「扞格」的始末因果。但由清代廣西大規模改土歸流,同時又大規模地以科舉推行文教,數十年之間「敦詩禮,向王化」,而漸消其獷悍好鬥之俗的大幅度變遷做比較,[94] 並以更長的時段為眼光看這一節議論,則不能說他所講的全無

---

91 葉夢珠:《閱世編》,第224頁。
92 沈兼士:《選士與科舉》,第156頁。
93 孟森:《孟森政論文集刊》下冊,北京:中華書局,2008年,第1082頁。
94 雍正年間《樂平府志》,卷四風俗。

道理。若以宋代以來的中國有外患而無分裂為可見事實，其道理尤其顯然。

　　唐宋以來的一千多年和明清之間的五百多年，科舉制度以超邁前代的深度和廣度造成了中國的文化同一。爾後文化同一成就了政治統一。一千三百多年裏，這種同一和統一便成了文化與政治的一體所含結的歷史內容之一。

第三章

從合一到斷裂：
科舉停置之後的政治和文化

一　停科舉與文化和政治權力的脫裂

　　隋唐之後，科舉制度的「以試為選」[1] 終結了「薦舉徵辟」和「九品官人法」一脈相承的以人選人；同時一併把選官的權柄從地方移到了朝廷。而作為一個面對天下的過程，以試為選始於懷牒自投而止於憑文取去，兩頭都在示天下以大公。以一千三百多年為始末概述隨之而來的歷史影響，則一方面，是由此施行的普遍的對等和公平如同芟除，使形成於舊日歷史裏的世族和勢家難以一傳再傳，三傳四傳，而了無波瀾地泯滅於後來的歷史之中。這些本屬私門的權勢由衰而竭，與之因果相連，便不能不是君主集權在程度上的伸展和擴張。另一方面，懷牒自投以一種自上而下的大幅度開放換來自下而上的大幅度回應，又以前所未有的廣度形成了上下繫連的社會基礎，從而有個體的對流和民意與政府之間的下情上達。然而在前一面，由選官權柄的上移，以及芟除世族勢家而實現的君主集權更深一層，同時是集權的君主實際上已成了「一王孤立於上」[2] 的君主。在後一面，由懷牒自投而科舉入仕，流動的個人不能不依附於君權；但由個人的流動形成的士大夫群體，則整體地長存久立

1　陳大齊：〈陳序〉，載鄧嗣禹：《中國考試制度史》，第1頁。
2　錢穆：《中國近三百年學術史》下冊，北京：商務印書館，1997年，第653頁。

不流不動，以文化的穩定支撐了政治的穩定。因此，集權而又「孤立」
的帝王君臨天下，面對廣土眾民而期以四海升平，八方靖寧，便不能不
借重和依靠這種出身民間又起於科舉的士人。由此形成的依附和依靠相
為因緣，遂使帝王與士大夫共治天下成為科舉制度下的不得不然。

　　在這種共治裏，帝王集權程度的深化與政治開放程度的擴大是連在
一起的。以西方的歷史和思想作對比，則與開放之容易推想到「民治」
相對應的，是集權更容易被推想為專制。然而西方人歷史和思想中截然
對立的兩種東西，在中國人的真實歷史裏，卻相互締連牽結，既共生於
同一種因果之中，又共存於同一個結構之中。這種相比而見的明顯不同
便成了中西之間引人注目的現象。而抉其實際內容，中國之不同於西
方，其源頭在於三代以「先王」之名留下的「以學為政」，[3] 成為二千多年
政治傳統中不移的道理和典則，是以歷史中國以道學政為序次，學的位
置猶自在政之上。士大夫與帝王共治天下生成於這個範圍之中，因此，
與文化的穩定支撐了政治的穩定相為表裏的，是集權的帝王在文化籠罩
之下的不容易變成獨裁的帝王。所以西方歷史裏不能相容的兩種東西，
在中國人的歷史裏卻能以其彼此相安而共與天下相安。顯見得以西方的
歷史為反襯，傳統中國的政體之另成一路，是其政治的重心始終安放在
文化築成的基石上，並且始終立腳於文化限定的範圍內。[4]

　　然則以科舉制度下的一千三百多年為中國本來之既有，時至 19 世
紀和 20 世紀之交劇變起於文化，其掀動所及，便不能不成為一種前所
未有的古今之變。

　　庚子後兩年嚴復論時事，指為要端的是「自甲午中東一役」，繼之
以「庚子內訌」，不獨「列強之所以待我者，大異乎其初，即神州之民，

3　張孝祥著，辛更儒箋注：《張孝祥集編年校注》第 2 冊，北京：中華書局，
　　2016 年，第 538 頁。

4　白魯恂 (Lucian Pye)、亨廷頓 (Samuel Huntington)、基辛格 (Henry Kissinger)
　　都曾在自己的著作中以一個外國人的感知敘述過中國文化的恒久共性，以
　　及這種共性的強大政治影響力。

所以自視其國者亦異昔。於是黨論朋興而新舊顯分。[5]「黨論朋興」和新舊顯分成為此日觸目而見的世相，都因中國人「自視其國」的今昔殊異而來，而殊異之指歸，則大半都集注於文化。黃節說：

> 海波沸騰，宇內士夫，痛時事之日亟，以為中國之變，古未有其變，中國之學，誠不足以救中國。於是醉心歐化，舉一事革一弊，至於風俗習慣之各不相侔者，靡不惟東西之學說是依。慨謂吾國固奴隸之國，而學固奴隸之學也。[6]

與二千多年來的文化以六經為源流而不脫不散，不遷不移相比，這個時候的「醉心歐化」而「靡不惟東西之學說是依」是一種正在到來的精神衝擊。論其時序，甲午以後的「風氣漸通，士知拏陋為恥。西學之事，問塗日多」[7] 裏，這個過程實際上已經開始。而當科舉制度仍然在以六經為源流的文化選官取士之日，則「中國之學」的道理仍然是功名所繫的道理，「西學之事」的「問塗日多」猶不足以顛翻一世士人的精神世界。但西學借「海波沸騰」之勢後浪逐前浪而來，又一浪高過一浪，而衰世中的科舉歷經六十年捐納、保舉以「功名多途」為重重擠壓之後已奄奄無氣，因此兩者相逢於「時事之日亟」之秋，中國的自我形象既因「古未有其變」而在人心中破碎，則一千三百多年科舉取士的歷史同在破碎之中，已無以延命而不得不因此而止。

　　然而就宋代以來的經義試士所造就的文化統一而言，隨科舉停置而來的正是「中國之學」不復再能成為當日中國的統一之學。而後的「功令」既變，「海內學子之所騖趨」亦變，其間的因果尤為犖然。曾經力倡廢科舉的張之洞在科舉停置後兩年憤詫交集地說：「近來學堂新進之士，蔑先正而喜新奇，急功利而忘道誼，種種怪風惡俗，令人不忍睹

5　嚴復：《嚴復集》第1冊，第115頁。

6　黃節：〈社說·國粹學報敘〉，載鄧實、黃節主編：《國粹學報》第3冊，揚州：廣陵書社，2006年，第9頁。

7　嚴復：《嚴復集》第3冊，第1321頁。

聞。至有議請廢罷四書五經者，有中小學堂並無讀經、講經功課者，甚至有師範學堂改訂章程，聲明不列讀經專科者。人心如此，習尚如此」，是「自忘其祖」，「自賤其宗」。[8]他促成了學堂推倒科舉，則面對這種四書五經隨科舉停置而散落的局面，其驚愕之中不會沒有內心的一派惘然。在他之後，清末民初之交的時論敘述這種文化的急促嬗遞，已說是：

> 方今世變大異，舊學寖微，家肆右行之書，人詡專門之選，新詞怪義，柴口耳而濫簡編。何所謂聖經賢傳，純粹精深，與夫通人碩儒，窮精敝神，所僅得而幸有者，蓋束閣而為鼠蠹之居久矣。今夫文章為物，有為時所寶貴向薪，而不克至者矣，安有為天下所背馳僻趨，尚克有存者乎？[9]

因此，以此日景象推及後來之文運，「三十年以往，吾國之古文辭，殆無嗣音者矣」。[10]由這些文字記錄的急促嬗遞，可以明白看到，科舉停置之後，中國社會已經在一種文化變到另一種文化的大幅度轉換之中了。

然而與這種轉換共起於同一個過程之中的，則是由「歐化」引來而被稱為「東西之學說」的另一種文化，因其出自異域而本屬面目陌生，又在傳入的過程中一路七顛八倒，弄得諦理破碎，意義模糊。20世紀初年，嚴復說：「上海所賣新翻東文書，猥聚如糞壤。但立新名於報端，作數行告白，在可解不可解間，便得利市三倍，此支那學界近狀也。」[11]之後三年，梁啟超由清代理學不振致讀書人往往內無定力，說到「及至今日，而翻譯不真，首尾不具之新學說攙入之，我輩生此間」的「自立之難」。[12]嚴復是那個時候中國人中的能識西學者，梁啟超是那

---

8 張之洞著，苑書義等主編：《張之洞全集》第3冊，石家莊：河北人民出版社，1998年，第1766頁。

9 嚴復：《嚴復集》第2冊，第275頁。

10 嚴復：《嚴復集》第2冊，第275頁。這是嚴復收到的「訊」問中的一段話。

11 嚴復：《嚴復集補編》，福州：福建人民出版社，2004年，第237頁。

12 梁啟超：《飲冰室合集》第7冊，《專集》之二十六，第6頁。

個時候的中國人中最先以「新學」開風氣者。因此出自他們筆下的「猥聚如糞壤」和「翻譯不真，首尾不具」，無疑更富真實性地寫照了從清末開始傳入的這種「東西之學說」的質地和本相。與之對應的，則一面是「今新學中所最足令人芒背者」，莫若種種名詞「所譯與西文本義，全行乖張」；一面是「十數載以還，西人之説，漸行於神州。年少者樂其去束縛而得自主」，以「自放於一往而不可收拾之域。揣其所為，但凡與古舛馳，而自出己意者，皆號為西法。然考之事實，西之人固無此，特汝曹自為法耳」。[13] 顯見得因為「翻譯不真」和「首尾不具」，傳入中國的「新學」大半既沒有可以相信的準確性，也沒有能夠得其要義的完整性。而後是兩重缺失之下，這種「漸行於神州」的新學常常會變成隨意附會，而各自立説的東西。遂使一種文化變到另一種文化之日，「士大夫舍舊謀新」，往往「只獲糟粕，未夢神髓」。[14] 與這種「糟粕」和「神髓」之不成比例相映而見的，則時至民國，一面是章士釗説「今人喜談主義，而洞然知其故者殆罕。即愚亦同病焉」的盲目，[15] 一面是曹聚仁説從清末到民初「歐人所有學説無不在我國作一度之接觸」，以描述這種盲目性之下的社會現象：

> 舉凡軍國主義，社會主義，民治主義，無政府主義皆已移植於吾土；舉凡唯心，唯物，實驗，實證……之説，皆已交接於吾耳。蔣百里氏曾謂「中國數十年，一個新的去，一個新的又來，來了很快的便已到處傳播……」然環顧國內，政局之兀突如故，社會之顛危如故，而人民所受之苦痛，益甚於前。

與二十多年前的時論以「中國之學，誠不足以救中國」為言之斷然作對照，則由這種「歐人所有學説」照臨中國，而環顧天下，「兀突如故」，

13　嚴復：《嚴復集》第4冊，第1009、1055頁。
14　章士釗：《章士釗全集》第6卷，〈丁家光致章士釗函〉，第96頁。
15　章士釗：《章士釗全集》第6卷，〈主義屑〉，第375頁。

又「顛危如故」的景象所見，是「西方文化仍不足以拯救國危」。[16] 兩面
相比，正說明隨科舉停置而大幅度地從一種文化轉變為另一種文化，直
接帶來的首先是一種相伴而來的文化異變與文化危機。

對於中國人來說，在一千三百多年的科舉制度維持了文化與政治權
力的合一之後，這種與「海波沸騰」相為因果的文化異變與文化危機突
兀而起，則文化與政治權力之間的關係已不能不隨之而變。

清末最後的一段歷史以自上而下的「籌備立憲」為要務。其間奉旨
考察各國政治的大臣次第遠渡東洋西洋，之後各自奏報所見所聞，把
「三權分立論」、「民約論」一類學理，以及「自孟德斯鳩之書成，而歐洲
列國之政體，咸以是為基礎。自盧梭之論出，而拉丁民族之國體，咸因
此而變更」的「學說之力足以激動人心左右世界者，有如此矣」[17] 的西國
之成例引入廟堂之中。隨後是「權利義務」、「精神教育」、「君主立憲」、
「中央集權」、「帝國主義」、「合群進化」、「責任政府」、「羅馬法系」、
「日耳曼法系」、「拼音字母」，以及「人格」、「法典」、「組合」、「科學」、
「競爭」、「程度」、「社會」、「專制」、「團體」、「民權」、「觀念」、「政
策」[18] 等等古所未有，而先見於報紙論說的詞匯和名目，都被源源不斷
地移到了那個時候的奏摺和呈文裏，匯成了一種以東西洋的制度為時勢
之共趨，而後又以「時勢所趨」說「立憲為中國救時之惟一要政，中外通
人已無疑義」[19] 的群鳴。這個過程急速地把一種中國之外的文化灌入中
國的政治權力之中；而其「事事有盡更其故之思」，[20] 同時又在使中國政

16　劉東、文韜編：《審問與明辨：晚清民國的「國學」論爭》下冊，北京：北京
　　大學出版社，2012年，第645頁。
17　故宮博物院明清檔案部匯編：《清末籌備立憲檔案史料》上冊，北京：中華
　　書局，1979年，第28頁。
18　參見故宮博物院明清檔案部匯編：《清末籌備立憲檔案史料》上冊的奏議、
　　呈文。
19　故宮博物院明清檔案部匯編：《清末籌備立憲檔案史料》上冊，第247、300
　　頁。
20　故宮博物院明清檔案部匯編：《清末籌備立憲檔案史料》上冊，第356頁。

治權力脫出原本與之合一的中國文化。之後朝廷跟著「學說」走的籌備
立憲，在當時人眼中便成了「主其事者不過一二人，而主筆起草亦只憑
新進日本留學生十數人」的獨斷包攬，一手造出了中國之「大變革」和「大
製作」[21] 的詭異和愕然。

　　就結果而論，清代的君權還沒有等到立憲就已經土崩瓦解，但由此
開始的政治權力與文化之間的關係演化嬗蛻，因這種一面灌入一面脫出
而發生的脫胎換骨之變，則在繼起的民國歷史中一路延伸，一路深化，
又一路顛躓搖盪。身歷其間的一代人通觀前後，曾總論這種沒有軌則的
一路而來說：從晚清到民國，「異國之學說」成為「先例」，遂至「未改革
前，蒙於日本之憲法，幾欲為異族造萬世一系之笑柄。既改革以後，又
浮慕美國之政體，謬附於東西兩半球之遙遙相契，有每事奉為先進之
思，其實無往而不枘鑿」。[22] 這段評述說的是，當中國的政治權力與另
一種文化相附連之後，已是政治在奉外來的「學說」為先導，然而二十
年之間，這種先導之下的政治卻因此長在跌撲起伏，「無往而不枘鑿」
的困境之中，其間的國無寧日，又實證地反映了中國的政治與另一種文
化實際上的無從附連和不可附連。1917年，章士釗說：

> 記得數年前，蔡子民先生與友人一信，謂彼在德國所治學問，猶
> 之滿屋散錢，不過從中摸得幾個，尋不著串子穿起來。此說在蔡
> 先生是謙恭，但是形容一知半解的狀態極像。愚讀書時，不斷的
> 有此感覺。[23]

在清末民初的潮來潮去裏，蔡元培和章士釗都曾是仰慕另一種文化，並
遠赴歐西親炙這種文化的人；又都是誠心向學，並且一生親近卷帙而保
留了讀書人的性氣者。因此，其自述累年所學而僅以「一知半解」為寫
照，以見所得程度之有限，則以此相度量，當日奉派出洋考察政治的大

21　故宮博物院明清檔案部匯編：《清末籌備立憲檔案史料》上冊，第443–444頁。
22　孟森：《孟森政論文集刊》中冊，第816頁。
23　章士釗：《章士釗全集》第4卷，第79頁。

臣、參差不齊的「新進日本留學生」，以及在他們之後眾多把「浮慕」等同於學理的人物，以其考察的歷時之短、新進的淺嘗之得和浮慕的隔霧看花而論，顯然尚未能及一知半解而更加等而下之。因此，以這些人為起端，並經這些人之手把另一種文化灌入中國的政治權力之中，則原本自有其出自彼邦歷史的因果，從而自有其具體範圍和限度的另一種文化，已不能不失其本根而面目大變。而後是失其本根的「異國之學說」雖被當成了天師令符，卻始終不能化為中國政治的瑞氣祥雲。

這個過程裏的「無往而不枘鑿」，與「異國之學說」的難於「穿」連成整體以見本義既相為因果，又相為表裏，因果和表裏顯現的都是窘迫。但對那個時候的中國人來說，困境猶未止此。一生經歷過清末最後十年和民國最初十年的胡思敬曾說：

> 近時士類大敗。少年粗解閱報，拾取一二名詞，哆然談經濟，一時風氣所趨，雖老生宿儒莫敢自堅其說。蓋欲避頑固之名，不得不進調停之說，虛聲所震，解甲迎降，其情亦可憫矣。扁鵲聞邯鄲貴婦人，為帶下醫；聞洛陽貴老人，為耳目痹醫。方士轉徙求食，不得不然。一徐邈之身，忽以為介，忽以為通，世變無常而徐公自若。昔時主張新法者若張孝達、盛杏蓀、呂鏡宇諸人，今日已覺頑固。蕩婦無十年不變之色，遊士無一年不變之說，異時水潦歸壑，知必有慕予輩為開通者。[24]

他由另一種文化灌入政治權力之後的士風大變（「敗」）起講，繼而用「帶下醫」和「耳目痹醫」、「忽以為介」和「忽以為通」作比方，描述中國人隨一種「新法」變為另一種「新法」的遷流不息而常在無從一貫和自相抵牾之中，反照了這種文化本身各成流派的多樣性，以及由此形成的是非莫定和理無所歸；又舉曾經先倡「新法」的張之洞、盛宣懷、呂海寰，此日已被「新法」之後來居上者所棄的事實，反照了這種文化自身前後

---

24 胡思敬：〈與李梅庵書〉，《退廬箋牘》卷一，載沈雲龍編：《近代中國史料叢刊》第45輯，台北：文海出版社，1966年，第91頁。

相逐，潮來潮去的川流不息。而對「靡不惟東西之學說是依」的中國人來說，則是因其各成流派而沒有了統一性；因其川流不息而沒有了穩定性。與蔡元培和章士釗的曾經為時潮所裹挾相比，胡思敬是個不肯與時俱遷的舊派。但其旁觀世相而發為議論，說的都是當日中國的真問題和大問題。

　　合蔡元培、章士釗和胡思敬筆下之所述，並以此省視20世紀初年「東西之學說」影響下的「每事奉為先進」和「無往而不枘鑿」之間相互對比的太過分明，顯見得清末以來灌入中國政治權力的另一種文化，因其斷續移入而意在應時的既沒有整體性，也沒有統一性，又沒有穩定性，實際上並不能像儒學為主體的中國文化一樣與政治權力合為一體。由此形成的自外灌入而不能內在化，依錢基博之說，是「徒見人之有可法，而不知國性之有不可蔑」；[25] 依嚴復之說，是政治歷史「二學本互相表裏」，所以「讀史不歸政治，是謂無果；言治不求之歷史，是謂無根」。[26] 與出自「歷史」而蘊集了「國性」的中國文化相比，另一種文化裏顯然既沒有中國的歷史，也沒有中國的國性。因此，中國政治權力的結構和樣式雖在另一種文化的灌入之下已經隨立憲、共和而變，但數十年間的「兀突」、「顛危」和「只獲糟粕，未夢神髓」都說明：政治權力本身始終與這種文化兩相隔閡而沒有歸屬。然則發生於這個過程裏的變遷，一面是清末以來一層一層地脫出了中國文化籠罩的政治權力，已無法反歸，重新回到舊日與中國文化的合一；一面是政治權力在其結構和樣式的改變中形成了對於另一種文化外觀上的附連，而就其外觀背後的本相和質地言之，則這種附連有如張爾田所說，「實際非西洋文化也，紙上之西洋文化耳」。[27] 視之為「紙上」之物，說的正是這種東西近在咫尺卻遙不可及。而後是兩面交集之下，脫出了中國文化

25　劉東、文韜編：《審問與明辨》下冊，第823頁。

26　嚴復：《嚴復集》第5冊，第1243頁。

27　孫文閣編：《張爾田、柳詒徵卷》(中國近代思想家文庫)，北京：中國人民大學出版社，2014年，第214頁。

的政治權力實際上又匯融不進「西洋文化」。因此，年復一年地歷經「海波沸騰」，以及與之相伴而來的灌入和脫出，中國人曾經與文化合一的政治權力，至20世紀初期已日甚一日地變成了一種不為文化所罩和沒有文化內容的權力。而後是這種權力之下的政治遂「漫然如巨人之無腦」。[28]

在漫長的歷史中國裏，帝王的君權是以天命所歸為正當性的，而天命之昭示，則以士心之所歸為人心之所歸，是以天命的闡釋始終出自文化和歸於文化。因此，從清末到民初，中國的政治權力一路演化於不為文化所罩和沒有文化內容之中，則因果相及，其道義性、代表性、合理性，從而正當性，便都成了沒有一種一以貫之的道理能夠說明的東西。嚴復在清末說立憲曰：「今日立憲云者，無異云以英、法、德、意之政體，變中國之政體。然而此數國之政體，其所以成於今日之形式精神，非一朝一夕之事。專歸於天運，固不可，專歸於人治，亦不可；天人交濟，各成專規。」顯見得這不是一種聚一時群鳴發為呼喚便能召來的東西：

> 今幡然而議立憲，思有以挽國運於衰頹，此豈非黃人之福？顧欲為立憲之國，必先有立憲之君，又必有立憲之民而後可。立憲之君者，知其身為天下之公僕，眼光心計，動及千年，而不計一姓一人之私利。立憲之民者，各有國家思想，知愛國為天職之最隆，又濟之以普通之知識，凡此皆非不學未受文明教育者之所能辨明者矣。[29]

他於「立憲之君」和「立憲之民」詳為敘述，正說明在其意中，當日的中國既沒有這種「立憲之君」，也沒有這種「立憲之民」。因此，以此兩不齊備，而慒慒然引歐西的政體「變中國之政體」，其一廂情願所引發的直接的問題和最大的問題，是中國「舊俗」中的「一善制之立，一美俗之

28　嚴復：《嚴復集》第4冊，第959頁。
29　嚴復：《嚴復集》第2冊，第240、245–246頁。

成，動千百年而後有」，但這種來之不易的東西卻一定不會盡合於「英、法、德、意之政體」，兩相對比，則「奈之何棄其所故有」，而「昧昧」寄託於「來者之不可知耶」？[30] 他並不反對立憲，但作為一個比其時的當局者更懂立憲學理的人，他又深度懷疑清末籌備立憲用這種知其然不知其所以然的辦法造就的立憲。所以，面對清末籌備立憲，嚴復追問的是這個過程以懵懂為當然的歷史理由，以及這個過程所營造的立憲之歷史合理性。嚴復之後，章士釗在民初說共和曰：「今之最時髦之名詞，莫共和若；而最爛污者亦莫共和若。」[31] 然後由「憲法」為共和之「根本大法」說起，著力抉示當日中國的共和在中國社會和中國人心中的既沒有根柢，又無從嫁接：

> 約法者號稱有憲法之效能者也，誰見施行約法以來，曾有一事與之相抵，參政院以及各方相關之人出而爭之。又誰見舉國之內，曾有何人，尚憶約法共為若干條，條為何事？蓋天下共忘此物久矣。約法既寢忘之，又起憲法，是誠朝三暮四之術，而謂後者功能必逾前者，誰則信之？故憲法者，純為異教邪說，吾宗國魯先君莫之行，吾先君亦莫之行，苟非洋顧問外國公使偶來喧聒，謂爾共和立憲，不立憲法，其名胡張，吾決無取戴此假面具為也。[32]

他曾留學歐洲，熟知列強政治制度，以及構成了這種制度的議會、內閣、總統、聯邦等等，則此日之通盤否定，正對應地反映了他在「列強」那裏看到的這些為西方造「平治而富強」的東西，其間的井井有條本是與其間的自成學理聯為一體的；但同樣的東西經「採行」[33] 而移入中國，則已變得名實迴異，既不能效彼邦的條理立自己的條理，也不能化彼邦的學理為自己的學理。兩者相為表裏，而常在中國社會的認知之外，以

30　嚴復：《嚴復集》第2冊，第240、245–246頁。
31　章士釗：《章士釗全集》第2卷，第48頁。
32　章士釗：《章士釗全集》第3卷，第522頁。
33　章士釗：《章士釗全集》第4卷，第158頁。

至於世人不識面目，各是其是，又各非其非，「最時髦」和「最爛污」匪夷所思地同歸於一體，之後是中國人本有的常情常理至此而窮。

嚴復追問清末籌備立憲的歷史理由，章士釗指述民初共和在中國社會和中國人心中的沒有根柢，無從嫁接，其共有的要旨都在於說明：20世紀初年的中國，已在立憲與共和的名義下改變了的政治權力，既是一種不能用漸去漸遠的中國文化來說明其道義性、代表性、合理性的東西，也是一種不能用「紙上的西洋文化」來說明其道義性、代表性、合理性的東西。而後，與「前清」的立憲被稱為「偽立憲」和「民國」的共和被稱為「偽共和」[34] 相為因果的，便是二千多年來以天命所歸為正當性之後，這種沒有了文化的政治權力已經不能為自己找到一種說服天下的正當性了。1923年的一則時論說：「經十二年度之試驗，一切偉人名流，皆無搖唇鼓舌之餘地，俱吐一詞，無人不蚩為鄙倍。」出自其間的「發一高論，獻一奇策」，大眾必報之以「非掩鼻而過，即怒目而視」。遂使十二年歲月留下的，不過是「政府之為政府，深印於國民之腦中，其臭穢至不忍道」。[35] 在這種產生於民間的排抵裏，「偉人名流」與「政府之為政府」，都等義於他們面對的政治權力。因此，「鄙倍」、「掩鼻而過」、「怒目而視」和「臭穢」，表達的正是當日社會對這種權力之沒有正當性的回應。其中使人印象尤其深刻的並不是排抵本身，而是由排抵宣泄出來，而很少見之於二十四史之所記的民間社會對於「政府之為政府」的整體異視和深度蔑視。

停置科舉所造成的政治與文化的斷裂，使民國的政治權力沒有了可以依傍的道義性、代表性和合理性；連帶而來，也在使這種政治權力沒有了出自於文化的制束、限定和校正。

1912年年初，剛剛就任臨時大總統的孫中山說「中華民國建設伊始，宜首重法律」，並以這種法的至上性為當然，視之為共和政治所區

34　章士釗：《章士釗全集》第3卷，第597頁。

35　孟森：《孟森政論文集刊》中冊，第813頁。

別於「滿清」專制的要義。[36]而同一年歲末黃遠生描述共和的天光初照
中國之日，其眼中所見的政象波瀾起伏，則都在「法律」之外：

> 今吾國內各奮其私，各徇其黨，干犯法禁，惟所欲為，欺弱凌
> 寡，惟力是視，更從何處得見有國家之權力者。惟相語曰，袁總
> 統之勢力佔國內之幾分之幾；國民黨之勢力佔幾分之幾；共和黨
> 之勢力佔幾分之幾，此指國內之形勢而言之也。若至一省，則
> 曰某師長旅長之勢力，佔勢力幾分之幾，某派某派佔幾分之幾而
> 已。此尚指其落落大者而言之也，若至一府一縣一鄉，則某土豪
> 佔勢力幾分之幾，某紳士佔勢力幾分之幾而已。[37]

「首重法律」是立憲政治派生出來的觀念，但民初政局以「各奮其私，各
徇其黨」為普遍和當然，則說明了這種觀念在當日中國的遙遠和空想。
比之文化能夠內在化，那個時候的法律是一種外在的東西和並無歷史根
基的東西，[38]因此，在沒有文化管束的時代裏，法律也管束不了權力。
而後，與「法律所賦予的整體的國家之權力」的難以真正形成相對比，
是實際上的政治權力在人以群分和人以群聚之下已經變成了大大小小的
「勢力」。

　　由帝制而民國，一方面，變君主制度為共和國體和立憲政體，則其
時的政治隨之而以憲法（約法）、議會、內閣、政黨為要件，並周而復
始地運行於這些歐西移入的物事之中。另一方面，辛亥年由軍隊造革
命，之後再由地方的軍政府催生出中華民國及其議院和政府，這個過程
又與歐西非常不同地把武力和軍人帶到共和立憲的政治中來，使共和政
治更多了　重要件。而歐西移入的物事與這種非常不同於歐西的物事之
能夠共處於一體之中，正說明兩頭都剝掉了自己的歷史文化，因此兩頭

36　孫中山：《孫中山全集》第2卷，北京：中華書局，1982年，第9、14頁。

37　黃遠庸：《遠生遺著》上冊，北京：商務印書館，1984年，卷一，第16頁。

38　章士釗說約法「成於倉卒，又復絕無系統，甲取法憲某條而書焉，乙取美
　　憲某條而書焉，片片而綴之，如布帆然」。見章士釗：《章士釗全集》第2
　　卷，第602頁。

都沒有了內在的規定和外在的界限。而後是形成於清末民初而各分群類
地存在於辛壬之交的社會力量，合新派、舊派、文人、武人重組於這種
歐西移入的要件和與歐西非常不同的要件之中，在共和政治的名義下匯
成了黃遠生筆下各佔「幾分之幾」，而沒有一種共有的文化可以統攝的
「勢力」。與此前同一種文化籠罩下政治權力的整體性相比，這種由「勢
力」合成的政治權力顯然自始即以破碎為特徵。所以黃遠生之後十二
年，又有孟森以十二年的歲月留痕為各色「勢力」操弄下的政治權力描
畫面目說：「國會，立法機關也。既以立法為專職，則無論法之良否，
多少必列作議案，無論立法之成否，多少必列法案於議程，為粉飾門面
計，寧不當爾。」吾國則不然：

> 當臨時參院時代，尚有成立之法案，尚有留心法律之議員。自
> 有正式國會，乃全力注於政治，預算既從未編交，立法更非其所
> 暇。第一次被解散以前，有政府黨、非政府黨之爭，此為最盛時
> 代。第二次被解散前，有政府黨相互之爭，遂開皖直之門戶。其
> 時則民黨之臭味已少，然猶有意見可言。至三次回復，既無袁世
> 凱之強權，並無段祺瑞之霸氣，議員可為所欲為，於是民黨、非
> 民黨冶為一爐，實行國會職權。斯時可立法矣，而豈知權必與利
> 相須，選舉權、同意權為有利之權；查辦、彈劾、不信任權為與
> 政府以不利而迫脅使之生利之權；立法則為無利之權。於是擇利
> 以行權，取有利之權，而棄無利之法。

遂以其「挾勝清末造鑽營奔競之能，兼國民代表雷霆萬鈞之力」，成了
沒有倫理、沒有價值、沒有義理、沒有內省的「人類之最劣者矣」。[39] 他
意在寫出國會和議員的惡，而筆鋒所罩，同時也現出了政府的惡和政黨
的惡。之後由文人的「勢力」而及武人的「勢力」，則最容易看到又最使
人驚詫的是「古無一種軍隊，遍駐全國，敲骨吸髓，以肥一系之事」的
常理，被民初中國的軍隊所直接打破：

---

39 孟森：《孟森政論文集刊》下冊，第1087頁。

民國以來，以消除種族、同胞互助為標幟。而以實力為領袖者，恒出於北洋軍人一系，遂以滿洲駐防之制，移植於民國。駐防所不到，若西南數省，則視為化外，而日夜思併吞之。此諸省因亦起與相持，而武力之禍，亦與北洋軍相應。

捲入其間的多數同樣沒有倫理，沒有價值，沒有義理，沒有內省。與這種軍隊自成權力相為因果的，是「民國用此為根本之癥結，財政無從而整理，民政無從而劃分，教育無從而興，實業無從而舉，一切法律，皆為具文」。[40] 然則合「擇利以行權」和「武力之禍」而論之，是文人的「勢力」玩弄法，武人的「勢力」踐踏法。兩者同起於一時而以惡相濟，是一種前史所未曾有過的現象。孔子說「人無遠慮，必有近憂」，又說「君子有三畏：畏天命，畏大人，畏聖人之言」，[41] 在這種憂和畏的背後，是儒學提撕人心的人禽之辨、義利之辨、君子小人之辨。由此留下的因憂患而生畏懼，遂長久地延伸於後世，成為身在權力之中的人物心頭的一點敬畏，當日的州縣衙門便常見以「頭上有青天，作事須循天理；眼前皆瘠地，存心不刮地皮」一類懸為楹聯用以自敬，深怕做官造孽。[42] 而權力之易於制束，大半是這種敬畏的自我制束。以此為對照，則這個時候玩弄和踐踏之能夠成為常態，顯然是與文化不復成為制束而心中已經沒有敬畏相為表裏的。十二年之間，一種沒有歷史根基的法律與一種沒有文化約束的政治權力相互對應，構成了共和立憲的主幹。因此，從「首重法律」到「一切法律，皆為具文」，正以共和立憲主幹的倒塌，說明了沒有歷史文化，兩頭之間其實是連不起來的。因此，與法律成為「具文」相對應的，是政治權力成了一種直接的暴力。

40　孟森：《孟森政論文集刊》下冊，第1121頁。

41　程樹德：《論語集釋》第4冊，第1093、1156頁。

42　舊時官場中人猶引「披毛戴角，前生都是宰官身」，見張集馨：《道咸宦海見聞錄》，北京：中華書局，1981年，第193頁；以及「一代作官，三代打磚」為自警，見丁柔克：《柳弧》，北京：中華書局，2002年；梁章鉅：《楹聯叢話》，北京：中華書局，1987年，第108頁。

二 「向恃人才以為用者，今惟人才之為患」

科舉停置而致文化與政治權力脫裂，與之同在一個因果之中的是科舉停置，則政府對社會的開放也隨之而止。

一千三百多年來，科舉選官以讀書人為對象，也以讀書人為範圍，於是而有選官取士的統而稱之。因此，這種政府的開放隨科舉停置而止，對於本居四民之首的讀書人來說，便是上行之路的霎時斷絕，由此造成的不能不是一種地動山搖的強烈衝擊。然而以「德宗末年，清室不競」，致士論「歸咎科舉之足以敗壞人才」，並以出自士林的合群而鳴與當道相呼應，最終促成了朝廷下詔「鄉、會試及各省歲科生童考試，至是均一體停罷」的歷史過程說因果始末，[43] 則其間反科舉的主體都出自科舉士人。而以後來的事實做比較，顯見得「德宗末年」這些群議科舉的不合時宜和力主棄而去之者，更多地是在以其自負和自信調教天下，並不曾料想科舉一旦棄而去之，士人與政事的勾連便隨之一同斷絕，而不復再有制度可以依託。而後是「敗壞人才」的科舉制度一朝停置，理想的人才猶未能見，而原本開放的政治權力則已沒有了入門的路徑。對於力詆科舉的士人來說，這顯然不會是其籌謀變法圖強所預想的結果，但以事實而論，卻又是一種最先得到的結果和實際得到的結果。因果之間，遂成了歷史對於那一代士人的調侃。

政府對士人的開放隨科舉停置而止，直接的結果，是本在童試、歲試、科試、鄉試、會試編連之下，從而本以朝廷為歸屬而聚為群體的讀書人，因此而失其憑依，四顧茫然。之後是一個以文化秀出庶眾的群體，因改變了舊日的生涯而改變了舊日的穩定。通觀而論，作為一個久居四民之首的群體，其個體危機和群體危機又一定會牽延而及社會危機。蘇軾說：

43　錢基博：《後東塾讀書雜誌》，武漢：華中師範大學出版社，2014年，第242頁。

夫智、勇、辯、力此四者，皆天民之秀傑也。類不能惡衣食以養
於人，皆役人以自養者也。故先王分天下之富貴，與此四者共
之。此四者不失職，則民靖矣。四者雖異，先王因俗設法，使出
於一。三代以上，出於學。戰國至秦，出於客。漢以後，出於郡
縣吏。魏、晉以來，出於九品中正。隋、唐至今，出於科舉。[44]

然後比較而論之曰：「六國之君，虐用其民，不減始皇、二世，然當是
時，百姓無一人叛者，以凡民之秀傑者，多以客養之，不失職也。其力
耕以奉上，皆椎魯無能為者，雖欲怨叛，而莫為之先。」至始皇「既併
天下，則以客為無用，於是任法而不任人」，驅「民之秀異者散而歸田
畝」。漫然無以「處之」，猶如「縱百萬虎狼於山林而飢渴之，不知其將
噬人」，遂最終促成了「秦之亡」的「若此之速也」。[45] 在他的歷史觀察裏，
尤其關注的是「民之秀傑者」和「秀異者」的所「傑」所「異」一旦因「失職」
而脫軌，都能轉化為攪動天下的動力和能力。與孔子說的「士志於道」
和孟子說的惟士能「有恒心」相比，這種觀察之所得的正是一種顯然的
不同。但就孔子曾指斥「小人儒」，孟子曾指斥「小丈夫」，荀子曾指斥
「陋儒」、「腐儒」、「賤儒」、「小儒」而言，顯然是他們本已深知士之為
士的理之應然和勢之實然並不會自然地等同，因此整體的「士志於道」
和惟士能「有恒心」，對於個體士人來說，便是一個需要自我養成而又
未必人人都能養成的過程。在這個過程裏，「秀傑」和「秀異」皆各成路
數，而「區處條理，使各安其處」之不得不然也在於此。這種理之應然
和勢之實然的不相對稱，以及個體士人自我養成的不可預知和不可預測
是二千多年裏的常態，因此二千多年裏的士人中常常有「賤」有「小」，
有「陋」有「腐」，而時當世路震盪之日，則又會有蘇軾所形容的士人「失
職」化為「虎狼」。出自宋人的《燕翼詒謀錄》說：

44　蘇軾：《蘇軾文集》第1冊，第140頁。
45　蘇軾：《蘇軾文集》第1冊，第140頁。

唐末，進士不第，如王仙芝輩唱亂，而敬翔、李振之徒，皆進士
之不得志者也。蓋四海九州之廣，而歲上第者僅一二十人，苟非
才學超出倫輩，必自絕意於功名之途，無復顧藉。故聖朝廣開科
舉之門，俾人人皆有覬覦之心，不忍自棄於盜賊奸宄。[46]

與唐人相比，宋代的「廣開科舉之門」，已是每科「上第」以三百數十人
為常數，[47]兩相對照，不能不算是大幅度擴張。而以唐末的「進士不第」
所以作亂為因果說其間的前後不同，顯然是宋人比唐人更清楚地看到了
科舉之為用，選官之外，尤在於以功名為招徠，收攬「天民之秀傑」而
圈定於範圍之內，使之不能變虎，不能變狼。

　　唐代的歷史說明科舉曾產生過社會問題，宋代的歷史說明科舉能
夠解決社會問題。由產生問題到解決問題，自帝王一面而言，是「禦天
下之要術」[48]的應勢而變；而就實際內容而言，則是政府的開放程度為
回應士人的進取而自覺地擴大。以唐末比宋代，可以明白地看到士心
隨「廣開」而變其向背，因此宋代以後，「廣開科舉之門」便成為一種以
天下為視野的常態。《清史列傳》說順治初年，「江南既平」，范文程已
上疏陳述「治天下在得民心，士為秀民，士心得則民心得矣，宜廣其途
以搜之」，並請開鄉試、會試。[49]一千三百多年之間，在科舉留下的政
治敘述和歷史記事裏，這種由士心而民心、由民心而天下的推演串結只
能算是人所熟知的老生常談，但也因其出自老生常談，並以此老生常談
直接影響了新朝和舊朝嬗遞之日的君權，正更加真實地說明了，在朝廷
與士人因科舉而結成的關係之中，選官取士的朝廷，同時又是以應和士
心和收拾士心為要務的一方。從蘇軾的史論到范文程的奏議，並以此
比照歷史中的人物和情節，則顯然而見的是這種曾經屬連朝野的要務，
在19世紀末期以來的士議、奏疏和詔旨裏都已被置之度外。所以，由

46　王銍：《默記·燕翼詒謀錄》，《燕翼詒謀錄》，第1頁。
47　馬端臨：《文獻通考》上冊，第291頁。
48　王銍：《默記·燕翼詒謀錄》，《燕翼詒謀錄》，第2頁。
49　王鍾翰校閱：《清史列傳》第2冊，北京：中華書局，1987年，第259頁。

詆議科舉而停置科舉，其論說之所及，皆在制度的良窳和存廢；而四面八方，滿坑滿谷的讀書人則仍然與一千三百多年的歷史慣性相依存。但由此匯成的士心之向背雖然與士議、奏疏和詔旨俱在同一個時間和空間之中，卻都成了常被漠然視之而不在關注之內的東西。然而科舉停置，因制度的改變而直接改變了人生的，則正是四面八方、滿坑滿谷的讀書人。

一個以教讀為生涯的鄉間士人說：「科考一廢，吾輩生路已絕。」[50]這是一種直接發自底層的怨望，而與此遙相感應而成為共鳴的，又有見之於御史奏摺的「士為四民之首，近已絕無生路」[51]的概而論之。前者以「吾輩」為說，其言之苦痛已不止於一人一身；後者由廟堂看天下，則直接統括而論讀書人的整體。西人李佳白當日旁觀這個過程，說是「科舉已廢，學堂尚未遍立，是不啻有人焉毀其舊屋，露處於野，以待新廈之成也」。[52]其間最進退失據的便是曾經的「士為四民之首」。因此，以「舊屋」已毀，「露處於野」的前所未有之困與「生路已絕」對照而讀，其「已絕」的「生路」顯然不僅在於讀書人的活路，而且在於讀書人的出路和尤其在於讀書人的出路。所以朝廷停科舉之後一年，「出使各國考察政治大臣」戴鴻慈奏議改官制，已以「今者科舉已廢」而「舉國茫然莫知所適」為大患，深憂「有志仕進者不知從何道以求進身之階，數年之後，必多歧念」。[53]他所說的「歧念」，便是士心之向背因士人的失路而逆反。同樣的意思，兩廣總督岑春煊說得更加明白透徹：

> 科第既廢，選舉又不復行，則彼所謂人才者，挾其聰明才力，安肯寂寂焉以待死牖下，遇有驚異可喜之境，即不啻負之以趨，待

50　劉大鵬著、喬志強注：《退想齋日記》，太原：山西人民出版社，1990年，第147頁。

51　故宮博物院明清檔案部匯編：《清末籌備立憲檔案史料》上冊，第448頁。

52　李天綱：《萬國公報文選》，北京：生活‧讀書‧新知三聯書店，1998年，第700頁。

53　故宮博物院明清檔案部匯編：《清末籌備立憲檔案史料》上冊，第381頁。

其趨焉，始為摧挫剝獵之計，摧挫剝獵之不盡，向恃人才以為用者，今惟人才之為患，是豈亦人才之過哉。[54]

在此前十年排詆科舉的朝野議論裏，與科舉制度相為因果的這一面並不在關注之內，又因其不被關注而不入論列。但科舉既停之後，這種因果相連的關係直接演化為因果相及的事實，使變法的主導者事前不曾計及的一面成了事後不得不直接面對而無從收拾的一面。以《燕翼詒謀錄》中宋人評說唐人的文字相比較，則岑春煊陳說此日「人才」之別成歸趨而無從收管的這些話，顯然是眼中之所見相同，筆下的推論也相同。

　　自宋代廣開科舉之門以後，文化主體因政府的開放而以一種前所未有的徹底程度與官僚主體合而為一。之後的九百多年裏，這種合而為一便成為人心中恒久的道理和世路上恒久的實事。因此，光緒末年的「科舉既廢，選舉又不復行」隨一紙詔書而來，已使九百多年來久在實際政治之中的士人整體地變成了實際政治的局外人。帝王與士大夫共治天下的局面因之而解體，遂使曾經的「舉子士人之天下」[55]重現了蘇軾所說的「天民之秀傑」者的各自散歸和紛紛「失職」。隨之而來的，是曾經依附於君權的士人經此剝離，已無可依附。身在這個過程之中，岑春煊以「向恃人才以為用者，今惟人才之為患」為感慨，看到的正是因朝廷停科舉而「生路已絕」的士人，也因朝廷停科舉而不復再能罩定於舊日的範圍之內。在這種對比裏，「向恃人才以為用」的是政府，「今惟人才之為患」的也是政府，因此，從「為用」到「為患」的大幅度逆轉，本質上是失路的士人與朝廷的關係正在一路逆轉。比之「科舉既廢」之後，舊日士人中仿效新知識人的「出洋惟取於速成，返國悉趨於奔競」那一派，「生路已絕」顯然是士人中的多數。因此，辛亥革命後一年，嚴復概括停科舉之後的少數與多數說：

54　故宮博物院明清檔案部匯編：《清末籌備立憲檔案史料》上冊，第502頁。
55　錢穆：《中國近三百年學術史》下冊，第653頁。

巧速者咸據豐腴，拙緩者常虞抵滯。爵位差使，未嘗不眾，顧不
足以籠一切干祿之士，使之盡入轂中，於是海內顯顯，而辛壬革
命之運，不可挽矣。[56]

他由這種逆轉說到世局的大變，而歸之於「辛壬革命之運」，以見出自
這一段歷史的「人才之為患」又在這一段歷史中促成了王朝的終結。

作為一個過程，晚清的革命以知識人為先覺和主幹，因此身在革命
之中的章太炎說「以前的革命，俗稱強盜結義，現在的革命，俗稱秀才
造反」，[57] 以標示其間的知識人特質。就其歷史淵源而論，20世紀初年先
倡革命的知識人大半都曾受19世紀末期變法維新的感召而聚攏，並因
變法維新的重挫而轉向，又在庚子之變後趨於亢激。以這種一脈相延為
其來有自，則革命顯然並不直接起端於「科舉既廢」，而且革命顯然是
由少數人開始的。在庚子前後最先以滿漢之辨與朝廷對立的知識人中，
章太炎曾把孫中山歸入於「少通洋務」而「尚知辨別種族」一類，[58] 吳稚暉
曾把孫中山當成「江洋大盜」，[59] 秦力山曾把孫中山看作「廣州灣一海
賊」。[60] 具見其時的各成一群猶在不相連橫中，以及各成一群之日，造
反的士人仍不能放下四民之首的架子。而同在革命之中的彼此不能相
識，又說明了當日孫中山的影響有限，知識人的眼界有限。與這一段猶
未形成潮頭湧起的歷史相比，革命之成為一個掀天揭地的過程更明顯地
起於同盟會成立之後。美國歷史學家史扶鄰（Harold Zvi Schiffrin）說：
「到一九〇六年，將近有一千個新會員在孫中山的誓詞上簽名」，而後是
「成百的歸國留學生最後把革命的信息傳遍全中國，並滲透到政府正在
興建的現代教育和軍事機構中」，[61] 隨之是他們帶來的影響播及更廣的人

56　嚴復：《嚴復集》第2冊，第293頁。

57　章太炎：《章太炎演講集》，第50頁。

58　湯志鈞：《章太炎年譜長編》上冊，北京：中華書局，1979年，第73頁。

59　吳稚暉：《吳稚暉全集》第6卷，北京：九州出版社，2013年，第383頁。

60　章士釗：《章士釗全集》第5卷，第597頁。

61　史扶鄰著，丘權政、符致興譯：《孫中山與中國革命的起源》，北京：中國
社會科學出版社，1981年，第316–317頁。

群和更大的空間。在庚子以來的各成一群，自起自落之後，這是一種因匯聚而來的一時盛漲。1906年是同盟會成立後一年，也是科舉停置後一年，對這種一時盛漲中的知識人來説，與同盟會的「誓詞」成為吸引同時發生的，應是科舉停置成為身後的驅使。馬敍倫後來説：

> 余之主撰《新世界學報》也，鄰有順德鄧秋枚實所治之《政藝通報》，然初不相往還。及《學報》中廢，而秋枚時尚為科舉之業，欲赴開封應順天鄉試（以庚子義和團故，議和成後，猶不許於京師舉試，故權移開封），乃邀余為代，既而乃有《國粹學報》之組織。其始僅秋枚與余及黃晦聞節，陳佩忍去病數人任其事，實陰謀藉此以激動排滿革命之思潮。[62]

鄧實參加的是清末最後一次鄉試，兩年之後科舉即停。與之成為對照的，是同一段時間裏，他由本來的主持《政藝通報》以鼓吹新知，一變而為後來的主持《國粹學報》以「激動排滿革命之思潮」。以兩年之前比兩年之後，顯見得當其一身尚繫於「科舉之業」的時候，以文字鼓吹新知雖然已屬借「報章論説」以「牽引國民意思」而「易其愛惡之情」，[63] 但以界限而論，卻並沒有脱出開民智的範圍；迨科舉既停，則士人與朝廷之間的一線相連隨之而斷，之後，由原本的恣議和異議更進一步，遂以「排滿革命」而入「秀才造反」之列。

　　馬敍倫記實地敍述了當日的一個人物群，而其間的情態正寫照了清末士人中的一種共同的變化和趨向。所以，約略而言，鄧實之外，民國初年各立聲光而與革命有過淵源的人物裏，黃興、汪精衛、譚人鳳、宋教仁、陳炯明、于右任、居正、古應芬、田桐、李根源、蔡鍔、曹亞伯、唐繼堯、褚輔成、柏文蔚、黃節、黃侃、陳獨秀等等，都是出自科舉而帶著秀才功名捲入其間的。功名之等次更高的，還有曾經應鄉試而

62　馬敍倫：《石屋餘瀋‧石屋續瀋》，太原：山西古籍出版社，1995年，第142頁。

63　故宮博物院明清檔案部匯編：《清末籌備立憲檔案史料》上冊，第210頁。

得舉人的胡漢民、吳稚暉、邵力子、蔣智由等等。在他們之外，又有徐
錫麟、楊篤生、趙聲那樣功業未成身先死的舉人和秀才。廓而論之，在
這些人的背後和四周，還會有更多跌宕起伏於革命之中而一身不顯不達
的科舉士人，他們同樣在這種共同的變化和趨向之中，並以自己的存在
反照了這種共同的變化和趨向在那個時候所曾達到的廣度。與初試革命
的孫中山被剛剛轉向革命的讀書人當成「大盜」和「海賊」的昔日情景相
比，已是一種顯然的後來不同於從前。因此，作為一個歷史過程，20
世紀初年的「秀才造反」雖由少數先覺者作始於庚子前後，而知識人群
體意義上的認同和歸聚，則出現於同盟會成立之後的1906年。之後歸
聚造就的眾多改變了原本的少數，便在比較完整的涵義上，為這個以知
識人為先覺者的過程造就了一個知識人的主體。而同此時日，同此境
地，在這個主體的邊上，還有同以維新變法為源頭，而歸旨於立憲的另
一個知識群體，他們自外於排滿革命，但其以文字撻伐朝廷的聲勢凌
厲，又與排滿革命形成了實際上的共振和共鳴。其直接的結果，是晚清
中國由思想到社會日甚一日的劇烈動盪。而親身經歷了這種動盪歲月的
嚴復以「科舉既廢」和「四海喁喁」為「辛壬革命之運」說因果，筆下對應
的也正是1906年之後的這一段歷史。與那個時候鼓盪一時的「排滿革命
之思潮」相比，他更相信的顯然是「思潮」的背後和深處，有著蘇軾所說
的「天民之秀傑」一旦「失職」，則無異「縱百萬虎狼於山林」。由此返視
19世紀中葉讀書人群起於田間，同造反的太平天國苦相廝殺，百戰艱
難以守護名教而排拒「天父天兄之教」的激烈場面，正可以見五十年之
間已經換了人間。

三 「報館鼓吹之功」：辛亥革命中的文化與政治

辛亥年武昌起義，壬子年皇帝退位。歷時二百六十年的王朝以此
為結局，屢仆屢起的排滿革命也以此為了局。但對於知識人來說，這個
由知識人主導的過程所造就的歷史變化，其實際內容並不止於這種結局
和了局。

武昌起義之日曾被推為革命軍「總指揮」的吳兆麟後來追敘首尾，作〈辛亥武昌革命工程第八營首義始末記〉。其中以親歷親知之所得說「武昌革命成功之原因」，列為要端並置於首位的卻不是槍炮而是書報：

> 旋陳天華所著《警世鐘》、《猛回頭》等書秘運到鄂，梁起[啟]超之飲冰室及《新民叢報》，孫文、章太炎、汪精衛等之《民報》漸次輸入國內，軍學界同人閱之極為心服，民智大開。僉謂中國之所以不能圖強，實由於滿漢界限所致，種族之思油然以興，排滿之風日盛一日。[64]

至「辛亥八月以前」，又尤以上海「《民立報》逐日鼓吹」，於「促成湖北革命，其影響極大。是年文字之收功，《民立報》之力也」。[65] 他記述了「輸入」的書報對湖北「軍學界」的思想養成，以及報章「鼓吹」和武昌起義之間可以直觀而見的因果。由此展現的是一種文字感染群體的過程。與之相類，贛人鄧文翬自述由讀書而思想大變；浙人呂公望自述由讀報而思想大變；[66] 以及年輩稍後的蔣夢麟自述在學堂裏既讀《新民叢報》，又讀「革命黨人」出版的「許多刊物」，而後是「我們從梁啟超獲得精神食糧，孫中山先生以及其他革命志士，則使我們的革命情緒不斷增漲」。[67] 他們的自述所記錄的則是各自經歷的個體心路。群體和個體都在書報的影響下發生變化，而以這些文字留下的思想痕跡作比照，又可見其時的《民報》和《新民叢報》雖各立宗旨，彼此交爭，但自受眾一面的感知而言，是兩者都在以其影響所及，促成了知識人對朝廷的異己，並由異己而對立，由對立而對抗，從而兩者實際上已同在一個過程之中，並在同造一種時勢。因此，民國初年，章太炎說：「嘗觀清政府之亡也，非以

64　莊建平編：《近代史資料文庫》第7卷，上海：上海書店出版社，2009年，第228、233、241頁。

65　莊建平編：《近代史資料文庫》第7卷，第228、233、241頁。

66　莊建平編：《近代史資料文庫》第7卷，第2、110頁。

67　蔣夢麟：《西潮》，台北：金楓出版有限公司，1990年，第68頁。

兵刃，乃自言論意志亡之。」[68] 相近的時間裏，梁啟超說：「去秋武漢起義，不數月而國體丕變，成功之速，殆為中外古今所未有。南方尚稍煩戰事，若北方則更不勞一兵不折一矢矣。問其何以能如是，則報館鼓吹之功最高，此天下公言也。」[69] 而與他們立場不同的嚴復致書莫理循，論說「這場起義的遠因和近因」，而尤其著力於抉示「心懷不滿的新聞記者們給中國老百姓頭腦中帶來的偏見和誤解的反響」，[70] 注目的也是同一種物事。他們各自為革命說因果，但審視剛剛過去的那一段歷史，則皆以「言論意志」、「報館鼓吹」和「心懷不滿的新聞記者們」統括總體而不論派別，顯然都相信其間書報造革命的共性更大於曾經的各立宗旨和彼此交爭。這些人目睹了清代君權的分崩離析，但其各自評說的重心卻不在王朝的倒塌，而在掀翻了王朝的這種書報造革命。

與歷史上的士人失路而「唱亂」相比，由此生成的是一種全然不同和前所未有的自下變上。就其可以直觀的一面而言，統貫於這個過程之中的共和國體、立憲政體，以及與之交相纏繞的滿漢之辨都以當日中國的政事為內容，從而能夠附託時事，以文字改變觀念，以觀念改變人心。共和、立憲、革命排滿都是對於現存秩序的顛翻，因此，書報進入了這一段歷史並突出於這一段歷史之中，而所到之處的觀念改變人心，同時便是朝野之間的脫散和斷離。之後的「辛壬革命之運」之所以全然不同和前所未有，正在於其間重造了乾坤的直接動因和決定力量並不是「兵刃」和「戰事」，而是思想改造社會。以「今人喜談主義，而洞然知其故者殆罕」相比量，其時的論說所引用的許多外國道理都應在這個範圍之中，但「報館鼓吹之功最高」又說明，外國道理雖猶未洞知本原而識其「神髓」，卻已經在感染人心而掀天揭地了。知識人促成了思想的恢張，並牽引了思想改造社會，他們意在自度度人，然而這種自度度人又

68 章太炎著，湯志鈞編：《章太炎政論選集》下冊，北京：中華書局，1977年，第601頁。
69 梁啟超：《飲冰室合集》第4冊，《文集》之二十九，第1頁。
70 莫理循著，駱惠敏編，劉桂梁等譯：《清末民初政情內幕》上冊，北京：知識出版社，1986年，第782頁。

是在自變變人中實現的。所以，在可以直觀的一面之外，知識人以其自身的嬗蛻而日益不同於舊日士人便成為這個過程裏更加內在的一面。

　　一千三百多年來，讀書的士人在科舉制度之下曾長久地合文化主體和政治主體於一身，至20世紀初年，又因科舉停置而致文化主體不復再能循其舊路進入政治之中。但作為仍然存在的文化主體，他們又仍然背負著一千三百多年科舉制度養成的自我意識，並因之而不會心甘情願地自置於政治之外。兩者之間構成的是一種深刻的矛盾和直接的緊張。唐末士人因「進士不第」而「倡亂」發生於科舉制度之下，則亂事起和亂事落都猶在文化主體與政治主體同一之下，所以其起落之間，時間上和空間上都是有限的。與之相比，錢穆說是：「自晚清廢科舉，讀書人的政治出路遂告斷絕。然讀書人當為並世一指導階層之心理，則依然存在。」因此，在久以「『道統』居於『政統』之上」為當然，而且久以道統的傳承在士人一面為當然之後，歷經這種文化與政治的裂斷，「其內心潛在之不平，自可想像而知」。[71] 而後是文化主體雖然「政治出路遂告斷絕」，卻依舊在傾其全力地以文化、思想、學理、論說籠罩政治、褒貶政治和引導政治，並合為前所未有的多士亢鳴和各是其是。但本與帝王共治天下的讀書人成了被隔絕於政府之外的陌路人，以及由此而來的因失其本位而「不平」，因「絕無生路」而憤懣，已使文化主體與承載權力的政治主體從昔日的同一變為此日的相異。所以，這種文化、思想、學理、論說化入多士亢鳴而籠罩政治、褒貶政治和引導政治，便歷史地成為文化主體對於權力主體的傾力衝擊和公開對抗。當時人說「四民擾擾，惟士難訓，失所依歸，必自橫決」。[72] 失所依歸的士同時也在失掉士的本相。作為對比，則是沒有了文化支撐的權力主體孤懸於上，在這種衝擊和對抗面前全無還手之力。他們在筆鋒之下被刮得遍體鱗傷，卻發不出一點能夠回應衝擊、對抗，而言之成理地自我表達和自我維持的

71　錢穆：《中國學術思想史論叢》第9冊，台北：素書樓文教基金會、蘭臺出版社，2000年，第30頁。

72　章士釗：《章士釗全集》第5卷，第122頁。

聲音，遂使文化、思想、學理、論説以其莫之能禦成了那個時候一邊倒的強音。嚴復在民初曾以梁啟超為典型，非常明白地刻劃過這種一方的莫之能禦和一方的沒有還手之力：

> 至於任公，則自竄身海外以來，常以摧剝征伐政府，為唯一之能事。《清議》、《新民》、《國風》，進而彌屬，至於其極，詆之為窮兇極惡，意若不共戴天。以一己之於新學，略有所知，遂若舊制，一無可恕，其辭具在，吾豈誑哉。一夫作難，九廟遂墮，而天下洶洶，莫誰適主。[73]

就「摧剝征伐政府」為「能事」而言，《清議》、《新民》、《國風》與《民報》一系的眾多刊物本自同屬一路，其間的言論造為滔滔然大波便成了那個時候的風會所煽。此前七十年，管同論「風俗」，曾經由「今則 [讀書之士] 一使事科舉」說到「百數十年，天下紛紛亦多事矣，顧其難皆起於田野之奸，閭巷之俠，而朝廷、學校之間安且靜也」，[74] 以見科舉制度之下清代士風的循本分和守規矩。然則與其時的士人面目相比，此日最醒目的正是這種出自士人的「摧剝征伐政府」打破了「安且靜也」，以另一副面目表現出來的士人自身急劇的嬗蛻和異化。而由表及裏，則這種嬗蛻和異化的背後，一面是曾經支撐政治權力的文化主體，因「進身無階」而自立於政治權力之外，卻仍然力能攪動天下；一面是開放的政府變為不開放的政府，遂使沒有了文化主體支撐的政治權力已不復再能成為一世共尊和人間獨尊的權力。這個過程起於科舉停置，而與「辛壬革命之運」相交集，之後，又在革命改變國體和政體的過程中自為演化延伸，把這種生成於晚清的深刻矛盾移入民初的中國社會之中。

嚴復以「科舉既廢」和「心懷不滿的新聞記者們」說「辛壬革命之運」；章太炎以「言論意志」說「清政府之亡」；梁啟超以「報館鼓吹」說鼎革之

---

73 嚴復：《嚴復集》第3冊，第632頁。
74 繆荃孫編：《續碑傳集》第9冊，上海：上海人民出版社，2018年，第3089頁。

際的「成功之速」；吳兆麟以書報的影響説武昌起義的因果。合而論之，則俱見清末最後的一段歷史裏，被隔絕於政治權力之外的文化主體之所以猶能以文化、思想、學理、論述籠罩政治、褒貶政治和引導政治，都是借助於報刊以及與之相屬連的印刷讀物實現的。這是一種此前二千多年裏未曾有過的東西。光緒初年，總督陝甘的左宗棠屢次在信中議及上海「新聞報」之論時事，常為西人所左右，而尤其痛恨「江浙文人無賴，以報館主筆為其末路」。[75] 與之對應的事實，是近代中國的報紙作始於西人，發端於口岸，並因此而曾被當日的士大夫看成異端。但二十三年之後，張之洞作〈勸學篇〉已説是：「乙未以後，志士文人創開報館，廣譯洋報，參以博議，始於滬上，流衍於各省，內政、外事、學術皆有焉。雖論説純駁不一，要可以擴見聞，長志氣，滌懷安之酖毒，破捫籥之瞽論，於是一孔之士、山澤之農始知有神州；筐篋之吏、煙霧之儒始知有時局。」[76] 其觀感與左宗棠已顯然不同。以因果説由來，是中日甲午戰爭以其創深痛巨化為警懼，改變了舊日士大夫的眼光，而後是從乙未到戊戌，「志士文人」以開民智為懷抱而能識報館之大用，又能據有報館而施其大用。彼時梁啟超主《時務報》筆政，而於友朋書信中言之傲然地説「今日之《時務報》誰敢不閱！」[77] 其負手向天的一派顧盼自雄，正折射了乙未之後的中國，報刊影響人心的廣泛程度與深入程度，以及「志士文人」借報章「論説」之能夠名位不顯而勢居上游。迨維新變法一時重挫，繼之以科舉停置，而「向恃人才以為用者，今惟人才之為患」，則20世紀最初的十年裏，開民智的報館遂一變而為以文字鼓盪天下，與朝廷為敵為仇。辛壬之後十五年，戈公振作《中國報學史》説此一段文字鼓盪，總論之曰「能於十餘年間，顛覆清社，宏我漢京，文學之盛

75　左宗棠：《左宗棠全集》第11冊，第562、565、571頁；徐珂編：《清稗類鈔》第2冊，1981年，第535頁。

76　張之洞：《張之洞全集》第12冊，第9745–9746頁。

77　上海圖書館編：《汪康年師友書札》第3冊，上海：上海古籍出版社，1986年，第1863頁。

衰，繫乎國運之隆替，不其然歟」。[78] 與吳兆麟、章太炎、梁啟超在辛
壬之後論報館造革命的陳說旨義略同，而引申及於「國運」，立意又更
見廓大。然則從19世紀90年代中期的乙未到20世紀第二個十年開頭的
辛壬，十多年之間，由西人先創的報刊移入中國士人之手，又經一變再
變，已能於「顛覆清社，宏我漢京」的倒海翻江中一展其傾動天下的力
量，並實際地成為中國社會裏一種後起的重心和重勢。

　　這種重心和重勢由文化造就，從而歸知識人所有。而其產生、形
成和影響四播的過程，以及這個過程的越演越激在時間上與政府由開放
變為不開放的過程之大體相重合，又以兩頭之間的交錯與對照，明白地
顯示了被移出了政治權力的文化主體對於政治權力的回應與反激。因
此，這種後起的重心和重勢雖由文化造就，並置身於政府之外，但其以
文字呼喚風雲雷電的著力處，卻始終在中國的政治和承載了權力的政治
主體。是以中國人的「報館鼓吹」始於學西人的報紙，但西人的報紙賣
的是新聞，所以重頭在消息；而中國人的報紙播撒的是觀念和道理，所
以重頭在論說和評議。初起的《時務報》一紙風行之日，受眾之推崇已
全在於其「文字驚心動魄，足以開守舊之蔽」。[79] 相隔數年，後起的《蘇
報》則特為刊發「告白」說：「本報務以單純之議論，作時局之機關。所
有各省及本埠之瑣屑新聞，概不合本報之格，嚴從沙汰，以一旨歸」，[80]
可謂言之直白明瞭。而由此形成的共性，便使中國人的報刊從一開始就
以直入政治為己任，比之當年左宗棠眼中「江浙文人無賴」倚之為末路
所託的「報館」，顯然已全不相同而別成一路。這種不同說明，自源頭
開始，「志士文人」之「創開報館」，已是意在由廟堂之外影響廟堂之內。
至科舉停置，則廟堂之內與廟堂之外的流通隨之隔絕，而後，一面是文
化主體與承載了權力的政治主體因斷裂而對立，因對立而頡頏，都演化

78　戈公振：《中國報學史》，北京：生活・讀書・新知三聯書店，1955年，第
　　177頁。
79　上海圖書館編：《汪康年師友書札》第2冊，第1310頁。
80　章士釗：《章士釗全集》第1卷，第6頁。

為報刊與朝廷的斷裂、對立和頡頏；一面是這種斷裂、對立和頡頏又在催生出數量更多的報刊。顯見得20世紀初年的中國，正是借助於這種此前所未曾有過的東西，由二千多年歷史沿襲而來的「讀書人當為並世一指導階層」的懷抱才能一脈相承於另一個時代，在文化主體已經與政治主體斷離之後得以施展和表達。從這個意義上說，是移來的報刊維繫了士人傳統。馬敘倫後來自述當時因捲入學潮而被開除，又因被開除而成了報人：

> 我們被開除學籍後，不但無法投考別的學校，也無力再進學校，尤其是我因家景困難，非謀事不可；幸而這一時期，辦報成了風氣，如新昌董亦韓先生在上海辦了一份《經世報》，諸暨趙彝初先生辦《選報》，我被人介紹到《選報》任編校。趙先生對辦報很感興趣，不久，他又找陳戢宸先生來再辦一份《新世界學報》，梁啟超先生評為第二流。這份刊物，影響了新舊文化人。較後，順德鄧秋枚先生實，在上海辦了一份《政藝通報》，我被他邀為編撰；後來他又辦了一份《國粹學報》，我又擔任了撰述。這些刊物，當然有一定的任務——鼓吹革命。[81]

一面是政府由開放變為不開放，一面是「辦報成了風氣」，兩者前後相接於同一個過程之中，遂使昔日的士人在廟堂之內立言，變成了此日的知識人在廟堂之外眾聲四起。前者面對君主，後者面對社會。其時曾有讀報人致書報館說：「貴報銷路甚廣，讀書之士，人置一編，凡閱報者之心思，蓋莫不以貴報之毀譽從而毀者非之，譽者是之。」[82]以此為代表性的趨向，顯見得與立言於廟堂之內相比，是廟堂之外的「報館鼓吹」影響的範圍更大，呼應的響聲也更大。這個過程把西人的「新聞紙」改造成中國人以「單純之議論」進入「時局」之中的報紙，隨之而起的激盪扦格，遂使本歸朝廷所獨有的籠罩天下之勢，又面對著朝廷之外另一

81　莊建平編：《近代史資料文庫》第7卷，第302–303頁。
82　章士釗：《章士釗全集》第1卷，第18頁。

種籠罩天下之勢；而承載了權力的政治主體，則因之而面對著一個正在越來越政治化的文化主體。這種因科舉停置而發生的政治與文化之間的變遷遂成為歷史裏從來沒有過的人世形相。

與清代相比，繼起的民國在代議政治的名目下構成了一種政府、國會、政黨互相隔閡的彼此的共生。政府的主體是官僚，國會和政黨產出的是政客。雖說後者隨憲政而生，但以科舉制度下的懷牒自投相度量，兩者都並非由政治權力開放而來。與之對比而見的，則是代議政治的邊界之外，報館勢力沿前清而來的以言論自成一種政治開放之局。之後是不開放的權力政治和開放的輿論政治長在角抵之中。1912年秋，剛剛歸國的梁啟超在「報界歡迎會」作演說，由「鄙人十八年來經辦之報凡七」而及「今國中報館之發達，一日千里，即以京師論已逾百家」。[83] 若加上京師以外的四百來家，[84] 則具見其時的報館連袂而起的密集程度。十八年來，梁啟超不僅先作報人生涯，其以身示範影響後來的，尤其在於「報館有兩大天職，一曰對於政府而為其監督者，二曰對於國民而為其嚮導者」[85] 的自許與自負。比之君權之下的政事議定於奏摺和詔書之間，立憲政治下的政事群議於國會，並因群議的公開性而與國會之外的輿論呼應和對撞。而後合「監督」與「嚮導」為一體，當日的報刊論說以恣肆汪洋為聲勢宏張，交集於政界而逞其筆底鋒芒，遂有「無能力之國會」、「國會浪費時間之弊害」、「正告國會議員」、「說黨」、「憲法之三大精神」、「論統治權總攬者之有無」、「主權討論之討論」、「余之民權觀」、「大總統之地位及權限」、「關於總統及國會問題意見書」、「總統連任問題」、「元首無責任之釋義」、「政府與國會之權限」、「關於立法權政府與國會之權限」、「共和國之行政權」、「行政權消滅與行政權轉移」、「國務員經國會同意之研究」、「同意權與解散權」、「論不信任投票與責

83　梁啟超：《飲冰室合集》第4冊，《文集》之二十九，第4頁。
84　戈公振：《中國報學史》，第181頁。
85　梁啟超：《飲冰室合集》第2冊，《文集》之十一，第36頁。

任內閣制之關係」、「彈劾之種類」、「憲法問題之商榷」等等,[86] 源頭皆出
自其時的政爭,而事關政體和國體之大計的題目。比之國會中人和政府
中人,立論的作者大半對於憲政的學理更內行,遂使其一腔「監督」和
「嚮導」的熱忱化入筆下,常常會變成對於局中人的發蒙、調教和抨擊、
詬詈的紛然交集。所以那個時候的輿論滔滔雖出自實際政治過程之外,
而聲勢所至,則往往更能憾動人心。

四 輿論與政治權力

然而作為輿論滔滔的主體,民初的知識人其實又是一種不對稱的社
會存在。自一面而言,是科舉停置之後,「近代中國此一士階層,在本
質上」已「不斷趨於沒落」;而從學校中成批產出的學生,則又使之在「數
量上」連續地「不斷增添」。[87] 於是從清末到民初,見之於記述的有「科
舉既廢,生員四方覓食」,[88] 有積學文士為遊戲小報「日撰諧嬉之言數
則,以此資生」,[89] 有「留學生之為軍閥秘書,中學生之充軍隊先鋒」,[90]
等等。與科舉時代相比,「士階層」已明顯地由社會中心散落到社會的
中心之外。而同樣見之於記述的往昔「我國閨秀之爭嫁詞林也」,一變
為「年來曲中名妓爭嫁軍人」,[91] 則以世情的今昔之異寫照了士類的跌
落。章士釗後來極而言之,說是「末世文人,賤同丘蜌」。[92] 但自另一面
而言,天下的報館歸知識人所有,正是知識人仍然在以言論動天下。而

---

86 經世文社:《民國經世文編》第2冊,北京:北京圖書館出版社,2006年,
〈目錄〉,第1–5頁。

87 錢穆:《中國學術思想史論叢》第9冊,第141–142頁。

88 朱壽朋編:《光緒朝東華錄》第5冊,第(總)5625頁。

89 馬敘倫:《石屋餘瀋‧石屋續瀋》,第58頁。

90 章士釗:《章士釗全集》第6卷,第446頁。

91 蘋梗:《秦淮感舊錄》上,載雷瑨輯:《清人說薈》,上海:上海文藝出版
社,1990年,第3頁。

92 章士釗:《章士釗全集》第6卷,第294頁。

言論之能夠動天下，是因為其間的大題目是公共的，大道理是公共的，評判的尺度是公共的，從而四起的回應是公共的。就這一點來說，雖然報館在傳統中國的三百六十行之外，而「末世文人，賤同丘蟬」，但民初中國的知識人猶能藉此以自為標格，與此前兩千年裏士類於四民之中所獨有的公共性品格維持了外觀上的一線相延，並因此而承當了一個脫出了政治權力的文化主體。而後是文化與權力的扞格便沿清末而來，又顯現於民初。1912 年 3 月，「中國報界俱進會」接「南京內務部來電，頒布暫行報律三章」以管制報刊，致「同業者群起而抗之」；後一個月，又有「蜀軍政府」頒行「報律三十七條」以管制報刊，尤被視為「咄咄怪事」。其要害皆在「政府刻刻假定國民之違法，刻刻而檢查之，是直狗馬國民也，是直盜賊國民也」，[93] 在時人眼中，其出手壓抑顯然比舊朝更自覺而且更凌厲。作為本由革命催生的政治權力，剛剛成立的南京臨時政府以及「蜀軍政府」裏，不少人都應有過書報促成革命的直接經驗和間接經驗。然而革命一經造出了政府，則曾經借助於「報館鼓吹」的人，便已變成了管制報館論說的人。在這種前後相悖裏，由人物的一時反轉所表現出來，而又比人物的一時反轉更深一層的，正是科舉停置之後，脫出了權力的文化主體與承載了權力的政治主體之間各成一端，無從同一。因此君權之下兩者分立，共和之下兩者也分立，而權力的管制，其實正反映了權力的無從管制。之後章太炎入北京，受袁世凱羈禁數年，承辦其　　　　　　　　事　　　　　　　　的　　　　　　　　陸建章說：太炎先生，「用處甚大，他日太炎一篇文章，可少用數師兵馬也」。然則權力之無端羈禁文人，正在於深懼其「文字，可轉移天下」。[94]與之相彷彿的還有梁啟超自述洪憲帝制發端之日，「我那文章〔〈異哉所謂國體問題者〉〕還沒有發表以前」，袁世凱曾「打發人送了十萬塊錢一張票子和幾件禮物來，說是送給我們老太爺的壽禮」。然後慨而論之曰

93　章士釗：《章士釗全集》第 2 卷，第 68、225–226 頁。

94　劉成禺、張伯駒：《洪憲紀事詩三種》，上海：上海古籍出版社，1983 年，第 180–181 頁。

「他太看人不起了，以為什麼人都是拿臭銅錢買得來」。[95] 民初的袁世凱和南京臨時政府並不同在一路之中，然而前者的羈禁收買以堵截文字之「轉移天下」，與後者的頒「報律」以管制報刊論說，其命意則顯然相去並不太遠，蓋源頭俱在政治權力對文化主體以論說影響社會的忌與畏交集，而忌與畏交集，又真實地反照了文字和論說以其四面播揚化為人世間的掀動，比政治權力行之更遠而且彌散更廣。

由於忌與畏交集，時當民國初年的政爭激烈和政潮激盪之下，政治權力自身本在不相統一和起伏無定之中。以此為常態，則各成一派而以政爭和政潮相互撕鬥的政治權力，當其彼此相扼相撲之際，又常常會向政局之外的文化主體陳訴自己的有道和對手的無道，以期能借來一點文字和論說的「轉移天下」之力。於是而有20年代前期參議院、眾議院通電全國，東三省議會聯合會通電全國，「宜昌孫傳芳」通電全國，「江西陳光遠」通電全國，「北京張耀曾」通電全國，以及馮玉祥通電全國，吳佩孚通電全國，王懷慶、胡景翼通電全國，蕭耀南通電全國，「江浙五省等」通電全國等等的各自伸說，雖多以互相攻訐為本色，卻無不籲請「各報館公鑒」、「各報館均鑒」和「全國報館轉各公團均鑒」，以之為傾聽的一方和評判的一方。[96] 其中尤其典型的，是被直系軍閥拱上台的黎元洪，之後又被直系軍閥逼下台，並被攔截於京津途中。倉皇之際，「黎令顧問英人辛博森往電報局發電云：上海報館轉全國報館鑒：元洪今日乘車來津，車抵楊村，即有直隸王省長上車監視。抵新站，王省長令摘去車頭。種種威嚇，已失自由。特此奉聞」。[97] 他雖屬首義元勛而且做過兩次總統，但困厄之中與武人相持，能夠祈求公道的卻只有知識人提調的「全國報館」。與管制、羈禁、收買相比，這種籲請表現了政

95　梁啟超：《飲冰室合集》第5冊，《文集》之三十九，第90頁。

96　其間更周詳一點的，還有引蔡子民、熊秉三、范靜生、康長素、梁任公、章太炎、嚴範生、張仲仁等等出自文化主體的人物為之「均鑒」以申公論。中國史學會：《北洋軍閥》第4冊，上海：上海人民出版社，1993年，第46、54、62、64–65頁；莊建平編：《近代史資料文庫》第2卷，第643–650頁。

97　莊建平編：《近代史資料文庫》第2卷，第76頁。

治權力面對文化主體的相形技窮。而籲請和管制、羈禁、收買的一時俱
見，又反映了知識人從社會中心散落到邊緣之日，由他們所維持的文化
主體則依然居於社會中心而與政治權力相匹敵。

　　科舉停置後三年朝廷議立憲，開新者以「學堂布滿全國，報館盤踞
要津」為一時之盛；守舊者以「報館、學堂，不農不工不商，但可強名
曰士」為今昔變異。[98] 兩者所注目的，都是後科舉時代知識人的集聚以
學堂和報館為大端。而十多年之後胡適追敘自己在光緒末年「從徽州來
到上海」入學堂，印象最深的，是「幾乎沒有一天不看《時報》」，並為其
「明快冷刻」的時事短評所影響，以至於六年之間，「《時報》與學校，幾
乎成了不可分離的伴侶了」。其間以報刊的臧否為導引，曾有過「我受
了《時報》短評的影響，痛恨上海道袁樹勛的喪失國權，曾和兩個同學
寫了一封長信去痛罵他」[99] 這樣直接與官家為敵的事。然則由胡適的自
述觀照當日，顯然是報館之牽動人心而聲響四播，其實影響又遠過於學
堂。這種牽動人心和聲響四播，戈公振謂之「昌言無諱之報館」，謂之
「宣諸萬眾之聽聞」：

　　自報章之文體行，遇事暢言，意無不盡。因印刷之進化，而傳布
　　愈易，因批判之風開，而真理乃愈見。所謂自由博愛平等之學
　　說，乃一一輸入我國，而國人知有所謂自由、博愛、平等。[100]

而後是「批判」和「傳布」之下的人心漸變和人心大變。[101] 雖說以「自由
平等博愛」總括清末以來的報館鼓吹未必全能合轍，但由「昌言無諱」與
「宣諸萬眾之聽聞」相對舉，則真實地寫照了一種從來沒有過的士議直
接震盪天下。「宣諸萬眾之聽聞」寫照了立言於報章和立言於廟堂的區
別，就其歷史內容而言，則一面是梁啟超所說的「倡政治改革」、「倡教

98　故宮博物院明清檔案部匯編：《清末籌備立憲檔案史料》上冊，第336–337頁。
99　胡適著，季羨林編：《胡適全集》第2卷，合肥：安徽教育出版社，2003
　　年，第403–404頁。
100　戈公振：《中國報學史》，第173、177頁。
101　戈公振：《中國報學史》，第173、177頁。

育改革」、「倡實業改革」、「倡社會改革」、「言革命」、「言暗殺」，以及「爭路權」、「爭礦權」、「言地方自治」皆出自「少數人」；[102] 一面是出自少數的思想、主張、價值、判斷經報館鼓吹而直面多數、影響多數、改變多數和牽引多數，並且在這個過程中源源不斷地化為社會思潮，以及思潮催發下人世間的跌宕起伏。二千年來的中國，士居四民之首，同時士又是四民中的少數。當立言由廟堂移到報章之日，知識人仍然是少數。但報章的「宣諸萬眾」能夠變少數人的聲音為一世之強音，與此對應，便是多數人為強音所罩，都成了聆聽者、接受者、應和者。於是而有少年胡適跟著報館走的痛罵袁樹勛。因此，在舊日的士林清議趨於式微之際，士議經報章而弘張，也因報章而嬗蛻，其本義已演化為代表大眾、提調大眾和裹挾大眾的社會輿論。而與大眾疏離懸隔的政治權力之所以各有陳訴，共請「報館公鑒」和「報館均鑒」，正在於報館能夠左右輿論，輿論能夠左右人心。兩者之間的這種關係，真實地說明，從清末到民初，曾經同生同存的文化主體與政治主體雖因科舉停置而被截成兩段，其實彼此無從隔離而長在互相交集、互相糾結又互相頡頏、互相影響之中。在這種交集、糾結和頡頏、影響裏，兩者顯然都已自為嬗遞而都與過去大不相同了。

居於少數的知識人能夠以其立言於報章而造就代表大眾、提調大眾和裹挾大眾的社會輿論，是群體的知識人隨開放的政府變為不開放的政府而失其立足之地，從社會中心移向社會邊緣的同時，「自報章之文體行，遇事暢言」和「因印刷之進化，而傳布愈易」，又使知識人中最具活力和最有進取意識者能以言論文字鼓盪「萬眾之聽聞」，於古無徵地再造一種長存於世間的社會重心，並以此延續了自古而來的以天下為己任。梁啟超說是「輿論者，天地間最大之勢力，未有能禦者也」。[103] 因此，以清末的《清議報》、《新民叢報》、《民報》到民初的《大共和報》、《大中華報》、《甲寅》、《新青年》、《新潮》、《每週評論》等等，大半都

102 梁啟超：《飲冰室合集》第6冊，《專集》之四，第157頁。
103 梁啟超：《飲冰室合集》第3冊，《文集》之二十五（上），第145頁。

曾聲光四播，萬眾注目。作為一種既廣且遠的支配力，聲光四播和萬眾注目都是政府的臂力所不能及的。

　　然而作為知識群體的匯聚之所在，科舉停置之後的「學堂布滿全國」和「報館盤踞要津」，是以學堂群集於城市，報館也群集於城市為其實際空間的。因此，報館以言論文字再造的社會重心立足於城市；與之同一個過程的，是學堂周而復始地產出知識人，以及這些知識人一經產出便移入社會邊緣的「彷徨歧途，莫知適從」，[104] 也周而復始地生成於城市和積聚於城市。雖說此日的知識人仍然常常被看成士大夫，並常常自居於士大夫，[105] 但在士大夫時代之後，知識人時代其實已另成一種社會景觀。

　　民國初年，杜亞泉說，學堂產出的知識人「除政治生涯以外，不適於他種之職業」，遂使其時的「政治風潮」常常因「學校教師」而「波及於學校」，「政治新聞」常常因「新聞記者」而「彌蔓於城市」：

> 其不得職業之高等遊民，貧困無聊，對於現政治負怨望，對於現社會抱不平，改革之聲，一倡百和，雖以俾士麥之雄，對於大學卒業生之貧民窟，猶惴惴焉。[106]

二十年以後，黃炎培又說學堂產出的知識人「沒有正當的事情做，為求生存，恐怕什麼越軌的事都會做出來。個人鬧亂子，社會也就不安定」。[107] 這種觀察和評說二十餘年間延續不絕，正說明其間的因果始終常存，而不為歲月所移易。作為當日的紀實，「貧困無聊」、「怨望」、

104 錢基博：《精忠柏石室教育文選》，武漢：華中師範大學出版社，2014年，第114頁。

105 章士釗：《章士釗全集》第1卷，第376頁；經世文社：《民國經世文編》第6冊，第3750、3809頁；梁啟超：《飲冰室合集》第4冊，《文集》之三十三，第71頁。

106 杜亞泉著，田建業等選編：《杜亞泉文選》，上海：華東師範大學出版社，1993年，第48頁。

107 余子俠編：《黃炎培卷》(中國近代思想家文庫)，北京：中國人民大學出版社，2015年，第307頁。

「不平」、「政治風潮」、「改革之聲」和「鬧亂子」裏既有「末世文人，賤同丘蟻」的愁苦辛酸；也有「讀書人當為並世一指導階層」之失落的憤鬱不平。因此，其滔滔然合流而起，寫照的都是置身於城市之中的知識人對自己所在的這個世界不能認同，及其愁苦辛酸和憤鬱不平的政治化。

　　然而就源頭和來路而言，在歷史變遷中移到了邊緣的知識人，本與主持報館而提調輿論，正以言論文字自立一種社會中心的知識人同屬一類。是以杜亞泉筆下的「學校教師」、「新聞記者」與「不得職業之高等遊民」被等而視之和統而論之，正說明了熟視已久之後，在他眼中，同屬一群和同在一類之中的知識人，彼此之間的屬性相去並不太遠。因此，出自其間的對於城市的抵觸逆反、對於社會的抵觸逆反、對於當局的抵觸逆反雖然大半生成於邊緣人群，卻能夠直接進入報館鼓吹，化為「政治主義」、「政治情感」、「政治新聞」和「一倡百和」的「改革之聲」，構成了輿論中萬人注目的大題目。而後是大大小小的報紙評說時務，遂多見指斥政府的「民國官吏，新舊並進。舊官僚奴根未去，新官僚又大種奴根」，以及「中國政治無清明之望，而國病亦幾於不起」的深惡痛絕；又多見寫照「慘苦社會」中城市貧民「終日窮手足之力，以供社會之犧牲，始贏得數十枚之銅圓」和鄉間大眾「以血汗滴滴之辛苦」易一年之食的窮愁無告。深惡痛絕出於憤懣，窮愁無告引發悲憫，更激烈一點的，則訴之於「社會不平，誰實平之？宇宙晦盲，誰實朗之？是不得不希望任俠之士，抱定平除強權、為社會平所[除]不平唯一宗旨，不惜健兒身手，實行古俠義之所為」。[108] 被指為「政治主義」和「改革之聲」的呼喚，其實正是與之同源而生，同路而來的。雖說這種「宗旨」、「主義」和「之聲」之間常常各成一路而彼此不在自覺應和之中，但從清末到民初，由此匯合而成的呼聲不絕和回聲不絕，則共性地顯示了後科舉時代的知識人因其與生俱來的無從伸展，已群體地不能安於斯世斯時。身在歷史變遷之中，本以修己治人為當然的士嬗蛻為邊緣化了的知識人；同時是身

---

108 丁守和編：《辛亥革命時期期刊介紹》第4集，北京：人民出版社，1986年，第114、149、610–611、230頁。

在歷史變遷之中，邊緣化了的知識人又能借助於前史所未曾有的報館立言，以其「政治主義」、「政治情感」、「改革之見」發為議論文字與大眾相見，往往「一言可轟全國」。[109] 由愁苦辛酸和憤鬱不平至「一言可轟全國」，是知識人的演變最終促成了文化主體的演變。而後是「政治主義」、「政治情感」和「改革之見」都會以其一派激越促生人心的動盪、世路的動盪和政局的動盪。

在此以前的二千多年裏，士人群體曾在一個一個王朝的盛衰興滅之間不搖不動，持久地維持了人世間的常規和秩序，並因此成為中國社會裏最穩定的力量。與之相比較，顯然是文化主體與政治主體斷裂之後，清末民初的知識人實際上已成為中國社會裏常在掀動之中，因此而最不穩定的社會力量了。而隨「學堂布滿全國」和「報館盤踞要津」而來的知識人集中於城市，報館也集中於城市，又前所未有地使那個時候的中國城市叢聚當日的矛盾、問題、異議、主張，[110] 成了社會批判的中心和政治批判的中心。與之相為因果的，便是社會風潮和政治風潮起於城市，又傳播於城市。

開放的政府變為不開放的政府，廟堂之內的士大夫變為廟堂之外的知識人，與這兩種變化同時而見的，是作為文化主體的知識人倡說學理、倡說時務、倡說改革、倡說革命、倡說天下之公義、倡說世間的不平，在後科舉時代其個體的脫散之中，這種倡說便成為其整體的存在方式和表達方式。因此，清末民初的報館曾經匯聚了當時和後來的一時名流。舉其大略而言，梁啟超、章太炎、章士釗、吳稚暉、蔡元培、狄楚青、于右任、宋教仁、柳亞子、葉楚傖、戴季陶、汪東、黃侃、康有為、楊篤生、熊希齡、張元濟、汪康年、黃遠生、劉師培、林白水、丁佛言、王國維、楊度、馬君武、居正、田桐、馬敘倫、薛大可、嚴復、詹大悲、邵飄萍、邵力子、蔣方震、蔣智由、陳獨秀、藍公武、朱執

109　章士釗：《章士釗全集》第2卷，第107頁。

110　民初張東蓀作〈中國之社會問題〉一文申論時弊，而開列的「問題」則都是城市問題。見經世文社：《民國經世文編》第2冊，第666頁。

信、廖仲愷、汪精衛、胡漢民、吳貫因、陳煥章、鄧實、黃節、孟森、杜亞泉、徐佛蘇、徐勤、麥孟華等等，雖面目各不相同而都有過一段以筆墨立主張，並以筆墨得大名的報館經歷或與報章結緣的生涯。這是一個知識人以立言塑造報紙品格的過程，也是一個報紙的品格影響了知識人品格的過程。是以同為文化主體，而相比於舊日士人下筆立言多依傍於可以實證的歷史，則此日士人之立言於報章，已常常移到以無從實證的思想為重心了。梁啟超説「思想者，事實之母也。欲建造何等之事實，必先養成何等之思想」；[111] 又説「有新學術，然後有新道德、新政治、新技藝、新器物、有是數者，然後有新國，新世界」。[112] 與之相匹配的，是「閲報愈多者，其人愈智，報館愈多者，其國愈強」[113] 的言之斷然。這種論説和論斷，既明白地顯示了上一代士大夫借西法練兵製器以回應西潮而一路屢起屢仆之後，這一代知識人深信的是用思想和學理改造中國，又説明了思想改造中國是以報章傳播思想為路徑的。而以「歐羅巴文明，實為今日全世界一切文明之母」為這一代「有識者所同認也」，[114] 則由《時務報》開先，「繼軌而作者風起雲湧」[115] 的源源不絕，已使清末民初的二十多年裏，「新學家」引入的「所謂思潮，其奔騰澎湃之勢，乃亘歐洲史中上古、中古、近世之三階級，而畢集於最短之時期」。[116] 在文化主體與朝廷越走越遠的過程中，以思想和學理改造中國，與以思想和學理同政府相頡頏是同義的。而「思潮」之「奔騰澎湃」，則正反映了身入其間的知識人在數量上的越來越多，以及由此而來，並與之一路相伴的匆促和急迫。

111 梁啟超：《飲冰室合集》第1冊，《文集》之六，第12頁。
112 梁啟超：《飲冰室合集》第2冊，《文集》之十三，第1頁。
113 梁啟超：《飲冰室合集》第1冊，《文集》之一，第101頁。
114 梁啟超：《飲冰室合集》第1冊，《文集》之九，第15頁。
115 梁啟超：《飲冰室合集》第1冊，《文集》之六，第53頁。
116 孟森：《孟森政論文集刊》下冊，第1143頁。

五　輿論與知識人

這一代人相信學理和思想，然而與這種各色思想和學理在二十多年裏的「畢集」不相對稱的，是傳播思想和學理的報紙，又常常以肆口輕言與信筆遊走發為詮釋引申。作為二十多年裏最負盛名和最具典範性的報人，曾移來過大量「歐羅巴」思想和學理的梁啟超後期自我評述説：

> 啟超常稱佛説，謂「未能自度，而先度人，是為菩薩發心」。故其平生著作極多，皆隨有所見，隨即發表，彼嘗言「我讀到『性本善』，則教人以『人之初』而已」。殊不思「性相近」以下尚未讀通，恐並「人之初」一句亦不能解，以此教人，安見其不為誤人。

> 啟超平素主張，謂須將世界學説為無限制的儘量輸入。斯固然矣，然必所輸入者確為該思想之本來面目，又必具條理本末，始能供國人切實研究之資，此其事非多數人專門分擔不能。啟超務廣而荒，每一學稍涉其樊，便加論列，故其所述著，多模糊影響籠統之談，甚者純然錯誤。及其自發現而自謀矯正，則已前後矛盾矣。[117]

「未能自度，而先度人」，是把自己還沒有弄明白的外國道理為國人説法；而「務廣而荒」則與「見理不定，屢變屢遷」[118]相為表裏。因此和「前後矛盾」同樣醒目的，又是外國道理各是其是的多樣，以及中國人在這種多樣之間的立論的多變和無從一貫。這些話以誠實的省思説明，一個促成了思潮「澎湃」的人又會在思潮「澎湃」中失其認知的自主。作為同屬這個時代，並同樣立意於以文字醒世的人物，章太炎後來説：「法國人有句話，説中國人種，原是從巴比倫來的。又説中國地方，本來都是苗人，後來被漢人驅逐了。以前我也頗信這句話，近來細細考證，曉得實在不然。」[119]章士釗後來説自己十年之前已「濫廁言論之席，實則奚成

---

117 梁啟超：《飲冰室合集》第8冊，《專集》之三十四，第65頁。
118 梁啟超：《飲冰室合集》第2冊，《文集》之十一，第47頁。
119 章太炎：《章太炎的白話文》，貴陽：貴州教育出版社，2001年，第97頁。

為言論？特深致恨於政治之不良，感情橫決，急無所擇之詞耳」。[120] 前者的「頗信」曾見之於《訄書》的〈序種姓〉，而這一節文字自敘其由「頗信」到「實在不然」的改變，則真實地記錄了他當時一度失掉的認知的自主。後者追溯的是《蘇報》時代的言之滔滔，而以當時他筆下的「意大利、匈牙利之轟轟烈烈」、「歷史為進化之義」、「東西文明程度」以及「文明」與「野蠻」相對待；「自由」與「奴隸」相對待的引彼邦之空泛模糊說中國的時事為比照，則「特深致恨」和「感情橫決」，顯然都是在引陌生的外國觀念「未能自度，而先度人」的肆口詮說。與他們相比，19世紀末倡說自由的嚴復至20世紀初已以自由為大戒，[121] 則又更加直白明瞭地表現了思想和學理傳播過程中的「前後矛盾」。在這些人的背後，還有梁啟超總括而論的留學生取道東洋輸入的思想和學理，其「譯述之業特盛」，尤在規模之大所造就的數量之多：

> 定期出版之雜誌不下數十種，日本每一新書出，譯者動數家，新思想之輸入，如火如荼矣。然皆所謂「梁啟超式」的輸入，無組織、無選擇，本末不具、派別不明，惟以多為貴。而社會亦歡迎之，蓋如久處災區之民，草根木皮、凍雀腐鼠，罔不甘之，朵頤大嚼，其能消化與否不問，能無召病與否更不問也。[122]

以「草根木皮、凍雀腐鼠」為比方，並以「消化與否」和「召病與否」為疑慮，說的正是這種由「無組織、無選擇，本末不具、派別不明」作成的「以多為貴」裏，「新思想之輸入」的各色各樣和迷離混沌。而後，在一派朦朧之中自度度人，以「歐洲史中上古、中古、近世之三階級，而畢集於最短之時期」構成了近代中國「外來思想之吸收」時代。與這個時代共生了二十多年的梁啟超後來轉入講學生涯之日，曾經概括地評說之曰：「一時元氣雖極旺盛，然而有兩種大毛病，一是混雜；二是膚淺，

---

120 章士釗：《章士釗全集》第 2 卷，第 96 頁。

121 嚴復：《嚴復集》第 1 冊，第 23、132–133 頁。

122 梁啟超：《飲冰室合集》第 8 冊，《專集》之三十四，第 71 頁。

直到現在還是一樣。」[123] 比較而言，「元氣」是「一時」的，「兩種大毛病」則是長久的。他所評說的這種「外國思想」的「混雜」和「膚淺」是在傳播中生成的，因此，與之同出一源並合二為一地存在於這個時代的，正是主持了報館，從而主持了傳播的那一代知識人自身常常而有的「混雜」和「膚淺」。而就他們承當了與權力脫榫之後的文化主體而言，則他們的「混雜」和「膚淺」又映顯了後科舉時代文化主體的「混雜」和「膚淺」。

　　梁啟超、章太炎、章士釗的這些自述心路曲折都說明，在經義取士的科舉制度停置之後讓渡出來的大片思想空間裏，後科舉時代的知識人以報館言論自立了一種社會重心的同時，又一路長在言論出於東西洋學理的步步跟從之中，並因之而與舊日的科舉士人越來越不相同。所以，梅光迪在民國初年說，「中國只經過了一代人，便從極端的保守變成了極端的激進，的確令人驚嘆」：

> 如今在中國的教育、政治和思想領域扮演著主角的知識分子們，他們已經完全西化，對自己的精神家園缺乏起碼的理解和熱愛，因而在國內，他們反而成了外國人。[124]

他以自己的極而言之峭刻地說明：知識人引「外來思想」以改造中國為願望，然而由「一代人」的歲月計其實功，則是中國猶未從深處改變，知識人自身先已大變。這種隨報章傳播「外來思想」而獲得的「混雜」、「膚淺」，以及與之相伴而生的多變、「抄襲」、「前後矛盾」和失其自主，都是知識人以立言塑造報紙的品格，同時報紙的品格又影響了知識人品格的過程中實現的。但這個過程的影響所及猶遠不止此。

　　20世紀初年，梁啟超說：上海租界、香港、澳門，「及密邇內地之南洋、日本」，皆「[中國]政府之權不能及」，而後是求「新知識於外界」者「復得此諸地為根據，可以大聲疾呼而無所忌憚。故糾彈抨擊之言，日騰於報章；恢詭畸異之論，數見於新籍。取數千年來思想界之束縛，

123　梁啟超：《飲冰室合集》第10冊，《專集》之七十五，第31頁。
124　梅光迪：《梅光迪文錄》，第220頁。

以極短之日月而破壞之解放之，其食此諸地之賜者，不可謂不多也」。[125]
他著眼的是這種「政府之權不能及」的法外之地能夠提供立言的庇護，
以成其「大聲疾呼而無所忌憚」。而40年代瞿兌之論租界，其中舉為「不
可忽視」的，一是其「西洋文字學術及文化工具之傳播，足以影響到中
國人全體的生活思想」，一是其「包庇煽惑，養成政治上的不統一現
象」，並由此論說前因後果，深信近代中國「敢於發空論不負責任的心
理，都可以說是上海租界所養成」。[126]他更多地看到，並引為大弊的是
法外之地「包庇」之下，以言論作鼓吹者的因不受管束而無須負責。兩
頭的各自表達立意雖然並不相同，但又都以觀察之所得共同地說明了知
識人辦報館，其初起之日都託身於這種中國「政府之權不能及」的地方。
因此梁啟超眼中的「無所忌憚」，實際上是與瞿兌之意中的「不負責任」
連為一體而無從分剝的。曾經主持《蘇報》的章士釗，六十年之後追憶
當日「偽託」電文掀動風潮的舊事，之後說：

> 此外《蘇報》登載清廷嚴拿留學生密諭，清廷知之，曾譴責《蘇報》
> 捏造上諭，《蘇報》卻堅稱密諭是真，從江督署借抄得來。要之，
> 當時凡可以挑撥滿、漢感情，不擇手段，無所不用其極。[127]

「偽託」、「捏造」都是不上枱面的東西，但在不立限制的租界卻可以化
為報章文字而向外流播。與此可以類比的，又有梁啟超主持《新民叢報》
之日，曾作〈辨妄廣告〉一文，具述「香港《中國日報》、《世界公益報》
等」，把另一個中國人上書「日本伯爵副島種臣」自求「策用」的文字懸空
嫁接，移到「鄙人」名下，並變副島種臣為「日本伊藤博文」，復藉此引
申推演「加以種種評論」。然後以「鄙人雖知識暗陋，雖病狂喪心，亦何

---

125 梁啟超：《〈飲冰室合集〉集外文》上冊，北京：北京大學出版社，2005年，
　　第252頁。

126 瞿兌之著，虞雲國、羅襲校訂：《銖庵文存》，瀋陽：遼寧教育出版社，
　　2001年，第100頁。

127 章士釗：《章士釗全集》第8卷，第206頁。

至作彼等言」訴說心中之憤，而斥其「嫁名以誣人」的「卑劣之手段」。[128]
然而此日的受誣者當日也曾「誣人」。在此之前，梁啟超曾作〈滅國新法
論〉刊於《清議報》，說庚子辛丑之間「張之洞懼見忌於政府，乃至電乞
各國，求保其兩湖總督之任」。[129]但以這段記述與張之洞一生的行狀作
勘合排比，則既沒有實證，也沒有旁證，顯然地成了一種不真不實的編
造。因此，若自張之洞一面看去，其「卑劣之手段」與梁啟超心中的《中
國日報》一樣，應當同在一類之中。《蘇報》的「偽託」、「捏造」，對付的
是朝廷；《中國日報》的「誣人」，對付的是同屬新派而政見各異者；《清
議報》的不真不實，對付的是疆吏中的影響朝野者。這些出自不同報刊
而施之於不同對象的「無所不用其極」，正反映了「無所不用其極」在那
個時候與報館的聲勢動人常常相隨而見。因果相及，便是以思想改造中
國的論說和「敢於發空論不負責任」的肆張共生於「無所忌憚」之中，又
在同一個過程裏交錯重疊而難分難辨。

　　在此之前的二千多年歷史裏，「修辭立其誠」曾是士人闡發議論的公
共守則，作為一種出自六經的觀念，立誠的本旨全在言出於己的真實和
言出於己的責任相為表裏。因此，報館託身於法外之地，其「糾彈抨擊」
中的「恢詭畸異」和「不擇手段」一面，正說明法外所提供的庇護，既已
使報館和報人脫出了中國「政府之權」的制束，也已使報館和報人脫出了
「修辭立其誠」留下的公共守則。以後來比從前，顯然是與政治主體斷裂
了的文化主體，其自身又在歷經變遷之中化其氣質而大不相同。清末民
初的中國，一面是知識人因科舉停置而處在脫散之中，一面是主導輿論
的報館被看成是知識人整體主張和整體表達的代表。所以，由「修辭立
其誠」演變為「敢於發空論不負責任」的過程雖然起端於報章文字，但世
人所見，則是知識人群體形象的今時不同於往昔。而當天下鼎革，清末
有過報人經歷的知識人在民初已紛紛轉入政界。自外觀而言，便是文化
主體因科舉停置而斷離了政治權力之後，其間的個體人物又帶著不同於

128　梁啟超：《〈飲冰室合集〉集外文》上冊，第157頁。
129　梁啟超：《飲冰室合集》第1冊，《文集》之六，第43頁。

二千年士人守則的另一種品格而作官僚、作議員、作黨人，作「浮浪政客」，[130] 之後，則「不負責任」連同「無所忌憚」和「不擇手段」，都會隨之一同進入政界，成為時人所見於政界的「藉端相構」、「佞人黠術」、「一切喪其恒信」、「狐埋狐搰」等等。[131] 更多的知識人仍然在政治權力之外，而能夠一時矚目的，則大半都是借報館立言和借報館立名者。遂使出自少數的形象觀外而見地成了知識人的大體形象。求實而論，其時出自報章的聲音並不會全屬「空論」和「恢詭畸異之論」，但那個時候身在世局之中的直觀所見，更容易看到的卻是立言立名的各逐其利和各求一逞。

20年代中期，錢基博說：

> 有宗郇子弟，肄業大學某科，論文未著一字，而畢業得學位者；問其師則皆偉偉負人望。而問師何所為？則文化宣傳也，社會運動也，雜誌做稿也，好大喜功，放言高論。教室以外天下事罔不任，教室以內之學生不暇教。[132]

同一年張中致書《甲寅週刊》說，「比年以來，國之髦士，競尚歐化，號召徒黨，馳騁寰中。然而立意不誠，志在竊譽：或則剿襲陳言，自矜創見；或則稗販異說，率誇通博」，而後是所到之處的表裏相背：

> 其實勞形酬酢，瞀神名利，幾席未得暖，心緒未得寧。彼之於學，初未嘗精力探，確有所得，而天下之名已歸之矣。青年學子，見成名之易也，於是群相慕效，以埋首為恥，以馳逐為能。課室未見其影，而報章時載其文，人亦遂以奇才目之。[133]

130　章士釗：《章士釗全集》第6卷，第235頁。

131　章太炎：《章太炎政論選集》下冊，第606、646、714頁；康有為：《康有為政論集》下冊，第881、1060頁；嚴復：《嚴復集》第3冊，第631、672頁；孟森：《孟森政論文集刊》中冊，第773頁。

132　錢基博：《潛廬詩文存稿》，武漢：華中師範大學出版社，2016年，第316頁。

133　章士釗：《章士釗全集》第5卷，第254頁。

在前一段話裏，「雜誌做稿」已與「文化宣傳」和「社會運動」連為一串，成為知識人中力求進取而富有活力者的要務。但以「好大喜功」與「放言高論」對舉作總而言之和統而言之，同時也說明，與彼時各成流派而興衰無常的「文化宣傳」和「社會運動」相因依，知識人的能事和長技仍然在以文字作鼓盪一面。而「教室以外天下事罔不任，教室以內之學生不暇教」，則以「倬倬負人望」者寫照世相，使人看到二十年之間，本在法外之地庇護下發生的立言與立誠斷裂為兩截，使後科舉時代的知識人在脫出權力束縛的同時也脫出了責任束縛。繼之而來的歲月裏，這種斷裂和脫出的遞相傳接和不斷泛溢，形成了一個變化世間趨向而潛移人物氣質的過程。「國之髦士」改變了一世風氣，而後是身在風氣之中，內裏沒有真意的「放言高論」和心中沒有擔當的「天下事罔不任」遂滔滔然觸目而見，積之既久，便常常召來那個時候的記述與評說中的譏嘲和厭棄。後一段話以「報章時載其文」與「成名之易也」的相為因果，寫照了本以言論自立一種社會重心的報刊雜誌，其聲光和聲勢實際上常常被借用和錯用，並因之而很容易變成個體文人「志在竊譽」的捷徑。比之「天下事罔不任」的大言炎炎，「志在竊譽」又更多了一點僑鄙猥瑣，但溯其來路，則源頭顯然同樣出自立言與立誠的斷為兩截。

　　在這些不同於舊日士人的形象背後，是二十多年之間的文字與報章結緣，既以公共性成全了知識人，也以放達自肆改變了知識人。以之前一千三百多年裏科舉制度攏聚士人所形成的，並因之而為士人共屬的文化主體作對照，後科舉時代的知識人由於沒有一種可以相為依傍而彼此攏集的東西，實際上久以無從共屬為常態。因此，以報館主持輿論的方式所顯現的文化主體的存在，則報館文人在數量上的有限，已決定了輿論的公共性實際上是由少數知識人來主導的，文化主體的同一性也是由少數知識人來主導的。然而生成於同一段歷史裏的「敢於發空論不負責任」，以及由此派生的各色恣縱自是，則自始即滲入其間，成為一種能夠把主持和主導轉變為操縱和操弄的東西。與之一路同來的，便一面是報刊以輿論風動天下開先河，造就了這種前史所未有的文化頡頏權力和思想震盪社會的局面；一面是二十多年之間，局中人前後歧出，彼此扞

格，又使曾經的「凡閱報者之心思，蓋莫不以貴報之毀譽而毀者非之，譽者是之」，因這種論說路數的是非無常和是非不真，而致受眾對於論說的觀感變，「心思」也變。而後是本來意在影響世人的報刊論說，其自身也會被置之於評說之下，在指指點點中一變而為「不根之談」、「以快私憤」、「攻人過惡」。[134] 從清末到民初，報館日多一日，而同時的嚴復說「北京諸報，實無一佳」；章太炎說「古者《詩》亡而《春秋》作，務在持大體；今者《詩》亡而日報作，務在寫怨憎，造言騰布，朱紫不分」，是「今日報紙，皆天師符也」；辜鴻銘說「當日秦始皇所焚之書，即今日之爛報紙，始皇所坑之儒，即今日出爛報紙之主筆也」；鄭孝胥說《晶報》者，「矢尿並載之報也」。[135] 與這些旁觀之論相比，彼時為《國報》文字所傷的熊希齡致書其報館主筆，以「十三年前曾在長沙首創《湘報》，實為湘人辦理日報之鼻祖」自述往昔，然後說：「鄙人不敏，竊有一言以規閣下，夫報館者，國民輿論之利刃也，仁人義士持之，足衛國並以保民，若挾意氣報私仇，持此以為兇器，復與獨夫民賊何異！」[136] 這些人大半都曾經以文字立論而與報館一路同行，從而大半都曾經相信報館能夠代表輿論，而輿論能夠表達公意。但「實無一佳」、「天師符也」、「爛報紙」、「矢尿並載之報」以及「持此以為兇器」，則都說明二十多年裏的閱世所見，是報館曾經為天下造時勢，同時報館自身又會隨時勢移易而變遷演化。是以報館和輿論、輿論和公意之間常常名實乖離而不相對等。

---

134 孫寶瑄：《忘山廬日記》上冊，上海：上海古籍出版社，1983年，第549頁；鄭孝胥著，勞祖德整理：《鄭孝胥日記》第2冊，北京：中華書局，1993年，第1083頁；榮孟源、章伯鋒主編：《近代稗海》第1輯，第308頁。

135 嚴復：《嚴復集》第3冊，第624頁；章太炎：《章太炎政論選集》下冊，第601頁；章太炎著，馬勇編：《章太炎書信集》，石家莊：河北人民出版社，2003年，第486頁；辜鴻銘：《張文襄幕府記聞》下，載雷瑨輯：《清人說薈》，第4頁；章士釗：《章士釗全集》第6卷，第389頁。

136 熊希齡著，周秋光編：《熊希齡集》上冊，長沙：湖南人民出版社，1996年，第427頁。

　　然而在一個知識人立言於政府之外的時代裏，立言依託於報館，報館也依託於立言，因此二十多年裏，與這種名實不相對等同時存在於中國社會的，實際上又是報館在左右輿論和輿論在左右公意。由此形成的矛盾和纏結成為一種限定，而後是那個時候的輿論長在潮來潮去之中，起落之間變動不居，遂使其據有的一時強音雖能聳動人心，卻不易說服人心。20年代中期，章士釗說：

> 天下無真是非久矣！凡一時代激急之論，一派獨擅之以為名高，因束縛馳驟人，使懾於其勢，不顯與對抗，一遭反詰，甚且囁嚅無敢自承。於是此一派者，氣焰獨張，或隱或顯，壟斷天下之輿論而君之。久之他派盡失其自守之域，軒翥之態，如彈簧然，一唯外力之所施者以為受。[137]

在這個過程裏，後「論」與前「論」以此長彼消相為嬗遞，並因相為嬗遞而一種「束縛馳驟」不同於另一種「束縛馳驟」，但其間「有一事相同，則持其故者，一切務為劫持。凡異議之生，不察以理而制以勢」。[138] 然則比之熊希齡筆下「挾意氣報私仇」的小伎倆，顯見得這種「一時代激急之論」由性屬公論的思想和學理作支撐，所以籠罩的範圍更廣而牽動的程度更深。但輿論為「一派獨擅」而能「束縛馳驟人」，則又以一方的「制以勢」和另一方的「懾於其勢」說明，當日「壟斷天下之輿論而君之」的聲勢迫人，正是在「劫持」之下的單面之理轉化為獨斷之勢的過程中造就的。章士釗在清末以文字作鼓吹，曾是聲勢所在的一方，至民初與時潮立異，又備嘗「劫持」之下被「束縛馳驟」的滋味，其言理言勢都出自閱歷之所得。就彼時的文化主體本以思想和學理為撐持的骨架而言，這種理之轉化為勢和勢之「務為劫持」，正以思想和學理的失其本義，說明了文化主體倚為撐持的骨架實際上的脆弱。然而時當「不察以理而制以勢」常常而見之日，又可以在那一代知識人中，見到各持一種學理而成

137　章士釗：《章士釗全集》第5卷，第310–311頁。
138　章士釗：《章士釗全集》第5卷，第310–311頁。

其自信與自負者。嚴復於光宣之交「自擬書房聯語」，說是「有王者興，必來取法；雖聖人起，不易吾言」。[139] 章太炎被拘西牢之日，自謂「上天以國粹付余」；並自期「五十年後」的「銅像巍巍立於雲表」。[140] 梁啟超宣統末期身在日本，致書上海報館「主筆諸君」，言之岸然地說：「吾固自信為現在中國不可少之一人」，所以「吾之能歸國與否，此自關四萬萬人之福命」。就今日中國的時勢而論，「天如不死此四萬萬人者，終必有令我自效之一日，若此四萬萬人而應墮永劫者，則吾先化為異域之灰塵，固其宜也」。但「數年以後，無論中國亡與不亡，舉國行當思我耳」。[141] 比之「束縛馳驟」之下的「懾於其勢」，這種個人的自我期許和自我恢張都表現了這個過程中文化主體氣盛與神旺的一面，其各自意中的思想和學理之成為骨架也因之而得以一見。但身在報刊鼓盪助成了理的挾勢而行，而且理的挾勢而行又依理的前後代謝而常在起落不定之中，則個體的自信和自負又只能是一種有限的存在和不容易持久的存在。時逢一種「激急之論」與另一種「激急之論」此起彼落於後浪推前浪之際，則理變勢亦變，於是而有「新文化」捲地而來之日，曾經久執輿論界牛耳的梁啟超一變先知先覺面目，「盡附其說以自張，尤加甚焉」。對應而見的「諸少年噪曰：梁任公跟著我們跑也」，正是一種繼起的自信與自負已經後來居上。作為對比，則是不肯跟著跑的嚴復和章太炎已被歸到了「落伍」[142] 之例。而後是先起的自我恢張為後來的自我恢張所淹沒。

　　二十多年裏，報館以「嚮導」自居而主持一世之輿論，但知識人的各據一面之理，以及一面之理的挾勢而行和前後多變，又使輿論常在不相屬連之中支離破碎而無從嚮導。同在這個過程之中，並於此感受尤其深切的章士釗曾以吳稚暉、梁啟超、陳獨秀這些一生穿越了清末民初，歷時長遠而始終言之滔滔，以文字顧盼一世的人物為典型，描述了

---

139 嚴復：《嚴復集補編》，第83頁。
140 湯志鈞：《章太炎年譜長編》上冊，第172、188頁。
141 梁啟超：《飲冰室合集》第4冊，《文集》之二十七，第56頁。
142 錢基博：《現代中國文學史》，第478頁。

那個時候的知識人，同時又代表性地寫照了那個時候文化主體的迷離和迷惘：

> 之三人者，各有所長，亦各有所短。以物為喻，稚暉自始閩政治以迄今茲，所領蓋為游擊偏師；己既絕意勢位，復無何種作政綱領，惟於意之所欲擊者而恣擊之爾。蓋如盤天之雕，志存擊物，始無所不擊，終乃一無所擊，迴旋空中，不肯即下。任公者，知更之鳥也。凡民之欲，有開必先；先之秘息，莫不知之；且凡所知，一一以行，乃致今日之我，紛紛與昨日之我戰而無所於恤。獨秀則不羈之馬，奮力馳去，言語峻利，好為斷制；性猖急不能容人，亦輒不見容於人。[143]

他刻劃了這些人物的各色各樣，然後說：「如此等人，豈非世所謂魁異奇傑之倫？而各各所事之為無裨於國，則如十日並出之共照，無可詆讕。」而推連前後，深而論之，則「之三人者」的背後，又有一個更具廣度的歷史過程，「庚子而降，凡吾國魁異奇傑者之所為倡，只圖倡之之時，快於心而便於口，至為之偏何在而宜補，弊何在而宜救，事前既講之無素，事至復應之無方」，多歸於「魯莽滅裂」。作為一種知識人對於知識人的自我省思，他把自己也歸入了這個過程之中，統謂之「稚暉、任公、獨秀及不肖，皆試藥醫生」一試再試，「猶是一無辦法，了無進步」。其意中的「試藥」是既不知病，又不知藥，以此行醫濟世，顯然等義於不負責任。[144] 因此與《蘇報》以來其筆下的縱橫自如相比，這種以「試藥醫生」為自責，無疑更多了一點悵然和茫然。

　　科舉停置斷離了文化主體與政治主體的縮結，之後是背負二千年士人傳統而不能忘情於政治的文化主體以文字掀動輿論，又以輿論評判政治、覆罩政治和牽動政治，在政府之外演化為一種與政府相敵相抗的社會力量。這個過程以報館為承載，把知識人的不能忘情於政治灌入了輿

143　錢基博：《現代中國文學史》，第471頁。
144　錢基博：《現代中國文學史》，第471–472頁。

論之中，遂使輿論自始即站在權力的對面，並自始便以「激急」為自覺而融入了歷史變遷和催化了歷史變遷。二十多年之間，一面是輿論因進入大眾而影響大眾，又因影響大眾而能夠以公意的名義與權勢相格相抵。一面是「一時代激急之論」為「一派獨擅」而「壟斷天下之輿論」，則被「壟斷」的輿論自身又成了一種實際上的權勢而不復成為道理。是以民初執教於東南大學的顧實引此以為深憾，説是吾國之人「往往自由其名，不自由其實，非政府專制，即輿論專制」。[145] 輿論成為權勢而被看成「專制」，顯然又説明其間的公意非常稀薄。而當這個過程裏的一種「激急之論」與另一種「激急之論」新舊代謝於輿論之中，已使理路多變，尺度也多變，而後是「輿論善忘，人無忌憚」[146] 和「天下無真是非」。其間的公意無疑更加稀薄。輿論之表達公意和輿論的「專制」、輿論的「善忘」共生共存於這一段歷史之中，遂以其互相矛盾而成其互相反照。若與當日梁啟超所説的報館以「監督」政府和「嚮導」國民為「兩大天職」[147] 的自許和自期作對比，這種互相矛盾和互相反照顯然已經別成一副面目了。

作為一種古今之變，報館主持輿論產生於科舉時代的士人轉變為後科舉時代知識人的過程之中，而體現的則是與政治權力斷裂之後文化主體的存在和影響。「監督」和「嚮導」對應的正是這一面。因此，二十多年來，報館主持輿論在一路伸展中一路又常常歧出於「監督」和「嚮導」之外的了無軌度，其實正反映了這一段歷史中，作為文化主體之承載的知識人在一個急劇變化的社會裏找不到自身的軌度：一面是科舉停置之後士人群體的脱散，一面是科舉停置之後士人中個體的亢激；[148] 一面是後科舉時代知識人聚集於城市社會而被置於邊緣化，一面是後科舉時代的知識人又在以報章文字掀天揭地，風動天下；一面是傳入的思想和學理猶在一知半解之

---

145 劉東、文韜編：《審問與明辨》下冊，第723頁。

146 章士釗：《章士釗全集》第4卷，第255頁。

147 梁啟超：《飲冰室合集》第2冊，《文集》之十一，第36頁。

148 何剛德説：「禦世之術，餌之而已。乃疏導無方，壅塞之弊，無以宣泄，其尾閭橫決，至不可收拾。末季事變之紛歧，何一不因科舉直接間接而起。」見何剛德：《春明夢錄‧客座偶談》，《客座偶談》卷二，第1頁。

中，一面是這種傳入的思想和學理經生吞活剝，發為論說，而自以為持之
有故，言之鑿然；一面是不在政治權力之中的知識人不能忘情於政治，一
面是其不能忘情於政治的懷抱，又常常以敢於發空論而不負責任的方式表
達出來；一面是由科舉求功名之路已經斷絕，一面是報章雜誌的一派聲勢
正在為個人直接造名聲，間接造地位。在這種叢集的矛盾關係裏，知識
人既因歷史變遷而越來越不同於舊日的士大夫，又因歷史變遷而身在古
今中西的交爭之中和古今中西的斷裂之中。遂使其間列身於文化主體之
中的「魁異奇傑之倫」，由立言於廟堂之內變為立言於廟堂之外，只能產
出「盤天之雕」、「知更之鳥」和「不羈之馬」，以見其「始無所不擊，終乃
一無所擊」的盲目，「今日之我，紛紛與昨日之我戰而無所於恤」的多
變，「狷急不能容人，亦輒不見容於人」的獨斷。盲目、多變、獨斷，及
其「各各所事」的「無裨於國」，正以其找不到軌度和定則，寫照了這一段
歷史裏知識人的演化和這種演化的曲折艱難。與之既相為因果，又相為
表裏的，是脫出了政治權力的文化主體之節節演化和演化的艱難。由此
而來的，是一個漫長的過程。因此，章士釗之後二十多年，費孝通說：

> 我相信在目前的局面中，大多數的知識分子已經多少覺悟到自己
> 對這局面無能為力的痛苦。我們似乎已被這大社會拋在冷宮裏，
> 說的話都是空的，沒有人聽，更不會轉變局面。從客觀立場看
> 來，可以說現在中國的知識分子，尤其是學術和文化界的工作
> 者，已失去了領導社會的能力。[149]

以章士釗所說的「無裨於國」相對照，其「失去了領導社會的能力」的嘆
喟仍然源自於「監督」和「嚮導」的自覺意識，而表達的則是沮折。兩相
比較，以歷時四十多年的歲月為觀照，後者的這種整體而論後科舉時代
承當了文化主體的知識人，顯然又更多力所不能和無足輕重的感觸和內
省。而知識人演化的曲折、艱難，以及其不肯忘情於以文化影響社會的
心路徊徨則正因此而見。

---

149 費孝通：《費孝通文集》第5卷，北京：群言出版社，1999年，第525頁。

第四章

世無規護：停科舉與清末民初的
朝野否隔和仕途失序

一　科舉停置之後社會流動之路的斷絕
和民意上達之路的斷絕

光緒末期朝廷停科舉，則個體士人自下而上的流動已隨之而止。但一千三百多年裏民間之苦樂隨士人的自下而上進入政府行之既久，留為歷史慣性，仍然在使最後一代出自科舉的士人身居言路而前後相接，力為陳說，以〈請罷江蘇加賦摺〉、〈徵漕不得抬價病民摺〉、〈請均州縣公費摺〉、〈近畿水災懇恩發帑濟賑摺〉、〈請實行儲積直省倉穀以備凶荒摺〉、〈濱淮水患請派員查辦籌款修浚摺〉、〈請緩解廣西新案賠款疏〉、〈請減全州平餘疏〉、〈請推廣農村疏〉、〈請清政源疏〉、〈請罰貪墨疏〉、〈請將內外要政逐年列表刊布摺〉、〈論禁煙事宜摺〉、〈請撥磅餘以賑江北摺〉、〈極陳民情困苦請撙節財用禁止私捐摺〉、〈請嚴治贓吏開單匯呈乾隆歷辦成案摺〉、〈請免江西加徵並緩辦地方自治摺〉[1] 等等牽引民間困苦的題目，在一個已經沒有了科舉制度的時代裏仍然沿著歷史慣性，為

1　惲毓鼎：《惲毓鼎澄齋奏稿》，杭州：浙江古籍出版社，2007年，第72–74、82、103、114頁；趙炳麟：《趙柏岩集》上冊，桂林：廣西人民出版社，2001年，第416、419、423、449、508頁；趙啟霖著，施明、劉志盛整理：《趙瀞園集》，長沙：湖南出版社，1992年，第11、17、22頁；胡思敬：《退廬疏稿》卷一、卷二。

一千三百多年間科舉制度下的朝廷與民間的連通留下了一點沒有回聲的餘響。而與這種沒有回聲的餘響成為對照的，則是此日正在發生的，個體自下而上的流動因停科舉的一紙詔書而止，遂使朝野之間的這種連通已無從附託，實際上不復再能延續。

停科舉截斷了社會的有序流動，並因之而截斷了民意借流動而實現的下情上達。以儒學「民為邦本，本固邦寧」的道理相衡量，這是一種倒轉。然而同一個時間裏朝廷籌備立憲，引西人之學說為公理，以為經此一變，可以「實行憲法，取決公論，君民一體，呼吸相通」，而作成四海之內的「官民交勉，互相匡正」。[2] 雖說這種推而論之的預想無從驗證，但時當除舊布新蔚為潮流之日，卻自能為人心喜聞樂見而傾動一世。因此，之後的革命推翻君權而催生民國，其代議政體又同樣為人喜聞樂見和傾動一世，沿著前朝籌備立憲的同一種理路而來。於是20世紀初年的中國，立憲政治便穿越了兩段歷史而成為一個前後串連的過程。與之對應，則是從清末見於上諭的「君民一體」到民初列入約法的「主權在民」，[3] 就其字面的法理而論，後科舉時代不僅重民情，而且重民權。然而預想中的立憲政治一旦移入預想之外的人世間混沌萬象之中，中國人引來造時勢的那點一知半解的法理，已成了一種實際上不能周延的東西。

藍公武說：「議會雖為代表國民意思之機關，然以數萬萬之國民，而選舉數百之議員，此數百之議員，何能周知選舉者之利害，而事事代表其意思？」所以代表民意的「議院之所決議者」，常常又能夠做出「違反國民之利害」而「大拂輿情」的事情來。[4] 同樣的意思，梁啟超謂之「夫國會為國民代表，在法理上固無以為難也，然謂國會即為民意之縮影，恰吻合而無毫髮之忒，無論何國，皆所不能」。[5] 而這種國會與國民之

2　故宮博物院明清檔案部匯編：《清末籌備立憲檔案史料》上冊，第43、76頁。

3　居正著，羅福惠、蕭怡編：《居正文集》上冊，武漢：華中師範大學出版社，1989年，第209頁；《中華民國臨時約法》。

4　經世文社：《民國經世文編》第2冊，第1089–1090頁。

5　梁啟超：《飲冰室合集》第2冊，《文集》之十三，第4頁。

間實際上的未必吻合，正決定了國會之主張與國民之所求之間的未必對等和應合。與此前遠看彼邦立憲政治的遙遙推想相比，顯見得這個時候由近觀中國代議制度而獲得的認識已非常不同。其間要點在於：代議制度之能夠施行立憲政治，其學理前提和實際過程都依託於「代表國民意思之機關」。但一旦置學理前提於實際過程之中，則「代表國民意思之機關」已非常明白地顯出了其「代表國民意思」的有限性，以及與「國民意思」相逆反的可能性。

時當初立憲政之日，中國人便已尤其關注代議制度的這一面，是因為民初的代議制度最先直露於眾目睽睽之下，而不能為世人所消受的正是這一面。立憲政治裏的「國會為國民代表」，本自於議員出自民意。但民初中國，議員的生成自始即以「假手於金錢及威力之干涉」[6]為常態，而且行之肆無忌憚。所以時人熟視之後言之忿然。陳煥章說是：「今日之議員，其不從賄賂中來者，有幾人哉？既以賄賂出身，復以賄賂賣身，於是全國之中，乃盡為賄賂世界。」[7]楊善德說是：「議員當選之日，強半以金錢運動而來。以數百元而得一票，以千百元而得一票，其心理但知自私自利，遂不計及於國計民生。」[8]前者是傾力於「昌明孔教」的文人，後者是身任「松江鎮守使」的武人，兩頭的差別非常明顯，但評說議員則所見相同，所以心同理同。國會而下，又有地方議會。其時身在鄉里的紳士劉大鵬旁觀世相，曾引所見所聞以記述太原縣和山西省因此而起的一派擾攘：「上月選舉省議會議員，仍用投票法，而一切奸人宵小，莫不鑽營運動，凡多錢之人皆佔優勝。」然後以「多錢之人皆佔優勝」為顛倒錯亂而發問說：「似此選舉尚能得賢才乎？」[9]與前兩段文字的痛詆之所及相為印合而匯成的普遍性，指的都是這個過程裏的金錢淹沒民意。而同在一個過程裏，金錢之「干涉」以外，還有派生

6　梁啟超：《飲冰室合集》第4冊，《文集》之三十一，第10頁。
7　陳煥章著，周軍標點：《陳煥章文錄》，長沙：岳麓書社，2015年，第64頁。
8　經世文社：《民國經世文編》第3冊，第1736頁。
9　劉大鵬：《退想齋日記》，第265頁。

於代議制度，又直接異化了代議制度的政黨「威力」之「干涉」。梁啟超說，立憲政治是一種「議院政治」、「多數政治」、「政黨政治」：

> 夫國會何以能代表國民，以議員為國民所信任故，何以知其為所信任，以國民以自由意志公選故。是故其黨得多數議員於國會者，即認為得多數信任於國民。[10]

代議制度的本義和基石，便存在於「多數」、「政黨」、「議院」之間這種設定的遞相串連中。然而民初的中國事隨勢走，以政黨「得多數議員於國會」為黨爭之重心，則這個過程的主導和指歸已變成「為擴張黨勢計」而施行「威力」之「干涉」以製造多數。在當日的概而論之裏，遂多見操弄下的選舉，「什而八九」，以及「違法」的選舉「十分之六七」的概括而論，其間之大半應當都與這種出自政黨而被稱為「威力」的東西相為因果。與金錢「賄賂」的古已有之相比，民初中國的政黨是被代議制度召喚出來的，然而政黨以這種各出手段的操弄從頭消解了「國民以自由意志公選」，又自內而起地使代議制度初入中國便已斷掉了根基。因此，陳述了這個過程的七顛八倒和名實相歧之後，梁啟超以「共和立憲之政」捨「民視民聽之實」則無從「表現」為邏輯之應有，對比眼中實際之所見的「共和立憲之政」，慨而言之曰：

> 然以有黨之故，而選民自由意志，乃反被束縛斷喪，則自由之敵非他，乃政黨也。為欲得自由政治而設政黨，以有政黨，而自由政治乃不可復見。[11]

作為一個曾經先倡立憲政治的人物，這些話裏既有憤然，也有錯愕。

民初中國因立憲而有政黨。黃遠生說：「無黨之時，尚有是非，有黨則無是非；無黨之時，尚有一致之輿論，有黨則必故立異同。此蓋非

10　梁啟超：《飲冰室合集》第4冊，《文集》之三十一，第10頁。

11　梁啟超：《飲冰室合集》第4冊，《文集》之三十一，第10頁。經世文社：《民國經世文編》第8冊，第5209頁。

黨之罪，乃當時本未有黨，吾輩必欲傅虎以翼，指鹿為馬之過耳。」[12] 因此，對於中國社會來説，這種「本未有黨」而無中生有的東西太過隔塞，自始即懸垂在外而與社會不相屬連。「指鹿為馬」的結果，便是鹿猶是鹿，馬猶是馬，「今日中國，政黨自政黨，國民自國民，各不相謀」。[13] 由政黨之無中生有而及議員之無中生有，黃遠生説的是「議員之賣身於甲乙各黨，已成公然不掩之事實」；[14] 孟森説的是議員作惡，而「以民選為後盾，無黜罰之可加」。[15] 後者言其外觀，著眼於議員出自選舉；前者言其本相，著眼於「金錢及威力之干涉」的鍥入選舉和擺布選舉。兩端著眼不同而旨義相同。於是民初的代議政治之下，在議員一面，可用之以「無事抹摋國民，有事則妄相扳引，以圖自障」；[16] 在大眾一面，則身處於這種「假民意為號召」之下，「吾民之躬罹其酷，反較專制為甚，未有控訴也」。[17] 而後聚議員為「國會及一切地方議會」與政府相對待，在當日的中國，遂「不啻為蠹國殃民之官吏傅之翼」，不啻為「一虎之擇肉有所未盡」又以「群狼為倀從」。與君權時代「失職溺政，尚或狼顧而懼清議之隨其後」相比，「今乃得明目張膽而號於眾曰：吾種種穢德罪業，皆從國民之所欲而行之者也」。[18] 政黨、議員、國會、政府都在引「國民」為名義，然而其間政黨與國民之間的「各不相謀」、議員之「賣身」政黨與「抹摋國民」，以及國會傅翼政府的「蠹國殃民」和「吾民」之深受其害而「未由控訴」，則都非常明顯地表現出這些構成了立憲政治的權力恣睢肆張，對於「國民」公然的漠視和蔑視。然則與此前一千多年裏借助於科舉制度猶能有社會對流，以及由此而實現的下情上達相對比，顯然是立憲名義下的「民權」政治籠罩所及，其實已全無民情與民意可見：

12　黃遠庸：《遠生遺著》上冊，卷一，第52頁。
13　梁啟超：《〈飲冰室合集〉集外文》中冊，第574頁。
14　黃遠庸：《遠生遺著》下冊，卷三，第154頁。
15　孟森：《孟森政論文集刊》中冊，第742頁。
16　章士釗：《章士釗全集》第4卷，第222頁。
17　經世文社：《民國經世文編》第1冊，第329頁。
18　梁啟超：《飲冰室合集》第3冊，《文集》之二十三，第55頁。

國體既定，則爭功攘利者盈途，竊位素餐者載道，而議論風起，造作黨會者，亦得遊手而飽食。獨吾傷痕滿目，困苦無告之國民，慘為天僇之奴才。臨時政府成立以來，政府之教令，議會之法律，報館之呼號而不平，或為大總統之私，或為政府之私，或為官僚之私，或為黨會之私，或為豪疆雄傑奸商著猾之私，固有絲毫分釐為民生社會請命者乎？此無他，以其為奴隸非平民也。[19]

辛亥年間的鼎革以共和立憲之名造就了一個古所未有的權力世界，但這些文字記實地說明，佔人口多數的「無告之國民」其實與這個世界離得很遠。嚴復在清末作《政治講義》，說是「立憲義法固繁，而語其大綱，要不過參用民權而已；不過使國中人民，於政府所為之事，皆覺痛癢相關而已」。[20] 他顯然相信，比之舊日朝野之間的流動，立憲政體之下的民意將能更主動地進入政府和更直接地影響政事。但時至民國初年，世間的景象輕易打碎了其預想中的「痛癢相關」，而以此通觀前後，則原本相信的東西已變為痛惡的東西：「宣統年間之號呼立憲，辛壬之際，逼取共和」，俱是「一時假道，於國利民福，毫不相謀」，致今日人在其中，「群然苦之」。[21] 他所信為立憲要義的是「國中之人民」，則他所惡於「一時假道」，正是痛恨其「假道」而得，從本性上與「國中之人民」的異己和隔截。就政治權力的人物構成和人物選擇而言，在一千三百多年來科舉制度長久地維持了公平性、公開性、公共性之後，這是一個公平性、公開性、公共性被「議院政治」、「政黨政治」急速摧鋤的過程。

民初中國的政黨、議員、國會、政府都以國民為名義。而梁啟超說的是以國民為名義之下，「自由」民意「乃不可復見」；嚴復說的是以國民為名義之下，一世之人俱「群然苦之」；更多時論說的是以國民為名義之下，國民越見「困苦無告」。這種名實之間的截然背反，正反映了

19　黃遠庸：《遠生遺著》上冊，卷一，第3–4頁。
20　嚴復：《嚴復集》第5冊，第1268頁。
21　嚴復：《嚴復集》第3冊，第713、715頁。

學來的代議制度雖然五官齊全而且聲勢兼備，但作為一種政體，則不僅是質地夾生的，而且是面目模糊的。辛壬之後的政黨、議員、國會，以及與之連為一體的政府，都是借彼邦的學理而從外國人的歷史和社會中直接搬過來的，所以，由此形成的國家權力，對於中國社會而言，便成了一種懸空而不能著地的權力。而後是權力與社會之間既無從對應，也無從勾連。由這種上下之間的否塞不通返視前朝的光宣之交，則最後一代科舉士人在王氣黯然之日猶前後相接地呈訴民情之困苦的事實，正以其起於民間而入仕途所實現的自下而上，與民意因此而得自下而上的同一，說明了社會能夠有序流動和社會缺失有序流動的不相同。

　　20世紀初年，科舉促成的社會流動隨科舉停置而止。之後，共和立憲重造了國體和政體，但共和立憲並沒有再造出舊日曾有的社會流動。因果相連，則是沒有了社會流動的國體和政體雖然都以「民治」自相標張，其實民間世界裏的人自始便走不進這種國體和政體所構成的權力空間之中。康有為說：

　　未有政黨之前，凡國之才賢，皆可以任政；既有政黨之後，則文學之士，雖有魁碩，止任教習，於政無與焉。[22]

然後評論說：

　　夫以道德文學之人，皆不得任政，而政黨惟金錢勢力乃得焉。[23]

他不肯認同共和立憲，但陳述的則是當時目中所見的實際情狀。就立憲政治以政黨政治為重心而言，則由政黨政治而及這種「國之才賢」的「於政無與焉」，正以其時的社會沒有流動反襯了其時政治權力實際上的封閉。然則中西之間的相比而不可比，正在於歐西的代議政治以政黨政治為骨架，體現的是政治由不開放而開放。但中國的代議政治相對於科舉制度下的社會流動而言，則是政治由開放變成了不開放。

22　康有為：《康有為政論集》下冊，第899頁。
23　康有為：《康有為政論集》下冊，第899頁。

作為一個歷史過程，朝廷停科舉之日，局中的論說和局外的論說曾
起而呼應，都主張「非學生不為要路之官」和非出自「學界」(學堂) 不能
入「政界」。[24] 被視為期望之所在的「學堂」便因這種設定的獨據「要路」
和「政界」，而成了一種堵擋社會流動的上下懸隔。所以同一個時間裏
章太炎在一封信裏說「足下又云：學校雖劣，猶愈於科舉」是「直不喻今
世中國之情耳」：

> 今學校為朝廷所設，利祿之途，使人苟偷，何學術之望？且主榦
> 學校者，既在官吏，關節盈篋，膏粱之家，終在上第，窶人或不
> 得望其門。此為使學術日衰，乃不逮科舉時也。[25]

之後言之悵然地說：「自今以往，上品將無寒門」，[26] 已見到學校有如九
品中正，而國家權力遂不再開放。以此比彼，顯然是他所引為深憂的
這一面並不能進入前者的視野之中和論說之中。兩頭的區別在於章太
炎眼中仍有歷史，而力主取官於學堂者的眼中已見不到歷史。一千三
百多年來，以「懷牒自投」為起點的科舉制度又尤重「甄拔寒畯」。其間
的立意，自一面而言，是「寒畯」出自下層，而下層遠離朝廷；「甄拔」
以個體為對象，而個體與民情相毗連。自另一面而言，是世間有貧富
貴賤之分，則「寒畯」出頭更難，因此，「甄拔」之所及，同時又是在社
會流動的過程中自覺地擴張其橫向的廣度和縱向的深度。由此形成的
是一段與20世紀相去不遠的漫長歷史。章太炎並不喜歡科舉，但又更
不喜歡「今學校」。而舉「膏粱之家，終在上第，窶人或不得望其門」為
學校「不逮科舉」，並一路推及國家權力的「上品將無寒門」，則作為一
個熟識歷史的學人，其意中引為直接對比的，正是這種科舉制度下曾
經有過的「甄拔寒畯」，以及由「甄拔寒畯」實際促成的下層移近朝廷和

24　莊建平編：《近代史資料文庫》第7卷，第558頁；故宮博物院明清檔案部
　　匯編：《清末籌備立憲檔案史料》下冊，第980頁。

25　章太炎：《章太炎書信集》，第165–166頁。

26　章太炎：《章太炎書信集》，第165–166頁。

朝廷移近民意。因此，以「竄人」與「寒門」為説，指的都是「今學校」的隔絕下層和遠離民情，其心中的關注在此，其不相信學校也在此。

　　然而時當「比年以來，明詔興學，天下向風」，[27] 則掀動所及，是「非學生不為要路之官」和非出自「學界」(學堂)不能入「政界」的主張更醒目，並因其更能代表「向風」之所趨而張揚一時。這種主張由停置科舉衍生，而以「要路之官」和直入「政界」為主題，著意於重造國家權力的主體和調度權力主體的構成，又淵源有自地延展了停置科舉的內在邏輯。但這是一種沒有歷史意識的邏輯。比之科舉時代的士人本其民間性而成其社會性，則此日「學生」和「學界」的自成一種空間而自相群聚類分，其實是與大眾的區隔相為表裏的。[28] 因此，這種邏輯之沒有歷史意識，正在於其「非學生不為要路之官」的惟此獨尊，眼中之所見俱在科舉取士「萃一國之聰明才知，悉心以事帖括無用之學」[29] 的不合時宜，卻看不到帖括之外，科舉取士由「懷牒自投」而「甄拔寒畯」，著意的都是國家權力之自覺地趨近民間世界和接納民間世界。一千三百多年裏，帖括影響了中國的讀書人；科舉取士又影響和塑成了國家權力與民本、民生的對應和榫接。兩者都是與科舉相連的真實歷史，但在20世紀初年的「明詔興學，天下向風」之下，顯然是風過草偃，後一面歷史內容已經被這個「明詔」之下的過程淹沒掉了。隨之是「要路」和「政界」與民本、民生、民情、民意日去日遠。而以共和立憲為名義的政黨、議員、國會、政府正是在這種日去日遠中繼起於中國，並與之沿同一種走向匯入了同一個歷史過程之中。

　　辛亥年武昌革命猶未勃然而起之日，梁啟超説：

　　　不見夫諮議局之初復選舉，而放棄選舉權者所在多有乎？不見夫選舉之際，而弊端屢見告乎？不見夫議決法案，往往不滿人望，

27　故宮博物院明清檔案部匯編：《清末籌備立憲檔案史料》下冊，第961頁。
28　錢穆：《國史新論》，第277–278頁；錢穆：《中國學術思想史論叢》第9冊，第34頁。
29　錢基博：《錢基博集：序跋合編》，武漢：華中師範大學出版社，2014年，第280頁。

甚且有以庇賭徇盜貽笑鄰邦者乎？不見夫所議決者，什九為行政
官所壓抑，不生效力，而無道以自衛乎？不見夫各級自治，籌備
有年，而成效一無可睹，且常緣此而釀禍亂乎？不見夫以區區調
查戶口之故，而擾攘日有所聞乎？不見夫私立公司，什九無成績
之可見乎？不見夫教育事業，近數年間，反日形退步乎？[30]

他所羅舉的「諮議局」及其「初復選舉」、「法案」及其「議決」，連同地方
「自治」、「調查戶口」、「私立公司」、「教育事業」等等，皆立旨於「採列
邦之良規」以收「富國強兵之效」，[31] 並匯為其時朝廷著力展布的要務。但
出現在這個過程裏的「放棄選舉權者所在多有」和「緣此而釀禍亂」、「擾
攘日有所聞」，則以隨之而起和自發而起的抵牾扞格，既表達了民間社
會因這種被稱為「列邦之良規」的東西而厄苦，又說明了民間社會的厄苦
之無從上達天聽。「禍亂」和「擾攘」的此起彼落和自起自落，正反映了民
間社會的不寧已不在官家的關注之中，從而不在官家的因應之中。

二千多年以前，「滕文公問為國，孟子曰：民事不可緩也」。[32] 說的
是民事為國事之本，並且民事之外更無國事。由此留下的是一種深度影
響了此後中國漫長歷史的對於君權的警戒和提撕。《元史‧許有壬傳》
說：「[泰定元年] 京畿飢，有壬請賑之。同列讓曰：『子言固善，其如虧
國何！』有壬曰：『不然。民，本也，不虧民，顧豈虧國邪！』卒白於丞
相，發糧四十萬斛濟之，民賴以活者甚眾。」[33] 元代不尚文治，但這一
段載入了歷史記述的對話，以及由此而得的「民賴以活者甚眾」正使人
看到，「民事不可緩也」仍然是那個時候的大道理。雖說二千多年裏南
北東西之間有上下交困，有民情憔悴，而不尚文治的元代，其丞相猶不
敢逸出道理之外而冒天下之大不韙，又具體地說明：對於治國的君臣而
言，這種以民事為主幹的道理內在於歷史文化之中，始終籠罩著國家權

30　梁啟超：《〈飲冰室合集〉集外文》中冊，第562頁。
31　故宮博物院明清檔案部匯編：《清末籌備立憲檔案史料》上冊，第2、67頁。
32　焦循：《孟子正義》上冊，第332頁。
33　宋濂等：《元史》第14冊，北京：中華書局，1976年，第4200頁。

力，而不為朝代興替所隔斷。所以，引此為比較，則清末最後一段歷史裏，因社會流動隨科舉停置而止，已使這種「採列邦之良規」在朝野相睽和上下隔絕之中實際上成了一種天下之大不韙。

迨革命推翻君權重造乾坤，隨後是共和改變了國體和政體。然而推翻了君權的革命依然循行於「採列邦之良規」的同一種理路之中。一個美國歷史學家後來敘述其間的取向，說是主導革命的人物「集中精力注目操心的事情，是國家的現代化和復興」，而「極少關心中國農村貧困的問題」。[34] 然則對比而論，其「注目操心的事情」與前一段歷史相似，其「極少關心」的事情也與前一段歷史相似。兩個過程之間的這種彼此相敵而又彼此相似，正說明被革命分成兩段的歷史，其實同在一場急劇的社會變遷之中，並同為這種變遷的時代內容所規定和限定。由此生成的共性不會隨鼎革而斷裂，所以，民初的代議政治雖然不同於晚清的君主政治，而其實際路徑，卻沿接了清末最後一段時日裏開始的那個別開生面於二千多年歷史之外的過程。隨後是外來的「良規」猶且一派夾生，還沒有內在化，便已匯入了國家制度之中；而作為除舊布新的實際結果，起於舊朝的社會流動隨科舉制度停置而止，以及與之同步而來的朝野相睽和上下隔絕，則在政黨、議員、國會、政府的編連之中成了一種固結化和體制化了的東西。這個過程既在以「列邦之良規」改變中國，也在使「列邦之良規」變得面目可憎。曾經深信代議政治依傍民權的嚴復、梁啟超、黃遠生、孟森一反其曾經之所信而痛詆代議政治之「抹煞」民本、民生、民情、民意，其間的因果全在於此。

二 麻木不仁：清末民初的國家權力和民間社會

民初的國家權力出自立憲政治，但歷史中國國家權力的自上而下與民間訴求自下而上的兩頭相維，既已隨科舉停置一時俱斷，則擺脫了兩

---

34 韋慕庭著，楊慎之譯：《孫中山：壯志未酬的愛國者》，廣州：中山大學出版社，1986年，第18頁。

頭相維的政治權力自為伸張，在立憲政治名目之下又很容易反立憲地成為一種脫空的權力、獨斷的權力和被「金錢及威力」所左右的權力。這種矛盾生成於清末，又在後一段歷史演化為民初政治的大困。

由於民意不能自下而上，則政府居高臨下，其直面相對的民間社會便很容易被看成一種被動的對象，一種可以由國家權力自上而下地擺布的對象。清末籌備立憲，廷議計其利害得失，曾以「立憲之國家，其人民皆有納稅、當兵之義務，以此二義務，易一參政之權利。君主得彼之二義務，則權利可以發展；國民得此一權利，則國家思想可以養成」動君主之心。[35] 是以清代立憲猶不得不權衡「權利」與「義務」兩頭，但時至民初中國，雖同樣以立憲為名義，則「義務」之歸於人民已無須以「權利」為交易。而時當天下本已多兵，又無須再以當兵為義務，則「義務」之重心已全在「納稅」。1913年陳詵作〈吾所告於當道者〉說：

> 今之主張加稅者，謂東西各國，其租稅之重，視我數倍或數十倍。今即多取之，較彼猶輕，不為虐。顧吾聞法家者言，租稅性質，殆為國家一種保險費，必國家能捍衛人民，生息樂利，臻於富庶，乃取償焉。民出資以輸國，國因資以保民，相需相助，相為維繫。今吾國何如乎？入其境焉，田野不辟，污萊不除，農輟於野，商困於市，工疲於肆，士荒於校，凡所以福民利國之事，百不一舉；而惟知以頭會箕斂，掊克剝削為事。集全國之遊資，假行政之名義，以供一二朝市宵小黨人朋比營利之揮霍，亦神人之所共憤已。民業既悴，稅源亦竭，錐刀之末，何所爭之？[36]

主持國家權力的「當道者」提調天下，注目處俱在「租稅」之「多取」，而眼中不見民間社會的困苦憔悴，並因不見民間社會的困苦憔悴而肆無忌憚，不愧不怍，以「加稅」與重稅為事所應有和理無窒礙，其實際結果，

---

35 故宮博物院明清檔案部匯編：《清末籌備立憲檔案史料》上冊，第30頁。
36 經世文社：《民國經世文編》第5冊，第2922頁。

便是政黨、議員、國會、政府俯視之下的「增稅納捐為新國民應盡之義務」四面伸展和無孔不入，遂成了普天之下的民生之巨痛。

　　二千多年的中國歷史裏也有民生之痛，但同樣存在於歷史之中的，又是當時人說的舊時中國「每數百年或數十年經一度革命以後，開國承家，聖君賢相，必首為蠲免之舉」，積久相沿，已成「數千年來遺傳習慣」。[37] 論其本義，「蠲免」便是哀民生和恤民生，哀和恤都是一種自上而下的感應和回應。而以此「數千年來遺傳習慣」比此日「當道者」的「惟知以頭會箕斂，掊克剝削為事」，則區別正在於後者對民生之痛的全無感應。由於全無感應，所以「租稅」之所重尤在於「舊稅有可整頓者，竭力整頓之；新稅有可擴充者，竭力擴充之」，[38] 以織成一張天羅地網。也由於全無感應，此日又已比「數千年來」更多了一重「東西各國」範式。所以舊法之外，還有新法引來的「國民捐」、「強迫公債」一類名目，而皆總歸於「勒索貧民」。[39] 之後是中央的「當道者」和地方的「當道者」各以權力所及，以行其法內攫取和法外劫取，年復一年，了無止境。一則記述陳說民國的前二十年裏行之於四川地方社會的捐稅，於「無從計算」之中聊「舉其一些名目」曰：

> 統捐、煙酒稅、關稅附加、中資捐、學務捐、護商費、押租稅、典當捐、礦區稅、煙窩捐、租穩捐、冬防費、槍彈費、月捐、戶口捐、年豬捐、牙捐、門捐、酒桶捐、驗契稅、馬路捐、癮民捐、紅燈捐、席筵捐、清鄉費、警捐、糖捐、紙稅、米稅、鹽稅附加、船捐、免役費、票捐、煤鐵稅、鹽戶灶捐、捲煙稅、煤油特稅、印花稅、北伐費、市政費、燈油捐、門牌捐、落地捐、毛血捐、秤捐、磅頭捐、百貨捐[40]

37　經世文社：《民國經世編》第5冊，第2922頁。

38　經世文社：《民國經世編》第5冊，第2996頁。

39　經世文社：《民國經世編》第5冊，第2988、3090頁。

40　莊建平編：《近代史資料文庫》第2卷，第482頁。

312 | 第二編　科舉停置與後科舉時代的政治和文化

等等。[41]每一類名目都關乎民間的生計，因此每一類名目的背後都是民間所受的勒剝。另一種出自山西的記述以清末的「閭閻之庶，莫不困窮」而有「日不聊生之勢」，以此對照「維新之人一意加捐，以期政治之維新」，憤而詰問「其亦念及民困否耶？」至民初的1914年，則繼「維新之人」而起者又後來居上，出手更加無情，「民困未蘇而加捐加稅層出不窮」，並「勒令民出內國公債，吾晉派一百五十萬元，吾邑派二萬一千元，近三、二日差役四出，持票拿人，應允者釋放，抗違者拘留」。身在重徵之下，已是「民之脂膏剝之殆盡矣」。但「剝之殆盡」猶非止境，兩年之後舉目四顧，所見又是鄉間之愁苦更甚於昔日：

> 民國二三年間，因禁罌粟，大受蹂躪，盜匪乘機搶掠，害民特甚。然較今催徵員之敲索，則民視昔盜賊橫行為安樂時代也。悲夫！「盜匪如梳，官吏如篦」，今日之通行語言矣。民國三年，地方雖患盜，然至年底，猶可乘債過年，利率亦不昂貴，至去年陰曆十二月，利率倍於尋常，亦苦告貸無門，小康之家，金銀多為官吏吸去，民處重負之下，方呻吟之不暇。[42]

41　另一則記述說廣東地方社會的捐稅，其名目又更見細密：「汕頭市郊有豬隻捐、女子出閣捐、牛隻捐、鵝母捐、番薯捐、青菜捐、丁口捐等之徵收。普寧有豬釐捐、糖寮捐、祠堂捐、戲釐捐、嫁女捐、糖沬捐、牛頭捐、攔搖捐等之徵收。中山有遊聯隊費、聯團費、民團費、保衛團費、捕費、附看費、沙骨費、沙夫費、果木費、鴨部費、瘋人口費、舊式農會費、中小學附加費等之徵收。新會有游擊隊費、碉樓費、民團費、聯團保安費、船卡費(內分上中下三卡)、聯航保安隊費、勇費、商輪稽所費、團警教練所附加費等之徵收。惠陽有牛捐、屠殺牛捐、屠豬捐、花生捐、生油捐、穀捐、米薯捐、鹽斤捐、梅菜捐、豆麵捐、米麥捐、生菜捐、糖出口捐、杉木捐、房捐、蠶繭捐、駁艇捐、黃豆捐等之徵收。吳川有牛隻稅、蒜頭捐、蒜串捐、麻捐、穀捐等之徵收。番禺沙河一帶，有過路捐之徵收，寶安有人頭稅之徵收，韶關有糶穀捐之徵收。諸如此類，不勝枚舉。」見章有義編：《中國近代農業史資料》第2輯，北京：生活‧讀書‧新知三聯書店，1957年，第584–585頁。

42　劉大鵬：《退想齋日記》，第170、196–198、226頁。

前一種記述羅舉名目，總體地寫照了其時捐稅的密度和廣度；後一種記述以其切近的直觀，寫照了納稅為國民之義務以來，捐稅名義和捐稅數目不受制束的節節膨脹，以及「小民」在重重勒逼之下的「受無窮之害，而呼籲無門」。[43] 以兩者所說為當日之紀實，則「呼籲無門」與「差役四出，持票拿人」的對映而見，正具體地顯示了下情無從上達的時代裏，民間社會和國家權力近在咫尺而兩相隔絕的程度。

由於兩相隔絕，「催徵」之下近在咫尺的國家權力，其實又常常是遠在天邊的東西。20年代中期，章士釗說：

> 夫昨年水災，地域之廣，難民之眾，災情之慘，自來所希聞也。而倖免之人，熟視無睹。將伯之呼莫應，同情之淚不揮。軍閥也者，爭城奪地如故；官閥也者，恒舞酣歌如故；學閥也者，甚囂塵上如故。上海《密勒評論》（一月二日號）有 Impey 者，論次其事，且及前代防潦工事之差完，四方捐輸之彌急。有一語曰：「中國博施濟眾之精神，近三十年，已不存矣。」[44]

他舉災年中國上下之間的不相問聞為觸目傷心，並概而論之，引出一派哀憤交集。在他之前，另有一段出自鄉村社會的記述，說天災之下的上下不相聞問，所見更加切近，因此更多哀憤交集：

> 吾邑一百餘村莊而被水災者九十餘村，其災尤甚，田廬毀者四、五十村，人民浮水啼號，無人拯救。知事視之無睹，議會議員均屬聾瞶，直同傀儡，未曾呈報災情。而知事讓嚴法追比錢糧於水淹之日，議會亦不聞問。[45]

前者以「軍閥也者，爭城奪地如故；官閥也者，恒舞酣歌如故」與「難民之眾，災情之慘」相對舉；後者以「知事視之無睹，議會議員均屬聾瞶」

43　劉大鵬：《退想齋日記》，第170、196–198、226頁。

44　章士釗：《章士釗全集》第6卷，第55頁。

45　劉大鵬：《退想齋日記》，第186頁。

與「人民浮水啼號，無人拯救」相對舉，就「軍閥」、「官閥」、「知事」、「議員」之各自盤踞於國家權力之中，並實際構成了國家權力的主體而言，兩者所陳說的都是那個時候國家與社會之間的疏離，以及國家對於社會的異己化。而自旁觀的西人看去，則以「三十年」為前後對比，疏離與異己化皆反照了此日中國之不同於舊日中國的古今異變和等而下之。

　　二千多年以來，小農經濟的中國常常面對天災，並常常困於天災。而後是下情猶能上達之日，國家權力不得不回應天災。宋人說地方官員曰：「歲獲大有，家用平康，不惟民之幸，實令之幸。一罹災歉，何事不生？若流離，若剽奪，若死者相枕藉，啼飢連阡陌，豈非令之責哉？」因此，「其有水火挺災，人民離散者，當稟白州郡，借貸錢米。人各以若干米給之，若干錢貸之，使之整理室廬，興復生業。不贍則諸目遍白不被害上戶，量物力借貸，並與貸給齊民」。[46] 清人說中央政府曰：「聖天子痌瘝民瘼，每遇偏災，發倉賑濟，借糶蠲糧，動輒數十百萬。」[47] 賑濟因天災而起，與實際歷史相比照，其澤被蒼生未必都能雨露俱沾而人人受惠，但這種因天災而起的賑濟成為一個自上而下的過程，又真實地說明了那個時候的國家與社會之間還能維持一種恒常的屬連，從而國家權力之抵擋「災歉」以蘇民困，在那個時候猶被置於天理國法人情所應有之中。因此，西人評說「中國博施濟眾之精神」的四十年之前，晉豫亢旱，「被災至廣」，而上下「儲積皆空」。[48] 朝廷羅掘俱窮於度支竭蹶之日，先移「海防經費」賑災；又詔令東南十餘省「協濟」山西、河南，「俾資賑需」；[49] 繼之，復在「捐輸已停」之後重開捐例以集資

46　李元弼等著，閆建飛等點校：《宋代官箴書五種》，北京：中華書局，2019年，第189頁。

47　李文海、夏明方編：《中國荒政全書》第2輯，北京：北京古籍出版社，2004年，卷一，第667頁。

48　李文海等：《近代中國災荒紀年》，長沙：湖南教育出版社，1990年，第371–372頁。

49　朱壽朋編：《光緒朝東華錄》第4冊，第(總)572頁。

賑濟。[50] 雖說這些都可直觀地歸之於「聖天子恫瘝民瘼」，但影響了「聖
天子」，並直接促成了帝王因「民瘼」而「恫瘝」的，則是這個過程裏出自
地方和起於言路，源源不斷地把「道饉相望」和「殘喘呼救」引入廟堂的
奏議。[51] 在奏議的背後，則是成群從民間走出來的科舉士人。而同屬這
個群體又身當賑務、扶輯災黎的地方官，便成了國家權力的代表，其一
身交集於責任和勞瘁兩頭之間，當日謂之「官、民皆同轍涸之魚」。[52] 以
山西一省「統府、廳、州、縣各班，本僅二百餘人，自遭災後」更「繼以
大疫」，致「飢病相侵」之下，其中「不數月間病故者，正佐教職已逾百
二十餘員，多半歿於差次」[53] 為事實，正可以大約地看到，地方社會中
的官與民在災年被捲入漩渦的相牽相繫和官民共命。然則相隔不過四十
年，而同為天災所困，由「官、民皆同轍涸之魚」和賑災的地方官一個
個「歿於差次」，到「軍閥」、「官閥」、「知事」、「議員」冷看眾生愁苦哀
鳴而「視之無睹」，前後之間已顯然不同，其內裏和深處，則是四十年
之間國家權力的主體已經不同。與形成和維持於政府開放和自下而上流
動之中的權力主體相比，舊時本有的「四方捐輸」和「博施濟眾」今「已
不存」，致西人舉「三十年」為時段作今昔之比，正以其局外旁觀發為感
嘆，說明沒有了政府開放和社會流動的權力主體不能感知「民瘼」，所
以不會「恫瘝民瘼」。

　　在科舉制度促成社會流動的時代裏，「朝為田舍郎，暮登天子堂」，
常見士人起於鄉里而入仕途，因此農村雖屬底層，卻長在朝廷的觀照之
中而並不隔塞。但社會流動隨科舉停置而止，同時是「採列邦之良規」
催發的大幅度變遷，已使城鄉之間的輕重由大幅度傾斜而演變為兩頭脫
節。《容庵弟子記》說辛丑之後袁世凱駐節天津管北洋，「重謀建設，氣
象煥然一新，闤闠駢闐，街衢修治，一以文明各國都市規模為法，開全

50　曾國荃著，梁小進編：《曾國荃全集》第 1 冊，長沙：岳麓書社，2006 年，
　　第 497 頁。

51　朱壽朋編：《光緒朝東華錄》第 1 冊，第 (總) 453、541 頁。

52　曾國荃：《曾國荃全集》第 3 冊，第 492 頁。

53　曾國荃：《曾國荃全集》第 3 冊，第 571、582 頁。

國進化之先基，論維新者，莫不奉天津為圭臬焉」，[54] 代表性地說明了城市之成為新政中的要目和重地。與之對相應的，是清末十年新政裏公司起於城市，新軍駐於城市，學堂興於城市，諮議局開府於城市。其互相交集，已使城市居於天下重心。然而辛亥革命後六年，美國人甘露德（Rodney Gilbert）以其切近的觀察概論當時中國的城鄉關係説：

> 一切公用事業的改進措施、衛生設施、警察管理，以及諸如此類的支出，都來自農村的土地稅和特殊的國家稅收，甚或是公眾的捐款。農村負擔著城市的絕大部分費用，城市管理著農村的事務。

然後評論説：「這種制度下之不公平是任何一個中國人在得知外國的制度之前所看不出來的。為維持學校、街道、警察力量和公共建築，更不用説為維持政府各個機關，城外的農民要承擔費用，而那些碰巧住在城裏的人，則將這些受益看做是很自然的事。」[55] 由此「農村負擔著城市的絕大部分費用，城市管理著農村的事務」所造成的兩頭偏畸，是自清末新政開始的，而其筆下著力表達的「不公平」，則説的是時至民國，這種農村相對於城市的沉降在更加明顯地深化和固結化。農村的沉降，正反映了社會流動隨科舉停置而止的時代裏，農村比城市離政治權力更遠，因此農村更被政治權力漠視。

在二千多年的歷史中國，文化養成於農村，國賦取之於農村，人口之多數生息於農村，是以傳統政治以安天下和安蒼生為本，重心都在農村。而一千三百多年科舉制度促成社會流動，其間產生的「白屋公卿」，主體都出自農村社會。迨科舉停置，士人起田間而入仕途之路絕，則農村社會以其各自散落的存在狀態，已無由進入清末民初的政治之中而成其關注之所在。隨後是農村相比而見的沉降不僅在於「農村負擔著城市的絕大部分費用，城市管理著農村的事務」，而且在於「從農村出來的

54　中國史學會：《北洋軍閥》第4冊，第59頁。

55　莫理循：《清末民初政情內幕》下冊，第625頁。

讀書人不肯回到農村去，弄到每個村都出現經濟與精神破產底現象」。[56]
比之科舉制度下社會的流動，是讀書人起自農村社會又歸於農村社會，
則這種「讀書人不肯回到農村去」，既使農村社會沒有了為自己立言的
代表；又使地方社會沒有了主持禮俗以維持鄉里自為治理的群體。對於
身在鄉里、以力田耕作自活的萬千人來說，這種沉降的過程便是生存狀
態的整體惡化和不斷惡化。當時人說：

> 「農家破產」四個字是現在之新名詞，謂農家頹敗不得保守其產
> 也。當此之時，民窮財盡達於極點，農業不振，生路將絕，即欲
> 破產而無人購產，農困可謂甚矣。[57]

在沒有了自下而上流動的社會裏，「農家破產」、「農業不振」、「民窮財
盡達於極點」既是一種重困多數中國人的普遍的存在，又是一種上下隔
絕而鄉間與官家不在一個世界之中的存在。因此「破產」、「不振」、「民
窮財盡」之下，一面是無告的小農苦於「生計日蹙、田租日貴」，因「貧
者益貧」而「積債累身」，因「衣食斷難維持」，而「典田鬻子」、「賣妻」、
「溺女」；[58]一面是無告的小農因其困苦莫由上達，既被迫出離於農業生
產過程之外，又被迫出離於社會秩序之外，在自發和盲目中一路橫決地
演變為孫中山所說的「良好之農民，化而為強暴之兵匪」。[59]其時的記述
中，便屢見廣東雷州「失業的人數，竟至四十餘萬，幾佔全人口百分之
四十以上，當土匪的人數，竟至三萬」；湘西、湖南「農民多半入伍為
兵，或竟流而為匪」；湘滇線雲貴段附近各縣「昔之僱農，今多迫為土
匪」；四川西北「為凍餒所迫之飢民，加入土匪群中，日甚一日」；江蘇
銅山「農民流而為匪者極多，徐州一帶所以成了著名之匪區」；東三省農
民「入山為匪」，而時至「匪勢猖蹶起來，官廳又來招撫他們入伍。你招

56　許地山著，高巍選輯：《許地山文集》下冊，北京：新華出版社，1998年，
　　第706頁。

57　劉大鵬：《退想齋日記》，第477頁。

58　章有義編：《中國近代農業史資料》第2輯，第428、433、436、477、626頁。

59　孫中山：《孫中山全集》第9卷，第167頁。

一旅，我撫一師」，之後「因數月不得一餉」，又會「不得不再去為匪」；[60]
等等。當日袁世凱在文告中曾説「凡駐兵之區，逃兵在所不免，一經流
落，與匪為伍。又，兵之親族，往省而無資回籍者，及報效而不得入伍
者，皆易流而匪」，之後又以「生匪之路甚多」為總結，以概括民國初年
的世情。[61]

　　這種「生匪之路甚多」，源頭顯然都在農村，而由此形成的各自群
起，正成為一種遍及南北東西之間的社會現象。就其因果而言，本屬
「良好之農民」的底層人口在民初中國的為兵為匪，其起端和由來都在
「農家破產」，而所圖和所求則都是眼前之衣食，所以，兵與匪雖然以相
互敵對為自古而然，但對於那個時候的農民來説兩者已並無區別，在當
日的記述和評論中，兩者也已並無區別。20年代中期，舒新城論湖南
的兵與匪説：「人民之良善者，鑒於兵禍之無法救治，轉走消極的路
子；頑點者見有強權者之能僥倖一時，即從而效軍人之所為：或直接投
作軍士，或間接依傍軍人。」然而與軍人之強權相比，土匪的強權往往
既悍且戾，駕而上之：

> 軍人可以欺鄉人，土匪可以制軍人——此為湘西實情。漵浦邊陲
> 安江有匪，某師駐漵之兵，不敢開駐該處，師長亦無如之何。則
> 更投土匪（湘軍稱為「反水」）以制軍人——土匪常結隊劫軍隊槍
> 械——但無論軍人、土匪，均以魚肉鄉民、擾亂社會為目的。[62]

這是一個以強權為共性，兵匪合而為一的過程。比之「良好之農民」為
兵為匪以謀衣食的因果顯然，他的話又更深一層地説明：在社會自下而
上的有序流動停歇之後，底層小農為困苦所逼而化為兵匪，從而由四民
之內移到了四民之外，就這個過程中的一種身份變為另一種身份而言，

60　章有義編：《中國近代農業史資料》第2輯，第648–649頁。
61　經世文社：《民國經世文編》第4冊，第2487頁。
62　舒新城著，呂達、劉立德編：《舒新城教育論著選》上冊，北京：人民教育出版社，2004年，第496頁。

其實同樣是在作社會流動。昔日自下而上的有序流動曾成為下情上達的路徑，與之相對照，這種不在官家臂力所及範圍之內的橫向社會流動，則既是無序的，又是發生於政府之外，並與政府相格相抗為當然的。因此從自下而上的有序社會流動變為一路橫移的無序社會流動，其起於自發、盲目而走向橫決和「強暴」的生生不息，既已一時俱見於南北東西的民間社會，而實際反映的，則正是那個時候上下隔絕之間的一種各自一逞的民意表達。各自一逞並不能算是自覺的表達，但卻以真實的表達和事實的表達，既反照了民間之「冤苦莫訴，較之前清末季」的「萬萬有加」，[63] 又說明了持有國家權力的政府因其沒有了流動和開放，已成了一種沒有社會基礎的政府。

　　在農村之外，同一個時間裏聚合於城市之中的新知識人、報章雜誌、社團組合、思想潮流、社會運動，以及輿論滔滔、橫議雜出，也在上下隔絕之間表達其心目中的是非善惡，與執政的當道一方立異。這些都是歷史中國所未曾有過的社會力量，以此為主幹，城市成了政治批判和社會批判的中心和重地。作為對比，農村沒有新的社會力量，因此「良好之農民，化而為強暴之兵匪」，就其多數而言，雖是身在這一段歷史變遷的因果之中而不由自主，但其沿自發、盲目入於「魚肉鄉民，擾亂社會」，則是己身受這個世界之困苦的同時，又在為這個世界再造困苦。

三　選官沒有制度而後仕路沒有公意

　　社會流動隨科舉停置而止，既改變了政府與社會的關係，也改變了官場秩序和吏治守則。

　　一千三百多年裏，朝廷主持科舉取士，就其廣涉天下讀書人的歷時彌久，伸展彌遠而言，科舉取士的應召而來和源源不絕，又是在民間社會的普遍認同、主動應和與力為支撐中實現的。而與讀書人「寒士居

63　章士釗：《章士釗全集》第3卷，第254頁。

多」[64] 相對稱的，既有書院的「膏火補助」，[65] 又有地方「公益基金」補貼的「趕考的旅費」。[66] 在這種出自地方的資助之外，還有來自宗族的獎勵和接濟。光緒年間的一種族規言之周詳地說：

> 幼童初入學，給賀錢一千文。應考，給賀錢二千文。進學，給賀錢五千文。鄉試，給川費十千文。會試，給川費三十千文。中舉、中貢，給賀錢二十千文。中進士，給賀錢三十千文。鼎甲及第倍賀。出仕則每年計俸所入，捐其二成，充入祠中公項。捐納入官者不給賀錢。[67]

書院的「膏火補助」生計、地方「公益基金」的補貼赴試路費，以及宗族的獎勵接濟，對象都是讀書應試的士人，因此，「補助」、「補貼」獎勵接濟之自然而起，已直接反映了民間社會對於科舉制度的信從和擁護。19世紀中葉的一個西方傳教士曾概述其直觀所見，說是「對於科舉制度的任何嚴重背離，總要引起人民對犯有過失的地方官的強烈不滿」。[68] 他所看到的這種「強烈不滿」，正從反面寫照了信從和擁護在那個時候達到的深度和廣度。一千三百多年裏，科舉制度以「懷牒自投」和「以試為選」昭示了朝廷對於士人的公意；又以「分區定額制度，使全國各地

64　愛新覺羅・昭槤編：《嘯亭雜錄》，第343頁。

65　楊聯陞：《中國語文札記》，北京：中國人民大學出版社，2006年，第104頁。何炳棣說：晚清的「一個小書院能發給學生的獎學金可能只有十名或十多名，但大多數書院能發給學生的獎學金可能有四十或四十多名」，而廣東更多，「平均約八十名」，見何炳棣：《明清社會史論》，台北：聯經出版公司，2013年，第253頁。若以一種歷史記述所估計的「十九世紀末有書院兩千多處」（費正清、劉廣京編：《劍橋中國晚清史》下冊，北京：中國社會科學出版社，1985年，第630頁，注釋77）作比照，則具見其在科舉停置之前這種「補助」所曾達到的規模。

66　何炳棣：《明清社會史論》，第253頁。

67　莊建平編：《近代史資料文庫》第10卷，第99頁。

68　轉引自芮瑪麗著，房德鄰等譯：《同治中興：中國保守主義的最後抵抗（1862–1874）》，北京：中國社會科學出版社，2002年，第175頁。

優秀人才，永遠得平均參加政府」[69] 昭示了朝廷對於地方的公意。則溯
其因果，民間社會對於科舉制度的信從和擁護，信從和擁護的便是這種
公意。而後是以公意回應公意，試士和取士的過程始終在萬眾注目之
下。出榜之日，輒群議四起各作評論褒貶，而一時之公議遂因之而出，
其間一旦有「士論嘩然」，又常常會上達天聽而掀動風波。[70] 因此，朝廷
主持科舉取士，但民間社會的四面圍觀和一路相隨，實際上正說明這個
過程在唐宋之後變得越來越公共化了。

　　積一千三百多年之久，科舉選官所體現的這種公意已融入了社會歷
史，化為人心中的天經地義。是以廢科舉於一千三百多年之後，則一千
三百多年之所積，便自然地成了一種常在的比照。當日朝旨「立停科
舉」，而仕路仍在「捐例未止，保案尚多」[71] 之中，這種顯而易見的公意
已滅而私意留存，便自始已明白地顯示了後科舉時代與科舉時代的不
同。都察院裏的劉汝驥説：

> 科舉停矣，然束髮受書，垂老委贄，何其迂也，則得保者捷。京
> 察保一等，大計保卓異，天恩也，而出自私室；漢員保都統，文
> 員保總兵，異數也，而望若終南。愛我畏我，趑趄囁嚅，謀保而
> 來也；諂人驕人，眉飛色舞，得保而去也。[72]

之後，又有久作史官的惲毓鼎在一封信裏説京師情況，尤指目於郵傳部
尚書陳壁：

> 渠到郵部，部中之缺皆有定價，凡路電差使無不鬻者，雖閩人 [陳
> 壁本閩人] 不免。有一書記生，最承寵任，全知其始末。去冬忽發

69　錢穆：《國史新論》，第278頁。

70　徐凌霄、徐一士：《凌霄一士隨筆》第3冊，第955、958頁；平步青：《霞
　　外攟屑》上，第30頁。

71　朱壽朋編：《光緒朝東華錄》第5冊，第 (總) 5468、5488頁。

72　朱壽朋編：《光緒朝東華錄》第5冊，第 (總) 5471頁。

脾氣，將其人斥革。其人大怒，遂將買缺買差各數目及借洋款扣頭，詳開一單呈監國。[73]

而「壁便衣偷入署中，至庶務處與其心腹三四人關門改造賬目，凡三日夜而後成」，迨「調取案卷，全非本來面目矣」。[74] 劉汝驥引為不平的，是科舉停置之後保舉的廓然大張，以及與這種廓然大張俱來的保舉一途了無遮攔的私人化。惲毓鼎極盡描畫的，是科舉停置之後，本由戶部提調的捐納一經演化派生，已在變成大吏「鬻官」的私家生意。與陳壁同類而時間更早的，還有《泰晤士報》駐京記者莫理循說唐紹儀：「在海關或鐵路或郵傳部裏的空缺，只要能撈到手的都安插了自己的親屬或姻親，或是他的廣東同鄉。他在郵傳部任職期間任命的四百個人中，有三百五十個是他安插進來的。」[75] 以其數量之多相推度，「安插」所對應的大半是保舉與鬻官兼而有之。由中國人的記述和外國人的記述，所見俱是沒有了科舉制度的「以試為選」之後，那個時候官場出入的沒有制限和職官授受的全無法度。而時逢清末以籌備立憲為要務，「人人皆言變法，自軍政、財政、學政，莫不有新設之局司」。由此催生出來的各色「新衙門」，又促成了這種應時而生的沒有制限和全無法度與之相附相生，隨之彌漫而了無際涯：

> 自總署改外部，商部、警部、學部接踵而興，用人行政本無軌轍之可循，移文提取動輒數十百萬，指名奏調動輒數十百人，奔走小吏夤緣輻輳於公卿之門，投其意向所趨，高者擢丞參，次者補郎員，人不能責其徇私。[76]

之後是辛壬之際的鼎革重造國體，同時重造了衙門：

73　莊建平編：《近代史資料文庫》第1卷，第40頁。

74　莊建平編：《近代史資料文庫》第1卷，第40頁。

75　莫理循：《清末民初政情內幕》上冊，第496頁。

76　嚴復：《嚴復集》第4冊，第1205頁；榮孟源、章伯鋒主編：《近代稗海》第1輯，第267頁。

當革命初起之時，各種機關破壞幾盡，誠有如論者所言矣。然革
命以後，更張增設，機關之多，實倍於往昔。譬如有國務院矣，
而大總統府復特設諸機關，以與國務院中之諸機關相對立；有農
工商部足矣，而復特設一空無所事之農林部以與[農]工商部相對
立；此外如鐵路全權，如鐵路總公司，如各項顧問，則皆因人而
設機關者。若更就各省之行政機關觀之，則所謂何司何科，又多
至不可勝數。[77]

與這些「機關之多，實倍於往昔」同時產生的，還有民初「各部司員，半
經偉人薦拔」的官僚群體，以及當時人統觀官僚群體，而統謂之「仕路
混淆，吏才消乏」[78]的總而言之和蔑乎視之。以民初比清末，則「仕路混
淆」說的仍然是官場出入的沒有制限，而「吏才消乏」說的仍然是職官授
受的全無法度。清末與民初的衙門機關與人物，遂因之而成了前後相
承，可以同歸於一類之中的東西。

　　就歷史時序而論，先起於這個過程而為一世所指目的，大半是從外
國學堂和中國學堂裏走出來的新知識人。1913年春，莫理循在一封信
裏概述中國的政情，其中一段說：

將在參議院和眾議院（都在四月份開會）佔有席位的議員中有相當一
部分是有賀長雄以前的學生。現在，確切地說有多少議員是受過日
本訓練的，還為時過早。據有賀長雄估計，在日本高等院校念過書
的，肯定每五個人中至少有兩個。一張曾在日本受過教育的中國中
央和省級官吏、國會、省參議會議員的名單，會使你大吃一驚。[79]

以共和為國體，代議為政體，則政府之外有國會，官吏之外有議員，清
末的官界遂演化為民初的政界。作為一個外國人，莫理循引為訝異的
是，與留學歐美歸來的人相比，其眼中所見政界之中「在日本受過教育」

77　經世文社：《民國經世文編》第6冊，第3682頁。
78　經世文社：《民國經世文編》第4冊，第2478、2623頁。
79　莫理循：《清末民初政情內幕》下冊，第102頁。

者數量之多得異乎尋常。20年代，梁啟超追述范源濂在清末先倡「速成師範」、「速成政法」，說是：「他是為新思想普及起見，要想不必學外國語言文字，而得有相當的學識，於是在日本特開師範、政法兩種速成班，最長者二年，最短者六個月畢業。當時趨者若鶩，前後人數以萬計。這些人多半年已長大，而且舊學略有根底，所以畢業後最形活動，辛亥革命成功之速，這些人與有力焉。而近十年來，教育界政治界的權力，實大半在這班人手裏。」然後以皮裏陽秋的筆法對「這班人」一言以蔽之曰「成績如何，不用我説了」。[80] 這兩種記述的主體都是同一群人，莫理循看到的是清末的留日學生在民初成群結隊地進入政界，梁啟超説的是這種成群結隊而來的來路和質地。合而論之，則對於這些「受過日本訓練」而「最形活動」的人來説，是舊朝與民國的前後縮連之中，前者的官場沒有了門禁，遂使後者的政界可以蜂擁而入。其間的失衡和失常便成了西人旁觀的「大吃一驚」。

當初迎合停科舉，遂有「非學生不為要路之官」的主張。而以「近十年來，教育界政治界的權力，實大半在這班人手裏」相比較，是「要路之官」已歸學生。然而就知識和「成績」而論，則臆想中非常對稱的「要路之官」與學生，實際上並不匹配。所以同在這個歷史過程裏的嚴復説：「國家於初畢業學生，無論如何優秀，皆不肯即畀重權，常令從最下級做起，此西洋日本所歷用之成法也。惟吾國不然，往往於出洋之人，以為新派，視同至寶，立畀重權，故多失敗。」雖然他也是「出洋之人」，但以「故多失敗」為清末以來熟見的事實而發為論説，其主旨則在於證明：沒有了「以試為選」立為門禁，政界遂可以「即畀重權」於「出洋之人」，但結果則大半是「孔子所謂：『賊夫人之子』」，[81] 而致政事隨之七顛八倒。梁啟超説的是新人物產出的粗製濫造，嚴復説的是新人物正在進入官場，而官場已沒有了規矩，並因沒有了規矩而無從以才具器識作分辨。總體而論，在他們眼中，這些人顯然猶不如以試為選產出的人

---

80 梁啟超：《飲冰室合集》第10冊，《專集》之七十五，第30–31頁。
81 嚴復：《嚴復集》第3冊，第661頁。

物。自19世紀末期以來，他們都曾經自趨於變法和開新，而這個時候則以其眼中所見的「新派」蓬蓬然苗長於政界之中為不能以常理常識相衡量。顯見得二十多年之間的推陳出新越走越遠，已使先起的新人物不能認識後來的新人物了。

從清末「非學生不為要路之官」到民初「出洋之人」的「視同至寶」，這個過程中應時而起的，居多是日本留學生，又居多出自於「最長者二年，最短者六個月」的「速成」，相比科舉制度下的「以試為選」，顯然是在以徑情直遂而成其魚躍龍門。由此形成的新人物和舊人物的代謝打破成法，初旨是在為統稱「學生」的新知識人廣開入仕之門。但成法既破之後，官場的出入既已失其制限，則徑情直遂便成了一種可以延頸以望的企想。而事可延頸以望，其實已非新知識人所能獨佔獨有。因此，由新知識人開先路的這種官場變遷，遂駸駸乎演為各逐其利的五光十色。1915年，梁啟超說：

> 科舉廢而留學生考試代興，光宣之交，各種新式考試雜然並陳，其導人以作官之興者至濃。鼎革之交，萬流駢進，其間中央政府、地方政府交迭頻數，而大小官吏之旅進旅退，歲且數度。重以各地秩序未復，群盜滿山，村落殆不可居，人民輕去其鄉，冀就食於都市，他既無所得食，則惟官是望。而留學生於外學成而歸者，卒業於本國各種學校者，歲亦以萬數千計，其惟一自活之道，則亦曰官。坐此諸因，故官市之供給品，其量乃把之不竭。[82]

隋唐以來的一千三百多年裏，以試為選的科舉制度與讀書做官相重合，曾被非議為「干祿之具」。[83] 但科舉停置不過十年，此日已是想要做官的人更多，並且正在越來越多，而其干祿之岌迫和凌亂又尤過於舊時的以試為選：

82　梁啟超：《飲冰室合集》第4冊，《文集》之三十三，第46頁。

83　蔣伊：〈進呈經說：周禮地官至德以為道本，敏德以為行本，孝德以知逆惡〉，載賀長齡、魏源：《皇朝經世文編》卷十，治體四政本下。

居京師稍久，試以冷眼觀察社會情狀，則有一事最足令人瞿然驚
者，曰求官之人之多是也。以余所聞，居城廂內外旅館者恒十數
萬，其什之八九皆為求官來也。而其住各會館及寄食於親友家
者，數且相當。京師既若是矣，各省亦莫不然，大抵以全國計
之，其現在日費精神以謀得官者，恐不下數百萬人。問其皇皇求
官之故，為作官榮耶？為作官樂耶？皆不然，蓋大率皆舍作官外
更無道以得衣食，質言之，則凡以謀生而已。[84]

這些數目未必具有十足的精確性，但由當時人描畫當時的世相，其直接
獲得的感知無疑是真實的。

　　以此對比從前，所見到的是「疇昔科舉，限以額數，下第者只傷時
命，末由干進，久之亦惟求他途以自活」。[85]而人心止乎只傷時命，末有
干進，蓋在於科舉制度下的讀書做官實現於以考試定取去，對於個人來
說，惟讀書始可做官；對於國家來說，官員須出自讀書人，而後合兩面
為一體，則及第便是資格。「末由干進」正寫照了資格面對人人而一體同
視的不移不搖。《雨窗消意錄》曾描述科舉制度下場屋中人的良莠不齊
說：「小試文謬怪百出，多可噴飯。有引用『昧昧我思之』誤作『妹妹』
者」，「又有『事父母』題文，其承題曰：『夫父母者何物也』？」；「又有
『雞』字題文者，中比曰：『其為黑雞耶？其為白雞耶？其為不黑不白之
雞耶』？」；「對比曰『其為公雞耶？其為母雞耶？其為不公不母之雞
耶』？」[86]所見都是沒有頭腦和了無意義。小試取的是生員（秀才），而「謬
怪百出，多可噴飯」，正說明想做生員的人裏有不少並不配做生員。以
科舉的階梯而論，小試之後有鄉試，鄉試之後有會試。同光兩朝翁同龢
屢掌文衡，先主持鄉試，後主持會試，其日記中則屢見「一卷福建，一
卷廣西，而雷同不易一字」；「閱二十二本」，中有「雷同三卷」；「昨日大
磨勘，磨勘出第二名查某與第十八名王振銖第三藝雷同」；「查落卷，忽

84　梁啟超：《飲冰室合集》第4冊，《文集》之三十三，第45頁。
85　梁啟超：《飲冰室合集》第4冊，《文集》之三十三，第46頁。
86　朱克敬：《儒林瑣記‧雨窗消意錄》，長沙：岳麓書社，1983年，第95頁。

見一卷與九房房首雷同」，即「易之」，等等，間或還有「佳卷不滿百。有極不通者，誰云粵東多好手」和「竟日閱二場，無愜意者」的評而論之。[87]然則以鄉試和會試中頻頻而見的「雷同」和「極不通者」、「無愜意者」為考官衡文的科場紀實，又說明想做舉人和進士的人裏有不少並不配做舉人和進士。一千三百多年裏，這是一種常態。因此，累積而計，像這樣不能明理，才地未濟，已急急乎自置於讀書做官之途以求取功名的人會有成千上萬。而其間的大半之所以未能進入功名社會，則正是資格成為一種攔截，把他們擋在了門外。在這個過程裏，以資格定取去，本義在於持同一種尺度衡量每一個人。有此尺度，遂使世間的人之不同，各如其面，都被共置於恒定的規矩之下。而後是資格等同規矩，恒定便是罩定。由此築成的仕途秩序以公道造就安分，便同時又成了人心中的秩序。所以，西人入華，李提摩太稱進士，李佳白（Gilbert Reid）稱孝廉，[88]皆意在以彼邦的資格折合為中國的資格，期能對應地進入中國人內心的秩序之中。而時至20世紀初年，仕途的秩序已脫其舊軌而在節節瓦解之中，但人心中的秩序仍然是一種固結的存在。因此，心中的秩序便自然地會反照和頡頏正在分崩離析中的現實秩序。

清末先倡國會而民國自居遺老的康有為說：「往者鄉、會有試，備歷艱難，然後得一第；郎曹累級，幾歷年勞，而後得一階，故士自重而人知敬焉。」迨「廢棄資格，則人人有非分之想；不用考試，則當官多沒字之碑」，而後「其得官也易，其超拔也易，故無自重之心，無自愛之意。其視吏道也，等於商賈，人民亦不重之，且多笑之」。他說的是沒有資格，則官界既輕且賤。[89]而曾經深信立憲政治而後來又深惡立憲政治的章士釗說：「夫計能授職，本吾古訓。特自稗販外說，創行憲政，以資格為不便，視樹黨為天經，誇誕為其本能，奔競乃得美仕。於

87 翁同龢：《翁同龢日記》第1冊，第194–195、226頁；第2冊，第803頁；第5冊，第2462、2517頁。
88 李天綱：《萬國公報文選》，第586頁。
89 康有為：《康有為政論集》下冊，第907頁。

是一無所知之輩,崇朝而無所不知;一無所能之夫,轉瞬而無所不能。」[90]他説的是沒有資格,則官界良莠淆亂。在他們之後,以法學為專門之學出入於民國司法界的杜保祺説:「吾國自鼎革以還,模仿歐美政制,先後制定法律。治法悉備,而民困未蘇」,皆由「行法不得其人之故,因是利民之法,變為病民」,遂致「民遂不聊生矣」。[91]就官制以資格為內核而言,他説的是因沒有資格而無從得人,則治法俱備,官界猶不能治天下,只能亂天下。

康有為由「往者」起講,章士釗由「古訓」起講,杜保祺由通論「治法悉備」而「行法不得其人」起講,都是在以過去評判當下。雖説鼎革改變了國體和政體,但過去的政府由官僚制度構成,當下的政府也由官僚制度構成,所以過去需要選官,當下也需要選官。其間的不同在於,官僚制度與科舉制度相為依傍之日,科舉主持選官,本質上是制度主持選官。資格由制度而生,並始終與制度相連,因此資格能夠以天下為範圍,面對人人而成為公共的尺度。選官之促成社會流動和選官之造就權力開放,都是在這種制度、天下與人人的串結之間實現的。以此為比較,則停科舉之後,「夤緣輻輳於公卿之門」,與「非學生不為要路之官」和「速成」成為仕途捷徑相互交集,遂使此日官僚制度猶在,但選官制度則已經沒有了。而後清末造因,民初結果,自內涵而言,沒有了制度的選官便產生不出以公意為本義的尺度和資格;自外延而言,沒有了制度的選官便不復能以天下為範圍和人人為對象。因此,「廢棄資格」和「官無定制」,寫照的都是由制度選人變為以人選人,從而是一千三百多年來的選官於四面八方,變為「鼎革以還」的選官於咫尺之間,遂使人在其中,便在咫尺之中。

1913年,梁啟超出任熊希齡內閣的司法部部長,曾作〈政府大政方針宣言書〉以布告主張,其間舉「共和以來,破棄資格,凡得官者,長

---

90 章士釗:《章士釗全集》第4卷,第174頁。

91 孫玉聲、杜保祺:《退醒廬筆記‧健廬隨筆》,太原:山西古籍出版社,1995年,第235頁。

官延攬什而一二，奔競自薦什而八九，人懷僥倖，流品猥蕪」[92] 為舉世共見的大病。但同一個時間裏他致書康有為，說是「弟子一面須薦用萬木人才，一面須薦用進步人才，數月來所薦用者亦不為少矣」。而「人人皆抱非分之想，以相要求，要求不遂，立即反唇，竊意此等言論，聞於左右者，不知凡幾，願吾師」以此中苦衷「信諒弟子，或可稍免於罪戾耳」。[93] 他所說的「萬木人才」是指當初康有為開萬木草堂講學攏集起來的人物，「進步人才」是指此日以進步黨立名匯聚起來的人物。對於早年出自萬木草堂，其時又正在主導進步黨的梁啟超來說，他們都是舊雨新知，因此都在咫尺之內。然則他自述「薦用」這些人「亦不為少」，顯示的正是其以「薦用」為一手調度，而運用之妙存乎一心，實際上已與他所謂憎惡的「破棄資格」而「延攬」、「奔走」同歸於一路之中了。而舉此陳情於康有為之前，以乞「吾師」之「信諒」，則同時說明，作為老師的康有為正寄望於梁啟超之「薦用」同門，而且因所望太過殷切而意不能足。若與他痛詆「廢棄資格」的論說相對比，則這種著力「薦用」門生故舊的籌謀和行事，顯然也與之兩相扞格，同樣不能算是知行合一。他們都經歷過選官須循資格的時代，時至此日，又都在一個但見奔競而沒有資格可依的時代裏，所以，他們一面以痛詆表達內心的憎惡，一面是眼界越不出咫尺之間，則手段越不出這種被憎惡而痛詆之的路數。其調度於官界之內和官界之外的自相抵牾，正非常明顯地使人看到：選官的資格和資格的公意因科舉制度而生，又隨科舉制度而去。因此，時至清末民初，面對一種不再有選官制度可以依傍的官僚制度，由痛詆「破棄資格」、「廢棄資格」而申說理之應然，其實表達的不過是意中之願想。舊日的道理已沒有了根基而無從責實，是以身在清末造因民初結果的過程裏，便是身在理之應然不能敵勢之實際然的無序之中。而後，以無序應對無序遂成了那個時候官場的常態。

92　梁啟超：《飲冰室合集》第 4 冊，《文集》之二十九，第 120 頁。

93　丁文江等：《梁啟超年譜長編》，上海：上海人民出版社，1983 年，第 680–681 頁。

四　世事悖惑：不開放的政府與無從限勒的「人盡可官」　在20世紀初年互相共存和彼此映照

康有為與梁啟超的知行不能合一，以其自相扞格抵牾，代表性地表現了其時指斥政界的知識人在理之應然不能敵勢之實然之日的不得不然。而時當以無序應對無序，更多的人出入乎無序之中而內裏並沒有一點自我扞格抵牾。

1928年孟森説：「洎乎共和十餘年，政治之與職業相遠，乃更甚於清代。蓋官治之法度盡掃，而職業政治之意義，領會者無人」，當此「青黃不接之時機」，一面是自下而生的以「貪昧虛榮之心」各出手段「獵官」；一面是居上而馭的高下隨心，「一憑主者之愛幸」。上下之間的這種彼此同出於一個過程的相應相合，正概要地描畫了以無序應對無序的涵義和本相。由此直接促成的，則是「全國之公職，有缺額者，無不什百倍其人數以相爭，而無缺額者又可任意安插，以造成無業之業。飯碗只有此數，爭者恒什百倍之」。[94] 顯見得以無序應對無序，同時又是在以無序催生無序。就「什百倍其人數」相爭，而以「主者之愛幸」為取捨言其勝負之數，則「獵官」而能夠先人得利者，大半都出自「主者」指掌所及的範圍之內。《健廬隨筆》一書以當時人記當時事，其中一節説：

> 李某督直時，天津縣署某科長之車夫，自言為李表弟。某察之信，乃為置裝見李母。李母召李謂之曰：「而表弟一寒至此，爾其善為之計。」李問所欲，車夫曰：「向挽街車時，受警察毆辱，甚欲得此，一酬夙志。」李斥其自輕，乃委充某縣知事。車夫目不識丁，遂請某科長助理，此一怪事也。不圖無獨有偶，又有理髮匠充知事之異聞。余友高君任東明知事九年，每理髮，悉由署前某待詔任之，未幾該匠他去。數年後，有持前湖南某縣知事之名片來謁者，見之，則為他去已久之某待詔也。[95]

94　孟森：《孟森政論文集刊》中冊，第774、773頁。

95　孫玉聲、杜保祺：《退醒廬筆記・健廬隨筆》，第195頁。

在見慣一千三百多年來以讀書人為主體的文官政治之後，眼看著車夫和理髮匠轉身之間已變成了地方官，其詫為「異聞」正因對比太過分明而來。所以，「異聞」之「異」，著眼處顯然在人物之品類的今昔大殊，全然不同，以及其時職官和品類之間的不相對稱常常而有。因此，其筆下既多譏嘲，又多不平。與這種就人物的輪廓作大略的敘述相比，另一則當時人說當時事，則實錄歷史中的情節和細節，為其時廣西因「主者之愛幸」而得官的群類描畫了一種具體的面目，以見「怪事」和「異聞」又常常會喚出的人性中的黑暗：

> 陸[榮廷]、譚[浩明]專政，任用私人，創千古之奇聞。其身旁之馬弁、差官、教小兒女之塾師，看祖墳風水之堪與[輿]先生，修祖祠之司事，賠[陪]打麻將輸錢過多之賠[陪]客等，均委縣知事或統稅局長。其中任縣知事者，既不懂政治法令，也不懂行政手續，只知睡倒要錢，縣政之糟糕可以想像。民國五年(1916)昭平縣知事陶某，是陸榮廷公館的教讀先生，以昭平縣相酬，到任百事不理，只知扒錢。一日見有挑幾桶飯走過，問知為囚犯口糧，陶某不知囚糧已是司法經費開支，以為要他掏腰包。次日提出監犯一半計三十餘人，喝令拿出槍斃。地方紳士聞知前往阻攔已來不及。[96]

「教讀先生」本以能夠斷文識字而不同於車夫、「剃頭匠」之輩，但「陶某」既由夤緣得官，則其內裏的質地和外在的屬類都已同歸於「主者之愛幸」一群，而與讀書明理那一路自相隔絕。之後是沒有理的制束，權力便成了一種惡。與之並列並舉的「馬弁、差官」之類雖名目各異，其實大半與他同屬一類，都是由本供役使奔走，習為諂上驕下那一路出而做官治民的。相比而言，這一類人在彼時官界更易苩長，因此，其手中的權力之用為「扒錢」和作惡也更易為世人所共見。一則時論稱之為「許多掌握

96　全國政協文史委員會：《文史資料存稿選編 (晚清北洋 [上])》，北京：中國文史出版社，1990年，第228–229頁。

權力的馬弁、強盜」；[97] 另一則時論稱之為「生當其間，馬弁、小舅子、奴才、亡八皆與士人分百里之寄，為士人者，以口腹之累，不能不降志辱身以與相周旋。甚且摹仿馬弁、小舅子、奴才、亡八之伎倆以爭位置。則今日之所謂吏道，馬弁道、小舅子道、奴才道、亡八道而已」；[98] 又一則時論稱之為「若行政界流品之雜，匪可言狀，牛溲馬勃，兼收並容，一人成佛，雞犬升天」。並引申而論說：「往研貨幣學，有所謂格里森法則，Gresham's Law 謂良劣兩種貨幣，同時流行市場，則劣幣必伸張勢力，驅逐良幣，至淨盡而後已。達爾文優勝劣敗之公例，於此不適用也。嶷觀今日中國行政界之現象，實酷似之。」[99] 而後是由「流品之雜」而及權力之惡，嚴復概括為「吏之作奸，如猬毛起，民方狼顧，有朝不及夕之憂」。[100] 這些記述和論說交集於民初的政界眾生相，注目的都是沒有了資格之後的官場因品類變而致吏道變，最終攪動人間，俱成生民之憂。

所見於當時人筆下的車夫、剃頭匠、馬弁、副官、教讀塾師、風水先生、修祖祠之司事、小舅子、奴才、亡八，以及比類於「牛溲馬勃」的流品之居於下等者，紛紛然騰達而起，以白丁得官，從治於人的一方變成了治人的一方，由此形成的「流品之雜」與倏起倏落和貴賤無常相為表裏，自外觀而言，其間的個體顯然也在流動之中。與農村社會中的人口為生計所迫而逸出生產過程，逸出社會秩序，以「良好之農民，化而為強暴之兵匪」形成的無序流動相比，這一類官場景象是另一種無序流動。造成了這種流動的「主者之愛幸」和「雞犬」隨「一人」而「升天」正說明，在公意隨資格的「破棄」而漸滅殆盡之日，這種個體的流動大半都出於私意，又成於私意。相比於此前一千三百多年裏科舉制度下，開放的政府促成於社會的上下對流，同時社會的上下對流又維

---

97 梁啟超：《飲冰室合集》第12冊，《專集》之一百三，第9頁。

98 孟森：《孟森政論文集刊》中冊，第776頁。

99 轉引自章士釗：《章士釗全集》第5卷，第561頁。引文中的「嶷」是法學家郁嶷致章士釗的自稱。

100 嚴復：《嚴復集》第2冊，第351頁。

持了政府長久開放的相為依傍，則這個時候的個體流動，既生成於一
個不開放的政府之下，又流動於一個不開放的政府之下，兩者都決定
了這種咫尺之間的上下移動並不足以構成社會流動。而後是中國社會
曾經的上下對流，變成了以遠近親疏分範圍的橫流和亂流。前者的歷
史內容在於，因開放而有對流，所以對流能夠助成政府與社會的綰
連；後者的歷史內容在於，因不開放而有橫流，所以橫流所至，便是
私意私利所至。由此形成的分化組合遂但見依附和被依附，既無從與
社會相綰連，也無從為社會所認同。顧維鈞後來說，1923年他「就任
攝政內閣的外交總長」，曾反對為「籌集總統選舉經費」而把「向日本借
的參戰借款利息轉入本金內」。隨後歸屬於直系「保定派」的交通總長吳
毓麟與之私下作深談說：「他能夠理解為什麼我反對承認借款，因為我
已經說明了自己的觀點。然而從他的觀點來看，這個問題很重要，直
接關係到曹錕是否能當選總統。」然後言之更加直白：

> 少川，因為你在國內、國外受過教育，並且已經建立了你現在的
> 聲望，無論哪個派系當權，都會邀請你參加政府工作。但對我來
> 說，情況就不同了。如果曹三爺［曹錕］下台，我們就要失業。

「所以他希望我能夠理解他們的個人處境。他還強調他不僅僅為他自己
說話」，同時也「代表」了所有其他的人。這是一種合群的遊說和勸說。
相比於車夫、理髮匠、馬弁、小舅子之類的作「縣知事」、作「統稅局
長」，交通總長已是高高在上的大官。但就其官場生涯隨「曹三爺」的榮
枯為榮枯而言，又說明交通總長和縣知事、統稅局長之類一樣，命門都
在「主者之愛幸」。因此，出自於「主者」與附從之間以私意感應私意，
遂有吳毓麟對於顧維鈞的這一段表達，其要旨全在為曹錕籌「總統選舉
經費」。但以「承認借款」為財路，同時被他們的合群籌劃所淹沒掉的，
正是國家的權利和「輿論的強烈反對」。[101]

---

101 顧維鈞口述，中國社會科學院近代史研究所編：《顧維鈞回憶錄》第1冊，
　　北京：中華書局，1983年，第264–265頁。

　　這種身任國家政事，而持一群一己之利害為權衡的操弄政事，並且言之侃侃而了無愧色的人物和理路，非常具體地演示了以私意私利選官，則天下遂無公義的事實，以及這種事實在那個時候的起源和由來。時人統謂之「不知臉面為何物」，[102] 則具見當日以官場品類為一世共同的關注，其關注所及的品類淆亂，不僅在於官場中人出身的鄙陋委瑣，尤其在於官場中人立身行事肆無忌憚的放濫恣橫。所以，民初人引舊時「部務皆有成例，尚待欲以己意相高下，曹郎得引例爭之。曹郎欲出入輕重於其間，胥吏援例以請，亦不能強辭辨也。其處理未協者，雖奏聞請旨，疆臣輒拒不受」[103] 的規矩籠罩，用意大半不在敘舊，而在映照當下。若以這種官與官之間無從逾越本分的互相制約和各守定則相比較，則吳毓麟的這種借私談密議作遊說，無所忌憚地挪移公私之界，而行之嫻熟自如，正以一種非常具體的方式典型地自為昭示，既使人看到了民初「行政界」與舊時體制對照而見的混亂，也使人看到了民初「行政界」的法度蕩然和其時官場中人之放濫恣橫的因果相連和因果循環。對比今昔，顯然是立於條文的法度要能夠成為共同恪守的規矩和定則，實際上不能沒有個體內在德性的維繫。而清末民初以來，中國選官不由資格而以「主者之愛幸」為準尺，準尺之下，所見俱是支撐個體德性的「宦場風習」節節「流失敗壞，視十年前更一落千丈」，[104] 以及「今之出而仕者，非痞棍惡徒即無廉無恥之輩」[105] 都說明，在一個推倒了「試驗官吏之法」[106] 的時代裏，「流品之雜」應之而起，其個體的類同「牛溲馬勃」，已大幅度地改變了曾是「宦場」守則的「風習」與「廉恥」，遂使曾經的法度因為沒有了德性維繫而成了漠然置之的東西，不復再被當作共守的公義，從而不復再能規範20世紀初期中國以另一種人物品類為主體的政治過程。而後是「託國於政府，而政府非國所能有也，私人權利之目的物而已；以

102　孟森：《孟森政論文集刊》中冊，第746頁。

103　榮孟源、章伯鋒主編：《近代稗海》第1輯，第257頁。

104　梁啟超：《飲冰室合集》第3冊，《文集》之二十三，第67頁。

105　劉大鵬：《退想齋日記》，第189頁。

106　梁啟超：《飲冰室合集》第3冊，《文集》之二十五（上），第89頁。

監督政府之權託諸國會，而國會非國所能有也，亦私人權利之目的物而已」。以此為政界熟見的景象，則「一切機關，皆成虛設，而斤斤然商榷於制度之得失者，悉為詞費矣」。[107] 在這種由資格而品類、由品類而德性、由德性而制度的層層剝落裏，其時的選官尺度之辨和官場流品之辨已越出人物褒貶的有限範圍，而統歸於「吾國有歷史來所未有」。[108]

世人由資格而及品類，由品類而及德性，由德性而及制度，注目的是「奔競」之下官方、官德、官常的弛廢。但這個過程以選官不論資格為起點，之後又「既無限制之道，復無甄別之方」，因果相及，遂使「民國以來，人盡可官，幾於四萬萬之人民，即為四萬萬之官吏」，[109] 則品類和德性之外，這種由「破棄資格」直接召喚出來，又在不斷召喚出來的數量之多，同樣是一種「吾國有歷史來所未有」。隨後是成群結隊湧向官場的人口與一個法度和官制傾塌了的官場相逢於斯世斯時，同時又在以前者的膨脹催發了後者的膨脹，並相沿相繼，不斷累積，致「民國官缺之額，與官俸之數，增於舊帝國者數十倍而未已」。[110] 其間的程程演變，當時人說：鼎革之後「各省都督，苦於軍人之無可收拾，群以推之中央。中央又苦於冗員之無可位置，群以委之於乾脯。於是中央與各省新立機關局、所，及顧問、屬官之流，無慮數十百處，數千百人」。蓋「自稱革命巨子者滿坑滿谷，不有每月四五百元以羈縻之，則拔劍擊柱，亂方未已也」。而後是「乾脯」派生出更多的衙門和更多的官：

> ［京中］大部多在二百人以上，少者亦百人，而事務則更簡於往日，其從容閒雅可想。京外官衙，其雜出者無論矣，而在行政正系之省行政公署、縣知事署，則有可考而知者：省行政公署，分設四司，唯教育、財政兩司，稍有建樹，餘皆坐食耳。然而司之下又分課焉，司長也，課長也，一等課員也，二等課員也，三等

---

107 梁啟超：《飲冰室合集》第4冊，《文集》之二十八，第76頁。
108 嚴復：《嚴復集》第3冊，第662頁。
109 經世文社：《民國經世文編》第1冊，第338頁。
110 孟森：《孟森政論文集刊》下冊，第1087頁。

課員也，動輒三四十人，甚或五六十人，實則繁者十人可辦，簡者五、六人之事耳，其從容閑雅，必又無以異於京部也。縣知事署，直接承省行政公署而來，故亦分設四課，有課長，有課員，少者十餘人，多者二三十人。實則縣之事務，以司法及經徵為主，司法別有審檢廳，經徵別有經徵局，縣之事務，已去大半。有課長兩人，課員三、四人盡足辦事，不必求備，惟衝繁疲難之區，或有不及之虞耳。以五六人所能辦者，而以十餘人或二三十人當之，其從容閑雅，必又無以異於省行政公署也。[111]

此外，還有「託軍事秘密之說，而設軍事處，軍事審查處；託軍民分治之說，而設都督；託虛三級之說，而設各道觀察使；以防堵要塞為言，而設鎮守使；以民心不靖為言，而設宣撫使，則尤重規疊矩，難以法理論矣」。由中央政府而及地方政府，又有「某省地不濱海，僅有一湖，而設船政局，科長、科員若干人，問有商輪行駛湖中與內河否？無有也。不過有小火輪七八艘，窳敗陳朽，合其總數，不及千噸」。[112] 循名責實，則更加「難以法理論矣」。而與這種被稱作「舊式之祿蠹」的大小官僚同時生成的，則又有以議員之名盤踞於國會、省議會、縣議會、市鄉議會中的「新式之政客」。[113] 其時的一則統計說：「國會歲費六百萬，省會歲費三百萬，縣會歲費九百萬，市鄉會歲費需千八百萬，合計可三千六百萬，皆所謂議會經費也。全國歲入不足三萬萬，議會經費實佔其百分之十二。」其間名之為「歲費」、「議會經費」的，主要是議員所得的「年俸」和「年俸」之外的「月給」。[114] 以此度量這種用國家財力供養的「新式之政客」數量規模，則其擠擠插插同樣是在坑滿坑，在谷滿谷。當時人統括而論稱之為「不務正業，向政治中討生活者」，並把他們與官僚看成同類。[115]

111　經世文社：《民國經世文編》第6冊，第3741–3742、3754頁。
112　經世文社：《民國經世文編》第6冊，第3741–3742、3754頁。
113　孟森：《孟森政論文集刊》中冊，第767頁。
114　經世文社：《民國經世文編》第6冊，第3746、3749頁。
115　孟森：《孟森政論文集刊》中冊，第742–743、787頁。

　　因此，合「舊式之祿蠹」和「新式之政客」以言，顯見得民初中國收納於官署和議會之中的政界人物因雜而多，因多而冗。而舉此日以比舊時，便是一種「吾國有歷史來所未有」派生出另一種「吾國有歷史來所未有」：

> 抑此冗官冗署之所由來，其故亦豈難知，一言以蔽之曰：為人設官而已。有光復有功，運動革命，親友之情面，選舉之助力，黨派之關係，皆今日得官之媒介也。其真有服官之學問，之才識，之資格，而無以上五種關係者，或反憫然不能得一飯。求官者之意，若曰吾聊以得唼飯之地而已，不計事也。授以官者亦曰吾聊與以唼飯之地而已，亦不計事也。於是額官不給，乃設冗官，冗官不給，乃設冗署，一國之行政系統，遂無所糾詰矣。[116]

「五種關係」浸沒了「學問」、「才識」和「資格」，之後是「一國之行政系統」演化為可以「求」、可以「授」的「唼飯之地」。而由民國初元開始的「群以委之於乾脯」，遂因之而得以綿延不絕。時人目睹寄生於官署和議會裏的人頭濟濟，而後有作為一種專門名詞而特產於民初中國的「高等無業遊民」：[117]

> 覘吾國政治之癥結，皆以無業之人，用政治為百業以外之專業，立於百業之外，遂與百業相抵觸，非但無益百業，恒以妨害百業，壓抑百業，朘削百業為政治之原則。乃聚此無數不務正業之人，組成行政之統系，其始果自成一豺虎之群，狐鼠之窟，久之亦互相掊逼，無端而擴張武力以糜餉，無端而援引黨徒以糜俸，無業之人，互相侵軋。

於是「總統只有一缺，而爭者數人；閣員只有一缺，而爭者數十百人；全國之公職，有缺額者，無不什百倍其人數以相爭，而無缺額者又可任

116　經世文社：《民國經世文編》第6冊，第3743頁。

117　梁啟超：《飲冰室合集》第4冊，《文集》之二十九，第74頁。

意安插，以造成無業之業」。[118] 顯然是官僚和政客等同於「無業遊民」，則「一國之行政系統」化為「啖飯之地」的同時，又是「一國之行政系統」因「啖飯」而在化為爭鬥之地。自一面而言，「額官不給，乃設冗官，冗官不給，乃設冗署」和「無缺額者又可任意安插，以造成無業之業」，都說明廢棄資格之後，官場可以翻窗越牆而入，相比於前朝，已是政界之外進到政界之內的人已經越來越多，越來越濫。自另一面而言，廢棄資格之後，既已人盡可官，則「官市之供給品，其量乃挹之不竭」，更多的人又正源源不斷而來，「問其何以然，則亦衣食而已」。[119] 兩相對比，前一面由冗而來的多與濫雖然造出了前無古人的規模，但在後一面累積而成的無窮無盡面前，則前無古人的規模仍然是一種有限的規模。而後是有限與無限之間的矛盾長在，群與群之間的「侵軋」和人與人之間的「侵軋」也長在。因此，在此前一千三百多年裏，科舉制度的資格管制下所未曾有過的這種眾目睽睽之下衣食之爭起於官界的事，在民初中國便成了常常而有的事和人所熟見的事。

　　曹錕謀劃總統大位之日，依附於「曹三爺」的交通總長吳毓麟直接以其成敗卜自己會不會「失業」。移此一段情節於衣食之爭，既真實地說明了因衣食之爭而爭總統、爭閣員的信而有徵，也真實地說明了出自上層的政派之爭其實常常與衣食之爭因果相牽和混沌莫辨。世人旁觀，謂之「政客今日失位，明日即同餓殍，摧敵只以圖存，不關政義，陰攘陽奪，無所不用其極」。[120] 而同是衣食之爭，由上層而下，則更容易直接見到的，是地方各立壁壘，「因飯碗問題」而立「省界之說」。[121] 張鎮芳舉其時選官的以省為界及其雜亂無章說：

118　孟森：《孟森政論文集刊》中冊，第773頁。
119　梁啟超：《飲冰室合集》第4冊，《文集》之三十三，第46–47頁。
120　章士釗：《章士釗全集》第4卷，第167頁。
121　孟森：《孟森政論文集刊》中冊，第791頁。

從前或以正途，或以勞績，或以行伍，或以河工，博得一官，筮
仕外省。父兄之期望，親戚之幫助，師友之提攜，以有限川資，
費多年精力，懷懷孤注，不得不存自愛之心。乃革命以來，本省
之人不拘資格，毫無閱歷，輒握銅符，紳與民外雖歡迎，中實蔑
視。本不練習吏治，又引其鄰里姻婭，濫竽其間，貽誤情形，更
僕難數。

遂使上下之間只有私人對私人的親疏遠近，既無「功令」，也無「官範」。[122]

民初中國像這樣選官以「本省之人」為範圍和以「本省之人」為定限
的事遍及南北，當時人直謂之「本省人做本省督軍，將全省官缺壟斷起
來，實行飯碗排外主義」。[123] 其時張鎮芳以河南人主政河南，對於以省
為界應當行之格外便利；但他出身進士，又曾在清末身任疆吏，與鼎革
之後一蹴而起地執地方之政者相比，有此舊日的經驗作對比，其引為深
憂的，則尤其在於這種「飯碗排外主義」的本省人做本省官，一定會導
致天下人的互相隔絕和四面離散：

若此省不諳彼省利病，彼省不曉此省輿情，痛癢漸不相關，知識
無從互換，幾同私推之留後，世襲之土司，不到十年，必至聲息
不通，自為風氣，問以中華大局，且將茫然若異城，遑論外洋。
如豆目光，安望與列強相伯仲？

而後是互相隔絕和四面離散之下的國家將無政治秩序，世間將無社會
秩序：

且各省書若鴻溝，而中央用人取於何地？勢必設二十二部，每省
推一總長，方為平勻。即美之聯邦，亦無此政體。假使由省而
道，而縣，而鄉，而家，層層區分，馴之父子異門，兄弟析爨，
此等景象，何謂共和，而侈談四萬萬人為同胞，豈不可笑。

122 經世文社：《民國經世文編》第4冊，第2179頁。
123 梁啟超：《飲冰室合集》第7冊，《專集》之二十三，第32頁。

顯見得在其意中，由以省為界的這種「今日之排外」所衍生的罅裂和分解，其為患之深，猶過於本省人做本省官常常而有的「請託瞻徇，葛藤難斷，把持盤踞，枝節橫生」[124] 那一面。

　　雖說張鎮芳在當時和後來都被歸入北洋一系，但他引為深憂的，是自有行省制度以來省與省互相縮連的歷史中國，正變為民初中國一地有一地之行政統緒和選官路徑的「各省畫若鴻溝」，就其內容而言，已是一種既與過去脫軌，又與後來脫軌的世局大變。這種世局大變超越了一系一派，因此，人所共見，則心同理同，相近的時間裏，章太炎說的用人「注重本省」，則「致成渙散之象」，[125] 表達的是同一意思；梁啟超說的「今日中國情形，凡地方官吏，不宜專用本籍人，不寧惟是，且以能多用他籍人為善」，否則「內外之維全裂，長屬之系盡破，省自為政，道自為政，縣自為政，鄉自為政，我中國分為百千之土司耳，復何國家之可言」，[126] 表達的也是同一個意思。他們目睹中國由整體而趨向「鴻溝」、「渙散」、「全裂」、「盡破」，都以本省人做本省官為其由來和因果。若就咸同光宣以來的歷史過程說來龍去脈，則19世紀後期中國社會的地方意識，因清末立諮議局而聚合為省自為界的地方主義，之後又在一個一個省向朝廷獨立的過程中助成了省與省之間的彼此分立，為辛壬以後的政局留下了一種實際上的不統一。而後是紛爭動盪而南北不寧，以時勢和國運而論，民初的中國已不能不收拾前一段歷史延伸而來的這種分立和分裂，以重造天下的統一。引此以為詮說，則此日的時論以地方官吏「專用本籍人」為中國之大患，正因為以地域立界限的本省人做本省官，不僅在延續晚清以來的不統一，而且在延續之中凝結和固化了這種不統一。由此遠望來日，便都成為深深的近憂遠慮。然而時當選官不由資格之日，天下既已沒有了必須共守的取士之準則，便同時沒有了可以禁止用人只限本省的法度。因此，張鎮芳之後，以武人主政

---

124 經世文社：《民國經世文編》第4冊，第2179–2180頁。
125 章太炎：《章太炎演講集》，第118頁。
126 梁啟超：《飲冰室合集》第4冊，《文集》之二十八，第36、38頁。

河南的趙倜尤力持「汴人治汴」以立「宗旨」，並且「昌言無忌」而視為理所當然。[127] 兩面相比，顯見得沿張鎮芳為「鴻溝」憂，章太炎為「渙散」憂，梁啟超為「全裂」、「盡破」憂而由表及裏，深作推論，最終在「鴻溝」、「渙散」、「全裂」、「盡破」的盡頭處看到的，正是曾經為科舉制度所維繫的上下一統和四面一統在這個時候的斷裂。錢穆後來概述這種維繫說：科舉制度「用客觀標準，挑選人才，使之參預政治。中國因此制度，政府乃經由全國各地所選拔之賢才共同組織」。一方面：

> 考試內容單純，可不受私家經濟限制。寒苦子弟皆得有應考之可能。又考試內容，全國統一，有助於全國各地文化之融結。按年開科，不斷新陳代謝。

另一方面：

> 自宋代規定三歲一貢以來，直到清末，每歷三年，必有大批應舉人，遠從全國各地，集向中央政府一次。

前一面以人為對象，後一面以地域為對象，著意的都是用普遍性成就廣泛性。有此普遍和廣泛，則朝廷以全國為範圍，由下而上地從地方選取士人；又以全國為範圍，自上而下地向地方委派官吏的過程，便同時是在由下而上形成「向心力」，並自上而下地「促進政治統一」。[128] 歷史中國的個體常在地方畛域之中，而這種持久的由下而上和自上而下，則持久地抉破了畛域，科舉士人因之而能夠最先超越地方之界，前後相接地成為上下一統和四面一統的主體。宋以後科舉尤重普遍性和廣泛性，宋以後的中國遂不再有南北朝和五代十國。以此作對比省思，則民初本省人做本省官由選官不立資格而來，但與選官不立資格同出於一個源頭而同在一種因果之中的，其實是這種由科舉制度所營造的「向心力」和「促進政治統一」的推導力與之俱止，隨科舉的停置而中斷於清末民初。對

---

127 莊建平編：《近代史資料文庫》第2卷，第261頁。
128 錢穆：《國史新論》，第277–278頁。

於地方來說，便但見曾經的選官促進統一，變成了後來的選官助成隔絕和離散。

以此觀照清末民初三十多年，則俱見最初的除舊布新演化為世無規矱的過渡時代，其間的朝野否隔、仕路失序成為一個漫長的過程。而後是清末停科舉，民初的中國人常常要回看歷史而反思停科舉。

第五章

清末停科舉與民初的反思停科舉

一　世路困頓下的回首返視：
清末停科舉與民初反思停科舉

　　清末停科舉，隨後一路伸展，深度改變了一千三百多年間與科舉制度久相纏連的政治構架、社會秩序、知識人的生存狀態和人心中久已有之的觀念。

　　由後來説當時，則「立沛綸音，停罷科舉」之際，嚴復已比之為「廢封建，開阡陌」的起於一時而牽動後世，並以「造因如此，結果如何」為不敢「妄道」。不敢「妄道」，説的正是停置科舉一旦開始，其實際影響便一定會越出「造因」者所設定的範圍，在由此及彼的遞相屬連中形成一個牽匯萬端的過程。因此，與同一個時代裏懷抱一派憧憬的人物相比，他以不敢「妄道」表達的不可預知和不可預測，顯然正預知和預測了這個過程掀動天下的既深且遠。之後，由此為啟端的「造因」在很短的時間裏便已既失其軌度，又失其向度，走到了最初的籌想之外，使民初中國身在驟變之中而兩頭不到岸。與之相應，則清末停科舉以後，繼之而起的，又是民初次第而見的反思停科舉。

　　1914年，楊昌濟説「吾國自敗於日本之後，情見勢絀」，而後「皇皇然謀所以自存」：

> 倡議變法者，咸歸罪於科舉制度之束縛思想，斫喪人才，以為治
> 舉業者疲精力於制藝、律賦、試帖、楷書之中，無暇更治實用之
> 學，所用非所學，所學非所用，故萬事墮壞於冥昧之中，馴至四
> 海困窮，一籌莫展。[1]

這套推論以其言之成理而曾經為人深信，但歷經十年時移勢易之後，此
日面對眼中所見的事實，卻已轉信成疑而在深被究詰之中：

> 今者科舉之廢已久，如問國內之人，有學者較前多乎？抑較前少
> 乎？以言新學，遊學海外者雖多，余亦其中之一人，固未敢侈言
> 多才也。以言舊學，則更有風流歇絕之懼。[2]

而「學校之學生」不治「國文、國學」，其「精神思想」之「淺陋，有反不
及科舉時代之人才者。今日學校所用之國文教員，皆食科舉制度之
賜」。然後由此推及長遠，說是「擁有亞東獨一無二之大版圖，人數號
稱四萬萬，而有學之如此其少，豈非甚可憂懼之現象耶？士大夫不悅
學，此閔馬父之所以嘆周也。孟子曰：『上無禮，下無學，賊民興，喪
無日矣。』吾為此懼」。[3] 在他敘述的這個過程裏，從科舉時代的「無暇
更治實用之學」到學堂時代的新學猶未學得而舊學已經「歇絕」，以及整
體而見的「士大夫不悅學」，不能不算是今時猶比昔日更加等而下之。
就學以成人和「學所以為政」[4] 而言，其「懼」之又「懼」，皆來自於此。同
樣的論題，同樣的論域，章太炎說：「學校已經辦了二十多年了，除出
從陸軍學校出身的幾個所謂偉人英雄，幾乎沒有人才。」對照而言，「科
舉還出幾個人才」。又說：「試觀近年來有文才者幾人乎？依我觀察起
來，值得我折服如曾國藩、張之洞等，委實無之。試觀民國以來，總統

1　楊昌濟著，王興國編：《楊昌濟文集》，長沙：湖南教育出版社，1983年，
　　第54、198頁。

2　楊昌濟：《楊昌濟文集》，第54、198頁。

3　楊昌濟：《楊昌濟文集》，第54、198頁。

4　張孝祥：《張孝祥集編年校注》第2冊，第539頁。

總理，誰足與曾、張比擬？」就曾國藩、張之洞皆出自科舉而言，其言中之義仍然是科舉還能「出幾個人才」。依其自身的立場，章太炎與科舉制度深度疏離，但以那個時候他眼中看到的人物而論，是產出於學堂的個體更不如科舉制度下的個體猶能自我養成。同在這種歷史變遷和人物代謝之中，嚴復謂之「吾國今日所最苦者，在於乏才」，以至四顧天下，但見「率皆地醜德齊，莫能相尚，求一盜魁不能」；梁啟超謂之「歷校前史，乏才之患，未有甚於今日者也」。[5] 年輩在他們之後的舒新城又由「十餘年來，內亂不已」說到其間的「推波助瀾者」，論其養成，則「大部分固曾受學校式的新教育者」，[6] 又更具體地說明了「地醜德齊」的由來和因果。以此反觀變科舉之日信為當然的「科舉既改，將來必有才識之士，為中國旋轉氣運」，[7] 則曾經深信的那一套道理俱已變為不可相信的獨斷臆想和遊談無根。

在19世紀末期以來的社會變遷中，這些人大半都是曾經的新派，從而大半都曾經與除舊布新近，與科舉遠。因此他們都熟知以人才為大道理，急迫地促成了「立停科舉」的那一段歷史。時至民國，人才仍然是大道理。然而以他們筆下的「歷校前史，乏才之患，未有甚於今日者」與「科舉還出幾個人才」相互對映而寫照世相，則反映了之前的急迫正在轉化為此日的省視和重新思考。而後是曾經直接促成了停科舉的同一種大道理，隨之又轉過身來，最先促成了對於停科舉的反思。於是視角變，理路亦變，在群起撻伐科舉「斫喪人才」的眾聲喧嘩消歇之後，則有20年代中期何剛德追述前朝舊事，以漢人出頭須由科舉，而「滿人出身容易，不必學優而始可仕也，是滿族人才缺乏，亦誤於何必讀書四字」[8] 為事實，反照了科舉的不盡「斫喪人才」；又有20年代末期潘光旦由人才的等級說到科舉制度，以為「第一級的人，不但為數少，而且似乎太少變化。幾千

5　章太炎：《章太炎演講集》，第209–210、276頁。嚴復：《嚴復集》第3冊，第659頁。梁啟超：《飲冰室合集》第4冊，《文集》之二十九，第89頁。

6　舒新城：《舒新城教育論著選》上冊，第499頁。

7　上海圖書館編：《汪康年師友書札》第2冊，第2063頁。

8　何剛德：《春明夢錄·客座偶談》，《春明夢錄》下，第7頁。

年的選舉和科舉制度替中國保養了不少的人才，這是到了今日誰也不能輕易否認的。現在所有的第一級的人才，怕大部分還是科舉制度保障得力的結果」，[9]尤其評斷直白而言之明瞭。就思想邏輯與歷史邏輯的同一而言，章太炎、嚴復、梁啟超、楊昌濟、舒新城的次第論說而人同此理，既已舉後科舉時代的「乏才」而且「不悅學」為前所未有的「苦」和「憂」，則其間的由果溯因，其實都是在反思停科舉。而後，以此為開端而沿同一種理路延伸向前，已被推倒的科舉制度便成了重新被正視的東西。與晚清末期的「咸歸罪於科舉制度」相比，何剛德和潘光旦所陳述的都是科舉制度在歷史上曾經有過的合理一面，而潘光旦下筆之際，顯然有更多以學理為尺度評說科舉的自覺意識，並因此而更具代表性地使人看到，數十年之間，中國社會的思想趨向先隨停科舉的倡說而變，之後又隨反思停科舉的質疑和質問而一變再變，以及在這種急岌轉向和大幅度轉向的過程之中，與思想之變動不居相比，已經過去的千年歷史常常成為一種穩定的東西，所以歷史能被引來為各色易起易落的一面之詞正誤。

民初的中國人由「乏才之患」反思停置科舉，對應的是清末的中國人以廣造人才為理由停置科舉。但作為一種選官制度，科舉更直接地牽連官制和吏治，因此停科舉，則官制和吏治都隨之而變。而後資格廢棄致人盡可官、仕途淆亂致流品蕪雜，以及衣食之爭起於官場，冗官冗署養無業遊民，最終都在以吏治大壞造為民生之哀。對於生當其時，熟視這種變化並備嘗其間之厄苦的那一代人來說，則對比今昔，對於官制之亂和吏治之壞的訾議和究詰，實際上又都在從另外一面表達反思停科舉。

20年代的時人論時事，以「晚近以來，士習囂張，吏治窳敗」為「中外古今，殆無倫比」，然後說：

> 揆厥所由，則掄才大典，曠廢不舉，奸佞幸進，賢良斂跡，實為主因。[10]

9　潘光旦：《潘光旦文集》第2卷，第378頁。
10　章士釗：《章士釗全集》第5卷，第561頁。

並自謂旅京十載,目擊其弊,深為太息。[11] 30年代的時人論時事説:

> 官制之於國家,猶規矩之於匠人,官制不善,則治效難睹,故官制
> 者,治之具也。吾國自鼎革以還,變亂頻仍,官無定制,民難望治。[12]

然後由「官無定制,民難望治」而及二十多年的「吏治未能澄清」,又由
「吏治未能澄清」而歸及選官取士:

> 澄清吏治之法,首在慎重登庸,庶免仕途淆雜,而欲慎重登庸,
> 則捨考試末由。誠以考試錄士,雖不能謂為盡善盡美,然較之漫
> 無標準,以愛惡親疏為去留者,相去遠矣。[13]

「官制」、「吏治」、「掄才」、「登庸」都是千年中國所恒有,而此日中國
已經沒有了的東西。比之由「破棄資格」推及「流品」、「飯碗」、「冗官冗
署」和授官「專用本籍人」的訾議紛紛然而起,大半著眼的都是官場中個
體的猥鄙齷齪和一群一類的猥鄙齷齪,則這兩段評説以「官無定制,民
難望治」統論民初中國的政情和政象,其立意顯然更著力於討問官僚政
治整體上的結構斷裂脱散。

　　自封建變郡縣,而後官僚治天下。但治天下的官僚又始終在官制
之中,由甄選入仕,經積資銓敍,以職責考成;年年歲歲都與言路的監
察、長官的督管相伴相隨。由此形成的四圍和罩定,一面是個體職官各
按自己的職分承擔對應的責任,一面是個體職官始終在互相牽制和層層
管束之下,從而個體始終附著於整體的官僚結構,並作為整體中的部分
而獲得其存在方式和存在意義。概括而論,歷史中國也常常有官僚的貪
瀆和吏治的敗壞,但時當官制籠罩官場而統攝官員之日,貪瀆和敗壞都
在督責和制裁之中,因此常常而有的貪瀆和敗壞又常常被自上而下地追
究和懲治。雖説這種事後的糾錯並不能禁絕官場中權力的腐化和人的腐

11　章士釗:《章士釗全集》第5卷,第561頁。
12　孫玉聲、杜保祺:《退醒廬筆記‧健廬隨筆》,第233、235頁。
13　孫玉聲、杜保祺:《退醒廬筆記‧健廬隨筆》,第233、235頁。

化，然而有此制度化了的自我糾錯維繫於上下之間，其時的吏治敗壞便不易動輒潰決彌漫，而多以時間上的局部性和空間上的局部性為限度。於是在這種局部之外的地方，世間猶能維持舊日景象。比之歷史中國的這種以官僚治天下，民初中國雖別立「公職」之名，但「公職」所至，仍然是在以官僚治天下。但出自當時人論當時事的「吏治窳敗，中外古今，殆無倫比」，以其縱向而看和橫向而看的視野作比較，正說明民初中國之不同於歷史中國，是其既已「官無定制」，世間遂不再有可以規範官場並統攝官員的東西了。而和這種官僚政治的結構脫散與生俱來的，則是之前散見於一時一地的吏治敗壞，這個時候已源源不絕地變為普遍的存在和看不到盡頭的存在。沒有了官制，官僚治天下遂變成了官僚亂天下，作為直接的結果，便是吏治敗壞下民生的深度困苦和無告。民生繫於吏治，察吏繫於官制，但就甄選入仕、積資銓敍、職責考成，以及言路監察、長官督管之各立章法又次第榫接而言，則隋唐以來，官制的起點便是科舉取士。而自清末改官制的「一切更張」[14]大變成法，到民初不立官制而「上以黨爭，下以亂成」終至「政不及民」[15]的世無定則而言其因果，則梁啟超以「科舉既廢之後，而不別制定試驗官吏之法，則仕途之雜，官方之壞，且將江河日下，不知所屆」為通貫之論，[16]正意在說明，官制在結構上的解體源起於科舉停置。因此，身在「民難望治」之中而苦之已久，則由民生追究吏治，由吏治追究官制，最後都會引向對於停科舉的反思。「揆厥所由，則掄才大典，曠廢不舉」和「澄清吏治之法，首在慎重登庸」皆言乎此，以歷史事實對照當下的事實，其注目處又多在反觀往昔以作古今之比。

　　古今之比以剛剛過去的千年歷史作對照，但時至民國初年，國人對於歐西的認知，已在視野變得更廣的過程之中，所以由官制反思停科舉，遂於古今之比以外，又有中西之比。康有為說：

14　故宮博物院明清檔案部匯編：《清末籌備立憲檔案史料》上冊，第410頁。

15　康有為：《康有為政論集》下冊，第976、990頁。

16　梁啟超：《飲冰室合集》第3冊，《文集》之二十五（上），第89頁。

唐崔祐甫舉八百餘吏，不避親知，世稱其得人，而終不可行，蓋
人人不能無私也；雖士經試擢，而裴光庭為停年格，其法行至於
明、清焉。美人以其舊制，吏道不修，近乃師吾考試之法，則吾
法勝於美至明矣，何吾有良法而自棄之？吾蓋經數千年，因革鑒
戒，而後得此良法。彼美立國甚短，法鑒無多，今乃不擇而盡師
焉，何其愚也。[17]

崔祐甫和裴光庭都是唐人，他舉前者的「終不可行」與後者的能夠「行至
於明、清」作對比，說明了中國人以考試和銓敘立官制的歷史過程和歷
史理由。然後引原本不尚考試的美國學「考試之法」以糾其「吏道不修」
的後知後覺，反照這種由歷史過程形成的歷史理由不僅是一種古今同
理，而且是一種中西同理。其言之了然又言之斷然，總歸於「吾有良法
而自棄之」為「何其愚也」，正顯示了對於停科舉的反思已別開了一重境
界。康有為深信西方人移入官制的考試之法是在借用中國人的科舉制
度，梁啟超也深信西方人移入官制的考試之法是在借用中國人的科舉
制度：

吾以為中國今日情形，凡官吏必須由考試授職，積資推升，始可
以舉澄清吏治之實也。敷奏以言，明試以功，三載考績，黜陟幽
明，此種命吏之法，本由吾國首先發明，直至近世，各國乃相仿
效。即以最尊選政之美國，自一八九二年改正文官任用令後，亦
已變易其一部分矣。[18]

蓋「疇昔日耳曼人、條頓人皆起於小部落，積數百年，累部落而成國」，
其部落雖「漸變為國家權力下之一自治團體」而「舊痕嚴然存也。故公舉
本部落之人，以辦本部落之事」為相沿而來之慣性。「然此種制度，今
惟行之於最低級之自治團體耳，其稍高級之自治團體，已多不復適用此

17　康有為：《康有為政論集》下冊，第907頁。
18　梁啟超：《飲冰室合集》第4冊，《文集》之二十八，第34頁。

原則。」[19] 歐西的歷史產生不出以考試選官的制度，而其歷史過程之中
自然形成的地方「公舉」制度，則已屬今日之「最低級」。因此，西人「仿
效」中國「考試授職」的「命吏之法」，正是在以他們的選擇確定地說明，
已被中國人停置的科舉制度，其實內含著與現代政治深相印合的「高級」
性。比之康有為由「立國甚短」著眼，指述彼邦「吏道不修」的直觀而論，
這種以「低級」和「高級」分等類的推論自為立說，顯然更著意於構築一
套附會歷史而更見深度的理路。當年奏議停科舉，主其事者曾列舉「科
舉夙為外人詬病」以懾服人心；而此日反思停科舉，則由民生而及吏
治，由吏治而及官制，由官制而重新審知這種「吾國首先發明」的「考試
之法」，這個過程同樣也在舉「外人」之實例為說服力，但所見已是歐西
「各國」學科舉制度，其「仿效」和師從的自覺自願。十多年之間，時潮
中人先引西方人之「詬病」科舉，以證成科舉制度的不合理，後引西方
人的「仿效」科舉，以證成科舉制度的合理，以此為由來，中國人的停
科舉與反思停科舉便始終和外國人的褒貶深相纏繞，而一千三百多年裏
深度影響了中國社會的科舉制度，則隨之一路大落大起，既經歷了否
定，又經歷了否定之否定。

　　從清末停科舉，到民初反思停科舉。作為一個過程，20世紀初年
的這一段思想歷程由知識人開先，以知識人為主體。因此，主張停科舉
的主要人物、反思停科舉的主要人物，以及十多年之間，先主張停科
舉、後反思停科舉的主要人物都出自知識人。其間梁啟超以前後反覆而
成為一種典型，孫中山則以恒定不變而成為一種典型，之後又因其各成
典型而成了這個過程中最引人注目的人物。

二　梁啟超：反科舉和復科舉的否定之否定

　　自光緒二十二年（1896）梁啟超主《時務報》筆政，由此起家以文字
掀動天下，二十多年間，在世路動盪中長久地執言論界牛耳。他後來自

19　梁啟超：《飲冰室合集》第4冊，《文集》之二十八，第34頁。

敘說：「啟超創一旬刊雜誌於上海，曰《時務報》，自著〈變法通議〉，批評秕政，而救弊之法歸於廢科舉、興學校」，[20] 遂在清末中國以此開一時之先聲。而後這種一時先聲借報刊廣為傳播，則自始即已左右時論而聳動天下之觀聽，並演化為後來的層層呼應和鼓盪。因此，就 20 世紀初年的朝廷停科舉，其全套理路皆以 19 世紀末期「廢科舉」的一時先聲為源頭而言，顯然是梁啟超對這個過程的個人影響曾經無出其右。然而停科舉之後五年他作〈官制與官規〉，「批評秕政」的重心已大幅度轉向，移到了「疇昔懸帖括楷法以為資格，誠屬可笑，然以視並此資格而豁免之者，抑如何哉」的追問，以及著力指述停科舉之後，隨「官吏出身之制度不完全」而來的世路紛雜顛倒：

> 欲競爭以求優勝，仍視苞苴奔競之能力如何，人間能得幾屈子，安得不汨泥而啜醨也哉。而篤學守節之士，疇昔遵功令以得一第，釋褐階進，雍容得以自效於國家者，今此途則湮矣。進之既不能逐少年以就塾，退之復不欲為資郎以自污，則惟有槁死岩穴間已耳。[21]

而後是人間無良莠之分，無善惡之辨的一派昏暗。「然則當如之何？曰：法當採各國試驗文官之制標，舉政治、法律、生計諸科學若干種，歲集天下之士而試之於京師。」雖說「政治、法律、生計」之類的名目都在「帖括楷法」之外，但以之前的一千三百多年歷史作對照，則「歲集天下之士而試之於京師」，已不能不算是一種沒有科舉之名的科舉之法。比之《時務報》時代的倡說「廢科舉」，以及朝野之間曾經懵懵然而信的人才出自學校，則這種以試士為當然的主張旨趣大異，顯然已是在重新認識科舉作為「官吏出身之制度」的可信和可取。因此他自己設問又自己回答說：

20　梁啟超：《飲冰室合集》第 8 冊，《專集》之三十四，第 60–61 頁。
21　梁啟超：《飲冰室合集》第 3 冊，《文集》之二十三，第 67–68 頁。

問者曰：如子所言，是直議復科舉耳，甚矣子之頑陋也。應之曰：此誠無以異於復科舉。若云頑陋，則未之敢承。夫科舉非惡制也。所惡乎疇昔之科舉者，徒以其所試之科不足致用耳。昔美國用選舉官吏之制不勝其弊，一八九三年，始改用此種試驗，美人頌為政治上一新紀元。而德國日本行之大效，抑更章章也。世界萬國中行此法最早者莫如我，此法實我先民千年前之一大發明也。自此法行而我國貴族寒門之階級永消滅；自此法行，我國民不待勸而競於學，此法之造於我國也大矣。人方拾吾之唾餘以自誇耀，我乃懲末流之弊，而因噎以廢食，其不智抑甚矣。吾故悍然曰：復科舉便。[22]

以「問者曰」為那個時候時論的主流所趨，則梁啟超回應的這些話正比別人更早地表達了對於停科舉的反思，從而同樣是在開一時之先聲。十四年之間，從先人而倡「廢科舉」到先人而倡「復科舉」，他以這種大變和亟變展示了自己在同一個問題上的全盤倒轉。先廢科舉，是因為深信「諸國競智」為天下之通理，以此為尺度作衡量，又深信「科舉之法」的「愚其民」已為中國之大害。後倡復科舉，是因為科舉既廢，由此引發的連串變化，又以沒有了科舉之後的種種七顛八倒為反襯和映照，驅使其思想視野越出先前以愚智之辨說強弱之分的推想，並從當日沒有歷史內容的懸空推想，回到此日以一千三百多年歷史為依託之中，重新看到了科舉制度曾長久地維繫中國人的政治秩序、社會秩序和文化常態的事實，以及這種由千年歷史形成的事實裏還有著至今猶存的那一面合理性。然則全盤倒轉，正反映了思想改造實際社會的同時，變化中的實際社會也在以其一路演變越出了預期的四面橫決，直接地改造思想和校正思想。而曾被指為「愚其民」的科舉制度，則因此而被置於一個更寬的廣度之中，隨後是觀察由一面轉到另一面，論說也由一面轉到另一面，於是而有「此法之造於我國也大矣」的論斷。所以，

22　梁啟超：《飲冰室合集》第3冊，《文集》之二十三，第67–68頁。

因事實改變思想而有全盤倒轉，正反映了倒轉的背後，其實是已被推倒的科舉身後留下的空洞太過巨大，以及那一代人面對這種空洞的無從填補。

作為一種選官制度，科舉之有「造於我國」最直接的便是選官。所以，在已無「此法」的後科舉時代裏對比今時往昔，最容易看到，並且最先招來群議紛然的，也是法度脫散之後選官的無序和選官無序派生的淆亂。梁啟超身在群議之中，於此尤言之再三再四。但直觀彼時世路的上下淆亂而回望一千三百多年之間的尚有條理可言，這段話所以科舉「造於我國」為「大矣」作通而論之，則所指不僅在選官。「貴族寒門之階級永消滅」說的是其維持社會；「不待勸而競於學」說的是其造就個人，在他心目中，這些都是過去曾經有過而眼下隨科舉停置而正在消失的東西。因此，梁啟超注目於科舉所「造」之「大」，其反思停科舉的視域和論域又會周延更廣而所及更遠。

由清末入民國之後，他說「士大夫的行為，關係全國的安危治亂，及人民的幸福疾苦最大」：

> 孟子說得好：「惟仁者宜在高位，不仁而在高位，是播其惡於眾也。」今日中國國事之敗壞，那一件不是由在高位的少數個人造出來，假如把許多掌握權力的馬弁和強盜都換成多讀幾卷書的士大夫，至少不至鬧到這樣糟，假使穿長衫的穿洋服的先生們真能如儒家理想所謂「人人有士君子之行」，天下事有什麼辦不好的呢？[23]

在士大夫政治分崩離析之後推重士大夫政治，並以「仁者」在「高位」和「士君子之行」為祈想，直接回應的是「馬弁和強盜」，以及「穿長衫的穿洋服的先生們」支配權力之日的「國事之敗壞」，而由「國事之敗壞」追索其禍及天下，更深一層的大患猶在「不仁而在高位」而「播其惡於眾」所促成的「人心風俗之敗壞」，已經造成「今日中國社會非巧佞、邪曲、險詐、狠戾不足自存」，而致一世良心麻木，「善惡之觀念，不復

23　梁啟超：《飲冰室合集》第12冊，《專集》之一百三，第9頁。

存在」。[24] 其間尤其醒目並為前世所未曾有的，是這個過程裏的以名亂實：

> 海通日新，而所謂個人道德、社會道德、國家道德之種種新名詞，其流轉於吾人口耳間者亦日夥。無論何種類之罪惡，皆得緣附一二嘉名以自文飾；無論何方面何種類之人物，皆能摭拾一二嘉名以自捍圉以逃人責備。[25]

以這種移來的新名詞消解了中國社會舊日本有的道德，以此為實例而論當日的世相，顯然是本來期望用之以廣開民智的新知識進入中國之後，猶未見其助成民智大進，便已交雜於「善惡之觀念不復存在」之中而橘化為枳了。康有為謂之「蓋以智為學而不以德為學，故知識雖多，而道德愈衰也」，[26] 梁啟超謂之「政治智識日進而政治道德日退」，[27] 皆與當年以新知說富強大不相同。

　　通觀清末民初之際，最引人注目的是時人論時務，從19世紀末期以「中國之弱，由於民愚也」[28] 為大病，變為20世紀初年以「人心風俗日見敗壞」為大病。這種一代人憂時的重心從愚智之辨轉化到善惡之辨，正說明了後一面更切近那個時候的社會變遷所帶來的世路失衡，以及這種失衡的無可迴避和無從繞越。　因此，　對於曾經深信新知識可以開民智，以為「處今日天下，則必以譯書為強國第一義」[29] 的梁啟超來說，便是舊日宗旨不能不隨「智識日進」與「道德日退」的對比而變，移到了「今日所持以維持吾社會於一線者何在乎？亦曰吾祖宗遺傳固有之舊道

24　梁啟超：《飲冰室合集》第4冊，《文集》之三十三，第56、70頁；《文集》之三十，第44頁。
25　梁啟超：《飲冰室合集》第4冊，《文集》之三十三，第57頁。
26　康有為：《康有為政論集》下冊，第903頁。
27　梁啟超：《飲冰室合集》第3冊，《文集》之二十三，第53頁。
28　梁啟超：《飲冰室合集》第6冊，《專集》之一，第28頁。
29　梁啟超：《飲冰室合集》第1冊，《文集》之一，第66頁。

德而已」一面。[30] 十多年之間，由新知識至上變為舊道德至上，就維新變法以來思想潮流推陳出新的一路演變而言，顯然是一種一往無前之後的掉頭返歸。一往無前之後的掉頭返歸，實質上是看到了社會和政治的背後不能沒有道德骨架，以及倫理失序之下新知識的無從定性和沒有方向。「維持吾社會於一線」之所以危言醒世，皆本自於此。道德因人而生，因人而異，又由人維持，所以，與之相應而見的，是之前因出自「賦詩帖括」而被目為「曲士陋儒」[31] 的科舉士人，在新知識和舊道德的此消彼長中拭去了「曲」和「陋」，因其曾經擁有更多的倫理自覺，而被放到了歷史中國的本來位置裏，在重新省視之下成了那個時候社會「中堅」的養成者。[32] 引此以面對民國年間的「最下流之人而當一國之中堅」，[33] 遂既有士大夫與不讀書的「馬弁和強盜」之比較，又有士大夫與沒有士君子之行的「穿長衫的穿洋服的先生們」之比較。以道德為社會和政治的骨架，則由比較所見到的，是這種骨架實際上既塑成了士大夫，又附託於士大夫。

在梁啟超的闡說裏，舊道德與士君子相連，士君子與社會中堅相連，究其底裏，兩頭皆源於儒學對士人的涵育。比之以流品之淆亂說仕路的混雜，又以仕路的混雜說吏治之敗壞，這一面的思考顯然因其更多反觀歷史的追本溯源。以他19世紀末年已直白言之的「今日之天下，幸而猶以經義取士耳，否則讀吾教之經者，殆幾絕也」[34] 為說，則此前的千年歲月裏，儒學之涵育士大夫，從而士大夫的倫理自覺化為政治道德，其實都實現和維持於科舉制度的「經義取士」之中。所以20世紀初年梁啟超作《新民說》於世事蜩螗之日，為中國人闡釋新民之要義，但

30　梁啟超：《飲冰室合集》第6冊，《專集》之四，第132頁。同樣的意思，又有「記有之，有可得與民變革命，有不可得與民變革命，竊以為道德者，不可得變革者也」，見梁啟超：《飲冰室合集》第7冊，《專集》之二十六，〈例言〉，第1頁。

31　梁啟超：《飲冰室合集》第1冊，《文集》之一，第25、47頁。

32　梁啟超：《飲冰室合集》第4冊，《文集》之三十，第40–41頁。

33　梁啟超：《飲冰室合集》第4冊，《文集》之三十，第44頁。

34　梁啟超：《飲冰室合集》第1冊，《文集》之一，第18頁。

末了傾力推崇的則是曾國藩化其所學以成事功，説是「吾以為使曾文正生今日而猶壯年，則中國必由其手而獲救矣」。[35] 而同時的給事中李灼華論科舉於言路，舉「國家取士，只期拔十得五，鄉、會兩榜能得如曾、胡、左、李者一人，削平大難裕如也」為實例，[36] 以見科舉之能夠出人物，而人物之能夠擔當世運。前者説人物，後者説人物的由來，對於梁啟超來説，李灼華所表達的意思，便成了其題中之義的引申和補足。千年以來，承當一國之「中堅」的士大夫出自科舉，則科舉「造於我國」之「大」也因此而見。

科舉制度造就的讀書人從曾經的「曲士陋儒」回到了歷史中的社會中堅。而其之前信為「人才之興在學校」[37] 的願想則隨學校與人才的名實兩歧而一路直落，在同一個過程裏變成了深深的懷疑。

當朝廷停科舉之日，君臣交孚，共認「學堂最為新政大端」，並先期描畫了「開通民智」而「使人人獲有普及之教育，且有普通之知能」，以成其「無地無學」的一派光明，以及「以此富奚不富，以此圖強奚不強」的理所當然。[38] 溯其由來，這些言之鑿鑿的推論，出處俱是梁啟超在《時務報》時代的以嚮往之心作信筆遊走。然而曾不數年，梁啟超自己已經實際地看到了他曾經嚮往的學校替代了科舉，而意中卻已全無嚮往之心：

> 自科舉既廢，而教育普及之實不舉，人民向學者既已歲減，前此多數人所藉以得本國常識之一二者，今則亡矣。即以學校教育論，而學科之編制不完，教科書之系統不立，欲由此以求世界之常識，又不可得。而政治上社會上一切制度，更無足以為浚發之助者，循此不變，則此四萬萬人之子孫，雖永遠無一人有常識焉可也。[39]

35　梁啟超：《飲冰室合集》第6冊，《專集》之四，第143頁。

36　故宮博物院明清檔案部匯編：《清末籌備立憲檔案史料》下冊，第994頁。

37　梁啟超：《飲冰室合集》第1冊，《文集》之一，第10頁。

38　朱有瓛主編：《中國近代學制史料》第2輯，上海：華東師範大學出版社，1987年，上冊，第111頁。

39　梁啟超：《飲冰室合集》第3冊，《文集》之二十三，第5頁。

繼之又徊望於古今之間,感慨尤深:「科舉一廢,而舉國幾無復向學之人」,致「我國數千年來不悅學之風,殆未有甚於今日者。六經束閣,《論語》當薪,循此更閱十年,則千聖百王之學,精華糟粕,舉掃地以盡矣。」[40] 這些評述寫照了學校與科舉相嬗遞,並沒有帶來「使人人獲有普及之教育,且有普通之知能」的事實。其中前一段話擔憂的是常識的失落,後一段話則繫念更廣而且更遠地在憂及文化的失落。

時當清末民初,時論之非議學堂,多著眼於其棄去有教無類而不利寒門中人。梁啟超舉「我國舊時寒苦子弟,具有天材,及用苦功者,往往能求得大學問」,對照「近來學制」之「實為貴族的,適以造成」排「寒苦出身」者於門外的「階級制度」,極言「即孔孟再生,無錢入學,亦恐論[淪]於斷養」,[41] 說的也是學校教育的不公平。然而以文化的失落為大患,則其引為深憂的,顯然又並不僅止於這一端。所以,「階級制度」之外,他尤其不能承受當日的教與學不復能成為一種本來意義上的文化縮接和化育,直白謂之「現在中國的學校」仿西法而立,「簡直可說是販賣知識的雜貨店」。[42] 其「學業之相授受,若以市道交也,學校若百貨之廛,教師傭於廛,以司售貨者也;學生則挾資適市而有所求者也,交易而退,不復相聞問。學生之與教師,若陌路之偶值,甚者教師視學校如亭舍也」。[43] 教與學是學校的存在方式和存在過程,而文化之傳承正繫於此。則當日隨學校而來的這種知識的授受既實現於市道的買賣之中,對於中國人延續了千年的文化歷史傳統來說,便是沒有了師道,沒有了師承,沒有了文化形成的人際關係和人際關係維繫下的文化周延。是以身在今昔殊異之日而思想遊走於今昔之間,他在學校林立的時代裏作《清代學術概論》,其中尤其著意的仍然是追述舊日的學人養成和學問傳衍,言之一派神往:

---

40 梁啟超:《飲冰室合集》第6冊,《專集》之二,第115–116頁。
41 梁啟超:《〈飲冰室合集〉集外文》中冊,第953頁。
42 梁啟超:《飲冰室合集》第5冊,《文集》之四十,第9頁。
43 梁啟超:《飲冰室合集》第4冊,《文集》之三十六,第35頁。

時方以科舉籠罩天下，學者自宜什九從茲途出。大抵後輩志學
之士未得第者，或新得第而俸入薄者，恒有先輩延主其家為課子
弟。此先輩亦以子弟畜之，當獎誘增益其學。此先輩家有藏書，
足供其研索。所交遊率當代學者，常得陪末座以廣其聞見，於
是所學漸成矣。官之遷皆以年資，人無干進之心，即干亦無幸
獲，得第早而享年永者，則馴躋卿相，否則以詞館郎署老，俗既
儉樸，事畜易周，而寒士素慣淡泊，故得與世無競，而終其身於
學。京官簿書期會至簡，惟日夕閉戶觀書卷，得間與同氣相過
從，則互出所學相質。琉璃廠書賈漸染風氣，大可人意，每過一
肆，可以永日，不啻為京朝士夫作一公共圖書館。[44]

其間不會沒有一點因追懷嚮往而生的溢美，但大體則出自寫實。在這
種累世形成的文化景象裏，科舉與學問曾經共存於同一個過程之中，
彼此相安並且互濟互成，而後是無分出仕未仕，都會有願意親近卷帙
而一輩子讀書的人。其心中之神往在此，則由民初回望晚清，感觸尤
深的是「憶昔二十年前，鄙人居京，欲尋朋輩講學，甚屬易事。適用與
否不必計，好學之心固甚盛也。今則言舊學者既渺渺難訪，而新學亦
復無人過問。若謂舊學陳腐，知者寥寥，故主持無人，豈新學號稱時
流及由外邦歸來者，尚無此倡學能力耶？非不為也，因其昔日在學校
中未嘗有所磨練」。[45] 由「欲尋朋輩講學，甚屬易事」到「言舊學者既渺
渺難訪，而新學亦復無人過問」，正反映了「向學之人」少，從而願意親
近卷帙而肯一輩子讀書的人少。而統歸之於「昔日在學校中未嘗有所磨
練」，則在他眼中，今昔之間的不同，反映了科舉時代的讀書人與產出
於學校的知識人之形神俱變和面目各異，而人物的背後，已是「國家百
年養士之澤」和「先民好學之風」[46] 的銷沉和消散，以及中國人的文化世
界正在隨之衰落和遠去。

44　梁啟超：《飲冰室合集》第8冊，《專集》之三十四，第47頁。
45　梁啟超：《〈飲冰室合集〉集外文》中冊，第693頁。
46　梁啟超：《飲冰室合集》第3冊，《文集》之二十五（上），第128頁。

以「國家養士」與「先民好學」說文化，要義全在於人的品類由文化育成和文化的根脈之繫乎人人。曾經在戊戌前後熱心鼓吹新知識的梁啟超，至20世紀初年引顏之推在《顏氏家訓》裏所說的「齊朝一士夫，嘗謂吾曰：我有一兒，年已十七，頗曉書疏，教其鮮卑語，及彈琵琶，欲少通解，以此伏事公卿，無不寵愛。時吾俯而不答」，然後比類而引申之曰：「今之學英語、法語者，其得毋鮮卑語之類耶？今之學普通學、專門學者，其毋得彈琵琶之類耶？」[47]之後又力持「科學之上，不可不更有身心之學以為之原」，並舉王陽明的「良知在人」為要旨，遙想「中國竟亡則已，苟其不亡，則入虞淵而捧日以升者，其必在受先生[王陽明]感化之人」。[48]皆所以見學問立身的重心所歸。就前一段話而論，則「英語、法語」和「普通學、專門學」當日都屬新知識的範圍之內；就後一段話而論，則「身心之學」和「良知在人」都是在知識「之上」而居於本原的文化之中。是以對前者的輕易視之和以後者為重心所歸，正說明知識未必能以學成人，而文化能夠以化育而成人。因此，以學校為「販賣知識的雜貨店」，他心中引為對比而始終不能忘懷的，一直是「原來書院的辦法」以及「宋之鹿洞，明之東林」的「一朝之文化繫焉」。[49]以至於時至後期，他已躬身出入教育界而講學於南北之間，但懷念的仍然是二十多年之前沿用書院的成法辦時務學堂，以及出身時務學堂的成群志士：「回想我在湖南時的時務學堂，以形式與知識而論，遠不如現在的學校；但師弟同學間精神結合聯成一氣，可以養成領袖人才，卻比現在的學校強多了。」[50]就學校產出人物和人物影響社會而言，其意中的知識和文化之分，學校和書院之分，其實最終都是一種人物與人物的匹比。因此，1923年他在東南大學授課既畢，之後作〈告別辭〉，其言之諄諄而著力提撕，主旨都是由時勢說到

47　梁啟超：《飲冰室合集》第6冊，《專集》之二，第89頁。
48　梁啟超：《飲冰室合集》第7冊，《專集》之二十六，第23、28頁。
49　梁啟超：《飲冰室合集》第5冊，《文集》之四十三，第5、10頁。
50　梁啟超：《〈飲冰室合集〉集外文》中冊，第920頁。

人物，由人物反觀教育，而總歸於「中國現今政治上的窳敗，何嘗不是前二十年教育不良的結果」。[51] 作為一個變法之日力倡學堂，又親手辦過學堂的人，此日總歸政治窳敗於教育不良，正表達了他對後科舉時代學校之不出人才的深度失望。

這些論說以其前後遞連，説明了現代學制在中國產生和形成的初期過程裏，梁啟超曾比同時代的人更持久地以這個過程為對象作觀察和思考，而以文化歷史為視野，又尤其注目於這個過程中曾經失落掉的東西。而後觀察化為思考，思考化為表達，便大半都是對眼中所見的直接否定。然而倒推時日，19 世紀末年梁啟超以「變法之本在育才，人才之興在開學校，學校之立在變科舉」[52] 立説，已為 20 世紀初期的停科舉先開端緒，在其設定的「廢科舉、興學校」兩端並舉而因果相連的邏輯裏，科舉的不可不停，是以學校之不能不興為直接理由的。現代學制在中國產生和形成的初期過程，正是從這種邏輯中派生出來的。因此，他在此後二十多年裏對學校的懷疑和否定，以明顯的事實推翻了其先期設定的邏輯，從而實際上已消解了他自己所設定的停科舉的直接理由。

由新知識與舊道德在人心中的此落彼起，以重新認識出自科舉的士大夫曾經維繫了歷史中國的社會中堅；由「近來學制」造成的以「市道」相「授受」，以及市道授受之下的見不到文化作育人物，而不再相信學校能夠普及新知以廣造人才，都以前後之間思想的截然大變為實例，記錄了梁啟超的先人而倡停科舉，又先人而反思停科舉，同時是一個內裏歷經自我逆反、自我扞格和自我糾正的過程。當他由西方世界的「新學新藝」説富強之本原，來對比中國而發為先聲以變科舉和「廢科舉」的時候，其實思慮並未計及一千三百多年裏科舉制度融入中國人的社會、政治、文化的廣泛程度和深入程度。因此，科舉既停，則這種形成於一千三百多年裏的結構化了的關係，不能不一變俱變地牽及社會、政治、

51　梁啟超：《飲冰室合集》第 5 冊，《文集》之四十，第 9 頁。

52　梁啟超：《飲冰室合集》第 1 冊，《文集》之一，第 10 頁。

文化，在一層一層的遞連中化變遷為攪動。而後是自我逆反、自我扞格和自我糾正，都在應對這種攪動中回身翻轉，成了以今日之我戰昨日之我。

三　孫中山：在潮來潮去之間推重科舉而恒定不變

同屬這一代人，並且既同樣面對著這個時代的種種問題，又同樣面對著潮流起伏，孫中山也在論說科舉，但從清末到民初，其宗旨所歸都在推崇科舉，奉之為中國所獨有的「優良制度」，並始終相信可以把考試制度引入共和政治。與梁啟超經歷的否定之否定相比，顯然是別成一路。

作為一個思想過程，朝廷停科舉後一年，科舉「斲喪人才」之說仍在餘音震盪之際，正傾力於謀革命的孫中山已站在這個過程之外而與之反向立論，非常明白地說：

> 將來中華民國憲法，必要設獨立機關，專掌考選權。大小官吏必須考試，定了他的資格，無論那官吏是由選舉的抑或由委任的，必須合格之人，方得有效。這法可以除卻盲從濫舉及任用私人的流弊。中國向來銓選，最重資格，這本是美意，但是君主專制國中，黜陟人才悉憑君主一人的喜怒，所以雖講資格，也是虛文。至於社會共和的政體，這資格的法子正是合用。因為那官吏不是君主的私人，是國民的公僕，必須十分稱職，方可任用。[53]

在科舉制度正被痛加撻伐的時候，他則敬意明顯地稱之為「祖宗養成」的「中國民族進化歷史之特權」，不但依然深信科舉選官的清明和合理，而且猶嫌一千三百多年裏施行科舉銓選的不夠絕對和徹底。在別人割斷歷史的時候他回望歷史，其懷抱不僅在「復活」和「增益」這種清明和合

53　孫中山：《孫中山全集》第1卷，第320、330–331、444頁。

理，而且在沿此以「創建破天荒的政體」。[54] 因此四年之後，他與劉成禺對話論革命，其中的一個題目便是科舉。他說：

> 中國歷代考試制度不但合乎平民政治，且突過現代之民主政治。中國自世卿貴族門閥薦舉制度推翻，唐宋屬行考試，明清尤峻法執行，無論試詩賦、策論、八股文，人才輩出；雖所試科目不合時用，制度則昭若日月。

> 朝為平民，一試得第，暮登台省；世家貴族所不能得，平民一舉而得之。謂非民主國之人民極端平等政治，不可得也。[55]

在朝野共以興學堂停科舉為除舊布新之日，他看到的是科舉制度與現代之民主政治相通相合的內涵，因此，他後來重說同一種意思，而重心又更多了一重引科舉制度以完善民權政治的意思：按「資格」任官，「我們中國有個古法，那個古法就是考試。從前中國的官吏，凡是經過考試出身的人，便算是正途，不是考試出身的人，不能算是正途」。而君權時代的帝王，猶能以其個人之力「在吃飯睡覺的時候亦心心念念，留心全國的人才」，但「共和時代」，則「人民沒有工夫去辦這件事」，所以「任用官吏」，「考試制度」更加「萬不可少」：

> 故兄弟想於三權之外，加多一個考試權。考試本是一個很好的制度，兄弟亡命海外的時候，考察各國的政治憲法，見得考試就是一件補救的好方法，這個方法可算是兄弟個人獨創出來的，並不是從外國學者抄襲出來的。憲法中能夠有加入這個制度，我想是一定很完備，可以通行無礙的。[56]

兩段話的主旨都是以「君主時代」的考試串連「共和時代」的考試，俱見其年復一年，心中之所思的前後一以貫之。所不同的是後一段話評說科

54　孫中山：《孫中山全集》第1卷，第320、330–331、444頁。

55　孫中山：《孫中山全集》第1卷，第445頁。

56　孫中山：《孫中山選集》下卷，北京：人民出版社，1956年，第574–575頁。

舉制度下的帝王，又稍多了一點正面的含義，從而更接近於歷史的真實。在清末的新人物中，孫中山是一個先入西人之學後通中國之學的人，[57] 又是一個因力倡革命而被目為「亂黨」的人；但當曾經浸潤於舊學的新人物紛紛反科舉之日，他又以自己對這種「祖宗養成」的「中國民族進化之歷史特權」的自覺承接，並引之以入「現代政治」，自始至終站在科舉制度之既被否定，再被否定之否定的倏落倏起之外，並因此而非常顯目地成了時潮中的獨立者。

　　從清末停科舉到民初反思停科舉，其間的否定和否定之否定都曾引西洋的道理為道理，從而都在遠來斜光的映照之下。同在古今中西交爭之間，和梁啟超一樣，孫中山評說科舉也常常引西方世界來觀照中國，並因之而有「中國歷代考試制度」與「現代之民主政治」的比類而論。但與梁啟超不同的是，他不僅看到了西洋的道理，而且看到了西洋的政象和政象中的大弊，並尤其關注這種弊病與道理之間的不能印合。所以，當朝廷停科舉，以期「外人」之「刮目相看，推誠相與」的時候，孫中山以推重科舉與之反向立論，著力回應的其實不是朝廷，而是歐西政治中的弊端。所以停科舉後一年，他與俄國人該魯學尼（Grigory Gershuni）對話，問答之際，便明言應當「通過考試制度來挑選國家人才」。並對比說：

> 如今天的一般共和民主國家，卻將國務當作政黨所一手包辦的事業，每當更迭國務長官，甚且下至勤雜敲鐘之類的小吏也隨著全部更換，這不僅不勝其煩，而且有很大的流弊。再者，單憑選舉來任命國家公僕，從表面看來似乎公平，其實不然。因為單純通過選舉來錄用人才而完全不用考試的辦法，就往往會使那些有口

57　1916年，孫中山自述說「僕乃走海外，雖厄於語言文字之隔閡，而熟察其事事物物，運以自動之靈悟，輒覺心運神悟。繼續[讀]其歷史掌故，與學者研究所得之著作」。又說「我亦嘗效村學生，隨唱過四書五經者，數年以後，已忘其大半。但念欲改革政治，必先知歷史，欲明歷史，必通文字，乃取西譯之四書五經讀之，居然通矣（眾大笑）」。見孫中山：《孫中山全集》第3卷，第321頁。

才的人在選民中間運動，以佔有其地位，而那些無口才但有學問
思想的人卻被閒置。美國國會內有不少蠢貨，就足以證明選舉的
弊病。[58]

他志在追躡「歐米［美］共和的政治」[59] 以造就中國的民主共和，因此取
法的範式本在歐西。但直觀歐西「一般共和民主國家」以選舉為大法而
實現的共和民主，切近而見的，則一頭是政治人物之擅長以操弄為「運
動」；一頭是選民大眾知識程度不齊和判斷能力有限，兩頭之間的這種
不相對稱，便決定了選舉的過程和結局不能不是一種「看起來似乎公
平，其實不然」的名實無從合一和表裏常常不相對等。對於向慕共和民
主的孫中山來說，共和民主中的這一面又始終是其熟視久之而不能認
同的大病。所以時至1924年，他仍然在說這個題目，而引為對照的仍
然是中國人的考試制度：

> 美國的憲法不完全，他們便有人要想方法去補救。不過那種補救
> 的方法，還是不完備。因為在美國各州之內，有許多官吏，都是
> 民選出來的。至於民選是一件很繁難的事，流弊很多。因為要防
> 範那些流弊，便想出限制人民選舉的方法，定了選舉權的資格，
> 要有若干財產才有選舉權，沒有財產就沒有選舉權。這種限制選
> 舉，和現代平等自由的潮流是相反的，而且這種選舉更是容易作
> 弊，對於被選的人民，也沒有方法可以知道誰是適當。所以單是
> 限制選舉人，也不是一種補救的好方法。最好的補救方法，只有
> 限制被選舉人。

「限制被選舉人」，其理由在於「當議員或者官吏的人，必定是要有德有
才，或者有什麼能幹，才是勝任愉快的。如果沒有才，沒有德，又沒有
什麼能幹，單靠有錢來作議員或官吏，那麼將來所做的成績，便不問可
知了。但是有這種才德和能幹的資格之人，只有五十人，便要照這種資

58　孫中山：《孫中山全集》第1卷，第319–320頁。
59　孫中山：《孫中山全集》第1卷，第280頁。

格來選舉，我們又是怎樣可以去斷定他們是合格呢？」，則「我們中國有個古法」，便是「考試」。[60] 顯見得以考試定資格，以資格分德、才、能，其意中的民主政治遂同時又成了一種實際地承接了中國人千年理想的賢人政治。

這種十八年之間一脈相承的理路說明：一生致力於為中國營造共和民主的孫中山，同時又始終不肯相信選舉政治可以全盤移入中國。在這個觀察、探尋、疑慮、思考一路交集的過程中，「美國政治」的「腐敗散漫」[61] 和「英國永久官吏制度，近乎中國之衙門書吏制度」都成為反比，使他與同時的新人物相比更多了一層閱歷所得的別有會心，以對應地認知，「唐宋以來，官吏均由考試出身，科場條例，任何權力不能干涉。一經派為主考學政，為君主所欽命，獨命之權高於一切。官吏非由此出身，不能稱正途。士子等莘莘向學，納人才於興奮，無奔競，無繳〔徼〕幸」，正以其能夠剔除「蠢貨」的實際公平，顯現了「單憑選舉」所見不到的合理性。而後是以合理糾正不合理，這種反比和對照徑直把中國歷史裏的這一部分引入了他所設想的共和民主之中，於是而有「在中國實施的共和政治」，應是「除立法、司法、行政三權外，還有考選權和糾察權的五權分立」之說，以及以「五權憲法」為名目的政綱。而中國歷史引入共和民主，又使之成了一種「各國至今所未有的政治學說」。[62]

他自述曾「與日本、歐美習政治法律之學生談倡建五權之原則」，但他們中更多人寧肯相信「法儒孟德斯鳩」而不相信中國歷史，並常常以「矜奇立異」質疑這種「各國至今所未有的政治學說」。孫中山以「駁之」作回應說：

> 憲法者，為中國民族歷史風俗習慣所必需之法。三權為歐美所需要，故三權風行歐美；五權為中國所需要，故獨有於中國。諸君先當知為中國人，中國人不能為歐美人，猶歐美人不能為中國

60　孫中山：《孫中山選集》下卷，第574頁。

61　孫中山：《孫中山全集》第1卷，第330頁。

62　孫中山：《孫中山全集》第1卷，第319–320、445頁。

人，憲法亦猶是也。適於民情國史，適於數千年之國與民，即一
國千古不變之憲法。吾不過增益中國數千年來所能、歐美所不能
者，為吾國獨有之憲法。如諸君言歐美所無，中國即不能損益，
中國立憲何不將歐美任一國之憲法抄來一通，曰孟德斯鳩所定，
不能增損者也。[63]

他事後追敘這一段情節，言之猶有餘憾，以為「歐美、日本留學生如
此，其故在不研究中國歷史風俗民情，奉歐美為至上」，並預言「他日
引歐美以亂中國，其此輩賤中國書之人也」。[64] 因此，對於孫中山來說，
歷史中的科舉制度之能夠演化為共和民主憲法裏的「考選權」，自始即
具有兩重內涵，自橫向而言，是歐西的「民選」弊端太過明顯而不足以
效法；自縱向而言，是中國人的共和民主不能不承接中國人的歷史文
化。20世紀初年的中國，是「辛丑、壬寅之後，無一人敢自命守舊」成
為一種社會心理的時代。[65] 風會所罩，則急切開新的人物立於潮頭遠看
泰西，所見俱是彼邦的文明和中國的野蠻。身在其間以彼比此，顯現的
都是自居開新的人物歷史意識普遍稀薄。所以朝廷停科舉之日，科舉制
度實際上已成了一種沒有歷史而一推就倒的東西了。以這種當日的時趨
所歸為反襯，顯然是同屬開新人物，曾久處彼邦而近觀泰西的孫中山之
不為孟德斯鳩所圍，而著力申論科舉制度的歷史合理性，並十多年以來
不動不搖，一以貫之，正在於歐西政象的弊端成為一種比照，使他對一
千三百多年的科舉制度的認知比別人更多了一重由現代看前現代的視
角。而其不同於多數的別豎宗旨，與時潮逆向而立，又為那一段歷史留
下了可以長久思考的內容。

　　先人而倡停科舉，又先人而反思停科舉的梁啟超和同一個時代裏別
立宗旨，與時潮逆向而立的孫中山由互不相同的心路和理路各是其是，
之後交集於以科舉精神為後科舉時代重建文官考試的構想。對於已經停

63　孫中山：《孫中山全集》第1卷，第444頁。
64　孫中山：《孫中山全集》第1卷，第444頁。
65　梁啟超：《飲冰室合集》第3冊，《文集》之二十五（上），第145頁。

置的科舉制度來說，這是一千三百多年歷史的一種迴瀾和回聲。然而同樣能夠深度理解科舉制度歷史合理性的潘光旦說：

> 文官考試亦取公開競試之法，固與科舉制相仿，與唐制尤近似，西方學者認此制來源，固亦承認不無取法中國科舉之處。然文官考試，不論其為廣義的，如英國之制，或狹義的，如中國現行之制〔司法考試之類〕，其目的幾乎完全為政府供給服務人員，在與試者，亦不過以一種普通職業視之，成否之間，無關榮辱，故雖中文譯曰文官，然與獎勵人才提倡教化之大旨實無直接關係。至文官考試無科舉制之差等性質，更不待言。[66]

顯見得作為一種職業意義的取去之法，重建的文官考試已不能影響文化、影響價值、影響世風、影響政治、影響社會。他的話更切近事理和事實，因此迴瀾和回聲只能是迴瀾和回聲，已經停置的科舉制度實際上已無從再造。

66　潘光旦：《潘光旦文集》第8卷，第155頁。

第三編

清末籌備立憲
和民初的共和困局

第一章

共和與一個分裂的中國

　　20世紀的頭一年，梁啟超說：「中國自數千年來，常立於一定不易之域，寸地不進，跬步不移，未嘗知過渡之為何狀也。雖然，為五大洋驚濤駭浪之所衝激，為十九世紀狂飆飛沙之所驅突，於是穹古以來，祖宗遺傳，深頑厚錮之根據地，遂漸漸摧落失陷，而全國民族，亦遂不得不經營慘澹，跋涉苦辛，相率而就於過渡之道。故今日中國之現狀，實如駕一扁舟，初離海岸線而放於中流，即俗語所謂兩頭不到岸之時也。」[1]其時清末最後十年的新政才剛剛開始。而以此後十年在新政名義下造成的劇烈震盪和世路變遷相對照，他末了引喻的「兩頭不到岸」不能不算是一種先知和先覺。因此章士釗總論人物，曾比之為「汝南之晨雞」，比之為「知更之鳥」。[2]十四年之後，梁啟超又說：

> 我國民積年所希望所夢想，今殆已一空而無復餘。懲守舊而談變
> 法也，而變法之效則既若彼，懲專制而倡立憲也，而立憲之效則
> 既若彼，曰君主為之毒也，君主革矣，而其效不過若彼，曰亂黨
> 為之梗也，亂黨平矣，而其效不過若彼。二十年來朝野上下所昌

1　梁啟超：《飲冰室合集》第1冊，北京：中華書局，1989年，《文集》之六，第29頁。

2　章士釗：《章士釗全集》第2卷，上海：文匯出版社，2000年，第510頁；錢基博：《現代中國文學史》，長沙：岳麓書社，1986年，第471頁。

> 言之新學新政，其結果乃至為全社會所厭倦所疾惡。言練兵耶，
> 而盜賊日益滋，秩序日益擾；言理財耶，而帑藏日益空，破產日
> 益迫；言教育耶，而馴至全國人不復識字；言實業耶，而馴至全
> 國人不復得食。其他百端，則皆若是。[3]

此日他已身在民國，而筆下描述共和困局，寫照的依舊是兩頭不到岸：
「譬如泛舟，北溯固為斷潢，南駛亦成絕港，緣延迴洑，迷復循環，詰
其所屆，莫之能對。」[4] 由晚清開始的這個過程在民國的一路延伸，既實
現於一個一個變革之中，又直接地而且最終地傾翻和湮滅了一個一個變
革。而後是「斷潢」和「絕港」之間舉目四顧的一眼望不到盡頭，以及身
在此中，扼腕以哀國運的感慨唏噓。與梁啟超的這段話相隔九年，又有
孫中山統論辛亥革命之後中國的起落跌撲，而夾敘夾議之間發抒的同樣
是一派感慨唏噓：

> 中國的革命有了十三年，現在得到的結果，只有民國之年號，沒
> 有民國之事實。像這樣看來，中國革命十三年，一直到今天，只
> 得到一個空名。所以中國十三年的革命完全是失敗，就是到今天
> 也還是失敗。[5]

革命造就了民國，然則以「中國十三年的革命」為「完全失敗」，陳說的
也是十三年來的民國始終在兩頭不到岸之中。生當清末民初之間而際會
風雲，梁啟超是一個與風雲相伴的人，孫中山也是一個與風雲相伴的
人。他們的話都說明，20世紀初年的中國人是在兩頭不到岸中走向共
和的，迨共和一經由理想轉變為事實，則共和自身便不能不成為這個過
程裏的一部分，並因之而四面局蹐，在前跋後疐中失掉了本相，最終異
化為「一個空名」。於是追述民初的共和，便常常要深作翻掘而溯其由
來，走入那一段兩頭不到岸的歷史之中。

3　梁啟超：《飲冰室合集》第4冊，《文集》之三十三，第80頁。
4　梁啟超：《飲冰室合集》第4冊，《文集》之三十三，第80頁。
5　孫中山：《孫中山全集》第10卷，北京：中華書局，1986年，第290頁。

一　地方主義盛漲和舊王朝的土崩瓦解

1911年的辛亥革命由武昌起義開始，然而一場起於武昌的兵變能夠演化為孫中山所說的「風雲淶動，天下昭蘇」，[6] 則大半是在八方呼應造成的八方坍塌中實現的。張一麟後來說，「辛亥之秋，武昌事起」，繼而北軍入鄂，連戰連捷，「漢陽既下，鄂事垂定。而湖南、陝西、雲南、山西、貴州、江西、江蘇、浙江、廣東、廣西、安徽、福建、四川、山東各省，皆追逐湖北民軍之後，或就其都會，或一郡一邑，或一省而至十數處，宣告獨立，紛紛設軍政府，人心已去，大勢瓦解」。[7] 這些「追逐湖北民軍」的省份以各標「獨立」的方式匯入了辛亥革命，合為梁傾屋倒之勢促成了最後一個王朝的「大勢瓦解」。然而省自「獨立」，同時便是一種縱向的省自分立和橫向的省自分立。由此衍生的地方各成一局而各不相下，[8] 為革命帶來的又是一種內在的阻隔和外在的離散。但就始末溯源頭，這種一時俱起的地方權力共趨「獨立」，又各為自立的取向和走向雖由革命觸發，並成為革命過程裏的一部分，其間造時勢的群類則都生成和養成於清末新政的十年更張之中。

「武昌事起」發難於新軍。然而章太炎為黎元洪作傳，則舉湖北諮議局議長湯化龍辛亥年間以一己之取捨立向背，直接影響了新軍協統黎元洪的向背為事實，以說明革命之中的人物牽引人物和人物關乎政局。並而直言「武昌倡義，湯濟武乃為元功」，以見湯化龍當日的歷史作用。[9] 後來梁啟超祭湯化龍，說其在湖北「主議席，遒人之木鐸方循，武漢之義旗首揭」，是以「溯維民國肇建，僉曰我公之力」，[10] 說的也是同一個意思。

6　孫中山：《孫中山全集》第1卷，第577頁。

7　中國史學會：《北洋軍閥》第5冊，上海：上海人民出版社，1993年，第100頁。

8　梁啟超：《飲冰室合集》第4冊，《文集》之二十七，第28頁。

9　章太炎著，湯志鈞編：《章太炎政論選集》下冊，北京：中華書局，1977年，第586、845頁。

10　梁啟超：《〈飲冰室合集〉集外文》中冊，北京：北京大學出版社，2005年，第719頁。

他們敘述歷史，著眼的都是其時被稱作「湖北人望」[11] 的湯化龍個人。但
作為諮議局的議長，湯化龍的向背實際上代表的是諮議局的向背，從而
湯化龍的影響實際上代表的是諮議局的影響。在辛亥壬子之交的中國，
這種向背起於湖北，而後又越出了湖北，在聲氣相應裏鼓盪蔓延，構成
了革命過程中共有的內容和情節。《辛壬春秋》說其時的湖南曰：

> 黎元洪信使日至，不能遽應也，然蓄慮待發甚急。黨人陳作新、
> 黃翼球、吳作霖等日赴軍營稱說革命，軍人或信或否，不遽從。
> 諮議局議長譚延闓見事急，亦言於眾曰：文明革命與草竊異。當
> 與世家巨族，軍界長官謀之。延闓故世家子，物望所歸，軍人聞
> 其言，則大譁曰：譚翰林且言之，大事可行。交語互勉，不數
> 日，巡防營、新軍皆變。[12]

湖南的革命最終實現於巡防營和新軍的「皆變」。但在黨人「稱說革命」
之後，「譚翰林且言之」又成為一種直接的動員，正說明湖南諮議局不
僅深度介入了這個過程，而且隱隱乎主導了這個過程。在一個「起義伊
始，各省率以武力相見」[13] 的時代裏，湯化龍和譚延闓分別以自己的「人
望」和「物望」為順逆立向度，顯示了諮議局在武力造乾坤中被軍界倚為
憑藉的大用。這種兩頭之間的聯手合力由湘鄂開先，又在彼時的土崩瓦
解裏多見於湘鄂以外的粵、桂、閩、浙、晉、魯、蘇、滇、黔、皖、贛
等等省自為界的各謀獨立之中。[14] 其間雖有過流派紛呈的會黨合群結
隊，趁時而起，但他們野氣太重。當日的親歷者說貴州哥老會因光復而
成軍，之後「各行各業，紛紛開公口，立山堂、頭打包巾、身穿短打、
背插雙刀、額豎英雄結子的人，隨處可見」，遂使其自身成了地方秩序

11　張國淦：《辛亥革命史料》，上海：龍門聯合書局，1958年，第83頁。

12　尚秉和：《辛壬春秋》，甲子初秋辛壬歷史編輯社印，湖南第五，第1頁。

13　經世文社：《民國經世文編》第4冊，北京：北京圖書館出版社，2006年，
　　第2053頁。

14　參見張朋園：《立憲派與辛亥革命》，長春：吉林出版集團，2007年，第7
　　章至第10章。

的「大威脅」。陝西的會黨則反正之後以「廣印票布」，造出「碼頭林立，不能悉計」的局面。並一手把持地方，「魚肉良懦，苛派錢款，鄉人恐惶畏懼，直似滿人入關」。[15] 作為一個社會邊緣的群體，此日之會黨曾不同程度地出入乎革命。但會黨本身內含的反社會性，又使他們既不能聚為中心，也不能進入中心。而後，在一時群起的翻江倒海之後，其中的大半便又在四面星散中回到了舊日的常態。因此，實際上造就獨立和左右獨立的力量，始終來自以省為界的諮議局和譚延闓所説的「軍界長官」。

諮議局的主體是擁有功名的紳士，「軍界長官」則分屬朝廷命官。兩者與朝廷本來都在久相連屬之中，但清末新政以其籌備立憲的大幅度除舊布新日復一日地弛脫了這種連屬，並使兩者日復一日地變得今時不同往昔。

由於明代紳權肆張，導致清初著力抑紳權，[16] 遂使此後近二百年間的紳衿大體上皆能以安分為本分。但19世紀50年代開始的內戰延續了十多年之久，地方官為籌餉募兵所困，不得不廣引紳士相助，從而不得不把紳權扶起來。有此一變，於是而有後來五十餘年裏地方紳士越來越主動地進入賑濟、河工、團練、助餉、民教衝突、設廠開礦、維護利權以及開新守舊之爭等等地方事務和國家事務之中，並因之而獲得了一種不斷伸張的紳權，同時又形成了一個不斷積聚活力的紳界。在這個過程裏，本與地方官合作的紳權，已常常會因地方利益而自為主張，與代表國家權力的地方官衝突。而這種衝突一旦出現，又會隨紳權的不斷伸張走向日趨加劇。時至20世紀初年，奏議論時事，總括而言之曰「近年以來，因官紳積不相能，動至生事害公」。[17] 作為一種引人注目的現象，

15　莊建平編：《近代史資料文庫》第7卷，上海：上海書店出版社，2009年，第463–464、529頁。

16　瞿兌之：《杶廬所聞錄・養和室隨筆》，瀋陽：遼寧教育出版社，1997年，第15頁。

17　故宮博物院明清檔案部匯編：《清末籌備立憲檔案史料》下冊，北京：中華書局，1979年，第726頁。

其中用為描述的「積不相能」一語，統指的顯然不是個體對個體，而是群體對群體。因此，「積不相能」所反映的其實是官與紳之間在五十多年變化之後，可以對比而見的輕重消長之勢。紳權以地方利益為依託，因此，與紳權的伸張相為表裏的，同時是自發的地方意識正在演變為自覺的地方意識。而這種由自發到自覺的演變，與那個時候中國社會的新陳代謝同步發生，則又成了新陳代謝中的一種歷史內容。迨清末新政為營造富強而籌備立憲，又因籌備立憲而別創行省各立諮議局，官與紳之間的關係遂由此又為之一變。

在朝廷的預想之中，「諮議局之設，為地方自治與中央集權之樞紐，必使下足以裒集一省之輿論，而上仍無妨國家統一之大權」。[18] 顯見得朝廷所期望的諮議局之用，是在提供輿論，所以諮議局的本位在輿論，諮議局的本分也在輿論。然而積五十多年伸展擴張之後，臂力茁長的紳權沿「各屬合格紳民公舉賢能」[19] 的朝旨而聚合於諮議局，已使原本分處於「各屬」的在籍紳士在觀念上由個體連成了集體，並使每一個省都有了自己合法的紳界領袖。兩者都會促成紳士依省份為界域的自相認同和以省城為中心的共趨歸攏。而後是正在由自發的地方意識轉化而來的自覺的地方意識，便成了一種分省而立的地方主義。當日在華的西人論諮議局，遂因此而推論「各省將獲得比過去更多的獨立性」。[20] 由於這種地方主義，被朝廷一廂情願地當成「地方自治與中央集權之樞紐」的諮議局，實際上從一開始即自立於「中央集權」的對立面，「有意給朝廷增添麻煩，卻無意減少麻煩」。[21] 而代表國家權力的疆吏，則常常在這個過程裏成了首當其衝的一方：

18　故宮博物院明清檔案部匯編：《清末籌備立憲檔案史料》下冊，第668頁。
19　故宮博物院明清檔案部匯編：《清末籌備立憲檔案史料》下冊，第667頁。
20　莫理循著，駱惠敏編，劉桂梁等譯：《清末民初政情內幕》上冊，北京：知識出版社，1986年，第649頁。
21　莫理循：《清末民初政情內幕》上冊，第647頁。

浙江因浙路公司總理奉旨革職，不准干預路事。諮議局以公司總理，由股東公舉，載在商律，請浙撫代奏，收回成命，一面停議待旨。浙撫札令開議，允開議後代奏，諮議局要求先行代奏，然後開議。浙撫不允，札令停會數次，勢將解散。後浙撫允代奏，遂開議。江西以加增統稅，不交局議，係侵奪諮議局權限，呈請資政院核辦。廣東諮議局，以提議禁賭案，議員有反對者，致不通過。主張禁賭者，以禁賭不定限期為辭職，輿論大嘩。反對者亦以此為辭職。全省紳民，要求速行定期禁賭，粵督初以賭餉籌抵無著，未允入奏，後以風潮日甚，奏請定期速禁，議會乃仍開議。廣西諮議局以禁煙案公布後，桂撫擅將土膏店應禁之期展限，全體辭職。資政院請旨照原案辦理後，始照章議事。此外湖南公債案、廣西限制外籍學生案、雲南鹽斤加價案，由諮議局與督撫之爭執，引起資政院與軍機處之衝突。[22]

與之同屬一類的還有直隸因「鹽斤加價」，江蘇因「寧屬預算」而各自引發過諮議局與地方當局的對抗，又在未遂所願之後越過地方當局，把這種矛盾直接送到了朝廷面前。[23] 就人情物理而論，這一類衝突和對抗裏的諮議局未必事事都據有十足的合理性，但他們以地方主義為共性的「日與疆吏為難」，[24] 既顯示了地方主義凝集人心的程度，又使地方主義自身在「日與疆吏為難」中一路發皇張大，不斷地延展其深度，也不斷地延展其廣度。朝廷籌備立憲，以中央集權為本意；而紳界經由諮議局而鍥入籌備立憲，則以地方主義為本位。兩面都在規劃立憲，但由此形成的，卻是地方主義與中央集權的直面相對，以及兩頭之間節節擴大的裂罅。

22　倫父（杜亞泉）：〈議會及政黨〉，載中國史學會：《辛亥革命》第4冊，上海：上海人民出版社，1954年，第70頁。

23　倫父：〈議會及政黨〉，載中國史學會：《辛亥革命》第4冊，第70頁。

24　故宮博物院明清檔案部匯編：《清末籌備立憲檔案史料》上冊，第356頁。

從奏議中的「官紳積不相能」到奏議中的「日與疆吏為難」,廟堂議論裏的這種前後變化,正說明為「衷集一省之輿論」而生的諮議局,實際上已助成了紳界化輿論為權力,並且使紳權越來越直露鋒芒地表現出主動性和進取性。這個過程與輸入的新學相纏連,又使產自本土而非常古老的紳權獲得了一種與東西洋學理相契合,從而與當日之時潮相契合的外觀。一個西方人曾訪問山西的諮議局局長,然後轉述他的話說:

> 議會制的發源地英國給我們上了一課,即先伸冤,後給錢。幾年前我們並不明白這個道理,現在才懂得。我們習慣於認為無論朝廷向人民索取什麼,他們都應當予取予求,而今除非朝廷聽從人民的要求,否則我們將拒絕向朝廷提供任何錢財。他說:這種威脅尚未付諸實施,但是我們已準備這樣做。[25]

這些話借西國事例所表達的,仍然是被稱為「朝廷」的中央政府與地方社會之間的利益之爭,但其尺度已越出一時一事,放大到以「人民」為名義重造朝廷與地方之間行之已久的權力關係和權力規則,並以地方「威脅」朝廷為理所當然。時逢朝野各倡立憲又互爭立憲之日,省與省之間雖因不同的地方利益而彼此界分釐然,而且越來越固化,但同屬久在朝廷「予取予求」之下的一方,則借彼邦國會抵拒政府的成法以抵拒籌劃之中的「中央集權」,[26] 便很容易成為其間共有的徵求之所歸和理據之所在,並因此而使分省的紳權得以溝通交匯,形成資政院與諮議局之間的縱向呼應和諮議局與諮議局之間的橫向呼應。這個過程使本自地方利益的取向與時勢、國運、公理、富強以及世界潮流羼雜在一起,成為面對朝廷的一派大義。於是而有宣統年間以諮議局為主體集群而起的赴京請願「速開」國會,及其一起之後的再起和三起。時人撮敘始末說:

---

25 莫理循:《清末民初政情內幕》上冊,第651頁。
26 莫理循:《清末民初政情內幕》上冊,第650頁。

初定籌備立憲，以九年為期。各省議員，要求速開國會，始命縮改
於宣統五年，開設議院，而將各省代表，解送回籍，違者拿辦。[27]

自朝廷一頭言之，在三次請願之後「縮改於宣統五年」，已是一種後退
一步的遷就。但請願一頭猶以「千氣萬力，得國會期限縮短三年」為「言
之痛心」的失敗。[28] 而「解送回籍，違者拿辦」，又非常容易地使不肯退
讓的一方由沮喪轉化為憤怒。而後是本以速開國會為題目的朝野之爭便
隨之而由浮面論說轉向更深一層。曾在立憲名義下一時聚合，並把請願
當成合作的紳界中人既放棄了向朝廷請願，同時便已放棄了與朝廷的合
作。隨之而來的是各省諮議局在離心離德中調頭轉身，以其各自改弦易
轍與朝廷越行越遠。而在這一番起落之中冒出頭來，並因此而形成了個
人影響的紳界人物，則大半都挾一腔憤鬱不平之氣先後走到了政府的對
立一面。作為這個群體的代表，當日為國會請願傾力呼號的梁啟超，在
請願一挫再挫之後痛詆說：

> 夫孰使我百業俱失，無所得衣食者，政府也；夫孰使百物騰踊，
> 致我終歲勤動而不得養其父母者，政府也；夫孰使我一粟一縷之
> 蓄積皆供吏胥之婪索者，政府也；夫孰使盜賊充斥，致我晷刻不
> 能即安者，政府也；夫孰使我祖宗丘墓之墟為他國宰割分崩者，
> 政府也。政府日紾吾臂而奪吾食，日要於路而劫吾貨，吾呼號顛
> 沛而政府不我救，我宛轉就死而政府不我憐。[29]

這些話以一種脫跳的筆法歸天下之黑暗於政府，用意不在實證而在詈
詬。與那個時候的革命論說相比，他的立足點歸於諮議局一面，表達的
也是諮議局一面的亢激忿切。但由此造成的直接結果，卻是在革命論說

27　金梁：《光宣小紀》，載章伯鋒、顧亞主編：《近代稗海》第11輯，成都：四
　　川人民出版社，1988年，第314頁。

28　〈中國大事記〉，《東方雜誌》第7年第12期，第157頁。

29　梁啟超：《飲冰室合集》第3冊，《文集》之二十三，第21頁。

之外，實際上與革命論説桴鼓相應地形成了另一種與朝廷對敵的論説。
在這種各有懷抱的紛爭不息裏，朝廷推行新政，為籌備立憲而立諮議局
以期收納紳界和紳權；紳界和紳權則因籌備立憲而得借諮議局以伸展恢
張和顧盼自雄。由此催發的朝野衝突以其了無結果演化為朝野之間的撕
裂和脱輻，並使兩面互爭立憲的言説都成了浮沫。而對於根脈繫於地方
的諮議局來説，在撕裂和脱輻中與朝廷自覺懸隔的過程，同時又一定會
是在撇去浮沫的返璞歸真裏不斷深化和固化其地方主義的過程。稍後
「武昌事起」，則因清末新政而獲得深化、固化和組織化了的這種依省而
分的地方主義，便無須過度地合流於其時「亡國之速，未有如是之奇」[30]
的土崩瓦解之中，在革命、光復、反正的種種名目下，以各自的次第
「獨立」助成了最後一個王朝在碎裂中的傾覆。[31]

　　與代表紳界的諮議局相比，當日一同造獨立的軍界雖因其以武力築
成的強勢而擁有更多直觀可見的萬丈光焰，但在辛亥革命前夕，他們已
同樣是一種以省劃界的地方性存在，並因此而同樣附著於地方主義。對
於本應以一統為歸屬的國家軍隊來説，這是一種不在常理和常例之內的
顯然異態。

　　當朝廷謀劃立憲之日，出自廟堂的議論大半願意取法中央集權的日
本。其預想中的要端之一，便是借立憲以改造那個時候的兵制。其中
考察憲政大臣達壽的一摺由日本「軍隊統帥之權，全握於天皇一人之手」
起講，而後由遠及近，言之尤其直白：

> 日本之所以克強者，全在乎是矣。夫我朝兵制，超越前古，統帥
> 之權，本在皇帝，而軍隊行政，分寄之部臣疆臣，不獨前代藩鎮
> 之弊可以掃除，即日本憲法所謂天皇有統帥海陸軍大權者，我列
> 聖天錫智勇，固已開之先例矣。

30　莊建平編：《近代史資料文庫》第9卷，第490頁。
31　丁文江等：《梁啟超年譜長編》，上海：上海人民出版社，1983年，第607頁。

自咸、同軍興，曾、左、胡、岑諸臣，督師剿匪，而疆臣間掣其肘，遂以兵權委之督撫，其後遂成慣例。循此以往，則統帥權與行政，必致兩相混淆。[32]

因此，「今若採鄰邦之新制，復列聖之成規，收此統帥之大權，載諸欽定憲法，則機關敏捷，既足徵武備之修，帷幄運籌，實可卜國防之固」。[33] 在「咸、同軍興」的十多年內戰裏，由團練蛻生的勇營在牧平太平天國的過程中取代了綠營，而這個過程造成的時勢牽挽，同時又使本屬朝廷所有的提調和指揮軍隊的權力移到了疆吏的手中，遂使「累代經武之規，所籥勺張皇，以為一朝堂堂王者之師者，不復見矣」。[34] 就清代的祖宗家法而言，這是一種從內重外輕變為外重內輕的顛倒，但經五十年積久之後卻已成了一世慣見熟識的常態。所以，此日用憲法的新道理對應中國的老問題，則日本之可取，全在於「採鄰邦之新制」能夠借新道理從督撫手裏「收此統帥之大權」，以重建朝廷和地方之間的內重外輕。而「武備之修」和「國防之固」之被引來助成論說，其實自身猶在一派憧憬而不知其所以然的推想之中。

　　這一套道理雖因籌劃立憲而形成言之侃侃的闡述，其實際的存在和運用則更早地見之於此前剛剛成立的練兵處。曾任軍諮副使的哈漢章說：由於袁世凱從小站練兵開始已「取材於武備學堂」，致「北方軍隊的武備派成了一種勢力，不能插進」。有此勢力，則日本士官學校留學歸來者遂只能以「分散各省」為出路。而同一個時間裏滿人中後起的良弼以強橫露頭角，常以「打破北洋武備勢力」為懷抱，並以此陳說樞要。「所以練兵處成立就調在湖北的士官第一期吳祿貞，第二期哈漢章、易乃謙、沈尚濂等；又向各省增調第一期盧靜遠、章遹駿、陳其采，第二期馮耿光等數十人來京」，各任「重要職務」。於是練兵處就成為士官派

32　故宮博物院明清檔案部匯編：《清末籌備立憲檔案史料》上冊，第39–40頁。

33　故宮博物院明清檔案部匯編：《清末籌備立憲檔案史料》上冊，第39–40頁。

34　嚴復著，王栻編：《嚴復集》第4冊，北京：中華書店，1986年，第959頁。

的大本營，良弼即暗中作為士官派與北洋派爭奪軍權的領導者」。[35] 這些敘述說明：自「兵權委之督撫」以來，經五十年的代謝和起落之後，此日已是北洋居於其中之獨大，又因獨大而被志在集權的練兵處最先當成對頭和對手。而在兩者之外別歸一類的留日回國士官生，則既在這個過程中「分散各省」，便從一開始就形成了一種與地方相屬連的廣度。雖說練兵處曾經調用，但散布於行省之中的數量還有更多，而且猶在陸續地增多。[36] 在奉旨編練新軍之際，他們很容易進入各省主持新軍事務的督練公所那一脈裏。其中相當一部分人已既從日本帶回了革命的意識，也從日本帶回了革命的身份。例如入京的吳祿貞，以及在湖北的藍天蔚、在江西的李烈鈞、在山西的閻錫山、在雲南的唐繼堯等等。因此，當朝廷中的主兵事者正為「爭奪軍權」而借重士官生的時候，士官生容易伸展，革命也容易伸展。

迨籌備立憲而改官制，練兵處遂變為陸軍部而取代了舊日的兵部，之後由陸軍部派生的軍諮處（府）又後來居上，手臂遠伸四面八方。在這種兵政的一變再變裏，以北洋為對手而開始的自上而下「爭奪兵權」，已一路廣罩南北，演變為朝廷與各地督撫之間的重重牴抵。蔣方震後來概而論之曰：光緒之間，可謂「練兵狂熱時代。在朝則曰練兵，在野則曰尚武，而官民並進，新舊雜糅。而從旁贊助之者，則有短小精悍之芳鄰，更繼之以趾高氣揚之學生，天下紛紛多故矣」。然後綜論其中之因果說：

> 庚子以後，革命排滿之說，稍稍聞於朝，而東人又艷稱其廢藩置縣之盛業，於是中央集權之說大盛。自練兵處創辦，以迄軍諮府之成立，乃日日與地方爭軍權，名則挾「國家軍隊」四字為標幟，而隱則挾親貴以遂其淵膝之私，各督撫益驕蹇不之從，故雖日日

35　杜春和等編：《北洋軍閥史料選輯》上冊，北京：中國社會科學出版社，1981年，第41頁。
36　羅爾綱：《晚清兵志》第5–6卷，北京：中華書局，1999年，第134–136頁。

以中央集權相號召，實則系統已亂，除絕對私人軍隊而外，其餘
皆上不在天，下不在田也。[37]

當咸同年間因軍興而致「兵權委之督撫」之日，軍隊雖脫出了朝廷的直
接指揮，卻始終在疆吏的統轄和管束之中。這是一個由一種系統進入另
一種系統的過程，因此兵事雖上不在天，而下猶在地，非能自外於章法
之層層限勒也。但從練兵處到軍諮處（府），始終都以中央集權為宗旨
而始終一以貫之，並因之而著力於撕破五十年間疆吏統轄和管束軍隊的
那個系統，而捲入其中的留學生則常常被當成要角：

> 光宣之交，各省督練公所，均受命於中央，公所總辦一員，例由
> 中央簡放，出身十有九係留學生。[38]

這裏所說的「留學生」，顯然是指彼時正一批一批學成回來的士官生。
於是督練公所主持編練新軍，士官生主持督練公所，遂使形成中的新軍
與疆吏越來越遠，而與士官生一面越來越近。但朝廷為撕破既有的系統
而給予這些「受命於中央」者的權力雖大，實際上卻並不完整：

> 是時中央與地方，各以巧智相博；中央不能自籌款，勢必仰諸督
> 撫，乃欲令督撫籌款練兵，然後以中央集權之名義，一一收歸自
> 己支配；而督撫豈其愚也，故一面以籌款為言，故遲遲其進行，
> 而一面則以維持地方治安為言，竭力保留巡防營。[39]

在這種「各以巧智相博」裏，從各省產出並駐紮於各省的新軍，便一面
「受命於中央」，一面又須「仰諸督撫」。

　　由於「受命於中央」，新軍已不在疆吏行之久矣的系統之內。而後
有「1910年9月，兩江總督解除駐南京第九鎮部分軍官的職務。鎮統制

37　蔣百里著，譚徐鋒主編：《蔣百里全集》第1卷，北京：北京工業大學出版
　　社，2015年，第332–333頁。

38　中國史學會：《北洋軍閥》第1冊，第965頁。

39　蔣百里：《蔣百里全集》第1卷，第335頁。

徐紹楨表示反對，認為此類事情只能由他本人單獨處置。兩江總督向陸軍部告發徐紹楨，但陸軍部支持徐紹楨。於是，兩江總督上奏朝廷，然而其奏摺卻被轉到陸軍部。該總督再次被告知，軍務只能由軍事當局處理，陸軍部絕對信任徐紹楨」。[40] 這一段歷史情節非常典型地說明：兵政的中央集權，要義是割斷疆吏與軍隊之間的關係，以改變五十年來的權力結構。然而不受疆吏管束的新軍又因地方供餉需為之豢養，而仍須「仰諸督撫」，並以其所在的地方為利益之歸屬。由此生成的是一種自然而然的地方性。而構成了各省新軍主體的士兵以土生土長為徵召之要件，[41] 則為這種地方性提供了不絕的源頭和廣袤的基礎。於是不能「自籌款」以供餉需的中央集權雖高懸於上，但他們在養兵一面的這種力有未逮又成為對於集權直接的限制，使「受命於中央」的構想一經化為事實，其造就的系統只能算是半截。而對遠離京城又散於各省的新軍來說，半截的系統顯然是一種沒有足夠籠罩力的東西，從而是一種沒有實際管制力的東西。而後的朝廷和地方之間，遂成為既有的制度已被打碎之日，同時又是新立的制度無從成形之日。兩者雖然含義不同，卻共處於一種因果之中，並一同導致了蔣方震所說的「系統已亂」，以及由此而來，為清代二百六十年裏前所未有過的軍隊之「上不在天，下不在田」。而懸浮於上下之間，軍隊所獲得的則是一種前所未有過的自主。與自主相因依的，又是已經滲入的革命意識在軍中的散布和播染，獲得了一種本來不可能有的自由空間。這個過程裏的一個代表性實例，是曾被陸軍部庇護而脫出了兩江總督制束的徐紹楨及其第九鎮新軍，一年以後「響應鄂軍，起義於南京」，並以此「挽武漢垂危之局」，以至於時論「謂共和政體之立，實權輿乎是，非奢言也」。[42] 全軍轉向於一夜之間，正說明脫出了兩江總督制束的第九鎮，又不在陸軍部的臂力所及之中。而由此助

40　轉引自馮紹基著，郭太風譯：《軍事近代化與中國革命》，上海：上海人民出版社，1994年，第76頁，注釋65。

41　馮紹基：《軍事近代化與中國革命》，第28頁。

42　莊建平編：《近代史資料文庫》第7卷，第323頁。

成江蘇的獨立，則以其自覺地和最終地歸宿於江蘇，顯示了系統已亂的
時勢裏，比系統更穩定的還是因土生土長而根脈相接的地方性。而後是
軍界的地方性融入了紳界源遠流長，並正在因時盛漲的地方主義之中。
在這種曲折裏，革命實現於獨立，而與之俱來的卻是每個省份都以自己
的獨立呼應其他省份的獨立，同時又因其他省份的獨立所映照出來的彼
己之界而各自自立主體，並以地方之間的互相區分而各成一派統緒。

二　共和與一個分裂的中國

　　清末最後十年的新政以籌備立憲的大幅度變法催化了劇烈的震盪，
又在劇烈的震盪裏走向了自己的了局。然而這個過程中造就的社會變遷
和社會力量，作為一種事實上的存在和改變了歷史的存在，則仍然在把
這個過程中形成的走向與關係帶入後起的歷史過程之中，並且以此深入
地影響了後來的歷史。因此，身當鼎革之際，時人直觀鼎革，注目的地
方正是前一個時代造成的土崩瓦解，以及土崩瓦解留給後一個時代的因
果。一則政論說：「民國草創，肇自地方，當夫南北未合，統一政府未
定之前，天下無一尊之號，其時即省自為政。都督挾一時威望，兼領軍
民重寄，以圖維持本來秩序。」[43] 這段文字以「民國草創，肇自地方」為
總括，紀實地說明，「省自為政」是在前一段歷史留下的既成之局裏，
由時勢造人和人造時勢產生出來的，而作為「一尊」的民國又是由「省自
為政」派生出來的。因此，「民國草創」的過程不會沒有眾聲喧嘩，以及
眾聲喧嘩裏的彼此異同和前後曲折。武昌起義之後北軍南下討伐，之後
又息戰議和。同年十二月嚴復奉派列名於朝廷「代表」之間，遂成為親
歷親知的局中人。當月中旬他在給陳寶琛的信中說，此行曾在武昌青山
與「黨人有名望者」約二、三十人對話，「談次極論彼此主旨」。然後「約
而言之」曰：

43　經世文社：《民國經世文編》第1冊，第174頁。

一、黨人亦知至今勢窮力屈，非早了結，中華必以不國。故談論雖有爭辯，卻無驕囂之氣，而有憂深遠慮之機。

一、黨人雖未明認君主立憲，然察其語氣，固亦可商。惟用君主立憲而輔以項城為內閣，則極端反對。

一、黨人以共和民主為主旨，告以國民程度不合，則極口不承。問其總統何人為各省黨人所同意者，則以項城對，蓋彼寧以共和而立項成為伯理璽得，以民主黨綱箝制之，不願以君主而用項城為內閣，後將坐大，而至於必不可制。此中之秘，極耐思索也。

一、無論如何下台，黨人有兩要點所必爭者：一是事平日久，復成專制，此時雖有信條誓廟，彼皆不信，須有實地箝制；二是黨人有的確可以保全性命之方法，以謂朝廷累次失大信於民，此次非有實權自保，不能輕易息事。

一、若用君主，則沖人教育必用新法，海陸兵權必在漢人之手，滿人須規定一改籍之制。

這些表述雖然出自武昌的「黨人」，但各省的「黨人代表始皆已至武昌」，由於北軍在龜山炮擊而剛剛轉赴上海，蓋「彼等在此之議已有眉目也」。所以「以意測之」，其他「黨人代表」的取向應與此間二、三十人的主張「大抵相合」。[44] 在南北直面相對之間作這種「極論彼此主旨」的對話，無疑既是在表達認真的態度，也是在表達真實的立場。然而認真和真實都說明：即使是「以共和民主為主旨」的黨人，其時也曾為君主立憲留下過一種不得已而求其次的可能。若就嚴復記述之篇幅和內容而言，他們對後一面的思考其實更多而且更具體。[45] 由此形成的是一種明顯的游

44　嚴復：《嚴復集》第3冊，第502–503頁。

45　武昌受炮擊之日，黎元洪曾告訴英國總領事，「願意接受袁世凱不久前向他提出的條件」，即「君主立憲」，見莫理循：《清末民初政情內幕》上冊，第803頁。亦見嚴復的記述並非一面之辭。

移。而與這種游移相比，他們對袁世凱個人的猜度和提防則表現得尤其
全神貫注並言之直白明瞭。

　　與這種革命黨人曾經有過的游移相對比而格外引人注目的，是相近
的時間裏程德全、湯壽潛以江蘇都督和浙江都督的名義倡說「自武漢起
義，各省響應，共和政治，已為全國輿論所公認。然事必有所取，則功
乃易於觀成。美利堅合眾國之制，當為吾國他日之模範」，並請「各省
舉派代表，迅即蒞滬集議」。[46] 程德全曾是舊朝的江蘇巡撫，湯壽潛則
歸屬於諮議局一脈，本來的立足點都在革命之外。因此他們此日之直取
共和而不為君主立憲所游移，便以其借用美利堅「之制」以提調大局的
主動和急切，顯出了一種不容易用常理推度的促迫。後來張一麟作〈五
十年來國事叢談〉，其中一段說：

　　辛亥江蘇獨立時，作者正從程都督於南京，一日某國領事來謁，
　　程屏左右言。是夕都督密語余明日將經滬請黃大元帥，余曰：「何
　　也？」答曰：「今日某國領事以某公使密電示余，謂南方非另立政
　　府不能推倒滿清，故余必自往促克強來滬。」次日都督即行。[47]

程德全與「某國公使」之間的這種交往，顯示了辛亥年間中國時事在外
來影響下更多一層的曲折。而引此以作對讀，則由他領銜的倡說雖以
「共和」為主張，但其意中的共和，內容和指向其實已與革命黨人的初
想並不會全然相同。與這種出自南方的同其名而未必同其義相比，北方
之言及共和，旨義常常更悖。趙秉鈞曾說，清末唐紹儀奉派使美，回京
之後洪述祖「力勸其不就郵傳大臣職務，乘此機會，仿照美、法，將中
國帝制，改造民主」：

　　其進行，一方面挾北方勢力，與南方接洽；一方面借南方勢力，
　　以脅制北方。其對於宮廷、親貴、軍隊、外交、黨人，都有運用

46　莊建平編：《近代史資料文庫》第2卷，第87頁。
47　張一麟：《古紅梅閣筆記》，上海：上海書店出版社，1998年，第56–57頁。

方法，照此做去，能使清帝退位。清廷無人，推倒並不甚難，可
與宮保[袁]詳密商定，創建共和局面。宮保為第一任大總統，公
為新國內閣總理。[48]

後來北方的一路逆取大抵與之相彷彿，因此趙秉鈞在民國初年口述舊
事，為的是「稱讚洪述祖之才」。[49]但這種對於「民主」和「共和」的隨意
挪用和信口曲解，反映的卻正是其群體意識與「民主」、「共和」之間不
相溝通的深深隔閡。出現在南方的這種實例和出現在北方的這種實
例，以其主體人物各自不同的代表性，信而有徵地說明：辛亥壬子之
際，「共和政治」雖回聲四起而成為一時政見中的共鳴，然而其各自立
說的取義和著眼點卻又並不相同，並常常很不相同。與嚴復所記述的
革命一方之曾經游移相映照，正可以見當日志在重造乾坤的一方之各
有懷抱，以及「民主」、「共和」的各有理路。由此匯成的，遂只能是一
種可呼應而不可對應的共鳴。而其時在華的外國人旁觀中國社會在土
崩瓦解裏的眾生相，曾統而言之曰：「目前，中國輿論總的趨勢是贊成
革命黨人，因為他們相信在國民政府之下，他們賦稅的沉重負擔和其
他國民義務會減輕」。[50]這種概括以更大的範圍和更多的人口為對象，
而描畫的則同樣是一種表象的共鳴和內裏的缺乏同一性。

　　這種缺乏同一性的共鳴形成於辛亥革命之後，與「民國草創，肇自地
方」同起於一個歷史過程之中，並因同歸於一個問題而相互牽結勾連。所
以，以那一代人的思想觀照歷史，顯然是其表象的共鳴為「民國草創」提
供了一種解釋，而由思想而及群類，則其內裏的缺乏同一性又為「民國草
創」提供了另一種解釋。前一面說明了為什麼嚴復筆下武昌的黨人猶未全
脫游移，而二十天之後民國政府已在南京成立；後一面則說明共和雖然
立於學理，而時當「省自為政」之日，造共和的局中人之所以選擇了共
和，並非全在學理的說服力。辛亥革命後二十多年，章太炎曾說：

48　張國淦：《辛亥革命史料》，第289頁。
49　張國淦：《辛亥革命史料》，第289頁。
50　莫理循：《清末民初政情內幕》上冊，第808頁。

所謂辛亥革命者，其主義有二：一、排斥滿洲；二、改革政治。
前者已達目的，後者至今未成。

當時之改革政治，亦只欲綱紀不亂，人民樂生耳，若夫以共和改
帝制，卻非始有之主義，乃事勢之宜然也。

武昌立政府後，黎元洪為首，同盟會則以孫文為首，國之元首有
相爭之局，故行共和制以均衡權力，乃舉孫大總統，黎副之，此
固不得不然之勢，而事前籌備實未嘗周密也。[51]

就同盟會誓詞中已經列有「建立民國」的事實而言，章太炎追溯革命「始
有之主義」的論說顯然不能算是全部合乎當日的本相。但就捲入革命的
黨人在各自為戰中往往以自行取捨為常態而言，則作為願景的「民國」
又很容易被置於度外，並在實際上常常被置於度外。一個當年身在廣西
的黨人回憶說：廣西同盟會最初用「驅逐韃虜，恢復中華，建立民國，
平均地權」為誓詞，後來主事者「說這是在外國提出的，不合中國人的
口味，改為『誓同生死，志共恢復，此心可表，天實鑒之』」。[52] 民國一
節，遂被歸入「不合中國人的口味」而成了可以漠然置之的東西。若以
孫中山後來所說的初創改革之議，「亦有慨然贊同者，但改革是一事，
改革後之政體是一事。當時同志，但知政治之當改革，尚未盡知政體改
革之根本大計，則所謂改革者，仍屬易代之常軌」，以及「不圖革命初
成，黨人即起異議，謂予所主張者理想太高，不適中國之用，眾口鑠
金，一時風靡，同志之士亦悉惑焉」[53] 相比較，則黨人中類同廣西同盟
會之自為取捨的情狀應當不在少數。以歷史中的這一面為事實，則俱見
清末革命此起彼落於人自為戰，與「志共恢復」相比，自覺的共和意識
其實常在稀薄模糊之中而未能厚積。因此革命之後由「省自為政」而走
向共和，比共和意識更直接地影響和促成了這個過程的，其實正是章太
炎所說的「事勢之宜然也」。

51　章太炎：《章太炎政論選集》下冊，第839–842頁。

52　莊建平編：《近代史資料文庫》第7卷，第488頁。

53　孫中山：《孫中山全集》第3卷，第321頁；第6卷，第158頁。

作為一種比照和印證，是武昌起義後一個月，梁啟超在日本遠望中國，已切論「今既有各省獨立之事實，人人憂將來統一之艱」。[54] 他注目的是同一種「事勢」。而「各省獨立之事實」之所以會化為他意中的「統一之艱」，本自於「各省獨立」已經生成了一種相互頡頏而各立主體的對等和平等。因此，以梁啟超的深憂為眼光看這一段歷史，則共和之能夠成為「事勢之宜然也」，在章太炎所說的「國之元首有相爭之局」之外，其更深一層的涵義還在於各省同造的共和仍然維持和保全了這種隨獨立而來的對等和平等，並因對等和平等而得以延續其各為自立，以地方為本位的相互對待。在這種變遷裏，清末苗長的地方主義沿「事勢之宜然也」進入了共和，又因進入共和而獲得了一種合法性，而「事勢之宜然也」本身的權宜一面也由此而見。因此，民國政府成立之日，其宣言雖以「今者各省聯合，互謀自治，此後行政期於中央政府與各省之關係，調劑得宜，大綱既挈，條目自舉」為「是曰內治之統一」，[55] 但以「各省聯合」共造出來的「內治之統一」，實際上只能是一種與「省自為政」和「互謀自治」同存於民國政治之中的「統一」，從而是一種懸空的「統一」。時論謂之「中央當綱維解馳之餘，威信不能行於各省。各省以政教自專之故，號令不復秉於中央」。[56] 作為一個歷史過程，這種上下之間的傾倒發端於清末中國而為民初中國所承接。雖說革命已把帝制與共和截為兩段，但歷史過程的連續性又以兩者的前後相接，顯示了這一場革命所改變不了的東西，並比文字的宣述更真實地說明，梁啟超所說的「統一之艱」其實剛剛開始。

作為一種曾經的事實，革命自始即實現於地方對於朝廷的獨立之中。而在時序交迭之中，民國政府成立之日，猶是革命震盪的餘波未歇之時。因此，民初中國面對的深刻矛盾，便是前一段歷史裏脫出舊朝的地方獨立，在後一段歷史裏已實際地成為共和之下的地方分裂。對於一

54 梁啟超：《飲冰室合集》第4冊，《文集》之二十七，第30頁。
55 孫中山：《孫中山全集》第2卷，第2頁。
56 經世文社：《民國經世文編》第1冊，第336頁。

個國家來說，這是一種顯然的脫軌，但對於一個生成於這個過程之中，並自始已在懸空當中的中央政府來說，這又是一種無從罩定和制約不了的狀態。是以「民國草創」，與之俱來，並為一世所目睹而成其觸目驚心的，正是由「二十餘省之瓦解」演化而成的「情如胡越」和「勢同割據」。[57] 時當「義師大起，全國景從」[58] 之日，這種演化常常已以革命為名義而視彼省為異己。辛亥年江西光復，隨後出兵安徽。皖人的記述說：

> 九江駐安慶之一軍，在我會場宣言來此攻南京之師也，杯酒相逢，殷勤握手，而一切東征款項，以皖庫之枯窮，已允擔任。乃該軍自九月二十五日狂突以來，至今凶焰未熄，驅我都督，屠我人民，劫我軍械，奪我庫儲，搜括商戶，更及民家。破宅焚巢，城空市斷，一言不合，瞬刻命盡，同胞之絕吭洞腹，日有所聞。諮議局議長實以珏為吾三千萬人之代表，囚之欲殺者至再至三。吳春陽者，有力於恢復者也，身被七槍而殞。天昏地黑，人道何存。[59]

彼時的江西和安徽同在反正之列，但贛省與皖省的界限則越益分明。贛軍之能夠借「攻南京」之名入皖地殺人劫財，正非常具體地說明，在一個分省獨立的時代裏，革命的大義是很容易被利益之伸展淹沒掉的。同屬一類的還有光復之後的雲南。與贛軍之伸手劫掠的漫無章法相比，辛壬之際滇軍的雲南意識則更能規劃長遠而言之井井有條。其間尤其使人印象深刻的，是雲南與四川比鄰，因此以雲南經營四川為理勢兼備而天經地義：

> 故欲固滇藩，維大局，非速平川亂不可。然川政府無力維持，非我軍監督改造催促進行不可。欲達此目的，又非據自貢兩井財源，打通江路不為功。[60]

57　經世文社：《民國經世文編》第1冊，第2098頁。
58　孫中山：《孫中山全集》第2卷，第84頁。
59　中國史學會：《辛亥革命》第7冊，第176–177頁。
60　莊建平編：《近代史資料文庫》第7卷，第403、423–424、427頁。

之後滇軍以「援蜀」為名目入川，於縱橫川南之日一面剿「會匪」，一面佔自流井，並殺「重慶軍政府所派之川南總司令黃方」，又辱巡按使郭璨，致「川人群忿」，聚「蜀軍數萬」與滇軍「開釁」。[61] 遂使這種以反滿為理由的「援蜀」，在清室退位之後演變為雲南軍隊與四川軍隊的武裝對峙。雖說後來以文字追敘其事常常會牽出種種是非曲直，而當日真正能成為道理而支配一方的，其實不過是「欲固滇藩」的雲南意識和「川人群忿」的四川意識。兩者雖各成一面，卻既相對稱又相對應。這種因「二十餘省之瓦解」而互相扞格的地方主義，以省與省之間的界域辨汝我，並因此而以鋒芒向外為當然。但時當「二十餘省」次第「瓦解」之日，光復之名既成天下之公器，則獨立往往自發而起，之後是同屬一省，又人以群分而各自開府。《辛壬春秋》敘述這一段歷史，舉江蘇為例說：

> 江蘇一省，有軍政府三，蘇州、上海、清江是也；有分府二，揚州、常州是也；有留守府一，南京是也。論階級，則以留守為最尊，然號令行於軍隊，而不及省〔城〕外。論名分，則以江蘇都督為最正，然權限且不能及於分府，遑論清江與上海乎。

與之俱來的，便不能不是「統系不明，政令歧出」。之後由江蘇廣推而論之曰「一省如此，全國可知」，[62] 以明言這種景象在那個時候的普遍性。

　　對於一省而言，由此形成的已是一種向內而生的各立界域和各逞鋒芒，其實際上的擴展之勢又常常不會到「分府」而止：「各省自舉都督，又復互爭都督，又復爭軍政分府，其下群吏互爭，其屬府縣又互爭，甚或一省而有數督，一縣而有數長，又下之地方鄉長之自舉而內爭，驕將擁兵而桀頡，豪猾乘時而盤據。」[63] 於是在國家因「二十餘省之瓦解」而形成重重間隔的同時，一省的界域之內也在這種「互爭」、「又爭」和「內

61　莊建平編：《近代史資料文庫》第7卷，第403、423–424、427頁。

62　尚秉和：《辛壬春秋》，江蘇第十三，第7頁。

63　康有為著，湯志鈞編：《康有為政論集》下冊，北京：中華書局，1981年，第714頁。

爭」中形成重重間隔。曾經造就了光復和反正的地方獨立，在光復和反正實現之後已成了一種沿「人自為政，地自為域」而自發生長和無度生長的東西。梁啟超說：

> 夫人情對於全國之利害關係，不如一地方之利害關係為密切也。欲在全國爭權利，又不如在一地方爭權利之較容易也。於是而省而府而縣而鄉，各自為界，豆剖瓜分，至於不可紀極，而各皆以排外為唯一之能事，遂以二千年大一統之國，幾復返於土司政治。[64]

把「一地方之利害關係」看得比全國之利害關係更「密切」，以及由「一地方之利害關係」而「以排外為唯一之能事」，仍然是在地方主義之中。但比之晚清的地方主義猶能以省城立聚合之重心，則這個時候的「豆剖瓜分」至於「不可紀極」，顯然是正以其四分五裂走向極端，而使地方幾乎不復成為可以生息的空間。因此，雖說就總體論時事，其時易見的是「今危亡中國之患，尤在各省自立也」，[65] 但從各省朝下看，又易見各省之「自立」，其實底基各布裂孔而腳下並不牢靠。

　地方在分合之中，便是人物在分合之中。時人說「民國肇興，事事盡翻前局，昔之以一姓而掃盡群雄者，今則合群雄而掊挾一姓」。[66] 這種「盡翻前局」的革命方式既促成了「嬗代之速，為曠古所未有」，[67] 也使「群雄」變成了「嬗代」之際的實際主體和實際主導。與「一姓」相比，「群雄」以不能歸一為存在狀態，是以曾經起於地方而合力推倒君權之制束的「群雄」，在地方各得自主之後又很容易地由相分而相爭相敵。當這個過程開始於南方之日，與之相對應的猶是「袁 [世凱] 以一身總北方之全域」。[68] 所以，在時間上南方的脫散和割據出現得更早。然而北方的瓦解雖然在後，卻自瓦解一開始即以其大規模的群相撕鬥把中國急速地

64　梁啟超：《飲冰室合集》第4冊，《文集》之三十，第17頁。
65　經世文社：《民國經世文編》第4冊，第2111頁。
66　張鼎彝：〈點評辛壬春秋序〉，載尚秉和：《辛壬春秋》。
67　吳闓生：〈序〉，載尚秉和：《辛壬春秋》。
68　莊建平編：《近代史資料文庫》第7卷，第283頁。

推向了全面分裂和徹底分裂。袁世凱死後，康有為曾說：「袁世凱雖篡盜稱帝，然北洋軍隊，皆由其卵育，故猶能統一之，故中國不致分裂。及袁世凱死，則張勳、段祺瑞、馮國璋、王士珍各比肩並立，已無能統一北軍之人。」今馮、段二人「資格較高出於諸將之上，尚可暫領之，若馮、段二人而去也，則北軍諸將，人人平等」已無可統馭，「於是遠結南方，近結同盟，各謀自立，北洋軍派，分為十餘國可也」。[69]同一個意思，嚴復說：袁世凱經營多年，而「中道即世，而藩鎮之禍遂成」。[70]其間的由合而分雖然發生在袁世凱的身後，但追溯由來，則被視為禍首的顯然仍舊是袁世凱。在這種因果裏，相比於南方的分立大半沿各自獨立而來，則北方的由合而分更明顯地以個人依附的存亡為轉移。是以論其由來，後者既很少有前者那種與光復一役的歷史關聯，也很少有前者那種與地方主義的歷史關聯。但以「藩鎮」比北方的分裂，又說明在辛壬之後的中國，隨個人依附的消亡，「各謀自立」的實現又只能立足於地方和附著於地方，於是而有直派的八省同盟和皖派的十一省同盟。與南方自然形成的地方主義相比，北方以軍人為主幹，「八省」和「十一省」都是用武力造出的地方主義。而後是地方主義與政潮起伏作應和鼓盪，形成了南北之間由地方而派系的既支離破碎又各相纏繞的莫可名狀。熟知當時政事和人物的張一麐曾通論南北，舉其大要說：

> 直皖相恃，本為北派內部之爭，然與南方政局亦暗相牽連，即於地盤之伸縮尤有密切之關係也。蓋自直皖對峙，其對南態度顯有不同。直派趨向桂派及政學系，皖派接近滇派及國民系，早經表露，多庸諱飾。迨國民系與政學系屢起衝突，李根源與李烈鈞為爭駐粵滇軍管轄問題，幾釀戰事。由是軍府解體，議員四散，南方派系益形分離，而兩派附和皖、直之跡象亦益著。皖派督軍通電發表新舊國會聯合制憲之主張，而直派則反對之。在滬國民系四總裁宣言與北方繼續議和，而廣州岑系諸總裁則不予承認，並

69　康有為：《康有為政論集》下冊，第1033頁。

70　嚴復：《嚴復集》第3冊，第676頁。

撤唐紹儀總代表職，易以溫宗堯。而南北四派離合之實況，不已
彰彰可見乎。初為南北之爭，形如橫線。今則北之兩派與南之兩
派各自接近，仍合為兩派，而改成縱線。

然後引種種史事說其間之曲折，歸之於：「是則南北數派之明爭暗鬥，
怪象百出，皆不過為地盤問題而已。」[71] 曾經身入「南方政局」的孫中山
出局之後謂之「南與北如一丘之貉」。[72] 亦見同在亂世之中的心同理同。
這種由「橫線」而「縱線」的分裂，顯示的既是分裂的複雜化，又是分裂
的固結化，在那個時候，兩者最終反照的都是分裂程度的深化。而「橫
線」和「縱線」之外，還有源遠流長且不息不絕的各色「假地方主義以反
抗中央，藉團體名稱以驅除異己」[73] 的各謀擴張者，以及嘯聚一方而「上
脅長官，下暴小民，良懦魚肉」致「民不聊生」[74] 的不能入流者。他們更
等而下之，卻又於民間更切近。而後是舉目四顧，從全國範圍這種掀動
政局的南與北爭，同時又南與南爭和北與北爭，到地方社會更加沒有章
法的以利相分和以力相爭，「一省之內，分數區焉」，[75] 遂使一個共和的
中國自產生之日開始，便不能不與一個已經分裂並日趨深度分裂的中國
相為表裏。辛亥年間的革命造就了共和，然而同一個過程裏形成的重重
分裂，又使共和不能不為這種與革命本身因果相連的震盪所窒塞，長在
四圍困厄之中而無處落腳生根。

三　用武力表達政治的時代

　　辛壬之間的獨立是由軍人實現和支撐的。「革命事業出諸軍人之
手，故大權悉攬焉，即向無一兵者，亦為嘗鼎焉，以為權者力之所表現

71　榮孟源、章伯鋒主編：《近代稗海》第4輯，1985年，第20–21頁。
72　孫中山：《孫中山全集》第4卷，第471頁。
73　經世文社：《民國經世文編》第4冊，第2181頁。
74　康有為：《康有為政論集》下冊，第714頁。
75　莊建平編：《近代史資料文庫》第2卷，第548頁。

焉」。[76] 因此隨獨立之演化成為分裂，與之一路相伴而來的世變，便最先見之於武力的膨脹。時人刻劃其時群體心理說，當「革命進行中，嘯聚裹脅，惟恐不多，恨不得舉全國之民，編入革命軍中」。[77] 與這種刻劃相對應而為之提供實證的，便是革命一方的軍隊在極短的時間裏大幅度擴張。丁文江曾作《民國軍事近紀》，說宣統元年（1909）陝西新軍不過一協，至「辛亥革命，陝西響應，民軍紛起，驟增至百餘營」。又說「辛亥革命，首事於武昌。民軍據漢口與北軍抗，倉卒成軍者八師二旅」。[78] 相比而言，同時的廣東反正之後，更多的是自發而起，「各民軍名目繁多，有萬字營、順軍、福軍、領字營、康字營、石字營、蘭軍敢死隊及其他三五營的民軍小統領不可勝計，傳說有拾餘萬之眾」。[79]

　　這一類與革命俱來的多兵雖然普遍地出現於革命發生的地方，但造成的其實只能算是一時之聲勢。附著於「紛起」和「倉卒」的匆促性和脆弱性，都決定了其中的大部分既因革命之起散漫而來，又會因革命之落散漫而去。然而由後來的史事作觀照，這種聚兵以革命的歷史過程，實際上已經為多兵時代開啟了一種先聲。在繼之而起的天下分裂和世路動盪裏，聚兵以革命變為擁兵以自立，遂為中國召來了一個真正多兵的時代。其間的二次革命雖旋起旋滅，卻在民軍的潰敗和北洋勢力之「侵入東南」的此進彼退中，直接造成了北洋一面的大幅度擴軍。這是因南北之爭而多兵。十年之後「［第二次］奉、直之戰，為民國以來最重要之戰爭，原有之直軍，消滅殆盡，然戰勝各軍，均極力擴充」，以致「北軍養兵，反自此愈多」。[80] 這是因北與北爭而多兵。同時的南方有滇軍、桂軍、湘軍、川軍、粵軍等等名目而親疏殊異，遂於合縱連橫之中以各增體量為常態和慣態。隨後是僅廣東「西江五邑」的彈丸之地所供「各軍

76　中國史學會：《北洋軍閥》第1冊，第1053頁。

77　經世文社：《民國經世文編》第4冊，第2607頁。

78　莊建平編：《近代史資料文庫》第2卷，第375、410頁。

79　莊建平編：《近代史資料文庫》第7卷，第312頁。

80　莊建平編：《近代史資料文庫》第2卷，第315、347頁。

給養」，已「日需九萬」。[81] 這是因南與南爭而多兵。由此形成的擁兵而相爭和因相爭而擴兵是一種循環：前一場戰爭催生了更多的兵，而後更多的兵又在為下一場戰爭催生。於是多兵之世同時便成了多戰之世。時人以五十年為期比較晚清與民國的兵禍說：

> 內亂則以等級數而進步焉。最初三十年一次，自回亂迄庚子是也。其次則十年一次，自庚子迄辛亥是也。其次則三年一次，自辛亥迄癸丑、自癸丑迄帝制是也。再其次則一年一度以至二年一度矣，有若復辟、有若護法、有若川滇、有若閩粵、有若直皖、有若湘鄂。昔也有亂而後有兵，今也有兵而後有亂。[82]

在這種三十年一次變為二年一次和一年一次裏，由獨立衍生而來的分裂，已日益變成面目猙獰的武裝割據，以「我國積貧甲於世界，兵額之眾竟駭聽聞」，而成其「強者擁以益地，弱者倚以負隅」，並「始則強與弱爭，繼則強與強爭，終則合眾弱與一強爭」。在其所到的地方，一路留下的則是「積骸齊阜，流血成川，斷手刖足之慘狀，孤兒寡婦之哭聲，扶吊未終，死傷又至」。[83] 而同時見之於呈告的皖人訴安徽督軍倪嗣沖以槍斃、拘囚，「緹騎四出」造為「慘劫」；贛人訴江西督軍李純「搜括民財，捕殺無辜」；湘人訴湖南督軍湯薌銘「濫縱官吏，廣蓄鷹犬，良民無辜妄死及破產者，不堪枚舉」；閩人訴福建督軍李厚基「違法濫殺」；川人訴四川督軍陳宧焚燒「民房二千餘家，劫銀三十餘萬」；桂人訴廣西督軍陳炳焜「違法病民」，等等，[84] 都為「有兵而後有亂」在那個時候所達到程度，提供了一種具體的寫照。然則從晚清的「有亂而後有兵」到民初的「有兵而後有亂」是本被驅使的東西變成了主體。作為直接的結果，便是被共和當成主體的民權，連同被儒學當成要旨的民本都因立

81　莊建平編：《近代史資料文庫》第2卷，第461頁。
82　中國史學會：《北洋軍閥》第1冊，第1041頁。
83　中國史學會：《北洋軍閥》第4冊，第57–58頁。
84　中國史學會：《北洋軍閥》第4冊，第541–549頁。

義與之不同,自始即成了不能與之相容的物事。而隨「有兵而後有亂」
而來的「地盤」一詞雖然仍與具體的地方相對應和相屬連,但起於地方
的群訴督軍,以及這種群訴大半以紳界為代表人物,又説明「地盤」所
對應的那個空間範圍,已更多地歸依於擁有武力者和代表武力者,遂使
其含義別成一派,與晚清以來的紳士代表的地方主義明顯地不相等同
了。就來龍去脈而論,亦見曾經造就了世變的東西自身又不得不常在世
變的播弄之中而變得今昔殊異。

　　自辛亥以後的十多年裏,中國因地方的層層分裂而不復能有本來意
義上的國家權力。又因其層層分裂於一個多兵的時代而與武力深度融
合,彼此固結。而後是國家之為國家的上下失序和裏外交困成為大患。

　　就政情而論,從南京臨時政府到北京政府,民國之異於前清,而最
直接地關乎其時國計民生的,是層層分裂之下的上下等威掃地,致「縣
款不解於省,省款不解於中央」的國賦截留於地方而中央遂無財政可
言。[85] 同地方與地方之間的互相比肩而立又彼此各分畛域相比較,這是
一種上下之間的畛域和地方與中央之間的畛域。1912年熊希齡在參議
院陳述政見,曾總論當日之國計,以説明中國的共和是產生於一個國家
財政山窮水盡的時代裏:

> 中國財政困難,在前清時代已有國家破產之兆。民國初興,各省
> 獨立,財政更形分裂。以今日之中央現狀言之,對於財政,一方
> 面可謂違國家之原則,以其僅有支出,並無收入也;以其支出純
> 恃外債,而國民無負擔之能力也。言念前途,危險萬狀。[86]

「各省獨立,財政更形分裂」,正所以言地方與中央之間的難於溝通往
來。後一年他出任國務總理兼財政總長,於這一面的竭蹶困窘尤能列舉
數目而言之詳備:

85　經世文社:《民國經世文編》第6冊,第3690頁。
86　熊希齡著,周秋光編:《熊希齡集》中冊,長沙:湖南人民出版社,1996
　　年,第531頁。

以中央言之，約計今年十月至明年六月，須支出之費，除鐵道借
款須另行設法挪補外，自其餘各費尚需二萬一千六百餘萬元，每
月平均二千四百餘萬。其中國債費約佔一萬五千萬元，平均每月
一千六百餘萬元，佔三分之二以上。而收入則本年正月至六月，
共收五千八百萬元，每月平均不過一千萬元。其中鹽關兩稅，佔
五千七百萬元，每月平均九百五十萬元有餘，佔百分之九十五以
上。此皆擔保外債者，以還長期諸債息猶苦不足，更無論行政軍
事各費也。

然後由中央而及地方說：

> 乃今者各省於前清額定應解中央之款，與攤派賠洋各款既已盡
> 停，計自民國紀元以迄今茲，所收齊、豫、湘、粵、贛等解款不
> 過二百六十餘萬。地方既不負擔中央政費，宜若易於自給，而環
> 顧各省，其仰屋興嗟之狀抑有甚焉。計兩年以來，中央除代償
> 各省應攤賠洋債各款七千七百餘萬元不計外，其特別協助各省之
> 款，已一千四百餘萬元。又代各省償還所借地方債一千三百餘萬
> 元。此皆中央額外支出，為前清所無者。

他所說的「地方既不負擔中央政費」，對應的是「省款不解於中央」。而
與各省「仰屋興嗟之狀抑有甚焉」相對應的，則顯然是「縣款不解於
省」。這些數字描述的是民初中國的財政困境，卻同時又非常明白地說
明，二千多年以來久成「天經地義」[87]的地方輸送中央和中央調度地方
的財政關係，已在民國初年隨「各省獨立，財政更形分裂」而斷裂。而
後是一個沒有財政來源的中央政府，便不能不成為一個沒有行政能力
的中央政府。

　　起於民初的這種地方「不負擔中央政費」既由「各省獨立」而生，則
一定會隨各省獨立而存。因此，除了袁世凱那一段並不長久的「一人政

87　熊希齡：《熊希齡集》中冊，第720頁。

治」[88] 以外，民初開始的這種上下斷裂便大體上成為民國歷史中地方與中央之間一路相沿的常態。直到1925年，時任財政總長的李思浩統論國家收支，說的仍然是「該年各省收入僅有十分之一繳歸中央，其餘十分之九自行支配」，[89] 與十多年以前熊希齡的陳述猶在同一種境界之中。起家都督，之後既做過副總統，又做過總統的黎元洪置身其間，於此熟視已久而知之甚稔，曾言之痛心疾首地說：「度支原則，出入相權。自擁兵為雄，日事聚斂。始挪省稅，終截國賦。中央以外債為來源，而典質皆絕；官吏以橫徵為上選，而羅掘俱窮。弁髦定章，蹂躪預算。」即使是當日被目為強人的段祺瑞做總理，面對的也是「財政困難已達極點」，而「各省應解之款都為地方扣留」。他雖被目為皖系領袖，而皖派「各省」之不肯通財顯然並沒有兩樣。[90] 而其間以「挪省稅」、「截國賦」和「日事聚斂」、「官吏以橫徵為上選」相對舉，正說明了民間的搜刮從未止息，而天下之財賦則盡歸於兵。作為直接的反照，便是以民初十多年為期，一個「以外債為來源」且「典質皆絕」的「中央」，其實已越來越不復成為中央了。費行簡說：

> 今國內所有利源，抵押將盡，政府已貧無立椎，端賴親日系、老交通系，居間向日、美兩國揭[借]債。此兩系雖不必入政府，而實掌中國財政之生命。

下此一等的，則是：

> [財政部]總次長手腕少靈敏者，每屆月終或年節關，必能預向銀行挪借。屆時庫藏司戶限為穿，儼然香港之滙豐銀行。

---

88 嚴復：《嚴復集》第3冊，第631頁。

89 轉引自陸仰淵、方慶秋主編：《民國社會經濟史》，北京：中國經濟出版社，1991年，第87頁。

90 中國史學會：《北洋軍閥》第4冊，第58頁；杜春和等編：《北洋軍閥史料選輯》下冊，第204頁。

而「苟有一宗外債到手，先盡強有力者提用，然後以之敷衍各部署行政
經費」。[91] 黎元洪所說的「典質皆絕」和費行簡所說的「所有利源」的「抵
押將盡」，都是以切割主權為外債的代價，在旁觀的西人眼裏，是「每
項中國企業可以開發的資源都抵押給了日本」。[92] 這個過程常常會由經
濟牽到政治，並把此日的財政問題變為後來的外交問題。康有為曾說
「晚清以鐵路借債，舉國人猶知嘩爭，用以亡清，乃革命後，則改其嘩
爭，而以借債為日用矣，此一怪也」。[93] 他引之以為詫異，但寫照的卻
是一種局中人的麻木。而與這種國賦被扼於地方的事實相對應的，則是
居中央之名的政府因源頭枯竭而累年積貧積弱，以及在累年積貧積弱之
後的「號令不出國門」。[94] 因此，在袁世凱、馮國璋、黎元洪、徐世昌
之後，國會中人曾總括地說：「年來政治之大病，曰中央等於守府，曰
府自為政。兵多財紊，緣之以生。論者從而名之曰不統一，曰軍閥專
權。」[95] 他由「兵多財紊」之相為因果，推論「中央等於守府」與「軍閥專
權」。兩頭的對舉，正是用中央政府實際上的無政府狀態與地方權力實
際上的專制狀態作相互映照，來展示那個時候中國異常的政治狀態和真
實的政治狀態。黎元洪說「督軍多首創民國」，[96] 然而以這種「政治之大
病」作對比，顯見得「首創民國」的督軍，同時又是在以共和為國體和政
體的民國裏一路倒行逆施，以其放手橫行而成了造出這種無政府狀態和
專制狀態的人。而後是民國之名於民國之實的全然相悖。

　　「軍閥專政」一詞，特指的是民初中國地方分裂的武裝割據性質。
由於武裝割據，武力便成為民初中國政治表達與利益表達的常用方式和
慣用方式。其間以割據的一方對割據的另一方，武力的對撞會很容易地

91　榮孟源、章伯鋒主編：《近代稗海》第8輯，1987年，第16、36頁；杜春和
　　等編：《北洋軍閥史料選輯》下冊，第204頁。

92　莫理循：《清末民初政情內幕》下冊，第746頁。

93　康有為：《康有為政論集》下冊，第762頁。

94　莊建平編：《近代史資料文庫》第2卷，第550頁。

95　中國史學會：《北洋軍閥》第4冊，第79頁。

96　莊建平編：《近代史資料文庫》第2卷，第549頁。

引出連天兵火。而以割據的地方對中央政府，則其駕輕就熟的是仿照辛亥年間以獨立脫離舊朝的先例為成例，用武裝的獨立為方式來表達不同的立場。當日被稱為寧贛之役的二次革命既起，蔡鍔以反對的態度稱之為「於約法規定領土內宣告獨立」，稱之為「據地稱兵」。[97] 然而二年之後，他策動的護國之役，卻仍然是在借助地方武力「據地稱兵」，而「於約法領土之內宣告獨立」。[98] 護國之役以後又有護法之役，由此形成的，又是一個時間更加漫長的獨立過程。在民初的中國，這些「據地稱兵」的事因政見而起，因國體而起，因法統而起，所以獨立的一方雖以武力作表達，而皆能自信所爭者為天下之大是大非。但在更多地方對抗中央的翻臉相向裏，用武力宣示獨立則並沒有這種持之有故，言之成理的內涵，所以常常因其直露悍悖的本色而很少有理路可尋。這一面的典型，是1917年因府院之爭而導致總統罷免總理，又因總統罷免總理而導致「安徽督軍倪嗣沖宣告獨立」，並得「奉天張作霖、陝西陳樹藩、河南趙倜、浙江楊善德、山東張懷芝、黑龍江畢桂芳、直隸曹錕、福建李厚基、綏遠王丕煥、山西閻錫山」[99] 等等起而響應的群相咆哮。其時出自這個武裝群體的電文有「若中央不有持平之治，恐問罪之師，聯翩而起，禍機一發，糜爛隨之」。[100] 筆鋒之凌厲迫人正有如刀鋒。

這種武人以犯上為當然的一派凌厲，背後是此日之武人已把干預國政當作理所當然的自信和自負。所以，相近的時間裏，張勳曾致電總統黎元洪，即以自信和自負立論，居然言之侃侃：

> 若規正不從，顯違公論，則天下之人方且群起而攻，欲藉武人為之先導，又豈僅干涉已哉？誠以共和國民，人人有言論自由之權，人人有分任國家之責。武人屬國民中之一大部分，豈以置身行伍，遂同剝奪公權？棟折則僑［橋］將壓，巢覆則卵難完，吳、

97　經世文社：《民國經世文編》第4冊，第2628頁。

98　中國史學會：《北洋軍閥》第2冊，第160頁。

99　莊建平編：《近代史資料文庫》第2卷，第33、217頁。

100　中國史學會：《北洋軍閥》第3冊，第451頁。

越同舟，安危與共。其不能以引嫌避怨之故，遂緘默而不言，亦可見矣。[101]

雖說他引「共和國民」為理據，以借來一點共和潮流的皮相，但其通篇論說皆以「武人」為自覺意識和自覺立場，則說明他所自信和自負的，是武力更能代表「公論」，從而武力能夠高於政府。比之借來的「共和」皮相，這一面無疑更真實。而這種武人以干政為己任的論說雖屬詖詞，卻自能言之堂皇，又具見「據地稱兵」的獨立習為慣事之後，其懷抱和臂力都已在駸駸乎越出這種辛亥年間開創的範式，而著力於向上伸張。於是而有馮國璋做總統之日南下赴江寧，因直皖分異，中途遭督軍倪嗣沖「厲聲斥責」，竟「赧而北回」。[102] 之後又有1921年的直魯豫巡閱副使吳佩孚通電聲討國務總理梁士詒「賣國媚外」，以「公開肆罵，不留餘地」為淋漓酣暢。隨後是剛剛就任一個月的梁士詒踉蹌而去。[103]

　　相比於獨立之取義猶是以地方脫離中央為主旨，像這樣地方用通電直接倒閣的事，顯然是地方之強有力者已能行廢立以處置中央了。就辛亥年以來地方和中央的關係而言，這是另開了一種樣式。因此，20年代的中國，徐世昌由武人擁立為總統，又被武人推倒；黎元洪由武人擁立為總統，又被武人推倒；曹錕由武人擁立為總統，又被武人推倒。[104] 繼之以起，是段祺瑞被武人擁立為元首，而其尊號則因「法統已壞，無可因襲」，而於總統、總理之外別立一格，以不見於《臨時約法》的「執政」為名目。章士釗說：「此次合肥以此號開府，聞出自廣東陳競存之建議。」[105] 北地立元首而南方進尊號，亦見當日之擁立段祺瑞，少有地

101　中國史學會：《北洋軍閥》第3冊，第423頁。
102　莊建平編：《近代史資料文庫》第2卷，第270頁。
103　莊建平編：《近代史資料文庫》第2卷，第60頁。
104　莊建平編：《近代史資料文庫》第2卷，第62頁；中國史學會：《北洋軍閥》第4冊，第84、89、92、282頁。
105　中國史學會：《北洋軍閥》第4冊，第349頁；章士釗：《章士釗全集》第5卷，第40頁。

出自南北合力以成共戴。然而時人直觀視之，其本相是「執政府本為一時權宜而設者，故執政府一日而存，則中國亦一日在無正式政府狀態之中」。[106] 而「無正式政府的狀態」是一種不能長久維持的狀態。因此，一年又五個月以後，曾經先後驅逐過黎元洪、曹錕的鹿鐘麟再度調過頭來以兵「圍執政府」，並「宣布段罪狀，恢復曹錕自由」。[107] 身為武人而被稱為「執政」的段祺瑞，遂同樣被擁他上台的這一群武人推倒。因此，章太炎熟視久之，說是「鳥盡弓藏之戒，昔則將帥對於主上之語，今則主上對於將帥之言」，[108] 以描摹武人對元首的用完即棄。此後的中國，則由「無正式政府」而變成了同時共有五個政府：

> 直系政客，亦有擁曹 [錕] 護憲兩派，吳 [佩孚] 納護憲派之說，謂只認回顏惠慶攝閣，而不擁曹復職。從此北京政府，漸不為國人所重視。吳派政客，居然提倡「大帥所在，即中央所在」之說。故浙督孫傳芳驅楊宇霆而據蘇，自稱「聯帥」，吳受湘、鄂、贛擁戴，自稱「總司令」，蘇、皖省長任免，以聯帥名義行之，鄂贛省長任免，以總司令名義行之。並密電保薦，由攝閣特令之官樣文章，亦嫌其煩瑣。

> 當日全國實際情形，除廣東國民政府，自有其新生命外，計在北洋軍人支配下者，有四個政府：北京顏政府，江蘇孫政府，武漢吳政府，湖南趙政府 [自稱為省憲法上之自治]。溯自民元開國以來，中國政局之支離破碎，未有甚於此時者也。蓋不待北伐軍起，北洋軍人政府，已自行瓦解矣。[109]

其排比之中尚未計及據有東北又常常手臂伸入關內，並在1926年底佔據北京而成了另一個總司令的張作霖。

---

106 章士釗：《章士釗全集》第4卷，第402頁。
107 中國史學會：《北洋軍閥》第5冊，第261頁。
108 章太炎：《章太炎政論選集》下冊，第766頁。
109 中國史學會：《北洋軍閥》第1冊，第999頁。

　　這種自立政府的局面從辛亥年間的「省自為政」一段一段演變而來，又在十五年裏組合分化，以兼弱攻昧，此起彼落而各成一時之雄。由此連成的過程為世路帶來不息的兵災和動盪，而其伎倆則前後相承而且南北相承。當日的報章論時事，比為依樣畫葫蘆：「民國軍閥之所作所為，皆畫葫蘆也。袁世凱留葫蘆，段祺瑞又依樣畫之；段祺瑞留葫蘆，今張作霖又依樣畫之。且北方軍閥留葫蘆，南方軍閥亦依樣畫之。當其觀他人之畫亦力詆其所畫不良，及身當其境，則除依樣而外，竟無他種畫法。」[110] 作為民國最初的一段歷史，這十五年應當已在共和政體之下。然而以其時熟見於輿論之中的「共和精神，首重民治」[111] 為尺度，則對於身在其間的一代人來說，共和既在猶不可即之中，又在猶不可望之中。而與共和相比，更加真實的，是「讀中國史者，每以民國比之五代」。[112] 在中國人的歷史裏，五代與南北朝同屬國家分裂時期，但比之士族政治下的南北朝，五代以軍頭主宰和兵禍致亂為特色，則同屬分裂又尤其黑暗。因此，以「五代」比民國，正是在以中國歷史上最黑暗的時期比民國。而以這種黑暗為背景，則「民治」的那一點精神光亮，便全在武人各成一時之雄的依樣畫葫蘆裏被輕易地淹沒於兵戈之間，始終進不了這一段歷史過程之中，成了一種實際上外在於中國社會的東西和留存於論說之中的東西。

四　國體的斷裂和歷史的延續：晚清留給民國的困厄

　　十五年裏武人之居有強勢，為中國社會帶來了一個亂世。因此居有強勢的武人同時又在輿論的深詆痛詬裏成為眾惡所歸的對象和口誅筆伐的對象。嚴復曾在一封信裏縱論之曰：

110　楊蔭杭著，楊絳整理：《老圃遺文輯》，武漢：長江文藝出版社，1993年，第139頁。

111　中國史學會：《北洋軍閥》第4冊，第58頁。

112　楊蔭杭：《老圃遺文輯》，第203頁。

> 溯自項城懷抱野心，阻兵安忍，而吾國遂釀成武人世界。夫吾國
> 武人，固與歐美大異，身列行伍，大抵皆下流社會之民，真老泉
> 所謂以不義之徒，執殺人之器者。[113]

中國久處積弱，欲「變而尚武」，要端在「先行從事於十年廿年之軍官教
育，而後置之戎行」。倘中國之軍將「盡若春秋之仕官，漢之趙充國、
班超，唐之李、郭，宋之韓、岳，明之俞、戚，則所謂重文輕武之說，
何從而施」？顯然是以歷史為比照，說明聚行伍之眾而要成為真正意義
上的軍隊，本根在於帶兵的人。但中國從一開始就沒有這種本根：

> 乃今反是，不揣其本而齊其末，於是以盜賊無賴之人，處崇大優
> 厚之地，操殺伐驅除之柄，而且兵、餉之權不分，精械美衣，費
> 幣無藝，則由是窮奢極欲，豪暴恣睢，分土據權，寧肯相讓。真
> 如來教所云：藩鎮之禍，必見今日者也。
>
> 況疆場之事，一彼一此，借款輸械，動涉外交，於是密約陰謀，
> 遂啟賣國。如今之某總長某次長，華洋各報，坦然攻之，他日事
> 變所趨，真令人不寒而慄耳！[114]

依其觀世之際的深作推想，軍隊之所以成為禍亂之源，是因為由袁世凱
開始的清末練兵，已先使中國社會裏流品居於下等的群類廣被召聚而
入。在以尚賢為理想的政治傳統裏，這種「身列行伍」而被稱作「不義之
徒」的人都只能算是不肖之尤。但兵鋒化為「殺伐驅除之柄」，卻使人世
間的不肖之尤者成了為人世間司命的人。因此，以二千多年中國人的社
會分類和政治等序為常態，此日的「武人世界」正是一種顛翻之後的倒
置和倒錯。

與嚴復論世注目於這種群類的質地相比，楊蔭杭說世相變遷，更著
重的是其間之由來和因果：

---

113 嚴復：《嚴復集》第3冊，第675–676頁。
114 嚴復：《嚴復集》第3冊，第675–676頁。

中國人右文而賤武，故成文弱之國。自與歐人接觸，始自覺其文
弱；自為日本所敗，始欲矯其文弱之弊。於是愛國之士，乃大聲
疾呼曰：「尚武！尚武！」

「共和」為文明之美稱。初不料共和之結果，一變而為五代之割
據。無端而有督軍，無端而有巡閱〔使〕，使國人惡之如蛇蝎，外
人亦匿笑不置。於是愛國之士，又大聲疾呼曰：「文治！文治！」

今而知右文之說，尚未可厚非。如今日督軍之「武」與巡閱使之
「武」，雖欲不賤，惡得而不賤；雖欲不去，惡得而不去。[115]

他同樣把那個時候的武人看成是一種可惡而且鄙賤的群類。但他以志士
力倡「尚武」為起點來追溯武人跋扈的來路和前史，則說明武人當道之
種種可惡，不僅是由武人的性氣之賤造出來的，而且是在近代中國的社
會變遷裏演化而來的。

以「右文而賤武」為二千年來的常理和常態，則由「文治」而「尚武」，
已是一種觀念的改變導致了價值的改變。從這個意義上說，由「文治」
而「尚武」，本在新陳代謝的一脈之內。然而志士倡說的「尚武」最終變
為以武人之治統管天下，[116] 並返退到「五代之割據」，又顯示了彼時的志
士好為單面立論而又太過匆迫，遂常常只見眼前不顧後來。因此他們雖
促成了新陳代謝，而由他們肇啟的過程一旦開始，卻會自生自長於歷史
變遷的天翻地覆和無從測料之中，未必能夠循其預想地產出志存社稷的
現代軍人。於是繼起的立論，便不得不以後來的「大聲疾呼」推翻之前
的「大聲疾呼」，而與這種後來推倒先前相映照的，則是單面立論所不
足以應對的世事之一變再變和蜩螗羹沸。所以楊蔭杭論當日軍閥政治的
黑暗，同時又對稱地兼及志士一方當初以言論作波瀾的因片面而盲目，
實際上已更富深刻性地看到了這個過程裏的歷史性。而由此引申，以歷

115　楊蔭杭：《老圃遺文輯》，第166頁。
116　中國史學會：《北洋軍閥》第3冊，第107頁。

史性作觀照，則一世共睹的武人亂國便不僅是一種應被憎惡的現象，而且是一種需要省視和需要認識的現象。

辛亥以來的十五年間，南北皆在「天下紛紛，咸疾首蹙額於兵之苦我民」[117]之中，因此輿論痛詈軍閥，是把武人當成一個整體看待的。然而民間之輿論合力痛詈軍閥，武人之通電也常常在痛詈軍閥，後一面以武人撻伐武人，亦見其整體之中猶有多樣。直奉之戰前夕，吳佩孚通電告天下曰：

> 慨自軍閥肆虐，盜匪橫行，殃民亂國，盜名欺世，不曰謀統一，即曰去障礙，究竟統一誰謀，障礙誰屬？孰以法律事實為標題？孰據土地人民為私有？弄權者何人？鬩牆者安在？中外具瞻，全國共睹，當必有能辨之者。是故道義之言，以盜匪之口發之，則天下見其邪，邪者不見其正，大誥之篇，入於王莽之筆，則為奸說；統一之言，出諸盜匪之口，則為欺世。[118]

直奉之戰最終以吳佩孚大勝為結局，而其年譜所記，則尤在寫其心頭的一派蒼茫：「先生雖獲全勝，而每瞻治變之原，又不覺熱淚時揮矣。」[119]這是一個細節，卻顯示了一種沒有辦法歸類的歷史具體性。吳佩孚之後，又有段祺瑞就任執政前夕通電全國說：「共和肇造，十有三年，干戈相尋，迄無寧歲」，而致「誅求無厭，戶鮮蓋藏；水旱交乘，野多餓殍。國脈之雕殘極矣，人民之困苦深矣」。之後以武人論武人，而歸天下之大害於「徵糈則千萬一擲，拘役即十室九空，萃久練之兵，為相煎之用」的綿延兵禍。其間又曾自述此日心懷，以「祺瑞歷秉大政，無補艱危。息影津門，棲心佛乘，既省愆於往日，冀弭劫於將來」為積年反躬之想。[120]同吳佩孚一樣，這些話也是在寫照眼前的瘡痍和表達意中的悵然。

117 中國史學會：《北洋軍閥》第1冊，第1052頁。
118 中國史學會：《北洋軍閥》第4冊，第26頁。
119 中國史學會：《北洋軍閥》第5冊，第241頁。
120 中國史學會：《北洋軍閥》第4冊，第349頁。

與同時輿論的集矢於武人相比，他們的通電對軍閥和內戰的搒擊所表達的痛惡，在程度上應當是等量的。然而在同時的輿論裏，他們自身又都因以兵對兵的「干戈相尋」而被指為軍閥，並都被置於深詆痛詬之列。而後是作為個體的「熱淚時揮」和「省愆於往日」，便與作為擁兵者的「萃久練之兵，為相煎之用」共存於一人一身，構成了一種深刻而明顯的矛盾。若以相近的時間裏江蘇督軍齊燮元通電主張「軍人不得與議，預杜干政之漸」；江西督軍陳光遠通電引「非廢督不足以剷除內亂，非裁兵不足以整理財源」以陳述「人民心理所欲言」[121]為實例，又具見身在這種矛盾之中的軍閥實不止乎一人二人。由此顯示的，是作惡的軍閥本非全然不知善惡之分，以及作惡的軍閥也常常徊徨於善惡之分。因此，這種矛盾的存在，正說明民初中國已成為一種社會現象的「以不義之徒，執殺人之器」，不是單單用人性之惡和品類之賤便能夠說盡其間之因果的。而用依樣畫葫蘆為比方，以刻劃十多年裏南北軍閥的此起彼落，和此起彼落中的後車之軌轍同於前車，則其前後之間的「竟無他種畫法」，又說明軍閥雖各操「殺伐驅除之柄」，其自身卻都產出於同一個歷史過程，並始終只能存在於這個歷史過程之中和歸屬於這個過程之中。所以，不同的軍閥用同一種畫法畫葫蘆，反照的正是同一個過程一經形成，便成了既定的社會狀態和人力之外的社會狀態。辛亥以來的十五年裏，軍閥成了共和的反面，但以「竟無他種畫法」為觀照，顯然是穿過一個一個盛衰無常地興滅於亂世之中的軍閥，共和所面對的其實是這個產出了「武人世界」，並使之得以不斷複製和延續的歷史過程。這是一個混沌雜亂的過程，但又真實地制宰了民國的開端。複製、延續和混沌雜亂的背後則都是因果推衍因果。

軍閥成為民國的反面，但「督軍多首創民國」的概而論之，又明白地指出兩者曾經是同源的。當日的一則時論說：

軍人之責在衛國，而其力足以亂國。故自來軍人不能干與政治。

121　中國史學會：《北洋軍閥》第4冊，第53、62頁。

> 自革命軍起，南北咸恃軍隊貫徹其主義，於是軍人地位乃一變，
> 遂有挾其武力以左右長官者，而長官亦每姑息寬容，求其歡心，
> 謀保全其地位身家者，此在革命初起時之情形，識者早已為之憂
> 矣。及後軍事日急，軍人乃日益驕橫。[122]

這段文字敘述了革命與各有「其主義」的軍隊之間從一開始就發生交集，
以及軍隊在交集中的一開始就佔有上風。但被革命所「咸恃」的軍隊並
不是由革命自身造就的，它們養成於舊朝，因此軍隊與革命的這種交集
和軍隊在交集中佔有上風雖見之於鼎革之際，而其能夠了無窒礙地以此
發皇，則淵源在於大力養兵的舊朝，同時又在大力養兵的過程中改變了
軍隊責守和性質。武昌起義之後，嚴復在給莫理循的信裏說：

> 十多年前，先有普魯士亨利親王，後有一名日本軍官（我想是福島）
> 向滿族王公們建議，中華帝國的當務之急和首要任務是要擁有一
> 支現代化的、組織得很好的軍隊；其次，將權力完全集中於皇室
> 中央政府。滿族王公們努力照此行事十二年，除此之外無所作為。
>
> 政府以其總收入的三分之一用於改編軍隊，而攝政王完全憑藉這
> 支軍隊為靠山，以為這樣一來他就將壯麗的城堡建築在磐石之上
> 了。他自封為大元帥，讓他一個兄弟統率陸軍，讓他另一個兄弟
> 統率海軍，他認為這樣至少不愁沒有辦法對付那些漢族的叛逆子
> 民了。[123]

由此對比19世紀60年代以來，因英法聯軍之役而有庚申之變，因庚申
之變而有自強之想。其時文祥以「探源之策，在於自強，自強之術，在
於練兵」[124]為富有代表性的概括。於是而有自強名義下的造船造炮和中
國軍隊的近代化。此後的每一場民族戰爭都以其衝擊留下傷痛，使中國

122　中國史學會：《北洋軍閥》第2冊，第257頁。
123　莫理循：《清末民初政情內幕》上冊，第783頁。
124　中國史學會：《洋務運動》第3冊，上海：上海人民出版社，1961年，第
　　441頁。

人四十年之間長在逼迫之中，又長在議兵和籌兵之中，而這種因逼迫而
議兵和籌兵，同時便決定了四十年之間中國軍隊的本分和職責，都應當
把禦外當作第一義和只能把禦外當作第一義。就歷史說因果，清末最後
十年的大規模「改編軍隊」發端於庚子辛丑之後，實際上也是起於外力
的衝擊，但時至清代末期，其重心既已轉到對付「叛逆子民」，則軍隊
的本分和性質遂不能不由禦外變為對內。張之洞暮年居政府，曾以「輿
論不屬且激變」諫攝政王，而得到的回答是「有兵在」。致其受此一擊，
「退而嘆曰『不意聞亡國之言』，咯血而出」。[125] 攝政王的話打破了一個
儒學士大夫內心守為大義的道理，從而成了催人吐血的話。而後是矛頭
向內的軍隊便一變而成為捲入政治和政爭的軍隊。民國六年（1917），
時人曾追論辛亥年間的史事和人物，並綜貫而平章之曰：

> 辛亥之秋，武昌起義，國人士莫不以黎宋卿、孫逸仙、黃克強等
> 為締造共和之元勛。雖然，當時若非項城袁氏主持於上，馮、段
> 二氏主持於下，則清室退位之詔，不能遽布。而漢陽之役，民軍
> 已潰敗四竄，各省且相率而解體矣，勝負未可即定，雌雄羌難遽
> 決，天下匈匈，正不知鹿死誰手。故共和之成，袁與馮、段，功
> 不在黎、孫、黃等下也。[126]

「袁氏主持於上」和「馮、段二氏主持於下」，說的都是名屬朝廷的軍隊
變其向背，因此，這些話意在為人物評功過，但實際上敘述的則正是軍
隊捲入政治和政爭，並且直接影響了政治之走向和政爭之結局的過程。
在這個過程裏，養兵的朝廷把軍隊送到了政治和政爭之中，之後是軍隊
對政治和政爭的選擇，又直接顛覆了朝廷一廂情願的預期。

　　在19世紀中葉以來的七十年歷史中，這是一種以大變造就大變。
而當軍隊因革命而進入政治之日，同時是積久的地方主義因革命而恢
張，為剛剛成立的民國造就了一種「近者河東悖命而縛使，江西據險而

125　許同莘編：《張文襄公年譜》，台北：商務印書館，1969年，第220頁。
126　中國史學會：《北洋軍閥》第3冊，第668頁。

阻兵；頃者滇黔川桂四督同電，發南方割據之謀，指犬牙角峙之勢」[127]
的世相。這種一時俱起的「縛使」、「阻兵」和「四督同電」都說明，捲入
了政治的軍隊在同一個過程裏也正在匯合於地方主義，並直捷地取代已
在式微之中的諮議局，在晚清的政治和政爭消退之後，成了地方主義的
主體和代表。兩頭的一時並作和交相為用，又使曾經捲入政治的軍隊在
同一個時間裏變成了四分五裂的軍隊，以「民軍崛興，首置都督，北方
因之，遂成定制，名號屢易，權力未移」，留下「千夫所指，久為國病」
的常態。[128] 其間譚延闓以翰林作清末的諮議局議長，又由諮議局議長
蛻變為民初的湖南都督，之後復以地方主義為立場，在二次革命的武裝
衝突中轉到了民黨一面。[129] 迨北伐開始之日，則已身任國民革命軍第
二軍軍長並被目為湖南軍界的老輩和「首領」。[130] 在這種一變再變裏，
他以自己一身的與時俱遷為實例，演示了一個本以文化起家和文化立身
的翰苑中人，是怎麼樣在武力捲入政治和武力分解地方的過程中為事勢
所造，不由自主地化成了世人目中的一個武人。辛亥革命後一年，梁啟
超論其時的世局之紛亂與「國性」之「搖落」，曾言之「慄然懼也」：

> 一言蔽之，則全國離心力發動太劇，而向心力幾不足以相維。夫
> 使徒有離力而無向力，則星系散地球墜而世界或幾乎息矣。活火
> 烹泉，超其沸度，益薪不已，勢必盡蜚為汽為氣，而不復有水性
> 存者。吾國今雖未至此，而其幾則既著見矣。[131]

當武力正在恢張之日，以這些話觀照世相，則武力所表達的，其實是形
成和累積於晚清中國社會變遷中的離心力。這種離心力以其一時勃發助
成了革命，並因此而獲得了一種與革命同源的外觀。但就本性而言，離

127　經世文社：《民國經世文編》第1冊，第563頁。
128　莊建平編：《近代史資料文庫》第2卷，第547頁。
129　莊建平編：《近代史資料文庫》第2卷，第89頁。
130　李宗仁口述，唐德剛整理：《李宗仁回憶錄》上冊，南寧：政協廣西壯族自治
　　　區委員會文史資料研究委員會，1980年，第309頁。
131　梁啟超：《飲冰室合集》第4冊，《文集》之二十九，第85頁。

心力因自發而無定，因無定而盲目，其起端和結果都在革命之外。所以，在辛亥年造成的土崩瓦解四面蔓延之際，革命以共和之宗旨，曾經為沒有了「向力」的中國提供了一種向心力，於是而有民國之取代帝制。然而作為一種自彼邦引入的學理，共和所成就的向心力又只能是一種觀念上的向心力，從而常常是一種見之於文電和論說之中的向心力。與這種以觀念為主體和表現方式的向心力相對比，則是養成於晚清，而且盛漲已久的地方主義和同樣養成於晚清，而且正在捲入政治的軍隊因天下鼎革而一時俱起，並在革命之後合流於土崩瓦解之中，使累積於歷史過程中的離心力噴薄而出。而後是在向心力「不足以相維」的時代裏，這種根脈虯結於中國社會變遷之中的離心力，便以其更直接和更廣泛的影響力與牽動力，實際地主導了民初中國的歷史過程。

　　譚延闓從文人演變為武人的不由自主，正典型地說明身當其時的紳界中人、軍界中人、黨人、學人其實都在這種因自發而無定，因無定而盲目之中，一面為天下造動盪，一面又為動盪所擺布，承前接後之間遂「竟無他種畫法」。而共和面對這個由離心力主導的歷史的過程，實際上便是不能不面對一個因四分五裂而無從共和的中國。

共和與一個社會解體的中國

一　清末新政與中國政治主體的丕變

與共和所面對的這種空間上的四分五裂相為表裏並重疊交困的，還在於晚清留給民國的，是一個社會結構正在散落之中的中國。這一面所帶來的，則是一種以清末新政的匆促變法為起點，而又以其了無章法而成其攪動更深的四分五裂。就淵源而論，被梁啟超稱作「離心力」的東西，正直接產生於這個更深一層的過程。

自漢代立文官政府，士人便成為中國政治中的主體，宋人於此尤自覺，因此而有士大夫與君主共天下之説。而以二千年歲月作審視，則士人之能夠在王朝來去之間成為中國社會政治中的恒定，正在於作為群類的士人因共奉儒學而能常有整體的統一，並因整體的統一而有自身的恒定。但在19世紀中葉以來的中西交衝裏，士人又成為最先回應和自覺回應外力衝擊的中國人，由此生成了晚清五十多年之間以士人為主動並由士人作主導的借法自強、變法自強、君主立憲和反滿革命次第而起，前後嬗遞。這種後浪逐前浪的一浪高過一浪因回應西潮而起，而直接帶來的則是中國社會在劇烈震盪中的急迫變遷。其間出現的清流與洋務交爭，開新與守舊對立，以及立憲與革命的相互衝突，都在越來越多地引入當日被稱為西學的別樣道理，並以之與儒學相角抵。因此，交爭、對立和衝突，同時也成為一種紀實的寫照，展現出主導了這個過程的士

人，本身又在這個過程的左右之下，由共奉同一種聖人之教而變為各立宗旨和各持理據，由統一變為分化，由分化變為分裂的劇變，而後是二千多年以來，曾以自身的穩定長久維持了中國社會政治結構的這種社會力量，變成了19世紀與20世紀之交的中國社會裏最不穩定，又最不安定的社會力量。王闓運謂之「椎埋暴戾，不害治安，華士辯言，乃移風俗」，[1] 正明言士人之擾動天下，程度一定會比民間暴亂更深。而以「華士辯言」為特指，則尤見當時更能擾動的是擁有西學的一方。這個過程在清末最後十年的新政中以前所未有的速度達到了前所未有的廣度，與之相為因果的，則是二千年中國政治中恒久不變的主體在十年新政中大幅度的改變。

梁啟超說：「辛丑、壬寅之後，無一人敢自命守舊。」[2] 然則相對於19世紀後四十年裏古今中西之間因互爭而形成的群爭，庚子與辛丑之變的結局以外來的暴力留下長久的震蕩，對於20世紀初年的中國來說，則外力的震蕩已經直接地壓出了一種開新的一邊倒。而同這種開新的一邊倒相對稱的，則是後來居上的新人物與舊人物之間的顯然不同：

> 今者國家大事，全敗壞於識時務者之手。獨賴不識時務者匍匐而救之。救之不獲，繼之以呼號。豈有他哉，蓋人必先有守然後能有為，又必自有所挾持，足乎己無待於外，然後能有守。其所挾持者，不問大小，不問新舊，不問有用無用，要在能自得之。

> 而當世所謂識時務之髦士，其自始未嘗學問者，固不待論，即其嘗負笈海外，有所稗販以壓歸舟者，亦大半借此為終南捷徑，得一官則棄所學若短檠之燈矣。夫安得不盡喪其所守而汩沒於社會也。而國家恃此輩以與立，則岌岌乎殆矣。日本奏維新之功，全賴舊學老輩，有以夫。[3]

1　錢基博：《現代中國文學史》，第60頁。

2　梁啟超：《飲冰室合集》第3冊，《文集》之二十五（上），第145頁。

3　梁啟超：《飲冰室合集》第3冊，《文集》之二十五（上），第89–90頁。

這些文字清晰地畫出了清末新政中兩種知識人的不同面目，也折射了「不識時務者」的正在式微和「識時務者」的一時群起。

相比於19世紀後期以來士人自身因新舊之爭而發生的分化，這是一種由國家權力造成的新舊之間扶此抑彼。而由此形成知識群類的前後代謝與清末新政中的變法和改制交相倚連，並在「改定官制」的過程裏以籌備立憲為名義，顯然地促成了官僚群體在構成上的大幅度變化。當日立於言路的趙炳麟說：此次編定官制，「主其事者」不過「新進日本留學生十數人」，皆「於本國國體人情及數千年官制因革之故，並我朝開國以來成法精意之存，茫然莫解，即於東西各國官制，亦墨守一孔之言，罔知體要所在」。然後追問：「竊惟我國有大變革，有大製作，豈藉一二部日本搢紳成案與十數名留學生所能訂定？」[4] 他以一腔不平之心寫照了其時正在發生的新舊人物的勢位轉移。改定官制牽動的是官場整體，而一手調度於其間的，則是被嚴復稱為「蠢銳年少，未成熟之才」，[5] 被梁啟超統歸為能識時務而內無所守的那一群「髦士」。這種人事的一邊倒出自於開新的一邊倒，而有此人事的一邊倒，派生的一定會是評斷和取向的一邊倒。之後的仕途，便不能不成為當時人眼中打破了規矩的地方和放手雜取異類的地方：

> 自新改官制添設各部，而各該堂官誤會破格用人之義，流品之雜，名器之濫，亙古未有。夫資格可破，品格不可破，一二人可破格，非盡人可破格也。乃市儈吏胥，彈冠相慶，皮毛新學，一歲三遷。吏部定一酌一敍之章程，新衙門多以為不便己而不行，遂令以運動為美名，以捷足為得計，廉恥道喪之人舉，有不釀為風氣害及國家者乎？[6]

4　故宮博物院明清檔案部匯編：《清末籌備立憲檔案史料》上冊，第443–444頁。

5　嚴復：《嚴復集》第3冊，第595頁。

6　故宮博物院明清檔案部匯編：《清末籌備立憲檔案史料》上冊，第339頁。

「格」是一種尺度，從而是一種限制和管束。雖說像龔自珍那樣的自負才地者不喜歡「格」的管束，更嚮往破格而出，[7]但清代以立「格」為祖宗家法，本意全在人才不常有而公平須常有。因此，用同一種尺度籠罩人人，正是在以公平待人人從而使人人都能感知公平。光緒一朝曾任京曹十九年的何剛德後來敘述這種「格」之限人，說是「當年清苦」，感觸最深的卻是「從前京曹循資按格，毫無假借」，遂使人在其中「境雖清苦，而心實太平也」。[8]這種因公平而「太平」，正是用為限止和管束的「格」能夠應時而生又長久存在的歷史理由。但20世紀初的中國由籌備立憲而改官制，由改官制而「添設各部」，這種新衙門既是仿照「東西各國官制」移來於舊法之外，則以新人物為出格人才，引之以破舊格，固不能不算是言之成理。而「流品之雜，名器之濫」的「亘古未有」，又說明言之成理不過是一面之理，因此言之成理常常行之不能成理：

> 資格未破之先，雖樞府大臣敢有安置一私人於司曹者乎？自六官變為十一部，內而丞參，外而提學、提法、巡警、勸業、鹽務各官，半由夤緣而得。參事以下，一紙奏調，動輒數十百員，胥吏工賈雜出其中，屢見廷臣參奏。用人如此，行政則又可知。[9]

而其中涉及滿漢之間，又有胡思敬說的「資格破而詞林衰，吾於丙午裁卿貳見之。保薦開而世族盛，吾於丁未設丞參見之。當丙午釐定官制詔下，漢大臣同時失職者十一人」，皆「翰林也」。而「丞參不分滿漢，滿員同時用十一人，皆借門望以起」。[10]指陳的都是不公平。破格推倒了舊尺度而又意不在別立新的尺度，之後是「釐定官制」而致官制全無尺度，從而全無制束。在這種沒有尺度作裁量的自由自在裏，最容易脫穎而出的人顯然並不是能以才地自見者，而是內無所守的「廉恥道喪」

7　龔自珍《已亥雜詩》說：「我勸天公重抖擻，不拘一格降人才」。

8　何剛德：《春明夢錄・客座偶談》，上海：上海古籍出版社，1983年，《春明夢錄》下，第33頁。

9　故宮博物院明清檔案部匯編：《清末籌備立憲檔案史料》上冊，第548頁。

10　榮孟源、章伯鋒主編：《近代稗海》第1輯，1985年，第228–229頁。

者。於是官界便慣見「資格一破，人人有僥倖之思，夤緣請託輻輳於公卿之門，君子難進易退，恥於儕伍，舉倦思歸。只此二三攀附勢力之徒，依戀闕下」的滔滔然皆是。[11] 有此不立尺度的大規模消長，遂使清末改官制而行破格造出重重波瀾，但在當日的直觀和後來的回望裏，其間都沒有見到多少可以正視的人物，於是和重重波瀾相對稱的，便只剩「夤緣」之下各逞長技的官場百態。

由改官制而衍生的這種以「運動」和「捷足」為長技，反照的是「毫無假借」的公平行之二百數十年之後，已在極短的時間裏蕩然無存。作為一種直接的結果，便是被世間人指目的「市儈胥吏」、「皮毛新學」、「工賈」、「髦士」、「紈絝」、「市井」，以及「遊學生之干進者」、「法所已斥之人」、「所謂識時俊傑者」[12] 等等，成群結隊地進入官場並駸駸乎居於上游。同秦漢以來二千多年間士人政治中的主體相比，這些後起者的知識構成、價值取向、人生閱歷、生活狀態都已非常不同而別成一類。舊時的一則記載說「沈文肅自江西巡撫丁憂歸，鬻字為生計。每書一聯，僅取潤資四百文。及起服後升兩江督，始致書友人，謂今日皮衣方稍全備，官至總督，其衣服亦未能綽有餘裕也」。[13] 另一則當時的記載說「今外務部侍郎唐紹儀，肴饌之豐，每膳必殺雙雞、雙鶩，具鮮肉多筋，金華腿一具，取其汁以供烹調，骨肉盡棄去，亦暴殄甚矣」。[14] 沈葆楨以功業立身於同光兩朝，是中興名臣中的人物；唐紹儀因緣際會顯達於光宣之交，是拔起於清末的新人物。而以儒學自覺於修身成德養育君子人格的道理作對比，顯見得前者的克己守貧內含的是一種人生懷抱和人生意義，後者的無端侈靡內含的是另一種人生懷抱和人生意義。若引「清末[人]嘲京僚詩」中所描畫吟詠的「六街如砥電燈紅，徹夜輪蹄西復東。天樂看完看慶樂，惠豐吃過吃同豐。頭銜強半郎[郎中]、員[員

11　故宮博物院明清檔案部匯編：《清末籌備立憲檔案史料》上冊，第432頁。

12　故宮博物院明清檔案部匯編：《清末籌備立憲檔案史料》上冊，第125、126頁；梁啟超：《飲冰室合集》第1冊，《文集》之九，第48頁。

13　何剛德：《春明夢錄‧客座偶談》，《客座偶談》卷四，第10頁。

14　榮孟源、章伯鋒主編：《近代稗海》第1輯，第243頁。

外郎]、主[主事]，談笑無非發白中。除卻早衙簽到字，閑來最好逛胡同」[15]看世相，顯見得之前的清代二百五十年裏京官以清苦為常態之後，[16]此日的京官已在朝廷改官制而「人人爭言運動」中歷經分化重組，成了一種整體地發生變異和深刻地發生變異的東西。與之相伴隨而見的，同時又有梁啟超所說的「人人有不慊於其上，不安於其職之心」，從而「人人生非分之求」。[17]他們與何剛德所說的那種「各守本分，安之若素」的京官本來面目日去日遠，而以其群體的花天酒地烘托和映襯了唐紹儀無端侈靡之其來有自，並因之而非常具體地顯示了隨改官制而來的官場新人物和官場新氣象。然則以沈葆楨的「鬻字為生計」比唐紹儀的「亦暴殄甚矣」，而以其背後各自所屬的群類為觀照，顯然是兩者之間日行起居的種種不同，顯示的正是本義的士類和非士類之間屬性上的不同。因此，其時御史劉汝驥曾奏疏時事，向廟堂發問說：

> 以臨軒策士為不足信，乃取之外國文憑；以吏部官人為不足信，乃託諸自行徵辟；共隸版圖，東三省乃自為風氣；共勞王事，巡警部乃自定養廉。大學士之俸薪不敵一書記，是朝飢而俶飽；大司農之會計不及一客卿，是鄭昭而宋聾。夕微員而旦卿貳者夥矣，問簡在帝心者幾人乎？朝走卒而暮軍符者多矣，問曾經戰事者幾人乎？地方自治善矣，豈命官皆跖、蹻，鄉官皆曾、閔乎？各國遊學善矣，豈留學生皆救時之彥，不世出之材，而舊日之舉貢生員，皆太倉之蠹，滄海之蜉蝣乎？[18]

15　章伯鋒、顧亞主編：《近代稗海》第13輯，1989年，第207頁。

16　《郎潛憶舊》說：「余同年李少林同部錫彬，直隸人也。以直隸印結費之微，每自訴情況曰：『余家平常不舉火，上下四人，晨興，以一錢市開水，盥飲俱備。早晚兩餐，四人食饅首四斤，加以葱、醬、小菜，日不過京錢一千有零。每銀一兩，可易京錢十五六千，印結費一項，作一月伙食足矣。』」見章伯鋒、顧亞主編：《近代稗海》第13輯，第154頁。

17　梁啟超：《飲冰室合集》第3冊，《文集》之二十六，第41頁。

18　故宮博物院明清檔案部匯編：《清末籌備立憲檔案史料》上冊，第423頁。

他以一腔不平和憤懣痛論其直觀所見的世事錯亂顛倒，同時又以其痛論使人明白地看到，二千多年來的官僚政治在主體構成上由亘定不變而全然大變，正是在這種前所未有的錯亂顛倒中實現的。

親身經歷了這個過程的嚴復在民國初年說：中國「君不能獨治，故為之公卿大夫士焉，設之等衰以相維繫，為治人之事。其術講於學校，自小學以至於大學；自禮、樂、射、御、書、數而後本之修身，以至齊家、治國、平天下，其為序至明，其所以自待者至重，能如是者謂之士，謂之君子」。之後又說：

> 《詩》、《書》六藝之所載，《論》、《孟》四子之所諄諄，何一非取此治人者加教誡以端其本乎！何則？中國至大，而民生多艱，誠欲措一世於治安，而勿至於否塞晦盲，嘖嘖大亂，是立法揆度、出號施令者，必不可以不學無本之人，操其柄以相與鹵莽滅裂故也。
>
> 秦漢以來，號為專制，顧此二千年之中，豈乏英明賢能之君，強盛休明之代！即在叔季，一朝士大夫，亦分清濁。其有志救世者，莫不信言謹行，克己慎儀，一身隱然為蒼生所託命。此反正之所以有資，而國種不至於淪散者，正賴此耳。[19]

他概述了中國文化的道學政一體對士之為士的造就和規範，以及由此生成的士的群類屬性和文化品格。而尤其推許這種秦漢以來一直成為官僚政治主體的士，身處治世而「立法揆度、出號施令」，皆以一己之所學為本位；身處亂世而守先待後，「隱然為蒼生所託命」，也以一己之所學為本位。若以歷史本相中士的差次不齊相比較，其描畫顯然太過完美單一，但在清末的改官制已經引大批「速成者半年，專門者三載」[20]的稗販之學淘汰了舊人物之後，這些話正像是在對一個消散中的群體作緬想追懷。對應而見的，顯然是成批產出於清末大變舊制的過程之中，而後又留給了民國的這些人物之另成一類，在他心目中的不能入流。

19　嚴復：《嚴復集》第 2 冊，第 324 頁。
20　嚴復：《嚴復集》第 3 冊，第 595 頁。

　　然而政治主體這種構成上的前後不同既是在大變舊制的過程裏實現
的，則當其「舉數百年之官制，凡關於司法、行政者，務盡掃除而更張
之」之際，又會有記述中的「官府上下蕩無所守，人心惶惑，綱紀日隳」
的從有序演變為無序。以至於「民政部號令不出一城，以親貴大臣而下
侵地方有司之職，已屬可笑。農工商部坐食無聊，則設計而謀開賭。
郵傳部事權盡萃於鐵路一局，其餘半屬閑曹。學部徒核獎勵，獎勵停而
部職廢矣。古兵部之職總核天下兵馬錢糧，非欲馳之行陣也」，而陸軍
大臣廕昌歸自海邦，「變卿貳為統領，全署司曹將盡成武弁」，遂成了
「新官制成而官亂於上」[21] 的一派以不辨南北的盲動，造為各呈其技的五
花八門。這一段文字以六部為代表，從頂端上描述了改官制所帶來的政
事之梗塞和官守之無常。而以此通觀天下，則易見其間新人物因新官制
而生，新官制又隨新人物走，因此政治主體構成的大變，在人物品類的
此消彼長之間，已不能不是既有的政治結構在動盪中舛錯顛蹶，層層截
斷碎裂。然則與明承元制和清承明制相比，後起的民國所承接的，只能
是一種因舛錯顛蹶而已在解體之中的政治結構了。

二　自上而下的攪動：地方自治與地方溷亂

　　與這種發生在上層的新人物改變了政治主體，以及新官制瓦解了政
治結構互相依存而共生共長的，是同一個過程中的百端更張，又在自上
而下地用詔書的力量作推引，急劇地改變地方社會裏的中國人相安已久
的習俗之治和禮俗之治。

　　當朝廷群議變官制之日，御史胡思敬說：「會典載，內外官缺凡二
萬七千餘員，合之候選候補當不下二十萬人。」[22] 他以自己的估算大約
地說明了當日官場總體的數目和總體的規模。在舊朝的最後一代京官

21　故宮博物院明清檔案部匯編：《清末籌備立憲檔案史料》上冊，第425、
　　548–549頁。

22　故宮博物院明清檔案部匯編：《清末籌備立憲檔案史料》上冊，第433頁。

裏，胡思敬是一個留心掌故而周知世情的人，因此，這是一種內行的估算。然而以那個時候中國的四萬萬人口和二十二個行省形成的廣土眾民作對照，則除去其中相當一部分的京堂和京曹，再除去大衙門裏管官的官之後，這些數量有限的官員分攤到地方，其臂力所及和心力所及實際上達到的程度，在官來官去和年復一年裏，便只能以橫面的疏漏和縱向的淺表為常態和慣性。其間直接面對民間社會而為國家管地方的州縣官，常常因其性屬「親民」而進入詔書和奏議的關注和論說之中。然而這種由臂力和心力的實際限度所造成的以疏漏之治和淺表之治為親民之治，又說明州縣雖然以親民為職分，但他們手裏的國家權力其實與地方的民間社會之間常在相望而不相及的懸隔之中。馮桂芬曾言之明瞭地說：「縣令藐然七尺耳，控一二百里之廣，馭千百萬戶之眾，其能家至戶到，而周知其循莠勤惰，飽飢甘苦哉？」[23] 因此，就管制和治理而言，州縣官所代表的政府，相對於「一二百里之廣」和「千百萬戶之眾」不僅是一個小政府，而且是一個弱政府。與此相為因果而形成於歷史之中的，則是在疏漏和淺表的國家權力直接籠罩不到的地域空間和人口聚落裏，民間各依習俗相互交往和自處處人，一代一代地共生共存於熟識的傳統和熟識的秩序之中，自成一種既在官家法度之下，又在官家指掌之外的習俗為治的地方社會。

梁啟超後來以「自治」為之作統括，並言之津津地描述說：

吾中國則數千年來，有自治之特質。其在村落也，一族有一族之自治，一鄉有一鄉之自治，一堡有一堡之自治；其在市集也，一市有一市之自治，一坊有一坊之自治，一行有一行之自治。鄉之中有所謂紳士耆老者焉，有事則聚而議之，即自治之議會也。設族長堡長，凡議定之事，交彼行之，即自治之行政官也。其一族之祖祠，一鄉之廟宇，或鄉局或社學，即自治之中央政府也。祖祠、廟宇、鄉局皆有恒產，其歲入歲出有定額，或有臨時需要，則公議稅其鄉

23　馮桂芬：《校邠廬抗議》，上海：上海書店出版社，2002年，第11頁。

> 所產之品物,即自治之財政也。歲杪必布告其所出入,即財政之
> 豫算決算也。鄉族中有爭訟之事,必訴於祖祠,訴於鄉局,紳士耆
> 老集議而公決之,非有大事,不告有司,即自治之裁判也。每鄉每
> 族,必有義學,即自治之學校也。每鄉族必自設巡丁,保里閈,禁
> 盜賊,即自治之警察也。凡此諸端,凡關於自治之體制者,幾於具
> 備。人民之居其間者,苟非求富貴利達及犯大罪,則與地方有司,
> 絕無關涉事件,惟每年納錢糧地丁,即田租,少許而已。[24]

然後說其來由曰:推其所以致此,「非歷代君相,樂畀吾民以此特權
也,中國之地太大,人太眾,歷代君相皆苟且小就,無大略,不能盡力
民事,其於民僅羈縻勿絕,聽其自生自養而已」。[25]雖說他用移來的新
知為比附,以描畫中國的地方社會,筆下的文字便常會因比附而太過理
想,但作為一種歷史存在的地方社會,其概述已大體上合其輪廓。然則
「惟每年納錢糧地丁」和「非有大事,不告有司」,正說明官家之於地方
社會,其實際的「關涉」和縮連,重心皆在漕糧和刑名兩途,遂使常態
而言,「鄉民除納稅訴訟外,與長吏無關」。[26]因此,對於地方社會來
說,「紳士耆老」、「祖祠」、「廟宇」、「鄉局」、「社學」都是更直接地維
繫公共秩序和守護一方太平的東西,從而是更真實的東西和更根本的東
西。而存在於「紳士耆老」、「祖祠」、「廟宇」、「鄉局」、「社學」的背後

---

24 梁啟超:《飲冰室合集》第1冊,《文集》之三,第49頁。

25 梁啟超:《飲冰室合集》第1冊,《文集》之三,第49頁。錢穆敘述晚清中國
地方社會之不同於民國,與梁啟超之說大體相同:「辛亥革命,余生十七
歲,均在清政權統治下。余為江蘇無錫人,在此十七年幼稚記憶中,絕未
聞兩江總督、江蘇巡撫有前來無錫之事;亦未聞有常州知府前來無錫事;
並不聞有無錫縣長前來鄉間事。舉族長老,畢生未睹縣官一面者,至少亦
當佔百分之九十以上。足跡未履縣城者至少亦當在百分之五十以上。無錫
城、鄉交通非不便,而居民安居樂業,一若不知尚有一統治階層之政府在
其上。偶有事故爭端,則訴之鄉間紳士。」見錢穆:《中國學術思想史論叢》
第10冊,台北:素書樓文教基金會、蘭臺出版社,2000年,第140頁。

26 康有為:《康有為政論集》下冊,第832頁。

和深處，並使這些管地方的人物和機構能夠與「鄉民」互相應和又互相扶持的，則是形成於千年歲月中的習俗，以及由習俗派生的公是公非。嚴復曾論人在習俗之中便是身在規範之中：「不見夫怖畏清議者乎？刑章國憲，未必懼也，而斤斤然以鄉里月旦為懷。美惡毀譽，至無定也，而禮俗既成之後，則通國不敢畔其範圍。人寧受飢寒之苦，不忍捨生，而愧情中興，則計短者至於自殺。」[27]

　　習俗之所以能夠成為規範，就一面而言，是因為共生共存於習俗之中，習俗便是一種以其可否來表達的社會裁判。相比於律法所體現的國家裁判，對於身在其中的人來說，社會裁判無疑更匝密，更切近，並因之而更加沒有退路地無所逃於天地之間。與此相應的，便是「通國不敢畔其範圍」的籠罩力。就另一面而言，習俗之被名為「禮俗」，又說明在千年歲月中，習俗的形成與固化，是在與義理的交融中實現的，因此以習俗為裁判，與之相為表裏的，正是以裁判為教化，從而以習俗為教化。而以梁啟超所列舉的「紳士耆老」、「祖祠」、「廟宇」、「鄉局」、「社學」之各領一面地分管和共管公共事務，實際上都是在用習俗把地方社會中的個體組織起來而言，則習俗又是一種實際的人際連結，而後才可能有真實的鄉里社會。這個過程未必做得到把每個個體都圈入規範之內，因此任何一個時代的任何一個地方都會有好人與壞人之分；但這個過程能夠合乎天理人情地把多數人圈定於規範之中，從而以個體的共有歸屬和個體的相互依連，為地方社會營造一種可以「自生自養」的有序和安定。這種有序和安定是有限的，但又是熟悉的和具體的。而後是相對於官家管地方的小政府和弱政府，由「紳士耆老」、「祖祠」、「廟宇」、「鄉局」、「社學」維持的地方自治，便構成了人在此中而世代相接的社會關係和社會結構。這是一種由脈延的習俗派生和支撐的社會結構，從而既是一種由文化派生和支撐的社會結構，也是一種由歷史派生和支撐的社會結構。在20世紀開始的時候，中國人口中的極大多數，都生存和繁衍於這種社會結構之中。

27　嚴復：《嚴復集》第5冊，第1347頁。

迨清末籌備立憲，則由籌備立憲延伸，而攪攘起於地方社會。兩江總督端方說：「地方自治之制，其名詞譯自日本，其經畫始於歐美。自列強均勢，凡政治學家之言，皆曰非立憲無以自存，非地方自治無以植立憲之基本。」直隸總督袁世凱說：「比者東西立憲諸國雄長大陸，稽其歷史，則地方制度必先乎立憲政治而興。」[28] 他們既是那個時候管地方的大吏，又是那個時候倡新政的強有力者，因此他們的話都富有代表性地說明，新政時期的地方自治之說本由外國而來，從而新政時期地方自治的施行只能起於移外入內和從上到下。隨後是本來遠離朝廷的地方社會，就此被拽入了前所未有的變動和翻動之中。

當憲政編查館奏報「城鄉地方自治章程」的時候，說的是「自治者，所以助官治之不足也」。[29] 但以梁啟超言之詳備的「吾國數千年來，有自治之特質」為對比，則此日被目為「植立憲之基本」的「地方自治」，實際上自始便面對著一種已有的地方自治和自然生成的地方自治。因此，此日的「地方自治章程」立「議事會」、「董事會」、「鄉董」，以及「城鄉地方」的「自治公所」為地方社會的主事者，又劃定中小學堂、蒙養院、教育會、勸學所、宣講所、圖書館、施醫藥局、醫院醫學堂、公園、戒煙會、閱報社、道路工程、橋梁、溝渠、公用房屋、路燈、電車、電燈、自來水、種植畜牧及漁業之改良、工藝廠、工業學堂、勸工廠、改良工藝、整理商業、開設市場、防護青苗、籌辦水利，以及恤嫠、保節、育嬰、施衣、放粥、救荒、義倉積穀、貧民工藝、救生會、救火會等等[30]為地方自治的要目和範圍，便成為一種磅礴而來的衝擊。就前一面而言，是後起的「議事會」、「董事會」、「鄉董」、「自治公所」掀翻了本來的「紳士耆老」、「祖祠」、「廟宇」、「鄉局」、「社學」，同時也以一種別樣的規則掀翻了與「紳士耆老」、「祖祠」、「廟宇」、「鄉局」、「社學」內

---

28 故宮博物院明清檔案部匯編：《清末籌備立憲檔案史料》下冊，第720、722頁。

29 故宮博物院明清檔案部匯編：《清末籌備立憲檔案史料》下冊，第725頁。

30 故宮博物院明清檔案部匯編：《清末籌備立憲檔案史料》下冊，第728–730頁。

相連結的習俗之治。就後一面而言，這些被列入地方自治範圍之內的要目多出自朝廷辦新政的籌劃，大半並不是從彼時地方社會自身的生產過程和生活過程裏生成的。與舊日的地方自治始終以地方之人經營地方之事相比，則這種出自詔旨的東西對於身處民間和下層的人來說，不僅大半是不能識其面目的，並且又常常是不容易承受和消受的。而與這兩方面所顯示出來的後一種地方自治之不同於前一種地方自治相比，其時對民間社會實際衝擊更大的，還在於被朝廷劃入地方自治的種種物事都須耗費銀子，遂使其時自上而下施行地方自治的主事一方因之而廓然恢張，獲得了過去的「紳士耆老」從未有過的以民人為對象「籌集款項」的權力。[31] 與舊日的公共性權力相比，這是一種很容易把地方自治演變為地方之患的權力。

　　由於「非立憲無以自存，非地方自治無以植立憲之基本」成為一種移來的邏輯和先定的理路，所以清末雖以詔書推行地方自治以成其聲勢宏大，但這種自上而下興造的自治，重心其實已不在自治，而在籌備立憲派生出來的種種新政，於是而有「地方自治章程」裏劃定的那個空泛的大範圍，以及包羅於範圍之內的各色各樣，而又見所未見聞所未聞的名目。見所未見和聞所未聞都須別開生面，而後是相比於舊日的地方自治不變不移地以維護地方秩序為本分，則清末的地方自治便不能不以改變地方秩序和重造地方構架為題中應有之義。在這個過程裏，引人注目的是新政既在不斷派生新的權力，同時是新政又附著於新的權力。因此，當新政中的那些落根於地方的事務都成了地方自治中的應有之義，並徑直被歸屬到「議事會」、「自治公所」一類機構裏之後，由新政產生的這種新的權力也會隨之而走，其中的相當一部分，便越過了管地方的州縣官，直接變成了「議事會」和「自治公所」的權力。而清末的地方自治之能夠改變地方秩序，並實際地改變了地方自治，其憑藉也在於此。當時的四川總督曾說：

31　故宮博物院明清檔案部匯編：《清末籌備立憲檔案史料》下冊，第729頁。

> 四川州縣除審判、緝捕、徵收錢糧外，其財賦上之徵收津捐及三
> 費肉釐煙酒捐、鐵路租股各事，行政上之管理學務、勸工、農
> 商、團練各事，自來均歸紳辦，不必設會，已非州縣專有其權。[32]

就其所列名目而言，他所說的「自來」顯然只能是新政以來。而同時的
西人就同一個題目作觀察之後的記述說：

> 所有的小職位（包括縣丞的職位以及一大批胥吏和差役），都被取
> 消了。與此同時，地方自治團體擴大了的權力（包括田賦以及所有
> 地方稅的徵收權），都轉移到了各縣紳士的手中。[33]

前一段文字裏的「均歸紳辦」和後一段文字裏的權力「轉到了各縣紳士的
手中」，都説明：以社會身份而論，此日辦地方新政和地方自治的主體
本是紳士，與梁啓超所説的「吾國數千年，有自治之特質」裏的「紳士耆
老」仍然同屬一類。然而就總體而論其質地，則此日群集於「議事會」和
「自治公所」裏的紳士，其外在的屬性和內在的屬性實際上都已與「數千
年來」非常不同了。

　　康有為説：「昔者鄉邑有事，領袖之者，猶公舉士夫有物望者為
之。」[34] 沿此以論，則由「物望」而生「公舉」，顯見得這種「公舉」本義上
只能是「清議」之所舉和「鄉里月旦」之所舉。因此，被舉的「紳士耆老」
雖尊為「領袖」，而長在「清議」和「月旦」的相伴之中，則就其總體而言，
是事前既無從自籌而自謀之，事後又無從自肆而自恣之。所以，當他們
以習俗約束鄉邑之際，同時是他們自身也在習俗的約束之中。但清末地
方自治中被置於「領袖之者」的「議事會」、「自治公所」一類物事俱以朝
廷所立的「章程」為來路，其本源已在地方社會的習俗之外。而與這種
新機構相匹配的，則是其間執事的人物又須以「本城鎮鄉選民互選任

32　莊建平編：《近代史資料文庫》第1卷，第400頁。

33　轉引自周錫瑞著，楊慎之譯：《改良與革命：辛亥革命在兩湖》，北京：中
　　華書局，1982年，第298頁。

34　康有為：《康有為政論集》下冊，第899頁。

之」[35] 為新辦法。以文義而論，「互選任之」也應該是一種公舉，但與文義相扞格的，是現實中的地方社會裏「蚩蚩之氓但聽豪右之嗾使，恂恂之士動為黠猾所抵排」[36] 的太過背反而不能合乎文義。

19世紀後期以來，中西交衝的重心在城市，而後是城市越來越成為知識人關注的地方。繼此而起的十年新政，又在其大幅度效西法的層層展布中，把中國的政治、經濟、教育、軍隊的重心移到了城市之中。與這個過程同時發生的，便是本屬在籍的士紳越來越多地遷往省城、府城和縣城。這種遷移帶走的大半是士紳中最有身價又往往最有聲價的人，對於鄉里社會來説，這種遷移的結果，便不能不造成本地士紳群體的劣質化，從而不能不造成主持自治的人物劣質化。而後是清末的地方自治既脱出了「清議」和「鄉里月旦」，也脱出了規範人際的地方之習俗，便很容易衍為舊日秩序的顛覆和倒錯。宣統年間，言路奏論「各省辦理地方自治流弊滋大」，以普遍的歸納作總而言之曰：

> 各省辦理地方自治，督撫委其責於州縣，州縣復委其責於鄉紳。鄉紳中公正廉明之士，往往視為畏途，而劣監刁生，運動投票得為職員及議員與董事者，轉居多數。以此多數刁生劣監，平日不諳自治章程，不識自治原理，一旦逞其魚肉鄉民之故技，以之辦理自治，或急於進行而失之操切，或拘於表面而失之鋪張，或假借公威為欺辱私人之計，或巧立名目為侵蝕肥己之謀，甚者勾通衙役胥差，交結地方官長，藉端牟利，朋比為奸。其苛捐擾民也，不思負擔若何，惟恐搜括不盡，農出斗粟有捐，女成尺布有捐，家蓄一雞一犬有捐，市屠一豕一羊有捐，他如背負肩挑瓜果、菜蔬、魚蝦之類，莫不有捐，而牙行之於中取利，小民之生計維艱，概置弗問。其開銷經費也，一分區之內坐食者多至一二十人，一年度之間由局支出者耗至二三千元，以一城數區合計之，每年經費不下萬金。而問其地方之善堂如何，學校如何，

35　故宮博物院明清檔案部匯編：《清末籌備立憲檔案史料》下冊，第731頁。
36　莊建平編：《近代史資料文庫》第1卷，第405頁。

　　　勸業如何，衛生如何，不日無款興辦，即日不暇顧及。所謂辦有
　　　成效者，不過燃路燈、灑街道，或設一二閱報社、宣講所而已。
　　　而舊日育嬰堂、養老院、義塾、社倉、賓興、鄉約、施藥、施
　　　茶、積存諸公費，非皆揮霍盡淨不休。

然後一言以蔽之說「似此辦理地方自治，其人既多敗類，其費又多虛
糜，苛取民財，無裨民事，怨聲載道，流弊糜窮」。[37] 顯然是自當時人
眼中看去，此日由地方自治牽動的社會變遷，其直接的結果之悖於情
理，便是使這種「其人既多敗類」的本為舊日秩序所抑的質地下流者，
藉此日的新辦法而得一蹴而起，放開手腳，合法地獲得了地方社會的權
力和權勢。若引此以為對比，則相隔不過數年，光緒朝後期被當作天經
地義的「非立憲無以自存，非地方自治無以植立憲之基本」的那一套道
理，已成了兩腳懸空，文不對題的東西了。

　　由預想促成的新政帶來了不合預想的歷史過程。然而作為一個歷
史過程，這種權力和權勢隨新政而作移動的事實一旦發生，又會以其自
成因果，直接化作那個時候地方社會的亂源。於是權力和權勢移動之
日，便有多見於疆吏奏報的「刁生劣監」一類「藉自治之名，把持丁漕，
蔑視官長，干司法、行政之權」；[38] 以及多見於言路的「各處士紳不知恪
守章程，往往逾越權限，而府廳州縣以及督撫又多曲意阿循，自放責
任，以致上凌下替，紀綱隳頹」。[39] 這種因權力和權勢的移動而造成的
官權與紳權，舊權力與新權力之間的抵牾和扞格，反映了地方官身當新
法和舊法兩頭交夾之日的「耳目眩惑」和「呼應不靈」。[40] 而由此導致的
「上凌下替」，說的正是官界守不住本位之後的瞀亂和被動。出現於同一
過程之中，又比這種紳與官之間的矛盾更富激烈程度的，還有紳權與平
民之間的因新政而起衝突。朝廷為立憲而行地方自治，但「自治章程」

37　故宮博物院明清檔案部匯編：《清末籌備立憲檔案史料》下冊，第757頁。

38　莊建平編：《近代史資料文庫》第1卷，第415頁。

39　故宮博物院明清檔案部匯編：《清末籌備立憲檔案史料》上冊，第595頁。

40　莊建平編：《近代史資料文庫》第1卷，第421頁。

給予執其事者的「籌集款項」的權力，實際上很容易使這種自治變成民間社會直接遭受的勒取和盤剝。自康熙一朝之後，清代二百數十年間久以「永不加賦」為祖宗家法。即使是在19世紀中葉那一場漫長的內戰造成的財賦枯窘裏，家法依舊是對於朝廷的限制。然而時至20世紀，則因國計大幅度侵及民生，已一變而為奏議中謂之「取之盡錙銖」[41]的徵斂無度。與之相映而見的事實，便是國賦之外以「捐」、「稅」為名目的各色征權隨新政而生，又隨新政而長，在廣延於四面八方的同時觸發四面八方的怨恨。其間比州縣之斂聚更加醒目的，則是過去從來沒有過名分和權力能夠自為主體，自行征權的紳界中人，因身任地方自治已一變而能夠用自治之名直接伸手收捐收稅。比之州縣，他們熟知地方社會，因此他們在「籌集款項」過程中的攫取，常常會比州縣衙門更多就近之便，並常常會更加出格，遂使言路論地方自治，屢屢指目刁生劣監之既得權勢，便以「攘據公款」為理所當然，且權勢所到之處，又往往有「佔僧尼廟宇，奪孤寡田產」一類「魚肉」鄉民而不受管束的事橫行於光天化日之下。[42] 朝廷以籌備立憲為道理，但其自上而下的借紳權之力推而行之，又在實際過程中使之變得面目異樣和全無道理。辜鴻銘說：「上之人且嗷嗷焉，朝下一令曰：『為爾開學堂』，暮下一令曰：『為爾興商務』，彼民者未見絲髮加益於吾事，而徒見符檄之驚怛，徵斂之無已，房捐、米捐、酒捐、糖捐日加月增，而民已無聊生矣。」[43]

地方自治異化為對於民間社會直接的利益剝奪，同時是本來生成於地方的紳權又在這個過程裏異化為地方之患，所以地方自治的推而行之，便常常會觸發仇紳的民變。宣統年間發生於萊陽的「官紳激變」曾驚動朝廷而發為詰問，事後疆吏奏報其間之始末說：

41　故宮博物院明清檔案部匯編：《清末籌備立憲檔案史料》上冊，第178頁。

42　故宮博物院明清檔案部匯編：《清末籌備立憲檔案史料》上冊，第355頁。

43　辜鴻銘著，黃興濤等譯：《辜鴻銘文集》下卷，海口：海南出版社，1996年，第215頁。

> 查萊陽肇亂之原，由於已革前縣朱槐之顓頊性成，信任劣紳。城
> 內董事如王圻、王墀、王景岳、于贊揚、張相謨、葛桂星、宋維
> 坤本皆不孚鄉望，近年新政繁興，朱槐之繫倚諸紳為心腹，諸紳
> 遂出入衙署，甚且藉以牟利，為眾所側目，以此叢為怨府。

而後有「聚眾千餘人」的一哄而起，將積怨尤多的「王景岳房屋拆平燒
毀」，繼之「以仇紳者仇官」，又聚眾「進城到縣」，以合群之勢「要求縣
官革除紳董，免繳捐款，銅元納糧不加折扣」等等。[44] 然則「以仇紳者仇
官」，顯見得這場自發而起的衝突本由仇紳催化和引發，而這種自發而
起的「民變」以「革除紳董」為要求，又顯見得捲入其中的鄉民裏，仇紳
的程度尤甚於仇官。在疆吏的奏報當中，諸紳之「藉以牟利」與鄉民之
意在「免繳捐款」其實相為因果，則亦見紳之可仇，本在於紳界得「近年
新政繁興」之便而以婪索為常態。由於婪索成為常態，遂使仇紳也成為
常態。因此，在萊陽之外，相近的時間裏還有「直隸易州城內亂民因捐
事焚毀學堂暨自治局情事」；[45] 江西宜春「因勸學所紳董盧元弼等恃勢橫
行，逼捐太甚，百貨均要抽捐」，致鄉民「各懷忿恨」而「兩次聚眾圍
城」，欲殺之以「泄忿」；[46] 福建省城「轎夫反抗警捐聚眾暴動」，致城內
外「悉罷市」，並欲搶紳士之家；[47] 河南鄧州「糾眾鬧署並紳董楊興儉家
暨煙葉稅局先後燒搶」；[48] 廣東連州紳士「或管倉穀，或充校長，經手款
項均有弊混，迭經鄉民追控」，之後因紳士經手「遍釘門牌」而致「鄉愚」

44　中國第一歷史檔案館、北京師範大學歷史系編：《辛亥革命前十年間民變檔
　　案史料》上冊，北京：中華書局，1985年，第182頁。

45　中國第一歷史檔案館、北京師範大學歷史系編：《辛亥革命前十年間民變檔
　　案史料》上冊，第63頁。

46　中國第一歷史檔案館、北京師範大學歷史系編：《辛亥革命前十年間民變檔
　　案史料》上冊，第353頁。

47　中國第一歷史檔案館、北京師範大學歷史系編：《辛亥革命前十年間民變檔
　　案史料》上冊，第391頁。

48　中國第一歷史檔案館、北京師範大學歷史系編：《辛亥革命前十年間民變檔
　　案史料》上冊，第224頁。

疑慮抽稅，遂「糾眾數千入城」，入紳士之家，「暨中、小學堂，總捐、屠捐各公司，肆行毀掠」；[49] 貴州都勻府屬苗民因「團紳」之「苛虐」而「聚眾抗捐反教」；[50] 四川邛州「因抽紙捐作學堂經費」而致「無知愚民糾眾打毀收捐紙行」，[51] 以及陝西扶風「劣紳」慣於「借公苛斂」而肆無忌憚，於「修文廟、修馬路、修小學堂，出易倉穀」，俱一手包攬，「一切費用皆派民間，又復從中舞弊，私挪裏局公款」，遂演為「眾怨山積，無不欲得而甘心」，並最終釀成抗拒官府而「傷兵役」的民變[52]等等。這一類紳與民之間的對抗和衝突集中發生，並普遍地出現於清末最後幾年的新政之中，成為民變的起因和內容之一，非常醒目地顯示了中國極大多數人口所在的地方社會，其延續已久的社會結構已在日趨倒塌之中。

三　「舊政輪廓雖存」與「新政日益支離」之間：歷史變遷中的社會脫散

在梁啟超所敘述的「吾國數千年來，有自治之特質」裏，地方社會的個體雖有貧富之分和貴賤之分，但貧富貴賤同在習俗之中與禮俗之中，並因之同為習俗與禮俗所牽結制約，遂得大體相安地共處於同一個空間之中。其間的「紳士耆老」之所以能領袖地方，是因為在這種既定的社會結構裏，紳與民之間有共同的利益，共同的道理，共同的是非善惡之界。但清末地方自治先立「議事會」、「董事會」、「自治公所」，已是變自然形成和應事而聚的「紳士耆老」為一種常設的機構，遂使執事

49　中國第一歷史檔案館、北京師範大學歷史系編：《辛亥革命前十年間民變檔案史料》下冊，第480頁。

50　中國第一歷史檔案館、北京師範大學歷史系：《辛亥革命前十年間民變檔案史料》下冊，第707頁。

51　中國第一歷史檔案館、北京師範大學歷史系：《辛亥革命前十年間民變檔案史料》下冊，第770頁。

52　中國第一歷史檔案館、北京師範大學歷史系：《辛亥革命前十年間民變檔案史料》下冊，第827頁。

於其中的人物有了一種國家給予的身份。而自治以學堂、工廠、商務、醫院、市場、路燈一類物事為大端，對於地方社會而言則都是外來的鍥入，而後是這種鍥入的過程，又以其一路鍥入，直接成為變習俗治理和禮俗治理為權力管理和強力管制的過程。合兩者而言之，顯然是清末的地方自治雖以自治為名，而其實際的結果則是擴張和延伸國家的管治以進入地方，並以此改變了古已有之的「自治之特質」。因此梁啟超在民國初年指「昔前清預備立憲之九年籌辦案，命地方官興辦地方自治」為既悖且謬：「夫自治本以對於官治而得名，既由官辦，何名為自治。」是以「真正之自治，必須不假官力，純由人民自動」。蓋自治本在「調和於公益與私益之間，非官之所能代謀也」。[53] 他循名責實地指陳了清末地方自治的悖其本義而倒行逆施。但在那個時候的中國，這種官之代謀自治不僅僅是名與實之間的不相對稱，而且是在以伸入地方的國家權力作攪動，顛翻和分解了原來由習俗與禮俗維持的地方秩序。當時人總論其時的世局，謂之「舊政輪廓雖存」，而「新政支離日甚」。[54] 地方社會在官辦自治之下，又尤其如此。而後是習俗和禮俗交困於「輪廓雖存」與「支離日甚」之間，已不復再能成為一種罩定人心並規範人際關係的力量；從而不復再能成為一種組織和編連個體，以營造與守護地方社會結構的力量。與這種失去了罩定，失去了規範，失去了組織和編連相對應的，正是逸出了習俗和禮俗的紳權以「魚肉」鄉民為當然，同時又是逸出了習俗和禮俗的鄉民以「仇紳」和打紳為回應。兩頭都出自這個過程而成為當日的常態，因此，兩頭都具體地詮釋了「支離」一詞的內含。

地方社會因國家權力的伸入而在攪動之中，然而本來由州縣官所承當的管地方的國家權力，卻又因新政的肢解而正在成為一種變得越益衰弱的權力。其間尤其大變政體和官規，而致權力移位的，是循三權分立之說而來的司法獨立。這種更張雖以新學理為後盾，但實際造成的則是重重抵牾：

53　梁啟超：《飲冰室合集》第8冊，《專集》之三十二，第7–8頁。
54　莊建平編：《近代史資料文庫》第1卷，第334頁。

今各省既有府廳州縣之地方官，又設審判廳以治訟獄之事。查親
民之官，聽斷是其專責。若不聽詞訟，則州縣各官幾同虛設。豈
不徒糜廉俸。況審判官既不重，易生刁民玩視之心，控告滋繁，
良懦受累，其弊有不可勝言者。[55]

州縣官管地方，久以錢糧和刑名為本分和本責，而與錢糧之各有定章相
比，則刑名執律法以判詞訟，正更直接而且更直觀地體現了國家權力之
所在和國家權力之所用。因此，引司法獨立之義以截去本屬州縣職分中
的刑名一面，而別立審判廳，則以事權而論，州縣管地方便失掉了本來
的重心，以言「親民」，實已「幾同虛設」。而新立的「審判官」雖另開一
重衙門，卻又「不統轄地方，專以據法判事為職任」，而「凡關於司法上
應執行之事務」則皆非其「所能自定自理者」。[56] 以事權而論，顯然亦在
力絀氣短之列。[57] 然則自外觀上看去，州縣官署之外又設審判廳，是原
本管地方的小政府在規模上的因籌備立憲而變大；但就其把一種完整的
權力分解成兩種不完整的權力，從而沒有一種權力能夠成為直接管制的
權力來說，這一類由新政帶來的變法和更張，又在非常真實地使原本的
弱政府變得治理能力更散和更弱。

　　與司法權力的這種移截相比，更加周延和更加多樣化的，是地方
自治廣立「議事會」、「董事會」和「自治公所」一類機構，已因詔旨頒定
的各色事務，直接使這些機構連帶而及地獲得了種種本與地方官相關
涉的國家權力。朝廷以此為籌備立憲之應有和必有，然而就其當日的
影響所及而言，一方面，是由此分流的權力既歸紳界所有，則地方政

55　故宮博物院明清檔案部匯編：《清末籌備立憲檔案史料》上冊，第349頁。
56　故宮博物院明清檔案部匯編：《清末籌備立憲檔案史料》上冊，第392頁。
57　民初司法部曾呈文說：「夫法庭受理之案，其屬鬥毆盜竊及尋常錢債什而
　　六七。在昔州縣審期，遇賢明長官，堂語數語，一日可了數十起，今則數
　　千文之錢債，判牘連篇，一兩月之拘留，爰書盤尺，在民間寸陰尺璧，何
　　待法理之推敲。」正以其事後的返視，說明清末以來的司法獨立，猶不如舊
　　時州縣官管刑名之尚能有實效，見梁啟超：《飲冰室合集》第4冊，《文集》
　　之三十一，第29頁。

府已在弱化之中的治理能力又不能不更形弱化。作為一種歷史結果，便是地方政府既在革命之日易於崩塌，又在革命之後無從重建治理。另一方面，是由此分流而歸紳界的權力本是一種因事而生的權力，從而是一種不在二百六十多年來國家既有的權力結構之內的權力；一種上下左右之間不能依章法相連屬的權力，這些沒有歸宿的狀態，都會使一種合法的權力因缺乏明確的規定和對應的管束，同時又成為一種散漫的權力、片斷的權力和具有極大隨意性的權力。而時逢上下俱動，在清末的地方自治中對應地承接這種權力的人物，又大半是紳界中最不安分，而最不為「鄉里月旦」所許的一群。而後是這種由籌辦立憲派生出來的權力一經施行，便不能不成為一個摧折舊日人際常軌的過程。其時的《湖北地方自治研究會雜誌》說：「中選士紳，多半為平日城、鎮、鄉中最佔勢力者」，平日本以「武斷鄉曲」為能事。「一旦廁身其間」，勢必「名為自治，實以自亂」。[58] 這些描述以「廁身其間」者的面目可憎為引人注目。但其背後的歷史內容，則是伸入了地方社會的國家權力因其缺乏章法的散漫、片斷和隨意，便很容易在一路遊走中直接拆散民間自為維持的社會關係和地方社會本來秩序。「實以自亂」正言乎此。

國家權力在地方自治的名義下深度攪動了地方，而片斷的國家權力本源上的散漫及其在施行中的隨意，又決定了深度攪動之後，已經伸入地方社會的國家權力，因其自身的沒有結構、沒有系統、沒有義理、沒有歷史而不能取代習俗和禮俗，為動盪中的地方社會重造一種可以凝聚的社會秩序。所以，對於萬千身在鄉里的中國人來說，地方自治留給當時，並直接影響後來的，是曾經熟悉的社會結構已在斷裂和解體之中，而由新政派生的官家權力則因其沒有統緒又不足以形成治理。作為歷史變遷所帶來的事實，兩者的存在和固化，已為地方社會構成了一種全然不同於梁啟超筆下「自治之特質」的生存狀態。民國初年，袁世凱作〈通飭嚴除地方惡蠹令〉，其中列述的「土棍流氓，乘時競進，把持朋比，遂

58　轉引自周錫瑞：《改良與革命》，第133頁。

為蠹民害政之尤，假公益以斂錢，託社團以樹黨，議會董會，聽其指揮，營弁警界，聯為羽翼，武斷鄉曲，魚肉平民，觝法營私，明目張膽」，[59] 這些「蠹民害政」的霸權皆由清末地方自治造成的歷史變遷產生，而其在此日的越走越遠，又説明這個過程猶在生生不息之中。作為對比，是身在這一段歷史變遷之中，本來被組織和編連於習俗與禮俗之中的人口，則因習俗和禮俗的式微而無從凝集，已不能不跟著社會結構的斷裂和解體而捲入四分五裂之中，日甚一日地成為一種難於連屬的個體存在。隨之是曾經大體相安於天理國法人情之中的鄉里社會，便會因貧富而分，因貴賤而分，因利益而分，因強弱而分，並在層層分化中形成和積蓄種種無從化解的社會矛盾。因此，在紳董的斂剝和鄉民的仇紳之後，接連而來的是一個人與人相逼扼，人與人相對立，人與人相忿爭的漫長歷史過程。

一則出自浙江的記載説：光宣之交，崇德合境「荒歉」，而「地主仍然十足徵收[田租]」，由此激成「佃戶圍燒地主莊宅的風潮」，並「波及海寧」，引來「千萬的農民幾次企圖圍攻海寧縣城」。[60] 在相近的時間裏，還有江蘇昭文「因加租起釁」而致「愚佃抗租」；以及松江佃農的「糾眾霸租」等等。[61] 相比於抗捐抗税，這一類佃農和地主之間的衝突，在更完全的意義上表達了那個時候的階級矛盾，以及禮俗之治所營造的人情和溫情消散之後，階級矛盾在那個時候走向激化的趨勢。這一類衝突並非全然沒有出現於過去的歷史之中，但此日的紛紛然而起，則更直接地與社會結構的解體既相因果，又相表裏。因此由清末而民初，社會解體的程度更深，這種矛盾所達到的程度也更深。20年代的廣東，一個地方的「地主對佃丁待遇甚於犬馬，如欠租穀一升一合，即將竹煙筒或鞋底打之；若欠未清納，則請團局兵或警察兵拘押，如土

59　經世文社：《民國經世文編》第4冊，第2407頁。

60　李文治編：《中國近代農業史資料》第1輯，北京：生活・讀書・新知三聯書店，1957年，第973頁。

61　李文治編：《中國近代農業史資料》第1輯，第971頁。

匪提人勒贖一般」。另一個地方的地主自立「租館」，用來「向農民催收租穀」。租館裏「並設有長梯、麻繩、鎖鏈、藤條、木板等刑具」，用來囚禁和吊打農民中的「還租過遲或不清者」，其等威已「不啻為滿清一個政府」。同時的「江南各縣，佃戶交租時，業主之賑房高坐堂皇，租價任意規定；交租稍遲，則催租之吏立至；額外之需索，囹圄之風味，均將備嘗之」。而「吳江等縣」，業主又設「押佃所，可以不經行政官廳寄押，業主向縣署領得空白長單（即一種變相之拘票），可以隨時拘捕佃戶」。[62] 廣東的地主能夠自立「租館」，並自如地行使與國家機器相彷彿的暴力，正説明清末以來伸入地方的國家權力，因其自身本來並未築成結構而力有未逮，在它們罩不到的地方，便留下了許多歸強者所有的權力空間。而江南的業主之自立「押佃所」而能合法地拘人押人，又説明伸入地方的國家權力因其源頭的散漫、片斷而本無章法，遂常常附著於「最佔勢力者」，並常常為「最佔勢力者」所用。而以梁啟超所敘述的「紳士耆老」之治相對照，這種「租館」和「押佃所」出現於地方社會和橫行於地方社會，則俱見二十多年間的一變再變之後地方社會已是灑向人間都是怨。

1926年的《中國農民》雜誌記述廣東農村説：「二十年前自耕農有十戶之鄉村，最近只有二、三耳。二十年前鄉中有許多貢爺、秀才、讀書、穿鞋的斯文人，現在不但沒有人讀書，連穿鞋的人都絕跡了。」1927年的《東方雜誌》記述四川農村説：「昔日有許多農民不但求生活之繼續，還得由節省而積蓄些財物，以圖改善家庭狀況或備不時之需。」且「由大佃農起而為中等或小地主的，所在多有」。而「現在呢，除了城市附近而外，多是貧農。他們的欲望是只求維持簡單的生活——吃點菜根藜藿延長家人的生命罷了。不是他們不求更高於此的，是他們沒有這個可能了」。[63] 比之租佃關係裏的一派戾氣，這些「昔日」和「現在」之間的對照，又更廣泛地反映了社會結構解體之後，中國農村的普遍貧

62　章有義編：《中國近代農業史資料》第2輯，第127–128頁。

63　章有義編：《中國近代農業史資料》第2輯，第435–436頁。

困、雕敝和無從安身立命。而後是普遍的貧困之外，當日涉及廣東、福建、湖北、山東、湖南、京畿的記述裏又多見勞動力的紛紛「離村」。[64]與這種普遍的貧困、雕敝和「離村」遠走相對應的正是當日中國數目龐大的人口，但出現於這個過程之中並匯成了龐大數目的，卻又是一個一個不在編連之中的孤單個體。而以二十年之間「讀書、穿鞋的斯文人」在農村的減少和消失為眼見的事實，對比章太炎閱世既久，引為感嘆的「吾觀鄉邑子弟，負笈城市，見其物質文明，遠勝故鄉，歸則親戚故舊，無一可以入目」。[65]則俱見地方社會結構脫散之日，與之同在一個過程之中而同時發生的，還有城市與鄉村的脫裂，以及由「貢爺、秀才」轉化而來的知識人和大眾的脫裂。而梁啟超在民初觀察同一種社會景象，其「瞿然警者」則尤在「人民輕去其鄉，冀就食於都市」[66]的人數之多，與城市社會空間的有限相對比，[67]正說明走向城市的人口雖然成群結隊而最終則了無歸宿。由此形成的四面脫節於古無徵，而又牽匯萬端，了無止境。因此，與19世紀相比，20世紀的一個明顯特徵，是越來越多的外國人和越來越多的中國人都在把中國社會譬為「一盤散沙」。

四　「公共信條」的傾塌和精神世界的秩序解體

清末最後十年的新政大幅度改變了傳統中國政治主體的構成，並因此而導致了中國政治結構的內外離散。又由地方開始促成了傳統中國社會結構的離散，並因此而造成了眾多沒有對應的社會關係可供收納和組織的人口。迨繼之而起的革命推翻了滿族的君權，同時是天崩地坼之間，二千多年裏曾長久地維繫了中國人公共信仰的東西無從附著，在這

64　章有義編：《中國近代農業史資料》第2輯，第649–650頁。

65　章太炎著，張昭軍編：《章太炎講國學》，北京：東方出版社，2007年，第144頁。

66　梁啟超：《飲冰室合集》第4冊，《文集》之三十二，第45–46頁。

67　梁啟超：《飲冰室合集》第4冊，《文集》之二十九，第120頁。

一場鼎革中一朝傾塌。隨後是起於清末新政以來的社會震盪和翻攪，大規模地延伸而及中國人的精神世界。

辛亥革命後一年，梁啟超説：「今次革命，由表面觀之，則政治革命、種族革命而已，若深探其微，則思想革命，實其原動力也。蓋數千年公共之信條，將次第破棄，而數千年社會組織之基礎，將翻根抵而動搖。」[68] 其意中的深度憂慮在於這種「公共之信條」既已維持了「數千年社會組織之基礎」；而以「我國數千年信仰中心之機關，厥惟君主」為事實，則這種公共信條又是附著於君權的：

> 我國數千年來之君主也，其尊嚴敬憚，殆發於人人之先天的感覺，其有冒瀆，則必不能見容於社會。所謂冒瀆者，非必其顯為侵犯也，即研究焉，批評焉，亦幾無復餘地。此其政象之為泰為否且勿論，要之，政之所以能行，國之所以能立，恒必由是。且夫信仰之為物也，當其既深入於人心，誠有確乎不易拔者存，及其一旦破裂，則傾墜之勢，亦莫之能禦，傾墜之後而欲求規復，則為事殆絕對不可能。[69]

在中國人的政治觀念中，帝王既是一個具體的個人，又是一種至上的象徵。就前一面而言，具體的個人都是有局限的人和會犯錯誤的人，從而都是需要糾正和需要批評的人，因此儒學以「格君」和「正君」[70] 為理所當然；就後一面而言，帝王既是五千年山河歲月演化而成的社稷之人格化所寄，又是五千年歷史經驗累積而成的文物制度的人格化所寄，因此儒學以忠君為理所當然。梁啟超持公共信條立論，著眼的無疑正是後一面。而由「數千年信仰中心之機關，厥惟君主」説公共信條，則公共信條之為公共信條，本在於君主因其象徵性而獲得的至上性，實際上是在聚合社會、綱維社會、統攝社會和規範社會中入人之心，而後「誠有確

68　梁啟超：《飲冰室合集》第4冊，《文集》之二十八，第50頁。

69　梁啟超：《飲冰室合集》第4冊，《文集》之三十，第12、15頁。

70　焦循：《孟子正義》上冊，北京：中華書局，1987年，第526頁。

乎不易拔者存」的。這個過程派生出「尊嚴敬憚」，同時又與「尊嚴敬憚」
始終相伴，遂為一代一代的中國人提供了一種被他稱為信條而內在於精
神世界的秩序：

> 凡一信條之存於社會也，則全社會之人凜乎莫敢或犯，自能於冥
> 冥無形之中，宰制群眾心理，其有犯焉者，則相率駭而嘩之，必
> 使其人不能自存於本社會而後已。是故凡活動者，則活動於信條
> 之下而已，凡競爭者，則競爭於信條之下而已。[71]

有此內在秩序之下的上下相安、物我相安和人己相安，才會有「政之所
以能行」和「國之所以能立」。因此，比之君主作為具體個人的一面，君
主之人格化象徵的一面雖是一種越出了政體範圍的抽象存在，卻更真實
而且更深刻地以其維繫「信條」影響和繫結著中國社會的常軌與常度。
對於20世紀初年的中國人來說，這既是一種歷史，也是一種現實。然
而當辛亥革命推翻了滿族君權的時候，隨之而來的已是前一面和後一面
都成了倉猝傾覆，一時同去的東西。

　　革命本以變革國體政體為中心而與前一面直接關涉，但在社會變遷
的過程裏，前一面與後一面又在難以剝離和來不及剝離之中，並因難以
剝離和來不及剝離而不能不一仆俱仆。梁啟超說：「夫僵腐之信條，與
夫不適時勢之社會組織，苟長此因而不革，則如污血積於心臟，徒滋病
源，革之誠是也。」[72] 他是一個能夠認知社會變遷中內含著歷史合理性
的人，然而他又比別人更早地看出，並比別人更先地表達了這種歷史合
理性同時又帶來了不在預想之中的歷史困境：

> 若新信條涵養未熟，廣被未周，而舊信條先已破棄，則社會泯棼之
> 象立見。夫信條千百而搖動其一二，或未甚為病也，若一切信條所
> 從出之總根本亦率率而搖動，則社會之紐殆潰矣。何也，積久相傳

71　梁啟超：《飲冰室合集》第3冊，《文集》之二十六，第50–51頁。「鄉里月旦」
　　之所以有制裁力，本屬公共信條之派生。

72　梁啟超：《飲冰室合集》第4冊，《文集》之二十八，第50頁。

之教義既不足以範圍乎人心，於是是非無標準，善惡無定名，社會
全失其制裁力，分子游離而不相攝，現狀之險，胡可思議。

而且「信條之為物，內發於心，而非可以假之於外；為千萬人所共同構
現，而絕非一二人所呫嗟造成。徵引外鑠之新說，以欲挽內陷之人心，
即云補救，為力已微，而徒煽懷疑之焰，益增歧路之亡」。[73] 與這種「現
狀之險，胡可思議」相對應的，是生成於清末的社會結構解體之後，民
初中國又開始了人心中內在的精神秩序的解體。

隨君權倒塌而開始的這種內在的精神秩序解體，主要發生於個體的
心中，而時當「眼前推倒三千年」之日，與之同出一源，同時發生，並更
直接地改變了世局的，還有隨公共信條崩潰而來的人和人之間政治關係
與人倫關係中的秩序解體。章太炎說：「清之失道，在乎偏任皇族，賄
賂公行，本不以法制不善失之。舊制或有拘牽瑣碎，綱紀猶自肅然。」
沈同芳說：「前清政治縱極窳敗，紀綱固未掃地。」[74] 康有為說：「自共和
以來，教化衰息，紀綱掃蕩，道揆凌夷。」[75] 嚴復說民國世相，以「社會
綱紀之滅裂」與「少年心性之浮薄」為對舉之辭。[76] 梁啟超說：「為政有本，
曰正紀綱。」而革命之後，則一面是「疇昔所資為上下相維之具者，舉深
藏不敢復用」，一面是「新紀綱無道以驟立」，遂至兩頭交困之下「而求善
治，豈直蒸沙求飯之喻而已」。章士釗說：「四、五年來，自非無目，莫
不見倫紀之凌夷，文事之傾落，如水就下，獸走壙，日蹙千里而未艾
也。」[77] 吳虬說：「民元清政解組，綱紀未立，全國人士，如朽索失馭，

73　梁啟超：《飲冰室合集》第4冊，《文集》之二十八，第14頁。
74　章太炎：《章太炎講國學》，第363頁；經世文社：《民國經世文編》第4冊，
　　第2585頁。
75　康有為：《康有為政論集》下冊，第797頁。
76　轉引自錢穆：《中國學術思想史論叢》第9冊，第179頁。
77　經世文社：《民國經世文編》第4冊，第2609頁；章士釗：《章士釗全集》第
　　5卷，第311頁。

馬逸莫止。」[78] 馮國璋說：「中樞已漸廢紀綱，官吏將不循法度。」[79] 馮玉
祥說：民國政治「天良喪盡，綱紀蕩然，以故革命而亂，復辟而亂，護
國護法而亂，制憲亦亂」。[80] 這些話出自不同的人物，而共有的主題則都
以「綱紀」滅裂為當日之大害，以表達其直觀所見的晚清變為民國之後的
民國不如晚清。由此留下的一派痛切，既反映了那個時候千夫所指的普
遍事實，也反映了那個時候人在其中的普遍無奈：

> 夫晚清政治雖曰腐敗乎，然其內外相維，上下相屬之形式猶在
> 也。故閣部所欲行者，得以下諸督撫；督撫所欲行者，得以下諸
> 州縣。其有梗命，得而黜之，其有敲法，得而罰之也。以故政
> 府不得人，斯亦已耳，苟其得人，則據此成規以號令焉，風草之
> 勢，抑至順也。今也不然，屬吏非長官所能黜陟也，各省非中央
> 所能指揮也。政府之令，不出於國門，方伯之威，不行於屬郡，
> 守令之命，不逮於吏胥。且勿論今之尸各種機關者，其人才為何
> 如，就令得一二賢者居高明之地，而行政系統，破壞既盡，雖有
> 良法美意，亦孰與舉之，而孰令推行之者。[81]

這段話舉晚清與民國兩面為對比，以「內外相維，上下相屬」與「政府之
令，不出於國門，方伯之威，不行於屬郡，守令之命，不逮於吏胥」的
不同，說明了綱紀是一種制束和定規。而由表入裏，則內在於制束和定
規之中的「綱紀者，序也；序者，禮也」，[82] 又說明綱紀是一種倫理和秩
序。

　　制束、定規、倫理、秩序都超越了每一個個體和群體，同時又包容
了所有的個體和群體。這種因其超越而能夠包容，因其包容而能縮連，
便形成了內與外之間，上與下之間的各得其分和各當其責。於是而有

78　中國史學會：《北洋軍閥》第1冊，第1014頁。

79　中國史學會：《北洋軍閥》第2冊，第170頁。

80　中國史學會：《北洋軍閥》第4冊，第339頁。

81　梁啟超：《飲冰室合集》第4冊，《文集》之二十八，第23頁。

82　章士釗：《章士釗全集》第4卷，第313頁。

「若夫綱紀者，天下之公也」，[83] 以及「天演之事，進化日新，然其中亦自有其不變者」，尤其「治制雖變，綱紀則同」。[84] 因此，政治之不能沒有綱紀，本在於綱紀以自己的公共性造就和維繫了政治的公共性，有此公共性，而後一個時代的政治才能夠成為罩得住四面八方的人和事。然則民初的中國人返視前朝，以「綱紀猶自肅然」和「綱紀固未掃地」為蓋棺之論，正可以見清代雖屬君權政治，其本身卻又是在一種公共政治的形態中實現和持續的。這種君權政治之同時又成為公共政治的事實，説明君主的人格化象徵一面，正以其面對天下公共性的總縮綱紀，為天下提供了一種「所資為上下相維之具」。而革命既已造成民國與帝制的嬗遞，則舊朝「所資為上下相維之具」便無所依傍，不復再能沿用舊日的至上性而為後來的政治作準則。繼起的共和政治以國家為至上，「必使中華民國之基礎確定於大地」，[85] 則綱紀理應由國家而生。

然而民初的國家觀念沿晚清而來，自始即起端於外力的衝擊，並大半是在回應衝擊的過程中構築起來的。衝擊和回應，都在中國人的歷史文化之外。嚴復説：「夫今人所日日揭櫫以號於眾者，莫若愛國，愛國者轉譯西文Patriotic之名詞也。其本義原於拉體諾之Pater，譯言祖父，然則愛國云者，愛其祖父之所自生，而以自愛其祖父始明矣。夫愛祖父，非僅以其生我已也。質文遞嬗，創制顯庸，聚無數人之心力，勤苦為之禮樂文章焉，至於吾儕，乃得於民種之中，而猶有當前之地位，如是之階級。則推原還本，非席吾古人之遺澤，又何從而得之。嗚呼，蔑古之徒，可以返矣。」[86] 同樣的意思，康有為説是「今中國人所自以為中國者，豈徒謂禹域之山川，羲、軒之遺胄哉，豈非以中國有數千年之文明教化，有無量數之聖哲精英，融之化之，孕之育之，可歌可泣，可樂可觀，此乃中國之魂，而令人纏綿愛慕於中國者哉」。[87] 這些話説

83　章士釗：《章士釗全集》第4卷，第313頁。
84　嚴復：《嚴復集》第2冊，第332頁。
85　孫中山：《孫中山全集》第2卷，第3頁。
86　嚴復：《嚴復集》第2冊，第323頁。
87　康有為：《康有為政論集》下冊，第733頁。

的是國家觀念之不能沒有歷史文化，以及當日在西方映照和比照之下構築起來的國家觀念之缺乏歷史文化。所以章太炎直謂之「今人之病根，即在不讀史」。[88] 而後是看不到歷史文化淵源的國家觀念便很容易成為一種沒有具體性，沒有恒定性，沒有對應性，沒有統一性的抽象觀念。與之相表裏的，則是共和政治設定的國家的至上性常常會變得模糊、遙遠而且空洞。孫中山曾舉其見聞說：

> 前幾天我到鄉下進了一所祠堂，走到最後進的一間廳堂去休息，看右邊有一個「孝」字，左邊一無所有，我想從前一定有個「忠」字。像這些景象，我看見了的不止一次，有許多祠堂或家廟都是一樣的。不過我前幾天所看見的「孝」字是特別的大，左邊所拆去的痕跡還是很新鮮。推究那個拆去的行為，不知道是鄉下人自己做的，或者是我們所駐的兵士做的，但是我從前看到許多祠堂廟宇沒有駐過兵，都把「忠」字拆去了。由此便可見現在一般人民的思想，以為到了民國，便可以不講忠字；以為從前講忠字是對於君的，所謂忠君；現在民國沒有君主，忠字便可以不用，所以便把它拆去。

然後切論之曰：「這種理論，實在是誤解。」共和雖已不同於帝制，而「我們在民國之內，照道理上說，還是要盡忠，不忠於君，要忠於國，要忠於民」。[89]

　　在他敘述的民國世景裏，這種民間社會因對象的缺失而疏離了「忠」的場面一見再見，反映的正是民間社會之不能感知國家的至上性和國家的切己性。因此國家雖被奉為至上，而其觀念的抽象性則決定了至上的國家常會被自為闡釋，並因自為闡釋而各成一說，又因各成一說而相異相歧，莫衷一是。與之相應的，便是「新綱紀無道以驟立」。而由此形

88　章太炎著，章念馳編：《章太炎演講集》，上海：上海人民出版社，2011年，第433頁。

89　孫中山：《孫中山全集》第9卷，第243–244頁。

成的明顯而又深刻的歷史矛盾是：清代的君權政治雖以天澤分嚴立界，但其「綱紀猶自肅然」卻使之能夠獲得和保有一種公共政治的形態，並因之而表現為一種有秩序可循的政治；而民國政治雖以共和為宗旨，但其「綱紀未立」卻使之一開始便成了一種難以形成公共性的政治，並因之而表現為一種「上無道揆，下無法守」[90] 的沒有秩序的政治。而就其本性來說，則沒有公共性的政治和沒有秩序的政治，不僅是與共和政治彼此相歧的，而且是與共和政治互不相容的。

　　與這種矛盾相為因果，則在這個世局大變的過程裏，因公共信條的崩潰而造成的內在秩序的解體，便對稱地面對著因政治之缺乏公共性而造成的政治秩序的解體，而與這種缺乏公共性和沒有秩序可循的政治相為匹配的，是人無宗旨的皈依和人無立身的守則。當日的輿論所說的「我國今日，固未嘗無所謂上流社會者」，其「能嶄然現頭角者，皆其最工於迎合惡社會而揚其波者也。故名則上流社會，而實下流莫此為甚」。[91] 這些話描畫的是民初中國的政治主體，而以「下流」為統括之詞和總評之詞，正說明民初中國的政治主體之被人普遍鄙夷和整體疏離。與二千年中國士人政治的歷史相比，已不能不算是前所未有。但作為一個歷史過程，這種「名則上流社會，而實下流莫此為甚」的事實雖然醒目地出現於民國，溯其由來，卻是以清末新政大幅度地改變了中國政治的主體構成為起端的。清末新政留下了一種不同於前代的人物起落和榮枯的走向，也留下了一種被改變了的政治主體。而後帝制變為民國，沿著這一走向一群一群地進入政治主流之中的，還有閱歷各異，懷抱各異而被世人分別指為黨人、武人、官僚、政客的一時之雄。一則記載說：朱家寶辛亥之役「任皖撫，反抗義師」。後「見民軍勢盛」，知不能敵，「遂向人曰『我本明唐王八世孫，滿清入關，傾覆大明社稷，臥薪嘗膽，思雪會稽之恥者，匪一日矣，特未得其當耳』，並自出宗譜相示」，民軍受騙，奉之為都督。而相隔不過一日，「復與

90　康有為：《康有為政論集》下冊，第713頁。

91　梁啟超：《飲冰室合集》第4冊，《文集》之三十，第44頁。

張勳暗通聲氣」，遂被驅逐。迨民國初年至北京，曾「入國民黨籍」，而當「袁氏僭登九五」之日，即以「首先稱臣為天下率」；之後又於丁巳年身入局中，「運動復辟」，並授為「民政部尚書」。[92] 論其身世，但見一路留下的都是反覆。另一則出自外國人的記載說：「陳其美現在是滬軍都督，他的職業是新聞記者，現在成了將軍，不久前又當上了商業總長，對這樣的職位，他和你的僕人一樣不能勝任。為什麼他能如此，原因是上海有一萬五千人的部隊給他撐腰。」[93] 與之相類似而氣焰稍遜的，又有何海鳴自述「予生二十餘年，曾為孤兒，為學生，為軍人，為報館記者，為假名士，為鴨屎臭之文豪，為半通之政客，為二十餘日之都督及總司令，為遠走高飛之亡命客」。[94] 以何海鳴比陳其美，則兩者都起自亂世，而其先後附著的社會身份雖然雜多，卻各成一類而了無統緒，由此反照的應是人在亂世中的政見化為活力四射，以及活力四射背後個體不止不息的進取心和進攻性。還有一則記載說：林長民「能文章，善議論，書法《瘞鶴銘》，佳士也。而思以政治家見長」，於「洪憲建號」之日「出力最多」，尤善用諛媚為功夫。其間曾有過「一日朝見項城曰：臣長民民國元年，曾生一子，一月即殤，足見共和制度，不適宜於人民。今上元旦登極，聖主當陽，春和四被，長民竟誕生一子，伏呈皇上，肇錫嘉名，他日長成，永為帝國良好臣民」[95] 的情節。相比於以「政治家見長」的自期，這些話更像是遊士心聲。因此洪憲一局既了，他又能了無窒礙地重回「共和制度」之下，深度捲入當日的政爭，並蔚為研究系的要角。十年之間，林長民慣以縱橫捭闔為長技，[96] 雖久在政治之中而始終不能成為政治家。末了則沿其縱橫捭闔一路捲入郭松齡倒戈，而以死於兵中為結局。所以陳寶琛愛其才，而挽

92　中國史學會：《北洋軍閥》第3冊，第656–657頁。
93　莫理循：《清末民初政情內幕》上冊，第933頁。
94　何海鳴：《求幸福齋隨筆》，上海：上海書店出版社，1997年，第13頁。
95　劉成禺、張伯駒：《洪憲紀事詩三種》，上海：上海古籍出版社，1983年，第183頁。
96　中國史學會：《北洋軍閥》第1冊，第973頁。

聯以「喪身亂世非關命」[97]為定評，説的正是其取死於太不安分的政客本性。

　　這些人各有一副面目，但又富有代表性地匯成了那個時候中國社會政治主體中的多數共相。在他們之外，更等而下之的，還有以「李鴻章侍童」起家的段芝貴，以「雲南蒙自土司」起家的龍濟光，以及晚清為吏因「貪劣」被「褫職訊辦」，而民初治皖復「賄賂公行」[98]的倪嗣沖等等一茬一茬的武人。數千年歷史中國以政治與倫理的合一為人世間的理所應然，但這些人物的合群之共性，卻都在於手中操弄政治而心中全無對應的倫理，隨之而來的，便是這些人物熏化所至，政界遂別成一重世界：

> 昔之爭富貴利達也，賄賂之無恥，機詐之相謀而已。今乃至以手槍相劫制也，以謾罵相詬辱也，以仇恨相殺戮也。昔之貪官污吏也，擇肥而噬，積以歲月。今則朝不及夕，席捲而逃。昔之士大夫雖無政無學，然或謹守自好，或以詩文金石古董為娛樂。今則消畫夜於麻雀，合官僚以狎邪。耳不聞道德之經，口不講政治之學，情類乞丐，行同劫盜。[99]

作者夾一派忿鬱説彼時之世相，筆底便多意氣流瀉。但其間層層對舉的今昔之比，則記實地寫出了世人目中所看見和意中所感知的今時與往昔的大不相同。

五　民初中國：共和國體與反共和的政治

　　從清末到民初，在社會結構分解過程中出現的這種脱出了倫理的政治主體，以及這種主體提調之下的喪失了公共性的無序政治，其一路施展既是在以打碎格局為自己的格局，便一定會使以共和立政體的

97　劉成禺、張伯駒：《洪憲紀事詩三種》，第183頁。
98　莊建平編：《近代史資料文庫》第2卷，第268–270頁。
99　經世文社：《民國經世文編》第8冊，第5077頁。

中國名與實無從對稱，不得不在這種沒有格局的格局裏困於反共和的
政象之中。

　　由於綱紀維持的公共性隨綱紀蕩然而在政治中消失，沒有綱紀的政
治遂很容易地在「情類乞丐，行同劫盜」的政治主體手中變其質地，演
化成以幫派為分化組合，以集團為分化組合，以利益為分化組合的私人
政治。洪憲帝制掀動天下之日，雲南通電起兵，曾以「首禍之人，皆大
總統之股肱心膂」為討伐之辭。[100] 同一個時間裏康有為致書袁世凱，也
說他「為左右所誤，謬受大位」。[101] 而章太炎事後總論，同樣說是「袁氏
晚節，匿深宮、設周衛而不敢出，所任用者皆蒙蔽為奸，神怪之說始
興」。[102] 其間的「股肱心膂」、「左右」、「所任用者」，指代的都是不在官
僚體制設定的內外關係、上下關係的等序之中，而因袁世凱一己之賞識
和信用而圍在他周邊，從而能夠進入、又長久盤踞於政治上層的人物。
其時在袁世凱身旁管事的唐在禮後來說：謀劃帝制和籌辦帝制之日，
「在袁周圍主要有三個包圍圈：一是朱啟鈐、梁士詒、楊度、顧鰲、夏
壽田等；二是袁克定、段芝貴、袁乃寬、張士鈺等；三是官邸中袁的妻
妾及兒女等」。[103] 與後一群人相比，前兩群人更主動和更得力，並因其
更主動和更得力，正非常具體地說明了彼時政治的私人化，以及私人化
政治的實際模樣。當這些人物圍繞袁世凱而形成一圈一圈的時候，他們
便同處於袁世凱個人意志的影響之下和左右之下，以此為中心，也以此
為歸宿。但私人化的政治本無綱紀而以各利其利為聚合，因此，在袁世
凱影響其周邊人物的同時，圍繞於其周邊的人物也會以各自謀一己之利
的籌算切近地影響他和引導他。而後是慣於以私人政治駕馭別人的袁世
凱，也在這種相互影響裏不知不覺地成了私人政治裏的被駕馭者。時人
記述洪憲帝制史事，其中一節說護國軍起於西南以後，「二十五日國務

100　中國史學會：《北洋軍閥》第2冊，第151頁。
101　康有為：《康有為政論集》下冊，第940頁。
102　章太炎：《章太炎政論選集》下冊，第749頁。
103　吳長翼：《八十三天皇帝夢》，北京：文史資料出版社，1983年，第157頁。

會議，項城云：『雲南自稱政府，照會英、法領事，脫離中央。此事余本不主張，爾等逼予為之。』眾默然」。[104] 至其臨死之際，又召來袁克定，告之以「這個事我做錯了，你以後不要再上那幾個人的當」。[105] 若以此比照他在籌安會宣言發表之日所說的「輿論是空氣作用，已早有布置，外交有英美箝制日本，軍事我有把握」，[106] 則其間的錯判顯然不少正是來自於那些圈子之中。他在此日意識到的被駕馭，對於康有為所說的「為左右所誤」，章太炎所說的「所任用者皆蒙蔽為奸」，都成為直接的映照和實證。而梁啟超當時引為詫異的「此人[袁世凱]比來不解何故，百凡舉措，皆失其常」，至有「此次僭號之舉」的「生吞活剝，倒行逆施。以彼巧人，有此笨筆，非天奪魂，何以及茲」；[107] 以及徐世昌事後引為詫異的「項城一生走穩著，獨帝制一幕趨於險著，此余之所不解者」，[108] 則他們都在以他們眼見袁世凱之前後殊異，而不能用常理相推度的不可知論，說明了沒有綱紀的民國政治，比猶有綱紀的晚清政治，其君臣之間以奏摺、詔書，覲見、召對相往來，以及聚朝臣為廷議和合疆臣為共議的昭然和鑿然更不可測，也說明了人在私人化的政治中，便是人在彼此操縱之中，並因之而不能不顛倒於予智自雄和身不由己之間，遂成其既沒有政治的常態可尋，也沒有個體的常態可尋。

　　與這種缺乏公共性的主從關係以利相聚，利盡人散相比，民初政治中更容易見到的，是私人化對私人化所觸發的政爭和政潮。袁世凱時代過去之後，政事的重心移到了總統黎元洪和總理段祺瑞的手中，而政事的衝突也起於黎元洪和段祺瑞之間。時人旁觀兩頭之間的相鬥相剋，曾言之感慨地評而論之曰：「以宋卿之寬和，以芝泉之清嚴，在吾國顯者中，實不易得，以二人之賢，相爭相厄，猶至此也。」[109] 比之袁世凱的累

104 莊建平編：《近代史資料文庫》第2卷，第142–143頁。
105 吳長翼：《八十三天皇帝夢》，第83頁。
106 杜春和等編：《北洋軍閥史料選輯》上冊，第171頁。
107 梁啟超：《飲冰室合集》第8冊，《專集》之三十三，第28頁。
108 吳長翼：《八十三天皇帝夢》，第299頁。
109 康有為：《康有為政論集》下冊，第997頁。

受道德抨擊，黎元洪之被稱為「寬和」，段祺瑞之被稱為「清嚴」，都説明
他們在世人心目中的個體道德形象猶在可觀可取之列。但總統有僚屬，
總理也有僚屬，在沒有綱紀的私人化政治既已成為一種實際政治之後，
總統與總理之間的關係，便很容易變成僚屬與僚屬之間的關係，並且由
僚屬與僚屬之間的關係倒過來牽動並擺布於總統和總理之間。局中人後
來追敘説：「黎段本可合作。黎為段擁戴而出，雙方原具好感」，而其時
徐樹錚「為陸次［陸軍部次長］兼國務院秘書長，務爭公府權。黎左右積
不能平，頗勸元洪獨斷，自是判牘多所批削，樹錚堅執不可，府院之爭
益烈。內務總長孫洪伊素惡樹錚，則助黎以抑段」，遂至「朝列水火」。[110]
而後是「寬和」與「清嚴」皆不能敵徐樹錚的跋扈和孫洪伊的自負。這一場
衝突起於僚屬之間的各逞手段，演為總統府與國務院的勢不兩立，而由
此攪動內政外交，並引來督軍以武力各示向背的合群跳踉。之後的因果
遞連，又最終導致了張勳積久而發的丁巳復辟。這個過程裏不會沒有利
益之爭，但溯其原始，直接引發了府院之爭的對撞則大半起於可以目睹
的個人意氣。之後的意氣因權力而橫行，遂帶來這種既無政見可言，又
無是非可分的互相對峙和衝突不息，以權力人物的缺失理性導致當日政
局的無可收拾。隨後是兩頭都成了混亂時勢中的不能自主者。其間因果
相承，顯示的正是政治私人化中所內含的更加雜亂無章的一面。

　　以更長的時段和更寬的視野著眼通觀民國初年，則所見更多的尤是
一種政治私人化的普遍性：

> 官僚政客結合之派系，亦各有附麗，冀憑藉武人，擴張其勢力，
> 而為政界之活動。彼武人每為各派利用而不自知也。如安福系、
> 新交通系之屬皖派，研究系、舊交通系之屬直派，各派人物輒於
> 暗幕中，慫恿武人，引起政潮。武人賦性戇直，遇事不知揣度，
> 宜墮其奸佞之計矣。故就近年政潮而論，雖多為武人之激成，而
> 作祟其間之官僚政客，其禍國殃民之罪，尤擢髮難數也。[111]

110　莊建平編：《近代史資料文庫》第2卷，第24、267頁。
111　莊建平編：《近代史資料文庫》第2卷，第255頁。

這些事實反映了民初的中國政治因喪失了公共性而私人化，以及人在私人化的權力關係之中的隨時而變和隨勢而變。然而作為舊日秩序解體的結果，這種因喪失了公共性而私人化了的政治歧變，同時又會越出權力關係的範圍而化為一種籠罩四邊的影響，並且以自己的影響營造出一種不同於往昔的政治環境，使更多的人身在這種環境之中隨之而變和不得不變。章太炎後來說：「綜觀開國以來十餘年中，贊帝制，背民國，延外患，參賄選，及諸背義賣友之事，革命黨之不肖者皆優為之。」[112] 他陳述了那個時候的人事和世情，而寫照的則是黨人與武人和官僚同在沒有公共性的政治之中，其中之「不肖者」遂以私人化對應私人化為跟著走。以黨人的本來面目作比較，由此生成的實際上是一種沒有了面目。

由於這種喪失了公共性的私人化政治實際地支配了民初中國的政局，與之相應而隨之而生的，便是政治中的以私人本位，又以私利為導引，使人性中的惡得以四面遊走而化為政治中的惡。當日陳煥章身在這個過程之中，慣見其間之情狀，然後概括言之曰：

> 現在之政局，果何局耶？以國內言之，則造謠之局也，詬詈之局也，鬥毆之局也，棍騙之局也，賄賂之局也，暴亂之局也，暗殺之局也，分裂之局也。[113]

一旦入其間，則別成一幅肝腸：

> 不知有國，不知有民，惟一己之知。即其對於一己，亦一切不顧，而惟知有面前最短促時間之權利。嗚呼！今日政界之中，無上無下，無大無小，其普通之心理，如是而已矣。生於其心，害於其政，發於其政，害於其事，夫是以有現在之政局。[114]

---

112 章太炎：《章太炎政論選集》下冊，第823頁。
113 陳煥章著，周軍標點：《陳煥章文錄》，長沙：岳麓書社，2015年，第62頁。
114 陳煥章：《陳煥章文錄》，第62頁。

在這種「現在之政局」裏，沒有共信，沒有互信，沒有守則，沒有常理，沒有軌轍，沒有限度，「政界」之為「政界」，便只剩下了武人、官僚、黨人、政界之各成派別的起落無定和分合無常。起落和分合都在不斷地造就政局，而一路帶來的則是倒戈、陰謀、暗殺在這個過程裏前所未有的節節苗長，並以此為特色，非常顯目地造就了民初中國不同於前朝的政治現象，由此得到的卻始終是一局不如一局和只能是一局不如一局。

1922年，黎元洪作長篇通電，言之沉痛地切論民國十年以來的政象敗壞致「國家危亡」，其中由政事而及人事，尤感慨嘆息於權勢環繞裏的武人和文人之反覆無常：

> 軍位既尊，爭端遂起。下放其上，時有所聞，婚媾凶終，師友義絕，翻雲覆雨，人道蕩然。或乃暗煽他人，先行內亂，此希後利，彼背前盟，始基不端，部屬離貳。各為雄長，瓜剖豆分。失勢之人，又圖報復，陰結仇敵，濟其欲心。禍亂循環，黨仇百變。[115]

「下放其上」是倒戈和克上；「此希後利，彼背前盟」是收買和叛賣；而「婚媾凶終，師友義絕」一類，則都是與那個時候政事的反覆無常相連而存的人倫的反覆無常。在這種反覆無常裏，最需要穩定的政治關係便成了一種最難以穩定的東西。因此30年代吳虬作《北洋派之起源及其崩潰》，也以此為論史的矚目之所在，統而言之曰：「綱紀二字，已不復為軍人所重」，而後「倒戈」成為以兵事變政局和以兵事謀勢位的慣態，「例如吳對段倒戈，馮對曹倒戈，孫對吳倒戈，劉、周對吳、孫倒戈，郭對張倒戈。凡位至師長者，即希冀督軍，欲得督軍，必以倒戈為捷徑」。其「相忌相脅」[116]遂生生不息而常在一觸即發之中。他所列舉的這些倒戈，以前所未有的密度接連地發生於民初中國，時當道、咸、同、光數十年前朝舊事猶在去此未遠之際，則「清末之兵，上下相維，指臂相

115　榮孟源、章伯鋒主編：《近代稗海》第5輯，1985年，第163頁。
116　中國史學會：《北洋軍閥》第1冊，第1023頁。

使，士皆畏威，將猶用命，雖於國防之大，不足當列強精練之兵，然等威節制，猶復能軍」[117] 的事實便不能不成為人心中的對照。

章士釗說：「自共和之興，吾國忠義故事，化為國家主義。故於裨將倒戈之舉，論者所執準繩，不必一致。」[118] 比之黎元洪以當時人評說當時事和吳虬由後來觀照之前的刻劃描畫，他顯然更著意於說明民國倒戈之多的由來和理路。「國家主義」是一種新道理，但在那個時候的中國又是一種模糊而且懸空的道理。因此「論者所執準繩」的「不必一致」，其實是模糊和懸空照臨之下的無從一致，並因無從一致而能夠各自立論。以「共和之興」為前提，則「忠義故事」化為「國家主義」，本旨自應是人間的忠義從上下之間移到了個體與國家之間。與之相對稱的，便是引國家主義來推倒上下之間舊日倫理的事已既可做得，又可講得，滔滔然言之成理。本屬奉系的郭松林發動兵變討伐奉系首領張作霖之日曾通電天下，以闡說自己的「突起義師，為民請命」：

> 正如留學生欲革前清之命而除其壓迫，卒致武漢起義，民國以成，中外稱曰志士偉人，豈得謂之叛逆也哉？且方今國號共和，所謂忠之界說，應以國家、社會、人民為主體。似張氏專恣跋扈，窮兵黷武，橫徵暴斂，實為國家、社會、人民大害，此等叛逆，驅而除之。[119]

這段話用國家（以及社會、人民）的名義消解了他與張作霖之間本來應有的「忠義故事」。但國家主義在觀念上的模糊和懸空，又使不可具體而見的國家意志同他以一面之辭所表達的一己之好惡、恩怨、評斷和取捨無法剖分地合為一體，並因之而使他的個人意志實際上承當了國家意志的傳達者和代表者。比之「忠義故事」裏的大義不可僭越，顯見得這裏的「國家、社會、人民」都已成了被僭用者。此前多年，已曾有過張

---

117 康有為：《康有為政論集》下集，第1034頁。
118 章士釗：《章士釗全集》第6卷，第3頁。
119 中國史學會：《北洋軍閥》第4冊，第429頁。

作霖通電責備「軍閥弄權」，而自述「一秉至誠，惟國家人民是念」；[120] 臧致平一面領兵入侵浙江，一面通電說「共和國家，民意至尊」；[121] 尤其可觀的，則是直奉戰爭前夕，直省議會「代表三千萬人，九頓首」，請「雙方消除成見，免啟釁端」，而吳佩孚以正邪之不能兩立為回覆，末了且針鋒相對而言之明瞭地說：「諸君代表直省三千萬人民請命，佩孚竊願代表全國四萬萬人民請命也。」[122] 他們都以國家人民為至上，又非常直白地表達了自己不僅與國家人民為一體，而且正在代表國家人民。但由此形成的強有力者各自挾國家以自重，已不能不使民初中國的國家觀念越來越無從指述，從而越來越缺乏實際上的確定性和對應性。其直接的結果，便是本應由上下之間移到個人與國家之間的人世忠義，都在這個過程中消失掉了，倒戈之事常常而見，因此而了無窒礙。

這些事實為一時所共見，它們都說明：「吾國忠義故事，化為國家主義」實際上並沒有得到真正的國家主義。因此人間的忠義雖然消失於倒戈之中，但輿論評判倒戈，卻大半仍然在沿用「忠義故事」的道理為繩尺。1917年皖系師長王汝賢奉派討伐湘南而半途倒戈息兵，致北軍失敗。嚴復舉其事而論之曰：「王汝賢為合肥廿年師弟，信任至深，此次入湘，竟有為陳復初以五十萬買走之事，贓未入手(聞取實行過手者，不過五萬)，已亦為人所逐。此種人尚有面目復出見人，此真吾國之垢。」[123] 在這段歷史情節裏，北軍將領王汝賢本出段祺瑞門下，而以五十萬賣掉了老師；湘軍將領陳復初善用金錢收買對手，而一旦逐願，則食言而肥，使被收買者兩頭落空。而由此引出的嚴復的這一段話，用意並不在為南北之間分是非曲直，其言之耿耿，著力的全是北方軍人的沒有忠義和南方軍人對應而見的沒有信義。他指王汝賢為「真吾國之垢」，注目的顯然是個體，但在一個「忠義故事化為國家主義」與「綱紀蕩然」相為表裏

120 中國史學會：《北洋軍閥》第4冊，第23頁。
121 中國史學會：《北洋軍閥》第4冊，第221頁。
122 中國史學會：《北洋軍閥》第4冊，第25頁。
123 嚴復：《嚴復集》第3冊，第677頁。

的時代裏，王汝賢的被收買和陳復初的收買其實都不是一種個體現象。因此比嚴復更早，二次革命旋起旋落之後，已有過張東蓀的所見略同：

> 上自政府，下至軍官，均提倡金錢主義。一般軍人，只知金錢，
> 不知紀律，不知服從，但得金錢一到，無事不肯為也。所以此次
> 內亂，軍隊居多。當其造亂之時，乃為偉人所買收，及其反正之
> 後，復因政府所買收。是故忽起忽落，均在數日間耳。此風一
> 開，軍界前途不堪問矣。[124]

被他稱為「內亂」的二次革命是一場借軍隊而實現的政治爭鬥，但「偉人」用收買為手段，「政府」也用收買為手段，俱見對立的雙方同在一個時代之中而都沒有自相維繫的綱紀，則各自皆只能以以利驅人為長技，本領相去並不太過懸殊。

　　稍後康有為又曾由二次革命說到護國之役，合南北而統論之曰：「袁世凱善用金錢，專行收買，無論何人，抗而不順者，一揮金錢，無不俯首受撫，累試累效，習而成風，其收買海軍，費六十萬，乃至每卒三百。民軍亦復仿而效之，倒袁之役，以三十萬買海軍，亦復翻然獨立。蓋上既不能令下而指揮之，且畏其嘩變逐已也，除以金錢買外，更有何術？」[125] 由此派生的因果，便是戰場之勝負，常會在不斷的倒戈之中隨利益之大小而走。所以，二次革命後四年，孫中山以「護法」為名義在南方立軍政府之日得德國人資助，又曾沿此舊轍，「以五十萬元送給海軍」，換來「七艘海軍艦艇」的倒戈南下。[126] 對於一個以共和為理想的人來說，這不會是一種自願的選擇，但身在政局之中，卻又是一種實際的選擇和有效的選擇。而當一個共和主義者也不能不取這種與共和主義相反的手段為方法，用之以實現自己政治理想的時候，其知行之間自

---

124 經世文社：《民國經世文編》第4冊，第2633頁。

125 康有為：《康有為政論集》下冊，第1035頁。

126 韋慕庭著，楊慎之譯：《孫中山：壯志未酬的愛國者》，廣州：中山大學出
　　版社，1986年，第102頁。

第二章 共和與一個社會解體的中國 | 457

相扞格的矛盾和抵牾，又比嚴復和張東蓀的局外疵議更加深刻地反映了民初中國的政治困境。

知與行相扞格，正說明共和初立的中國同時又是一個社會結構正在解體之中的中國，因此心中之所知無法施為以實事程實功。而後是知與行兩不相及之下，本來各有法則以維繫於人際的公私關係，在社會結構解體的過程中四分五裂之後，已一變而為「不但國家無可信之爪牙，即私人亦無不渝之徒黨」，遂至「橫覽宇內，率皆地醜德齊，莫能相尚」。[127]國家與個人之間的政治關係既已脫落，個人與個人之間的人倫關係也已脫落，而後是收買和倒戈便成了真實的政治和常態的政治。

章士釗說：「十餘年間，國內差有歷史約略可數之各派勢力，有若七巧板然，變亂一次，新拼合一次，攻守無定策，友仇無定位，分合變換，為時之適。」其間起落無定，而「凡可以傾敵自申」，以「布其權勢者」，必「機變百端，陽排陰擠，無所不用其極」。[128] 他既與黨人一面有淵源，還與西南一面有淵源，因此熟識當日的政派，遂能總體而論地評說之。然而「各派勢力」俱以既「無定策」又「無定位」的政爭為政治，則其「機變百端，陽排陰擠，無所不用其極」之下，收買倒戈顯然都不能算是止境。民國政治以黨人、軍閥、官僚、政客為主體，四者同在一個無序的政治過程之中，而各自的路數則並不完全相同。嚴復筆下的王汝賢，張東蓀筆下的「一般軍人」，以及因「五十萬元」的收穫而歸附南方的海軍，都出自軍界之中。由此形成的共相，已實證地說明，其時的政潮起伏裏，最容易被當作收買對象並最容易因收買而倒戈的大半都是武人。與之相比，則政客和黨人多自負韜略，以合縱連橫倒海翻江的陰謀政治為長技，時人謂之「拍賣風雲雷雨」，[129] 以言其翻來覆去於手掌之間的聲勢可觀。然而合縱連橫倒海翻江之後，多見的又往往是起於籌算謀劃而止於不可收場。

---

127 嚴復：《嚴復集》第3冊，第678頁。
128 章士釗：《章士釗全集》第4卷，第173頁。
129 中國史學會：《北洋軍閥》第4冊，第215頁。

　　洪憲帝制了局之後天下重歸民國，隨之而來的則是各以天下為懷抱的國民黨和進步黨交鬥於國會之中。由於「民黨在國會勢力頗厚」，遂使進步黨以勢相較而力有未逮，而後是「湯化龍與梁啟超密謀」，借「制憲之爭」，從國會之內籌劃到國會之外，「乃星夜派林長民南下，促各省督軍通電指摘民黨阻撓制憲」，並經「林長民承意捉刀」，而有「倪嗣沖等請解散國會之電」。其間又有湯化龍「親赴蚌埠遊説」。曾經近距離地旁觀了這一場合縱連橫倒海翻江的吳虯事後記敘説：

> 湯由蚌返津，余適由北平至津，相值於車站，執詢時局如何收拾。湯以得意態度，耳語余曰「不日即見分曉，不如此，不能斬草除根也」。余以諍友意味，反詰曰「何苦作此大孽，這是政治罪惡」。湯曰「君何膽怯？」余曰「解散國會，是以革命造革命，十年大亂，未可知也」。湯曰「理論誠然，但事實上我有補救方法，請稍待」。余即一笑而別。

蓋「湯意在剗除民黨在國會根據，另謀改選，造成進步黨為多數黨之國會，再以國會之法定職權」更圖遠大。這個過程不能不借助於北洋軍人的協力合作，但與之合作的武人一面，則自始即以「梁、湯輩只能利用其虛聲，點綴北洋門面，實在事，還要我們自家有辦法」為彼己之界和基本立場。因此，此後的段祺瑞內閣與「梁、湯輩」之間，便各逞算計而越走越遠。迨安福國會成立，「梁、湯輩」實際上已被放置於門外，遂使其施權術為能事的苦心經營化為全盤落空，化為心頭大患。作為回應，繼之又有「進步黨銜前次被屏之憾，密謀倒段，派湯化龍遊歐，從外交上挑撥英美惡感，以制段死命」。於是前一段合縱連橫倒海翻江的結局，復引出了後一段再起的合縱連橫倒海翻江，而能事猶是一派權術。其間尤其能影響當時，並以此構成了五四運動歷史過程中另外一個側面的，是林長民淋漓盡致地顯示出來的策士的能力：

> 其時巴黎和會條約甫成，山東問題，仍虛懸未決，國人痛心失望，拒絕簽字，全權代表陸徵祥懾於民氣，正苦兩難。林長民利

用學生愛國熱誠，將各項借款，與巴黎和約，揉雜牽連，以亂學
生耳目，日以徐樹錚勾結曹汝霖賣國之說，聒於眾耳。學生激
昂萬分，結隊遊行，擬赴趙家樓曹宅示威，詰外交顛末，曹適外
出，其父在宅會客，章宗祥在座，學生誤認為曹，痛毆幾死。

抉其因果，則「曹為段系」，而「林意在對段泄憤」。[130] 這一節記敘著眼
於以林長民對學生的個人影響說五四運動，顯然不能算是全面之論和深
刻之論。但由此描畫的政客之善於挾私意以立公論，及其善用鼓盪言論
來掀動政潮，無疑皆能以政客的沒有真意寫出政客之作用於政治的歷史
真相。從傾力「剷除民黨在國會根據」到「密謀倒段」，主導這個過程的
都是看不到政見的權術和詐術，而用之以為政爭中的常法和大法，則政
爭所起之處，政治便很容易蛻變為陰謀，並因之而既不能以人世間的情
理相推度，又不能以人世間的情理相對應。

　　進步黨以其合縱連橫倒海翻江演示了政治陰謀化的一個實例，但在
人以群分，而各以小智小慧對小智小慧的民初中國，又遠不是只有進步
黨一家獨擅此技。二次革命失敗之後，袁世凱曾公布過他所起獲的「該
國民黨黨員與國民黨議員計劃」的「種種隱謀」。就文義而論，用「隱謀」
為指述，實已等同於陰謀：

---

130 中國史學會：《北洋軍閥》第1冊，第976–978、983頁。林長民在五四前
　　夕之鼓動學生，參見曹汝霖：《曹汝霖一生之回憶》（台北：傳記文學出版
　　社，1980年，第155–156頁）：「有友人來告，學潮又起來了。這次似有背
　　景，且像有組織，有名人在街頭演說，不是學生，歷數你們種種罪惡，中
　　有一人，你亦相識（姑隱其名），竟异了棺木在旁，大罵你為親日派，甚至
　　說你不但想出賣山東，連中國都要給你賣掉了。說你簽了廿一條還不夠，
　　將來必將與日本簽中日合併條約呢，你們學生，怕還不知道。還說他有權
　　力，可能殺我，我拚了一條命，跟他鬥到底，故將棺木預備此。此人演說
　　即在北大近處，頓時學生來聽數百人，學生大聲說道，我們也非跟他拚命
　　不可。」其中的「姑隱其名」，所指即林長民。

議員朱念祖致李逆烈鈞號電,內稱黎氏悍然請兵中央,近調李軍
扼武穴,我公聯合七省先發制人,機不可失。謹遵來示,秘密進
行等語。又徐秀鈞致李逆烈鈞個電,內稱黎藉鄂亂,急電進兵,
聞已派六師先發,二師繼之,明為鎮鄂,恐侵及贛。望速防要
塞,以備對待等語。又江電內稱孫、黃二先生大計已定,公宜速
圖籌洋五十萬元,屆期接濟等語。又文電內稱倡七省聯合,攻守
同盟。皖浙尤關緊要。皖贛唇齒,贛若以全力攻鄂,皖必出師豫
魯,攻其必救。又滬上英士力薄,必得浙助,可策萬全。常恒
芳、凌毅等十二人公電柏公,得覆如約。褚輔成等十人曾致電杭
垣,浙之同志來電云,朱督模棱兩方,恐敗吾事,並聞其告密袁
氏。必不得已,以猛烈除之,毋人負我。又冬電內稱,近來內訌
迭起,作速進行,機不可失。黃聯寧皖,孫聯桂粵,寧為根據,
速立政治,外人一出調停,南北分據,指日可定等語。

在這些引自電報的文字以外,又有「天津警察於十月六日搜得人力車上
皮包內,何海鳴與其黨首函中,有『假託賊政府軍隊,肇釁英俄,使外
人從而干涉』等語」的建議,而「意在挑戰強鄰,激成分裂」。[131]

雖說黨人之間的這一類籌劃都屬不宜放到檯面上來公示的密謀,但
其中大半猶是政派之間的各逞手段和智術的互相算計,在當日的一派紛
爭裏並不足以引出特別的訝異。但其間的「冬電」以「外人一出調停」為
謀想和預期,顯然已越出了政爭的本義和範圍,走到了常人所知的規矩
和道理之外,而何海鳴之蓄謀用嫁禍對手的辦法引來外人的「從而干
涉」,則不僅出格,而且更多了一層匪夷所思的狙詐和不計後果的險
厄。袁世凱稱為「言之令人不寒而慄」,[132] 就其積數十年明爭暗鬥之後的
手段老辣,此日發為一嘆,亦見政治陰謀化之漫無邊際在當日曾經達到
的恣睢程度。而以何海鳴分屬民黨,本在首創共和之列的事實為對比,
又俱見時當民初中國,名實相孚的共和猶在遙遠而不可即之日,則人在

---

131 經世文社:《民國經世文編》第4冊,第2650–2651、2655頁。
132 經世文社:《民國經世文編》第4冊,第2649頁。

政爭的漩渦裏弄潮，其實是以小智小慧回應小智小慧的陰謀政治更直接，更順手，從而更易見事功和更有吸引力。此中未必沒有人隨勢走的身不由己，但共和之為共和，也因之而越去越遠。

陰謀政治能夠倒海翻江，能夠「令人不寒而慄」。而由此走向極端，則還會喚出殺機，並引此以入政治，用暗中消滅對手為直截了當的辦法。因此，與之相應相生的，便是民初中國的政治暗殺之多，尤其前所未有，觸目驚心。其中因一人身死而動天下之兵戈的宋教仁案，在當時的輿論裏和後來的敘述中都以其影響之大而成為典型。但以民國為限而按之歷史，則宋案之前一年，已有光復會領袖陶成章在上海廣慈醫院被「刺客二人」槍擊，「不明不白而死」。[133] 在宋案之後的十多年裏，又有上海鎮守使鄭汝成在虹口被「數匪銃擊」而死；[134] 有議論為時所重的記者黃遠生隻身赴美後兩個月，「在舊金山被人暗殺」；[135] 有一手謀劃調度暗殺了陶成章和鄭汝成的陳其美，在上海法租界被「突入二人」用勃朗寧槍「狂擊」，遂在他人的謀劃調度之下無地可逃，同樣以死於暗殺為其一生之結局；[136] 有研究系（進步黨）領袖湯化龍遠走加拿大，而於「攜步華街」之際，遭「賊從群人中以手槍迎擊」，致「中兩彈，立仆地死」；[137] 有廣州軍政府的海軍總長程璧光「乘小艇渡江，及岸，賊突至，舉銃擊之，中肋穿胸，遂卒」；[138] 有廣州軍政府的第一師師長鄧鏗自香港「返粵垣，甫出廣九車站，突遭兇徒以手槍阻擊，中兩彈而死」；[139] 有廣州國民政府財政部長廖仲愷「赴中央執行委員會議」，至會場門口而

---

133 陶成章著，湯志鈞編：《陶成章集》，北京：中華書局，1986年，第436頁。

134 鍾碧容、孫彩霞編：《民國人物碑傳集》，成都：四川人民出版社，1997年，第589頁。

135 黃遠庸：《遠生遺著》上冊，北京：商務印書館，1984年，第1頁。

136 鍾碧容、孫彩霞編：《民國人物碑傳集》，第430頁。

137 鍾碧容、孫彩霞編：《民國人物碑傳集》，第196頁。

138 鍾碧容、孫彩霞編：《民國人物碑傳集》，第842頁。

139 鍾碧容、孫彩霞編：《民國人物碑傳集》，第86頁。

遇「兇徒五六人突起狙擊，遽卒」[140] 等等。而與這一類槍聲與血光相為映對的，還有章太炎〈與黃季剛書〉裏所說的「昨聞述黃克強語云：章太炎反對同盟會，同盟會人欲暗殺焉。以其所反對者，乃國利民福也，賴我抑止之耳」的用之以為「恫疑虛愒」，[141] 以及戴季陶署名「天仇」在《民權報》上列指「熊希齡賣國，殺！唐紹儀愚民，殺！袁世凱專橫，殺！章炳麟阿權，殺！」並以「此四人者，中華民國國民之公敵也。欲救中華民國之亡，非殺此四人不可」[142] 為不得不然的鼓吹。

這種對於影響一時的人物前後相接地施之以暗殺和脅之以暗殺成為一時慣性，是二千多年中國歷史留下的政治倫理和政治傳統所無從識得和沒有先例的，但在民初中國又真實地成為一種不息不止的政治現象。宋案之後，梁啟超說：

> 暗殺為天下莫大之罪惡，且為最可羞之罪惡，此不煩言而可識也。然而愈近世，而此風乃愈盛者，則偏頗之輿論實有以獎之。故其毒乃深中於人心而不易湔撥，所謂生於其心害於其事也。[143]

相比於「暗殺為天下莫大之罪惡」，他更關注和著力的顯然是追究「偏頗之輿論」，以說明「此風乃愈盛者」的源頭和來路。然而此前九年他作〈俄國芬蘭總督之遇害〉一文，敘述俄國駐芬蘭總督被芬蘭元老院議員之子「以短銃暗殺」，而後大讚曰「嗚呼！壯哉此男子，壯哉此男子」；復大讚曰「嗚呼！天下淋漓痛快之事，孰有過此者耶？孰有過此者耶？」並以「即使無成，而博浪之椎，亦足使民賊驚心動魄」寫照其精神不滅，而總歸之於「快哉虛無黨」，[144] 表達了一派言之慷慨激昂。以此對照前後，則既可以看到其時的梁啟超不僅曾深信「偏頗之輿論」，而且曾鼓盪「偏

140 鍾碧容、孫彩霞編：《民國人物碑傳集》，第903頁。
141 章太炎：《章太炎政論選集》下冊，第596頁。
142 戴季陶著，唐文權、桑兵編：《戴季陶集》，武昌：華中師範大學出版社，1990年，第389頁。
143 經世文社：《民國經世文編》第4冊，第2560頁。
144 梁啟超：《〈飲冰室合集〉集外文》上冊，第167–169頁。

頗之興論」，也可以看到他指為「偏頗之興論」的東西大半不是土生的，而是傳入的。與當日的梁啟超立論相近，並且比梁啟超講得更加明瞭的，還有吳樾名之為「暗殺時代」的一套道理：

> 予於是西驗歐洲，東觀日本，而見其革命之先，未有不由於暗殺以布其種子者。俄之虛無黨，其近事矣。今日大地之上，轟轟烈烈，傾人耳目者，莫若虛無黨之名。夫亦知虛無黨之於今日，為何時代乎？於昔日又為何時代乎？吾敢斷言曰：「十九世紀下半期，為虛無黨之暗殺時代；二十世紀上半期，則為虛無黨之革命時代。」不有昔日之因，焉得今日之果？[145]

之後又推而論之曰：「我漢族何為乎？我同志諸君何為乎？吾有敢斷言曰：『今日為我同志諸君之暗殺時代，他年則為我漢族之革命時代』。欲得他年之果，必種今日之因。」[146]

這一套由「西驗歐洲，東觀日本」而來的道理進入中國之後，又促成中國的志士以之重釋久被湮沒於古史之中的刺客精神，並以「崇俠」[147]相為呼應，直接造就了虛無黨的中國化。於是而有「我國當清之季，暗殺案屢起，吳樾之於五大臣，徐錫麟之於恩銘，汪兆銘之於載灃，熊成基之於載洵，某某之於孚琦、鳳山，國人莫不敬其志」。[148]以這些論說和事實作觀照，顯見得沒有暗殺傳統的中國政治至20世紀初年而暗殺「屢起」，本是隨同東西洋學理一路俱來的外國範式影響的結果，從而是由近代化歷史變遷所催生，並被當作新事物的一種政爭的異態。之後由清末的暗殺到民初的暗殺，則一面是「此風乃愈盛」，一面是當初從虛無黨那裏借來的那層意義已經全幅剝落，本被志士用之以寄託革命的轟然一擊，正隨陰謀政治之恣肆橫決而既改變了暗殺的主體，又改變了暗

---

145 張枬、王忍之：《辛亥革命前十年間時論選集》第2卷，北京：生活・讀書・新知三聯書店，1963年，下冊，第718頁。
146 張枬、王忍之：《辛亥革命前十年間時論選集》第2卷，下冊，第718頁。
147 張枬、王忍之：《辛亥革命前十年間時論選集》第3卷，第82頁。
148 經世文社：《民國經世文編》第4冊，第2563頁。

殺的對象，純然化為「如訓狐如鬼蜮，乘人不備而逞其凶」的人世之大
患。因此昔日歌頌過虛無黨的梁啟超此時言之切切，為「偏頗之輿論」
糾錯，而末了概論之説：「暗殺之動機，出於義憤者，最上已，然君子
固已憐其愚；出於沽名者，亦其次也，然斲國家之元氣以成一己之名，
居心既不可問矣；若乃自挾宿怨，蓄志欲死其人，又憚法綱不敢躬親，
而賄嗾人以行之，則是合蛇蝎鬼蜮而為一，不足復齒於人類。而彼之受
賄嗾而代人犯科者，則操業更與娼優無異，斯益不足責矣。」[149] 雖説他
各分類別而各作評説，但就他行文以「暗殺之罪惡」立名，以見其論述
的主題之所在而言，則其意中所對應的顯然是曾經有過的「出於義憤」
已經全不可見，起而代之的大半都屬「合蛇蝎鬼蜮而為一」。

　　把暗殺比為「合蛇蝎鬼蜮而為一」，表達的是直接的善惡評判和強
烈的道德譴責。多數人之憎惡暗殺，其共有的尺度其實也在於此。但
作為一種具體的政治行為，民初中國的暗殺直接影響於當日政治的，猶
不全在道德一面，其真正可畏的地方更在於這種「蛇蝎鬼蜮」的行為事
前不可測，而尤其在於事後的不可知。洪憲帝制失敗之後，嚴復在一封
信裏説：「蓋項城之反對眾矣，而最制其死命者，莫如日本；洹上之危
機夥矣，而莫厲於暗殺之傳言。」然後就後一面詳論之曰：

> 自辛亥改步以來，洹上之得有首位者，無他，舊握兵權，而羽翼
> 為盡死力故也。生性好用詭謀，以鋤異己，往者勿論，乃革命軍
> 動，再行出山，至今若吳祿貞，若宋教仁，若趙秉鈞，若應桂馨，
> 最後若鄭汝成，若張思仁，若黃遠庸，海宇嘩然，皆以為洹上之所
> 主使，夫殺吳、宋，雖公孫子陽而外之所不為，然猶有説，至於趙
> 秉鈞、鄭汝成，皆平日所謂心腹股肱，徒以泄密滅口之故，忍於出
> 此，則群下幾何其不解體乎？事極冥昧，非經正式裁判，吾曹固不
> 敢遽以為真，然即此謠傳，已足致眾叛親離之惡果。[150]

149　經世文社：《民國經世文編》第4冊，第2560、2564頁。
150　嚴復：《嚴復集》第3冊，第637–638頁。

在他所列舉的這些被掛到了袁世凱名下的「暗殺之傳言」裏，大半在當時都屬各有多種可能，從而可以生成多種解釋的疑案。此後歷經百年，至今日讀史，這一類「暗殺之傳言」大半仍然是無從用實證來全盤描畫真相的疑案。而與「海宇嘩然」相比較而見的，又有當時人的另一段別樣記述，說是「民國四年，上海鎮守使鄭汝成被狙擊死，世亦誣項城遣人殺之。余嘗讀鄭崇采書知端委，語人弗信。及陳其美亦被人擊死，同黨布哀啟，言其美遣人殺鄭，事乃得白。孔子曰：『君子惡居下流，天下之惡皆歸焉』，豈不信哉？」[151] 與之相彷彿的，還有閻錫山多年之後為吳祿貞撰碑文，敘其死於暗殺之情節，以「清軍諸使良弼與公相善也，然內實忌公甚」[152] 為推測之詞而無涉於袁世凱。當時閻錫山正與吳祿貞合謀革命，有此切近之知，事後說其間的曲折，自然更靠得住一點。而由武人而及文人，則黃遠生死後二十五年，其遺文輯為《遠生遺著》，張君勱為之作序說：「反袁之同志如遠生者，竟死於非命。蓋民元以來，政黨間之誤會，實有以致之也。政治上之動作，一正一反之間，最易引起惡感，濟武先生以反對復辟之人，且以不得志於段內閣，乃出國遠遊，而海外同胞視為袒護北洋派而置之於死地，非事同一轍者乎？」[153] 他以委婉的修辭說出了黃遠生反洪憲帝制，卻死於反洪憲帝制的黨人之手的事實，順便又說出了此後湯化龍與北洋派不協，卻同樣也死於反北洋派的黨人之手的事實。此中的因果離奇，顯然更過於鄭汝成之死和吳祿貞之死。同他們比，宋教仁案、趙秉鈞案、應桂馨案自始皆已各有異辭，[154] 且以異辭對異辭，都是既做不到足夠的證實，也做不到足夠的證偽，遂使異辭各附臆測猜想，並因其有聲有色，又更容易感染人心和引發迴響。而後來漸知本相的吳祿貞案、鄭汝成案、黃遠生案，

---

151 周肇祥：《琉璃廠雜記》下冊，北京：北京聯合出版公司，2016年，第394頁。

152 鍾碧容、孫彩霞編：《民國人物碑傳集》，第322–323頁。

153 黃遠庸：《遠生遺著》上冊，序二，第21頁。

154 宋案之後，章太炎說：「邇來宋案、借款二端，人皆激戾，要皆未有事實。」見章太炎：《章太炎政論選集》下冊，第646頁。

此時猶在一派朦朧之中，從而同樣在各附臆測猜想之中和同樣在以此感染人心之中。由這個過程所匯成的「海宇嘩然」，便成了那個時候的一邊倒。

嚴復描述了這種一邊倒，而其矛盾則在於，作為一個富有思想能力的知識人，他並不全信這種陳說於口耳之間的「事極冥昧」；但作為一個身當其時而日在「海宇嘩然」之中的局外旁觀者，他又並非全然不信這種「暗殺之傳言」，於是而有引「傳言」作評說，舉其「忍於出此」為深度非議的那些推論。這種由一個本來並不輕信的人表現出來的既信且疑，則以嚴復一人一身為實例，說明了暗殺作為一種政治行為真正可怕的地方，正在於其事前的不可測和事後的不可知所留下的一片混沌迷離，以及因混沌迷離而產出的漫無邊際的「暗殺之傳言」。時當民國初年，在不可測和不可知罩沒真相的地方，「暗殺之傳言」便非常容易地替代了真相，又因之而非常真實地成了一種影響政局的力量。洪憲末期袁世凱內外交困而且眾叛親離，嚴復以「洹上之危機夥矣，而莫厲於暗殺之傳言」為之說由來，指的正是這種起於混沌迷離的力量由影響了人心向背，而影響了當日的政局，從而為袁世凱的一朝傾覆造就了重要的因果。作為一個曾經無出其右的政治強人，袁世凱此日之困於「暗殺之傳言」而無以掙脫，是其數十年一路崛起的同時，已先期自造了一種「生性好用詭謀，以鋤異己」的人格形象。而後用為對比，以此律彼於臆測與猜想之間，便化成了「皆以為洹上之所主使」的腹誹私議和眾聲喧嘩，遂使「天下之惡皆歸焉」。因此用孔門弟子所說的道理作評判度量，則袁世凱的大病本在他已久居「下流」之中，而「暗殺之傳言」雖出自混沌迷離並以影影綽綽為本來面目，卻正因其混沌迷離影影綽綽而能夠構成一種既沒有確定性又沒有具體性的對應，由此造為莫大的「危機」，對於袁世凱一面來說，顯然已不能全然算是無妄之災。然而「天下之惡皆歸焉」的過程則同時成了一個沒有真相的政治過程。

當袁世凱身死之後，不再有一個人所共識的政治主體來承當這種「天下之惡皆歸焉」，則此後的暗殺所留下的不可測和不可知，雖然依舊在產出臆測猜想，卻只能以無從歸屬為常態。陳其美死，兇手皆「承受

指使」，又因「語多涉權要，讞至今未定」。[155] 程璧光死，「軍府及廣東將吏以令購賊，竟不能得主名」。[156] 鄧鏗死，「咸疑為 (陳) 炯明所嗾使」，而一個月之後蔣介石致書陳炯明，猶以「播弄是非，幸災樂禍者，四放謠言」為陳炯明陳說廣州之政象和自己對這種政象心有不直，俱見當時的各疑其疑和因疑致昧。[157] 而廖仲愷死，其〈傳略〉追論因果，指為「驕兵悍將，貪官污吏，皆以先生所為不便於己私，遂勾結帝國主義為之鷹犬，以謀不利於先生矣」，[158] 顯見得尤其空泛，又尤其模糊。在這種未能定讞，不得主名，各疑其疑和空泛模糊裏，一次次槍聲留下的一處處血跡便都同樣地籠罩於一片混沌迷離之中了。與這種無從追索相比，黃興任南京留守之日，辦公室曾遭槍擊，副官死，而查問追究，至事出粵軍並詞連胡漢民遂中止，[159] 則是黃興因不願大起風波而寧肯不知真相，其用心尤苦。比之清末志士慷慨一擊的轟轟烈烈和明明白白，民初的暗殺則以不見面目和不識由來為共有的手法和路數。梁啟超比為「合蛇蝎鬼蜮而為一」，所指尤在於此。不見面目和不識由來造就的是一種沒有真相的事實，而後是結果變為原因和原因又衍生結果，暗殺之影響所及，沒有真相的政治便成了「積疑蓄難」[160] 的政治和黑暗彌漫的政治。由此留下的一個一個疑案，又成了後人論史不得不面對的重重迷霧。

　　自清末開始的中國社會結構解體的過程，留給民初中國的是因公共信條傾塌而內在於人心的秩序碎裂；因綱紀蕩然而外在的社會秩序潰散，以及一個流品不同於士人的政治主體。因此共和取代帝制，同時是歷史的前後相接已使共和政治既定地成了一種沒有秩序的政治和沒有公共性的政治。隨後的十多年之間，政治的私人化、政治的陰謀化，以及

155　鍾碧容、孫彩霞編：《民國人物碑傳集》，第430頁。

156　鍾碧容、孫彩霞編：《民國人物碑傳集》，第842頁。

157　沈雲龍：《民國史事與人物》，北京：中國大百科全書出版社，2013年，第181–182頁。

158　鍾碧容、孫彩霞編：《民國人物碑傳集》，第903頁。

159　吳長翼：《八十三天皇帝夢》，第268頁。

160　康有為：《康有為政論集》下冊，第872頁。

與之俱來的叛賣、倒戈、暗殺此起彼伏於南北之間，便都在使這一段歷史別入一路，成為一種不斷地展示共和政治之名與共和政治之實無從同一的歷史。

第三章

移入的代議制度走到山窮水盡

一 晚清七十年之間中國人對代議制度的 長久遠望和心向慕之

1911年的革命推翻了帝制,隨後是新造的共和為中國移來了彼邦的代議制度和代議政治。

中國人因共和而得真實地親炙代議政治,但置身於中西交衝的歷史過程之中,中國人對代議政治的觀察和認知則從上個世紀的中葉實際上已經開始了。魏源作《海國圖志》,説「英吉利國」之政事曰:「國中有大事,王及官民俱至巴厘滿衙門,公議乃行。大事則三年始一會議,設有用兵和戰之事,雖國王裁奪,亦必由巴厘滿議允。國王行事有失,將承行之人交巴厘滿議罰。」説「彌利堅國」之政事曰:「二十七部酋分東西二路,而公舉一大酋總攝之,匪惟不世及,且不四載即受代,一變古今官家之局,而人心翕然,可不謂公乎!議事聽訟,選官舉賢,皆自下始,眾可可之,眾否否之,眾好好之,眾惡惡之,三佔從二,捨獨徇同,即在下預議之人,亦先由公舉,可不謂周乎!」[1]他在一個由夷夏分中西的時代裏,以越出了夷夏之界的態度記實地敘述了一種不同於中

---

1 魏源:《海國圖志》中冊,長沙:岳麓書社,1998年,第1382頁;下冊,第1611頁。

國的政治制度。而稱之為「公議」，並嘆之為「可不謂公乎」和「可不謂周乎」，則都明白地表達了其意中的推許和讚賞。稍後，同樣在用心遠看海國的梁廷枏、徐繼畬先後作《合省國說》、《蘭崙偶説》、《瀛寰志略》，於「英吉利國」的「巴厘滿」、「米利堅合眾國」的「議事閣」一類物事又更多了一點記述的詳備，而其間為人注目並容易引出心頭迴響的，則大半也俱在「視聽自民」[2]和「聚眾公議」[3]一面。之後，隨光緒初年開始使節奉派出洋，原本的遠看遂變成了近觀。在這些出使者留下的以實錄寫見聞的文字裏，常常都會提到「巴厘滿」，又常常都會議論「巴厘滿」，而皆能從中見到可觀、可取和可思。即使是曾經引「夷狄之道未可施諸中國」[4]為古今之理以論説時務的劉錫鴻，出使英國之日不由自主地為彼邦的議會政治所吸引，而於其所作的《英軺私記》一書中言之津津：

> 凡開會堂，官紳士庶各出所見，以議時政。辯論之久，常自晝達夜，自夜達旦，務適於理、當於事而後已。官政乖錯，則捨之以從紳民，故其處事恒力據上游，不稍假人以踐踏。而舉辦一切，莫不上下同心，以善成之。蓋合眾論以擇其長，斯美無不備；順眾志以行其令，斯力無不殫也。[5]

與這種「會堂」議政的場面相匹配的，是朝野之間的層層綰連和層層貫通：

> 城鄉鎮埠，各舉議院紳一、二人，隨時以民情達諸官。遠商於外者，於倫敦立總商會，亦以議政院紳主之，為上下樞紐。民之所欲，官或不以為便，則據事理相詰駁，必至眾情脣洽，然後見諸施行，是謂無隔閡之情。[6]

2　梁廷枏：《海國四説》，北京：中華書局，1993年，第50頁。

3　徐繼畬：《瀛寰志略》，上海：上海書店出版社，2001年，第235頁。

4　中國史學會：《洋務運動》第1冊，第296頁。

5　劉錫鴻：《英軺私記》，長沙：湖南人民出版社，1981年，第62、89頁。

6　劉錫鴻：《英軺私記》，第62、89頁。

以「夷狄之道未可施諸中國」為對照，這些夾敘夾議評説議會政治的文
字裏不僅有稱讚，而且有心儀。作為一個以儒學為歸依的士大夫，他未
必已經輕易地接受了「夷狄之道」，但在其意中，西人的「議院」則顯然
是一種能夠與中國人的道理相對應的東西，並因之而是一種可以比較，
可以判斷和可以親近的東西。

　　歐西的議會政治產生於歐西的歷史過程之中，因此自有其形成於歐
西歷史的因果、法則和學理。然而從魏源、梁廷枏、徐繼畬到劉錫鴻，
其共同的矚目處無疑都在議會政治所造就，而可以用中國人的文化來詮
釋的「視聽自民」、「上下同心」以及「無隔閡之情」。中國人以這種選定
的視野看歐西的「巴厘滿」，而視野背後的關注和關懷則出自中國社會
自身的問題。明清之交，顧炎武説：今日朝廷治天下，「守、令之不足
任也，而多設之監司；監司之不足任也，而重立之牧伯。積尊累重，以
居乎其上，而下無與分其職者」。[7]他陳述了郡縣制度在一千八百多年演
變之後，明代中國的吏治已是管官的官多而管民的官少。而「積尊累重」
之下，便不能不是底層社會與朝廷之間的層層阻隔。迨清承明制以別開
一代，同時是清代又承接了明代的這種積弊。隨後的二百年間，由事實
而催生思考，這種積弊便常常進入説時務的議論之中，成為一代一代人
都要面對的題目。道光初年賀長齡輯成《皇朝經世文編》，在「吏政」一
目下收錄了兩百多篇條陳當世利病的文字，而其中居於重心的論説，便
是上下之間的否隔和官民之間的否隔：「昔之設官也以撫字，而催科次
之。今之課吏也以催科，而撫字不問焉。夫府曰知府，縣曰知縣，謂
其於一府之事與一縣之事無所不當知也，今則謂之知一府之錢穀而已
矣，知一縣之錢穀而已矣。」地方之治以管官的官「課吏」，管民的官「催
科」為一世之吏治，則「上下衙門終日忙迫，究竟實在及民者甚少。官
有事於民而民反不之知，民所切望於官而官又不之知」，遂使官與民同

7　顧炎武著，黃汝成集釋：《日知錄集釋》上冊，上海：上海古籍出版社，
　　2006年，第471頁。

歸於「上下之情隔閡不通」，而致「奸宄所以易生而民之多辟也」。[8]「奸宄」
和「多辟」都是天下不太平，以儒學的道理來相度便都是大病。因此二
百多年之間，從顧炎武的〈郡縣論〉到馮桂芬的〈復鄉職議〉，都反照了
一代一代士人生當「方今郡縣之弊已極」[9]之中，而後一腔經世濟時之志
與之深相糾結而不能去懷。而由眼前轉入心頭，便始終會以「真能親
民，真能治民，大小相維，遠近相連」[10]為不止不息的謀想和願想。

　　以此為二百多年來一遍一遍陳說的時弊，則同在這個歷史過程中，
並同樣感知「上下之情隔閡不通」的魏源、梁廷枏、徐繼畬和劉錫鴻之
所以被歐西的「巴厘滿」所吸引，正在於二百多年之間中國社會的積弊
成為關注之所在，決定了中國人的關懷之所在和視野之所在。因此，以
「上下同心」和「無隔閡之情」通論歐西的議會政治，本是久以「上下之情
隔閡不通」為弊病的中國人以自己的眼光陳說自己之所見。就歐西的議
會政治自有其出自於歐西歷史的因果、法則和學理而言，中國人的通論
並不能算是得其本相和真義，然而借助於這種眼光以及眼光背後的關
懷，君權社會的士大夫卻能夠了無窒礙地走近民權政治的「巴厘滿」，
並且了無窒礙地心同此理。他們留下的文字構成了近代中國人認識議會
制度的開端，而此後的數十年裏，沿此一路延伸一路詮釋，又更有「西
人之上下議院，即〈洪範〉謀及卿士庶民；〈王制〉爵人刑人與眾議之；
《孟子》『國人皆曰賢』」[11]一類比附而貫通之的言之鑿鑿，以及這種言之
鑿鑿的能懂能信，遂使本來容易親近的東西越近一層地變成了彷彿熟知
的東西。

　　中國人稱說歐西「巴厘滿」之「上下同心」，而尤以「隨時以民情達
諸官」為印象深刻。顯見得對於中國人來說，「巴厘滿」的吸引力自始即
在民本一面。但甲午中日戰爭以割地賠款為結局而留下創巨痛深，使

8　賀長齡、魏源：《皇朝經世文編》，台北：文海出版社，1966年，第567、
　　603、605頁。

9　顧炎武：《顧亭林詩文集》，北京：中華書局，1959年，第12頁。

10　馮桂芬：《校邠廬抗議》，第13頁。

11　莊建平編：《近代史資料文庫》第1卷，第126頁。

創巨痛深裏的中國人舉目東望之際，又會在歐西的議會政治之外，看
到日本學歐西而自造的議會制度。隨後是以剛剛過去的那一場戰爭為
映襯，來省視這種歐西與東鄰之共有，議會制度又別經推導而衍生出
另一種理路：

> 竊聞東西各國之強，皆以立憲法開國會之故，國會者，君與國民
> 共議一國之政法也。蓋自三權鼎立之説出，以國會立法，以法官
> 司法，以政府行政，而人主總之，立定憲法，同受治焉。人主尊
> 為神聖，不受責任，而政府代之，東西各國，皆行此政體，故人
> 君與千百萬之國民，合為一體，國安得不強？吾國行專制政體，
> 一君與大臣數人共治其國，國安得不弱？蓋千百萬之人，勝於數
> 人者，自然之數矣。

比之此前遠看近觀的聞見之知，在這些論説裏，國會已是一種與「立定
憲法」相為表裏的東西，因此，彼邦的國會政治，本質上是立憲政治。
以此作對照，於是而知「吾國行專制政體」的不同，又由「吾國」之不同
於東西洋而催生出「採東西各國，立行憲法，大開國會」[12] 的變法之想。
這些論説仍然以上下同心為議會政治之大用，但其著眼處顯然已不在立
足於蒼生的民本，而在立足於國家的圖強了。由此形成的是一種不同的
視野，這種視野罩定了「東西各國」與中國之間「安得不強」和「安得不弱」
的對比，而後是「東西各國」的立憲政治和議會政治，便成了「安得不弱」
的中國不得不變法的理由、動力和範式。

　　以歐西議會政治的由來和歸旨為其本來面目，則中國人的這種「人
君與千百萬之國民，合為一體，國安得不強」的理路，實際上依然是在
對議會政治作臆釋和別解。但甲午中日戰爭留下的劇烈震盪一經推演，
便會非常輕易地轉化為説服力，使這種理路能夠入人之心。嚴復説「居
今之日」而欲「同力合志，聯一氣而禦外仇」，則必「設議院於京師，而
令天下郡縣各公舉其守宰」，期以人人「各私中國」而能「合天下之私以

12　康有為：《康有為政論集》上冊，第338–339頁。

為公」。[13] 梁啟超説中國人所希望於國會之理由,「圖治尚其第二義,而救亡乃其第一義」。[14] 就議會政治本乎民權至上而言,這些以國家為至上的道理應該都在正解之外而別成一路,但在那個時候的中國,多數人最容易共鳴和最能夠接受的,卻正是這種以國家為至上的議會政治。所以,這一套道理既因甲午戰爭的衝擊而起於廟堂之外,十年之後又借日俄戰爭重為演繹,並聲勢恢宏地灌入了廟堂之內。其時張謇致書袁世凱,斷言之曰「日俄之勝負,立憲專制之勝負也」,然後以此比對中國,發為追詰説:「今全球完全專制之國誰乎?一專制當眾立憲,倘可幸乎?」稍後奉旨考察憲政的達壽回國之後作奏議,於日俄戰爭一節,説的也是「非小國能戰勝於大國,實立憲能戰勝於專制也」,並以「非立憲而謀國民之發達,則不足以圖存」為「大勢所趨」。[15] 這種以立憲專制相對舉來為日俄戰爭説因果的統括而論之,本與十年之前中國人對甲午戰爭作事後推度的路數一脈相沿,而相隔十年,由中日之比到日俄之比,其言之切切顯然又越進一層,既有了更多的脱跳獨斷,也有了更多的深信不疑。但脱跳獨斷和深信不疑的歸旨都在中國的圖存和圖強,所以脱跳獨斷和深信不疑都成了那個時候的強音。而當朝野俱為這種強音所罩之日,已使君權也不能不跟著走,其時詔書告國人,謂之「現值國勢積弱,事變紛乘,非朝野同心,不足以圖存立,非紀綱整肅,不足以保治安,非官民交勉,互相匡正,不足以促進步而收實效」,此中之寄託則皆在「採列邦之良規」的議院和憲法。[16] 有此時勢逼成的轉折,清末的中國便進入了一個自上而下地變法以籌備立憲的過程。在二千多年君權政治之後,君權認同了立憲,同時是二千多年君權政治之後,立憲使君權成了被改造的東西。

---

13 嚴復:《嚴復集》第1冊,第31–32頁。
14 梁啟超:《飲冰室合集》第3冊,《文集》之二十五(上),第112頁。
15 轉引自李劍農:《最近三十年中國政治史》,台北:學生書局,1974年,第98頁;故宮博物院明清檔案部匯編:《清末籌備立憲檔案史料》上冊,第29、31頁。
16 故宮博物院明清檔案部匯編:《清末籌備立憲檔案史料》上冊,第67頁。

從上個世紀40年代開始的中西交衝發端於民族戰爭，並且與民族戰爭常常相伴隨，與之一路俱來的，便是這個過程裏的中國人，常常會疑忌和排拒種種出自西方世界的形而下和形而上。因此，以歷史中的這一面作比襯，則自魏源以來的六十多年之間，幾代中國人對歐西議會政治的用心關注和易於親近，遂成了一種明顯的異乎尋常。這是一種中國問題和中國意識投射到西方政體而生成的異乎尋常，所以作為一個認識過程，由此形成的論說、推演和判斷裏，中國人對代議政治始終在只見其一不見其二而不能得其真知之中；然而作為一個闡釋過程而言，則經此推演引申，代議政治已與中國人的意識變得越來越切近，越來越對稱，越來越會融。其間未必有足夠的真理性，但對那個時候的中國人來說，卻已自信其具備了足夠的真實性。因此，在六十多年中西之爭、古今之爭、新舊之爭以後，相比於這個過程裏移入中國的種種外來之物，常會因其夾生而不能為人消受觸發的抵牾阻隔，則時至20世紀初年，本屬異路的立憲政體能夠為中國社會的朝野所共同接受，而沒有引發齗齗相爭和激烈衝突，顯然是它們從彼邦帶來的異己性已在這種歷時五十多年的認識過程和闡釋過程裏被洗淡了。然則審度而論，這種沒有引發齗齗相爭和激烈衝突的事實，同時也正說明此日接受立憲政治的中國人其實猶未全脫懵懂。但當立憲政治隨清末的籌備立憲而更富深度地進入中國人的認知世界之後，則原本以中國問題和中國意識為主體和本旨的懸想、解析以及定向擇取，便不能不因見識了更多的真實性和具體性而面對著更多的複雜性。一個曾在駐外使館裏當差多年的外交官上書說：

> 職於役歐、美兩洲前後十有一年，詳考彼國設立議院之初，大抵由於國家苛政，民不聊生，上下乖離，禍變之極，迫而出此，所以削政府專制之權，求民間自由之福，積之既久，遂成風尚，然且不免各有流弊，中國情形實異於此。[17]

17　故宮博物院明清檔案部匯編：《清末籌備立憲檔案史料》上冊，第409頁。

他以歐西的歷史為因果，敘述了歐西議院的由來。而尤其明瞭地説明，從這種歷史因果裏形成的議院其實是一種起於民間與政府相爭持，並「所以削政府專制之權」的東西。

六十多年以來，中國人看西方的議會制度，久以「上下同心」為其一片光亮之所在。以至於後起的籌備立憲雖由大臣奉派考察憲政為起點，而其「採列邦之良規」以為路徑，則仍然是在依歐西的「上下同心」而預想中國的「朝野同心」和「官民交勉」。以「同心」説「朝野」，則其意中的立憲政治所期望的，是「野」的一方協力以扶「朝」的一方；以「交勉」説「官民」，則其意中的立憲政治所期望的，是「民」的一方協力以扶「官」的一方，合此兩者，於是而有「人君與千百萬之國民，合為一體」和國家的「安得不強」。在這種被當成願景的立憲政治裏，議院之為議院，實際上應是一種聚力襄助政府，以使之更加強大和日益強大的東西。中國人是在這種預想和願想的導引下開始預備立憲的，然而這一段出自「於役歐、美兩洲前後十有一年」者的文字，卻在一批一批考察憲政大臣的奏報之外，説明了歐西的「上下同心」之前曾有過長久的「上下乖離」。而後者之能夠變為前者，正是歐西的歷史賦予議院的「所以削政府專制之權」造出來的。因此歐西的歷史從一開始就決定了立憲政治中的議院，其生來的本分並不是襄助政府，而是限制政府。對於中國人預想之中的立憲和寄託於立憲的願景來説，這不僅是一種顯然的校正，並且是一種大幅度的校正。

與當日「上下同心」之合為一時群鳴相比，這一面的道理説明歐西的立憲政治實現於權力的消長和權力的重組之中。因此，清末的籌備立憲雖然以「救亡」為舉世共識，蓬蓬然起於朝野之間的相互呼應，但當這種籌備立憲一旦行之於中國，則國會猶不可見，而其本性中的權力消長和權力重組，已牽引這個過程的重心由「救亡」移到內政中的權力變動，並在未入憲政軌道之前，已先入放手角逐之中，使開始於朝野之間相互呼應的籌備立憲過程無從同心協力，反而輕易地變成了朝野之間各是其是的相互爭鬥，並一路角抵而越走越遠。胡思敬曾統論宣統初年的朝局説：

其時親貴盡出專政，收蓄猖狂少年，造謀生事，內外聲氣大通。於是洵貝勒總持海軍，兼辦陵工，與毓朗合為一黨。濤貝勒統軍諮府，侵奪陸軍部權，收用良弼等為一黨。肅清王好結納勾通報館，據民政部，領天下警政為一黨。溥倫為宣宗長孫，同治初本有青宮之望，陰結議員為一黨。隆裕以母后之尊，寵任太監張德為一黨。澤公於隆裕為姻親，又曾經出洋，握財政全權，創設監理財政官鹽務處為一黨。監國福晉雅有才能，頗通賄賂，聯絡母族為一黨。[18]

這種「親貴盡出專政」的局面打破了清代二百六十年裏的祖宗家法，以其顯目地出現於世路動盪之中而自成一種變遷。就一方面而言，則權力之聚於親貴，是在權力消長和權力重組中實現的，從而是以籌備立憲為名目而在籌備立憲的過程中實現的。因此，當日旁觀這個過程者後來追論清末史事，曾非常明白地說：「滿人敢於為此，實歸國留學生之為朝官者有以教之耳。」[19]留學生所教的是新知，而時當籌備立憲通行天下之日，尤其更多以立憲為大道理的新知。而「滿人」之「敢於為此」，說的正是籌備立憲通行天下之日，這種此黨與彼黨的一時俱起能夠自附於籌備立憲而行之自如。是以親貴掌權雖為千夫所指，其時卻與籌備立憲分剝不開來。就另一方面而言，消長和重組之中的權力之所以會聚於親貴，本在於當日的廟堂已沒有了政治中心和政治重心。辛丑年李鴻章死；次年劉坤一死；相隔六年光緒帝、西太后接連死；此後一年張之洞死。這些人從19世紀一路走過來，在四十多年的漫長歲月裏身當重寄，既顛連竭蹶於內憂外患之間，又慘淡經營於內憂外患之間，並以其身當重寄而實際上成為中國政治的重心之所在。因此，他們在八年之間次第謝世，消失於中國政治之中，留下的便是一種沒有了重心的巨大真空。若加上其間因奉旨開缺回籍而消失的袁世凱，則這種突然出現的政治真空又會變得更大。在他們之後繼起主國政的載灃雖貴為監國攝政

18　榮孟源、章伯鋒主編：《近代稗海》第1輯，第299頁。
19　劉成禺：《世載堂雜憶》，北京：中華書局，1960年，第144頁。

王，而性屬暗昧軟弱一流。[20] 時當天下滔滔之日，他並不具備調度籌備立憲的足夠心力和臂力，但又承當著調度籌備立憲的責任。而後是身處一片政治真空之中，近在咫尺的親貴各自手臂遠伸，在權力的消長和重組裏各自成一局。顯見得就事理而論其本義，清末的這種親貴專政所表達的其實並不是君權的強大，而是君權的衰弱和破碎。然則原本不在籌備立憲預計之內的親貴專政，既為時勢所造地起於廟堂之內，便又為時勢所造地成了籌備立憲過程中的一部分，對於以圖存圖強為初心的籌備立憲來說，不能不算是一種歷史的舛錯。之後朝廷循「逐年籌備事宜清單」以行其意想中的立憲，並在辛亥年春立責任內閣而大變舊法，自以為「參考各國之制，折衷我國政治之宜」，已能「用符立憲政體」。[21] 但同在一個過程之中的親貴專政，則又隨大變舊法以成其一路伸展和騰達發皇，最終使詔書中「用符立憲政體」的責任內閣異化為實際上的「皇族內閣」，與之相為對應的，便是天下的普遍失望和普遍共憤。

在朝廷之外並和朝廷形成對比的，是同在籌備立憲過程中的地方群體之聚眾而謀與聚眾而嘯，其用心用力則尤在召喚國會。從這裏匯積而成的澎湃心潮，曾直捷地促成了光宣之交蓬蓬然而起的三次「詣闕上書」的國會請願運動，為自上而下的籌備立憲帶來自下而上的衝擊和餘波不絕的震盪。這個過程發端於東南而集結了十六個省的諮議局；又以其九個月之間前後相接的迭連請願為感召，延展而及「各省政團商會」和「外洋僑民商會」，並得正為親貴集權所扼苦的多省疆吏與之相為呼應，[22] 最終演為朝野之間的對峙和對抗。而與此相伴而來的則是中國人對國會的認知在這個過程裏發生的深化和變化。

「詣闕上書」雖以國會請願為題目，但對於深入其間的人物來說，這個題目一開始其實猶在並不清晰之中。此前一年，鄭孝胥、張謇、湯

20　榮孟源、章伯鋒主編：《近代稗海》第1輯，第294頁。

21　故宮博物院明清檔案部匯編：《清末籌備立憲檔案史料》上冊，第559、565頁。

22　杜亞泉：《辛亥前十年中國政治通覽》，北京：中華書局，2012年，第28–29頁。

壽潛曾聯名電請朝廷「奮其毅力，一鼓作氣，決開國會，以二年為限」，
而陳說之中則只有意願而全無理路：

> 開國會者，特利用國民之策而已。中國之國會，與萬國不同。無論
> 何國之政治家，究其學識，無足以裁決中國國會適當之辦法者。何
> 則？以我之國大俗殊，為歷史所無故也。今欲集中國之學者，裁決
> 此事，雖虛擬年限，要皆隨意揣測，不足以為定論。但問朝廷欲開
> 國會否耳，果欲為之，則宜決然為之，直以最捷之法，選舉召集，
> 固非甚難。胥等所謂二年即立與施行之謂，如以二年為簡率，則雖
> 五六年至七八年，亦與二年略等，未見其遂為完密也。[23]

他們並不知道在中國開國會的「適當之辦法」，但他們又都是當時先倡國
會請願的人。因此，作為一個過程，國會請願運動匆匆而起之日，其聲
勢和內涵曾是不相對稱的。但由此形成的合群共鳴和四面呼應，既已把
剛剛從彼邦移入中國政治的國會推到了舉世矚目的高處，以此與朝廷相
爭，則被指為應當「速開」的國會，便同時成了一種不能不以其自身的內
涵、本義、屬性為道理，向天下人說明應當速開和必須速開之理由的東
西。而後是本來沒有清晰理路的國會請願運動因之而有了清晰的理路。

梁啟超說：「荀子有言：『致亂而惡人之非己也，致不肖而欲人之賢
己，心如虎狼，行如禽獸而又恐人之賊己也』，今之從政者當之矣。」因
此，「夫監察彼輩，使稍動其天良而思其所職者，夫烏可以無獨立之一
機關？吾儕小民所以求國會若飢渴者，徒以此耳。」因此此時所以求「速
開國會云者，非謂憲政以有國會而即為告成，正謂憲政必賴國會而始能
預備耳」。[24] 他引荀子的話以刻劃「今之從政者」，顯然是已經把政府當
成了一種惡。而國會的內涵、本義、屬性則正是在對這種惡的抑制和規
束中產生和形成的，其合理在於此，其合情也在於此。相比於籌備立憲
之前和籌備立憲以來的朝野議論，這種用政府的惡來反襯國會的善，並

23　孟森：《孟森政論文集刊》上冊，北京：中華書局，2008年，第74頁。
24　梁啟超：《飲冰室合集》第3冊，《文集》之二十五（上），第75–76頁。

以國會監管政府為當然的闡釋，顯然更近於此前「於役歐、美兩洲前後十有一年」者上書獻議，引西國事例說「議院」之「削政府專制之權」的那些話。但後者的結論歸於「中國情形實異於此」，而梁啟超則以「議院最重要之職務在於代表民意，監督政府」，為中國立憲政治的應有之義：

> 夫當順民所欲而防政府之專橫者，豈惟在立憲而已；大而政治之方針，小而行政之成績，苟非立監置史，以堅明責任，未有不積久而生弊者。故就政治上以論議院之地位，則議院之所以能安社稷、利國家者，不徒在其有參預立法之權，而尤在其有主持財政，監督行政之權。[25]

比之先倡國會請願者的不能以理路見長，梁啟超的凌厲筆鋒和他論說的那一套道理，在那個時候因請願一方與政府之間形成的實際上的頡頏，已更能影響輿論和入人之心。因此，在相近的時間裏，「國會請願同志會」作〈意見書〉陳述宗旨，重心也在詳說國會之至高無上：「夫立憲國之所謂責任內閣者，指內閣對國會負責任而言。」是以「其官僚若不得國會之擁護，即無組織內閣之資格」，而「若果有失敗，又不能不受議院之彈劾；甚或因不能得議院多數人之信用，一議案之不能通過，一責任之不能解除，其內閣即動搖，或竟須辭職讓賢」。蓋與舊法相比，是「有此強大之監督機關」，始有「立憲政體晶瑩堅粹之特質也」。[26]

這些道理中不再講「朝野同心」，不再講「官民交勉」，其著力伸張的都是國會之代表民意和政府的本性「專橫」，以及兩者之間的不能不相抗衡。在19世紀中葉以來中國人認識代議制度的漫長過程裏，這是一種顯然的轉變和根本性的轉變；而作為國會請願運動引發的滔滔論說和獨面論說，這種大幅度轉變又會與國會請願運動桴鼓相應，一路遠播，並廣罩於清末中國的輿論界，蔚為一世之共論，非常自然地為那個時候的群體思想造就了既定的取向。因此，當灤州兵變之後朝廷挾一派倉皇匆匆

25　梁啟超：《飲冰室合集》第3冊，《文集》之二十五（上），第111頁。

26　張枏、王忍之：《辛亥革命前十年間時論選集》第3卷，第608–609頁。

頒布「憲法十九條」，其中國家政治的重心已在一夜之間全歸於國會。而
嚴復當年目睹了這種自下而上地逼成的獨面傾倒，曾非常懷疑地說：

> 所謂的憲法十九項條款在我看來根本不是憲法。它不過將專制政
> 權從皇帝轉移到未來的國會或現在的議會。這種事決不會持久、
> 穩固，因而不是進步的。[27]

他不相信「憲法十九項條款」，實際上是不相信那個時候引西學以大伸
國會的一套道理在當日中國的實際可行，從而不相信這套道理具有足夠
可以造就憲政的真實性。因此雖然他比多數中國人更懂西學，但在那個
時候卻置身局外，成了不合潮流的少數。而以後來的歷史作對比，其不
肯輕信之中自有一種先期預見。

　　清末的籌備立憲起於自上而下的提調，而出自這個過程的國會請願
運動又為這個過程引入了一種自下而上的震盪。提調和震盪最終都沒有
完成籌備立憲的展布，但兩者之間的相持，以及由此促成的以文字激揚
作咄咄進取，卻在中國人還沒有真識國會之日，已使中國人把國會當成
了一種至上的東西、獨大的東西和無所不罩的東西了。就其由來而言，
清末最後幾年裏產出的這種以國會為主體的理想和懸想、學理和演繹、
信仰和期望之交錯羼雜，不能不算是匆迫地形成的，但它們在輿論中的
攏聚和固化，卻已為尚未實現的中國憲政構成了理路和定勢。因此，當
清代的君權坍塌之後，這種形成於清代的理路和定勢便留給了後來的時
勢和世運，成了民初中國營造憲政的路向和範式。

二　議會與政府相敵：
民初代議政治的內在矛盾和外在困局

　　辛壬之交，革命推翻了帝制，而論其宣示於世人的理路，則繼起的
民國是由「法」促生的。武昌起義後一個月，反正的一方已共立「各省都

27　嚴復：《嚴復集補編》，福州：福建人民出版社，2004年，第302頁。

督府代表聯合會」，以顯示民意之所在。隨之，是同一群人在數十天時間裏川流不息地移動於上海、漢口和南京之間，一路不停地由「都督府代表聯合會」生成《臨時政府組織大綱》；又按《臨時政府組織大綱》產出臨時政府。有此生成和產出，於是中華民國之名遂有了對應和匹配的實體。同各有來路，匯集而成的「各省都督府代表聯合會」相比，《臨時政府組織大綱》更自覺地代表了其意中的公理和公意，也更直接地導引和規範了這個過程。是以後來的立法史著述稱之為「中華民國憲法之權輿也」。[28] 而以國體和政體的嬗遞而言，則正是借助於這種「憲法之權輿」，中華民國的歷史才有了一個實際的起端。因此，造民國的一代人大半都擅長於從道理上弘法，既以「中華民國建設伊始，宜首重法律」[29] 為天經地義，又以「憲法者，共和政體之保障也」[30] 為邦國之大本和是非之大原，以說明法之為法的籠罩天下而無遠勿屆。

　　他們有心要用這些道理為一個沒有權威的時代重造出一種權威，然而作為清末與民初之交的那段歷史過程的親歷者和造就者，其一身一群又已深度纏繞於這個過程所形成的歷史因果、歷史淵源和歷史關係之中而無從脫解。與這些尚法的道理相比，因果、淵源、關係都更內在，而由此構成的則是與這些道理不同的另外一面取向。其時黃遠生曾綜貫前後而總述之曰：

　　滿室不綱，革新之說，倡於戊戌而大盛於庚子以還。潮流既盛，派別遂分，其最著者，乃為革命與立憲二派。斯二者，自其主義言之，雖有急進與漸進之別，而愛國之本義則同。然略知二派之內幕者，則因其持論之異同不相下，運動進行之各相防礙，在國體未改以前，此二派者已有互相水火不共戴天之勢。顧當此之時，彼此之合群聚黨，所籌改進之法雖不同，而其對於國家之政

<hr />

28　楊幼烱：《近代中國立法史》，上海：商務印書館，1936年，第77頁。

29　孫中山：《孫中山全集》第2卷，第14頁。

30　宋教仁著，陳旭麓編：《宋教仁集》下冊，北京：中華書局，1981年，第460頁。

治，進行之徑路，尚昭然有方略之可言。天厭滿德，義師蹶起，人心翕然奔赴，憲政與革命二派，蓋嘗一時相與翕合，以求合於國民心理之同符。及南京政府既建，舊日兩派之惡感，隱然勃發，而革命中之不平分子，復湊合以與標榜，黨爭之烈，已萌芽矣。顧最後政治之勝利，乃既不在憲政派，亦不在革命派，而落於袁大總統之手者，其最大原因，則不外勢力之莫與敵而已。[31]

這些歷史因果、歷史淵源和歷史關係起於清末而延伸到民初，並為民初政治築成了一種既定的態勢。同在這一態勢之中的「憲政與革命二派」雖久相扞格，但武昌起義用革命方式推翻帝制的事實，已使革命一派更容易地居有了南京政府的主導地位。因此，南北議和既已了事，繼孫中山之後任臨時大總統，而又「勢力之莫與敵」的袁世凱遂成了南京政府時代革命派直接的對手和主要的對手。在以革命造共和那一方的眼中，袁世凱由清代最後一個總理大臣轉身而來，其握有的「勢力」都是在君權制度下營造和獲取的，以民國為立場，便不能不是一種異己。

　　戴季陶說：「袁世凱之為大總統，並非國民公意，而自始至終，其行為亦未有能滿人意者。夫事勢雖不可挽，公理自在人心。」[32] 這些話表達的是革命一方共有的疑慮和猜忌。而時當南京參議院改《臨時政府組織大綱》為《臨時約法》之際，這種疑慮和猜忌都不會不被引入其中，後來的一種記敘遂徑以「總理（孫中山）向參議院辭臨時大總統，舉袁世凱自代，約法問題，因之而生」[33] 為當時的緣起和由來。然而「約法問題」之所以「因之而生」，又正說明那個時候《臨時約法》被當成國之大法，在革命一方心目中的至高至重，以及因為這種至高至重而信其能夠銜勒「勢力之莫與敵」者。所以參議院中人造法之日「討論磋商，為時甚

31　黃遠庸：《遠生遺著》上冊，卷一，第81頁。

32　戴季陶：《戴季陶集》，第340頁。

33　存萃學社編集：《胡漢民事跡資料匯輯》第1冊，香港：大東圖書公司，1980年，第373頁。

久」[34]不能不算是各用心力以盡其誠。而孫中山辭職之文告則尤其明列
「臨時政府約法為參議院所制定，新總統必須遵守頒布之一切法制章程」
為「辦法條件」，[35]用之以罩定繼任的袁世凱。

在這種糾葛裏形成的兩重意義在於，一方面，由於他們把《臨時約
法》看成是構築中華民國的大法，因此約法以七章篇幅對應憲政中國的
種種政治機構和政治法則，其命意大半都在借取歐西的代議制度仿造出
本土的代議制度，以期實現中國的民主共和。但出自參議院的這種以借
取為仿造的脫空而生，同時也決定了《臨時約法》之為大法，實際上只
能為那個時候的中國憲政提供一個模糊而並不周密的大體輪廓，其整體
上實際影響社會的程度其實是非常有限的。

另一方面，作為《臨時政府組織大綱》的延續和沿革，《臨時約法》
在「美國制」和「法國制」之間的取去，[36]又以其既取一種準則之後復別立
一種準則而表現了後法與前法之間的明顯不同。《臨時政府組織大綱》
歸「統治全國之權」於總統，[37]彼時任總統的孫中山言之明瞭地説：

> 內閣制乃平時不使元首當政治之衝，故以總理對國會負責，斷非此
> 非常時代所宜。吾人不能對於惟一置信推舉之人，而復設防制之法
> 度。余亦不肯詢諸人之意見，自居於神聖贅疣，以誤革命大計。

與這種總統集權的政治取向同屬一種旨趣的，還有他就職之日力為標張
的「統一各省軍事、民政、財政、以及漢、滿、蒙、回、藏五族統一而
為共和國家」的中央集權。[38]對於孫中山來説，這些都曾是他為南京政
府一方所立的定規。但《臨時約法》雖然也出自南京政府一方，卻非常

34　吳叔班記錄，張樹勇整理：《吳景濂自述年譜》上，載中國社會科學院近代
　　史研究所近代史資料編輯部編：《近代史資料》總91號，北京：中國社會科
　　學出版社，1997年。

35　孫中山：《孫中山全集》第2卷，第84頁。

36　吳叔班記錄，張樹勇整理：《吳景濂自述年譜》上。

37　楊幼炯：《近代中國立法史》，第77頁。

38　存萃學社編集：《胡漢民事跡資料匯輯》第1冊，第132–133頁。

醒目地變總統制為內閣制，從而直接把孫中山作臨時大總統之日所說的那一番道理顛翻掉了。同樣脫出了本來的定規，並且同樣醒目的，是約法以七章為範圍，於「總綱」和「附則」之外分列「人民」、「參議院」、「臨時大總統及副總統」、「國務員」、「法院」，其間不及省制，因之而不及中央政府與地方的關係。作為那個時候的國之大法，約法本不同於之前組織政府的大綱，因此，由此為地方所留下的沒有章法而可以自由伸展的空間，顯然已對正在互相分立之中的地方那一面施為實際上的放縱，使之能夠獲得一種自置於中央政府管束之外的自主和自由。而當初孫中山以中央集權為理所當然的一套立國之主張則被捨棄掉了。

與《臨時約法》和《臨時政府組織大綱》之顯然不同的這一面相應和的，是同一個時間裏革命人物之間的論爭所表達的思考，它們更具體地寫照了這一段歷史中的思想起伏。胡漢民說：「今革命之勢力在各省，而專制之餘毒，積於中央，此進則彼退，其勢力消長，即為專制與共和之倚伏，倘使自為削弱，噬臍之悔，後將無及。」其意中的民國其實與晚清並沒有什麼大的差別，所以，他用共和對抗專制來詮釋地方頡頏中央之合情合理，主旨仍然是一種革命意識。

宋教仁比他更多一點憲政意識，也由此而更相信「純恃國會」的內閣制，並以這一面道理與胡漢民立異說：「君不過懷疑於袁氏耳。改總統制為內閣制，則總統政治上之權力至微，雖有野心者，亦不得不就範，無須以各省監制之。」[39] 他也深疑袁世凱的專制和「野心」，但其籌想的路徑則是用國會制束總統來實現共和壓倒專制。他深度參預了制定《臨時約法》的群議，並成為實際上的主稿人，[40] 因此，內閣制既「純恃國會」，則《臨時約法》之變總統制為內閣制，與政治權力的重心由總統移到內閣同時發生的，便是國會扼制政府，以及國會權力的駕於政府之上。若就法之為法是一種規定而言，在《臨時約法》為中國人鑄造的政治結構裏，後人論史所共見的，是法的規定「能限制行政、司法

39　存萃學社編集：《胡漢民事跡資料匯輯》第1冊，第140頁。
40　楊幼炯：《近代中國立法史》，第91–92頁。

兩機關，而不能限制立法機關」。在這種「能限制」和「不能限制」之間，是政府與國會之間明顯的不相對等和不相對稱。與此同歸一路的，還有「《臨時約法》雖具有責任內閣制精神，但國會監督內閣之不信任案通過權，與內閣抵抗國會之解散國會權」都「無所規定所生成」的另一種不相對等和不相對稱。[41] 西人的三權分立因之而變成了中國人的國會高高在上，而後是「國務員之人選，須得參議院之同意，其受彈劾者，總統應免其職」。這種政治結構既已置政府於受調度和受擺布的一方，遂不僅僅會使「總統將無實權」，而且會使「內閣總理亦不能指揮閣員」。所以陳恭祿稱之為「參議院躍為太上政府」；[42] 楊幼炯稱之為「實開各國未有之例」；[43] 李劍農稱之為「拘於一時環境」而成其「對人立法」。[44] 三者指述的都是國會一權獨張之下實際政治的無從平衡和難於展布。

其時梁啟超身在這種國會一權獨張的傾欹之下，曾為之溯由來，説是「此制本萬國所無。有之，則自晚清之十九條憲法信條始。彼時義軍既起，軍人以此示威要挾，實非希其能實行。後此南京參議[院]對於唐氏內閣襲用此法，實為無謂」。[45] 他正確地抉示了《臨時約法》據為根本精神的那些道理之歷史源頭，並後知後覺地對清末「十九條憲法信條」表達了與當日嚴復相近的看法，但他以十九信條為約法説源頭，則又只能算是僅得事理之半。就歷史事實以論因果，十九信條的取向應是在國會請願運動的影響下形成的，尤其是在這一運動催生的弘張國會權力的輿論影響之下形成的。造就了這個運動和這種輿論的主體，在黃遠生為民初人物群所作的分類中便以名責實，被對應地指為「立憲派」或「憲政派」。而梁啟超彼時以文字輸入種種吹漲國會的道理，正成其以文字左右輿論和文字鼓盪人心，以影響而論，不能不算是這一群裏的重要人

41 楊幼炯：《近代中國立法史》，第96頁。
42 陳恭祿：《中國近代史》下冊，上海：商務印書館，1935年，第708頁。
43 楊幼炯：《近代中國立法史》，第96頁。
44 李劍農：《最近三十年中國政治史》，第235頁。
45 梁啟超：《飲冰室合集》第4冊，《文集》之二十八，第62頁。

物。因此由《臨時約法》持為主要精神的那些道理上溯源頭，應該是梁
啟超的貢獻比十九信條更大而且更深。

　　在那一段剛剛過去的歷史裏，與國會請願運動成為對比的，是革命
一方的反對國會請願而別張一種邏輯：「蓋有一番之和平之要求，則愈
增其惡劣政府之勢力，愈增我平民心態之墮落，此萬不可出此者。」因
此「欲大告成功、完全以達其要求之目的者，則捨革命軍而外更無他道
以處此也」。[46] 他們以革命為一以貫之，所以他們既反對國會請願，也
反對籌備立憲。與之相為因果的，便是他們中的多數人更多關注革命而
更少關注憲政。然而在後來的歷史裏造化隨時勢而走，最先為中國造憲
政和直接為中國造憲政的卻並不是曾經熱心於憲政，被黃遠生稱作「立
憲派」的一方，而是對憲政用功不多，被黃遠生稱作「革命派」的一方。
但當初梁啟超言之滔滔的那些道理，以及與之同屬一類的那一派論說，
則因其曾經造就的左右輿論和鼓盪人心，遂非常自然地會成為此日參議
院中多數對憲政用功不多的人相當重要的知識來源。與立憲一派相比，
這是一種補習。章士釗晚年追憶民初人物，其中一節說：

> 吾留英五年，所學幾何，伊誰知之。顧吾赴游府西街，謁宋遁初，
> 寒暄乍已，主人捧剪報巨冊見示。則數年間，吾所寄京滬諸報論政
> 文字咸在，質不可曉，而量殊可觀。吾笑謂遁初：「江左夷吾佶大本
> 領，原來孕育於故紙堆中，亦自可喜」。遁初以一笑見報，兩俱莫
> 逆。吾思之，吾重思之，遁初後來見毀，終為此類斷爛朝報所誤。[47]

章士釗在英國讀法學，由此坐而論道，數年之間出自他筆下而見諸報章
的文字遂大半以「政黨」、「內閣」、「國會」、「總統」、「政體」、「國體」
為題目，所以這些文字都成了宋教仁用心收用的東西。但報章論說在深
度上的有限性和學理上的片斷性又成為一種鏡像，具體地映照了宋教仁
在西法一面的程度並不具足。章太炎後來也描述過宋教仁的憲政知識，

46　張枬、王忍之：《辛亥革命前十年間時論選集》第3卷，第284頁。
47　章士釗：《章士釗全集》第8卷，第315頁。

説是「革命黨人忠實者固多」，而「於政治往往隔膜」。然後引涉而論之曰「當革命未成時，群目宋教仁為將來之政治家，然宋氏僅知日本之政治，處處以日本之政為準，如內閣副署命令，兩院決可否，矜為奇異。不知此二制度，中國已行於唐、宋」。[48] 這些情節所映照的，則是宋教仁因不知歷史而在國情一面的程度並不具足。西法一面的不具足，容易造成的是中國人擇取彼邦成例的沒有定見和不能前後連貫；國情一面的不具足，容易造成的是中國人移接西法的沒有本原和不能自立主體。作為那個時候革命一方中最富憲政理想和憲政抱負的人物，這兩種不具足對於宋教仁來説都是深刻的局限和矛盾。而身當立法之重，宋教仁所具有的典型性和代表性，又説明中國的憲政正是從這種局限和矛盾中開始的。局限和矛盾移入立法過程，便是沒有定見和沒有本原移入立法過程，主導參議院裏多數人的，便仍然是清末國會請願運動以來的走向和路徑。於是而有《臨時約法》的「本萬國所無」和「實開各國未有之例」。以民初被立於約法中的國會對比清末請願輿論中的國會，正像是前者在努力實現後者的主張。

　　與《臨時政府組織大綱》之以公意為本意相比，在南京政府向袁世凱渡讓權力之前議定《臨時約法》，則《臨時約法》顯然更多地是把北京政府當作對手而設定的。時人説：「當時立法者之意，其求適應於當時事勢之要求者半，其憑主觀的理想，欲恃法律條文以矯遏事勢者亦半。當時勾心鬥角以爭辯於一條一句一字之間，以為將來一切政象，皆為此區區數十條之所支配。」[49] 其中的「適應」時勢和「矯遏」事勢雖順逆不同，要旨則都在為後來的政府劃定範圍之內和範圍之外。而貫穿於這個過程之中的立法者共信「將來一切政象，皆為此區區數十條之所支配」，正説明民初的立法者共信約法的至上性和神聖性，從而共信他們能夠製造出至上性和神聖性。以體用本末而論，其籌想中的約法之能夠「適應」和能夠「矯遏」，本根和依傍全都在這種對約法的至上性和神聖性的共

48　章太炎：《章太炎政論選集》下冊，第842頁。

49　梁啟超：《飲冰室合集》第4冊，《文集》之三十，第57頁。

信和自信。因此李劍農後來說：「當時的參議員」都以為「只要是黑字寫在白紙上，經過議會多數通過的法律，便是神聖，可以壓制一切惡魔；便如鐵籠，可以防閑一切猛獸」。[50] 然而以其預想中的「神聖」鎮壓「惡魔」和以其預想中的「鐵籠」防閑「猛獸」，又合乎歷史事實地說明：這些共信和自信為民國造出了神聖性的人，其實自身則並不太信約法的至上性和神聖性。他們是那個時候的立法者，同時又是政爭中的一方。兩頭的矛盾在於立法需要超然和超越，政爭則顯分彼我而長在利害競逐之中，其間既不會有超然，也不會有超越。因此當行政權力已經跟著總統一職渡讓而去之後，他們手中的立法權力便在為國家造大法的同時，又會被引入政爭，成為自己一方所擁有的重器。從這一段歷史裏走過來的張國淦後來總括這一段歷史說：「其實孫為總統，統治權非屬孫不可，故用總統制。袁為總統，群思抑制袁，故改用內閣制。因人立法，無可諱言。」[51] 若以其正在努力製造的法的神聖性為對比，則這種法隨人走的隨意操弄，顯然正是作為重器的立法權對於法的神聖性的摧折。由此形成的兩頭之間的彼此抵牾和相歧相悖，使民初的立法過程無從歸納，成了內裏還沒有養成神聖性的人著力於為世人立神聖性的過程。而作為實際開端，中國憲政的構架卻又正是由他們築成的。

由於法隨人走是一種直觀可見的事實，因此當時人和後來人評說《臨時約法》，都以因人立法為大病。但由「群思抑制袁」而變總統制為內閣制，猶是從取法美國變為取法法國，雖然自相翻覆於轉身之間，而以西國的憲政範式相對照尚屬各有來路。比這種美國變為法國更具深度又更具烈度的，其實是沿此更進一步的置內閣於國會的全盤監管之下。有此全盤監管，革命一方的「群思抑制袁」遂一變而演化為國會一方的壓制政府，對於正在開始的立憲政治來說，其要害則全在於立法權壓倒行政權。而能夠被用來壓倒行政權的立法權，實際上已經因其成為歸一方所有的重器而軼出了憲政的範圍，不復再能合其本義了。當時梁啟超

50 李劍農：《最近三十年中國政治史》，第236頁。
51 莊建平編：《近代史資料文庫》第2卷，第96頁。

以「萬國所無」說《臨時約法》，後來楊幼炯以「開各國未有之例」說《臨時約法》，其共以為謬的，正是這種西國行憲政的成法裏沒有見到過的局面。而以舊朝「國會請願同志會」的〈意見書〉作對比，則其國會獨尊和國會獨大的路數顯然與之更加能夠印合，從而與之更能形成一種歷史的前後承接。但昔日的朝野之爭，輿論播揚道理，本以大而化之和人人得而言之為止境。而此時的國會獨尊和國會獨大，卻已被帶入南北之間的對峙裏，並以政爭中一方的立場為共和名義下的國家立場了。

由於南北政爭以共和專制之辨立大義，因此國會壓抑政府便等同於共和對抗專制。以此為導引而使立法跟著政爭走，遂使立憲政體中原本以其各有本分，又各有界限，因之而能為公共政治構築平衡與穩定的立法權和行政權，已在共和對抗專制的理路之下失其輕重之比，由共和之不能為專制留一點餘地，演化為立法權不肯為行政權留一點餘地。當參議院群議約法之日，孫中山曾以「中華民國臨時政府組織法草案」請議，而未為所納。在他為憲政所作的構想裏，繼他之後的臨時大總統猶能有權「於緊急時，得以命令代替法律，並得單獨宣告大赦及與外國宣戰媾和，不必經參議院之同意」，以及「臨時大總統除典試院、察吏院、審計院、平政院之官職及考試懲戒事項外，得制定文武官職官規」。[52] 這些都是其意中信為不可缺少的權力。但他想要為後來的政府留下的這些行政權力，在議定《臨時約法》的過程裏卻都被立法權抹掉了。對比而言，顯見得那個時候的參議院群體具有更強烈的政派意識，並更加執著於守定政派意識。然而立法過程與政派意識交相盤繞於共和初立之日，則由此產出的《臨時約法》，便不能不以其內含的深刻矛盾為憲政中國帶來重重危機和震盪。

立法過程與政派意識交相盤繞，與之相為因果的悖反在於，《臨時約法》雖被當作國憲，但自始已使約法規範之下的國會有了一種不能包容的排他性質。梁啟超說：

52　楊幼炯：《近代中國立法史》，第92頁。

西哲有言：國會者，社會之縮影。蓋謂社會有若干之勢力，國會
即代表有若干之勢力。以國會原在收納社會各種之勢力，成為一
國政治之中心。若減去社會上一種之勢力於國會之中，即國會減
少一種表現之勢力於社會之上。是以各國咸設兩院，以上院代表
一部分特別勢力，以下院代表一般普通勢力。比如歐洲各國，其
上院代表學問界或工商界等等，姑不多論。即宗教界亦復如此。
如奉舊教國，而仍使新教有所代表；奉新教國亦然。何以故？即
國會一物，非融納全國所有人各方勢力，即不足成為一國之重心。

他以西國為範式，明瞭地解說了立憲政治中的國會因其整體的包容性而
有全面的代表性，又因其全面的代表性而能居「一國之重心」的本來面
目。而用意則在引此本來面目以觀照中國，發為「今吾國各種勢力是否
盡在國會，而國會外可謂無旁溢不軌之勢力否」的明知故問，然後指陳
中國憲政的全然不同：「吾國國會本未盡納各種之勢（力）於其內」，則
「又何怪國會外之勢力時時影響及於國會？」而由於不在「軌物之中」，
這種「影響」便常常成為「搗亂」。[53]

就民初的中國來說，參議院中人之「群思抑制袁」既以共和專制分
順逆，則袁之為袁，已不是一種個人對象了。而「群思抑制袁」演為《臨
時約法》中的立法權抑行政權，則袁之為袁，已同樣不是一種個人對象
了。在這兩重意義裏，「抑制袁」的參議會和《臨時約法》所面對的，其
實都是存在於袁世凱周邊和身後，並以袁世凱為代表的政治力量和軍事
力量。比照梁啟超以「勢力」稱之，則其間匯集而成的正是當日中國舉
足輕重的勢力。然而作為國會的參議院自始即既以異己視之，又以異己
置之，遂使他們自始即不在「軌物之中」，實際上成了國會以外的勢力。
而《臨時約法》以「國會萬能」居高臨下，「視政府亦若虎兒，必柙之然後
即安」，[54] 又使這種本來已經久據於政治之中的勢力一旦為立法所限定，
實際上已成了權力結構中不能自立而跌落為附從的一方。對於袁世凱來

53　梁啟超：《〈飲冰室合集〉集外文》中冊，第680頁。
54　梁啟超：《飲冰室合集》第4冊，《文集》之二十九，第107頁。

説，由此造成的是國會扼制下的強人居於弱勢；對於國會來説，由此造成的是失其「一國之重心」的本義而自降為政治爭鬥中的一方。由兩者作省視，既可以見到此日參議院中人不能真知憲政的天真，也可以見到此日參議院中人沒有遠見的自利。而與這個過程相為映照的，則是「約法之產生，國民並未與聞，國人自始未嘗認約法為必需品，如飢渴之於食飲也。約法中所含意義，國民未或理解焉，其視約法與己身之利害關係，若秦人視越人肥瘠也」。[55] 國人之多數都不在這個過程之中，其局外遠看的茫然和漠然，又説明：對於國人之多數來説，彼時的國會和約法都還是陌生的東西，遙遠的東西和本性上外在的東西。

　　出自南京參議院的《臨時約法》使國會成了政治結構裏的中心，迨政府北遷之後，國會又成了持《臨時約法》以自成意志和伸張意志的一方。作為結果，則是身任總統的袁世凱最直接地面對這種意志，並因之而最直接地為這種與國之大法連同一體的意志所困。寧贛之役後，他曾累舉「昨今兩年」以來，「政府左支右絀」於約法的束縛之下而承當「任用國務員」之困難；「任用外交公使」之困難；「制定官制官規」之困難；「締結條約」之困難；「發布保持公安防禦災患各命令」之困難；「有緊急需用而欲為臨時財政處分」之困難，以及身在困難之中的「百方隱忍」。[56] 其中尤其引為深憾的是人事之不能自主：

> 夫用人為行政之本，而國務院為大政所從出。本大總統為國擇才，尤深兢業，遵據約法，必須求同意於議院，乃提出否認，至再至三。夫賢才之士，孰不愛惜羽毛，未受任而已見擯，則延攬益難，降格以求，實勢所逼，躊躇滿志，事安可期。且施政成功，在明黜陟，一度政府成立，疏通動需數月，求才幾如黨穴，共事則若撫驕兒，稍相責難，動言引退，別提以圖補缺，通過艱於登天，挽留且難，遑論罷黜。[57]

55　梁啟超：《飲冰室合集》第4冊，《文集》之三十五，第32頁。
56　經世文社：《民國經世文編》第3冊，第1747頁。
57　轉引自陳恭祿：《中國近代史》下冊，第712頁。

其間的積鬱和積忿都是非常明顯的。這些雖是他的一面之詞，但讀史於清末民初之間，則易見其「所述情節，多為事實」。[58] 後來劉成禺追記過張一麐同他的一段對話，以當日的周邊人和旁觀者為立場，寫照了那一段歷史裏，《臨時約法》之於袁世凱有如符咒敕令的情狀：

> 項城民元事事依照約法。君尚記臨時參議院各部總長三次全案不能通過之事乎？一日君與張伯烈、時功玖謁項城，項城召予同席，共議解決之策。項城曰：約法將政府捆死，如第四次全體不通過，我只有對全國人民辭大總統職。君與時、張謂項城曰：大總統當細看約法，自有辦法。項城乃取約法從頭至尾朗誦一遍，曰無辦法，無辦法。君與時、張曰，請大總統再研究，項城乃召法律顧問施愚、李景和列席商約法中提閣員一條，皆曰無辦法。君與時、張謂約法所附但書，無不得如何之條，即可出入辦理。今有內閣總理趙秉鈞在，各部總長或派人代理，或次長護理，並不違背約法。項城曰：善，約法中尚如此之微妙乎。乃大喜宴君等於內室，予亦陪宴。此時項城尚知在約法中討生活，無違背民國意也。[59]

這個故事以具體的情節說明：由於總統依約法而產生，並且因約法而合法，所以袁世凱不能不自守於約法之內。然而懸為文字的約法，又常常是在國會用自己的意志所作的詮釋和表達，而得以具體地和對應地進入政治過程的。相比於約法之懸為文字，這種意志化了的東西無疑更多主觀性，也更容易以其主觀性催生出對抗性，是以「約法將政府捆死」都是通過參議院的否決實現的。然則總統與國會同在約法之中，國會自始即已居於上游，而作為一個合法的總統，袁世凱又是一個對憲政和約法隔膜而且外行的總統。因此，出現在劉成禺記述裏的這種借一時之智巧以別開曲徑於約法之外的做法，其實更加明顯地反映了「尚知在約法中討生活」的袁世凱，同時身在約法之內的束手無策。

58　轉引自陳恭祿：《中國近代史》下冊，第712頁。
59　劉成禺、張伯駒：《洪憲紀事詩三種》，第91頁。

　　就南京參議院造《臨時約法》之日「群思抑制袁」的初心而言，此日的這種「防政府如盜賊」[60]的局面，本是共和「箝制專擅」的題中應有之義。[61]而國會從南京遷到北京，於人事大幅度更代之後猶能一以貫之，則是自清末國會請願運動以來，國會的合理性和正義性都是以政府之惡為對比而映襯出來的。這一段前史形成的思想定勢和一面之理積留於國會之中，已使政府在立憲政治中天然成為一種不可信任的東西了。然而與這一面對照而見的，則是政府困於約法，「惟取無咎無譽之下駟，濫竽以求容悅」，[62]而「一切內政外交，頭痛則顧頭，腳痛則顧腳，枝枝節節而為之。更不復知大政方針為何物矣」。並且「一行問責，則相辭職」。[63]由此形成的國之政象只能是天下一派散亂，輿論比為「惶惶然不知所歸」；[64]比為「猶在惶恐灘中」。[65]

三　人以群分：代議政治中的政派和政爭

　　經歷了上個世紀中葉以來的中西交衝，以及一代一代中國人對歐西議會制度累積的認知和與時俱遷的認知之後，民初的中國人懷心悅誠服之心拱手相迎，全無阻力地接受了這種與立憲政治合為一體的代議制度。但當這種制度移入實際政治，並全幅展布於世人眼前的時候，由其中內含的道理演化出來的矛盾，又常常在打破心悅誠服，使之成了中國人不能受用的東西。民國政府北遷以後先由唐紹儀組閣，後由陸徵祥組閣。以那個時候的政治關係為尺度，國會對兩個人的評判和觀感並不相

60　梁啟超：《飲冰室合集》第4冊，《文集》之三十，第4頁。

61　黃遠庸：《遠生遺著》上冊，卷一，第6頁。

62　梁啟超：《飲冰室合集》第4冊，《文集》之三十，第2頁。

63　經世文社：《民國經世文編》第1冊，第344頁；丁文江等：《梁啟超年譜長編》，第645頁。

64　黃遠庸：《遠生遺著》上冊，卷一，第89頁。

65　李大釗：《李大釗全集》第1卷，北京：人民出版社，2006年，第1頁。

同，張國淦説：「自唐閣改組，議會黨見更形激昂，此次提出閣員，一時喧傳，議會以投不同意票為威脅，俾內閣不得成立，與府方以重大打擊。乃不意不同意票投後，各方議論洶洶，全集矢於參議院，謂其不顧大局，陷國家於無政府之狀態。」[66] 這一段簡括的敘述説明：自始即居於上游的國會，又自始即以票決否定內閣之組成為霹靂手段，以顯示自己在立憲政治中的存在。而由此造成的中國社會在一段時間裏的實際上沒有政府，則以一種具體可見的國家危機懾動人心，使曾經久在中國人理想政治之中的國會一時光華全失，成了立憲政治中最先被「集矢」而攻的東西。其時黎元洪以首義元勳兼民國副總統身份通電天下，所説尤其富有代表性：

> 六部改組，竟成泡幻，誰為屬階？遂使莽莽神州陷於無政府地位。國之不存，黨於何麗？籌思及此，五內如焚。推厥原恐，皆因誤解共和，漫無界説，憲章不振，秩序紛如，內訌不已，外患斯乘，不有法律，其何能國。[67]

國會行使了載於約法的權力，但黎元洪以國家立場作判斷，則直指為肇造禍端的「屬階」。前者著力於「箝制專擅」而以袁世凱為對手，但其太多的政派意識所面對的，卻又是一個因身任總統已與國家深度關聯的袁世凱。由此形成的矛盾在於：「既以大勢上戴一人以為主權之代表者，則於此等遺大投艱之時，當然予以莫大之信任，決不當一方面以民國南北統一第一次之偉人，而戴之為代表；一面又相疑以專制之魔王、拿破侖之苗裔，而以仇敵防之。」[68] 有此明顯的矛盾，遂使黎元洪眼裏，這種載於約法的權力正被用為以政見動搖國本，實際上已成了「漫無界説」的權力。而後是作為立憲政治主體的國會，被他移到了被限制和被糾正的一面：

66　杜春和等編：《北洋軍閥史料選輯》上冊，第186頁。

67　杜春和等編：《北洋軍閥史料選輯》上冊，第186頁。

68　黃遠庸：《遠生遺著》上冊，卷一，第82頁。

惟有訴請各都督共扶綱維，以救危局。自茲以往，大總統主持於
上，各都督維持於下，並請參議院諸君速為贊同，俾國務員即日
表決，政府早日穩固，勿啟外人以無政府之騰誚，而生其覬覦。[69]

「大總統主持於上，各都督維持於下」雖是一派大而化之的臆說，卻明
白表達了對於國會督管政府這種政治結構的否定。同時的章太炎在一封
信裏說：「閣員提出兩次，初次不得同意，第二次所提出者，皆三等人
材。項城滿擬其不通過，然後天下痛心疾首於參議院同意權。不意事
前先有軍警起而恫喝，遂致一一承認，殊為非計。」[70]比之黎元洪通電
以述政見的猶在立憲政治之內，這種「軍警起而恫喝」已越出界限而走
到了立憲政治之外。章太炎謂之「不意」，則具見其一時突起本為對立
的雙方籌算所未及。

　　在民初國會因包容性不足而代表性有限的範圍裏，這些被稱作「軍
警」的團體及其所代表的社會群類並不在範圍之內。但這種在國會之內
沒有代表的「社會勢力」，又以其自發而見的「起而恫喝」為長技，直接
地表達了自己的真實存在和自我主張，並使國會「殊為非計」地屈服於
「恫喝」之下，則既顯示了國會傾力營造的那種法的神聖性觀念，其實
在那個時候的中國因其無根而非常脆弱，一觸即碎；又說明了被國會視
為異己的「社會勢力」既不能在國會之內自申其說，便一定會在國會之
外與國會相爭相持，並引來回聲四起。隨之是學理上本應超越於政派和
政爭的國會，在實際政治中已一路直落地被當成了四面夾攻的對象。但
就立憲政治以國會為重心而言，與這種國會的一路直落相為表裏的，顯
然是民初中國的立憲政治並沒有一種立憲政治的基石。

　　以當日的史事作通觀而論，是武昌起義經南京臨時政府到南北統
一，而後才能夠在比較完全的意義上把共和立憲從紙面上移到現實政治
之中，不能不算是曲折重重。然而黎元洪的通電和「軍警」之「起而恫
喝」，卻以他們之間各不相同的歷史連屬和政派類別各自立論，又以其

69　杜春和等編：《北洋軍閥史料選輯》上冊，第186頁。
70　湯志鈞：《章太炎年譜長編》上冊，北京：中華書局，1979年，第415頁。

各自立論而同歸一路，使世人明白地看到了剛剛開始的立憲政治已在引來政局的動盪。於是國會以霹靂手段否決內閣初露強悍面目，也以霹靂手段使自己直接成為輿論「集矢」的東西。當時人說是「吾國當革命以前，舉國上下，翹首企踵，深盼國會之成立，一若國會一開，則危亡之禍，即可免除，富強之效，即可立致者。迨乎今歲，國會居然開幕矣，然數月以來，人民對於國會之觀念，較之從前，適得其反。二三人士相聚語，苟有談地[及]國會之現象者，則強者必怒於言，弱者必怒於色」。[71] 與清末論說之盛倡國會政治的一邊倒相對照，這種隨國會進入中國政治而幾乎同時出現的對於國會的厭薄，本是一種初想所未料及的東西，卻又是更真實地反映了那個時候中國歷史的東西。此後的國會，則既是民初政治中引人注目的部分，又是民初政論中常被訾議詬誶的題目。

國會居於上游，也因此為萬眾所環視。嚴復説：「國既為民主矣，則主權誠在民。民眾而不可以盡合也，於是乎有代議焉，而為國會。是故國會者，合數百千人之民獻，名曰法人，有君象焉。」[72] 他表述的是理之所在和事之應有。而吳貫因曾積其日復一日的見聞之知為「今之國會」作描畫，則既看不到「法人」，也看不到「君象」：

> 自兩院開會以來，五閱月矣。語其成績，但聞灌夫罵座，角力屢行，以破壞議場之秩序；私改記事，捏電各省，以顛倒事情之是非。而於國家之大本大計，則未聞有所建白。其能踴躍議定者，則在於索取六千元之歲費。而匠心獨運於歲費之外，發明萬國所無之出席費，以為朘削民脂民膏之口實。國會之為害於政治上既如此其烈矣，而且投票視金錢為從違，賣身等牛羊之論價，狗苟蠅營，以破壞天下之廉恥也。擲千金以戲樗蒲，食萬錢嫌難下箸，窮奢極侈，以敗壞社會之風俗也。

71　經世文社：《民國經世文編》第2冊，第736頁。
72　嚴復：《嚴復集》第2冊，第325頁。

與黎元洪和章太炎所表達的國會挾太多的政派意識扼制政府而致動搖國本不同，這段文字刻劃的是國會中個體面目的鄙陋蕆猥以及這種鄙陋蕆猥群聚一堂，比政派意識更容易為人直觀而見，而由這種個體的「穢德」觀照國會，又會比政派意識更普遍地觸發一世之憎惡：「數月來自各省都督、民政長、自治團體以至政黨、學會、新聞雜誌，對於議員，或嚴詞訓飭，或聲罪致討，皆冀其痛改前非，得以維持立憲政體。而無奈彼昏之終不悟也。」吳貫因是一個深知「立憲政治之根本，在使國會能監督政府」[73]的憲政主義者，而以憲政主義為立場施痛詈於國會，其意中所不能忍的，全在於議員之不成模樣而致國會之不成國會。因此，以「破壞議場之秩序」、「破壞天下之廉恥」、「敗壞社會之風俗」整體地統括議員的群像，皆極言其立身行事之逆反於社會的公共性，以及這種逆反於社會公共性的群類與國會所代表的社會公共性之間的矛盾。而後是這種矛盾派生的立憲政治的困境，已使立憲政治賦予國會的公共權力，實際上成了這個逆反於社會公共性的群體手中的權力。其時的另一則時論記述議場景象說：

> 一官吏之任免，一校長之得失，一學校之風潮，一犯人之逮捕，皆有質問。且以文書答覆為未足，又必使政府出席，而加指斥以為快。夫以政府之腐敗，群相督責，疇日不宜，然推諸公之本心，非果能監督政府也，不過欲表示議會之權力，高於政府而已。故一次質問之後，遂已煙消火滅，不復問其效果之如何。

這個過程「民生國計，百不一問」，而「政府屢受質問，有用之精力，既疲於應付答覆之中；且質問至於再三」，遂使「政府已成朝夕打罵之頑童，議會等於三木不停之暴吏」。[74]所以其時嚴復冷眼旁觀，又曾引「往

73　經世文社：《民國經世文編》第1冊，第147頁。

74　經世文社：《民國經世文編》第2冊，第739頁；第1冊，第328頁；朱宗震、楊光輝編：《民初政爭與二次革命》上冊，上海：上海人民出版社，1983年，第381頁。

者法蘭西初次革命，杜摩利埃罵其國會曰：是中捨三百無賴，四百愚夫，更無餘物」，來狀寫中國的國會人物，以為「可以鑒己」。[75] 比之清末資政院「開會僅三月，而所議決之議案皆秩然有序」的猶能有家國天下之懷抱，[76] 則此日國會的公共權力已成了一種不知來路，沒有歸宿，無從收管的東西了。

由這種詬誶痛詆化為思考，遂有「國會既等於虛設，又安有立憲之可言」的疑問和詰問。當南京參議院為民國設計政治結構的時候，這種國會被輿論目為「穢德」的群鳴四起，顯然不會是他們能夠想像得到的。但他們以自覺的政派意識為國會所營造的太過偏斜的單面權力，則既以其太過偏斜而使「穢德」的產出成為可能，又使產出的「穢德」，實際上會很容易地以其醜陋淹沒了政派意識的尚有理致。而後是社會心理大幅度轉向，徑直走到了他們以國會管束政府的那一派耿耿此心的反面，「國民既已絕望於國會，於是對於議員，但視之如禽獸，聽其自生自滅。而國家一切之責任，則不得不全以屬望於政府」。[77] 而作為歷史的調侃，這個過程又常常會使袁世凱更容易地成了被同情和被信任的一方。[78]

議員因國會和政府的相互對待而現顯為群體。但「在共和國體立憲政體之下而言政治，捨政黨則豈更有他道焉」[79] 的政治結構裏，議員同時又各屬一黨而不會形成一個統一的整體。康有為說：「夫國會政黨，立憲之二巨物也。」[80] 比之國會與政府的相為對待，國會與政黨則長在彼此重疊和牽連之間，並使同在國會之中的議員隨不同的政黨而各自歸屬，以成其顯分群類。因此，當日的時論由議員之惡劣評說國會之黑

75　嚴復：《嚴復集》第2冊，第326頁。
76　經世文社：《民國經世文編》第1冊，第148頁。
77　經世文社：《民國經世文編》第1冊，第147–148頁。
78　梁啟超：《飲冰室合集》第4冊，《文集》之三十，第2–3頁；康有為：《康有為政論集》下冊，第720頁；章太炎：《章太炎政論選集》下冊，第620頁；經世文社：《民國經世文編》第2冊，第1084、1209頁。
79　經世文社：《民國經世文編》第2冊，第885頁。
80　康有為：《康有為政論集》下冊，第882頁。

暗，便一定會從國會這個「巨物」延及政黨這個「巨物」。就清末民初的歷史敘先後次第，政派意識是更早於政黨而出現的東西；而作為立憲政治的派生物，政黨是一種在中國古所未聞的東西。合兩面而總論之，顯然是政黨在中國的形成產出是一種無中生有。所以與歐西政治中黨之為黨的本來含義相比，其沒有根基而各立聲勢，自民初中國人的眼中所見，其實更像是舊日熟識的朋黨，而不像是借取西法的政黨。

南北統一後一年，其時的政論說，西國之黨員「必有政見」，於是而能聚「如是之黨員組織一定黨義之政黨」，以成其「立國之方針」，所以，國會之主張隨多數黨員的傾向而轉移，具見「政黨之效用亦大矣」。然後以這種對於彼邦政黨的理想主義描述為典範，「反之而觀諸我國之政黨」說：

> 一年以來，高樹標幟，廣集同氣，忽生忽滅，更僕難數。灶下養，中郎將；爛羊頭，騎都尉，昔之所以譏任官之濫者，今則可以貽贈政黨黨員矣。於是滿街皆黨員，人人言政見，取精多而用物宏。宜乎國會之議案，皆政黨之政見耶；宜乎國務院之請願，皆政黨之政見耶？然而各黨之政見，除關於本黨自身之行動外，問有關於郡國之利病乎？無有也；問有關於民生之疾苦乎？無有也；問有關於因時制宜為國家謀幸福乎？無有也。亦僅高標其名，以號召天下曰某黨某黨而已；亦僅網羅士類，廣樹聲援，曰某黨若干人，某黨若干人而已；亦僅構成廣廈，集所謂理事、部長、主任於一黨而已。嗚呼！是何足以言政黨哉。[81]

依西方的立憲政治為樣式，則中國的代議政治只能是政黨政治。而在實際的歷史過程裏，則民初政黨的一時群起，猶在《臨時約法》為中國構築了國體與政體之後。因此，這種「高樹標幟」而「廣集同氣」在短時間內的大規模出現，正說明此日中國的政黨不是歷史地生成和養成的，而是作為憲政的配置被趕造出來的。而其「忽生忽滅，更僕難數」則又說

81　經世文社：《民國經世文編》第2冊，第892頁。

明，由於這種不自然的趕造，它們在中國社會裏實際上既是一種浮游的東西，也是一種歧出的東西。就立憲政黨的內涵和本分來說，這些都是不合尺寸的畸態。然而立黨本屬分群，就這一面而言，則清末中國的政潮起伏已先期造成了人在時勢之中的各分一群，及其界限分明的以群相聚和以群相爭。而後是前史造就的界限成為後史既有的類別，自會驅使一時群起的「高樹標幟」經「忽生忽滅，更僕難數」的分分合合和收編攏集，最後大體演化為進步黨與國民黨各成一方的互相對峙。前者以清末的「立憲派」為本色，後者以清末的同盟會為源頭。而由此形成的依舊日之群立今日之黨，顯然會使這個過程裏的歷史因果，成為一種比憲政意識更直接的影響和更富力度的影響。因此，其間的因政爭而黨爭和因黨爭而政爭雖然不會全無是非曲直之分，但他們彼此所共有的以群類意識為政黨意識，又會成為身在其中而無從擺脫的狹隘偏斜。與此相匹配的，便是時人遠看國會之中的政黨起伏騰越，多見其不涉「郡國之利病」，不涉「民生之疾苦」，不涉「為國家謀幸福」，遂使其「本黨自身之行動」越不出「本黨自身」之利害，而與萬千人處動盪之世的期望、憂慮、思考、關切、好惡都離得非常遙遠。然則中國因立憲政治而有政黨，本自「國民不能人人參預政治，故以政黨為之代表」。[82] 但以立憲政治的含義相度量，則對那個時候的中國人來說，這種以政黨自立聲勢而未脫群類意識的政治群體，「雖標政黨之名，終不能脫朋黨之實」。[83] 其間之名不副實，「是何足以言政黨哉」。

　　由於未脫群類意識，以及群類意識之疊合於朋黨意識，民初的政黨從產出之日開始，遂以其大群小群之分，使移自西法的立憲政治結構尚未成形，便已在既散且碎而不見整體之中。1912年秋，黃遠生論當時之政象說「今者黨之問題，可謂波靡全國矣。一般之賢愚不肖，既盡驅率入於此圍幕之中，旗幟分張，天地異色」：

82　黃遠庸：《遠生遺著》上冊，卷二，第99頁。
83　經世文社：《民國經世文編》第2冊，第825頁。

黨人之視己黨，則神聖之；相互相視，則仇仇之；無黨人之視黨
也，則蟊賊之。攘往熙來於通衢大道之中，指天畫地於密室之
內，目有視視黨；耳有聞聞黨；手有指指黨。既已聚千奇百怪之
人而相率為黨，遂即鑄為千奇百怪之黨，蔓延於中國。乃復演為
千奇百怪之崇拜政黨論或毀謗政黨論，以相攻於一隅。於是乃有
黨與黨之爭，有黨與非黨之爭，更有一黨之中一部分與一部分之
爭。無以喻之，喻之如往古部落人爭據城堡，人自為戰；無以喻
之，喻之如灞上棘門，斬木揭竿，競為兒戲；無以喻之，喻之如
如毛之盜，黃巾白眉，各有懺態，某山某寨，不得越雷池一步。

而後慨言之曰：「嗚呼！兒戲猶可，奈何於此水深火熱危機一發之秋，
驅全國之聰明才傑者而相戰相盜於一國。」[84] 他極盡刻劃地敘述了民初
中國的因黨而分，因分而爭，及其相分相爭的一路蔓延，四通八達而了
無底止。也說明了這種黨與黨爭，黨與非黨爭，黨的一部分與另一部分
爭雖附生於立憲政治而來，但其間的群起一哄和彼此撕鬥則既看不到始
終固守的立場，也看不到可以辨識的義理。因此以「千奇百怪」和「無以
喻之」作總而言之和統而言之，正是指這種因黨而分和因黨而爭的取向
盲目和內容空洞。

　　然而在國體和政體一路丕變，而猶困於兩頭不到岸之間的中國，與
盲目和空洞具來的那種沒有邊界的可容性，又使政黨可以非常容易地廣
泛吸納，以成其擴張和壯大，同時是民間的矛盾、恩怨、衝突則常常會
隨這種擴張和壯大進入政黨之內，獲得了一種組織化。在黃遠生的這段
議論半年之後，梁啟超作〈敬告政黨及政黨員〉，說是：「同一地方之人
士，平昔以薄物細故，積不相能，各樹私援，互爭意氣。及政黨既立，
此諸人士者，不問黨義政見之何如，惟某甲既隸某黨籍者，則與甲不相
容之某乙，必隸他黨籍以與之抗。」在這種不以「主義」而以「意見」為政
黨之「分野」的同時，是政黨本身已成了人與人集群相鬥的「軋轢之具」。

84　黃遠庸：《遠生遺著》上冊，卷二，第93–94頁。

他指此為民主政治的大弊，又統而歸之於「我國政黨恒坐斯弊」，[85] 以展示其時的普遍性和共同性。而後是政黨所到之處便是「人自為戰」和群自為戰的塵土飛揚。與其時因武力割據而造成的分裂相比，這是一種因政黨之爭所造成的分裂。前者造成的是空間和地域的脫裂，後者造成的則是常態政治過程的脫散，以及賴以共存的政治法則的撕裂。比之晚清，這種出現於民初的因政黨之爭而造成的分裂是國人見所未見，聞所未聞的景觀，從而不能不歸入中國社會的近代化變遷之中，具見近代化過程的複雜和錯綜。

以因果而論，這種和政黨相連的歷史變遷本與立憲政治俱來，並由立憲政治所派生，但產出於中國的政黨之被比為「往古部落人爭據城堡」，比為「斬木揭竿，競為兒戲」，比為「黃巾白眉」的「如毛之盜」，則又以其政派意識的日漸淹沒於蓬勃苗長的幫派色彩之中，說明了這種個體聚為群體的過程雖以政黨之名「高樹標幟」，而時當中國社會正處於解體之日，是社會因無序而失範，這個過程也在因無序而失範。由此形成的深刻矛盾說明：立憲政治為中國所催生的，是一種近代化變遷深化的過程，而近代化變遷深化的過程所造就的，則是立憲政治在中國的扭曲和異化。1913年，康有為說：

今之大黨何如者？今若某省某黨，非其黨不官，入其黨則可無法，籍其黨以遍握權要，魚肉良善，出入罪惡，吞踞財產，殺戮人民，禁錮異黨，封禁報館，強佔選舉，萬惡皆著矣。蓋未有政黨之前，中國有法律；既有政黨之後，中國無法律。未有政黨之前，人民財產得保全；既有政黨之後，人民財產不保全。未有政黨之前，人民生命得保全，既有政黨之後，人民生命不保全。未有政黨之前，人民言論身體得自由；既有政黨之後，人民言論身體不自由。[86]

85　梁啟超：《飲冰室合集》第4冊，《文集》之三十一，第12頁。
86　康有為：《康有為政論集》下冊，第812頁。

之後深致感慨說：「吾夙昔仰歐慕美，首創政黨，曾不意政黨之害至是也。」[87]

　　比之黃遠生和梁啟超的下筆猶自從容，其文字顯然更多既憤且激；比之黃遠生和梁啟超的泛而論之，其意中的「萬惡皆著」雖總而論之，而意中又更多地指目於據有南省的民黨。雖說他以「某省某黨」為例作引申推論，未必盡能統括當時的普遍和一般，但他描述的黨與黨相爭之日，政黨和黨人既慣於「神聖之」與「仇仇之」，一旦與權力結合，則非常容易走向肆無忌憚，卻是意在寫照世相。南京臨時政府成立之後，曾有中國銀行經理「在曹家渡被滬軍都督逮捕」。司法總長伍廷芳移文捕人的陳其美，責其「妄事逮捕」，並為之列述立憲政治之下司法的範圍、程序和權限，以說明這些都「非軍政府所能越法干涉」。迨陳其美復書以「強詞奪理」為辯，且以「曲學阿世」和「老嫗腐儒」作反唇相譏，遂往復至再至三，最終引出伍廷芳痛斥陳其美「手段」之「橫暴」，並由今日對比往昔說：「清之末造，立憲雖假，而司法成立所在，行政有司，未敢妄為侵越橫恣如貴都督所為。今日人民捐糜頂踵，推倒滿清，以爭自由，貴都督乃為滿清行政官吏所不敢為之事。」其間的言之憤怒和言之痛心，皆歸結為「約法時期」之內猶欲施行此等手段，則禍害所及，「民國約法之信用，必因之而立隳」。[88] 其時國民黨還沒有立名，而同盟會這個群體則存在已久。雖然身處南北分立之間，南京政府時代的伍廷芳是與之同處於一個陣營之中的，但以歷史淵源和行事風格而論，則更能代表同盟會的傳統和慣性的，無疑還是陳其美。因此，以陳其美的「越法」和「橫暴」，以及他對伍廷芳宣述立憲政治之法理而報以蔑乎視之的事實為比襯，則康有為的話顯然不能算是無根之詞。同盟會中人主導以定《臨時約法》，同盟會中人又置自身於《臨時約法》之外。這種對於約法的漠漠然視之所直接反照的，顯然是對於立憲政治的漠漠然視之。

87　康有為：《康有為政論集》下冊，第812頁。

88　經世文社：《民國經世文編》第3冊，第1992–1998頁。

四 願望與現實之間：
二次革命的倏起倏落和大眾社會的淡然視之

國會限勒政府以約法為依據。但國會以議員為主體，議員以政黨為來路。在立憲政治的這種「有憲法即有國會，有國會即有政黨」[89] 的結構裏，國會與政府相頡頏，最終不能不是政黨與政府相頡頏。當一時群起的「各樹標幟」經收編攏集而成兩黨共處之後，擁有更多主動性和進攻性的歷史，同時又擁有更大規模和更廣聲勢的國民黨，便成為國會政黨中扼制政府的最有其心，又最有其力者。而在一種時間和空間裏被漠漠然視之的約法，在另一種時間和空間裏，則又被當成了拒敵和制敵的法寶。當時人說：

> 當清帝退位，南北統一時，南部諸省均在民黨掌握，如李烈鈞之為贛督、柏文蔚之為皖督、胡漢民之為粵督、譚延闓之為湘督、胡景伊之為川督，聲勢均極煊赫，而鄂督之黎元洪、蘇督之程德全、浙督之朱瑞、閩督之孫道仁，雖非屬民黨，亦與民黨接近。故袁世凱雖為臨時總統，高掌遠跖，一若可以指揮全國者，實則對於南方諸督，未免時懷戒心也。迨國會開會，其中議員半屬民黨分子，遂依仗南方諸督勢力，頻向袁氏挑撥惡感。[90]

這段話陳述了一種由清末民初的歷史嬗蛻造成的實際對比和對峙，以及身在這種對比和對峙之中民黨一方的一意進取。

作為一種對應的詮說，是並不喜歡「民黨」的嚴復曾總評之曰：「民黨分子，誠不乏精白乃心、一意愛國之士，然自改革以還，兩番舉會，虛縻帑祿，於國事進行，毫無裨補，則雖有儀、秦之舌，不能為之置辭，而轉為所反對之腐敗官僚，陰猾進步之所藉口，則無他，坐少不更事，徒為銳進，於國情民俗，毫不加察故也。」[91] 這種以「精白乃心，一

89　經世文社：《民國經世文編》第1冊，第592頁。
90　中國史學會：《北洋軍閥》第3冊，第17頁。
91　嚴復：《嚴復集》第3冊，第672頁。

意愛國」與「少不更事，徒為銳進」的對舉而論不能算是滿腔惡意。而由「國情民俗」反照其「徒為銳進」，說的正是一意進取於當日的國會政治之中，其實只能成為一種一意孤行。而以「陰猾」稱進步黨，並以之與「腐敗官僚」並舉，則既是用進步黨來對比國民黨，也是概括進步黨的一貫性而為之作刻劃和評斷，其同樣的不喜歡裏顯然又更多帶了一點個人的鄙夷。然則由「徒為銳進」發為不停的躍動，便成了時人眼中所見的「民黨不能容忍，專與袁世凱對抗」。[92]

作為其時的實例，章士釗後來追述清末民初的人事和政事，其中一節說南北議和之後，張繼「意謂革命僅供袁世凱驅除，黨人謬以天下讓之國賊，國賊居高臨下，而天下顧莫之禦也」。因之而曾有過民元之際的一段出格謀想：

> 溥泉密陳孫、黃，非撲殺此僚，吾黨無中興之日；倘吾以北人而膺參議院議長之職，世凱以便於誘惑，或者喜與吾接。即不然，議長入府計事，無見拒理，吾不難手搤其胸，為吾黨了此殘賊，從而四督舉兵，天下指揮可定。孫、黃壯其言，如計而行。不謂溥泉獲居高位，而世凱木然不加禮接，溥泉亦無法強近其身。癸丑一役之後，一切付之泡影。[93]

章士釗與黃興、張繼都是熟識已久的舊交，因此能夠知道這種不為人知的事。而這種謀想雖然構思離奇，卻正以其離奇而具體地說明了黨人之於袁世凱無可化解的疑忌和敵意。之後，以張繼為議長，則這種疑忌和敵意都會成為民黨在國會中的自覺意識。由此聚而「專與袁世凱對抗」，便成了民黨在國會議場中相比於他黨而見的尤為擅長，又尤為用心的功夫。其間最明顯地以一黨之政見分敵我，從而以一黨之立場分是非的，是1913年春，政府與五國銀行團立借款約議，引出黃興阻止大借款通電，參議院正副議長張繼、王正廷反對大借款通電，孫中山為大借款致

92　莊建平編：《近代史資料文庫》第7卷，第245頁。

93　章士釗：《章士釗全集》第8卷，第206頁。

各國通電，國民黨參眾議員宣布眾議院否決大借款通電，以及湘贛皖粵四都督聯名反對大借款通電等等，在短時間內全盤掀動了中國的政局。

民黨反借款，理據在於「借款必由參議院議決，載在約法，今國會承受參議院職權」，而「國會成立，乃政府竟與五國銀行訂約借債二千五百萬磅，不交國會通過」，是「破壞約法」且「蹂躪立法機關」。[94] 由於這些話都是論斷，因此見不到因果。而其時財政部作回應，則從頭講起，說明借款雖訂約於此日，而議約則開始於南京政府主政的「上年」。其間曾歷經「出席參議院得其同意」；「出席參議院報告合同全文」，之後「奉大總統令，國務總理、外交總長、財政總長會同簽字」。然後反詰說：「必以前經參議院通過之條件而指政府履行為違法，則必認前參議院為非代表民意之機關而後可。否則，新國會成立，所有前參議院議決之案全失效力而後可。」[95] 顯然引已經實際發生的過程為對比，則以理論理，民黨的論斷更容易被當時人看成是一種前後不能相顧的獨斷。於是而有「兩院議員同志會」以國會中人的身份排擠民黨，指斥其「既督促借款於未成立之先，復阻難借款於已成立之後，朝三暮四，戕害國家」；又有「國事維持會」自居於中立，而筆鋒直指民黨的「或前反對而後贊成，或前贊成而後反對，有黨見而無是非，有感情而無宗旨」。[96] 而同時的報章文字則越益鋒厲尖刻，在這種法理之爭以外更深剝一層，說是「國民黨以推翻袁總統為惟一目的」，並且「又以袁之所恃者為北方軍隊，軍隊所恃全在餉需」說此中之利害所及，以推論其「反對借款之根本理由」。[97] 這些出自各色社會團體的評說和判斷，以其就事論事和就事論理的向背表達態度，反照了民黨在當時的社會裏得不到迴響的獨進和獨亢。而後是起於國會的大借款一案成為民初中國立憲政治的一種危機，明白地顯示了南北議和以來國會與政府之間的頡頏，此日已變成國民黨與政府之

94　朱宗震、楊光輝編：《民初政爭與二次革命》上冊，第 246、248–249 頁。

95　朱宗震、楊光輝編：《民初政爭與二次革命》上冊，第 254–255 頁。

96　經世文社：《民國經世文編》第 4 冊，第 2568、2574 頁。

97　朱宗震、楊光輝編：《民初政爭與二次革命》上冊，第 250–251 頁。

間的對抗了。

　　從清末到民初，被稱為民黨的政治群體懷抱理想為中國造共和，同時又在具體的歷史過程中為具體的歷史關係所牽掣和制約，始終把袁世凱當成對頭和對手。把袁世凱當成對頭和對手，是因為自革命一面而言，袁世凱從晚清帶入民國的軍事權力和政治權力被看成是脅迫共和的不祥之物，從而是不可信任和需要力為抑制之物。但南北議和之後袁世凱既被舉為共和中國的國家元首，則以約法所賦予的意義而言，其一身已關乎中國的統一與分裂、國權與民權、中央和地方，有序與無序。由此形成的已是民黨在共和之內，袁世凱也在共和之內。然而產出於那一段政治過程裏的時和勢，卻使民初中國的立憲政治自一開始便脫不出生成於晚清而延伸入民國的矛盾，從而使身處矛盾之中的民黨和袁世凱共處於同一個政治空間之中，卻仍然在各有懷抱地互相對視和互相對峙，此後的政局遂不能不沿著這種歷史影響當下和當下汲引歷史走向節節演化。

　　一方面，立憲政治之不同於舊日熟知熟見的政治，是古已有之的政府之外，其結構之中又更多了古所未有的憲法（約法）、國會、議員、政黨。而後是古所未有的約法、國會、議員、政黨借立憲政治的學理為封神的法旨，岸然自居於立論代表「民意」的高處。然而世人不見安寧，徒見騰越，大半都不肯真信其來路出自民意。於是以事實論事實，便有「南京臨時憲法，不過十數都督所舉一二私人為之耳，與全國四萬萬之民意無與也」的究詰約法；有「參議院，自表面視之，固近世之新式政治也，然竊嘗取參議院議案而考之，每日議事日表中，其無關宏旨者十而八九，其繫乎國家之大本者，不獲二三焉」的討問國會；有「以新造之國，其中僥倖功名之士，多與政治之意味不相容，而忽納之於言論諷議之場，則積其暴厲恣睢之氣，吐發為叫囂隳突之詞，其弊則野」的鄙視議員；有「各黨之幟志雖不同，選舉運動，金錢號召則異軌同趨，無分黨派，誰可信者」的通論政黨。[98] 由此所表達的懷疑、排拒和不肯認

98　經世文社：《民國經世文編》第1冊，第567頁；第2冊，第741、876頁；
　　第4冊，第2586頁。

同是非常明白的。

　　合此懷疑、排拒和不肯認同，又有彼時的一則長篇政論曾指陳時弊，而歸結之大意則是中國的政黨壞，所以國會壞；國會壞，所以政府壞；政府壞，所以國事壞。[99] 其中以因果分主次，更不喜歡的，顯然都是這種古所未有的東西。民黨為中國造共和，便成為這個過程裏主導議定約法的一方、著力構築議會的一方；之後既以人多勢眾蔚為第一大黨，又成了產出議員最多的一方和直露地以一黨之政見震動政局的一方。因此，時人之究詰約法，討問國會，鄙視議員和通論政黨，最終都會在一路倒推裏歸國事之壞於政府，歸政府之壞於國會，歸國會之壞於政黨，歸政黨之壞於民黨。

　　嚴復說：「夫以滿清末造之不可救藥」，致「志士鴻生起於愛國之義，出為革命，吾豈曰無精神貫日月、浩氣塞天地也者？而無如其居最少之數也；無如其蹈機赴火往往賫志而前死也；無如其掉頭不往，冥鴻一逝而不可追也。於是賢者發其難而不肖者居其成功。民國既建，又託於政黨之詖辭，所爭者存乎門戶，門戶所以為聲利也」，以人物代謝而致面目全非論革命前後的民黨。康有為說，「抑千數百之暴民，昔者日以民權平等自由鼓勵吾民，而今者彼千數百之暴民，大收其民權平等自由，而吾民大失其民權平等自由」，則以集群而成強勢說民國初年的民黨。[100] 表述的都是這種一路倒推。

　　另一方面，作為一個政治群體的民黨合約法、國會、議員、政黨之力以「專與袁世凱對抗」，初旨本在用憲政罩定出身舊朝的強人，及其手中與共和沒有淵源的強權。然而袁世凱之能夠在南北議和以後接管南京臨時政府渡讓的權力，靠的正是他一時無出其右的強人形象和手中不可匹敵的強權。章太炎說：「夫國人所以推袁項城者，豈以為空前絕後之英乎？亦曰國家多難，強敵乘之，非一時之雄駿，弗能安耳。」後來又說過：「俄、日協商已急，項城在或可保長城以內，易以孫、黃，則黃河以

99　經世文社：《民國經世文編》第1冊，第594頁。

100　嚴復：《嚴復集補編》，第126頁；康有為：《康有為政論集》下冊，第887頁。

北皆失矣。」[101] 他並不喜歡袁世凱，但又認為處外患四圍的艱難時世之中，中國需要一個能夠提調國事的強有力者。這種國權至上的觀念自始即與立憲政治以民權為至上的觀念相對沖，而以當時中國人深憂「散亂將亡」，深憂「存亡絕續」，深憂「土崩瓦解」，深憂「不能對抗外國」[102] 的論說四面俱起和八方迴響為比照，則國權之成為大道理，正是中國社會在重重困扼裏的一種普遍意識。因此章太炎所說的以「一時之雄駿」為「國人之所以推袁項城者」的原因，遠不是僅止一家之言。與之相近似，又有梁啟超說的：「中國今日固儼然共和矣，民權之論洋洋盈耳，誠不憂其夭閼。所患者，甚囂塵上，鈍國權之作用，不獲整齊於內，競勝於外耳。」是以今日理應「稍畸重國權主義，以濟民權主義之窮」，[103] 則直指時潮之偏，表述的也是同一種理路。而「整齊於內」與「競勝於外」的一體同舉，對於鼎革之後的中國而言，便是當「邦家新造，擾亂孔多」之日需要重建社會秩序；當「各省以政教自專之故，號令不復秉於中央」[104] 之日需要重建國家統一。由此層層推演，則「不能不望之強力之政府矣」：

> 孳裘者舉領而振之，築室者繪圖而程工焉。一家一肆，必有主權者以指揮之，事乃克舉。所以易君主者，為其專制而世襲，其有不善，須大流血以危國家，故害大而去之耳。若夫修舉百政，黜陟群司，興利除害，以為國利民福者，不能不付權於政府以行之。故國無論君主民主，未有不中央集權也。[105]

同樣的意思，吳貫因以「國苟不保，民安有權」起講，而歸結於「欲求振國權，與其得一強有力之國會，不如得一強有力之政府」，[106] 顯然說得

---

101 章太炎：《章太炎政論選集》上冊，第570–571、650頁。
102 經世文社：《民國經世文編》第1冊，第615頁；第2冊，第799、898、1092頁。
103 經世文社：《民國經世文編》第1冊，第921頁。
104 經世文社：《民國經世文編》第1冊，第335–336頁。
105 經世文社：《民國經世文編》第1冊，第467頁。
106 經世文社：《民國經世文編》第2冊，第1115頁。

尤為直截了當。這些評說既以地方割據為非，又以國會壓迫政府為非，指向都在民黨。若以稍後蔡鍔提案力主國權，視之為人同此心，心同此理，[107] 則越見一時之取向的重心所在。這一類論述說明，以其時的輕重緩急而論，民權對應的猶是學理，而國權對應的則是時勢。有此對比，則民黨聚約法、國會、議員、政黨之力，合成其以民意伸民權的獨門理路，遂自始便不能所向無敵。而袁世凱既已身任總統，則本與袁世凱個人並無因果關係的時勢需要一個強政府和國人期望一個強政府，便都因其託附於總統一職而成為附著於袁世凱一身的東西了。由此構成的舛錯正是「共和」一詞所涵蓋不了的矛盾。

民國初年的共和立憲與民國初年的社會困境並存共生於同一段歷史裏，已使那個時候的中國政治有了兩種道理，中國社會有了兩種是非。因此，民黨「專與袁世凱對抗」於這個過程之中，雖以共和與專制的對舉為旨義，在彼時的人心中和輿論裏卻都不足以成為說服力。持論於兩種道理和兩種是非之間，其集矢於袁世凱的力相抗持更容易被看成是「惟昌破壞，求逞其一黨之私」。[108] 然而民黨既以共和專制不能兩立為黨義，則這種矛盾雖時有起伏而終在不可化解之中。所以南北議和之後，兩頭的對抗一經開始，便長在不止不息之中，造為政局中的風波和震盪。其時的「北京某報」曾有一段議論說：「梟獍之徒，目光如炬，知議會橫暴，政客專橫之事，可以移植於中國也。於是雄心忽起，狡謀疊出，招募天下之僉壬，而自謚曰政黨，誘惑青年之子弟，而爵之為政客。一年以來，其成績昭然在人耳目，而未來之禍，猶有百十倍於此者。然彼輩猶囂囂然告於人曰：吾所以代表民意也。」而究不知其「代何民，表何意」。[109] 此中的戟指謾罵雖未指名，而形容刻薄，對應的卻都是民黨，因此當時已為進步黨一脈的論客所樂用，引來以助辭氣。就其歷史內容而言，這些文字是在以一種極端的方式作表達，說明了民黨

107　經世文社：《民國經世編》第3冊，第1715頁。
108　經世文社：《民國經世編》第2冊，第735頁。
109　經世文社：《民國經世編》第2冊，第1210頁。

的政治活動與世人看民黨政治活動之間的差異。當民黨以袁世凱為對頭和對手之日，世人之關注時務者大半都在以袁世凱為元首，則當日大半時務論說中的袁世凱已代表了國家、代表了國權，從而代表了中央、代表了統一、代表了秩序。在這些牽動世局的東西面前，民黨的「專與袁世凱對抗」雖自成主張而自有立場，但自外觀所見，便更容易被歸於以地方對抗中央，以分裂對抗統一，以無序對抗秩序。而久苦亂世板蕩的中國社會正「莫不翹首企踵以渴望太平之隆盛」，[110] 則這種用政見造震盪的事顯然不會為人喜聞樂見，於是而有以另一種道理和另一種是非為立場的戟指謾罵。然則世人看民黨與民黨看政治之間的差異，同樣是一種不可化解的矛盾。

因此，自民國肇端之後一年多的政潮起伏裏，民黨「專與袁世凱對抗」越趨越激烈，同時是民黨與多數人之間的疏離也越來越明顯。

章太炎說民黨，謂之「人材乏絕，清流不歸」，而「常見誚於輿論」。[111] 張謇說孫中山和黃興，以「今日中外之人情對於二君，誠問比之二年以前，一年以前，半年以前，等級如何」為問，[112] 顯然是明言他們在世人心目中一程落於一程的今不如昔。迨宋教仁被刺，以及與宋案同時發生的大借款案演為激烈衝突俱起於國會之內和國會之外，民黨與袁世凱之間的對抗已在激化中達到了頂點。而從其三月間「吾黨健兒為驅除共和魔厲，保障民國前途，計當發揮吾黨固有之俠烈精神，出最後之手腕，鞭巨石以入海，遏長江使斷流」[113] 的摩拳擦掌，到七月間「東南人民迫不得已以武力濟法律之窮」[114] 的寧贛之役，曾經為中國先創立憲政治的民黨，已在「專與袁世凱對抗」中一時橫決，沿其積久之勢而走到了立憲政治之外。黨人稱寧贛之役為「二次革命」，但時人則視之為「釁自南

110　朱宗震、楊光輝編：《民初政爭與二次革命》上冊，第373頁。
111　章太炎：《章太炎政論選集》下冊，第612頁。
112　經世文社：《民國經世文編》第4冊，第2591頁。
113　朱宗震、楊光輝編：《民初政爭與二次革命》上冊，第270頁。
114　孫中山：《孫中山全集》第3卷，第67頁。

開」。[115] 因此二次革命倏起倏落之前和之後，上海總商會通電要求「維持
秩序」說：「近日紛紛爭議，宋案也，借款也，選舉總統也。竊謂宋案審
判於法庭，借款、選舉取決於議院，自有法律為範圍，豈尚血氣為勝
負。商人在商言商，不知附和，若有破壞而無建設，亂靡有定，胡所底
止。」[116] 進步黨公告天下「主張戡亂」，說「李烈鈞首據湖口，歐陽武通電
自稱贛督，安徽亦有宣告獨立之耗。外患方亟，內亂益熾，此等舉動，
實欲亡我民國，以逞其私。亂黨所執以為口實者，政府違法，總統專
制，逼而出此。即曰違法，有議會在，國務員當負其責。日來院中不論
何黨，皆有彈劾之案，業經議會審查，何事違法，如何處置，自有正當
解決之道。議會有解決之道，無論何人何所容其專制。」因此，「稱戈倡
亂，託為聲討，同人等認為叛徒」。而「中央政府為舉國所公立，臨時大
總統為人民所公舉，□徒之反抗，非反抗一、二私人，乃反抗我中華民
國」。陳說既畢，又「促令政府迅速戡亂，以保統一而遏禍機」。[117]

　　商會的通電雖出自工商一群，但反映的則是曾經支持和助成過辛亥
革命的城市社會，其時已站到了二次革命的反面。城市更需要秩序，是
以時當干戈起於咫尺之間，「識時務者鑒於前轍，惴惴焉懷生命財產之
憂，孰肯以汗血所得之金錢，供二次三次革命不已之揮霍，而自買今年
明年糾纏不了之苦痛」。[118] 而就同盟會以來的黨人革命之不同於農民戰爭
的城市性而言，這種城市社會的由向而背，無疑是腳下的搖動和後路的
逆轉。進步黨的自為宣述則高居於立憲政治的立場以文字發揚蹈厲，斥
責民黨為反立憲政治。他們仍然守在約法、國會、議員、政黨築成的政
治結構之內，以此為自覺，也與此相依傍。而由這種自覺和依傍發為「戡
亂」的主張，則已急急乎把最先為民初中國築成立憲政治結構的民黨逐出
了這個結構。

115 經世文社：《民國經世文編》第4冊，第2586頁。
116 朱宗震、楊光輝編：《民初政爭與二次革命》上冊，第333頁。
117 朱宗震、楊光輝編：《民初政爭與二次革命》下冊，第504頁。
118 經世文社：《民國經世文編》第4冊，第2590–2591頁。

　　同國民黨相比，此日的進步黨剛剛由共和黨、統一黨、民主黨合併而成。但三黨之能夠合成一黨，用意本在立「健全之大黨」，與「純屬感情用事」的「舊革命派」爭一日之長短。與之淵源相承的，是此前梁啟超為共和黨立宗旨，已以「官僚」之「腐敗勢力」和「莠民」之「暴亂勢力」同為大敵。而二者先取其一，則尤重於打倒「暴民政治」。[119] 因此，相比於城市社會的向背，政黨用「戡亂」為名目以造成此長彼消，其間顯然又有著一黨克制一黨的意願。因此，作為對於民黨「以武力濟法律之窮」的回應，商會的通電「維持秩序」和進步黨的主張「迅速戡亂」，正非常典型地說明，不同的社會群體和政治群體出於各自目的以反對二次革命，而由此形成的表象，卻是民意歸於袁世凱。其時張謇曾概敘宋案之後幾個月裏的人心起伏變化，然後歸結說：

> 綜諸現象，皆政府之利。試問舉國之人，何所私於政府？則以政府者，人民所賴以託命之地。西哲所謂惡政府猶愈於無政府也。然若無國民黨之狂激大囂，拂戾極多數樂生安業之眾情，政府豈易受此舉國之傾向？則政府實受國民黨非常之賜。[120]

他由旁觀的立場作評述，說明了國民黨因「狂激」而失敗，又以其失敗為反推，助成了袁世凱「受此舉國之傾向」，而聲望猶優於從前。對於國民黨既以袁世凱為對頭，又以袁世凱為對手的激越僨張而言，這種結局顯然已沿其一往無前而走到了初想的反面。

　　「狂激大囂」的結果，是國民黨因二次革命的一敗塗地而致領袖逃亡，同志四散，偃旗息鼓。然而由二次革命發端的政治過程則並未了結。在武力判定了勝負之後，本為臨時大總統的袁世凱以「公民團」包圍國會，又以議員在包圍之下投票選舉的方式成了民國的正式大總統。[121] 之後，一面由總統用訴諸「文武長官」的辦法，推倒了國會主持

119 丁文江等：《梁啟超年譜長編》，第617頁；經世文社：《民國經世文編》第2冊，第798–800頁。
120 張謇：《張謇全集》第1卷，南京：江蘇古籍出版社，1994年，第255頁。
121 榮孟源、章伯鋒主編：《近代稗海》第3輯，1985年，第53頁。

之下議定的天壇憲法草案；繼而下令解散國民黨，並剝奪國民黨員的議員資格，一時廣涉四百三十多人，「遂過議員總額之半，兩院均不能開會」。[122] 而後是「不能開會」即已無復國會。另一面又自上而下地召聚政治會議，以遣散殘餘議員；召聚約法會議，注力於改內閣制的《臨時約法》為總統制的《中華民國約法》。新的約法以集權於總統為要旨，比之舊時約法，其一番重造之後的十章六十八條之總匯，已使袁世凱事實上成了中國獨裁的元首，因此隨後新立的參政院雖屬代行立法機構，而其中的人物則皆須總統簡任。

　　與二次革命之前的政象相比，這是一種乾坤顛倒和天翻地覆。對於失敗了的國民黨而言，這個過程無疑證成了他們對袁世凱性本專擅，又力能獨擅的預測和預判。對於不久之前猶在通電主張「戡亂」，並且以「臨時大總統」等同於「我中華民國」的進步黨而言，則其初想所未及的是「戡亂」之一路徑情直行，在掃掉了民黨之後又湮滅了國會，從而使其自身作為一個政黨由此一朝懸空，在這種失所依傍的丕變中成了無地立足的東西。其局促窘迫與民黨相比，已如同五十步與一百步之間。梁啟超稍後說此一段歷史，以扞格寫照扞格地謂之「在共和國體之下暫行專制」。[123] 然而袁世凱在共和國體之下「行專制」，其廢置國會、取消政黨、大變約法，已使立憲政治之所以為立憲政治的內容和旨義都已不復存在。所以，就歷史事實辨歷史的段落，顯然是始於南京臨時政府的立憲政治歷經政潮重重震盪之後，作為一個前所未有的過程已至此而斷。對於立憲政治來說，這是一種因強力的碾壓而不得不斷。

　　同一個時間裏，政局之外的中國人看世變，引為感慨的是：「比者國民黨人已為政府所遣散，如此大事，而全國闃如，此上可以徵中央之能力，下可以窺民情之伏流。顧三年以來，國民黨勢如園中牽牛，纏樹彌牆，滋蔓遍地，一旦芟夷，全體遂呈荒象，共和政體，名存而

122　榮孟源、章伯鋒主編：《近代稗海》第3輯，第67頁。
123　梁啟超：《飲冰室合集》第8冊，《文集》之三十三，第90頁。

已。」[124] 而使旁觀的外國人印象深刻，並以為「真正值得注意的」，也是
這種「擊潰國民黨一事似乎沒有引起任何見得到的憤激，甚至沒有聽到
一聲抗議」。[125] 他們驚訝於國民黨被「遣散」被「擊潰」，而「如此大事」
舉國「闃如」，不見「憤激」。蓋就民國歷史而言，人所共見的，是先創
共和國體的國民黨本與立憲政體連為一體，所以國民黨的被「遣散」和
「擊潰」，自源頭而論，實已等同於立憲政治的被「遣散」和「擊潰」。嚴
復記述當日世情，而以「共和政體，名存而已」為結論，正明瞭地言其
名猶共和而內裏並無其實。他們為多數中國人口對立憲政治解體的平靜
和冷漠而詫異，然而作為眼見的事實，這種「全國闃如」和沒有「任何見
得到的憤激」，又真實地反照了自民國元年開始的立憲政治實際上與多
數中國人口之間的生疏、隔閡、遙遠，如同兩個世界，以及兩個世界之
間的利害不能相及和彼此無從感應。因此，就共和中國的立憲政治本應
是民主政治而言，則當其被碾壓而裂斷之日，直面相對的卻是這種出自
大眾的平靜和冷漠，又以前一面和後一面之間的反差過大，明白地昭示
了立憲政治在中國的這一段歷史，同時是立憲政治內在地造就了自己失
敗的歷史。

　　自19世紀中葉以來，中國人對歐西的立憲政治從遠看到近觀，從
比附到認知，從評說、向慕到效法，七十多年之間，以積之既久的親近
和信從，使辛亥革命之後的民國政治全無窒礙地移來了立憲政治，與之
同來的，還有那一代中國人的希望和憧憬。然而從1912年初到1913年
的夏秋之交，前後不過一年有半，作為一個實際過程的立憲政治已在民
初中國走到了盡頭，而與其盡頭之日的風雨蒼黃相伴的，卻是身歷其境
之後的中國人一片了無聲息的沉寂。然則以一年有半比七十多年，其間
的重重矛盾翻雲覆雨，便都成了具體的歷史過程對於學理和願想的討
問；成了一年有半對於七十多年的否定。而作為「全國闃如」的對比，
則是直接斷送了立憲政治的袁世凱，猶不肯止於「共和國體之下暫行專

124　嚴復：《嚴復集》第3冊，第613頁。
125　莫理循：《清末民初政情內幕》下冊，第258頁。

制」，於是而有相隔兩年的「洪憲帝制」，及其在八十三天之後以袁世凱的身死為結局。

嚴復事後通論這一段史事說：

> 夫中國自前清之帝制而革命，革命而共和，共和而一人政治，一人政治而帝制復萌，誰實為之，至於此極？彼項城固不得為無咎，而所以使項城日趨於專，馴至握此大權者，夫非辛壬黨人？參眾兩院之搗亂，靡所不為，致國民寒心，以為寧設強硬中央，驅除洪猛，而後元元有息肩喘喙之地故耶？不幸項城不悟，以為天下戴己，遂佔亢龍，遽取大物，一著既差，威信掃地。嗚呼，亦可謂大衰也已。[126]

雖說他論人論事的褒貶好惡未必俱能當當時人和後來人之意，但他把「革命」、「共和」、「一人政治」、「帝制復萌」用因果連為一個自成一段的歷史過程，以見其脈絡之起伏，則比之純然著眼於人物的心術好壞來敘述歷史和解說歷史，無疑更切入地寫照了那一段歷史中的前後牽連，也更富深度地觸及了那一段歷史內裏的種種情狀。

五　立憲政治在實際中走到盡頭和立憲之理在人心中的影響未歇

袁世凱既死，則國體回歸共和而恢復《臨時約法》。曾被廢止的國會，也得以重聚當時被比作「八佰圓顱」的參議員和眾議員，使之欣欣然再起於中國政壇。但在由此開始的另一個歷史段落裏，因袁世凱身死而分化的北洋軍人，已從原來尚且伏處於強人的背後，一變而伸展手腳，直接走到台前，構成了一種武夫當國的局面。與之前的國會面對政府相比，此日的國會遂自始即在與武人相對之中。以政治結構而論，顯然更下一等。所以，當再起的國會挾其舊日慣性與執政的軍界人物相爭相

---

126 嚴復：《嚴復集》第3冊，第631頁。

抵，並沿此傍涉府院之爭，便直接召來迎頭一摑，重聚不過十個月，又成了被解散的東西。隨之發生的丁巳復辟起，丁巳復辟滅，雖是一段插入的歷史，而起滅之際已劇烈地牽拽南北政局。其間南方以「護法」為名義立軍政府，並就兩院南下的議員一百數十人「在粵召集國會」;[127]北方則另選議員別立國會，而世人以派系相辨識，但目之為「安福國會」。

　　與這種兩個政府和兩個國會的局面相隨而來的，是此後北方的連年戰爭和南方的連年戰爭，以及北方的「大開門戶賣官鬻爵」和南方的「明目張膽開賭販煙」。[128]彼時的政治依戰爭為起落，所以武人在這個過程中既是戰爭的主體，又因此而日益恢張地成了政治的主體。與舊日的約法、國會、議員、政黨，皆各據立憲政治的一部分，而並因之皆能自主自立於政治過程之中的事實相對照，則此日以武人為主體的政治之下，四者面目都已全不相同。

　　梁啟超説：「不見夫《臨時約法》乎？約法誠不免有疵纇，然果能舉國人而信守之，其足以為人民保障者已自不少。今則非惟政府心目中未嘗有約法」，即「高談護法之人，其心目中亦未嘗有約法存也。以故約法雖有如無」。[129]比之袁世凱當政之日約法之足以勒制政府，南北對峙之下的這種「雖有如無」，説的顯然是約法已不成其為一種物事了。吳景濂説：「護法數年，國會顛沛播遷，由粵而滇而蜀，到處俱託庇軍閥之下。現在國中軍閥，無論南北，俱是一丘之貉。」[130]這是閱歷之後的言之感慨。南方的國會「託庇軍閥之下」，北方的國會之被稱為「安福」，則更明白地直指其產出於皖系軍閥的全程操弄。

　　與南方的託庇和北方的產出相對稱的，便是南方國會和北方國會裏的議員名目雖殊，而同歸於一流，都成了「國中軍閥」豢養之下的群類。而同一個時間裏進步黨中的活躍者衍化為研究系，國民黨中的活躍者蘗

127　湯志鈞：《章太炎年譜長編》上冊，第568頁。
128　梁啟超：《飲冰室合集》第4冊，《文集》之三十七，第50頁。
129　梁啟超：《飲冰室合集》第4冊，《文集》之三十五，第32頁。
130　中國史學會：《北洋軍閥》第4冊，第124頁。

分出政學系、國民系，北方一群則從無到有，以安福系為結黨之名目，此外還有「某社、某廬、某俱樂部」的一時「疊出不窮」。[131] 其間的紛紛然推陳出新都在表現政黨的變遷和變異。但自昔日之黨變為今日之「系」，所見的顯然不是伸張而是萎縮。十多年之前黨人胡瑛曾説：「今日中國政黨自政黨，國民自國民，各不相謀。問政黨之所代表者為何？則政黨無以答焉。問國民之利益以何黨為能代表？則國民無以應焉。」[132] 他説的是彼時政黨的不能合格。若引之以度量這個時候南北之間的此系與彼系，是曾以政黨立名的政治群體已變成越來越小的集團了。而政黨之化為小集團的過程，同時又一定會是其關涉的利益越來越狹，從而關注的利害越來越狹的過程。前一種越來越狹和後一種越來越狹都出自私欲和歸於私欲，因此都不會助長人性的光明。於是而有孟森所説的「昔時言黨派，猶必借一門面語，為作黨綱」，而今但用「人類之污點作結合黨徒之捷徑」。[133] 然則昔時雖不稱意，而以今比昔，尤見今不如昔。

　　以約法、國會、政黨，以及因國會而派生的議員為立憲政治的旨義所託和實際構成，則四者生成於前一個歷史段落，又形神俱變於後一個歷史段落，兩頭對比的因果犖然，正説明了前一個歷史段落中走到盡頭的立憲政治，其殘留的構架又在後一個歷史段落裏的層層脫落和節節碎裂。等到本來託庇於南方的「眾院議長吳景濂等，因孫文為非常總統，與之積有意見」，就此轉頭朝向北方，「以恢復法統之計劃進之曹錕、吳佩孚」，之後以直系軍閥之力「逐徐世昌，請黎元洪復位」，並在安福國會隨徐世昌俱去之後迎舊國會重回北京，而令西南護法組織「於此終結」。[134] 繼之又逐黎元洪，由吳景濂以國會之名「包辦」[135] 賄選，為曹錕買來了一個總統。其一手網羅所及，計有四百八十名議員各以五千元

---

131 杜春和等編：《北洋軍閥史料選輯》下冊，第59–64頁；劉以芬：《民國政史拾遺》，上海：上海書店出版社，1998年，第43頁。

132 梁啟超：《〈飲冰室合集〉集外文》中冊，第574頁。

133 孟森：《孟森政論文集刊》中冊，第771頁。

134 中國史學會：《北洋軍閥》第4冊，第46–47頁。

135 劉以芬：《民國政史拾遺》，第42頁。

為標價賣掉了自己，以當日總數作比量，已佔百分之八十一以上。[136]
這個過程使國會與曹錕合成了一體，時人統謂之「穢德腥聞，騰播宇
內」。[137] 這種本已不在立憲政治之內的國會沿用立憲政治的程序作惡，
既使國會之名成了國人心中的禍端，[138] 復使已經走到盡頭的立憲政治又
在身後留下了一片唾罵。

民初的十多年歷史，實證地記錄了立憲政治在中國的其興也勃焉，
其亡也忽焉。這是一個失敗的過程，但就中國社會的新陳代謝而言，其
興與亡之間卻並不是一個全然沒有留下歷史痕跡的過程。與立憲政治作
為一種制度的起於急迫匆促而終於一路顛躓相比，其間隨急迫匆促和一
路顛躓而來，又在時論、文告、政令、演講、宣言、課本中被四面播揚
的種種派生於共和的觀念，則挾其世界潮流的本色而進入彼時的社會思
想，為中國人構成了一套前代所未有的區分政治之有道和無道的形而
上。這是一種抽象的東西，又是一種富有支配力和籠罩力的東西。

梁啟超說：「汝不見袁世凱之偷作皇帝乎？其所弄手法，則固曰經
國民之投票不願意要共和也，經國民之投票推他做皇帝也。」[139] 袁世凱
「所弄手法」之特別，是此前二千餘年裏，舊朝與新朝之間的君權轉移
以天命所歸為合法，而其「偷作皇帝」，則以「國民之投票」為合法。這
種後來之不同於從前，具體地演示了一個斷送掉立憲政治的人物，又不
能不借用附生於立憲政治的觀念「弄手法」，以期為自己營造一種政治
上的有道。

而觀念雖屬形而上，但它們在中國的實際存在和影響程度也因之而
見。所以，此後北方秖平丁巳復辟而重造國會，徐樹錚說：「自民元以
來，政府為國會操縱，鬧得天翻地覆，曷若自個組織，簡直和編練軍隊
一樣，我有子弟兵，則操縱在我。」於是經一番「編練」，遂有了安福國

136　莊建平編：《近代史資料文庫》第2卷，第595頁。
137　中國史學會：《北洋軍閥》第4冊，第125頁。
138　孟森：《孟森政論文集刊》中冊，第828頁。
139　梁啟超：《飲冰室合集》第8冊，《專集》之三十二，第6頁。

會。[140] 他意本痛惡國會，而又不得不自造一個國會，其兩頭的矛盾與袁世凱一樣，也在越不出立憲政治留下的觀念。

在他們之後，又有曹錕因賄選而為天下笑。但以當日其勢位已在虎踞龍蟠之間相比照，則為之經手的銀行經理後來說「曹本人為了賄選總統，花費了約350餘萬元」，不能不算是以割肉出血為代價。而其意中的道理則在於「我競選總統是根據約法，受各界所推，誰捧我都由他自願，但我也不叫朋友們白效力，人要講情分重道義」。[141] 他用金錢作「情分」和「道義」，購買的也是約法給予的合法。然則其起伏盤旋之間，同樣也在以立憲政治留下的那一套觀念為範圍。袁世凱、徐樹錚、曹錕都是手中有槍又慣於以力服人的人，但在這些歷史場面裏，他們又都自置於新造未久的政治名分制約之下，以期獲得一種有道的外觀。

與這些歷史場面足以匹比的，還有見之於其時軍閥通電裏的種種修辭。齊燮元說「中華民國者，乃四萬萬人之公物」；孫傳芳說「法律神聖，不容假借」；盧永祥說「我中華民國之誕造，胎原於民意，形成於法，與帝王根本不同」；郭松林說「共和國家，民為主體」；馮玉祥說「夫民國之締造，原以人民為之」；孫岳說「立根本之大法，樹民治之先聲」；吳佩孚說「以民意為從違，納群倫於軌道」；張作霖說「共和國家，主權在民，神器之尊，惟德能守」等等。而其間的相互詬詈罵詈，則又有「不尊民意，一意孤行」；「於國為罪人，於民為公敵」，以及「獨夫」和「舊時代之梟雄」等等。[142] 這是一種武人講道理的出口成章，雖說其中少有修辭立其誠的意思，而文電交馳之頃，則皆能取義於民權、法意、共和，而言之侃侃。

在一個亂世板蕩的時代裏，這些人擁兵萬千而標張「法律神聖」和「主權在民」，顯見得他們所表達的東西未必都是他們真懂和真信的東

---

140 莊建平編：《近代史資料文庫》第2卷，第42頁。

141 王毓超：《北洋人士話滄桑》，北京：中國文史出版社，1993年，第90、92頁。

142 中國史學會：《北洋軍閥》第4冊，第53–54、188、376、390、394、412、421、438–439頁；第5冊，第209頁。

西。然而他們又共同用這種東西來伸張大義和克制對手，並演為十多年
裏的此起彼落和接連不斷。由此形成的離奇，就一面而言，並不真懂和
並不真信的東西之所以成為他們必須借用的東西，正在於斯時斯世的公
是公非出自此中。就另一面而言，這些為公是公非所繫結的東西，因其
歸屬於形而上的抽象性和懸空性，便又成了他們能夠借用和容易借用的
東西。以民國年間的武人在本性上的悖乎民國相觀照，則他們附從時趨
的這些情節，正更多一重出自歷史而反映歷史的典型性。

　　因此，自武人之必須借用「法律神聖」和「主權在民」溯由來，可以
見到的是，作為一個失敗的過程而並沒有改變中國社會的立憲政治，卻
以其一路翻耕中撒下的義理歆動人心，把與之依連的各色觀念灌入中國
人的意識世界，形成了一種不同於前代話語、詮說、意義和價值的思想
取向，並以此改變了民初的中國和中國人。一則觀世的時論謂之「新勝
於舊，非必其理之果直，持之果正也，無以風氣所濡，潮流所遝，彼多
數之人心，則既好民權，喜新政矣，斯即起秦皇、漢高、項王、武帝，
亦莫能與之逆也」。[143] 而自武人之能夠借用又容易借用「法律神聖」和「主
權在民」作省視，又可以見到：與這種思想取向的抽象和懸空相伴而生
的，則是這種取向注定會既多見其缺乏深度的廣度；也多見其本來意義
的易被引申，又易被衍生，以及在引申和衍生中形成別解與歧義。對於
後來的歷史，這兩面已都成了既有的前提。

---

143 中國史學會：《北洋軍閥》第 3 冊，第 755 頁。

第四章

代議政治和中國人的困而後知

一 「洪憲帝制」和「丁巳復辟」：
歷史慣性和民初中國重重困蹶的交相感應

自1912年中華民國成立之後，先有1915年歲末開始的洪憲帝制在八十三天裏中斷了共和的歷史；又有1917年夏季突起的丁巳復辟衝擊京師而震撼遠近，其間連頭帶尾十餘日裏的搖動和攪動雖未能中斷共和歷史，卻因果相尋地促成了北洋一系的直皖分化和南北之間的長久分裂。前者的八十三天和後者的十餘日，都以其由起到落的短促說明了重造帝制的失敗之快。隨之而來的，是這種失敗之快便很容易由事及人，在當時和後來的評說裏與洪憲帝制的中心人物袁世凱，丁巳復辟的中心人物張勳連為一體，並集矢於袁世凱的「更懷野心，妄覬神器」[1]和張勳的挾「兇狡之資，乘時盜柄」。[2]用其間人性之惡的種種事實和情節來編連其間的事狀之由來與始末，以詮釋前一段倒行逆施和後一段倒行逆施的歷史因果。這些論說大半都能因具體而見真實，因褒貶而分是非，由此畫出來的是一種可以直接閱讀的清晰脈絡。然而當洪憲帝制已

1　梁啟超：《飲冰室合集》第8冊，《專集》之三十三，第71頁。
2　存萃學社編集：《1917年丁巳清帝復辟史料匯輯》，香港：大東圖書公司，1977年，第20頁。

經失敗，丁巳復辟尚未發生之間，陳獨秀說同一個問題，則思慮所及和關注所及，尤其在歷史過程中更深地存在，而又不易清晰直觀的一面：

> 此時我們中國多數國民口裏雖然是不反對共和，腦子裏實在裝滿了帝制時代的舊思想，歐美社會國家的文明制度，連影兒也沒有，所以口一張，手一伸，不知不覺都帶君主專制臭味。不過膽兒小，不敢像籌安會的人，堂堂正正的說將出來。其實心中見解，都是一樣。

> 袁世凱要做皇帝，也不是妄想；他實在見得多數民意相信帝制，不相信共和。就是反對帝制的人，大半是反對袁世凱做皇帝，不是真心從根本上反對帝制。[3]

比之由袁世凱著眼闡說洪憲帝制和由張勳著眼闡說丁巳復辟，則陳獨秀之注目於「多數國民」的精神世界，其著眼處已移到了五年之前剛剛被推翻的帝制在中國社會積留的歷史影響。它們在洪憲帝制和丁巳復辟的背後，以一種無從描畫脈絡的模糊混沌為存在方式，又因勢居多數而易成八方彌漫。對於共和中國來說，混沌和彌漫便都成了世道人心的一部分。以此為對照，立足於個人褒貶的記事和評說的脈絡明晰，則大半都是在過濾掉這種模糊裏實現的，但在民初中國，內含於這種混沌模糊之中的舛錯、紛呈，雖然缺乏直觀而見的釐然分明，卻常常包裹著更多全面性、豐富性、複雜性、矛盾性和實在性，從而更切近於歷史的本來面目。因此，當一世時論多以袁世凱一人一身為視野與視角，來歸納和演繹民初帝制的時候，陳獨秀之用心於個體與群體的相互映照，由省察民初社會來省察民初帝制，其見事和見理無疑都更深刻一些。

「多數國民」之「不知不覺都帶君主專制臭味」，是在二千多年歲月的代相承接裏濡育而成的，並因之是內在化的和無需外鑠的。當時人說楊度辦籌安會之日曾過鬧市，「見乞丐者二人口角，一乞厲聲曰：今日

---

3 陳獨秀：《陳獨秀文章選編》上冊，北京：生活·讀書·新知三聯書店，1984年，第205頁。

尚有王法耶，都由共和民國成此大害，假令皇帝復生，必不容若輩如此
橫行。吾惟旦夕禱祈老天，復生一皇帝也」。而後是從這種一時發抒裏
讀出言為心聲，遂催生了洪憲帝制中的「乞丐情願團」。[4] 存在於底層社
會的「帝制時代的舊思想」，也因之而被引入了重造皇帝的過程之中。
乞丐雖是小人物，但折射的則是其時實在的社會心理。與之相類似的，
還有親歷過丁巳復辟的老革命黨眼中所見的另一個小人物：

> 張勳復辟之日，我正在騾馬市大街廣東七號會館。天將破曉，忽
> 聞鞭炮聲四起，隔壁為張敬堯所住。屋內人聲嘈雜，我感到非常
> 驚奇，披衣起床，探視究竟。這時茶房王麻子推門進來，先向
> 我作揖，說：「恭喜！恭喜！」我問他什麼事，他說：「張大帥來
> 了，宣統皇帝已經復位。我們要太平了，從今天起，會有廉價米
> 麵吃。」他說話時，滿臉驕傲，神氣活現的樣子，使我感到變故
> 重大，就跑出大門探望，發現北京城內確乎與平常不同，大街小
> 巷，都掛滿了黃龍旗。[5]

「茶房王麻子」的話表達的是其個體意中的向背，而「鞭炮聲四起」和「大
街小巷，都掛滿了黃龍旗」，又成為一種合眾的群鳴和烘托，說明了他
所表達的向背其實並不止乎一個人的向背。因此，《泰晤士報》駐北京
的記者莫理循當日在信中間及這一段時事，說的是「我的老傭人告訴
我，人民歡迎這次變革，張勳幹得好」。[6] 前一則敘述裏的「茶房」在丁
巳復辟的局外，後一則敘述的「老傭人」也在丁巳復辟的局外，但就精
神而言，他們顯然已立在了「張大帥」那一邊。而這些小人物的存在又
成為一種實證，顯示了當日被看成是「既類瘋狂，又同兒戲」的張勳「倡
逆」，[7] 實際上縮連社會而攝動人心的程度。作為與「倡逆」俱來的事實，

4　榮孟源、章伯鋒主編：《近代稗海》第3輯，第393頁。

5　劉鳳翰主編：《民初紀元》，北京：中國大百科全書出版社，2010年，第
　　126–127頁。

6　莫理循：《清末民初政情內幕》下冊，第655頁。

7　存萃學社編集：《1917年丁巳清帝復辟史料匯輯》，第22頁。

這一面所反映的歷史內容顯然既不能用「瘋狂」來解釋,又不能用「兒戲」來解釋。丁巳復辟後六年張勳死,「送葬的隊伍長達4公里,有4000多人參加」。[8] 對於一個失敗者來說,這是一種足以引發思索的身後餘波。

與洪憲帝制和丁巳復辟之有組織地重造皇帝相比,陳獨秀所說的「多數民意」的「相信帝制,不相信共和」是以個體為狀態的散漫的存在。然而與前者的有組織而起,又非常容易地被另一種有組織的力量推倒相比,則後一面以散漫為狀態,卻因其散漫而成了長久存在、一路綿延的東西。1921年《京津泰晤士報》(*Peking and Tientsin Times*) 說:「不偏不倚的估計表明,贊成恢復帝制的人大概佔人口的百分之九十」,並概而論之曰:

> 他們歡迎君主制,更多地也並非出於這類[忠於皇室]感情,而是因為從君主制向共和制的轉變,遭到了災難性的失敗。人民大眾所渴望的,是一個像樣的政府。如果他們在內心深處贊成君主制,那主要地是因為他們感到,他們全都瞭解傳統的政府體制,與他們已經歷過的所謂共和制相比,在傳統的政府體制之下,他們可能更有希望得到一個像樣的政府。[9]

同一年,在後來的歷史敘述裏被歸類於「進步刊物」的《曙光》雜誌說:

> 中國農民十之八九不識字,愚蠢得和鹿豕一樣,真是可憐。什麼自由、權利、政治,他們哪裏懂得?他們就曉得把錢糧納上,一邊過他的苟且日子罷了。有時遇見城市中人還要問問:「宣統皇帝如何?」「現在是哪一個坐在皇宮裏?」往往也嘆息痛恨的說:「這樣年頭怎麼得了!等著出了真龍天子就好了!」[10]

---

8 莊士敦著,陳實偉等譯:《紫禁城的黃昏》,北京:求實出版社,1989年,第114頁。

9 轉引自莊士敦:《紫禁城的黃昏》,第193–194、205–206頁。

10 轉引自莊士敦:《紫禁城的黃昏》,第193–194、205–206頁。

所以，在「這種情況下，只有張勳復辟，才能得農民們的心」。[11] 比之西人看大眾，彼時的中國知識人看大眾顯然更多一點俯視的意識。但就寫照多數而言，西方人眼中的「百分之九十」和中國人眼中的「十之八九」則相去並不太遠。

後一段話裏說的「中國農民」，使人看到的是二千多年君主制度積留的歷史影響，已化成了落根於萬千人內心的固性和慣性，以及人在慣性之中的身不由己。以已經過去的二千多年比共和以來的十餘年，以時間之長短衡量沉積之厚薄，不能說其中全無歷史理由。前一段話裏說的中國「人民大眾」，使人看到的是多數人口之「歡迎君主制」，立意並不繫乎「君主制」本身，而是身在一個沒有秩序的世界裏嚮往重見秩序。鬧市乞丐因「若輩如此橫行」而緬懷「王法」；會館茶房因期盼「太平」而慶祝皇帝「復位」，都源出於此。《京津泰晤士報》和《曙光》雜誌的觀察越過了袁世凱、張勳，而不為個人所範圍，他們筆下的「百分之九十」和「十之八九」，遂能夠為洪憲帝制和丁巳復辟畫出一種存在於它們背後的真實底色。這是一種廣袤的底色，因此，直到1923年，孫中山仍以為：「我們的招牌算是掛起來了，但是十二年來變亂不止，人民痛苦甚於在清朝為奴為僕的時候。現在的政治、教育、實業，多半不及清朝的好。因此多數人民都以為在清朝可享太平之福，現在的民國不如從前了。既是多數的人民想念清朝，以後再發生復辟，也說不定。」[12] 在洪憲帝制失敗七年，丁巳復辟失敗六年之後，他清醒地看到，推演出帝制和復辟的那些社會問題和社會矛盾其實依然如舊。

與底層大眾這種出自歷史沉積和歷史慣性的「舊思想」相對而見的，是知識人自立理路以應世變的帝制意識。當日被看成是為洪憲改元作先聲的籌安會，其「發起之宣言」說：

11　轉引自莊士敦：《紫禁城的黃昏》，第 193–194、205–206 頁。

12　孫中山：《孫中山全集》第 8 卷，第 114 頁。

> 我國辛亥革命之時，國中人民激於情感，但除種族之障礙，未計
> 政治之進行，倉卒之中，制定共和國體，於國情之適否，不及三
> 思，一議既倡，莫敢非難，深識之士，雖明知隱患方長，而不得
> 不委屈附從，以免一時危亡之禍。[13]

然後累舉「自清室遜位」以來的「國家所歷之危險，人民所感之痛苦」，以
此「國勢之危」與「共和之利害」相對映，而反證中國國情的「尤不能不用
君主國體」。迨籌安會之名改為憲政協進會，又有「結束之通電」曰：

> 非立憲不能救國，非君主不能立憲，是所希望者，在君主國體，
> 並在立憲政體。蓋國體必為君主，始有一定之元首，政體必為立
> 憲，始有一定之法制。無一定之元首，何以撥亂？無一定之法
> 制，何以致治？[14]

籌安會的六個發起人中三個是辛亥年間的革命黨人、一個是當時的西學
泰斗、一個是君憲主義者兼「曠世逸才」，還有一個有過半截反滿歷史
的學人，總體而論，這些人大半與袁世凱並無深度淵源，因此其論說不
會全然出自阿附而沒有一點個人的自主意識。在晚清以來新知識人久以
彼邦學理規劃中國政治為常態之後，這些本屬知識群體的人物共以「國
情」為立足點頡頏共和，明顯地表現了一種認知重心和論說重心的遷
移。然而以共和為比對重造帝制，則「國體必為君主」和「政體必為立憲」
中的皇帝又已別成一類，在其預想中其實不再等同於二千年歷史中的舊
時人主了。顯見得前一面的排拒共和與後一面的排拒回歸之間，已構成
了其內裏的緊張和徊徨。雖說以洪憲帝制各懷私心和野心的實際過程相
比照，這種由文字作表達的理路只能算是外在的東西和隔閡的東西，但
它們已從思想上為民初知識人的帝制意識留下了一種可以釋讀的樣本。

　　在他們之後又有丁巳復辟，其間以康有為的論說為獨多。時當19
世紀90年代，他曾深信「果能四萬萬人人熱憤，則無不可為者，奚患於

13　中國史學會：《北洋軍閥》第2冊，第35–36、38頁。
14　中國史學會：《北洋軍閥》第2冊，第35–36、38頁。

[國之]不能救」，但此日卻全不相信「四萬萬人」能自成政治主體，而期期以為「民主政體只能攘亂，不能為治，不適於中國」。在二十年閱世之後，其意中已是「為治」比變法更重要，從而國情比學說更真實。因此，雖然他痛斥袁世凱「竊竊神器，毒痛四海」，而立論的起點則與籌安會大體相同。但他以國情為起點立論，而構想中的國體和政體則以「虛君之共和」為名目，又不同於籌安會各分一段的了然分明：

> 今上年方沖幼，未能親政，自經革命，君臣之義已隳，已經排滿，漢[滿]人之力已微，虛君之制無權而有禮，則讓帝之禮尚存，壽誕吉辰，大僚仍有覲賀，隆裕大喪，國民多為致哀行禮，則與各國虛君已無別，不過國會及人事多幾次敕諭，四方稱其虛君名耳。稱為中華共和帝國而去清朝，議定憲政，行之十年，風俗習成，政體堅固，皇上長大，已習而安之，前朝之君權盡改，委裘之虛傀僅存，拱手受成，南面無異。無可爭權之患，直成虛君之共和耳。[15]

在見慣了「五年三亂，不絕如線」的「民主日爭」之後，他論說中的「虛君」之更「適合於中國」，全在於「虛君」可以息爭。[16] 然而由此杜撰的「虛君之共和」及「中華共和帝國」之類名詞，則以其反民主而不反共和的合成一體為別開生面，表述了一種為困厄所逼成，而常人不容易索解的說國體的理路和說政體的理路。當時的一則評論說：「紳康所主張虛君共和也，政府組織與民國無異，只民國為總統，帝國為君主，為其差貳，政權掌諸內閣，君主拱手仰成，恰如木偶土梗享香火耳，受虛禮耳。所謂君人之道，其猶零星之尸也，儼然玄默而吉祥受福者近是。此其主張，較之寡識頑固輩，不得不謂之鐵中錚錚，庸中佼佼者。惜其理如共和，然國人知者如鳳毛也。」[17] 作者以反復辟為立場，然而評論「康所主張」則並未全以大謬視之。他把康有為的一套構想與「寡識頑固輩」區別開

15　康有為：《康有為政論集》上冊，241頁；下冊，第990–994頁。

16　康有為：《康有為政論集》上冊，241頁；下冊，第990–992頁。

17　中國史學會：《北洋軍閥》第3冊，第710頁。

來。正是以其不同的政見作省視，看到了康有為的帝制意識裏，根本的
旨義並不在為沒有皇帝的中國重造一個皇帝，而是在為沒有秩序的中國
重造一種秩序。也正因為如此，在張勳用武力「奉還大政」以傾力回到
舊日王朝的過程裏，康有為的構想同樣只能算是外在的東西和隔閡的東
西。之後是洪憲帝制和丁巳復辟次第而起，又次第而敗，但附著於這兩
個過程的知識人的帝制意識則並沒有與之俱去。

　　章士釗曾記籌安會人物孫毓筠説：

> 曩孫少侯毓筠善於語言，以阿項城稱帝，為世大傯。凡有言無不
> 得咎。一日佐人為會，少侯慨然前席致詞曰：「民五以還，苟政治
> 有一線清明之望者，即百孫毓筠之頭不足戮。今吾仍戴頭來，以
> 敬候諸君之裁判，亦以政治愈變換愈不清明，吾因得苟活至今，
> 且冀矯為一切以自贖耳。」人以其言雋妙，哄然和之，少侯由是自
> 由論政如初。[18]

當初籌安會中人發宣言和通電倡言帝制，都以變政治不清明為己任，從
而把「廢除共和改立君主」當成是為中國「救亡」的政治主張。[19] 與康有
為一樣，這一面所顯示的正是民初知識人的帝制意識不同於大眾之想望
「真龍天子」的地方。因此，在洪憲帝制既被推翻又歷有年頭之後，孫
毓筠作此「前席致詞」，既是在舉眼前的「政治愈變換愈不清明」為可見
的事實，來反證自己當初的政治主張之自有出處；也是在引今昔對比發
為振振有辭，以説明「民五」的洪憲帝制雖然已成舊事，但促成自己在
「民五」從革命黨變到帝制派的社會原因，則今時猶在，且甚於往昔。
而後收穫的「哄然和之」，又俱見其打破後壁的言之成理在人心中引出
的深度感應。

　　與知識人的帝制意識對立而見的，是既參預了丙辰年「護國」，又
參預了丁巳年「討逆」的梁啟超，以其〈異哉所謂國體問題者〉為大塊文

18　章士釗：《章士釗全集》第6卷，第142頁。
19　中國史學會：《北洋軍閥》第2冊，第38頁。

章，最自覺地表達了同一個時間裏知識人的反帝制意識。然而其間的自述心路，卻是從帝制更適合中國起講的。籌安會甫起之際曾引美國人古德諾（Frank Goodnow）之說為助，梁啟超回應說：

> 若論國體須與國情相適，若歷舉中美、南美、墨、葡之覆轍，凡此諸義，本極普通，非有甚深微妙，何以中國政客如林，學士如鯽，數年之間，並此淺近之理論事實而無所覺識，而至今乃忽借一外國人之口以為重，吾實惑之。若曰此義非外國博士不能發明耶，則其他勿論，即如鄙人者，雖學識謭陋不逮古博士萬一，然博士今茲大著，直可謂無意中與我十年舊論同其牙慧，特其透闢精悍尚不及我什分之一，百分之一耳。[20]

他直言古德諾以「國體須與國情相適」為大道理推演出來的那些話，是自己在以前的十年間都已說過的。「坊間所行《新民叢報》、《飲冰室文集》」以及「立憲論與革命論之激戰、新中國建設問題等」，皆「可復按也」。然後挾一腔忿鬱和辛酸倒敘「辛亥革命初起」之日說：

> 當彼之時，公等皆安在？當彼之時，世界學者比較國體得失之理論，豈無一著述足供參考？當彼之時，美墨各國豈皆太平宴樂，絕無慘狀呈現，以資我高抬貴手？當彼之時，迂拙愚戇如鄙人者，以羈泊海外之身，憂共和之不適，著論騰書，淚枯血盡；而識時務之俊傑，方日日以促進共和為事，謂共和為萬國治安之極軌，謂共和為中國歷史所固有也。[21]

然則「共和而誠足以亡國也，則須知當公等興高采烈以提倡共和，促進共和之日，即為陷中國於萬劫不復之時」。這一段說往事的文字追咎「識時務之俊傑」，顯然言之猶有餘悸。然而帶著「淚枯血盡」以抗「日日以促進共和為事」的經歷進入民國，與共和已經成為一種事實相因應，則

20　梁啟超：《飲冰室合集》第 8 冊，《專集》之三十三，第 87–98 頁。
21　梁啟超：《飲冰室合集》第 8 冊，《專集》之三十三，第 87–98 頁。

不能不同在遷化之中，遂成其「鄙人原非如新進耳食家之心醉共和，故於共和國體，非有所偏愛，而於其他國體，非有所偏惡」的應時而變。但已經過去的歷史顯然還依舊留痕於後來的心路，因此，對於梁啟超個人來說，共和仍然不是一種非常親近的東西。但時當籌安會指共和為中國之「隱患方長」，而倡為「非君主不能立憲」之際，最先起而守護共和的，卻又是「非有所偏愛」於共和的梁啟超。由此自然而生的，是一種慨乎言之：「夫共和之建，曾幾何時，而謀推翻共和者，乃以共和元勛為之主動，而其不識時務，猶稍致留戀於共和者，乃反在疇昔反對共和之人，天下之怪事，蓋莫過是，天下之可哀，又莫過是也。」

他筆下的這種「怪事」和「可哀」，內裏所含的其實都是民初中國政象的複雜和矛盾，以及與之相為因果的中國人認知的複雜和矛盾。因此「謀推翻共和」的一方在複雜和矛盾之中，「稍致留戀於共和」的一方也在複雜和矛盾之中。梁啟超與籌安會立異，雖間涉學理，但重心卻不是在學理，而是在中國所處的時勢和革命以來的經驗。他說：「夫變更政體則進化的現象也，而變革國體則革命的現象也。進化之軌道恒繼之以進化；而革命之軌道恒繼之以革命。此徵諸學理有然，徵諸各國前事亦什九皆然也。」是以「謀國者必憚言革命」。與進化相對舉以言革命之一發而不可制束，則他所說的「革命」實際所指，已是一種顛翻，而他對籌安會的回應實際上正是對這種顛翻的回應：

> 鄙人則無論何時皆反對革命。今日反對公等之君主革命論，與前此反對公等之共和革命論同斯職志也。良以中國今日當元氣雕散，汲汲顧影之時，竭力栽之，猶懼不培，並日理之，猶懼不給，豈可復將人才日力耗諸無用之地，日擾擾於無足輕重之國體，而阻滯政體改革之進行。徒阻滯進行猶可言也，乃使舉國人心，皇皇共疑駭於此種翻雲覆雨之局，不知何時焉而始能稅駕，則其無形中之斫喪所損失云何能量。[22]

22　梁啟超：《飲冰室合集》第8冊，《專集》之三十三，第87–98頁。

因此，他不是在為共和而護持共和，而是在為國體而護持共和；又不是在為國體而守定國體，而是在為堵擋「翻雲覆雨之局」而守定國體，護持共和。由此留下的則是一種無可言述的心頭曲折。

　　與這一面內相關聯，並對比而見的，是作為最先反對重造帝制的人物，梁啟超在回應籌安會的過程中從不撼侮君主制度本身。他自謂「數年來獨居深念」，亦曾私以為比之「國體與國情不相應」，則「中國若能復返於帝政，庶易以圖存而致強」，並承認因此而與籌安會中的「公等有同情也」。但與籌安會中人顯然不同的是，他同時又於此熟思久想，深知「君主國體之難以規復」：

　　自古君主國體之國，其人民之對於君主，恒視為一種神聖，於其地位不敢妄生言思擬議。若經一度共和之後，此種觀念遂如斷者之不可復續。試觀並世之共和國，其不患苦共和者有幾？而遂無一國焉能有術以脫共和之範。就中惟法國共和以後帝政兩見，王政一見，然皆不轉瞬而覆也。則由共和復返於君主，其難可想也。[23]

帝制之君主不同於共和的元首，全在於其擁有積久而成的神聖性。但營造共和的過程卻正是一個摧鋤神聖性的過程：

　　我國共和之日，雖曰尚淺乎，然醞釀之則既十餘年，實行之亦既四年。當其醞釀也，革命家醜詆君主，比諸惡魔，務以減殺人民之信仰。其尊嚴漸褻，然後革命之功乃克集也。而當國體驟變之際，與既變之後，官府之文告，政黨之宣言，報章之言論，街巷之談論，道及君主，恒必以惡語冠之隨之。蓋尊神而入溷牏之日久矣，今微論規復之不易也，強為規復，欲求疇昔尊嚴之效豈可更得。[24]

二千多年中國歷經改朝換代，因此皇帝是可以被推翻的。但這是一個天命轉移和天命所歸的過程，從而是一個神聖性轉移和神聖性所歸的過

23　梁啟超：《飲冰室合集》第8冊，《專集》之三十三，第87–98頁。
24　梁啟超：《飲冰室合集》第8冊，《專集》之三十三，第87–98頁。

程。在這種轉移和所歸裏，一個王朝喪失了神聖性的同時，必定是另一個王朝獲得了神聖性。與之相應的，是君權的神聖在延續不斷中成為一種長久的存在和真實的存在。而革命造共和之不同於改朝換代，則在於其推「尊神」入「溷圂」，整體地剷掉了君權的神聖。與革命之後猶可「強為規復」的帝制相比，神聖性是一種靈光消散之後無從再造的東西。然而帝制「強為規復」而沒有了神聖性，實際上已經失其本真，不再能算是一種與國情相應的東西，並因之而不再能算是他「獨居深念」中追懷的那種東西了。在他之後，又與他同在一個時局之中，從而面對同一個題目的章士釗說：「夫君主立憲，義原不惡。但立憲之事，求之於累葉相承之君主可得，求之於狄克鐵特之君主則不可得。此非意有所不欲，實乃勢有所不能。蓋當其為狄克鐵特時，所得維秩序者暴力耳。及為皇帝，所須暴力之量尤大。一旦去其暴力，即失其所以自存之方，計惟繼續保之，以待天下之變。諺所謂騎虎之勢是也。而真正之憲政，與暴力相反者也。」[25] 他以另一種理路說明了梁啟超闡述的同一個問題。「狄克鐵特」與「累葉相承」之間的區別，正是有沒有神聖性。而四顧天下，則「強為複製」於此日中國「大難甫平，喘息未定，強鄰脅迫，吞聲定盟，水旱癘蝗，災區遍國，嗷鴻在澤，伏莽在林」的動盪不寧之中，直接導致和最先導致的，只能是為生民造禍亂，「貽國家以無窮之戚」；只能是「中國前途一線之希望」分崩離析於「從茲一蹶」。[26] 因此，梁啟超由「數年來獨居深念」而變為此日的反對重造皇帝，是切知共和以後的中國已經劇變和大變，從而生當此日，不能不以一個劇變和大變的中國為真實的中國。

　　當初列名籌安會的嚴復在事過之後說，其時議變國體，「反對者以汪荃台、梁任甫最為有力，然兩家宗旨，皆非絕對主張共和，反對君憲」。[27] 而梁啟超節節鋪敘的論說中常常可以見到的心底蒼茫，則說明

25　章士釗：《章士釗全集》第3卷，第567頁。
26　梁啟超：《飲冰室合集》第8冊，《專集》之三十三，第87–98頁。
27　嚴復：《嚴復集》第3冊，第6271頁。

他們的「皆非絕對」，是因為他們無法絕對。同時的章士釗說：「有在前
清極力主張君主立憲者矣，而此時羌無意識之君主論，則反對之。吾友
徐佛蘇，即其一人也」。而同此一人，「語其固有之意，則以君主立憲為
優，語其時中之德，則以民主立憲為當」。蓋「國體者國本之所託命」，
命之所託，則「無論何人，對此國體」，皆「不可侵犯」。[28] 但以「固有之
意」的「優」比「時中之德」的「當」，則兩頭之間所存在的不同，顯然不
會因之而全然泯滅，從而「優」與「當」之間也無從促生出「絕對」的「主
張」。籌安會為洪憲帝制倡說的「君主立憲」內含著緊張和徊徨，康有為
為丁巳復辟構想的「虛君之共和」也內含著「共和」與「帝國」之間的悖反。
而與這種帝制意識裏各成流派的矛盾相比，則以梁啟超論國體的文字所
表達的旨義為當日反帝制意識的代表，其「皆非絕對」的矛盾中內含的
其實是一種更深的困境。他們以反帝制為立場，但由「皆非絕對」而探
其根本，其實是他們既沒有選擇帝制，也沒有選擇共和，而是選擇了經
不起攪動的現狀。然而生當斯世斯時，他們所面對的又是一種並不美好
的現狀。

在其下筆論國體的二年之前，梁啟超已說：「夫十年以來，憂國之
士，以政治革命號於天下，清命既訖，天下喁喁想慕，謂新政象將自茲
睹焉。徐究其實，所革者除清命外，則革道德之命耳，革禮俗之命耳，
革小民生計之命耳，革賢者自存之命耳，革郡縣相維之命耳，革藩屬面
內之命耳，甚則革數千年國家所以與立之大命耳，若夫志士仁人所欲革
之惡政治，則何有焉。」[29] 這些廣涉政治、生計、國性、倫理的枚舉而
論之，以一種普遍性刻劃了民初中國可以目睹的一片破碎。然則守護國
體以守護現狀，實際上便不能不面對這種國體之下的破碎，而後是事理
和事實之間便不能不構成近在咫尺的對立。同樣以反帝制為立場的章士
釗在同一年裏說：

28　章士釗：《章士釗全集》第3卷，第562–563頁。
29　梁啟超：《飲冰室合集》第4冊，《文集》之三十，第45頁。

> 今共和之無似，豈待講明，而饎羊猶存，禮終可復。並其名而去
> 之，則大亂從此始矣。

又説：

> 今者政象之不可以久長，非絕無識，或其智已昏者，必能認明而
> 無翳。夫政治變遷之最合於理想者，亦設其新之必要，而存其舊
> 之不必改作者耳。若徹底推翻之，則非常之原，其不太傷國本甚
> 且亡國者幾希。此政家之所萬不可忽也。故共和雖失其實，而
> 尚能保存中華民國之名義，則他日革新，其因或出於今之政局中
> 人，或有異軍蒼頭特起，亦就源體而損益之已耳。即需訴之激烈
> 手段，其功可不大殺人流血而可幾也。不然，徹底推翻之事無可
> 免，而禍不可勝言矣。[30]

前一段話説的是維持國體以維持破敗的現狀，正為了不至於召來更深程
度的破敗。後一段話説的是此日的共和國體未有共和之實，因此，此日
的共和國體是一種還沒有完工的東西。以這種判斷為前提，一方面，他
相信共和之名猶存，則「他日革新」可以致共和之實；另一方面，其意
中的「他日革新」，又是一種以現存的共和「政象」為對象的改作和再造，
從而是對已經化為制度的共和自身的改作和再造。然而與其心中之所信
和意中之所想相比，他對這種以共和自身為對象的「革新」將何以能生
和從何而起，其實猶在並不能知之中。其層層深思，便成了一種深思和
困惑的同時俱存。但深思和困惑，都以一種前所未有的深入程度觸到了
民初中國因共和而生的真問題和大問題。

　　這些論説因回應帝制意識而起，而其論説的關注之所及，則同樣在
於民初中國的共和以及共和的歷史過程。因此，其間的深思和困惑，連
同它們所對應的廣大範圍和鍥入程度，正説明沿反帝制意識而進入了這
個思想過程的知識人，其實同樣已經在對共和之於中國的真正意義，以

30　章士釗：《章士釗全集》第3卷，第460、474頁。

及共和在中國實現的實際路徑和具體過程，開始作從頭反思和再思。這種身在共和的中國，並以守護共和為起點而反思和再思共和，昭示的是那一代人的困而後思和困而後知。與此相應的，便是民初以來一路產出的種種以共和與中國為題目而各成流派的議論、詰問、疑慮和推想，都因之而得以前後串連，匯為中國人困而後思和困而後知的思想背景和思想路跡。他們反對帝制，但「今者政象之不可以久長」，又說明他們同樣身在共和困局之中。因此，反帝制的同時，他們又不得不究詰共和和重新認識共和。

二 縱不成系統，橫不相連貫：移來的共和 與人世間的權力在各自作惡中化為碎片

梁啟超說：「吾國之由專制而共和，謂非思潮之產物焉不得也。」[31] 瞿富文說：「歐洲各國，其革命之動機，在苦暴君之專制而已」，而「中國則異是，自西力東漸以來，領土喪失，國權旁落，茫茫禹域，大局有累卵之危。識微之士，皆知其長此不變，則瓜分之禍，必無可逃矣。故我國民之奮起而革清室之命，非僅惡其專制，實又惡其腐敗」之足以「亡國」。[32] 在前者眼中，中國的共和起自於思潮的影響，在後者的眼中，中國的共和起自於亡國之危懼。他們以各自的經歷和感受說明了中國人進入共和的原因和理由。而新思潮的影響因灌溉而發生，亡國之危懼因衝擊而發生，灌溉和衝擊皆自外而來，論其原由，則他們同時又說明了與中國的歷史過程相比，共和之於中國的起於被動和外鑠。因此，共和與國情之間的關係，從一開始便先成為實際過程中已經發生的問題，之後又因共和之困局而成為認識過程中的問題。1915年倡帝制的籌安會說共和不合國情，立論在於國情大於學理；同一年反帝制的章士釗說：「學理與國情，本有不必相融之處。惟主張學

31　梁啟超：《飲冰室合集》第4冊，《文集》之三十一，第27頁。
32　經世文社：《民國經世文編》第2冊，第1091頁。

理而忽於國情，實學理之蟊賊」，[33] 立論也在國情大於學理。其間論說的宗旨不同，而面對的問題和思考的重心顯然是一樣的。這種共有的重心通貫於民初中國，則那一代人對共和的認識著力於此，他們對共和的反思和再思也著力於此。

　　當中國人接受共和的時候，作為一種政體的共和，其內涵和意義最初都是由與之對立的，並為之取代的「專制政體」[34] 作對比來界定和說明的。由此口耳相傳，遂使「共和之成立也，掃除數千年水深火熱專制之遺毒」成為一時的共識和共鳴。[35] 而以此為闡釋，同時是以此為論斷，當專制被用來反比共和的時候，實際上專制也倒過來塑造和定性了中國的二千年歷史。但時至民初，熟知歷史的章太炎說：「中國惟漢可稱專制，三國以降，名為專制，實則放任。一般盲從之人，顧名不顧實。」[36] 同樣用心讀過歷史的梁啟超說：「吾國政治之弊，不在煩苛而在廢弛。夫煩苛者，專制之結果，而廢弛者，放任之結果也。」[37] 在他們之外，清末曾下筆縱論「專制君禍」的章士釗，這個時候則轉而陳說「吾國之封建制度，二千年前即已劃除，公卿成於白丁，考試出於競爭，貧富之度亦復相去不遠」，謂之「已獲平民政治也亦宜」，[38] 以此概述傳統的中國社會，其立意顯然與章太炎和梁啟超的旨義略同。相比於晚清以來志士議論漫無邊際，動輒借用日本人引歐西歷史觀念說中國史的別有懷抱和信口開河，好以「奴隸性之牢不可破」[39] 一類大而化之之詞為創說，對歷史中國作隨意附會和深文周納，則這些話都在使中國歷史比較近實地重歸自己不同於中世紀歐西的本相。就個人而論，章太炎、梁啟

33　章士釗：《章士釗全集》第3卷，第495頁。

34　宋教仁：《宋教仁集》下冊，第459頁。

35　中國社會科學院近代史研究所近代史資料編輯組：《辛亥革命資料類編》，
　　北京：中國社會科學出版社，1981年，第347頁。

36　章太炎：《章太炎演講集》，第117頁。

37　梁啟超：《飲冰室合集》第4冊，《專集》之二十八，第49頁。

38　章士釗：《章士釗全集》第1卷，第68頁；第2卷，第83頁。

39　章士釗：《章士釗全集》第1卷，第52頁。

超、章士釗當年都曾是志士群裏的卓然出眾者，並因此而對深文周納本已熟識久之。所以，他們此日移重心於中國歷史的本相，反映的正是鼎革之後，知識人的志士意識在明顯地轉向國情意識。而著力於論辯歷史中國的「專制」和「放任」，大半在於以今日比舊時，是舊時因「放任」成「廢弛」，今日之病仍同於舊時，而「廢弛」之程度且又遠遠過之。

章太炎説：

> 光復以來，號稱平等，而得志者，惟在巨豪、無賴。人民無告，轉甚於前，茹痛含辛，若在囹圄。殺一遊匪，群以殘害志士相冤，日朘民脂民膏，令萬千窮黎，轉於溝壑而無控訴，事之不平，乃至於是。[40]

而「曩者，京朝官失職不平，則為聲律燕樂以自傷悼，而陰以詆所怨，不逞成群，號為名士。今聲律燕樂既息，日報繼之，形式有殊，匈府乃未有大異」。其「造言騰布，朱紫不分，一市之言，遠於千里，名為輿論，其中籌醜言，哲婦所以傾城也」。[41] 前一段話説的是天下沒有公道，後一段話説的是天下沒有公論。而作為一種社會現象，「巨豪、無賴」和「詩亡而日報作」在民初中國之紛紛然一時俱起和四面肆張，其產出和養成都只能與民初社會在整體上的失範相為因果。論其本義，則失範正等同於「放任」。與之所見相同，因此立論相同的，又有康有為的言之忿忿：

> 今以前清為失政，而後發憤革之。雖然，昔者雖專制失道，而不聞悍將驕兵之日爭變也；不至人民身家產業不保也；不至全國士農工商失業也；不至蒙、回、藏不統一而圖自立也。
>
> 惡前朝而罷棄舊制，新法律又未定也。人民既無律可守，是益令強猾縱橫、良善受害而已。故不獨擄殺劫掠，平民無所控訴，乃

40　章太炎：《章太炎政論選集》下冊，第595、600頁。

41　章太炎：《章太炎政論選集》下冊，第595、600頁。

> 至昔之貴位，今之長官，亦隨意攻殺囚執劫掠抄封焉。甚至就車
> 門而脅長官，挾手槍而亂議院，絕無法紀，有若無政府者。[42]

他不喜歡革命，因此他筆下所列述的革命之後中國的社會情狀，便常常
被拿來與前朝對照，以見其越益支離破碎和更加無法無天。然而其敍述
出自聞見，因此又真實地寫照了那代人所面對的一種沒有整體性的社
會、一種沒有維繫力的社會、一種沒有主體的社會、一種沒有規則的社
會，對於身在其中的個體來說，便是一種沒有常態的社會和普遍痛苦的
社會。其意中對於社會的批判顯然是和對革命的評判繞在一起的。與
反革命的康有為相比，孫中山是造革命的人，但他既與康有為共處於同
一個時間和空間之中，其觀察之所得，又常常會與康有為相似和相近：

> 滿清是個專制國，皇帝以下有文官、武官。文、武官是皇帝的奴
> 隸，他們是替[皇帝]管理人民的。人民有不能解決的事情，還可以
> 依靠他們解決。人民怕官，官怕皇帝，所以那時他們還能維持現狀。

繼而引一個「朋友」的話說：「北方有個督軍，他天天忙碌治錢，現在已
摸上六七千萬了，他還想摸到一萬萬。他樣樣事情都不管，就是天天愁
苦著說：『到什麼時[候]才能夠一萬萬？』」然後歸結說：

> 我們照這個朋友的話上想想，從前專制時代，能夠有這樣的官
> 麼？那時做官的，雖說也有有錢的，可是有過這樣多的麼？實在
> 是有史以來所未有的。為什麼呢？因為從前的官，還怕皇帝，他
> 不敢那樣放肆。現在是民國了，而人民有[又]沒有力量去管他
> 們，他怎能不為所欲為？[43]

「專制時代」猶有國家治理，則是梁啟超所說的由「放任」演化為「廢弛」
的猶有限度。但推倒了專制以後的這個時代，卻已變為實際上的沒有了

42　康有為：《康有為政論集》下冊，第705、718頁。
43　孫中山：《孫中山全集》第5卷，第174頁。

國家治理。而這個過程裏「有史以來所未有」的「官」之「為所欲為」，則尤以其放手作惡而無拘無束的「有史以來所未有」，説明了民初政治「放任」和「廢弛」的沒有限度。是以孫中山以民初比晚清，統括而論之説，革命「推翻了清朝的大皇帝」之後，「便生出無數小皇帝」，而這些小皇帝「比較從前的大皇帝還要暴虐無道」。[44] 而與康有為所説的「有若無政府者」相對稱和對應的，其實大半都是這種後來居上的「還要暴虐無道」。在他們的文字裏，章太炎、康有為、孫中山各自描述和評述了其眼中看到的中國社會和中國政治。依這些人共有的用世濟時之心，以及他們在彼時中國所分別據有的地位和擁有的影響作度量，這些描述和評述都言之憤憤，既具有足夠的真實性，又具有足夠的代表性。而對於剛剛移接而入中國的共和學理來説，這種真實性和代表性所映照的，則都成了其必須直接面對的中國的世相和中國的國情。與歐西相比，其間的殊異是非常明顯的。

　　章太炎以「巨豪、無賴」和造作「中簽醜言」的「日報」之肆意「騰布」為惡；康有為以「悍將驕兵」和「強猾縱橫」為惡；孫中山以「沒有力量去管他們」的「官」和「無數小皇帝」為惡。在民初中國，這些群類既是分散的存在，又是普遍的存在；其間的「暴虐無道」既為一世所熟見，又以各立個體和各逞個性為其本來的存在狀態，既不足以構成系統的權力，又不足以構成連貫的權力。相比於晚清君權的猶有「舊制」自為維持，以成其「放任」之下的疏而不漏，則這種以分散性為普遍性，而又縱不成系統，橫不相連貫地蓬勃苗生的惡，霸蠻強橫近在咫尺而無從收管，便成了一種顯然的畸生和畸態。瞿秋白稱之「非集權的暴政」。[45] 然而作為一時遍布的共相，這種畸生和畸態又是在清末民初之交的歷史變遷中形成的，從而是古所未有的。武昌起義後一年，康有為總述當時的中國社會説：

44　孫中山：《孫中山全集》第9卷，第97頁。

45　瞿秋白：《餓鄉紀程》，《瞿秋白文集》第1冊，北京：人民文學出版社，1957年，第25頁。

民無所從，教無所依，上無所畏於天神，中無所尊夫教主，下無
所敬夫長上，紀綱掃地，禮教土苴。夫云上無道揆，下無法守，
猶有禮俗存焉；今乃至無以為教俗，則惟有暴戾肆睢，蕩廉掃
恥，窮兇極惡，奪攘矯虔，以肆其爭欲而已。

又説：

法典皆無，長吏豪猾，土匪強盜，各自橫行，相望成風。搜刮
則擇肥搏噬，仇害則焚殺盈村，暗殺則伏血截途，明亂則連城陳
戰，搶掠於白晝，勒贖於大都，脅擊於公會，騷擾於城市。以至
私抽賦稅，妄刑無辜，兵變相望，叛立日聞，莫之過問也。[46]

以「莫之過問也」為歸束之辭，則尤其無奈而沉痛。他目睹此日的世變
之烈，以及由此帶來的一派顛倒錯亂和內無歸依，外無法守，由此激生
的一腔不平化作文字討伐，便常常要以道德為立場，對革命本身和主導
了革命的黨人作詰問和追究。在那個時候的中國，這是一種富有代表性
的歸納和推論，以至於辛亥革命後十二年孫中山作演講，猶自直白謂之
「你不承認十二年的禍亂是革命黨造成的麼？民意大多數卻承認是這樣
的」。[47] 作為一個革命黨，其中不會沒有重挫之後的省思。然而以前後
説因果，這又是一種缺乏足夠深度的歸納和推論。

　　就康有為指述的民初社會相而言之，出現在君權終結之後的顛倒
錯亂和內無歸依，外無法守，其喧豗槍攘雖然觸目驚心，但喧豗槍攘
背後，其深層的內含則是傳統中國的政治秩序、社會秩序和精神秩序
在這個時候的通盤解體和徹底解體。因此，與這種顛倒錯亂的外觀相
為表裏的，其實是不能純用道德評判作解釋的歷史變遷，以及這種變
遷中前一段歷史留給後一段歷史的既定的內容和既定的走向。這個過
程自19世紀60年代移西法入衰世的師夷智以圖自強之日即已發其端
緒。之後的三十餘年裏，移來的西法促成了中國社會累積地脱榫。經

46　康有為：《康有為政論集》下冊，第703、713頁。
47　孫中山：《孫中山全集》第8卷，第114頁。

90年代的變法翻動政局，及其失敗之後的餘響不絕和亢激不絕，至庚子與辛丑之後開始的清末最後十年新政，遂演化為新法掃蕩舊法和新法剷除舊法。與之相為因果的，便是歷經四十年脫榫和開裂之後的傳統社會結構因之而被置於四面撞擊之中，在這個過程裏由脫榫走向脫散。迨武昌起義繼之而起，打斷了清末新政，又承接了一個結構已在脫散之中的中國社會。

作為一種近代化的變遷，這個過程不僅脫出了清代二百六十年歷史，而且脫出了此前的二千年歷史，而古老的中國則因此而在四顧茫然中，進入了一個孫中山比為「舊屋已拆，新屋未成的時期」。[48] 章太炎說的「事之不平，乃至於此」，康有為說的「絕無法紀」，孫中山說的「為所欲為」，寫照的都是社會結構解體之後人世間的「廢弛」散亂景象。然則其間以一地碎片為常態的種種作惡與國體的鼎革前後相接而來，但作為歷史的延續，這種自生自滅，而又生生不息地茁長於一地碎片之中的惡，正是前一段歷史造就的社會脫散，在其一路演化中留給後一段歷史的結果。但見惡之縱不成系統，橫不相連貫地蓬勃茁生而「莫之過問也」正沿此而來，因此而生。

身在廢弛散亂之中而熟視天下的「有若無政府」，這一代曾慣於以詬詈專制為一世之通論的人物蒿目時艱，此日又常常會去自覺地辨識專制之於政治的合理一面。章太炎說：「民主立憲、君主立憲、君主專制，此為政體高下之分，而非政事美惡之別。專制非無良規，共和非無秕政」，並依次舉「漢孝文皇帝」和「光武皇帝」，以及「魏、宋」為「前世善專制者」，繼而又連類而及曾國藩、左宗棠為代表的近時「湘中諸雄」，和清末疆吏裏的張之洞、劉坤一，稱其猶「足以愜人心」，而「行事曷嘗不由專制，而能宛轉上遂，未嘗牽帷牆之制，畏倉卒之變，局蹐無處，而示其威重也」。[49] 同樣的意思，章士釗則就學理而作論述，說是「國家者，皆多少含有專制之性者也。國體盡屬共和，而一言國權，

48　孫中山：《孫中山全集》第11卷，第115頁。

49　章太炎：《章太炎政論選集》下冊，第537、717–719、721頁。

則非專制不立」。[50] 他所申明的是共和與專制實際上無從分為懸隔的兩截。同他們相比，19世紀後期曾著力「闢韓」的嚴復，這個時候卻已深信「居今而言救亡，學惟申韓，庶幾可用」。[51] 以申韓比稱法家，指喻的顯然都是專制主義。其前後之間的不一樣，正可以見時勢不一樣之後認識的不一樣。而事理既同，則人心亦同，所以，即使是孫中山，彼時也曾言之明瞭地以「實行自己的宗旨，不要處處遷就民意，甚至於[與]民意相反，也是勢所不恤的」[52] 為理之應有。就其涵義而論其涵義，這種與民意相悖的「勢所不恤」，其實與專制的意思已不容易區別開來。

相比於清末志士群起反專制的合眾而鳴，像這樣公然以專制立主題的闡説明白了然，先後出現於民初中國，已是社會思想和政治思想的一種明顯變化和深刻變化；而原本各有政治主張的人物一時目光交集，都在這個過程裏看到了專制之能夠助成政治和政治之可以善用專制，則尤其具體地反映了革命之後，處在四面散亂之中的中國人憂患之所在和思慮之所集。這些論説在專制的可惡中辨識出專制的可取，其意中的專制實際上已剝離了二千多年之間附著於君主的舊義，而還原為一種以自上而下集中的權力為本來意義的政治樣式。當時的輿論直捷謂之「君主雖不適於今日之國體，而專制實有益於今日之政治」。[53] 在十數年飫聞專制之惡以後倡説專制的「有益於今日之政治」，顯然不會出自於對專制的厚愛，而是對映於革命之後的中國社會「紀綱掃地」而「暴戾肆睢」，「人民無告」而「莫之過問也」的一派亂象和滿眼動盪，以及與之相為因果的整體的權力在「廢弛」中化為碎片，而後是碎片化的權力成為一種前所未有的破壞性權力和無孔不入，作惡多端的權力。因此，相信「專制」之「有益」於今日，正表達了身在碎片化權力的四圍之中而為其破壞性所苦之日，這一代人對自上而下集中的權力和高度集中的權力之重估

50　章士釗：《章士釗全集》第2卷，第624頁。

51　嚴復：《嚴復集》第1冊，第32頁；第3冊，第620頁。

52　孫中山：《孫中山全集》第8卷，第114頁。

53　經世文社：《民國經世文編》第1冊，第146頁。

和認同。他們困處於一個社會結構解體的過程之中，但身在這個過程裏而與之俱化，他們未必都能脫出直觀而見的一派亂象和滿眼動盪，由舉目遠眺成其自為洞察，以識得後人讀史所見到的這個過程的真實內容和實際意義。然而就整體的權力只能依託於整體的社會結構而言，他們這種對於自上而下集中的權力和高度集中的權力切入認知和深作期盼，其實已以其各自的闡述合為共識，不自覺地感應了歷史變遷中解體的中國社會，又不能不在歷史變遷中重築骨架，為自己再造出一個社會結構的必然之勢和內在邏輯。在那個時候的中國，這是一種不在共和學理之內的歷史內容。但它生成於中國社會，從而更深厚地存在於中國社會之中並支配著中國社會。因此，在共和影響中國的過程裏，同時是共和又不能不在這種歷史內容的影響之下。是以對於共和的反思和再思，便常常因此而起，並沿此深入。久被視為反共和的專制之所以能夠在共和中國獲得一種新義，並視為「代表大多數國民之心理」，[54] 其因緣蓋源自於此。而洪憲帝制之日乞丐的怒罵和丁巳復辟之日茶房的興奮，也由此而獲得了一種超越了帝制而更富廣度的說明和理解。

三　共和國體與「一片散沙」而不識共和的多數人口

共和以民權立國，則政治主體本在人民。但就中國而言，在學理中設定的與共和相關聯的中國人，實際上又都是具體的中國人，從而都是歷史文化裏的中國人。所以，對於移入的共和來說，與歷史文化解脫不開的人民本身，便自始已是學理所不能全然統括的另一種國情。梁啟超說：

> 我國二千年來，法理上久採四民平等主義，個人私權，比較的尚
> 互見尊重。歐西所流血百年以爭者，夫我則既固有之矣。其在參
> 政權，則白屋公卿，習以為常。士苟稍自樹立，固無往而不可以

54　經世文社：《民國經世文編》第1冊，第146頁。

得與聞政事之機會。故其於民權說，不如歐西百年前相需之殷，
有固然也。[55]

是以「自由平等之大義，在百年前歐洲，洵為起死聖藥，而在我國，實
不甚應於病源。何則？此既我所固有，不待今茲之革命而始能得也」。[56]
雖說在晚清中國，他曾是先倡民權、自由、平等的吶喊者之一，但時至
民初，則比之好以西學為尺度丈量中國的時趨中人，顯然是這個時候其
意中已更懂得須以中國自身來說明中國了。而沿此推而論之，由於「實
不甚應於病源」，則對於多數中國人來說，作為一種觀念的共和便不僅
是夾生的而且是不相勾連的：

> 今吾儕儼然共和國民矣，然誠執途人而問之曰：何謂共和？恐能
> 置對者千萬人而不得一也。豈惟齊民，即號稱通學解事之士君
> 子，其有真知灼見者，慮亦罕耳。其大多數鄉曲之民，視之若一
> 姓之鼎革，群雄力征，一切與己無與。其稍耳食一二者，則謂共
> 和既建，無復官吏可以臨我，無復法紀可以範我。即進而觀首事
> 戮力諸賢，亦率謂行共和之政，得絕對的自由平等，而後此幸福
> 遂無涯涘矣。[57]

他概述了中國的各色人等之臆想共和，而其間看不到一個共和的知音。
因此，以二千年歷史文化為根脈的多數中國人與共和之間的深度隔閡，
遂成了共和在中國最明顯的窒礙和最直接的窒礙。而國情之為國情也因
之而獲得了一種具體性。但共和既以人民為主體，則多數中國人在理論
上和實踐上又都應是決定共和本身的力量。由此形成的事實對於道理的
深刻矛盾，使原本熟識慣見的群體中國人在當日的時論和政論中被一時

55　梁啟超：《飲冰室合集》第4冊，《文集》之二十八，第49頁；《文集》之
　　二十九，第98頁。
56　梁啟超：《飲冰室合集》第4冊，《文集》之二十八，第49頁；《文集》之
　　二十九，第98頁。
57　梁啟超：《飲冰室合集》第4冊，《文集》之二十八，第74頁。

放大，在共和學理的襯比之下成為一種重新認知的對象和論說的對象。
而這種認知和論說在展開中的深入，同時又會使其時反思和再思共和的
過程面對更多的問題，催生更多的思考，因之而得以由此及彼和由表及
裏。

　　在梁啟超之後，孫中山說：

> 中國人對於古德諾氏勸袁帝制一事，頗為詫異，以為彼乃共和國
> 之一學者，何以不右共和而揚帝制？多有不明其故者。予廉得其
> 情，惟彼為共和國人，斯有共和國之經驗，而美國人尤飽嘗知識
> 程度不足之人民之害也。美國之外來人民，一入美境數年，即享
> 民權；美國之黑奴，一釋放後，立享民權。而美國政客，利用此
> 兩種人之民權而搞出滔天之亂，為正人佳士所惱然者。不知若
> 干年，始定有不識字之人不得享國民權利之禁例，以防止此等搞
> 亂。是以彼中學者，一聞知識程度不足之人民欲建共和，則幾有
> 痛心疾首，期期以為不可者，此亦古德諾氏之心理也。

而以彼律此，「中國人民知識程度之不足，故無可隱諱者也。且加以數
千年專制之毒深中乎人心，誠有比於美國之黑奴及外來人民知識尤為低
下也」。[58] 洪憲帝制以後，古德諾久已被看成是外國人裏面的反派。因
此孫中山為古德諾辨述其主張中的合理性，實際上也說明了：作為一種
歷史過程的洪憲帝制雖是對於共和的反動，但自共和本身的立場審視
「中國人民知識程度」，則其異路突起又並不是全然沒有理由的。

　　梁啟超以群體中國人為認知對象和論說對象，關注的是歷史中國相
比於歐西而見的並不太過專制，以及由歷史中國造就的民初中國人因此
而不能入時流，遂成其對於反專制的共和之普遍無知和普遍疏離。其持
論的本位大半猶在中國的歷史文化，而明顯地把共和當成是一種外來的
東西和懸空的東西。因此，「試執途人而問之曰：何為共和？恐能置對
者千萬人而不得一也」的無知和疏離雖然被看成是一派蒙昧，其實是由

58　孫中山：《孫中山全集》第6卷，第209頁。

歷史文化之外的共和以其自上而下的斜照所反射出來的。由此推而論之,則「自民權説之倡,而歐西政治日以改良。論者輒以此為民權易於致治之顯證,殊不知政治無絕對之美,政在一人者,遇堯舜則治,遇桀紂則亂;政在民眾者,遇好善之民則治,遇好暴之民則亂,其理正同」。[59] 他接受了移來的共和,但又深信,與群體中國人的實際狀態相比,前者影響後者的程度實遠不及後者影響前者的程度。同他對照,孫中山以群體中國人為認知對象和論説對象,顯然更自覺地立足於彼邦的共和範式,並用歷史中國留下的「數千年專制之毒深中乎人心」來衡量當日中國。因此,他陳説「中國人民知識程度之不足」和「尤為低下」,立意都是在指述已經身在共和之中的中國人全不合於共和的尺寸。就本義而言,「知識程度不足」其實也是一種無知和疏離,但孫中山之不同於梁啟超的是,在他那裏,移來的共和已是既定的規範和代表了歷史進化的規範,則民初的中國人便不能不成為被規範的一方。他更相信前者應當影響後者和前者能夠影響後者。在那個時候的中國,梁啟超具有代表性,孫中山也具有代表性。

群體中國人因不識共和而表現出來的這種無知、疏離和「知識程度」之「尤為低下」出自真實的中國社會,但以共和一面立論,他們又都應是中國的民權之所寄和民權之所歸。而相比於「知識程度」大半見之主體反映客體的認識程度,與民權之所寄和民權之所歸直接相因依的,則已是群體中國人本身實際的存在狀態與民權之間的適應程度。就梁啟超所斷言的自由平等之大義「不甚應於病源」而言,其意中的中國社會之大病,真正的「病源」全在於晚清以來中國人真實的生存狀態。他説:「我國之弊,乃緣當政治之衝者懵然不知國家目的為何物,國家固有之職務,不能假手於其機關以實踐之。」由於國家放任,而後形成的上下相對,便是:

> 人民進無所怙恃,則不得不退而各自為謀。各自為謀而無董率之者,則步伐勢不能齊整,散漫無紀,終不能吻合以成一體,公共

---

59 梁啟超:《飲冰室合集》第4冊,《文集》之二十九,第98頁。

心日以消乏，而公共事業遂無一能舉。其對於國家也，覺其所能翼覆我者至有限，坐是國家與身家之聯鎖至弱。[60]

他由「當政治之衝者」說到個體「人民」，而由此觀照當時，則自清末而民初，作為群體存在的中國人，是以個體與個體之間的不相勾連和個體與國家之間的不相勾連為日常狀態的。其間既沒有公共意識，也無從形成相互感應。以歐西的共和作對照，顯然不在一類之內，然而「今日我國以時勢所播蕩，共和之局，則既定矣，雖有俊傑，又安能於共和制之外而別得活國之途」？兩頭之間相互矛盾而又相互交集，遂使其心目中的共和中國不能不先「藉政治之力，將國民打成一丸，以競於外」。他稱這個過程為政府對於國民的「保育」。[61] 然則群體中國人既被置於自上而下的「保育」之中，同時也正說明了此日的群體中國人猶不能自主和民主。對於共和中國來說，這種解說和推論所寫照的，是中國雖已實現共和，但共和的主體則仍須育造和仍在育造之中的名實不相對應。依歷史本相說人物，在帝制中國走向共和的過程裏，梁啟超是一個跟從者。然而他所說的中國雖已實現共和，而共和的主體仍在育造之中的一派道理，則與傾力推翻帝制並親身造就共和的孫中山所見正在伯仲之間。後者說：

中國四萬萬之人民，由遠祖初生以來，素為專制君主之奴隸，向來多有不識為主人、不敢為主人、不能為主人者，而今皆當為主人矣。其忽而躋於此地位者，誰為為之？孰令致之？是革命成功而破壞專制之結果也。此為我國有史以來所未有之變局，吾民破天荒之創舉也。是故民國之主人者，實等於初生之嬰兒耳，革命黨者即產此嬰兒之母也。既產之矣，則當保養之，教育之，方盡革命之責也。[62]

60　梁啟超：《飲冰室合集》第4冊，《文集》之二十八，第49頁。
61　梁啟超：《飲冰室合集》第4冊，《文集》之二十八，第50頁。
62　孫中山：《孫中山全集》第6卷，第211頁。

與梁啟超指歷史中國「放任」為病相比，他仍然沿用「專制」陳述歷史中國之病。而以「嬰兒」為比，說的是幼稚一面。而其構想之中的人民需要「保養」和「教育」，又尤在於「人心渙散，民力不凝結」，而致「中國四萬萬之眾等於一盤散沙」：[63]

> 究竟說一片散沙的意思是什麼呢？就是個個有自由和人人有自由。人人把自己的自由擴充到很大，所以成了一片散沙。什麼是一片散沙呢？如果我們拿一手沙起來，無論多少，各顆沙都是很活動的，沒有束縛的，這便是一片散沙。如果在散沙內參加士敏土，便結成石頭，變為一個堅固的團體。變成了石頭，團體很堅固，散沙便沒有自由。[64]

他所說的「一盤散沙」和梁啟超所說的「散漫無紀」顯然是一種對等的東西，指的都是民初中國人的普遍存在狀態。但以太過自由說「一盤散沙」，顯然與他用「專制」統括歷史的論斷不甚相合，而與梁啟超的「放任」之說更能形成對應。在那個時候，兩者都指陳了一種人所共見的狀態，是以同一個時間裏又有陳獨秀所說的「中國人民簡直是一盤散沙，一堆蠢物」[65]的譬比，以及同樣的譬比又多見於當日的時論與口談之中。

然而由此前推，則20世紀以前的中國雖然常被置於強弱之比、貧富之比、開新守舊之比、文明野蠻之比當中，並且常被歸於弱、歸於貧、歸於守舊、歸於野蠻，卻罕見有以「散沙」相比擬者。因此，就觀念的變遷出自於歷史變遷和反映了歷史變遷而言，孫中山以「一盤散沙」為中國之大患，梁啟超以「散漫無紀」為中國之大患，兩者對應的，其實都是倉促造就的共和與解體的中國社會直面相遇於歷史的狹路之中，遂使本來應當成為共和主體的群體中國人，又為20世紀初年開始的中國社會解體過程所裹挾，脫出了依傍，脫出了制約，脫出了久有的聯

63　孫中山：《孫中山全集》第6卷，第421頁。

64　孫中山：《孫中山全集》第9卷，第272頁。

65　陳獨秀：《陳獨秀文章選編》中冊，第132頁。

結，脫出了舊日的規範，在層層分解中彼此斷裂而不相黏連。隨後是群體的中國人越來越難以構成整體意義的中國人。因此，就其歷史內容而論，孫中山以「保養」和「教育」為民國塑造「主人」的籌想，實際上又會為沒有了整體性的中國人帶來一種重造的整體性。在這一點上，梁啟超尤更多期望和寄託，所以其「保育政策」的理想境界，是「將使全國民如一軍隊之軍士，如一學校之學生，夫然後國家之形成，而國際上乃得佔一位置」。[66] 但變「一盤散沙」為民國的「主人」；變「散漫無紀」為「軍隊之軍士」和「學校之學生」，兩者所設為手段的，顯然同是一種自上而下的權力和高度集中的權力。

由於為民國育造「主人」和為中國人重造整體性相互交疊而合成了一途，因此，共和來到中國，其真實內容與實際過程，便自始已不能等同於歐西。1919年孫中山說：「予之定名中華民國者，蓋欲於革命之際，在破壞時則行軍政，在建設時則行訓政。所謂訓政者，即訓練清朝之遺民，而成為民國之主人翁，以行此直接民權也。有訓政為過渡時期，則人民無程度不足之憂也。」[67] 這種構想以「革命方略」之名出生於同盟會時期，又於民國成立多年之後再被傾力重申。他引為比照的，是因「辛亥革命之役」的「忽視革命方略」，而致「軍政時期一蹴而至憲政時期，絕不予革命政府以訓練人民之時間」，隨後滿目俱見「粉飾舊污，以為新治」和「發揚舊污，壓制新治」，[68] 遂使民國不復成為民國。他以此說明了共和不能沒有訓政，也以此說明了共和之於中國，是能夠在時間上和空間上同憲政分開來的。與彼邦既有的範式相比，訓政是一種中國土生土長的東西；而與共和之本義在於民權相比，訓政的要義又全在於自上而下的權力和高度集中的權力：

> 本來政治主權是在人民，我們怎麼好包攬去作呢？其實我們革命就是要將政治攬在我們手裏來作。這種辦法，事實上不得不然。試看

66　梁啟超：《飲冰室合集》第4冊，《文集》之二十八，第50頁。
67　孫中山：《孫中山全集》第5卷，第189頁。
68　孫中山：《孫中山全集》第7卷，第66頁。

　　民國已經成立了九年，一般人民還是不懂共和的真趣，所以迫得我
們再要革命。現在我不單是用革命去掃除那惡劣政治，還要用革命
的手段去建設，所以叫做「訓政」，這「訓政」，好像就是帝制時代用
的名詞，但是與帝制實在絕不相同。須知共和國，皇帝就是人民，
以五千年來被壓作奴隸的人民，一旦抬他起來作皇帝，定然是不會
作。所以我們革命黨人應該來教訓他，如伊尹訓太甲樣。

此謂之「用些強迫的手段，迫著他來做主人」。[69] 作為一種比較，清末的
梁啟超於孫中山雖為論敵，但他在論辯過程中創為「開明專制」之說，
稱此為「以發達人民為目的」的「最良之速成教法」，[70] 其實旨義已同於這
種「用些強迫的手段，迫著他來做主人」。對比孫中山的「革命方略」，
其所見既同，所思亦同。雖說孫中山後來以「或又疑訓政六年，得毋同
於曲學者所倡之開明專制耶？曰：開明專制者，即以專制為目的；而訓
政者，乃以共和為目的，此所以有天壤之別也」[71] 的問答強為之說，與
他劃清界限，但以思想歷史立論，他們留在晚清的這些思考，都為民初
提供了一種理路相同的前史。而就其內涵之與時俱遷而言，則相比於同
盟會時代先期設定的憲政之前先以「約法」造就國民的預想和推想，則
此日比「訓政」為「伊尹訓太甲」，顯然更多了一種歷經顛撲之後的見事
之明和見事之切。

　　由清末到民初，以這個過程所得的閱歷之知省視「訓政」對象，認識
的深化，又越多地見到中國之既有和西方之未有的不一樣。他說：「歐
洲從前因為太沒有自由，所以革命要去爭自由。我們是因為自由太多，
沒有團體，沒有抵抗力，成一片散沙。因為是一片散沙，所以受外國帝
國主義的侵略，受列強經濟商戰的壓迫，我們現在便不能抵抗。要將來
能夠抵抗外國的壓迫，就要打破各人的自由，結成很堅固的團體。」並以

69　孫中山：《孫中山全集》第5卷，第400–401頁。

70　梁啟超：《飲冰室合集》第2冊，《文集》之十八，第89頁；《文集》之十七，
　　第71頁。

71　孫中山：《孫中山全集》第6卷，第210頁。

此為立場而與彼時的新文化立異説:「中國人用不著自由,但是學生還要
宣傳自由,真可謂不識時務了。」[72]在數十年西潮浸灌之後,國人久已習
知自由與專制相互對立而此消彼長,因此,這種在共和的名義之下「打
破各人的自由」,並移之以為「訓政」的要目,無疑是認知的明顯逆轉。
但這種逆轉既生成於一代中國人對民初共和的反思和再思之中,則其間
的道理便不會沒有出自同時人的因共識而應和。所以相近時間裏又有嚴
復説:「自不佞言,今之所急者,非自由也,而在人人減損自由,而以利
國善群為職志。」[73]康有為説:「今日少言自由平等,俟吾國既富強後,
乃言之,則中華國千秋萬年,可與歐美自由平等,而吾國民乃真有民
權、民意焉。」[74]章士釗説:「吾國風俗之惡,全球無對,故政治之惡,
亦全球無對。試觀今之政象,雜出於聲色貨利賭博無賴之中,即可概
見。其所以然,則所得小己之自由過多,而國家制裁力之未至」,並因
此由衷嚮往「國家絕對之權」。[75]他們的旨趣都不在「訓政」一路,但他們
以「減損自由」、「少言自由」,以及擴張國家的「制裁力」限制「小己」自
由為主張的種種議論,又與孫中山的「打破各人的自由」合成了顯然的共
鳴。在這些人當中,嚴復早年倡説「以自由為體,以民主為用」和「民之
自由,天之所畀也」;[76]章士釗自謂「少負不羈之名,長習自由之説」,[77]皆
於自由學理深造有得者。以其舊時面目為比照,則此日前者之重「利國
善群」輕「人人自由」,後者之重「國家制裁力」輕「小己之自由」,並因此
而既和康有為的「吾國」之「富強」相應合,又和孫中山的「抵抗外國的壓
迫」相應合,由此所表達的其實不是單面的否定,而是兩頭之間的選擇。

　　在那個時候的中國,孫中山、嚴復、康有為、章士釗各有自己的學
理淵源和政治主張。但作為同一代人,他們在歷經變帝制為共和的過程

72　孫中山:《孫中山全集》第9卷,第280–281頁。
73　嚴復:《嚴復集》第2冊,第337頁。
74　康有為:《康有為政論集》下冊,第913頁。
75　章士釗:《章士釗全集》第3卷,第30頁。
76　嚴復:《嚴復集》第1冊,第23、35頁。
77　章士釗:《章士釗全集》第5卷,第105頁。

中所面對的這個初創共和的中國，同時又是一個久在外患逼拶之下的中國和已經社會解體的中國，因此，前一個中國自始即與後一個中國共生共存於一體之中。在這種共生共存中形成的小己與大己的對待；自由與富強的對待；個體與國家的對待；「散漫無紀」與「堅固」團體的對待，以及「今之所急者」尤其在大己一面，富強一面，國家一面，團體一面的重心所歸，原本皆屬中國困境中產生的憂患之所在，以及憂患之所在即道理之所在。這是一種中國問題與中國關懷，但在共和進入中國之後，便不能不又都成了共和的問題和共和的關懷。引此詮説當日的政治思想，顯見得孫中山置「訓政」於憲政之前的別開生面，既反映了共和進入中國，則其民權主義已不能不應對民族主義的事實；也反映了民權主義在應對民族主義的過程中自身之不得不變的事實。因此，在孫中山的預設裏，「訓政」是造就共和的一個過程，但作為一種以中國為對象的預設，這個立意於以共和為範式來改變中國的過程，其實又非常明顯地表現了中國的歷史、文化和時勢對於共和範式的校訂和改塑。而因果相尋之間，共和之於中國的切近、真實和具體，也正在這兩面的共生同存和一面影響了另一面之中而成了一種可以期望的東西。

四 由大信而大疑：國情對於學理的反詰

民初中國因共和而有代議制度，又在十多年裏畢顯了代議制度下的政局，「其敗壞之程度，比清季遠過之」。[78] 因此，國人目睹身受久之，對於共和的反思和再思，便一定會次第而起，交集於代議制度。這個過程常常以抨彈時政為起點，但又常常由事入理，比抨彈時政更多地含有思考所得的深度。而與之同見於這個過程的，還有一個一個曾經深信代議政治的一世之翹楚失落徬徨，在一挫再挫之後由大信變為大疑的悵惘心路。章士釗自謂早年「習律英倫，浮慕政黨政治」而「本主三權」。迨「斯制既立十年，捉襟見肘，弊害百出」，遂致「從來所持

---

78 經世文社：《民國經世文編》第8冊，第5108頁。

信念，掃地以盡」，且「橘移淮南而化為枳，亦漸聞人深致慨嘆」。[79]
1923年，他說：

> 反對曹錕，其議決不當與求去一人或求正一事，同其廣狹。何
> 也？凡以為去一人而國家可定者，以別有法數在也；以為正一事
> 而人心可安者，亦以別有法數在也。十二年來，無人敢離法數言
> 事，此膠彼漆，紛錯不休。今既有人囊括所有膠漆，懷之而走，
> 易而言之，盜盡一切之法數，使天下言法，即當奉我，吾人尚守
> 株一義不去，終冀於法數之中，不出口耳四寸，求所以制其死
> 命，豈非童駭？[80]

他所說的法數，是構成和支撐了民國十二年以來中國政治觀念中由代議
制度而來的定軌、法則和道理。而積十二年之間實際政治的曲解、割裂
和操弄，已破綻百出，頂穿壁漏之後，至此日定軌、法則和道理都已無
可收拾和無可彌縫。「然則為之奈何？曰：捨數而言義，毀法以造法。
十二年來之所營構，所爭執，視為無有，即其所荒耗慚送之日月，亦棄
去不以入曆。而將今日之日，緊接辛亥八月十九武昌起義之日」：

> 假定全國皆在革命狀態之中，黃陂初以旅長被舉為都督，中山滯
> 海外未歸，宋遁初之幾篇日本講義尚未公認為共和實筏，滿洲既
> 倒，而吾新造未集，所以謀繼滿洲而起以治其國者，仍百無一
> 有。吾人於是澄思渺慮，察例通類，誓以全國之公智起百世之宏
> 規，如斯而已矣。[81]

他把中國的出路寄託於這種推倒既往，從頭來過。

　　章士釗自敘十多年時間裏由「浮慕」代議政治變為「從來所持信仰，
掃地以盡」，代表性地表述了那一代人為中國「營構」了可以寄託將來的

79　章士釗：《章士釗全集》第5卷，第51–52頁。
80　章士釗：《章士釗全集》第4卷，第252頁。
81　章士釗：《章士釗全集》第4卷，第252頁。

期望，之後又眼看這種期望在自己面前節節破裂，終至一朝傾覆的人身
經驗和心路歷程。這是一種事實造成的層層傾覆，因此，與之一路相伴
而來的，便是那一代人遭逢的連串困頓，以及困頓之後的連串否定與自
我否定。「共和之美，洽於人心者，莫不曰得民意，發民權矣。」是以立
憲政治和代議制度之合理和合法，全在於既以民意民權為本源，又以民
意民權為指歸。但晚清最早倡立憲的康有為，民初又最先深疑代議制度
之能夠真得民意。他說：「夫尊民意民權者，不能直達而以代議名之，
苟不能如瑞士之直議，何權之有。」而比之「英國三萬人選一議員」和
「德、法以十萬人舉一人，日本以十三萬人舉一人」的民意，一個地方
比一個地方的含量更稀薄，則中國之代議制度已是一種全然無從歸納民
意的東西：「中國之大，人民之多，今之選舉法也，以八十萬人選一
人。夫八十萬人之多數，地兼數縣，或則數府，壤隔千里，少亦數百
里。吾國道路不通，山川絕限，人民無識，交遊未盛，選舉不習，則八
十萬人之中，紗紗茫茫，既為大地選舉例之所無，而曾謂八十萬人者能
知其人而舉之，其人又能代達八十萬人之意乎？此尤必無之理也。」[82]
他言之銳利，而又以其推論之具體而能洞見真實。所以此後八年同在這
種真實矛盾之中的孫中山說的也是「談民權，必須祖瑞士，其與瑞士有
同一的具體民權，方能謂之真民權，不能空空洞洞說過」。並直言今日
之「所謂選舉，適為劣紳、土豪之求官捷徑，無怪選舉舞弊，所在皆
是」。[83] 他同樣不信代議制度能夠真正表達民意。

　　與他們相比較，梁啟超論說同一個題目，已更深一層地思辨於民意
與公意之間，從而其推論不僅不信代議制度能夠真正表達民意，而且深
信因為代議制度的存在，又會使世間之公意更不易見：

　　頻年以來，每一大問題發生，有所謂國民公意存耶否耶？曰：何
　　為其無。國民每對於一問題，其公意所趨，未嘗不顯豁呈露，且

82　康有為：《康有為政論集》下冊，第895頁。
83　孫中山：《孫中山全集》第5卷，第560頁；第7卷，第67頁。

其公意恒不謬於判斷，而常與國利民福適相應。雖然，欲求法律
上之根據以表示此公意，則卒不可得。政府曰：我當局也，法
律上授我行政權，汝曹何為者？議員曰：我國民代表也，法律上
為一國主人翁焉，汝曹何為者？其懷抱公意之國民，雖復百千萬
億，而在法律上不過適為百千萬億之私人，其意則私人之意也，
其言則私人之言也。本至公也，而欲證明其為公，則無説以自
完，乃不得不忍吞窒結，而一任政府與國會相勾煽相狼狽，盜民
意之名以售其奸。[84]

「政府」因代議制度而成政府；「議員」因代議制度而成議員；而「本至公
也」的「國民公意」，則因代議制度而無從「證明其為公」。當日時論好説
「國民全體」，而由此形成的「政府與國會相勾煽相狼狽，盜民意之名以
售其奸」，則已使「國民全體」之實與「國民全體」之名脱裂為二，並使後
者異化為前者的對立物和壓迫者。時人曾究其底裏，之後作探本之論
曰：「我民昔時受虐於君，猶有冤抑可訴，今則虐我者用我之名義，則
真無呼號之地矣。」[85]雖説晚清以來志士慣於循彼邦之説，以專制統括
二千年中國的君主，然而「我民昔時受虐於君，猶有冤抑可訴」則説明，
歷史中國的君權並非以肆張恣睢全無制束為常態。是以嚴復舉「吾國自
唐虞三代以來，人主豈盡自由？歷代法律，豈盡憑其喜怒？且本朝祖宗
家法，尤為隆重」，以比「孟[德斯鳩]氏」之言「專制」的「國無常法」而
「一切憑其喜怒」，則稱舊日的中國帝王為「法度之君主」；[86]孟森指述「孔
子既沒，其道益尊。漢人本以經義決事，春秋之所是非，世主亦不敢不
聽。有不聽者，予以非聖無法之大罪名，孰敢不悚」，[87]遂以此啟後來的
歷史而成一代一代的軌路。他們寫照的都是不同於彼邦之説，但又見之
於歷史記述之中的事實。

84　梁啟超：《飲冰室合集》第4冊，《文集》之三十五，第29–30頁。
85　孟森：《孟森政論文集刊》中冊，第827頁。
86　嚴復：《嚴復集》第2冊，第239–240頁；第4冊，第973頁。
87　孟森：《孟森政論文集刊》中冊，第805頁。

以此為經驗之知，而用之以比較十多年來的聞見之知，則彼時的代議制度為中國帶來的，顯然是一種前史所未有的肆張恣睢而無以制束的東西：

> 君主國尚有可由國會制憲之理，國會受君政之箝制，用力相抗，以為立法之標的，而國會之不法，君主得而對抗之。民主國則主權在民，民無直接行使主權之方法，則國會代為行使，而又不受真主人之束縛，假其名義，以制政府，又脫其束縛以便身圖，自非中材以上之流，孰能皎然不欺。[88]

這個過程自南京臨時參議院訂立《臨時約法》已經開始，而其十多年之間的騰越起伏，最終留給中國社會的，是代議者與被代議者之間陌路相望的上下隔絕和上下對立。比之「法度之君主」和「世主亦不敢不聽」的猶在規矩之中，則這種由代議制度造出來而「脫其束縛」的權力既可自立規矩，實際上其自身已經置於規矩之外了。而與之相為表裏的「以便身圖」，同時又會以其各自逐利的分合無常，使這種不受束縛的權力變成散亂的權力和無常的權力。隨後是人在上下隔絕之中和上下對立之中直觀散亂無常，積十多年的閱歷、經驗、困殆、疑惑、思索而作歸納和概括，便成了一種否定：「最高權集中於國會，此英國伯力門之制也。今日議員實有此權力，而斷送國家，適得其反。」[89]

以英國的「伯力門之制」對照中國學「伯力門之制」的「適得其反」，表達的是那一代中國人因眼前的事實而變其以前的認知，對移入中土的西法深度懷疑。曹錕賄選的同一年，章士釗說：「憲法者，十餘年來一至不祥之政治散名也。全國人不解此物，全國人不需此物，而全國人又為此物而戰，殺人流血，在所不計。驟而視之，天下之怪事不可以常理論者，宜莫逾此。」[90]當日作為西法的憲法進入中國，以玄之又玄眾妙

88　孟森：《孟森政論文集刊》中冊，第815頁。
89　孟森：《孟森政論文集刊》中冊，第753頁。
90　章士釗：《章士釗全集》第4卷，第320頁。

之門的闡敷和論説廣布道理，而一時沛然莫之能禦。曾經習為玄之又玄
眾妙之門，並且身列於鼓吹之中的章士釗觀世十年，此日轉過頭來以中
國人的常識常理說時務，則具見玄之又玄的套不住常識常理：

> 以愚觀之，約法諸條，在五十年前，吾民族思想所絕未及也。其
> 生硬為吾民所不習，遠在典謨訓誥之上。是約法者，橫法也，而
> 吾自有其縱法。約法者，皮傅之法也，而吾自有其立命之法。橫
> 而皮傅者，時雖近而實遠；縱而立命者，時雖遠而實近。

> 英史家參考黎曰：憲法者，紙幣也。紙幣誠利於商，而無實幣以
> 盾其後，紙亦紙耳，何禆於用？惟憲法亦然。憲法之下，別有力
> 焉，此力不行，憲瀕於死。此力者何？亦吾民生長歌哭，久久相
> 沿為用之種種法則而已。[91]

然則約法之於中國所以會成為「橫法」和「皮傅之法」，本在於其以「稗販
剿襲」為來路，自始即在無物以「盾其後」的脱空之中。而「吾中國之以
習慣力統禦社會，彷彿似英」，因此，「此習慣力不失，即國家不失。根
本法云云，俱全後外鑠之詞。倘或民元而無所號約法者出世，吾國積極
方面，安定決無遜於今日；而消極轉可避去約法之爭，生命財產，因得
保全無算，未可知也。」[92] 把「根本法云云」看成「外鑠之詞」，正是言其
似懂非懂，難以了然而歸之於玄之又玄眾妙之門。而以此千年歲月養成
的「習慣力不失，即國家不失」為理之當然，説的則是中國自有本源，
從而中國自有本相。本源和本相皆出自歷史而繫乎命脈，因此，對於中
國來說，其真實性和根本性便都在「五十年前，吾民族思想所絕未及也」
的東西之上。由此分輕重，便是以此為取捨，顯見得其論説雖起於約
法，而折射的已是整個代議制度。

同一年梁啟超説：「中國人對於代議制度，本來是很冷淡，狠［很］
懷疑」，而「立法行政司法三機關」，又「合力蹂躪法律」，來「專門與人

91　章士釗：《章士釗全集》第4卷，第320頁。
92　章士釗：《章士釗全集》第5卷，第21頁。

民為敵」，其倒行逆施的「種種實證」，都在「告訴世界人」，中國「不能行代議政治」。而與這一面相對立並成為對照的，是舉目四顧，但見「今日中國人之所渴望者，為恢復其數千年偃武修文之舊主義，以便安居樂業，自由發展」。[93] 究其內涵，則他所說的「舊主義」與章士釗筆下的「習慣力」顯然是重合的。他們二人都屬擁有新知，先入潮流的人物，也都屬用心於審量彼己，以成就其深入思考的人物。但事涉歷史變遷之中的中國，不斷深入的思考又常常會是歷經否定和否定之否定，以成其不斷批判的思考，因此，在曾經相信中西之間可以同一之後，他們又比別人更富深度地看出了中西之間的並不同一。梁啟超說「中國人對於代議制度」自來「冷淡」和「懷疑」，而其背後則有著他對各國行代議制度皆「稍有成功，而中國獨否」的歷史因果所作的反思和沉思：

> 蓋代議制在歐洲確為一種階級，而在中國則無可能性。蓋必有貴族地主，方能立憲，以政權集中於少數賢人之手，先由貴族擴至中產階級，再擴至平民，以必有階級始能次第下移，此少數人皆有自任心。日本亦然，以固有階級之少數優秀代表全體人民。至於中國則不然，自秦以來，久無階級，故欲效法英、日，竟致失敗，蓋因社會根底完全不同故也。[94]

代議制度產出於等級社會，又借助於等級社會的不平等而獲得了可以自上而下，層層展布而從容過渡的歷史空間，得以最終形成一種穩定而且平等的政治結構。對於「久無階級」的中國社會來說，則「久無階級」，已決定了移來的代議制度沒有辦法獲得這種可以從容過渡的歷史空間。其推論中的「無可能性」，說的正是中國人全盤仿造歐洲以構築自己的代議制度，實際上是做不到的。以19世紀中葉以來中國人對歐西議會政治的比附、判識、嚮往和詮釋為反照，這是一種遲來的認知和後起的認知。然而其間內含著真實的歷史內容，便不會不成為一個真實的題

93　梁啟超：《〈飲冰室合集〉集外文》中冊，第800、930頁。
94　丁文江等：《梁啟超年譜長編》，第900頁。

目。因此，此日以中國的「習慣力」説中國之國情的章士釗，又曾比梁
啟超更早地舉「內閣政治，以代議範圍言之，實為多數專制政治，苟國
中夙無階級，不重尊卑上下之分，國中一部分人，平起而操政治之大
權，議會中之佔少數者，易生其不平，而議會外之感情，尤難控禦」[95]
為道理，以説明代議政治在等級社會和平等社會的全然不同。他們各自
論述，而提撕的則都是代議制度中的這一面過去常在視野之外，卻又深
深地橫隔於國情和代議制度之間的內容。而由此上溯源頭，章士釗説
「代議之設，濫觴英倫，當時英王下令徵稅，入稅者因舉代表面王，共
訂稅則，所謂不出代議士不納租稅之名言基於是時。以知代議之為物，
其實不能脱離納稅二字別成一議。代表者何？質言之，即代表入稅者之
荷包也」。[96] 而以此歐西「代議之為物」的本來面目，來對比嚴復從「海
禁既開，交通日廣，於是歐洲之學説政論，日漸於東瀛，淺者震其富
強，不知其原因之別有在也，於是以分黨為政治之極規」。至「辛亥武
漢造攻」，雖「一切外緣內因，舉不備具」，而「驟用新制」[97] 的一路變遷
陳説代議政治在中國的從無到有，顯然是中西之間因果殊異。而以中國
人的「震其富強」，觀照歐西「代表者何？質言之，即代表入稅人之荷包
也」，則代議制度在中國，其起始的源頭和寄託的命意本已全然不同於
歐西，從而其學來的一副面目也不能不全然不同於歐西的本來面目。兩
頭之間的歧異無從彌合而各成一路，在十多年演化之後便成了此日中國
的「捉襟見肘，弊害百出」，既不能歸入今時的歐西一面，也無法歸入
本來的中國一面。而後是中西之間的源頭不同，命意不同和面目不同都
被越來越多的人識得和審知，「代議制之應改造，乃當世仁人志士所一
致主張之論」，[98] 便成了20年代顯目的思想現象。

95　章士釗：《章士釗全集》第2卷，第598頁。

96　章士釗：《章士釗全集》第4卷，第166頁。

97　嚴復：《嚴復集》第2冊，第299頁。

98　章士釗：《章士釗全集》第4卷，第205頁。

　　1925年，章士釗説：「曩者，吾兄太炎有『代議然否』之論，其時吾國尚無此制，人亦莫審其言之真解。忽忽十餘年，事理漸著，國會為物，亦朽敗無以自存。天下之論代議者，不得其然而盡得其否，於是人類之所貴夫有先覺者，乃於吾兄焉寄之。」[99] 十七年之前章太炎作〈代議然否論〉，以「規設議院，未足佐民，而先喪其平夷之美」[100] 立論旨，成為新人物群裏少見的用平等主義反對代議制度的人。而同十餘年之後在反思和再思中形成的識斷相比，其重心和內涵實際上並不能全都能夠重合。因此，章士釗在20年代重提這一段發生於清末的舊事，並奉章太炎為「先覺」，取用的並不是「代議然否」的論析，而是「建國設官，惟衛民之故，期於使民平夷安穩，不期於代議」的論斷和了斷，[101] 以助成其「代議制何以不適於吾國」[102] 的一路深思和全盤否定。而時當代議制度被那一代中國人當成反思和再思的對象之日，合流於這種由懷疑而入否定的，又有孫中山的概而論之：

> 照現在世界上民權頂發達的國家講，人民在政治上是佔什麼地位呢？得到了多少民權呢？就最近一百多年來所得的結果，不過是一種選舉和被選舉權。人民被選成議員之後，在議會中可以管國事。凡是國家的大事，都要由議會通過，才能執行；如果在議會沒有通過，便不能行。這種政體叫做「代議政體」，所謂「議會政治」。[103]

他由此發問説：「但是成立了這種代議政體以後，民權是否算得充分發達呢？」之後又舉「我們中國革命以後」所得的「代議政體」和「民權的利益」為實例以作回答：

99　章士釗：《章士釗全集》第5卷，第51頁。
100　章太炎：《章太炎政論選集》上冊，第457頁。
101　章太炎：《章太炎政論選集》上冊，第470頁。
102　章士釗：《章士釗全集》第4卷，第169頁。
103　孫中山：《孫中山全集》第9卷，第313–314頁。

大家都知道，現在的代議士都變成了「豬仔議員」，有錢就賣身，
分贓貪利，為全國人民所不齒。各國實行這種代議政體都免不了
流弊，不過傳到中國，流弊更是不堪問罷了。大家對於這種政體
如果不去聞問，不想挽救，把國事都付託一般豬仔議員，讓他們
去亂作亂為，國家前途是很危險的。所以外國人所希望的代議政
體，以為就是人類和國家的長治久安之計，那是不足信的。[104]

章士釗說代議制「不適於吾國」；孫中山則更進一層，由不信中國的代議
制度而不信歐西的代議制度。彼時兩者論政各有宗旨，而這種由不同的
理路所顯示的共性一面，便越益真實地反映了這一面在中國人心目中的
普遍存在和深度思慮。與那個時候的輿論剔發時事，多以深詆痛詆為常
態的一派意氣相比較，這種產出於反思和再思之中的推想與判斷顯然更
多論理的自覺。

　　然而在清末民初的新陳代謝裏，代議制正是以其否定帝制而獲得
了取代帝制的歷史合理性的，因此，十多年之後，得自於困而後知的
代議制「不適於吾國」，以及代議制之「不足信」，便面對著一種無可迴
避的深刻矛盾，章士釗當日於此用心尤深，也尤多窒苦，並因此而常
常四顧茫然：

吾嘗謂中國不亡於滿洲，則由專制改為君主立憲，如日本與德國
然，救國之上乘也。乃不幸滿人主我中國，吾人不與共戴一天，
卒至以倒滿政府者，永倒君主政體。今如議復君主，三尺童子，
共知其非，此足以徵國是矣。夫共和既非，專制又不許其復活，
然則吾國能於二者以外，別創一政體以救國否耶？[105]

比他更早地意識到這種困境的梁啟超，則比他更早地說過：「我國則此
數年中，此各種政治，已一一經嘗試而無所遺，曷為善治終不可得睹？

104　孫中山：《孫中山全集》第9卷，第313–314頁。
105　章士釗：《章士釗全集》第3卷，第304頁。以文義而論，他所說的「共和既
　　　非」指的顯然是代議制度而不是共和本身。

則治本必有存乎政制之外者。」[106] 他們已經越出了代議制度的思維軌度，但同時的「議復君主，三尺童子，共知其非」，則其「非」之為非，本在於逆反了合乎人人之所願的「共和國家，民意至尊」。[107] 由此顯示的另一重道理又說明，作為一種觀念，由共和帶來的人民主體之說已在思想上轉化為社會意識，並因之而仍然是此日中國人普遍共奉的常理。而後是代議制既不能代表人民主體，共和的主題遂隨反思和再思大幅度轉向，由「代議」而移到了本被代表的人民自身，期能實現一種無須代表的主體，於是而有力倡大眾自發而起，以成其自己代表自己，自己表達自己。陳獨秀說：中國的「自治」，應取「人人直接的，不是用代表間接的」，並且伸張「強力擁護公理，平民征服政府」；[108] 章士釗說：「今日之吾國雖曰共和，實質與共和相去，何啻萬里。國民之當奮起，求以人民之公意與共和之蟊賊相搏戰，以搏最後之勝利，不待言也」；[109] 孫中山說：三民主義之「政治革命，謂人民直接參與政權，簡言之，即如選舉權、罷官權、複決權、創制權等，由人民直接行之」；[110] 孟森說：「我循良之主人翁，知政界出頭露面之人，無一非魑魅魍魎，一切依賴心、希望心、黨派左右之心、臭味離合之心無不死盡，人人知非我心無適莫之主人翁，起而自謀，決不能解決此局」。[111] 這些人都曾心儀於代議制度，又在世路的遷移中一同成了主張「代議制之應改造」的「當世仁人志士」。他們筆下的「人人直接」、「國民之當奮起」、「人民直接行之」、「起而自謀」，皆著意於把本在政治之外的大眾引到政治中來，遂既與梁啟超曾經主張的「開明專制」相異，也與孫中山始終主張的「訓政」相異，其中的期望和急迫都是非常明顯的，其中的空泛和不著邊際也是非常明顯的。

---

106 梁啟超：《飲冰室合集》第4冊，《文集》之三十三，第38頁。
107 中國史學會：《北洋軍閥》第4冊，第221頁。
108 陳獨秀：《陳獨秀文章選編》上冊，第412、433頁。
109 章士釗：《章士釗全集》第4卷，第117頁。
110 孫中山：《孫中山全集》第6卷，第11頁。
111 孟森：《孟森政論文集刊》中冊，第810頁。

　　然而當代議制度成為反思和再思對象的時候，與之聯類相及的是，民權也常在那個時候的輿論中成為評說和審視的題目。一則時論說：

> 蓋蚩蚩之眾成功不足，償事有餘，建設不足，破壞有餘。繩之以法制，教之以安分，使之坐享幸福斯可矣。不察其程度，不審其心理，執途人而與之謀國事，自以為開其知識，增其見解，而不知若輩知識未開，見解未增，而好亂爭奪之心已深中而不能釋，是之為欲其治而導之以亂，欲其福而陷之以禍也。[112]

這些話所申明的，是引大眾直接進入政治，同時會是引破壞入政治和引爭奪入政治，就立論的主旨而言，實際上更近於「開明專制」和「訓政」一路。其間直露的對於「蚩蚩之眾」的深度不信任中顯然含有明顯的蔑視，但以民初以來起於中國底層社會的亂象為直觀之所見，則這種言之斷然的說法又並不能算是全無事實的信口開河。相比而言，西人旁觀中國的社會政治，印象更深的是引大眾直接地進入政治在實際上的不可能。曾多年居留中國的莊士敦（Reginald Fleming Johnston）以英國人的經驗作比較，說「中國大約有百分之九十的人是文盲，要想使大眾都像知識分子那樣對政治感興趣，那才是十分可笑的」：

> 如果我們假設，中國能讀會寫的人中有百分之十積極從事政治活動，那麼，即使這個誇大了的比例也不會超過全國總人口的百分之一。這就意味著，在中國，任何處於任何一種議會制度下的政治權力，都將不可避免地轉到職業政治家手中。而在這些人中間，只有極少數人是忠心耿耿地謀求國家和人民幸福的無私愛國者。[113]

他所見到的，是大眾與政治之間不僅有著距離上的間隔，而且有著越不過去的鴻溝。

112　中國史學會：《北洋軍閥》第2冊，第261頁。
113　莊士敦：《紫禁城的黃昏》，第96頁。

　　孟森也不相信此日的中國能實現民權，他說：「改革」既成，而「以主權予民，民無承受之經驗能力，仍循君主政體之餘習。有人焉從中竊此主權，而民且拱手相奉，而莫之能抗」。[114] 其著眼處在於大眾的握不住權力，因此，以「拱手相奉」且「莫之能抗」為刻劃，顯見得也是在寫照大眾直接進入政治的不可能。而同在這個歷史過程之中的陳獨秀雖以力倡「德莫克拉西」得大名，但其筆下的中國大眾則常在「虛偽、利己、缺公共心、平等觀」，以及「無教育、無知識、無團結力」和「不愛國」的一片麻木不仁之中。[115] 而就麻木不仁在本性上與公共政治的對立，已決定了此日的中國大眾和此日的中國政治猶在兩個世界之中。

　　這些敘述次第列舉的「破壞有餘」、「好亂爭奪」、「虛偽、利己」以及普遍的「文盲」和普遍的缺乏「經驗能力」，各自都在以這一面與那個時候多數人口精神狀態作整體對應，由此展示的顯然不是民權普照之下的一派陽光燦爛。比之梁啟超的「保育」意在「藉政治之力，將人民打成一丸」，孫中山的「訓政」意在化「一片散沙」為堅固「團體」，這些論說則重在說明作為民權主體的人民與民權之間的兩不相及。因此1923年，孟森說「民主國之憲法，當限制人民之行使主權，使入正軌而不橫決」，又說「國民制憲，首收民權。其收民權，正在約束我民之自身，絕無他求之意」。[116] 後一年孫中山說：

> 歐美的民權思想沒有傳進中國以前，中國人最希望的就是堯舜禹湯文武，以為有了堯舜禹湯文武那些皇帝，人民便可以得安樂，便可以享幸福，這就是中國人向來對於政府的態度。近來經過了革命以後，人民得到了民權思想，對於堯舜禹湯文武那些皇帝便不滿意，以為他們都是專制皇帝，雖美亦不足稱。由此便知民權發達了以後，人民便有反抗政府的態度，無論如何良善，皆不滿

114　孟森：《孟森政論文集刊》中冊，第821頁。
115　陳獨秀：《陳獨秀文章選編》上冊，第420、445頁。
116　孟森：《孟森政論文集刊》中冊，第809、823頁。

意。如果持這種態度，長此以往，不想辦法來改變，政治上是很
難望進步的。[117]

他更留心的是歐西新思想對大眾的影響，以及這種影響造成的人心一路
橫決。

相比於孟森由歷史舊染而不信大眾的「經驗能力」，孫中山顯然是
因西來的新知而不得不提防大眾的縱心所欲。兩者之間的著眼點並不盡
同，但就其論述中內含的邏輯走向而言，則孫中山的主張同樣顯然與孟
森一樣，只能是一種對於民權的限制和約束。由此形成的是一時之共
識，然而與這種共識同時存在的，又有他們目睹代議制度的千瘡百孔，
而以人民主體與「蟊賊相搏戰」，以直接進入政治為當然的共識，而後
是出自同一群人的兩種共識自我扞格，互相逆反，則又以其扞格和逆反
構成了另一種前所未有的深刻矛盾。

五　歷經代議政治之後走出代議政治：
先創共和的孫中山留下的重造共和之想

這一代人在對共和制度反思和再思的過程中日甚一日地切近於中國
真實的社會和歷史，也在反思和再思的過程中日甚一日地進入了歷史與
時代的矛盾之中。

1912年初，民國剛剛成立，一個外國人說：正在主導營造民國的
中國人，「既不懂得建立一個國家是多麼艱巨的任務，也不懂得在面積
大致上同整個歐洲一樣大小的中國，組成一個切實可行的政府體制需要
多少有才智的人」。[118] 其眼中所見，中國的共和雖被稱作「新紀元」，[119]
其實是從未知和無知開始的。十多年之後，這種「多麼艱巨」既在演化
為「共和既非，專制又不許其復活，然則吾國能於二者以外，別創一政

117 孫中山：《孫中山全集》第9卷，第322頁。
118 莫理循：《清末民初政情內幕》上冊，第921頁。
119 孫中山：《孫中山全集》第2卷，第15頁。

體以救國否」的深度困局；又在演化為「人人知非我心無適莫之主人翁，
起而自謀，決不能解決此局」與「民主國之憲法，當限制人民之行使主
權」，以「使入正軌而不橫決」之間的深度困局。積十餘年而形成的兩重
困局說明：當日外國人眼中的未知和無知已變成了中國人的困而後知和
知而猶困。而與這種認知上的困局對映於彼時中國的，是被稱作社會的
人世間舉目皆是「遊民滿地，人人懸一不耕而獲，不災而畬之的分馳競
騖，務求一當」：

> 三家之村，粗識之無，習見其村某甲曾充巡丁當扦手而獲大利，舉
> 不安於村，相與掉臂而集於縣；一縣之中，誦國民教科書上口，習
> 見其縣某甲，曾為知事，升團長，甚且掌省務院一司，或領一師而
> 屯巨鎮，子女玉帛，恣所取攜，舉不安於鄉，相與掉臂而集於省。[120]

由此生成的「滿城之人舉如蟣虱之待亂而食」，是一種下層社會的前所
未有。而在遠離民間的政界上端，則是年復一年的淆亂之後「壞至無可
更壞」：

> 吾國約法，早等空文。憲法屬草未成，迄未布達；國會時斷時
> 續，續亦未嘗暢行職權；總統內閣事實上今乃無有。而四海宴
> 然，並未以此別生滕蔦。今天下明明以爭總統而亂，並未聞以無
> 總統而亂。

而後是與之相為因果而派生的「截斷眾流，別開新徑，所謂元首制者，
只糞棄之，無所顧惜」，以廢止國家元首為息爭之大法的極端主張，[121]
又是一種上層社會的前所未有。而身在這種上層社會的前所未有和下層
社會的前所未有之間瞻前顧後，與這一代人對於共和作反思和再思的過

---

120 章士釗：《章士釗全集》第4卷，第172、176、182、231頁；孟森：《孟森
　　政論文集刊》下冊，第1111頁。
121 章士釗：《章士釗全集》第4卷，第172、176、182、231頁；孟森：《孟森
　　政論文集刊》下冊，第1111頁。

程相伴相隨的，同時是這一代人既切近地感知這個社會重建和再造自身結構的不得不然，又切入地感知重建和再造自身結構而不知路向的四顧茫然。隨後是不得不然和四顧茫然化為論說，遂有十多年裏先後出現的梁啟超的「保育政策」、康有為的「虛君共和」、章太炎以歷史比說當下的「專制非無良規，共和非無秕政」、徐佛蘇反對重造帝制，而「其固有之意，則以君主立憲為優」、孫中山以共和為標幟，而又力主「打破各人的自由，結成很堅固的團體」、孟森持立憲主義論立憲政治，而置「首收民權」為憲法之要務，以及1924年歲在甲子，章士釗思今懷古，遙想「前甲子同治三年，曾軍克江寧」，歷經百戰艱難而使清世得「末運轉捩」的舊事。並由古及今，以「雖今時變之性不若太平，而須得有如滌生兄弟之異軍特起，以安時而戡亂」為「人人之所想望」，[122] 明示其不再相信為亂世重立秩序可以君子動口不動手。

　　這些闡說和主張都在反思共和，也都在回應已經解體了的中國社會，而其共有的歸旨和期望，則都在重造一種強勢而且道義的政治權力；一種能夠代表多數而又須由少數行使的政治權力；一種足以體現「治本必有存乎政制之外者」的政治權力。同歐西的範式相對比，這樣的政治權力顯然不能算是憲政的題中應有之義。但十多年以來代議制度的錯亂顛倒，又以其錯亂顛倒作反襯，同樣顯然地使那一代人大半都已更加相信這種政治權力的合情合理，合時合勢。從清末到民初，就各自的思想歷史而論，這些人都曾因歐西的範式而受啟蒙，並大半都曾以歐西的範式為天經地義，因此，從範式開始的思想過程最終走到範式的外面和對面，對於他們來說，又會相伴著事與理的深度矛盾和個體心路中的深度矛盾。章士釗說：

荀卿曰：治亂在於心之所可。又曰：凡人莫不從其所可而去其所不可。夫共和之理，心之所可也，而今共和，心之所不可也；反共和心所不可也，反乎今日之共和，又若心之所可也。是心之所

122　章士釗：《章士釗全集》第4卷，第383頁。

可所不可混，勢竟不得從其所可，亦不得去其所不可。政象至此，可謂奇窮。[123]

這是一種以內在的自覺矛盾反映外在的實際矛盾，而其本源則在於彼邦移來的立憲政治進入正在社會解體的中國之日，同時是立憲政治已進入了這個社會在復歸秩序和重建結構過程中的四面尋路和內外交困的「奇窮」之中。兩者交集於同一個時間和空間，但兩者之間的道理其實並不一致。孫中山曾發問説：「我們的革命失敗，是被什麼東西打破的呢？大家知不知道呢？是不是敵人的大武力打破的呢？是不是舊官僚的陰謀打破的呢？又是不是中國的舊思想打破的呢？」然後自答之曰「都不是的」，並以一言以蔽之為歸結，直白地説「就是歐美的新思想打破的」，尤其是「被自由、平等這兩個思想打破的」。[124] 問與答之間，既説明了與自由平等同在一脈之中的西國憲政範式，其關注之所在與當日中國社會的關注之所在常常不同，並且常常相左。又説明了以兩頭相比較，對於當日的中國人來説，後一面尤比前一面更亟迫，因此後一面尤比前一面更重要。這是一種由歷史形成的等序，從而是一種無可選擇的等序。

在反思和再思共和的過程裏形成這種重造強勢權力的期望，與同一個時間裏代議政治之深被究詰，以其事實上的因果相連，顯示了十多年一挫再挫之後，中國人觀念上的一變再變。然而中國人的究詰代議政治，多數並不是意在棄去共和。章士釗説：「顧寧人之〈郡縣論〉曰：『知封建之所以變而為郡縣，則知郡縣之弊，而將復變。然則將復變而為封建乎？曰：不能。有聖人起，寓封建之意於郡縣之中，則天下治矣』。今愚論共和亦然。知君主之所以變而為共和，則知共和之弊，而將復變。然則將復變而為君主乎？曰：不能。有聖人起，寓君主之意於共和之中，而天下治矣。」[125] 這是一種打破了常軌的表述，卻包含著內容

---

123 章士釗：《章士釗全集》第6卷，第252頁。
124 孫中山：《孫中山全集》第11卷，第266–267頁。
125 章士釗：《章士釗全集》第4卷，第264頁。

真實的思考。他所說的「共和之弊」，與之直接相應的，其實是代議制之弊；而「復為君主」既已「不能」，其筆下的「君主之意」顯然也不會是再立一個皇帝。但「君主之意」而沒有了皇帝，則餘留的涵義，便只剩下曾經以帝王為象徵，而此日已脫出了這種象徵的高度集中的權力和自上而下集中的權力了。其意中之所願和意中之所信，是引這種權力以入共和之中，可以致「天下治矣」。在他之前，同一種意思已久見於時論的片斷闡說之中，但其間的大半都意在發抒，並常常會直接導向反共和和間接導向反共和。而章士釗的立場則在助成共和。因此，在這種理路裏，久以帝王為象徵而久被歸入專制的集中權力，此日則因其被引入共和而得以大變質地，成了一種能在無序的社會中重建秩序以造善因善果的力量，「天下治矣」正言乎此。

　　以十多年共和歷史作比襯，其背後有著一個積久而成的過程。但就共和之為共和而言，則這種理路又已非常明瞭地不再自囿於歐西行之已久的成規和法度。章士釗清醒地意識到這一點，說是：「愚既有言，『西土現制之有裨於吾者甚少』。反而抗逆現制若蘇、若基、若法之沁第加、若德之魯特」，皆能「求於資本工業之反而與民更始」。[126] 雖說他並不準確地把蘇維埃與基爾特、辛迪加（沁第加）之類同歸於一群，而立意則都在引之為同道，著意於說明抗逆以代議政治為特徵的「西土現制」的合理性。由這種西方與西方的對比反觀中國與西方的對比，則相對於「西土現制」之「有裨於吾者甚少」，作為一種構想的「寓君主之意於共和之中」，正像是中土之理對於西土之制的引申和補正。稍後孟森說：「今之政治，舉世皆以君主之制為在淘汰之列，無不傾向於民主，而俄則獨以拋棄民主之制，為其立國之第一點。」然後引之以論中國說：

　　　袁世凱聘古德諾為政體之商榷，將以顛覆民主，因其為退一步之帝制，蔡松坡等數人得起而倒之。列寧附會馬克思為政體之創

126　章士釗：《章士釗全集》第4卷，第264–265頁。

造，居然閣［擱］置民主，因其為進一步之勞農專制，全世界不得
不屈己以承認之，此吾國所應加以研究者也。

他並未把「勞農專制」當成信仰。但積十多年直面中國學「西土現制」而
一派政象「奇窮」之後，同章士釗一樣，他所引為關注的，是蘇俄別開
一局以脫出「西土現制」，並能得全世界的「屈己以承認之」。而這個過
程之「居然閣置民主」，又居然駸駸乎駕民主而上之的更「進一步」，則
尤能與其正在發為主張的「首收民權」和「限制人民之行使主權」遙相印
合，從而引出「可以令人猛省而深思」的深度感應，並因之而深信這種
「閣置民主」而能「進一步」的事實「非惟於我國有大鑒也，全世界之政
體，不能無發生影響之處」。[127]

　　中國人因反思代議政治與民權主體而轉向重構一種集中的權力，但
在歷經二千年帝制之後，這種預想裏的集中權力又像是在從十多年回向
二千年。於是而有「君主之意」這樣夾處於十多年和二千年之間，又意在
與十多年和二千年區分開來的模棱之詞，其立意之深和達意之難都是非
常明顯的，兩者都繫乎中國人的經驗。而在中國人局限的經驗裏，只有
袁世凱以集權「顛覆民主」，之後又在沿舊路的後「退一步」中倒台。這是
一種集權的反面經驗。因此，蘇俄以集權「閣置民主」而能前「進一步」岸
然自立，並以其岸然自立影響世界，對於中國人來說，便成了一種能夠
為高度集中的政治權力提供合理性的實證經驗。這是一種能使「全世界不
得不屈己以承認之」的集權的正面經驗，又是一種出自彼邦而與舊日君主
制度不相黏連的現代經驗，孟森之所以為之注目並引而深思，大半正在
於這種正面經驗和現代經驗以其啟示化為衝擊，使那一代人對代議制度
的反思和再思得此別為詮說，已被移到另一重歷史邏輯之中，並因之而
獲得了一種新的理路和意義。作為一個從清末立憲的潮起潮落中一路走
過來的憲政主義者，孟森所顯示的是其今日之我否定昨日之我，而映照
的則是十多年之間一代人所面臨的事移而後勢移，勢移而後理移。

---

127 孟森：《孟森政論文集刊》下冊，第 1039、1041 頁。

　　孟森關注蘇俄新立的政制，章士釗也留心蘇俄新立的政制，並皆曾引之以反觀中國人的問題。但他們的關注、留心和反觀，思考的重心大半都在這種政制的既成之結果。與他們相比較而顯然不同的，是同樣因反思代議制度而關注和留心蘇俄政制的孫中山，其著眼處則不僅在這種政制的結果，而且在這種政制產生和形成於俄國的實際過程，並能由此深入，從識其外觀到知其內裏。因此，在孟森和章士釗那裏，其引之以為思考，最終只能以「議會制度之必變」[128] 的議論為止境，而同時的孫中山由此啟引而得以貫通其積年思慮，卻已產出了一種由議論移入社會，並因之而能夠在實際上全盤改變代議制度的政治學說，以及在這種學說主導之下的政治運動。

　　自共和移來代議制度，而政黨與國會「相依為命」，[129] 遂使中國人既因代議制度而知有政黨，又因代議制度而痛惡政黨。當孫中山猶循代議政治為理路論時務的時候，也曾以「文明各國不能僅有一政黨，若僅有一政黨，仍是專制政體」，欲「免此弊」，則「政黨之必有兩黨或數黨互相監督，互相扶助」，為「政治方有進步」[130] 的當然之理。但二次革命失敗之後，他已與這一套西來的道理由漸行漸遠而走到全盤大變。1914年，他說中華革命黨「係秘密結黨，非政黨性質」；[131] 1921年，他說「中國國民黨不是政黨，是一種純粹的革命黨」。[132] 由此劃分出區別，對應的是政黨因代議政治而生，並以代議制度為界限，以自立其存在和活動的範圍；而革命黨則志在改造現存的制度，所以自始即立於現存制度以外。與之相為表裏的，又是「政黨之必有兩黨或數黨」，但革命黨只能有「吾黨負完全責任」[133] 的一黨獨立。若以其之前深信「僅有一黨，仍是專制政體」的論斷相衡量，顯然是此日的革命黨之自成質地，一定會比

128　孟森：《孟森政論文集刊》下冊，第1089頁。
129　章士釗：《章士釗全集》第2卷，第71頁。
130　孫中山：《孫中山全集》第2卷，第408頁。
131　孫中山：《孫中山全集》第3卷，第93頁。
132　孫中山：《孫中山全集》第5卷，第472頁。
133　孫中山：《孫中山全集》第3卷，第113頁。

政黨更多集權與集中，其間的起點便是「黨員能夠精神上結合，第一要犧牲自由」。[134] 民國的國民黨以清末同盟會為來路，但這種「犧牲自由」以造就集中，則是孫中山對同盟會「不計品流之純糅」而「內部意見分歧，步驟凌亂」的直接否定。[135] 對於孫中山來說，在接受了代議制度的政黨政治之後又重回革命黨立場，「益感救亡之策，必先事吾黨之擴張」，[136] 起因和歸指都在中國本身：

> 竊以中國今日政治不修，經濟破產，瓦解土崩之勢已兆，貧困剝削之病已深。欲起沉痾，必賴乎有主義、有組織、有訓練之政治團體，本其歷史的使命，依民眾之熱望，為之指導奮鬥，而達其所抱政治上之目的。否則民眾蠕蠕，不知所向，惟有陷為軍閥之牛馬、外國經濟的帝國主義之犧牲而已。[137]

在熟視代議制度下的中國「非患真復辟之眾，正患偽共和之多」[138] 以後，其意中的代議制度已不能起中國之「沉痾」。因此，被稱作「有主義、有組織、有訓練」的這種「政治團體」所體現的，是另一種取向和路向。其不同於清末反滿革命的同盟會之專注於推倒朝廷的地方，則在於「使命」融入「依民眾之熱望，為之指導奮鬥」，無疑是關注之所及和營造之重心已更多地移到了大眾一面。而後是代議政治中居於主幹的政黨與政黨的關係，全然別樣地變成了革命黨和大眾的關係，雖說「民眾蠕蠕」，然而經「指導奮鬥」而可以大變。所以「吾黨本身力量者，即人民之心力是也」，而作為民權之主體的大眾，也因此而以一種不同於代議制度的方式被編入了這個過程之中。[139] 在這種理路裏，顯然有著軍法之治、約法之治、憲法之治和軍政、訓政、憲政那一套道理推演而來的

---

134 孫中山：《孫中山全集》第9卷，第98頁。
135 孫中山：《孫中山全集》第3卷，第92頁。
136 孫中山：《孫中山全集》第4卷，第499頁。
137 孫中山：《孫中山全集》第8卷，第429頁。
138 孫中山：《孫中山全集》第4卷，第118頁。
139 孫中山：《孫中山全集》第8卷，第30頁。

一以貫之，但這種理路在反思代議制度的困而後知裏隨時勢而延展，又會把革命黨所構成的「政治團體」既推到很遠，又推到很高，使其在為「依民眾之熱望，為之指導奮鬥」的過程中自身廓然張大，成為一種承載國家權力的政治主幹。

1921年，孫中山說：「彼英、美政治雖如此發達，卻是政權不在普通人民手裏。究竟在什麼人手裏呢？老實說，就是在知識階級的手裏。這就叫政黨政治。」然後發為新義說：

> 我們這次剛回廣東底時候，香港有一家報紙說我們此番回來，並不是粵人治粵，是「黨人治粵」。兄弟想，這句話在彼說的固別有用意，但是我們也甚願意承認「黨人治粵」，因為英、美已有這個先例的。果能實行本黨底主義，也是我們粵人莫大之幸。[140]

由此引申概括，遂有「以黨治國」之說。

然而以「英國現在的政治制度是國會獨裁，行議會政治，就是政黨政治，以黨治國」為舊日的典型，[141] 是國會承載國家權力，而後有派生的「以黨治國」。但正在反思代議政治的中國人已經深知，十多年來「惟知襲取歐美三權分立之制，且以為付重權於國會，即符主權在民之旨」是一種「曾不知國會與人民，實非同物」的大錯。[142] 所以，中國之施行「以黨治國」，不會是由國會政治派生而來，只能是對國會政治的直接取代，遂使革命黨所構成的「政治團體」，因之而成了營造權力和行使權力的主體力量。而就那一代人在反思共和的過程裏先後以各自的議論表達識見，又先後同歸於重建一種集中的權力，並合此而為其共有的思想走向而言，則由革命黨所構成的「政治團體」，以及其中內含的集權性質，正為這種存在於討論之中而無處附著的權力，提供了能夠直接附著，從而直接轉化為現實的東西。而時當潮流翻轉帶來中國人眼中「英、美共

140　孫中山：《孫中山全集》第5卷，第481頁。
141　孫中山：《孫中山全集》第5卷，第492頁。
142　孫中山：《孫中山全集》第7卷，第67頁。

和國皆舊式的，今日惟俄國為新式的」範式翻轉，產生和形成於民初中國共和困局之中的這一派思想走向，便非常自然地會隨之翻轉，更信「吾人今日當造成一最新式的共和國」，[143] 可以為中國人另闢一種走出困局的路徑。於是而有有「今日革命，非學俄國不可」[144] 的取法明瞭。

　　就其昔日由仿效法、美起家而論，則「非學俄國不可」，已使革命黨所構成的這種「政治團體」大變舊日軌轍。而就其為了凝集整體而以「打破各人的自由」為當然，以及革命黨與人民之間的如伊尹之「訓太甲」為當然，則又使他們成為那個時候中國人中最能夠理解，並最容易接受俄國經驗的群體。孫中山說：

> 從前何以不從事於有組織、有系統、有紀律的奮鬥？因為未有模範，未有先例之故。現在一位好朋友鮑君，是從俄國來的。俄國革命之發動遲我國六年，而俄國經一度之革命，即能貫徹他等之主義，且自革命以後，革命政府日趨鞏固。同是革命，何以俄國能成功，而中國不能成功？蓋俄國革命之能成功，全由於黨員之奮鬥。

「故吾等欲革命成功，要學俄國的方法組織及訓練。」[145]

　　中俄之間的差別，既本自於「黨員之奮鬥」，則為求「革命之能成功」，不能不先用「組織及訓練」重造革命黨。而作為營造和行使權力的主幹，革命黨自身的這種組織和訓練，又會使集中的權力隨之而走，成了一種自始即先置於組織之中和紀律之中的權力。十多年之間，曾經為中國人的代議制度所仿效，又弄得中國政治前顛後蹶的「三權分立」，章士釗稱之為所到之處「無可自安」的「曲說」，[146] 嚴復稱之為造「立政機關」之困的「大窒」，而在這種組織之中和紀律之中，被「曲說」和「大窒」分開來的三種權力遂自此歸而為一。在孫中山的構想裏，這種由革命黨

143　孫中山：《孫中山全集》第7卷，第56頁。
144　章士釗：《章士釗全集》第8卷，第357頁。
145　孫中山：《孫中山全集》第8卷，第436–437頁。
146　章士釗：《章士釗全集》第2卷，第30–31頁。

營造和行使的集中權力之所以能夠合而為一，並能夠成為一種道義的權力和正當的權力，本在於「要改造國家，非有很大力量的政黨，是做不成功的」。有此歸結，而著落於「以黨治國」，其理路最初曾以英美政治為襯比，之後認知隨時勢而變遷，隨時勢而深化，至1924年，其立說已更進一層而越出了歐西「以黨治國」的舊義：

> 我從前見得中國太紛亂，民智太幼稚，國民沒有正確的政治思想，所以便主張「以黨治國」。但到今天想想，我覺得這句話還是太早。此刻的國家還是大亂，社會還是退步，所以現在革命黨的責任還是要先建國，尚未到治國。

而後是歷經十三年民國歷史的一路顛沛之後，中國人又不得不回過頭來「把國家再造一次」。[147]

然而與十三年之前的純然效法歐西相比，十三年之後的「再造一次」已多取俄國經驗用為比較：

> 俄國完全以黨治國，比英、美、法之政黨，握權更進一步；我們現在並無國可治，只可以說是以黨建國。待國建好，再去治他。當俄國革命時，用獨裁政治，諸事均一切不顧，只求革命成功。

而歸納要旨，便是「其能成功，即因其將黨放在國上」。而由此取則，則正在革命之中的中國革命黨也「應重新組織，把黨放在國上」。他說，雖然「此說初聽之似甚駭人聽聞」，但「其實現在我們何常[嘗]有國？應該先由黨造出一個來，以後再去治之」。[148]

在這些陳述裏被列為要目的「獨裁政治」和「把黨放在國上」，並不能算是俄國經驗的全部內容，卻是孫中山眼中的俄國經驗裏使他最受觸動和最受吸引的東西。因此，列此以為要目，其實是孫中山的一種選擇。而作為一個二十多年之間屢起屢仆又屢仆屢起，一面為改變中國造

147　孫中山：《孫中山全集》第9卷，第96–97頁。
148　孫中山：《孫中山全集》第9卷，第103–104頁。

時勢，一面又為中國的時勢所改變的人，二十多年時間匯積而成的已是一種「所以動心忍性，增益其所不能」的過程。於是而有身在這個過程之中，由先創民國之日的視野盡在共和，到這個時候以「國家還是大亂，社會還是退步」，以及「中國現在四分五裂，實在不成一個國家」[149]為當世之大患。這個過程以歷經挫折造就了視野的變化，又由視野的變化促成了思想和理路的變化。他所指述的「大亂」、「退步」、「四分五裂」和「實在不成一個國家」出自內憂外患交相夾繞，都不是共和所能燙平和消弭的，但它們都比理想中的共和更真實地存在於眼前的中國，並正化其真實的存在為重重阻塞，使理想中的共和無從在一個千瘡百孔的社會裏轉變為現實，於是而不能不「以黨建國」。所以，作為一個「政治團體」，本來因共和而聚集的革命黨便不能不先移其「奮鬥」於當世之大患，為「大亂」的中國聚立穩定的社會力量；為「退步」的中國聚立進化的社會力量；為「四分五裂」和「一片散沙」的中國聚立統一的社會力量。這個過程由革命黨主導，也由革命黨承當，而這個過程與革命黨營造和行使集中權力的過程，又在實際上自始即已合為一體，便都使孫中山對俄國經驗的深作省視，一定會尤重「獨裁政治」和「把黨放在國上」。以那個時候久為分裂和動盪所苦的現實中國相比照，則前者以「獨裁政治」說「以黨建國」，其實說的是建國的主導和承當者同時又應是國家權力的主導者和承當者；後者以「把黨放在國上」說「以黨建國」，其實說的是以時序論先後，黨本在國之前。[150] 而此前各自立論的三民主義、五權憲法，以及軍政、訓政、憲政之說，則都因兩者的串結而得以彼此貫通，成為一種可以從思想狀態推移於現實之中的道理。

　　孫中山的這套道理，是在十三年民國歷史的重重困扼中形成的，是在先創共和，之後又反思和再思共和的一路曲折中形成的，因此，其背

149　孫中山：《孫中山全集》第8卷，第326頁。

150　孫中山說：「今日上海、廣州常見之青草地上起洋樓，必先經過一棚寮時代，此棚寮即用以儲置建築材料與工人聚居之所，由此乃可以建築洋樓。」而「黨之於國家，即棚寮之於洋樓。」見孫中山：《孫中山全集》第9卷，第104頁。因此「黨放在國上」，指的是黨本在國之前和國由黨造。

後既有歷史過程，也有思想過程。然而與清末以來傳入中國，並在十三年裏流播的種種派生於立憲政治的觀念共處於一個時代之中，這一套道理便不能不與之互相對比而有如異峰突起，成為孫中山自認的「駭人聽聞」的東西。所以，章士釗言之訝然地說：「孫中山者，號為共和之神」，而「彼堂堂揭發之立國方略初期之目，又為訓政」，並抉其文義作層層究詰，追問「其將為帝政乎？抑共和乎？」[151] 在他之後，章太炎說：孫中山「更倡以黨治國」而「攫奪國民政權」，並連類而統括言之曰「袁世凱個人要做皇帝，他們是一個黨要做皇帝」。[152] 章太炎和章士釗都曾深度非議代議政治，又最終走向否定中國的代議政治，並因之而共以重建集中的權力為不得不然。但在他們意中，這種不得不然的集中權力，又是一種模糊的東西，一種懸浮於意識之中而沒有具體著落的東西。作為對比，則是秦漢以來的二千多年歷史裏，留給中國人的實際經驗和唯一經驗，只有集中的權力等同於皇帝的權力。對於那一代人來說，前一面是正在形成的思想內容，後一面是已經熟知的知識內容。因此，面對孫中山這一套以集權為重心而常常論斷多於論證，從而不能以縝密見長的粗糙道理，相比於他們心頭猶在懸浮抽象之中的模糊之想，則歷史留下的實際經驗便因其熟識，而更容易成為一種可以用為直接對照的尺度。然而由此生成的否定性評判，其實又比孫中山的道理論斷更多，論證更少。由於論證更少，用二千年歷史經驗比類這種產生於民國的道理，並且直接以之與帝制相對等，便不能不成為一種直觀的評判和外觀的評判。兩者之間的不同，在於他們仍然在「共和既非，專制又不許其復活，然則吾國能於二者以外，別創一政體以救國否耶」的歧路四顧之中，而孫中山已經按自己選定的方向走出了歧路四顧。所以，他們的直觀和外觀都並沒有進入這種道理所包含的歷史內容。

　　章太炎和章士釗由集權的革命黨直捷地想到了集權的皇帝，但在昔日的皇帝和此日的革命黨之間，其實已隔了一個解體了的中國社會，兩

151　章士釗：《章士釗全集》第6卷，第251頁。
152　章太炎：《章太炎演講集》，第296頁。

者之不可比類正在於此。孫中山構想的以黨訓政、以黨治國和以黨建
國，是在反思代議政治的過程中一段一段地形成的，所以常常不足以言
道理的縝密和深邃，但其宗旨則一以貫之。在捲入民國政治多年之後轉
頭著力於此，其本意和目的仍然貫注於締造一個共和立憲的中國。然而
以更富廣度的視野作觀照，則對於已經解體了的中國社會來説，這種構
想所要築成的雖是政治骨架，卻同時又是在對應地為重建社會結構營造
一種實際的開端。梁啟超説：「治道無古今中外，一而已。以智治愚，
以賢治不肖，則其世治，反是則其世亂。無論何時何國，皆賢智者少而
愚不肖者多，此事實之無可逃避也。是故理想上最圓滿之多數政治，其
實際必歸宿於少數主政。然緣是而指其所謂多數者為虛偽得乎？曰：不
得也。主持者少數，而信從者多數，謂之多數，名實副也。」因此一國
之中「須有中堅之階級」。[153] 然後論「今日之中國」曰：

> 乃一國之大，而以良心麻木者為之中堅，權力之淵源由茲焉；風
> 氣之樞軸由茲焉，其極乃演為社會良心之麻木。社會良心麻木之
> 徵象奈何？善與惡之觀念已不復存於其社會。即善惡之名目猶
> 存，而善惡之標準，乃與一般人類社會善惡之公準絕殊，而人人
> 之對於善與惡，皆無復責任。[154]

作為實際的結果，便是「今日盈廷盈野」，皆「魑魅魍魎」，[155] 而「國中雖
有人億兆，實則億兆之獨夫偶集於一地耳，問所以綱維是而團結是者，
無有也」。[156] 他所説的「中堅之階級」，指的是構成了政治主體而「與國
同休戚」[157] 的社會群類。就「與國同休戚」本質上是與相應的社會結構和
社會秩序同休戚而言，則千年歲月裏，曾在整體上久居政治主體的士大
夫，正是以其自身的存在守護和維持了人間之常理和國家之常規，並以

153 梁啟超：《飲冰室合集》第4冊，《文集》之三十，第35、37頁。
154 梁啟超：《飲冰室合集》第4冊，《文集》之二十九，第85頁。
155 梁啟超：《飲冰室合集》第4冊，《文集》之三十三，第56頁。
156 梁啟超：《飲冰室合集》第4冊，《文集》之二十九，第85頁。
157 經世文社：《民國經世文編》第1冊，第68頁。

其自身的穩定，長久地維繫了傳統中國社會結構穩定的「中堅之階級」。
迨清末新政大幅度改變了政治主體的構成，則士大夫承當「中堅之階級」
的時代已一去不再復返。而由「今日之中國」返觀傳統之中國，顯見得
繼士大夫而起的官僚、政客、武人雖自居於政治之主體，而論其事實，
則是當下的社會已沒有了政治主體。二十多年之間，中國因社會解體而
促成政治主體的斷裂，又因政治主體的斷裂而促成社會解體。所以，對
於社會結構已經脫散的中國來說，不能重新形成政治主體，從而不能重
新形成「中堅之階級」，其自我再造便既無從尋找能夠築成結構的真實
社會力量，也無從尋找足以支撐結構的真實社會力量。然則以此省視孫
中山的以黨訓政、以黨治國和以黨建國，可以大約地看到，他所倚為根
本的這種由「主義」、「組織」、「訓練」聚合起來而被稱為「黨」的「政治
團體」，在那個被指為一盤散沙和「億兆之獨夫」的時代裏，已相比而見
地成了一種有「綱維」而能「團結」的社會力量。與傳統中國的士大夫相
比，這是一種更具統一性的社會力量；與代議制度下與民本懸隔的政黨
相比，這是一種以「指導」大眾為己任的社會力量。孫中山說：「夫吾人
之組織革命黨也，乃以之為先天之國家者也」，[158] 又具見這種社會力量
自始即以國作為黨的起點，也以國作為黨的歸宿。三者匯成的獨特品
格，使這一正在形成之中的社會力量因之而在散漫的中國翹出一時，在
沒有「中堅之階級」的中國為歷史所導引，實際地為那個時候的社會提
供了一種彷彿相似的「中堅之階級」。而後是面對解體的中國社會，實
際承當了「中堅之階級」的這個政治主體，同時又重合於再造集中權力
和行使集中權力的權力主體。本來自有其既定涵義的以黨訓政、以黨治
國和以黨建國，便在事實上演化為為中國重建政治結構的過程。章士釗
說：「自共和來，文人慮皆棲息武人之下，轉動不得。今黨政府反之，
前清文人操持武人之局，或且再見。」[159] 在長久地歷經武人亂世之苦以
後，這些話不能不算是一種讚許和期望。歷史中國以文官政治為常態，

158　孫中山：《孫中山全集》第6卷，第213頁。
159　章士釗：《章士釗全集》第6卷，第500頁。

則他雖然反對以黨訓政，但又清醒地看到了政治結構的因此而變。二十多年之前，清末中國社會結構的解體是從政治結構解體開始的，以此為比照，顯然是二十多年之後的這個重建政治結構的過程，已經在為中國社會整體結構的重建開其先路了。因此，孫中山的一套道理雖然不能以縝密見長，卻切入地對應了那個時候內在的歷史走向。

在共和和推倒帝制十多年之後，孫中山的這一套以重建集中的權力和自上而下的權力為重心的道理之能夠縮接歷史走向，正說明一個四分五裂的中國，一個一盤散沙的中國和一個動盪不寧的中國與本義的共和其實還相距很遠，是以傳入的憲法、國會、政黨和自由、平等、民權先後異化而面目全非。因此，中國仍然是在走向共和的路上。四分五裂需要統一和綱紀；一盤散沙需要聚合和凝集；動盪不寧需要秩序和穩定，而就統一、綱紀、聚合、穩定之共以集中為本性而言，它們又都只能實現於一個以集中為趨向的歷史過程之中。孫中山的道理反映了中國社會內在的矛盾，也反映了中國社會走向共和之日不能不經歷的矛盾。兩者都出自當日的社會和歷史，所以這一套道理後來曾長久地影響了20世紀中國的社會和政治。以至於孫中山之後，蔣廷黻仍以集權為當然，說「各國的政治史都分為兩個階段，第一是建國，第二步才是用國來謀幸福。我們第一步工作還沒有做，談不到第二步」；錢端升仍以集權為當然，說「中國需要生產上極敏捷的進步，而要達到這目的，則最好有一有力，而又以全民族的福利為目標的獨裁」；丁文江仍以集權為當然，說「我們國家正遇著空前外患——不久或者要遇著空前的經濟恐慌。在沒有渡過這雙重國難以前，要講民主政治，是不切事實的」。[160]然而作為一種思想過程，存在於理想觀念之中的憲法、國會、政黨和自由、平等、民權雖然一路跌撲，卻在歷經跌撲之後依然以其理想觀念推演出生生不絕的思想潮流，而由此形成的兩頭各立異同，以及其間派生的應然對於實然的質疑，又會使這一套道理在影響中國的同時，不能不與廣涉現代化、民主、專制的各色論爭常在一路相伴又一路相抗之中。

---

160 田曉青編著：《民國思潮讀本》第3卷，北京：作家出版社，2013年，第525、551、568頁。

第四編

新文化運動中的個人主義

引 論

新文化運動後十年，羅家倫曾説：

> 有人以為新文化運動是中國的啟明運動，等於歐洲十八世紀的啟
> 明運動 (Enlightenment Movement)。這是很相似的。也可以説是新
> 文化運動是歐洲文藝復興 (Renaissance) 與啟明運動合而為一的運
> 動。就人本主義和對古代文化重行[新]評價一方面來説，則新文
> 化運動頗似文藝復興運動。就披荊斬棘，掃除思想和制度上的障
> 礙，及其政治社會上的影響來説，則頗似啟明運動。[1]

他所使用的「啟明」一詞，更普遍的説法是啟蒙。這種以新文化運動與
啟蒙運動作對應，又以新文化運動與文藝復興運動作對應的比類，在
當時和後來都曾是熟識慣見的推想和解説，常被用來詮釋那場思想震
盪及其留下的久遠影響。而後是這些出自西國不同時期的史事便一面
被抽象化，一面被中國化，並以其外來的投影構成了新文化運動的內
涵和意義。

　　然而西國的文藝復興和啟蒙都各自有自己的主題，因此，作為中國
近代思想歷史中的一個階段，以啟蒙比新文化，同時又以文藝復興比新

1　羅家倫：〈新文化運動的時代和影響〉，載楊琥編：《民國時期名人談
　　五四》，福州：福建教育出版社，2011年，第31頁。

文化，則西國的不同史事能夠「合而為一」於這裏，其實也明白地反照出新文化運動自身內在地存有不同取向和主題。後來陳伯達說，「中國的啟蒙運動開始於戊戌變革運動的時候」，而「以《新青年》為首的五四新文化運動」則使啟蒙運動「成為文化上的群眾運動」。他把新文化運動與維新變法歸於同一個思想歷史過程，立意在於倡揚。與之成為對比的是馮大麟說：就新文化一面而言，「五四運動恰代表了維新運動以來破壞浪潮的最高峰」。[2] 他也把新文化運動與戊戌變法歸於同一個過程，而立意則全在抨擊。雖說倡揚和抨擊各持一端，互相悖反，但兩者都非常明白地把羅家倫筆下由「啟明」而來的「披荊斬棘，掃除思想和制度上的障礙」看成是一種後來的繼起，其間並沒有開端的意義。在這種立異的雙方形成了交匯的共識裏，戊戌後二十年間先後出現於中國的民權觀念、科學觀念、白話報刊，以及隨時論中「世界公理」、「世運進步」一類滔滔陳說而來的「歐化」之想，[3] 便都因置於「德先生」和「賽先生」以後來的聲光回照從前之下，被讀出了其中所含的啟蒙運動前史的本義。與之相為因果的，是以啟蒙為比類的新文化運動，則因此而成了此前二十年維新思潮的直接延伸。這種延伸表現了歷史的連續性，但作為一場思想運動，其能夠自成一個過程以區別於前人和後人的地方，顯然並不全在這種延伸之中。

　　與啟蒙運動相比，文藝復興運動的年代更加古老。而自《新潮》雜誌用 Renaissance 為刊名作英文對譯之後，新文化中的人物便大半更喜歡引西史中的這一段更加古老的舊事說中國，為新思潮裏正在勃勃然而起

2　陳伯達：〈論新啟蒙運動〉、馮大麟：〈從流忘反 —— 五四新文化運動〉，載楊琥編：《民國時期名人談五四》，第66、215頁。猶記三十年前聽陳旭麓先生講近代中國的新陳代謝，至五四新文化運動一節，他曾頗為躊躇地說：戊戌變法是啟蒙，新文化運動又是啟蒙。中國人老在啟蒙之中，也太沒有出息了。

3　故宮博物院明清檔案部匯編：《清末籌備立憲檔案史料》下冊，北京：中華書局，1979年，第613頁；張枬、王忍之：《辛亥革命前十年間時論選集》第2卷，北京：生活・讀書・新知三聯書店，1963年，上冊，第44頁。

的以人為對象和主題的省視與思考接入另一重思想淵源。由此形成的闡述積久而成定勢，以至於十多年之後蔡元培為《中國新文學大系》作總序，立論之際猶以沿用這種理路為當然。[4] 雖說中國一頭和歐西一頭之間相隔六七百年，其懸隔之中既有中西之別，又有古今之別，兩者的可比和不可比曾常被懷疑並深被懷疑，[5] 但對新思想一面來說，則其意中所重而引為榜樣，全在於文藝復興運動中已經有過的東西，正是他們此日追尋的東西。傅斯年作〈《新潮》之回顧與前瞻〉，以「人道主義」概括《新潮》的主張。而就他所說的雜誌的中文和英文「兩個名詞恰好可以互譯」[6] 而言，顯然是同時也在概括其心目中文藝復興運動的主張。比傅斯年更直接一點的，是蔡元培由「歐洲復興時期以人文主義為標榜，由神的世界而渡到人的世界」說起，隨後比照而推演之，以「五四以來」作為分界，為「我國的復興」劃出了開端。[7] 同樣的意思，在陳獨秀那裏則簡捷地表達為「新文化運動是人的運動」。[8] 那一代立在潮頭的人物中，胡適比多數人活得都更長久，而晚年追論舊事，對「中西雙方[兩個文藝復興運動]」作對比，仍然期期以為兩者的「極其相似之點」，正在「對於人類[男人和女人]一種解放的要求」。[9] 他以數十年的一以貫之表現了一種固信，固信的背後，應當有著一套同樣已歷時數十年的理據。在這些各自為說的言論裏，歐西文藝復興運動中許多不可類比的物事都不在關注之列，它們實際上是被置於視野之外了。因此類比同時又是在取捨。

---

4 蔡元培：《蔡元培全集》第6卷，北京：中華書局，1988年，第568頁。

5 馮大麟：〈五四運動與東方文藝復興〉，載楊琥編：《民國時期名人談五四》，第432頁。

6 傅斯年：《傅斯年全集》第1卷，長沙：湖南教育出版社，2003年，第296頁。

7 蔡元培：《蔡元培全集》第6卷，第575–576頁。

8 陳獨秀：《陳獨秀文章選編》上冊，北京：生活·讀書·新知三聯書店，1984年，第517頁。

9 胡適口述，唐德剛譯注：《胡適口述自傳》，北京：華文出版社，1992年，第193頁。

然而正是這種群體的取捨，又非常明白地說明：相比於啟蒙運動之標張理性，更加古老的文藝復興運動對於新文化的全部意義，都在它留下的人本主義一面。雖說當日「德先生」和「賽先生」常在萬人矚目而回聲四起之中，然而同一個時候出現在新思潮裏的人道主義、人文主義和對於人的「解放」之嚮往，則已不能全為啟蒙運動一路高揚的理性精神所範圍。傅斯年遊歐之前對同人作告白，而其間以語重心長自述情懷的一段文字是：

> 我只承認大的方面有人類，小的方面有「我」是真實的。「我」和人類中間的一切階級，若家族、地方、國家等等，都是偶像。我們要為人類的緣故，培成一個「真我」。[10]

他引「人類」作當頭照臨，「我」之為「我」，便成了一個實現「真我」的過程。而後是這個過程又在「培成一個『真我』」中分解了作為總體的「人類」，使之還原為一個個以各自獨立為存在方式的具體的人。因此，在「人類」的名義下說應然和必然，真正促成的其實是思想的重心移向個體和自我。這些話雖然出自傅斯年的一時發舒，實際上卻為新思潮裏的人道觀念和人文觀念闡釋了由來與指歸。相比於漫無邊際的民主和科學，其中的著力點和落腳處顯然都在個人主體和個人本位。由此形成的區別，顯示的正是新文化運動裏自覺與歐洲人本主義作對接的另外一脈，而本來遙遠的文藝復興運動遂因之而能夠在論說中變得很近。然而把「『我』和人類中間的一切階級」都當成應該廢而棄之的「偶像」，已使個人主體和個人本位從一開始便不能不自立於現實社會的外面，又自立於現實社會的對面。所以，羅家倫稱之為用「新態度促進新社會」的一種起而力爭，並預言與之相伴而來的一定會是「破壞性的工作」；[11] 陳獨秀則直謂之「改造社會」，並且因「已成之社會，惰力極強」，而主張「個

10　傅斯年：《傅斯年全集》第1卷，第297頁。
11　羅家倫：〈新文化運動的時代和影響〉，第29、31頁。

人與社會宣戰主義」。[12] 他們用個人主義重建了個人與社會之間的關係。雖說在初期新文化運動裏，「社會」猶是一個模糊的概念，但個人主義之自覺於否定現存的人際關係和人際秩序則是非常明瞭的。因此，作為彼時磅礴四播的思想潮流而進入近代中國思想的歷史變遷之中，這種別立宗旨的個人本位意識既是自成一段的東西，又是脫跳而起的東西，其中的關注和取向顯然已不在此前二十年維新思潮的主流之內和軌轍之內了。

然則新文化運動繼起於二十年維新思潮綿延不絕之後，而與歷史的連續性同時存在的，正是新文化運動裏的這一脈，又以其個人主體和個人本位另開一局，為近代中國思想史帶來了一個個人主義的時代。而文藝復興時期的人本主義則在這個過程裏被不斷地泛溢化和理想化，並因此而衍生出種種本來沒有的意義。

12　陳獨秀：《陳獨秀文章選編》上冊，第165頁。

第一章

個人主義和新文化運動

一　陳獨秀：個人與國家

最先鼓盪新思潮的陳獨秀曾是晚清的國家主義者，[1]但當新思潮將起之日，其立場正在激變中轉向反國家主義。《(新)青年》創刊前夕，他以長篇文字論「愛國心與自覺心」，而主旨則是對於國家本身的通盤質疑：

> 國家者，保障人民之權利，謀益人民之幸福者也。不此之務，其國家也存之無所榮，亡之無所惜。若中國之為國，外無以禦侮，內無以保民，不獨無以保民，且適以殘民，朝野同科，人民絕望。[2]

因此，「其執愛國之膚見，衛虐民之殘體」，實「非愚即狂」。然後由「吾民何辜，遭此荼毒」發為深而論之，其辭辨立說又越走越遠：

> 或謂惡國家勝於無國家。予則云，殘民之禍，惡國家甚於無國家。失國之民誠苦矣，然其託庇於法治國主權之下，權利雖不與主人等，視彼亂國之孑遺，尚若天上焉。[3]

1　陳獨秀：《陳獨秀文章選編》上冊，第1、11、19頁。

2　陳獨秀：《陳獨秀文章選編》上冊，第71頁。

3　陳獨秀：《陳獨秀文章選編》上冊，第71頁。

他把這套與「愛國心」對立的橫議名之為「自覺心」，並概括而論之曰「嗚呼！國家國家，爾行爾法，吾人誠無之不為憂，有之不為喜。吾人非咒爾亡，實不禁以此自覺也」。[4]

　　近代中國由民族主義而國家主義的思想過程形成於君權之下的晚清，而此日的這種反國家主義的意識則出現於君權被推倒之後。以彼時已為知識界熟悉的國家論和民權論相度量，兩頭之間所構成的無疑是一種明顯的矛盾。陳獨秀由前一面轉到後一面，其筆鋒所向以極端的方式表達了自身的變化，而映照的則是中國人眼中的國家在晚清和民國之間的變化。梁啟超在民初作〈國性論〉，以為二千年以來，「吾國政治之弊，不在煩苛，而在廢弛」。而由此造成的「人民與國家關係之薄弱」，實際上已使國家與人民之間的遙遠和疏離成為國人熟識已久的常態。[5]但歷經清末十年新政的官制改革、法制改革、財政改革以及以預備立憲為名目的籌辦地方自治，民國初年的國家已在距離上與人民變得前所未有地接近了。在這種由人力促成的近代化變遷裏，國家本被寄以光明的期望，然而以實際論，被接近的一方直接感受到的卻不是光明，而是痛楚。當日的時論說共和與帝制既相代謝，以國家之名義加賦稅遂成為天經地義。由此「頭會箕斂」，便不能不使「人民負擔，惟見其視前清加重而已」：

> 前清宣統豫算，號稱二萬七千萬兩，舉國已知其不實。今民國官吏所取於民者，其必不下於每歲二萬七千萬兩，至易見也。民國成立一年有半矣，人民所貢獻，最少應不下於四萬五千萬兩，折算約七萬八千萬元內外。合以四五千萬元之外債，為八萬萬二三千萬元，而一年有半，銷耗無餘。雖徧國皆金穴，何以堪此。[6]

4　陳獨秀：《陳獨秀文章選編》上冊，第71頁。

5　經世文社：《民國經世編》第4冊，北京：北京圖書館出版社，2006年，第399頁。

6　經世文社：《民國經世編》第5冊，第2922、2934頁。

對於民間來說，這個過程遂非常自然地會使變近了的國家化為更重的賦稅。而同時的「立憲國以司法獨立為第一要件」，既行之經年，「乃頌聲不聞，而怨讟紛起。推原其故，第一由於法規之不適；第二由於法官之乏才。坐此二病，故人民不感司法獨立之利，而對於從前陋制，或反覺彼善於此」。[7] 對於民間來說，這個過程又非常自然地會使變近了的國家化為不能施行公道的法律。與之相類的，還有變近了的國家化為地方上的軍權政治、化為相遇於咫尺之間的警察、化為報律和文禁，以及種種國民之權利尚未得，而國民之義務已不能不盡。之後是晚清以來因其抽象化而在人心中被理想化了的國家主義，便隨這種與國家之名連在一起的斂取與壓束的逼來而流失了其曾經有過的天然感召力，在輿論的評說中成了常常被質疑的東西。所以，陳獨秀之後，又有章士釗作〈國家與我〉，說是「國中政事，足以使青年之士意志沮喪，莫之所屆者日進而未有已。愛國心之為物，不幸卒如獨秀君所言，漸次為自覺心所排而去」。並引「最近梁任公先生且以有國不優於無國之例若干事，痛告國人」為例，以說明那個時候的「多數之心理」。[8] 雖說國家本身和以國家為名義所施行的「國中政事」並不等同，但沈定一曾說「中國普通一般人耳官中只聽到『國家』兩字，立刻就感想到政府，接續感想到政府底人物」。[9] 就當日中國的世相而言，不僅真實，而且具體。因此這一類論說出自具體感受，本意並不在辨析詞義，而是在指述曾經被共和理想合為一體的國家與國民，實際上是分成兩截並且常在對立之中的。在民權之說已流播多年之後，這種對立和矛盾所直接喚起的，依舊是民權意識和只能是民權意識。因此，自《（新）青年》創刊開始，被陳獨秀視為大題目而傾力以赴，既之諄諄又言之滔滔的，仍然是人所熟識的那一套以民權（民主）為本源的道理。

7　經世文社：《民國經世文編》第1冊，第362頁。
8　章士釗：《章士釗全集》第3卷，上海：文匯出版社，2000年，第508頁。
9　沈定一著，陶水木編：《沈定一集》下冊，北京：國家圖書館出版社，2010年，第390頁。

　　然而從清末到民初，原本作為一種學理的民主已經被移入到實際政
治裏，而後有所謂共和、憲法（《臨時約法》）、總統、國會、內閣、司
法獨立、政黨政治，以及通電、文告和政論中以法律、民意、主權為名
目的自為宣述和相互攻訐。這個過程從一開始就重在民主的制度一面，
但在辛亥革命以省自獨立的方式傾覆了清代君權之後，這個過程所造就
的已是一個橫向和縱向都裂罅四布的中國；一個軍人管制取代了文官政
治的中國；一個官僚之外又產生了政客的中國；一個舊序崩塌之後四民
都在一盤散沙之中的中國，從而是一個無從用一統的制度來籠罩的中
國。因此，民主的制度化最終只能整體地成為一種紙面上的東西，而其
間既以共和之名而立，又不能循名責實的種種制度，則在碎割零分之中
都化作了各自可以取用以圖實利的東西。作為民主的實踐，這無疑是一
個失敗的過程。但這種失敗留下的痕跡，同時會使目睹了這種失敗的中
國人引為省悟，並因此而著力於從國會、約法、政黨之外另外尋找民主
之於中國的取向和取徑。而後，在順次而起的新文化運動中，民主便由
一個曾經藉共和而制度化過程變成了激昂的思想運動。

　　若以此立足，追索歷史和對比歷史，則清末的民主潮流本是由思想
開始的，所以，就外觀而言之，此日民主的這種由實踐重回思想正彷彿
在是向後退返。但自外觀而入思想本身和內裏，則容易看到的又是兩頭
之間的內涵其實已經非常不一樣了。19世紀與20世紀之交，嚴復說：
「處大通並列之世，吾未見其民之不自由者，其國可以自由也；其民之
無權者，其國可以有權也。」[10] 他以論斷的方式表達了一種清晰的民權
立場。然而其間的邏輯則直白地說明：在他的推演裏，是為了國權而不
能沒有民權，所以，以關係而論，民權是與國權同一的；以次第而論，
民權實際上是由國權派生出來的。而同時的廟堂奏議闡說這種意思，則
歸納為「夫立憲之國家」，人民以「納稅、當兵」之「義務，易一參政之權
利」，因此其「參政之權利」是與「國家思想」連在一起的。[11] 在這一類規

10　嚴復著，王栻編：《嚴復集》第4冊，北京：中華書局，1986年，第917頁。
11　故宮博物院明清檔案部匯編：《清末籌備立憲檔案史料》上冊，第30頁。

劃裏，「民」的一方始終是在跟著「國」的一方走。與之相對稱，在國權
與民權的這種統一之中，作為民權主體的「民」便只能是一種與「國」相
為對待的總稱，從而是一個聚合為一而沒有各自面目的抽象整體。這種
抽象性所反映的其實是一種明顯的被動性。然而當陳獨秀以「自覺心」
頡頏「愛國心」之日，前一段歷史裏持為立論之歸宿的國與民之間的同
一，已在後起者的觀念中被打斷了。隨之而來的，是原本出自派生的民
權（民主）既應歸屬於民，則其主體已不能不在與國家主義立異的過程
中成為重新被詮釋的東西。

　　作為最先以文字表述反國家主義意識的人物，陳獨秀用來對「愛國
心」作究詰的「自覺心」，其中引為支撐的民情和民意雖生成於對當日中
國社會的觀察與感受之中，而對這種觀察與感受的提煉和引申，卻是在
中國社會與「西洋民族」的對比裏實現的：

> 西洋民族，自古訖今，徹頭徹尾個人主義之民族也。英、美如
> 此，法、德亦何獨不然？尼采如此，康德亦何獨不然？舉一切倫
> 理，道德，政治，法律，社會之所嚮往，國家之所祈求，擁護個
> 人之自由權利與幸福而已。思想言論之自由，謀個性之發展也；
> 法律之前，個人平等也。個人之自由權利，載諸憲章，國法不得
> 而剝奪之，所謂人權是也。[12]

而「國家利益，社會利益，名與個人主義相衝突，實以鞏固個人利益為
本因也」。這一段用個人主義總括西方世界民權涵義的論說，構成的是
一種沒有解釋的判斷，其言之滔滔未必具有充足的深刻性和全面性。但
對陳獨秀而言，引此以為對比，已具有足夠的自信把中國人的民權（民
主）放到「今日文明社會之組織」的普照之下，而以「個人本位主義」為
勢之所至和理之所歸。[13] 由此別開理路，而後「民」的含義隨之丕變，其
間直接促成和最先產出的，便是晚清以來民權（民主）主體的那種聚合

12　陳獨秀：《陳獨秀文章選編》上冊，第98頁。
13　陳獨秀：《陳獨秀文章選編》上冊，第98頁。

為一而沒有各自面目的整體性，在這種變遷裏一時俱碎，化作了各有個性、權利、思想，並以分立為基礎來造成聚合的個體。而原本抽象的主體，也因之而在同一個過程裏變成了具體的主體。與此相為表裏的，是個性、幸福、權利、思想既已成為個體存在的內在意義，則這種內在意義同時又在使爭取個性、幸福、權利、思想的自由實現邏輯地成了個體存在的外在方式，而後，在兩者形成的內外催動之下，原本被動的主體不僅會在這個過程裏變成主動的主體，而且會變成進取無疆的主體。

　　陳獨秀用「西洋民族」的「個人本位主義」為中國人重造了一種民權（民主）的主體，遂使此前已經傳入了中國的民主易其筋骨，一變而成了新文化運動裏能與個人本位合一的「德先生」。作為一種反照和對比，在以往二十年的維新思潮中，從彼邦引入的民主之所以能夠去其出自異域的異色異相，由遠而近地進入中國人的思想世界，皆因為民主雖是外來之物，卻可以助成中國的富強。[14] 這種預設所內含的本質，是既以國家主義定義民主，又由國家主義收納民主，從而最終使民主成為國家主義敘述的一個部分。其間留下的痕跡，具體地說明了近代中國外來轉化為內在的複雜程度，及其不能不經歷的一路曲折。然則當陳獨秀在這一段已成局面的歷史之後別立新解，以其「個人本位主義」另立一種與國家脫榫的民主，其筆鋒所及，便在打破已成之局的同時，已使中國人面對著一種比舊義裏的民主更加陌生和異己的東西。而陳獨秀與前一輩人的不同，又在於其意中的彼邦之外來和中國的內在之間是沒有界限，沒有窒礙，沒有彼己之分，從而是無須接引便能一路直入的。他執之以為當然和固然，所以四顧世人之多數不識此中之理，曾發為血脈賁張的痛詆：

14　這方面的代表性論述，是戊戌年八月，康有為代闓普通武草奏摺，其中說：「伏乞上師堯、舜、三代，外採東西強國，立行憲法，大開國會，以庶政與國民共之，行三權鼎立之制，則中國之治強，可計日待也。」見康有為著，湯志鈞編：《康有為政論集》上冊，北京：中華書局，1981年，第339頁。

國人進化之遲鈍者，正以囿於現象之故。所謂國粹，所謂國情，
所謂中西歷史不同，所謂人民程度不足，所謂事實上做不到，所
謂勿偏於理想，所謂留學生自海外來不識內情，是皆囿於現象者
之心理也。一切野蠻風俗，皆為此等心理而淹留；一切文明制
度，皆為此等心理所排棄。亡中國者，即懷此等心理之人耳。[15]

他把「國粹」、「國情」、「歷史」、「人民程度」悉數歸之於「現象」而悉數
剷平之。主旨都是在說明：比現象更深一層的，是中國和西方世界在本
性上的同一和質地上的同一。雖說自學理而言，這種抹掉了「國粹」、
「國情」、「歷史」、「人民程度」之後的本性和質地，實際上已是沒有真
實性的東西；但作為生成於艱難時世中屢挫屢起，並越挫而越激的思想
趨向，其間的急迫性和簡約化，又真實地反映了用西法為中國造「文明
制度」那一方的內心意願之強烈。雖說這是一種一廂情願，然而時當新
文化洪波湧起之日，意願的感染力又比學理的說服力更能入人之心，並
因之而能更直接、更容易地化為一時聲勢。但出自「西洋民族」的「個人
本位主義」則因其始終無涉於中國人的「國粹」、「國情」、「歷史」、「人
民程度」，遂既不能以中國人已有的思想定義，也不能由中國人已有的
文化收納，並因之而始終沒有本土化，並且始終無法本土化。而後是這
種東西一面為新思潮的聲勢所擁，一面卻常在無從落地的懸空之中。
　　然而也正因為「個人本位主義」的沒有本土化和無法本土化，陳獨
秀為之釋義，便能夠汪洋恣肆地隨意引申，由「西洋民族」的道理起講，
而一路推演，又往往比「西洋民族」走得更遠：

我有手足，自謀溫飽；我有口舌，自陳好惡；我有心思，自崇所
信；絕不認他人之越俎，亦不應主我而奴他人。蓋自認為獨立自
主之人格以上，一切操行，一切權利，一切信仰，惟有聽命各自
固有之智能，斷無盲從隸屬他人之理。[16]

15　陳獨秀：《陳獨秀文章選編》上冊，第161頁。
16　陳獨秀：《陳獨秀文章選編》上冊，第74–75頁。

在這些用一路排比而沒有理據的句法構成的推論裏，抽象的個人已切近地化為各別的自我和排他的自我，因此，在陳獨秀那裏，個人本位最終其實是一種自我本位。而時當「生存競爭，勢所不免，一息尚存，即無守退安穩之餘地」，則個體的「溫飽」、「好惡」、「權利」、「信仰」之實現，又實際地成為一種「排萬難而前行，乃人生之天職」[17]的過程。然則就因果而言，個人本位落腳於自我，已經使每個人都置身於競逐和廝鬥之中而無所逃於天地之間了。雖然他此日猶知以「亦不應主我而奴他人」為人我相對的道理，但在其整體論說中，這種道理又是外在的。所以幾個月之後，他反過來主張青年應「自居征服 (To Conquer) 地位，勿自居被征服 (Be Conquered) 地位」。並以「好勇鬥狠，不為勢屈」刻劃征服者的特質。[18] 釋其詞義，則「征服」顯然已是一種「主我而奴他人」。而把「好勇鬥狠」引到實現自我的過程中來，並由此作層層推衍，又會使個人本位主義接鄰於太過極端的非常奇異可怪之論：

> 日本福澤諭吉有言曰：教育兒童，十歲以前，當以獸性主義；十歲以後，方以人性主義。進化論者之言曰：吾人之心，乃動物的感覺之繼續。人間道德之活動，乃無道德的衝動之繼續。良以人類為他種動物之進化，其本能與他動物無異致。所不同者，吾人獨有自動的發展力耳。強大之族，人性，獸性，同時發展。其他或僅保獸性，或獨尊人性，而獸性全失，是皆墮落衰弱之民也。[19]

雖說人性、獸性應當並舉，而兩者之中，其實又以獸性為大：

> 獸性之特長謂何？曰意志頑狠，善鬥不屈也；曰體魄強健，力抗自然也；曰信賴本能，不依他為活也；曰順性率真，不飾偽自文也。皙種之人，殖民事業遍於大地，唯此獸性故；日本稱霸亞洲，唯此獸性故。[20]

17　陳獨秀：《陳獨秀文章選編》上冊，第74–75頁。
18　陳獨秀：《陳獨秀文章選編》上冊，第102頁。
19　陳獨秀：《陳獨秀文章選編》上冊，第88頁。
20　陳獨秀：《陳獨秀文章選編》上冊，第88頁。

「皙種」和「日本」都是以「獸性主義」成人成事而得明驗大效的範式，因此陳獨秀申論中國人的「教育方針」，力主取法「獸性主義」以「自覺覺人」。[21] 就教育之宗旨在塑以成人而言，「自覺」和「覺人」顯然都是要造就個人本位主義中的個體人格。這些話言之侃侃，而其間太多的凌厲悍張固非中國之所有，也並不會全是西洋的本相。但它們都説明：在陳獨秀的預想中，民權（民主）所賴以承載和附著的主體，其實是一種具有自我獨尊的自由意志，從而很容易走向以他人為對手的群類。因此他雖奉民主為「德先生」，而事涉新文學之爭，則以「改良中國文學，當以白話為文學正宗之説，其是非甚明，必不容反對者有討論之餘地，必以吾輩所主張者為絕對之是，而不容他人之匡正也」為理所當然。[22] 當日的民主之為民主，也因此而常在言行之間的不能兼顧之中。陳獨秀往往因其極端而成其獨特，所以，在新文化運動的各色個人主義流派裏，這種鮮明的自我意識和高漲的競鬥精神，更多顯示的是陳獨秀區別於其他人的地方。相比於蔡元培之樂於接受「互助論」、李大釗在世界大戰的天翻地覆中懷想以和平為主義的托爾斯泰，[23] 兩面之間由內而生的差異尤其明瞭。然而就新文化運動中的個人影響而言，陳獨秀的言論顯然既擁有更大的實際衝擊力，也擁有更大的實際號召力。

二　胡適：個人與社會

陳獨秀之外，胡適的懷抱和立場也在個人主義。五四後二十一年，陳獨秀因蔡元培逝世而回溯舊日歷史，既以「五四運動，是中國現代社會發展之必然的產物，無論是功是罪，都不應該專歸到那幾個[人]」為通貫之總論，然後又直言「蔡先生、適之和我，乃是當時在思

21　陳獨秀：《陳獨秀文章選編》上冊，第88頁。
22　陳獨秀：《陳獨秀文章選編》上冊，第208頁。
23　蔡元培：《蔡元培全集》第2卷，第403頁；李大釗：《李大釗全集》第1卷，北京：人民出版社，2006年，第254頁。

想言論上負主要責任的人」，以此表達應有的擔當。[24] 而這種事後追認的責任，無疑正反射了那個時候他們各自曾經達到過的影響程度和支配程度。就其始末而論，陳獨秀的個人主義是與反國家主義同起於一個源頭的。而當陳獨秀直觀民初的中國社會，挾一腔憤懣之心由國家主義轉向反國家主義之日，遠在美國的胡適也在歐戰初起的火光斜照之下深思天人之際，疏離了曾被推到了至上的國家：

> 今之大患，在於一種狹義的國家主義，以為我之國須陵駕他人之國，我之種須陵駕他人之種（德意志國歌有曰：「德意志，德意志，臨御萬方」），凡可達此自私自利之目的者，雖滅人之國，殲人之種，非所恤也。凡國中人與人之間所謂道德，法律，公理，是非，慈愛，和平者，至國與國交際，則一律置之腦後，以為國與國之間強權即公理耳，所謂「國際大法」四字，即弱肉強食是也。此真今日之大患。[25]

在其意中，戰爭已使國家主義一步一步地走到了極端，也使國家主義的偏畸，以及這種偏畸為天下（世界）造禍患的可能性和真實性都直露無遺。於是面對這個世界，人已不能不越過國家再朝高處仰望：

> 愛國是大好事，惟當知國家之上更有一大目的在，更有一更大之團體在，葛得宏斯密斯（Goldwin Smith）所謂「萬國之上猶有人類在」（Above all Nations is Humanity）是也。[26]

他並沒有因此而徑直走向反國家主義，但二十年維新思潮所催漲的國家的至上和至尊，則都在這種人類意識的比照之下被融化和消解掉了。而當他帶著這種人類意識回到了多難的中國，又帶著這種人類意識進入了

---

24 陳獨秀：《陳獨秀文章選編》下冊，第642頁。

25 胡適著，季羨林編：《胡適全集》第27卷，合肥：安徽教育出版社，2003年，第531頁。

26 胡適：《胡適全集》第27卷，第531頁。

正在興起的新文化運動之際，本以普遍性和一般性為特徵的人類意識，便在那個時候的歷史環境、社會環境和思想環境中直接植入於中國人的問題和話題之中，並無須過渡與轉化地自為分蘖，派生出了與個體存在和個體權利相對應的個人意識和個人主義。而人類意識既已越國家意識而上之，則對於胡適來說，這種從人類意識裏派生出來的東西，遂既因人類意識而獲得了其來有自的深厚淵源，又因人類意識而獲得了具足的合理性和正義性。

作為一種因果和邏輯，這種從美國帶來的已定的思想走向，使他更容易親近於以「世界主義」為歸宿的易卜生（Henrik Ibsen）。因此，易卜生雖是一個戲劇家，但胡適講述個人主義則是從「易卜生主義」開始的：

> 易卜生的戲劇中，有一條極顯而易見的學說，是說社會與個人互相損害；社會最愛專制，往往用強力摧折個人的個性，壓制個人自由獨立的精神；等到個人的個性都消滅了，等到自由獨立的精神都完了，社會自身也沒有生氣了，也不會進步了。[27]

陳獨秀的個人主義發端於同國家的對立，與之相比，胡適取法易卜生，顯然更自覺地關注個人與社會之間的對立。而由此形成的別樣眼光裏，社會之為社會，其實是由「陳腐的習慣」、「老朽的思想」、「極不堪的迷信」，以及從這些東西裏衍生出來的「輿論」和「公論」構成的。雖說這個過程是在用抽象推演抽象，但不可名狀的社會因之而有了一種他所名狀的樣子，而後是人在社會之中，便是人在「陳腐規矩的束縛」和四圍之中。借助於這種演繹，本以悲歡喜樂造就了和浩就著塵世眾生的社會，便成了一種全面的惡：一方面，「社會最大的罪惡莫過於摧折個人的個性，不使他自由發展」；另一方面，則「社會如同一個大火爐，什麼金銀銅鐵錫進了爐子，都要熔化」，社會的本性就在於「摧折」。因此個人面對社會而求其應得的自由和獨立，能夠依靠的已只有個人自己。這一層意思，易卜生在一封信裏說得尤其直截了當：

27　胡適：《胡適全集》第1卷，第607–608、612–614頁。

　　我所最期望於你的是一種真益純粹的為我主義。要使你有時覺得
　　天下只有關於我的事最要緊，其餘的都算不得什麼。[28]

　　有的時候我真覺得全世界都像海上撞沉了船，最要緊的還是救出
　　自己。

胡適把這些話引入中國，視之為個人主義的明切表述。並以「社會是個人
組成的，多救出一個人便是多備下一個再造新社會的分子」來解說「這種
『為我主義』，其實是最有價值的利人主義」。其間他還曾少見地援用孟子
的「窮則獨善其身」來類比易卜生的「救出自己」，對於一個推重打「孔家
店」的人物來說，亦可謂窮盡其技。然而以儒學的本義相衡量，兩者的寓
意其實差得很遠而無從匹配。倒是他在同一段文字的末了所舉的「娜拉拋
了丈夫兒女飄然而去，也只為要『救出自己』」，已使娜拉自此長在中國人
心中成了易卜生主義的象徵。[29] 在這些外國道理的中國闡述裏，以「救出
自己」為起點，個人主義的實際取向便只能是一種自覺的「為我主義」。
而把娜拉「拋了丈夫兒女飄然而去」看作「為我主義」的具體展示，則具見
為了「救出自己」而擺脫社會，同時又是在為了「救出自己」而隔絕於他
人，其極端已近乎六親不認。因此胡適雖有心要把「為我主義」與「利人
主義」接起來，並曾由此連類而及，引易卜生戲劇中另一個人物的台詞
「完全自由，還要自己擔干係」為由起，衍伸出「個人有自由選擇之權，還
要個人對自己所行所為都負責任」[30] 的命意，立此一層含義以為「利人」的
題中應有之義。但作為兩種都被各自的本來涵義所限定的東西，兩者在
當日的文化潮流中實際上並無路徑可以勾通，它們之間太過遙遠的距離
裏不僅有理的否隔，而且有情的否隔。理和情的溝壑都不是單用筆頭可
以填平得了的，因此，這種另有一套內在理路的「利人主義」所作成的，
只能是一種文字勾連，從而只能是一種非常飄渺而沒有說服力的東西。

28　胡適：《胡適全集》第1卷，第607–608、612–614頁。

29　胡適：《胡適全集》第1卷，第607–608、612–614頁。

30　胡適：《胡適全集》第1卷，第615頁。

用「為我主義」說個人主義，其間同樣鮮明的個體自我意識以其面
目直露，顯示了胡適的個人主義與陳獨秀相同的一面。但與陳獨秀的個
人主義好為激烈競鬥的那一面相比，胡適的這種「為我主義」既以「天下
只有關於我的事最要緊」，又更容易走向不肯兼及遠近親疏的私心自
利。兩者之間因此而顯出了可以區分的不同。就胡適之特為從遠處搬
來「利人主義」力為陳說而言，他內心並不喜歡這種私心自利，但稍後
他作〈非個人主義的新生活〉，深以當日青年的「避世」自利為非，卻又
非常明白地說明，以其實際影響而言，是「為我主義」中的這一面恰恰
最易動人之心和最先動人之心。然則與陳獨秀的個人主義能一以貫之相
比，胡適的個人主義自始即因其內在的扞格自為抵牾，其實並不能一以
貫之。因此，在他為中國人帶來易卜生主義之後不到兩年，就已不能不
為他人「獨善的個人主義」糾偏。而究其來路，這種「獨善的個人主義」
本與「自救」不僅同源，而且同義，因此糾偏的過程，又會使他嚮往中
的個人主義變得後來不同於以前：

> 杜威博士在天津青年會講演「真的與假的個人主義」，他說個人主
> 義有兩種：
>
> 假的個人主義 ——就是為我主義(Egoism)。他的性質是自私自利：
> 只顧自己的利益，不管群眾的利益。
>
> 真的個人主義 ——就是個性主義(Individuality)。他的特性有兩種：
> 一是獨立思想，不肯把別人的耳朵當耳朵，不肯把別人的眼睛當
> 眼睛，不肯把別人的腦力當自己的腦力；二是個人對於自己思想
> 信仰的結果要負完全責任，不怕權威，不怕監禁殺身，只認得真
> 理，不認得的個人利害。[31]

若比較其前後陳述而論之，則以「不管群眾的利益」為非，顯然是其先
期引來的「天下只有關於我的事最要緊」已不能成為一種道理。而後個

31　胡適：《胡適全集》第1卷，第707–708頁。

體要為自己行為的結果「負完全責任」，才能夠理路貫通地成為此中之應有和必有。對於當日中國個人主義盛漲的個體自我意識來說，是因此而有了一種理論上的制束和限度。有此制束，原本凌空獨步的個人主義與人世間便更近了一點。所以十五年之後胡適作〈個人自由與社會進步〉，為了替個人主義辯護而論個人主義，引述和守定的依舊是杜威 (John Dewey) 的這些話。[32]

比之易卜生，杜威更典範地表述了自由主義的個人主義，並因之而在嚴復所說的「自由為體，民主為用」[33] 的意義上顯示了個人主義與民主之間的淵源。其「個性主義」的內核仍然是個體的自我意識，但由於與個體責任所對應的那個責任對象的存在，又說明了個體之上猶有更大的本體和更高的意義。兩者之間的關係，胡適譬之為「小我」以及由無數「小我」構成的「大我」：

> 「小我」是會消滅的，「大我」是永遠不滅的。「小我」是有死的，「大我」是永遠不死，永遠不朽的。「小我」雖然會死，但是每一個「小我」的一切作為，一切功德罪惡，一切語言行事，無論大小，無論是非，無論善惡，——都永遠留存在那個「大我」之中。[34]

因此，

> 我這個現在的「小我」，對於那永遠不朽的「大我」的無窮過去，須負重大的責任；對於那永遠不朽的「大我」的無窮未來，也須負重大責任。我須要時時想著，我應該如何努力利用現在的「小我」，方才可以不辜負了那「大我」的無窮過去，方才可以不遺害那「大我」的無窮未來？[35]

32　胡適：《胡適全集》第22卷，第284頁。
33　嚴復：《嚴復集》第1冊，第23頁。
34　胡適：《胡適全集》第1卷，第667–668頁。
35　胡適：《胡適全集》第1卷，第667–668頁。

在這些議論裏，「大我」的源頭顯然是他心中本來已有的人類意識。由易卜生而杜威，自由主義的個人主義越洋而來，為那個時候的中國以個人立主義的思想潮流助長，提供了一種從不太圓融到大體可以自圓其說的道理。而胡適的人類意識與這種自由主義的個人主義相感應，又使他和陳獨秀同有的個體自我意識，因多了一個「大我」而顯出了義理一面的深淺廣窄之分。

　　然而從根本上說，個人對於自己行為的結果能否「負完全責任」，以及「小我」對「大我」能否「負重大的責任」，最終只能取決於個人的道德程度、道德判斷和道德自律。因此，歐西的個人主義以權利與責任相對等為要義，則個體的道德自覺便已成為其先期的預設和內在的預設，從而是個人主義的真正實現，不能不依存於規範的社會道德和富有籠罩力的道德秩序。但為中國倡個人主義的人物，對於個人主義的這一面大半都沒有足夠的深思和切入的認識。所以他們在為中國倡個人主義的同時，又以其激烈的反傳統主張催化出呼嘯而起的思想潮流，掀翻了二千年來實際上為中國守護道德的儒學。其間因足夠典型而常常被後來人引用的，是陳獨秀所說的「要擁護那德先生，便不得不反對孔教、禮法、貞節、舊倫理、舊政治。要擁護那賽先生，便不得不反對舊藝術、舊宗教。要擁護德先生又擁護賽先生，便不得不反對國粹和舊文學」。他把這些東西統稱為「本是一家眷屬」，並力持以一種整體性打倒另一種整體性，「固不得不去此而取彼」。[36] 其表達方式的激烈和獨斷，顯示了陳獨秀立言之際少作深思熟慮，而多即興發議和即時發議的特色。與陳獨秀相比，胡適的論說更多一點講道理的意識。他在《四十自述》裏追記早年舊事，以說明後來「做《中國哲學史》」的緣起，其中一節說自己在澄衷學堂之日已不喜歡孟子的性善說，也不喜歡荀子的性惡說，並曾有過一次起而駁難：

36　陳獨秀：《陳獨秀文章選編》上冊，第291、317頁。

我那時正讀英文的《格致讀本》(*The Science Readers*) 懂得了一點點最淺近的科學知識，就搬出來應用了！孟子曾説：人性之善也，猶水之就下也。人無有不善，水無有不下。我説：孟子不懂得科學——我們在那時候還叫做「格致」，——不知道水有保持水平的道理，又不知道地心吸力的道理。「水無有不下」，並非水性向下，只是地心吸力引他向下。吸力可以引他向下，高地的蓄水塔也可以使自來水管裏的水向上。水無上無下，只保持他的水平，卻又可上可下，正像人性無善無惡，卻又可善可惡！[37]

二十多年之後他仍然記得那個時候「這篇性論很受同學的歡迎，我也很得意」，[38] 顯然是猶在懷念之中，並此日仍引之以為美談。然而以學理言學理，這種用知識質疑道德的路數，實際上描畫的正是一種用知識化解人文的取向。因此，比之陳獨秀的由激烈發為獨斷，胡適的這種以知識論倫理更容易成為一道內在的屏障和固化的屏障，使他對儒學的義理一面因不能溝通而更加疏遠和隔絕。後來金岳霖因審查馮友蘭的《中國哲學史》而在報告書中兼及胡適，説是「胡適之先生的《中國哲學史大綱》就是根據於一種哲學的主張而寫出來的。我們看那本書的時候，難免一種奇怪的印象：有的時候簡直覺得那本書的作者是一個研究中國思想的美國人」。[39] 這種中國思想的美國化，毛病同樣也在於只講知識不講義理，對中國人精神世界中的深層意義因不甚在意而不太能入。所以，他能夠熱情地稱讚吳虞和「我的朋友陳獨秀」，推崇為「近年來攻擊孔教最有力的兩位健將」，並從兩者「精神上」的「相同之點」裏提煉出「孔子之道不合現代生活」，之後引此以為命題而作呼應鼓吹，並催波揚焰地統而論之曰：「正因為二千年吃人的禮教法制都掛著孔丘的招牌，故這塊孔丘的招牌——無論是老店，是冒牌——不能不拿下來，捶碎、燒

37　胡適：《胡適全集》第18卷，第63頁。

38　胡適：《胡適全集》第18卷，第63頁。

39　金岳霖著，金岳霖學術基金會編：《金岳霖全集》第2卷，北京：人民出版社，2013年，第409頁。

去！」[40]他下筆之際，顯然不會想到自己傾力弘揚的彼邦個人主義裏所內含的道德預設；不會想到二千多年來為中國社會守護道德的儒學被「捶碎、燒去」之後，中國人要到哪裏再去找來一個能夠為中國社會守護道德的可取之物和可用之物；不會想到前頭那一面和後頭那一面事實上的關聯，以及兩頭之間正在造成的互歧。

在這種意態漠然的背後，正有著新文化中人所自信可以做到的全盤「排斥社會已成之道德，而尊行真理」。[41]但與之成為對比的，則是時人觀世，憂心之最深重處往往正繫於社會道德一面。章士釗說：「辛亥以還，風紀之墮壞，人心之腐敗，等洪水而烈猛獸，言之可為傷心。」舉目四顧，「無上無下，無貴無賤，無男無女，無新無舊，所謂一丘之貉，莫或擇焉矣」。梁啟超說：「在中國今日之社會，非巧佞邪曲險詐狠戾，不足以自存，其稍稍自好之士，已入於劣敗之數。其能嶄然現頭角者，皆其最工於迎合惡社會而揚其波者也。」[42]楊昌濟說：改建共和以來，「人心風俗不見滌盪振刷煥然一新之氣象，而轉有道德腐敗一落千丈之勢。蓋承積弊之餘，綱紀一墮，勢難免此」。[43]吳貫因說：居今之世，「苟非喪盡天良，自進而為卑鄙齷齪之運動，則雖道德文章可追孔孟，必無過而問者」。[44]這些人取向不同，學養不同，個人經歷不同，知識結構不同，但其各以憂時之心化作文字，卻已合為共鳴地寫照了民初中國因道德失範而無以維繫人心的社會相。然則以這些文字描繪觀想當日的人世情狀，顯見得西方的個人主義雖然正在進入中國，但其內在道德預設，卻很難在民初的中國社會裏找到能夠與自己相對接的東西。而以梁啟超所說的「苟欲行道德也，則因於社會性質之不同，而各有所受其先哲之微言，祖宗之芳躅，隨此冥然之軀殼，以遺傳於我躬，斯乃

40　胡適：《胡適全集》第1卷，第763頁。
41　陳獨秀：《陳獨秀文章選編》上冊，第129頁。
42　章士釗：《章士釗全集》第3卷，第305、464頁。
43　楊昌濟著，王興國編：《楊昌濟文集》，長沙：湖南教育出版社，1983年，第45頁。
44　經世文社：《民國經世文編》第1冊，第130–131頁。

一社會之所以為養也」[45] 為情理之應有，則道德顯然不是用抽象的「真理」二字可以取代得了的。而胡適、陳獨秀之著力「攻擊孔教」，其嚮往中的「現代生活」，便不能不成為一種截斷了「先哲之微言」和「祖宗之芳躅」的生活，由此造成的無「以為養」，又一定會使他們寄以莫大希望的個人主義進入中國之後，很容易纏繞於「巧佞邪曲險詐狠戾」之中而無法催生自覺的責任意識，又因無法催生自覺的責任意識而無從形成權利與責任的對等。因此，胡適雖把杜威的表述當作正宗，用之以說明自己心目中的個人主義，但他身上那種深信知識可以籠罩義理，從而知識可以籠罩道德的思想取向，卻使他始終看不到梁啟超能夠看到的東西。而當人世間的七顛八倒信而有徵地說明，以真為境界的知識統括不了以善為境界的道德之後，則作為一種事實出現在中國人面前的個人主義，用杜威的表述來衡量，便只能算是殘缺不全的個人主義。

三　魯迅：個人與大眾

　　與陳獨秀和胡適相比，新文化運動中的魯迅少有個人主義的專門論述。然而他以個人為對象的認真思考則在遊學日本之日已經開始，以時間分先後，實際上比陳獨秀和胡適都要早。其中尤其能展現出他獨有的文化品格而使人印象深刻的，是作於1907年的〈文化偏至論〉。那個時候的中國，朝野正共裹於「立憲國會之說」，而一世之新人物多岌岌乎「思鳩大群」，以圖維新。但魯迅更關注的卻是個體的人及其精神世界，並因個人而及眾人，由精神而及物質，既深疑「理若極於眾庶矣，而眾庶果足以極是非之端也耶？」又深疑「事若盡於物質矣，而物質果足盡人之本也耶？」[46] 對於其時正在「思鳩大群」的潮流來說，這些用疑問句作陳述的表達顯然是一種針鋒相對。與胡適後來由易卜生而杜威的個人

45　梁啟超：《飲冰室合集》第6冊，北京：中華書局，1989年，《專集》之四，第131–132頁。

46　魯迅：《魯迅全集》第1卷，北京：人民文學出版社，1956年，第184頁。

主義心路相比，魯迅此日奉為前導的是「尼祛（尼采）」、「斯契納爾（施蒂納）」、「勖賓霍爾（叔本華）」、「契開迦爾（基爾凱廓爾）」等等，而尤以「尼祛」為「個人主義之雄傑者」。他們共起於「發展個性」而歸於「主我揚己而尊天才」；並把天下的「元氣」歸於「獨立自強，去離塵垢，排輿言而弗淪於俗囿」的「勇猛無畏之人」，名之曰「超人」，名之曰「先哲」。而由這種個人主義帶來的自我對大眾的不信任，以及精神對物質的俯視，便概括地化作了魯迅筆下的一問再問。在他的自覺意識裏，兩者所面對和質疑的，都是19世紀「西方文化」中的「偏至」。[47]

　　清末中國人「思鳩大群」而「託言眾治」，以營造民權政治和立憲政治，但自魯迅看去俱不過是在「拾他人之緒餘」：

> 此其為理想誠美矣，顧於個人特殊之性，視之蔑如，既不加之別分，且欲致之減絕。更舉黮暗，則流弊所至，將使文化之純粹者，精神益陷於固陋，頹波日逝，纖屑靡存焉。[48]

而觀諸歷史，這種由多數合成的「眾治」裏還有更「黑暗」的一面：

> 一梭格拉第也，而眾希臘人鳩之；一耶穌基督也，而眾猶太人磔之。後世論者，孰不云繆，顧其時則從眾志耳。設留今之眾志，移諸載籍，以俟評騭於來哲，則其是非倒置，或正如今人之視往古，未可知也。故多數相朋，而仁義之塗，是非之端，樊然淆亂；惟常言是解，於奧義也漠然。[49]

所以，「大群」和「眾治」之不可信，就一面而言之，是因為「眾庶之於知識也，無作始之性質」，遂使由「眾庶」合成的「人群之內，明哲非多，儈俗橫行，浩不可禦，風潮剝蝕，全體以淪於凡庸」。與之相伴的遂只能是一種文明日漸退化的大片荒蕪。就另一面而言之，是因為社會以

47　魯迅：《魯迅全集》第1卷，第181、186–189頁。

48　魯迅：《魯迅全集》第1卷，第180–181、186、188頁。

49　魯迅：《魯迅全集》第1卷，第180–181、186、188頁。

「眾治」為本性，又一定會「飛揚其性，善能攘擾，見異己者興，必借眾以陵寡，託言眾治，壓制乃尤烈於暴君」，最終「夷峻而不湮卑」，使卓而「異」者無地自存。在魯迅的論述裏，這種少數與多數，個體與大眾之間的對立既因多數和大眾的「同是者是，獨是者非」而起，又只能是一種是非善惡決於勢而不決於理的對立。合兩面而總論之，他統括而歸之於「以多數臨天下而暴獨特者，實十九世紀大潮之一派」，指其病在「偏於一極」。[50] 之後沿同一個理路以精神與物質相對舉，則「若夫非物質主義者，猶個人主義然，亦興起於抗俗」：

> 蓋唯物之傾向，固以現實為權輿，浸潤人心，久而不止。故在十九世紀爰為大潮，據地極堅；且被來葉，一若生活本根，捨此將莫有在者。[51]

而與這個過程俱來的是「人惟客觀之物質世界是趨，而主觀之內面精神，乃捨置不之一省」：

> 重其外，放其內，取其質，遺其神，林林眾生，物欲來蔽，社會憔悴，進步以停，於是一切詐偽罪惡，蔑弗乘之而萌，使性靈之光，愈益就於黯淡。[52]

他把這種物質與精神之間的此長彼消，以及由此造成的「歷史精神」之喪失稱作是「十九世紀文明一面之通弊」。並在歐西「十九世紀垂終，則理想為之一變」的思潮嬗遞之日，為這種「一變」的「理想」所吸引，用心注目於個體內在的「主觀」、「意力」一面，以期「張大個人之人格」而「力抗時俗」。他相信人處世間，若「捨己從人，沉溺逝波，莫知所屆，文明真髓，頃刻蕩然。惟有剛毅不撓，雖遇外物而弗為移，始足作社會楨幹」，而「人類尊嚴，於此攸賴」。個體因精神而成為能夠自立於俗世

---

50 魯迅：《魯迅全集》第1卷，第180、183–184、186、191頁。

51 魯迅：《魯迅全集》第1卷，第189–191頁。

52 魯迅：《魯迅全集》第1卷，第189–191頁。

之中的主體，因此，在他的思考和推想裏，精神對於物質的俯視，其最
終的意義所在和關懷所歸仍然在於自我與大眾的關係之中。[53]

　　魯迅以「所述止於二事：曰非物質，曰重個人」來總括自己的文化
立場，實際上也總括了自己的個人主義。「二事」都由西方文化的導引
而得，但「二事」之自為立說，則又是在對西方文化批評和與西方文化
立異的過程中實現的：

> 物質也，眾數也，十九世紀末葉文明之一面或在茲，而論者不以
> 為有當。蓋今所成就，無一不繩前時之遺跡，則文明必日有其遷
> 流，又或抗往代之大潮，則文明亦不能無偏至。誠若為今立計，
> 所當稽求既往，相度方來，掊物質而張靈明，任個人而排眾數。[54]

這種用西方文化批評西方文化，以及持西方文化與西方文化立異，把多
數中國人慣以同一視之的西方文化明白地拆解開來，現顯了其間內生的
互歧和矛盾。比之陳獨秀、胡適和附著於新文化中的各色人等十年之後
猶好以「西化」或「世界化」為名目，著力於籠而統之地從整體上描畫西
方文化的一片燦爛陽光，則時當「十九世紀末葉文明」正在影響天下之
際，魯迅向中國人展示的「十九世紀末葉文明」的「偏至」、「黮暗」、「固
陋」一面，就認知的程度而言無疑要深刻得多。然而19世紀的文明產生
於19世紀的歷史過程之中，「物質」和「眾數」之成為重心，都是在這個
過程所營造的現代化走向裏形成，並始終與現代化走向相依存的。因
此，魯迅雖指目於「十九世紀末葉」的文明，而他以「人界之荒涼」[55]來
省思這種文明所導致的人的被淹沒，則其筆底鋒芒已由「物質」和「眾數」
的「偏至」而入，實際上觸到了內在於現代化過程本身的偏至和偏失。
而後是魯迅對於「近世文明之偽與偏」的批評和立異，便不能不成為一
種對於現代性的逆反，其間的矛頭常常要旁及「平等自由之念」和「社會

53　魯迅：《魯迅全集》第1卷，第189–191頁。
54　魯迅：《魯迅全集》第1卷，第181、185頁。
55　魯迅：《魯迅全集》第7卷，第237頁。

民主之思」，[56] 並因之而明顯地不同於那個時候仍在「向西方尋找真理」的新人物。

中西交衝以來的七十年之間，中國人對這種「近世文明」由排拒而仿效，由仿效而仰慕，由仰慕而出中國之舊軌以「競趨異途」。[57] 以其間由仿效、仰慕和競趨構成的中國人接受現代化的一路形跡，以及人在此中的節拍越來越急作比襯，則魯迅之逆反於現代性，實無異於中國近代思想變遷過程中的異峰突起。然而以「掊物質而張靈明，任個人而排眾數」立異於「近世文明」，又是在用一種缺乏具體主張的意願為立場，來與出自歷史過程的既定之勢和已成之局相頡頏，於是以「張靈明」與「掊物質」相對舉；以「任個人」與「排眾數」相對舉，他對「近世文明」所表達的，便只能是一種沒有足夠內容與之相為匹配的單純否定。一個日本歷史學家曾以章太炎否定「清朝及君主立憲制」、否定「帝國主義」、否定「近代思想」和「西歐近代」、否定「封建制度」為脈絡作貫串的敘述，然後直接地稱之為「否定的思想家」。[58] 其實章太炎的否定也常常涉及「近世文明」，而以學理相推度，其間的大半同樣是一種沒有足夠內容與之相匹配的單純否定，在這一點上，其時與章太炎有師生之誼的魯迅常在思想上與章太炎有非常相近的地方。對於「近世文明」和「西歐近代」的批評與否定，顯示了他們以自己感知的敏悟程度和思維的深入程度為支撐，在群趨時潮之日能夠岸然自立一副精神上的骨架而站在時潮之外，並以自己的思考批評時潮本身。在那個時候的中國，這是並不多見的思想景象。

但單純的否定固能以人類文明的應然之理批評「近世文明」的實然之病，而與之相為表裏的，則應然之理本身又是一種以「張」、「掊」、「任」、「排」為表述的抽象之理，從而是一種以否定的表達來預測未來和預言未來的理想之詞。因此，就事理和事實而論，單純的否定已不能不

56　魯迅：《魯迅全集》第1卷，第183–184頁。

57　魯迅：《魯迅全集》第7卷，第237頁。

58　章念馳編：《章太炎生平與學術》，北京：生活‧讀書‧新知三聯書店，1988年，第488頁。

同時成為抽象的否定。其直接的結果，便是最先識得「近世文明」之「偏至」的人，也常最先被困於這種既存的偏至和對偏至的抽象否定之間，既無從化解，又無從脫解。對於從西方文化中取來應然之理，又以之對應和批評西方文化中實然之病的魯迅來說，由此形成的矛盾不僅尤其深刻，而且會長久相伴不能去懷。而後是同為新文化中人，但在《新青年》雜誌共奉「德莫克拉西（Democracy）和賽因斯（Science）兩位先生」為普照一世，而以普照之下的「破壞孔教，破壞禮法，破壞國粹，破壞貞節，破壞舊倫理［忠、孝、節］，破壞舊藝術［中國戲］，破壞宗教［鬼神］，破壞舊文學，破壞舊政治［特權人治］」為理所當然的一邊倒裏，[59] 魯迅則因為比別人更多一重思想矛盾給予的思想閱歷，自其眼中看去，與中國文化的病象相對映的西方文化其實未必全能普照一世。所以雖然身在一邊倒之中，其文字在當時和後來都少有涉及「德先生」，而更著意的則是精神一面的中國人的「思想能自由」。他在1918年的一封信裏說：

> 吾輩診同胞病頗得七八，而治之有二難焉：未知下藥，一也；牙關緊閉，二也。牙關不開尚能以醋塗其腮，更取鐵鉗揮而啟之，而藥方則無以下筆。[60]

「診同胞病」對應的當然是中國人的傳統。因此，他用這種比方為修辭，同樣把中國人傳統置於否定之中，而且又更多了一點蔑乎視之的意思。但診病而「未知下藥」，則否定仍然是一種單純的否定和抽象的否定。

與同輩中人的深信西化可以全療中國之病，並因深信而自信者相比，[61] 他所說的藥方「無從下筆」尤難於「牙關緊閉」，則顯然是心中的前途失路意識要多於深信和自信。在深入思考過19世紀以來西方文化的

59　陳獨秀：《陳獨秀文章選編》上冊，第317頁。

60　魯迅：《魯迅書信集》上卷，北京：人民文學出版社，1976年，第14、20頁。

61　在這一方面，陳獨秀的態度更激烈，胡適的立場更持久。參見林毓生：《中國意識的危機：五四時期激烈的反傳統主義》，貴陽：貴州人民出版社，1986年。

「偏至」之後，再匯入那個時候反傳統的思想潮流之中，他心中其實已沒有十足牢靠而可以全心依託的東西了。而後是失路意識和懷疑意識便不能不交夾而俱生於兩頭之間，成為他在新文化運動中比別人更多經歷的一種思想歷程。因此，自一面而論，比之彼時的新人物常常附貼於深信和自信的簡捷和獨斷，這種失路意識所內含的意義，是承認對於中國問題的未能真知而猶在尋路之中，他把這種意思稱作「連自己也沒有指南針」；[62] 懷疑意識所內含的意義，是身在潮流之中猶以其既不肯輕信，也不肯獨斷，為自我保留一點不被盲從裏挾的獨立。兩者都顯示了更多的理性，因此就思想程度作判斷，兩者無疑都更有深度。但自另一面而論，則身在反傳統的思想潮流之中，失路意識和懷疑意識同時帶來的，又會是一種精神上更多一重的窒礙與窒苦。因此，魯迅在上個世紀20年代中期出版自己的小說匯集，便一名之曰《吶喊》，再名之曰《彷徨》。前者的自序以「說到希望，卻是不能抹殺的，因為希望是在於將來」[63] 為遠瞻的光明；後者的題記以「路漫漫其修遠兮，吾將上下而求索」[64] 說眼前的蒼茫。若加上與之相互錯雜而同時出現的「熱風」、「野草」、「墳」等等用為書名的詞匯，以及他編完《墳》之後自敍「電燈自然是輝煌著，但不知怎地忽有淡淡的哀愁來襲擊我的心，我似乎有些後悔印行我的雜文了。我很奇怪我的後悔」的一派寂寞，[65] 則寫照的俱是此日其心中的複雜、曲折和無從歸一。

　　魯迅在20世紀最初的十年裏獲得了一種富有深度的思想經歷，之後又帶著這種思想經歷進入20世紀第二個十年裏的新文化運動。在那個時候的新思潮中，弘揚個人主義的言論最先關注的大半都是個體的權利，但魯迅既以「非物質」而「重個人」為深思之所得，其關注便非常不同地指向人本身，以及由「內曜」、「個性」、「意力」、「主觀」、「人格」、

62　魯迅：《魯迅全集》第9卷，第12頁。
63　魯迅：《魯迅全集》第1卷，第7頁。
64　魯迅：《魯迅全集》第2卷，第3頁。
65　魯迅：《魯迅全集》第1卷，第360頁。

「靈明」等等相沿而來的個體的精神一面，並以此構成了一種以精神為內涵，又以精神為歸向的個人主義。在他的思想和視野裏，早年所思考的「是故將生存兩間，角逐列國是務，其首在立人，人立而後凡事舉；若其道術，乃必尊個性而張精神」，[66] 主題是造就人的內在世界；而20年代所思考的「最要緊的是改革國民性，否則，無論是專制，是共和，是什麼什麼，招牌雖換，貨色照舊，全不行的」，[67] 主題也是造就人的內在世界。兩者的前後相連，遂成為他綿綿不絕的漫長心路。

由於「尊個性而張精神」，自早年開始，魯迅的願望中便有著一種先覺於此道，而能「不和眾囂，獨具我見」的「精神界之戰士」[68] 的形象。但這也是一種由理想營造出來，並存在於理想之中的形象，所以舉目四顧，同時又常常會引出深度疑問：「今索諸中國，為精神界之戰士者安在？有作至誠之聲，致吾人於善美剛健者乎？有作溫煦之聲，援吾人出於荒寒者乎？」[69] 而與這種先覺者的理想形象既相對待，又相對比地出現於同一個問題之中的，則是以「中國國民性」為對象而不止不息地追索其「病根」。[70] 作為一種被賦予的理想，前者的意義是在後者的反襯中顯示出來的；而作為一種真實的社會存在，後者的「病根」是在前者的映照下顯示出來的。對於此日被移入了新文化運動裏的國民性「改革」來說，這些前期付出的思想勞動便成了後來的思想起點。

國民性的主體，是被稱作為「庶眾」的群體中國人。因此魯迅全神貫注於國民性，心頭所抱持的關懷其實始終在大眾本身。然而追索國民性的「病根」以求「改革國民性」，則作為主體的大眾同時又自始即被置於審視和診斷之中，成為一種缺乏自主意識的對象；一種沒有個體面目的群體聚合；一種有待於再造的東西。而後是其意中的個人主義與國民性「改革」雖同在一個理路之中，但既以「尊個性而張精神」為個

66　魯迅：《魯迅全集》第1卷，第193頁。

67　魯迅：《魯迅全集》第9卷，第26頁。

68　魯迅：《魯迅全集》第7卷，第237頁；第1卷，第233頁。

69　魯迅：《魯迅全集》第1卷，第234頁。

70　許壽裳：《亡友魯迅印象記》，長沙：岳麓書社，2011年，第18頁。

人主義之內核，則被稱為「盲子」、[71]「看客」，[72] 並在實際上承載了國民性的大眾，已不能不被當成這個理路中的反面意義之所在。由此生成的兩者之間的直接對立，一面表現為個體在走向自我昇華的過程中要把自己與大眾從精神上劃分開來，以「個人的自大」和「獨異」出乎其類，「對庸眾宣戰」。[73] 一面又表現為著力於從內裏剝開大眾的群體心理，深究「這樣沉默」而且「愚弱」的「國民的靈魂」，[74] 期望「引起療救的注意」。[75] 但因此而用心刻劃其間的「卑怯」、「自私」、「貪婪」、「自欺」、「麻木」以及「詐偽無恥」與「猜疑相賊」，則顯然都是在自覺地，而且毫無顧忌地用筆鋒為利刃剖開和鋪陳被深究者的「黑暗」。[76] 然則自我與大眾，兩面之間所構成的矛盾異常尖銳，在可以預見的當下和未來都看不到可以化解的途徑。陳獨秀的個人主義背後，有他心中的「法蘭西文明」作依傍；胡適的個人主義背後，有自杜威那裏引來的自由主義作依傍。但魯迅的「尊個性而張精神」，自始即生成於為「近世文明」糾「偏至」的過程裏，因此其背後已不會再有一個完整的西方文化可以用為依傍。與這種四顧孑立同時存在的，則是由撲擊國民之「劣根性」一路追及「僵硬的傳統」，[77] 既促成了他自己的反傳統立場，也促成他帶著自己的反傳統立場匯入了新文化合群反傳統的走向之中。然而新文化人物大半都自以為能夠站在傳統以外反傳統，和他們相比，魯迅的不同在於他非常清醒地知道自己本來是從傳統裏出來的，所以，他從不諱言自己的「靈魂裏有毒氣和鬼氣」，雖「極憎惡他，想除去他，而不能」。[78]

71　魯迅：《魯迅全集》第1卷，第182頁。

72　魯迅：《魯迅全集》第1卷，第274頁。

73　魯迅：《魯迅全集》第1卷，第387頁。

74　魯迅：《魯迅全集》第1卷，第5頁；第7卷，第78頁。

75　魯迅：《魯迅全集》第4卷，第393頁。

76　鮑晶編：《魯迅國民性思想討論集》，天津：天津人民出版社，1982年，第94、105頁；魯迅：《魯迅全集》第4卷，第85頁；第9卷，第18頁。

77　魯迅：《魯迅全集》第3卷，第35頁。

78　魯迅：《魯迅全集》第9卷，第312頁。

然則其筆下刻劃的種種「黑暗」裏，一部分無異於是在寫照自我。而後是自我常在內在的緊張之中。

他曾在論述陀思妥夫斯基時引申而言之曰：

> 凡是人的靈魂的偉大的審問者，同時也一定是偉大的犯人。審問者在堂上舉劾著他的惡，犯人在階下陳述自己的善；審問者在靈魂中揭發污穢，犯人在所揭發的污穢中闡明那埋藏的光耀。這樣，就顯出靈魂的深。[79]

從陀思妥夫斯基的作品裏抉出這種自己審判自己的意識，無疑是非常個人化的體驗。以因果而論，其中不會沒有他帶著受之於傳統的東西反傳統的心靈感受。所以與「靈魂的深」相為表裏的，其實是同樣深的自我扞格。自我扞格是一種內心的扞格；與之相等類的，是因不能深信「近世文明」而致背後無可依傍的四顧孑立，同樣也是一種內心的孑立。有此兩者並存，遂使同在新文化運動之中，陳獨秀的個人主義和胡適的個人主義，都可以構成其自洽於紙面上的體系；而魯迅的個人主義由於內含太多的洞察力，又鍥入了太多的複雜性，卻反倒更難形成周延的思想體系。而作為一種對稱，在其個人主義所涉及的地方，他既顯示了無出其右的深刻性，也顯示了無出其右的矛盾性。但其深刻性的底色，又常常是一層厚積的灰暗；而矛盾性的歸宿，則大半都見之於以批判表達的否定。因此，自一面而言，被他置於中心的個體對大眾，物質對精神，在深刻性和複雜性的聚照之下，能夠以一種前所未有的清晰程度顯示出自己的內容和意義；同時是這些問題又為灰暗和否定所圍而「連自己也沒有指南針」，不能不因循舊貫，依然是那個時候中國人面對的困局和難題。自另一面而言，雖說他的思考大多數借助於小說而形成了形象思維，但其思考中的深層關切常由個體而及大眾，由人道而及人性本身，比之陳獨秀和胡適，其實又更深一層地進入了形而上。

79　魯迅：《魯迅全集》第7卷，第95頁。

第二章

個人主義的內在矛盾和外在矛盾

一　各成流派和自相抵牾：個人主義與反傳統

當陳獨秀、胡適、魯迅共聚於《新青年》雜誌之日，其各成一派的個人主義遂合匯於新文化運動，在四面呼應裏促成了一時驟起的思想潮流。而這個過程最先表現出來，並最容易為人直接感知的是它們之間以個人為至上的共性。

個人主義能夠成為一時思潮，最終是為了用來對付那一代人心中的中國問題的。但就陳獨秀取則法蘭西文明，胡適祖述易卜生、杜威，以及魯迅淵源於尼采、叔本華的思想路跡而論其由來，則對於那個時候的中國來說，個人主義本性上本是一種外來的主義。而這種外來的個人主義所附託的文化運動自始既以青年為對象，又以青年為範圍。《(新)青年》發刊之日，便非常明白地說：

> 新陳代謝，陳腐朽敗者無時不在天然淘汰之途，與新鮮活潑者以空間之位置及時間之生命。人身遵新陳代謝之道則健康，陳腐朽敗之細胞充塞人身則人身死，社會遵新代謝之道則隆盛，陳腐朽敗之分子充塞社會則社會亡。

因此，

> 彼陳腐朽敗之分子，一聽其天然之淘汰，雅不願以如流之歲月，
> 與之說短道長，希冀其脫胎換骨也。予所欲涕泣陳詞者，惟屬望
> 於新鮮活潑之青年，有以自覺而奮鬥耳！[1]

這段話把中國社會的人口分成兩部分，然後取其一部分而捨其一部分，取捨之間，分判釐然。是以個人主義既被用來助成「自覺而奮鬥」，則在這種以青年為其視野，並以青年為其界限的預設之中，不能不為之牽導，同時又成了一種青年人的主義。而以陳獨秀所說的「現代生活，以經濟為之命脈，而個人獨立主義，乃為經濟學生產之大則，其影響遂及於倫理學。故現代倫理學上之個人人格獨立，與經濟學上之個人財產獨立，互相證明，其說遂至不可動搖」[2]為應有的道理，並從中引出個人主義賴以立說的經濟尺度，以之測量當日尚以一家一戶為單位的小農生產構成了主體的中國社會，顯見得能夠與之在經濟一面和倫理一面相匹配的，也只有那些為數不算太多的城市了。但數量不算太多的城市，又在晚清以來的歷史變遷裏，既與上流社會的大幅度城市化共生，又與知識人的大幅度城市化共生，此日久已聚集了中國人中製造思想和傳播思想的社會群類。他們在自身的城市化中又會使自身成為城市裏最不安寧的部分。因此，起於城市的新文化運動以其本有的屬性化為思想的向度，則已經成為新文化中的一部分的個人主義，便非常自然地也隨之而成了一種城市的主義。

時當20世紀初期，這種外來的主義、青年人的主義和城市的主義，因其與本土相對待、與大眾相對待、與鄉村相對待，在中國的人口總數裏實際上不能算是居有多數。然而它們被新文化賦予的，卻是一種以「世界化」和「現代生活」為名義而編織出來的普遍意義和普遍主義，並因之而能夠集「獨立」、「自主」、「平等」、「自由」、「權利」、「進取」、「實利」、「文明」、「進步」、「抵抗」、「競爭」等等四通八達的觀念以相詮釋，又能夠在引申闡發中走向漫無邊際。這種出自於「世界化」和「現

1　陳獨秀：《陳獨秀文章選編》上冊，第73頁。
2　陳獨秀：《陳獨秀文章選編》上冊，第153頁。

代生活」的普遍意義，使並不居有多數的個人主義在論說中獲得炎炎聲勢，成了一種新的天地之常經和人世之通則。自晚清以來，中國人用來與中國相對舉的「世界」一詞，其常義所指其實都是西方。[3] 因此，當日與個人主義論說連在一起的「世界化」和「現代生活」雖各成表述，而意思卻並無大異，說的都是「現代」，即西方的此日和當下。對於新文化群體來說，上一代人引入的進化論已經為他們築成了共有的思想定勢，由這種定勢派生而最能深入人心的演繹之一，便是在歷史進化的等序上，西方之久居前列和中國的常在後面。[4] 所以「現代」雖在對應於西方的當下，但對中國而言卻是遠望中的未來。與之同時存在而相為表裏的，則是民初中國的當下既屬過去的延續，在進化論的判斷裏，已不能不一併歸入於過去之中。以新文化的眼光作俯察，在這種應當過去而沒有過去的社會存裏，蘊積的是「中國政治上、道德上、學術上、思想上一切的黑暗」；[5] 是「懶惰不長進民族」的「自安愚昧」。[6] 就其本性而言，作為一種彌漫四延的社會力量，「黑暗」和「愚昧」既是對於個人和個性的扼制，也是對於個人和個性的淹沒。因此，以「現代」為其屬性和歸向的個人主義，一定會非常自覺地與「陳陳相因」[7] 而來，又在「陳陳相因」之中的中國社會與文化相衝突，並由當下的社會文化倒溯以往，沿波討源地追究二千年中國的歷史文化，用文字掀動人心造出眾聲喧嘩和激越高亢。在後來的歷史敘述裏，這種群體性的思想趨向便被概括地稱作「反傳統」。

3　胡適後來作〈充分世界化與全盤西化〉，以辨析兩者之異同。其實當日在可資取法的意義上所用的「世界」一詞並非統括五洲，而所指全是西歐北美。因此世界化的內核猶是西化。

4　參閱蕭公權著，汪榮祖譯：《近代中國與新世界：康有為變法與大同思想研究》，南京：江蘇人民出版社，1977年，第68–82頁；丁守和編：《辛亥革命時期期刊介紹》第1集，北京：人民出版社，1982年，第6頁。

5　陳獨秀：《陳獨秀文章選編》上冊，第318頁。

6　胡適：《胡適全集》第3卷，第13頁。

7　陳獨秀：《陳獨秀文章選編》上冊，第179頁。

曾經與中國人相安相濡已數千年之久的傳統，這個時候成了應當反對和必須反對的東西，不是因為傳統本身發生了變化，而是因為往昔用中國人的眼光看傳統已變為現在用西方人的眼光看傳統。陳獨秀說：

> 舉凡殘民害理之妖言，率能徵之故訓，而不可謂誣，謬種流傳，豈自今始。固有之倫理，法律，學術，禮俗，無一非封建制度之遺，持較晢種之所為，以並世之人，而思想差遲，幾及千載。尊重廿四朝之歷史性，而不作改進之圖，則馳吾民於二十世紀之世界以外，納之奴隸牛馬黑暗溝中而已，復何說哉！於此而言保守，誠不知為何項制度文物，可以適用生存於今世。吾寧忍過去國粹之消亡，而不忍現在及將來之民族，不適世界之生存而歸消滅也。

> 嗚呼！巴比倫人往矣，其文明尚有何等之效用耶？皮之不存，毛將焉附？世界進化，駸駸未有已焉。其不能善變而與之俱進者，將見其不適環境之爭存，而退歸天然淘汰已耳。保守云乎哉！[8]

這些話所表達的，是新文化群體反傳統的一般理由。傳統之不得不反，與其說是本乎傳統內含的惡，不如說是本乎傳統與「晢種」相比較而見的失時和落時。在他之後，胡適說：

> 現在國中最大的病根，並不是軍閥與惡官僚，乃是懶惰的心理，淺薄的思想，靠天吃飯的迷信，隔岸觀火的態度。這些東西是我們的真仇敵，他們是政治的祖宗父母。我們現在因為他們的小子孫——惡政治——太壞了，忍不住先打擊他。但我們決不可忘記這二千年思想文藝造成的惡果。

> 打倒今日之惡政治，固然要大家努力，然而打倒惡政治的祖宗父母——二千年思想文藝裏的「群鬼」更要大家努力。[9]

8　陳獨秀：《陳獨秀文章選編》上冊，第75頁。
9　胡適：《胡適全集》第2卷，第475頁。

他更著意於由當下的惡直接地綰連歷史和直接地等同歷史，以追究和判定歷史的惡，由此表達的是新文化群體反傳統的另一個一般理由。在這種用連串比喻勾連起來的推導裏，築成了傳統的歷史文化之所以成了惡，與其說是被層層實證的，不如說是被先期設定的。在這兩種一般理由裏，「晳種」所在的西方被看成是一個整體，中國人的傳統也被看成是一個整體。雖說其間的少數，例如魯迅，以他〈文化偏至論〉中的洞見，顯然不會再懵懵然把西方文明當成整體，但那個時候裏入新文化中的多數人，則都是以這種整體對整體為思維之邏輯的。即使是不把西方文明當成整體的魯迅，對於中國傳統則猶以整體視之為當然，並因此而引出其內心「深廣」的「憂憤」。[10]

　　自從19世紀90年代中日甲午戰爭以喪師失地造成創深痛巨之後，隨中國的自我形象在人心中破碎而出現的，是因創深痛巨而被催發出來的最初的懷疑傳統和究詰傳統的意識。而20世紀初年劇烈的歷史變遷，又使之在動盪時世裏借助於文字既傳播批判，又傳播激亢，使已經破碎的中國形象越益破碎。因此，遞相承接之間，新文化運動中的那種以一面的整體對另一面的整體，正是這個過程經二十年累積而達到的高峰。然而陳獨秀和胡適的話都說明：形成於新文化論述之中的兩種整體性，皆非深入了中國文化與西方文化的內裏，勞心費力，經歷了從個體到一般，具體到抽象的認識過程之後概括出來的，而是以對立的價值判定為起點，又把對立的價值判定推到極端，以罩定兩頭和統括兩頭的結果。因此，與整體性連在一起的，一定會是模糊性、空泛性和隨意性。例如陳獨秀既已把中國傳統的負面統歸於「孔子之道」，並言之侃侃而且言之鑿鑿。[11] 之後又改口說：「吾人最近之感想，古說最為害於中國者，非儒家乃陰陽家也。」並同樣能言之侃侃而且言之鑿鑿，歷數陰陽家「一變而為海上方士，再變而為東漢、北魏之道士，今之風水、算命、卜卦、畫符、念咒、扶乩、煉丹、運氣、望氣、求雨、祈晴、迎

10　魯迅：《魯迅全集》第6卷，第190頁。
11　陳獨秀：《陳獨秀文章選編》上冊，第151頁。

神、說鬼，種種邪僻之事，橫行中國，實學不興，民智日僿，皆此一系學說之為害也」。[12] 而與之同步的胡適雖具有更強烈的思想決定論傾向，但其指論中國傳統負面的一段代表性文字，卻只能非常形而下地豎看千年歷史，在一面過濾一面選擇中，羅舉出「駢文，律詩，八股，小腳，太監，姨太太，五世同居的大家庭，貞節牌坊，地獄活現的監獄，廷杖，板子夾棍的法庭」等等各成片斷的物事，總稱之為傳統留給後人，而「使我們抬不起頭來的文物制度」。[13] 然則就他們筆下各自展示的整體性而言，旁觀者所直觀見到的，顯然是前者對傳統之為傳統並沒有形成深思熟慮的定見；後者對傳統之為傳統雖能知其然，卻意不在深知其所以然，是以羅舉的物事便內無因果可言，外無類別可歸，以體用、道器、本末相度量，仍然只能算是見不到質地和本相的片斷。在那個時候的中國，他們是呼風喚雨的人。而這種與模糊性、空泛性、隨意性連在一起的整體性觀念既已成為新文化的一部分，又會沿著這一路徑，培育和產出更極端、更粗糙，並且走得更遠的思想和言論，當日錢玄同所主張的「欲廢孔學，不可不先廢漢文，欲驅除一般人之幼稚的野蠻的頑固的思想，猶不可不先廢漢文」；以及吳稚暉引為論說的「『放屁！放屁！真正豈有此理！』用這種精神，才能得言論的真自由，享言論的真幸福」，[14] 皆反傳統一派裏能以其既偏且激翹出一時，而令人印象尤其深刻者。

模糊是沒有確定性，空泛是沒有具體性，隨意是沒有一貫性，所以，新文化運動促成的這一場整體性的反傳統，實際上所留下的大半都是一種廣度多而深度少的浩大聲勢。但聲勢既成，聲勢本身同時也已成了籠罩八方的強勢、趨勢和定勢。由此造成的新思潮與舊傳統之間的此起彼落和此長彼消，都著力於以破為立，在理想中的現代人和不合理想

12　陳獨秀：《陳獨秀文章選編》上冊，第275頁。

13　胡適：《胡適全集》第4卷，第502頁。

14　錢玄同：《錢玄同文集》第1卷，北京：中國人民大學出版社，1999年，第162頁；第2卷，第200頁。

的「並世之人」間操刀一割，劃出一個一分為二的世界。因此個人主義
雖是外來的主義、青年人的主義、城市的主義，而其中被賦予的要義卻
為「吾人最後之覺悟」所寄託，[15] 遂既成了其間的籠罩力之所在，又成了
其間的牽引力之所在。

　　陳獨秀説：「使今猶在閉關時代，而無西洋獨立平等之人權説以相
較，必無人能議孔教之非。」又説自「罷黜百家，獨尊孔氏」以後，則「學
術思想之專制，其淹塞人智，為禍之烈，遠在政界帝王之上」。[16] 前者
由橫看中西而來；後者由豎看古今而來，但宣述的其實都是同一個意
思。晚清以來，為對付君權而引入中國的「專制」一詞，著眼點本是政
治和政體。然而時至此日，其內涵和外延俱已隨新文化和新思潮四面擴
張，由政治而進入思想，進入學術，進入社會，進入倫理，並在這個過
程中一面用自己的反襯烘托，為「獨立平等人權之説」作詮釋，一面使
自己不斷地層層泛化，成為無處不在的東西。泛化本身應算作演繹，但
就陳獨秀的後一段話而論，顯然是泛化之所以可能，正在於其同時又是
一種自為理路的歸納，一種用「獨立平等人權之説」詮釋專制的歸納。
而後是借助於演繹和歸納這種改造和創造，人權和專制這兩個各有本
義的西方概念，遂在新文化為它們所作的相互詮釋中實現了自己的中國
化。隨後是作為一種得其大體的統括，人權與專制的對立，便既成為模
糊性、空泛性和隨意性裏最清晰可辨的中心觀念，也成為接受了個人主
義的各類知識人用之以橫掃傳統和別立是非的利器。與之對應的，則是
傳統中的家族關係以及被稱作禮教的人倫秩序，因其關乎每一人，遂因
之而具有的普遍性、廣泛性和切己性，從而能與人權頡頏專制的本來義
與衍生義相對映，並因這種對映而被選定和罩定，成了當時直接受創和
深度受創的對象。

　　當日陳獨秀陳説其間之因果和理路，綜而論之曰：

15　陳獨秀：《陳獨秀文章選編》上冊，第105頁。

16　陳獨秀：《陳獨秀文章選編》上冊，第145、148頁。

忠孝者，宗法社會封建時代之道德，半開化東洋民族一貫之精神
也。自古忠孝美談，未嘗無可歌可泣之事，然律以今日文明社會
之組織，宗法制度之惡果，蓋有四焉：一曰損壞個人獨立自尊之
人格；一曰窒礙個人意思之自由；一曰剝奪個人法律上平等之權
利（如尊長卑幼同罪異罰之類）；一曰養成依賴性，戕賊個人之生
產力。[17]

因此「欲轉善因，是在以個人本位主義，易家族本位主義」。[18] 他所關注
的個人之「人格」，個人之「自由」，個人之「權利」，以及「個人之生產
力」，著眼和著力的都是弘張人權，以引導個體從家族關係中解脫出來
和掙脫出來。因此他對家族制度本身的否定，猶止於大而化之和概而論
之。與他合為共鳴又各成一路的，是同樣以宗法和家族為對手的吳虞，
其著眼點和著力處已全在深文周納地搜剔和抉示其間的專制之跡，用來
總體概括和通盤論證「家族制度為專制主義之根據」。比之陳獨秀把人
權當作重心，這種以深咎專制為討伐的路數，其刀頭之所向，已是對宗
法和家族本身的凌厲攻擊。家族附著於血緣，因此其攻擊便從廣引古
籍，以排比稽核血緣倫理下手，由「詳考孔子之學說，既認孝為百行之
本，故其立教，莫不以孝為起點，所以『教』字從孝」，推演到「孝敬忠
順之事，皆利於尊貴長上，而不利於卑賤」；推演到「孝乎惟孝，是亦為
政，家與國無分也」；最終推演到「蓋孝之範圍，無所不包，家族制度之
與專制政治，遂膠固而不可以分析」。[19] 於是，作為血緣倫理的孝道在
久受推崇而被當作百善之先以後，經此一朝顛翻，已成了「國有禮樂孝
弟，必削至亡」的東西。而以孝道為中心的家族制度，則為孝道所牽
引，在他的單線推演裏先與專制政治同源，後與專制政治連體，對於歷

17　陳獨秀：《陳獨秀文章選編》上冊，第98頁。
18　陳獨秀：《陳獨秀文章選編》上冊，第98頁。
19　吳虞著，田苗苗整理：《吳虞集》，成都：四川人民出版社，1985年，第
　　61–63頁。

史中國和當下中國來說，便是時時都在「流毒誠不減於洪水猛獸」[20] 的大害。這個過程廣延上溯，不僅在表達評判，而且在喚出敵意。其單線推演的盡頭既歸於孔子之「妄作孝弟而僥倖於封侯富貴」，則思想史上的孔子遂因此而被指為專制政治的禍首：「故余謂盜跖之為害在一時，盜丘之遺禍及萬世。」[21] 以情見乎辭作比較，顯然是吳虞比陳獨秀抱有更多對孔子個人的仇視。雖說他既無宋學的家法，也無漢學的家法，但自謂能「以六經，五禮通考，唐律疏義，滿清律例，及諸史中議禮議獄之文，與老莊、孟德斯鳩、甄克思、穆勒約翰、斯賓塞爾、遠藤隆吉、久保天隨諸家之著作，及歐美各國憲法、民、刑法比較對勘」，[22] 因此立言之際，遂能用自以為非常學術的外觀下筆縱論上下古今，用孝道等同於專制，家族制度等同於專制，孔子等同於專制的論斷和了斷，簡捷明快地串通了複雜的中國歷史，而後以此提撕中國人中的多數說：

> 是故為共和之國民，而不學無術，不求知識於世界，而甘為孔氏一家之孝子順孫，挾其遊猵愞怒特蠢悍之氣，不辨是非，囿於風俗習慣釀成之道德，奮螳臂以與世界共和國不可背畔之原則相抗拒，斯亦徒為蚍蜉蟻子之不自量而已矣！[23]

對於受教的大眾來說，這些話裏有太多的俯視意態和無端傲慢，無疑都不能算是容易消受的東西。然而他之能夠以此得陳獨秀、胡適的抬舉，由地方的「蜀中名宿」[24] 而被引到《新青年》一群裏，成為新文化運動中激烈反傳統的代表人物，則又說明吳虞把孝道同於專制，家族制度等同於專制和孔子等同於專制的簡捷論斷，及其稍後又按魯迅的《狂人日記》來推比歷史，而別立孔教吃人的醒目命題，[25] 皆因其一路跳踉的簡捷醒

20　吳虞：《吳虞集》，第64–65頁。
21　吳虞：《吳虞集》，第65頁。
22　吳虞：《吳虞集》，第385頁。
23　吳虞：《吳虞集》，第65頁。
24　陳獨秀：《陳獨秀文章選編》上冊，第169頁。
25　吳虞：《吳虞集》，第167–171頁。

目而更能以直接了當見長。比之把青年當作對象而出以「涕泣陳詞」，這種因為簡捷而成其簡單的筆法尤易動人之心而成就他們的「自度度人」。[26] 1917年吳虞自謂「余之非儒及攻家族制兩種學説，今得播於天下，私願甚慰矣」。[27] 然則以思想脈絡的承接和衍生而論，「非孝」、「反孔教」和「反家族制度」之能夠成為當日反傳統論説中用來編連和表達思想的核心詞匯，吳虞的「兩種學説」顯然是作出過重大貢獻的。

《忘山廬日記》曾説：20世紀初年，「東南年少出學西法，數月輒歸，而凌其父」。具見世風劇變之下，那個時候中國的家族制度已在馳脱之中了，然而作者錄之以為笑談，並因此而「太息良久」，[28] 又説明這一類用遊學得來的西法掀動家庭風波的事還不算多見。但時至新文化運動濤聲動地而來，則由非孝、反禮教和反家族制度串結而成的，已是一種呼聲與回聲匯成的群鳴，一種以裏挾為席捲的蔓延。由於群鳴和蔓延都集矢於非常具體的對象，並且以這種對象為入口而沿著人倫、家庭進入到個體中國人的生活世界和精神世界之中。因此，以新文化為範圍作總而言之，由此造成的對中國社會的翻攪之廣和鍥入之深，實際上都遠遠超過了其他題目，而成為那個時候的無出其右者。而與之相對等的，則是由此引發的反激、排抵和拒斥也因其震盪之烈而為一世注目。這一類翻攪與反激之間的對撞散見於那個時候的記述之中，其間尤其引人注目者，則曾有浙江一師常讀《新青年》的學生以〈非孝〉為題目作短文，致浙省的教育當局撤一師之校長；省議會復延而伸之，以「廢孔、非孝、公妻、共產」列罪案彈劾一師。於是又有師生一方的聚而抗之。而與這種來自權勢的壓力相比，更能反映衝突之實際程度的，是「據最保守的統計」，當日對〈非孝〉一文作鳴鼓而攻之的文字「總在一千篇以上」。[29] 德先生和賽先生雖被奉為新文化的大神，但其高高在上而與大

---

26 陳獨秀：《陳獨秀文章選編》上冊，第73–74頁。

27 吳虞：《吳虞日記》上冊，成都：四川人民出版社，1984年，第295頁。

28 孫寶瑄：《忘山廬日記》，上海：上海古籍出版社，1983年，第798頁。

29 曹聚仁著，曹雷編：《聽濤室人物譚》，上海：上海人民出版社，1998年，第170頁。

眾的精神世界和生活世界太過懸隔，則使由此引出的交爭遠遠遜於這種由家族制度觸發的爭鬥場面。而後是起於地方的風潮在這個過程裏擴散到了全國。其時的捲入風潮者，有不少成了後來中國的名人，而這一段人生經歷，也一定會在他們的思想形成中留下深度痕跡。

　　然而作為反家族制度的代表人物，吳虞雖以其廣引古籍和東西學理為長技，成為胡適筆下的「老英雄」，[30] 並以其「兩種學說」影響了成群「新青年」，但其內心其實並不太信自己正在張揚的這種東西。1917年他在日記中説：

> 《新青年》三卷一號將一、二卷目錄特列一頁，上署大名家數十名執筆。不意成都一布衣預海內大名家之列，慚愧之至。然不經辛亥之事，余學說不成，經辛亥之事而余或不免，四川人亦無預大名家之列者矣，一嘆。美人嘉萊兒曰：文人亦英雄之一種。余正不可妄自菲薄，以為遜於世界之偉人也，勉旃。[31]

以其後段的有志於比肩「世界之偉人」作對照，顯見得前段裏的「慚愧之至」不能算是一種修辭立其誠。比較而言，更真實的是他自述由來，而將其「學」歸本於「辛亥之事」。其間之始末，是辛亥年間因家事交惡而致父子久相撕咬，又因久相撕咬而被他稱作「魔鬼」和「老魔」的父親告到官裏，雖說最後吳虞贏了官司，但在成都的學人群體裏卻因此而成了千夫所指的「士林之恥」和「名教罪人」，隨後又被踢出教育界，失掉了啖飯的飯碗。[32] 然則他直言非經此節，則「余學說不成」，説的正是對他而言，反家族制度的直接原因和真實動力，更多地來自於對自己父親的痛惡、對成都士人社會的痛惡以及對兩者倚為憑藉的儒學的痛惡。這些都決定了他著力於反家族制度，既是起於私怨而無關學理，

30　胡適：《胡適全集》第1卷，第763頁。

31　吳虞：《吳虞日記》上冊，第310頁。

32　吳虞：《吳虞日記》上冊，第6頁；李璜：《學鈍室回憶錄》，台北：傳記文學出版社，1978年，第12頁。

又是專門用來對付別人的。因此稍後他女兒嚮往自由交際，即召來他厲詞訓誡：

> 汝等不守規矩，不顧名譽，常遊於後門，私出於戶外，在中華黑暗之社會，[慕]歐美自由之文明，至令浪子小人，敢於侵犯，所謂人必自侮，而後人侮之，辱沒祖宗，辱沒父母，更何面目立於人世。

> 若再不謹慎筆墨，鄭重行止，妄與外人通信，若吾知之，斷不能堪。置之死地，不能怪我。[33]

他用來管束兒女的這一套東西純以單面專制為道理，顯然都出自被他用文字痛加掊擊的孝道、孔教和家族制度。這種集於一身的兩頭抵牾太過明顯，所以錢玄同詞鋒直露地説他是「自己做兒子的時候，想打老子，便來主張毀棄禮教；一旦自己做了老子，又想剝奪兒子的自由了，便又來陰護禮教了」。並挖苦吳虞之反孔，不過是在「用孔丘殺少正卯的手段來殺孔丘」，而其本性仍是「孔家店裏的老夥計」。[34] 這些話雖然尖刻，卻並不虛假。而由此申論，則吳虞既以反傳統成「大名家」，其首尾不能兼顧的自相矛盾便同時又有了一種具有代表性的典型意義。

許德珩後來追憶五四，説是「當時許多人主張打倒舊禮教，但是理論脱離實際，生活很浪漫，如陳獨秀就是樣」，當日「四川的吳虞也是這樣的」。他們的毛病皆在不能「説得到，做得到」。[35] 顯然是其眼中的陳獨秀也因首尾不能兼顧而同在這種典型之中。若加上魯迅總論錢玄同，而謂之性「好空談而不做實事，是一個極能取巧的人，他的罵詈，也是空談，恐怕連他自己也不相信自己的話」，[36] 這些文字以熟人刻劃熟人，

33　吳虞：《吳虞日記》上冊，第373–374頁。

34　錢玄同：《錢玄同文集》第2卷，第57、59頁。

35　中國社會科學院近代史研究所近代史資料編輯組：《五四運動回憶錄》續，北京：中國社會科學出版社，1979年，第7、356頁。（周作人説當日北京報紙多載陳獨秀「不謹細行，常作狹斜[邪]之遊」，見周作人：《知堂回想錄》，香港：三育圖書公司，1980年，第356頁。）

36　魯迅：《魯迅書信集》上卷，第247頁。

自有足夠的深度。然則以首尾不能相顧而論，則當日激烈反傳統，並一路走到極端的錢玄同也應被圈到這一類裏了。與此相類似的，至少還有淵源出於鴛鴦蝴蝶派的劉半農。[37] 由此大略地構寫出來的人物群像，為吳虞提供了一種反襯的背景，而後從吳虞的典型意義裏可以讀出：正是這些表裏不一，言行不一，前後不一的人物和情節，以其內裏的缺乏一貫性，實際地促成了一場共用一種語言和理路，從而外觀上擁有一貫性的反傳統思想運動。因此，真實的歷史常常是矛盾的歷史；也常常是既難以用整體完全概括細節的歷史，也難以用細節層層究詰整體的歷史。

二　個人主義之懸空推演和個人的失真：人的抽象化與人的至上化

然而作為其時既有的事實，這種從「毀棄禮教」到「陰護禮教」的翻身轉向；以及「理論脫離實際」和「自己也不相信自己的話」，又以其代表人物所持宗旨的脫空於個人的心志和踐履，說明了這一場在後來的歷史敘述中被統名為反傳統的思想運動，雖以非孝、反禮教和反家族制度為大題目召集八方而起，但其真實的動因和引力則其實並不全在非孝、反禮教和反家族制度這些題目本身和這些道理本身。一個曾是潮流中人的青年學生後來敘述自己當年從外省到北京，從一開始便已既進入了學生生活，同時也進入了一種「學習革命，學習反抗，學習破壞」和「崇拜革命，崇拜反抗，崇拜破壞」的思想感染和思想傳導之中。隨之而來又與之對應的，則是輕易的擁護和輕易的推翻：

> 不自然的大家庭制度，不自由的婚姻制度，片面的貞操觀念，基於宗法社會的孝的道德，雖在中國社會已擁有數千年深固的威權，只須幾篇論文，幾場辯論，便頃刻間冰消瓦解。[38]

37　魯迅：《魯迅全集》第6卷，第56頁。

38　蘇雪林：《蘇雪林文集》第2卷，合肥：安徽文藝出版社，1996年，第62頁。

這種浪漫主義的描寫留給歷史的思考卻是，以「幾篇論文，幾場辯論」為武器，與「擁有數千年深固」權威的種種觀念相對峙，其間太過懸殊的差異決定了「論文」和「辯論」之能夠「頃刻」打倒「大家庭制度」、「婚姻制度」、「貞操觀念」和「孝的道德」，顯然不會是全靠其自身那些以人云亦云為單面道理的說服力所能做到的。在這個過程中，被「幾篇論文，幾場辯論」呼喚出來的逆反裏，最深層的內容和最本質的意義，其實應是孝道、禮教和家族制度，與以個體為立場的一個個具體個人，以及個人心中正在被召喚出來的欲望之間的對立。對於後者來說，前者之不可容忍正在於前者是一種管制，因此，當前者被總體地歸結為專制和壓迫之後，後者的逆反便成了一種以打破管制為個人解放的追求。比之「論文」和「辯論」這是一種更能引導和左右人心之所向的力量。

陳獨秀說：

> 等一人也，各有自主之權，絕無奴隸他人之權利，亦絕無以奴隸自處之義務。奴隸云者，古之昏弱對於強暴之橫奪，而失其自由權利者之稱也。自人權平等之說興，奴隸之名，非血氣所能忍受。[39]

之後，引「近世歐洲」歷史為「解放歷史」，陳說「政治之解放」、「宗教之解放」、「經濟之解放」、「男權之解放」，並概而論之曰：「解放云者，脫離夫奴隸之羈絆，以完其自主自由之人格之謂也。」[40]

因此，就其所謂產生於「近世歐洲」的人權是在不斷「解放」中實現的而言，則解放之於人權本在因果相連之中。而就其概而論之的「脫離夫奴隸之羈絆」與「完其自主自由之人格」，兩者之既在時間上相同一，又在過程中相同一而言，則無異於人權本身又是與解放重疊在一起的。殷海光後來說：「中國早期的自由主義者多數只能算是『解放者』」，自己經歷的是解放，向人傳播的也是解放。並且一網統罩地把新文化運動

39　陳獨秀：《陳獨秀文章選編》上冊，第74頁。
40　陳獨秀：《陳獨秀文章選編》上冊，第74頁。

中的胡適、吳虞、吳稚暉都收到了這一類裏。[41] 他想要說明的是20世紀初期中國自由主義的不夠純粹，而反映的則是那個時候為同一種歷史過程所造就的共識和共相。其間胡適引尼采「重新估定一切價值」作準則，為新思潮所立的「評判的態度」，[42] 就其表達的解放之學理高度而言，尤比陳獨秀說解放的淺露質白多了一點精神上的理性意識，也多了一點態度上的自以為是，亦見同樣鼓吹解放，而自由主義一脈自有其本色。然則數十年之間，中國人眼中的民主，由比附三代而懸為揣想開始，在晚清表現為可以寄託期望的泰西富強之法；在民初表現為以議會政治和政黨政治為重心的憲政制度；至新文化運動，則再變其義，既以個人主義詮釋人權，又以人權詮釋民主，遂使民主的實際內容和直接指向，在這種層層詮釋中都已被歸結到了個人本位的解放。而相比於作為富強之法的民主以士人為宣述對象；作為憲政制度的民主把知識人當成實際的主幹，則後一種意義上的民主以其鮮明的個人性為標幟，矚目和灌溉的既是青年讀書人，應召而起的大半也是猶在學校和初出學校的讀書人。在二十年維新潮流餘脈不絕的思想浸潤之後，學校所給予的新知已鋪就一層特定的知識構造，使他們成為彼時中國最容易接受和最能夠演繹這一套心法的社會群類；而後是接受和演繹又使他們成為彼時中國最先發生了變化的社會群類。

　　曾是《新潮》雜誌重要成員的楊振聲，三十五年之後以過來人的感受和體驗描寫當日青年的這種心理變化說：

> 他們首先發現了自己是青年，又粗略地認識了自己的時代，再來看舊道德、舊文學，心中就生出了叛逆的種子。逐漸地以至於突然地，一些青年打碎了身上的枷鎖，歌唱著衝出了封建的堡壘，確實感到自己是那時代的新青年了。[43]

41　姜義華、吳根梁、馬學新編：《港台及海外學者論近代中國文化》，重慶：重慶出版社，1987年，第107–180頁。

42　胡適：《胡適全集》第1卷，第692頁。

43　陳平原、夏曉虹編：《北大舊事》，北京：生活·讀書·新知三聯書店，1998年，第61頁。

用「他們」作主語，指代的是合群和多數。而「叛逆的種子」、打碎「枷鎖」、衝出「堡壘」雖因個人主義激發而起，但當其匯為一種集體精神，其間最引人注目的東西，則正是美國歷史學家史華慈（Benjamin I. Schwartz）所說的，主導了這個過程的「不僅僅是一種功利主義或個人主義，而且是一種心靈的渴求——一種個人從一切社會關係的羈絆中解放出來的要求」。[44] 這種嚮往和追求解放的「心靈的渴求」無可名狀，因此無從作深度的析義和通釋。但以「一切社會關係的羈絆」來對照並解說那一代人眼中「不自然的大家庭制度」，「不自由的婚姻制度」、「片面的貞操觀念」、「基於宗法社會的孝的道德」以及統括更廣的「吃人」的禮教，卻可以非常明白地看到：一方面，對於這一代人來說，他們的自我解放意識是在反傳統的過程中實際產生和具體形成的。因此，比之陳獨秀舉為榜樣的「近世歐洲」種種解放，其「心靈的渴求」更直接的指向和更迫切的意願，首先都是自身對於傳統的解放。一個旁觀的外國人說：他們「認為所有的思想和建議都大同小異，只要他[它]們是新的並與舊的習慣和傳統相脫離」[45] 便都是好的，寫照的正是這種直接和迫切。正是以這一面作反照，後人可以清楚地看到的另一面是：造成了他們在這個過程裏所經歷的那種既改變了自己，也改變了歷史的「數千年深固的威權」被一時打倒的動力，其共有的來路和不絕的源頭，其實都出自「個人從一切社會關係的羈絆中解放出來的要求」。與出現在歷史現場中的「論文」和「辯論」相對比，這種「要求」更內在，從而更深執。由此形成的不僅是一種共識而且是一種共信。因此，與之相伴而生的判斷、選擇、取捨雖未必盡屬井井有條，卻能夠因其代表的共識共信的真實性而真實地影響當日的中國社會。隨後，是自度和度人兩面的交互作用化作精神上的塑造，使這一代人非常不同地成了「那時代的新青年」。

44　王躍、高力克選編：《五四：文化的闡釋與評價》，太原：山西人民出版社，1989年，第5頁。

45　轉引自周策縱著，周子平等譯：《五四運動：現代中國的思想革命》，南京：江蘇人民出版社，1996年，第252頁。

然而這種通過打倒傳統來求取的解放雖然前所未有，但本質上卻只是一種擺脫，而不是一種獲得。章衣萍後來說：

> 中國青年思想，以五四運動前後變動得最利害。那時的青年，大家嚷著反對家庭，反對宗教，反對舊道德、舊習慣，打破一切舊制度。我在南京暑期學校讀書，曾看見一個青年，把自己的名字取消了，喚做「他你我」。後來到北京，在北大第一院門口見一個朋友偕了一個剪髮女青年，我問她：「你貴姓？」她瞪著眼看了我一會，嚷著說「我是沒有姓的！」還有寫信否認自己的父親的，說「從某月某日起，我不認你是父親了，大家都是朋友，是平等的」。[46]

這些人物分屬南北而且兼及男女，因此他的敘述雖出自個人的聞見之知，卻為那個時候的世相留下了一種具有代表性的實錄。其間的廢姓、廢家庭、廢父子關係一時俱起，說明千年傳統成為中國人的常情常理之後，由推翻傳統促成的一路否定和層層否定，便一定會走到常情常理之外。而以廢姓、廢家庭、廢父子關係為一己之解放，則同時又說明，對於一個具體的個人來說，從這種以解放為名義的今時異乎往昔裏得到的東西，不僅是外在的，而且是虛幻的和空洞的。而外在的、虛幻的、空洞的，都決定了它們實際上只能是無常的。所以章衣萍的敘述裏還有另一則與皖籍作家章鐵民相關的故事：「鐵民也是否認過自己父親的，但是當一九二一那年，鐵民的父親在家鄉死了，他在北京，因父死未葬，家人促其歸，而鐵民竟因貧未而能歸。作『孤兒思歸引』，情調甚慘。」[47]

一曲「孤兒思歸引」顯示的是這個世界上的許多東西其實是廢不掉的。但當作為一種觀念的解放成為思想潮流之日，那一代人為自由、平等、獨立、權利編連起來的個人主義所席捲，最難體會的是這一點，最難認知的也是這一點。所以，這種向家庭爭解放的事在那個時候不僅多見，而且往往一路橫決。以至於曾經力倡反家族專制的陳獨秀1920年

---

46 章衣萍：《窗下·枕上·風中隨筆》，台北：東方出版社，1994年，第38頁。
47 章衣萍：《窗下·枕上·風中隨筆》，第38頁。

又要作〈新文化運動是什麼〉，以另一面的道理為之正誤：「我們不滿於舊道德，是因為孝弟底範圍太狹了。」而「現代道德底理想，是要把家庭的孝弟擴充到全社會的友愛」。但世之反孝弟者常常不知此意而沒有分寸：

> 現在有一班青年卻誤解了這個意思，他並沒有將愛情擴充到社會上，他卻打著新思想新家庭的旗幟，拋棄了他的慈愛的、可憐的老母。這種人豈不是誤解了新文化運動的意思？因為新文化運動是主張教人把愛情擴充，不主張教人把愛情縮小。[48]

雖說相比於他此前反家族主義的那些文字的一派凌厲峭刻，這些話既太過空洞，又太過膚泛，並不足以構成情理兼備而入人之心。但這些並不足以入人之心的話卻又實際地反映了當日向家庭爭解放的盲目，以及這種盲目的悍悖和普遍。若以章衣萍記述中的那些以天真為本色的故事作對照，顯然是陳獨秀筆下的「拋棄了他的慈愛的、可憐的老母」更多了一重麻木和冷酷。而這種麻木和冷酷既與個人權利俱來，則一人的解放，往往要帶來他人的痛苦。其時《民國日報》的副刊《覺悟》常常討論婚姻自由，但起而發議的「都是男子，沒有女子」。因此，抗婚、離婚，以及對於既成婚姻的怨恨，申訴的都是男子的自由、平等、獨立、權利。其間的一則通信卻少有地以女子為立場，說明女子嫁人本來已是被動的一方，而此日又為時潮所劫，跌入了另一種古所未有的困苦被動，並因此而更困苦：

> 不期這位夫婿，猛然覺悟，成了個新思潮人物，嫌伊學問不好呀，見識不高呀，受盡奚落，討盡沒趣。那「離婚」、「不要」的話，雖沒有溢諸言表，而千悔萬悔，自怨自艾的態度，煞是難看。不得已，還要強顏為歡，作無謂的周旋。加以伊家裏的人，看伊不如丈夫的意，不問由來，歸罪於伊，明譏暗諷，一發弄得

48　陳獨秀：《陳獨秀文章選編》上冊，第514頁。

薄命人啼笑皆非。無如女人家是不能作為的，只好背著人，用淚
珠兒洗面罷了。

然後追問說：「照這樣看來，究是誰負誰呢？究是誰的罪惡呢？」顯見
得在這種尚未破裂的婚姻裏，男子一方的思想解放已對等地化作了對於
女子的精神壓迫。而由此走得更遠，在那些因追求自由而被拆散的婚姻
裏，則男女都面對著「須知現社會裏，同一離婚之後，女子再嫁比男子
再娶難過千百倍」的等差各異。[49]這樣的對比說明：男子從離婚中獲得
的自由和權利，恰恰是以女子所得到的更多的不平等和更多的困苦為代
價的。然則以事實而論，與自由和權利附貼在一起的，同樣是源於麻木
和冷酷。

　　這一類出現在個人解放過程裏的麻木和冷酷與自由、平等、獨立、
權利相伴而來，又以其預想和實際之間的相歧相悖，說明引入中國的自
由、平等、獨立、權利向中國人所提供的，其實是一種因其普遍性而成
其抽象性的道理。實際上其中既沒有真正的主體，也沒有真正的客體；
從而既沒有具體的規定性，也沒有具體的社會性。這種沒有主體性、沒
有客體性、沒有規定性、沒有社會性，決定了它們在那個時候的中國更
容易被當作工具而不容易被當成觀念和學理。但新思潮既以青年為選定
的灌輸對象，遂使這些東西既容易為青年所接納和受用，又容易為青年
所據有和獨有。因此解放雖由家庭開始，而一經新青年群起發舒，則一
定不會止乎家庭。這個過程裏尤其觸目驚心的是五四運動之後，北京大
學裏的學生既已借助於新思潮脫穎而出，便直接進入了「從一切社會關
係的羈絆中解放出來」的境界。於是而有蔣夢麟多年之後猶言之憤憤的
「擾攘不安」：學生「竟然取代了學校當局聘請或解聘教員的權力。如果
所求不遂，他們就罷課鬧事。教員如果考試嚴格或者贊成嚴格一點的紀
律，學生就馬上要罷課反對他們。他們要求學校津貼春假中的旅行費

49　邵力子著，傅學文編：《邵力子文集》上冊，北京：中華書局，1985年，第
　　279、285頁；下冊，第645頁。

用，要求津貼學生活動的經費，要求免費發給講義。總之，他們向學校
予取予求，但是從來不考慮對學校的義務。他們沉醉於權力，自私到極
點」。在當時的人以群分裏，蔣夢麟的歸屬應在新文化一面，但對這種
新思潮衍生出來的群體現象，他顯然既非常陌生，又非常對立。而起於
其間的那一場數百名學生因反對「繳講義費」而「集合示威」的風波，又
把蔡元培直接拽到了這種對立之中：「蔡校長趕到現場，告訴他們必須
服從學校規則」，但學生一方置若罔聞，猶湧入辦公處，「要找主張這條
『可惡的』規定的人算賬」。之後的場面，對於這個曾以一己之力助成了
新文化運動的學人來說，無疑是一種深深的悲哀：

> 蔡校長告訴他們，講義費的規定應由他單獨負責。「你們這班懦
> 夫！」他很氣憤地喊道，袖子高高地捲到肘子以上，兩隻拳頭不斷
> 在空中搖晃。「有膽的就請站出來與我決鬥。如果你們那一個敢碰
> 一碰教員，我就揍他。」

> 群眾在他面前圍了個半圓形。蔡校長向他們逼進幾步，他們就往
> 後退幾步，始終保持著相當的距離。這位平常馴如綿羊，靜如處
> 子的學者，忽然之間變成正義之獅了。[50]

這些文字描述蔡元培異乎尋常的憤怒，實際上記錄了新文化運動歷史內
容中的另外一面。比之新思潮衝擊舊倫理、舊文學、舊藝術、舊宗教的
開新守舊之爭，則曾經同路而行的老師一代和學生一代由合到分，在極
短的時間裏走向怒目相向，其實更深刻地反映了這段歷史中因個人解放
而帶來的獨有的矛盾。

由於蔣夢麟身經「擾攘」，所以，學生一方在他的眼中已類同群氓。
但學生的擾攘之不同於群氓，是因為他們有個人主義，有自我本位，有
自由、平等、獨立、權利，以及在這些觀念啟導下形成的，把傳統歸結
為禮教，又把禮教歸結為專制的思想上的對立面。雖說以源頭而論，傳
入中國的個人主義自始即各有流派，然而各有流派的個人主義都共屬人

50　蔣夢麟：《西潮‧新潮》，長沙：岳麓書社，2000年，第131–132頁。

本主義，並因此而都把人本身設為這個世界的目的。若以此前二十餘年間維新思潮助成國家觀念籠罩天下，曾致二千年儒學的民本主義經此一變，隨之而衰為既有的事實，則個人主義以人本身為目的，已是近代中國思想在又一變裏彷彿迴向了對於人的關注。但與民本主義相比，進入中國的個人主義都是一種截來的論斷，其間既無來龍去脈，又無表裏本末，對於中國人來説，被個人主義推到了高處的人遂同時又成為看不到差別性，也看不到具體性的抽象化了的人，而後是這種個人主義一經匯入了個人解放的潮流，便在這個以青年為主體的激揚過程裏被群體地演示和演繹。

　　一方面，作為高懸的道理，人本身成為目的是與娜拉這一類象徵和故事情節聯袂而來，一同移入中國的，並且是借助於後者的形象與故事而得以具體化和通俗化的。因此，以學理而論，能夠被當作這個世界之目的的，其主體本應是總稱的人，但通過這種具體形象和象徵性形象而進入其間的中國人，卻更容易把總稱的人直接當成了個體的人，又把個體的人直接等同於當下的自我。與之相為因果的，則是學理提供的人的至上性，常常會為個體的利益意識、欲望意識和競逐意識幻化出一種自利的至上性。另一方面，由於被個人主義推到了高處的人同時是一種抽象化了的人，所以接受了個人主義的中國人，便常常會在自我意識中簡單而輕易地把自己與國家、社會、家庭、團體斷分開來，並駕而上之。這種斷分和脱裂的結果，是實際上以社會關係的總和為自己存在狀態的人，在觀念上卻可以是與他人不相對待，不相依存，不相勾連的單獨的個體和孤獨的個體。對於中國人的歷史文化來説，兩者都是別解，但兩者又在極短的時間裏已進入家庭、進入學校、進入團體、進入社會，並以由此引發的群己衝突演示和演繹了這種個人主義，及其在傳入中產出的派生意義與中國社會的矛盾。相比於個人解放引導下出現的那種撕裂親情的家庭衝突，則發生在北京大學裏的師生對峙的場面，學生一方的集群而起雖同樣由個人解放而來，卻又更多了一點進攻性。梁實秋後來説：「我們中國人的生活，最重禮法」，而禮法之為用，其重心本在於理性：

到了最近，因了外來的影響而發生所謂「新文學運動」，處處要求擴張，要求解放，要求自由，情感就如同鐵籠裏的猛虎一般，不但把禮教的桎梏重重的打破，把監視情感的理性也撲倒了。

而後是「這不羈的情感在人人心裏燃燒著」，帶來了個體精神世界中的今昔大變。[51] 他所說的「情感」，背後其實是久在理性管束之下的欲望；他所說的「理性」，則主要是指形成於歷史之中，又積留於歷史之中，並因之而外在於個體的禮制化了的共同守則。因此，他的話又富有深度地說明了，標張自由、平等、獨立、權利的個人主義和個人解放在那個時候一面以打倒禮教壓倒理性，一面以打倒禮教喚出欲望的兩相表裏和互為因果，以及由這種脫出了理性的欲望作引導，個人主義所造成的實際上的破壞性。其中尤其引人深思久想的，則是以理性相標榜的新文化運動，在這個過程裏又為其自身的邏輯所制約牽引而失其本義，七顛八倒地一步步促成了理性淹沒的事實。

然而就其本來面目而言，產生於西方歷史中的自由、平等、獨立、權利之說既以人作為其主體，則在它們之上和它們之內，實際上都有著西方文化對於人性的思考，以及與這種人性思考相契合的人文意識和人文關懷。因此自由、平等、獨立、權利本來都各有其與歷史文化連在一起的內在意義和內在約束。但在它們被引入中國並播向人群的過程裏，這種本在概念之上和在概念內裏的東西，則因在另一種歷史文化裏找不到可以現成附著的對象而實際上已一層一層地脫落殆盡。因此，這種半路截來的自由、平等、獨立、權利移到中國，從一開始就已無窒無礙地進入了上個世紀以來進化論所營造的，以物競為天演之公理的思想環境和語言環境之中，並在這種環境中被闡發和解釋。對於新思潮裏的多數中國人來說，這些詞匯既以個人為主體，也以個人為立場，其本義和引申義便很容易聚攏於「人間百行，皆以自我為中心」的外向伸展，以期最終能「導吾人於主人地位」。[52] 而後是自由、平等、獨立、權利在失掉

---

51 梁實秋：《梁實秋文集》第1卷，廈門：鷺江出版社，2002年，第42頁。
52 陳獨秀：《陳獨秀文章選編》上冊，第103、164頁。

了它們本有的內在意義和內在約束之後，遂為天演物競之公理牽引和籠罩，成了一種單純向外擴張的東西。與此相接應而成立的，則是這種無涉於個體內在一面和精神一面的向外擴張，其鋒芒所向的「反權威，反傳統，反偶像，反舊道德」，[53] 重心都在中國人傳統中外在化的、物化的和形而下的一面。即使是彼時目為大惡的「舊道德」，直接被討伐的對象，也是存在於個體周圍而觸手可及的那種施為管束的禮制。更加直觀和更加外的，還有錢玄同筆下毫無章法的排比：

> 垂辮；纏腳；吸鴉片煙；叉麻雀、打撲克；磕頭，打拱、請安；「夏曆壬子年——戊午年」；「上巳修禊」；迎神，賽會；研究「靈學」，研究丹田；做駢文，古文，江西派的詩；臨什麼「黃太史」、「陸殿撰」的「館閣體」字；做「卿卿我我」派，或「某生者」派的小說；崇拜「隱寓褒貶」的「臉譜」；想做什麼「老譚」、「梅郎」的「話匣子」；提倡男人納妾，以符體制；提倡女人貞節，可以狩歟盛矣。[54]

這種見不到理路的片斷綴連片斷，正反映了那個時代重估傳統的眼光之直觀、外在、無厘。然而以儒學為主流的中國傳統並不只有固結化的禮制以及與之相關聯的外在一面。

孔子說「古之學者為己，今之學者為人」，[55] 以其非常明白的可否和取捨申明了儒學本性上是一種「為己之學」。後來王安石積累年力學之心得為之解說曰：「為己，學者之本也」；「為人，學者之末也」：

> 是以學者之事必先為己，其為己有餘而天下之勢可以為人矣，則不可以不為人。故學者之學也，始不在於為人，而卒所以能為人

53　殷海光著，張斌峯、何卓恩編：《殷海光文集》第4卷，武漢：湖北人民出版社，2001年，第103頁。

54　錢玄同：《錢玄同文集》第2卷，第15頁。

55　朱熹著，金良年今譯：《四書章句集注》上冊，上海：上海古籍出版社，2006年，第201頁。

也。今夫始學之時，其道未足以為己，而其志已在於為人也，則
亦可謂謬用其心也。[56]

「為己之學」是把個人自身當成對象的德性養成。孔子説「我欲仁，斯仁至
矣」；孟子説「人之所以異於禽獸者幾希」。[57] 前者指的是人有向善和行善
的可能，後者指的是人有作惡的可能和作惡的可怕。所以，儒學置修身
於齊家之前，又置修己於治人之前，既是在告訴世人，好的社會是好的道
德的延伸；又是在告訴世人，好的政治是好的道德的延伸。這些道理的
起點都是中國文化對於人性的思考，因此，以此為內核的中國文化所含結
的人文精神，便不能不尤重個人依人性而成人格的過程，以及這個過程裏
個體的自我省察，自我糾錯，自我造就，自我完善。省察、糾錯、造就
和完善都是自己對自己的管束，從而都是個體自己承認自己的有限性和不
完善性。相比於外在禮制倫理，這種被稱作進德的過程在禮制的背後和
深處，構成了儒學倫理中更內在和更本質的東西。二千多年來，儒學在
其一路延續中既以仁和禮為出發點，也以仁和禮為歸宿處。但反傳統的
新文化持為思想武器的自由、平等、獨立、權利既已脱落了歐洲歷史文化
所給予它們的深層意義和人文意識，脱落了由這種深層意義和人文意義帶
來的仰望和關懷，遂使反傳統的實際過程雖然掀天揭地，但其關注之所向
和評判之所向卻為手中的武器所囿，從而為思想和眼界所囿，目力所見和
臂力所伸，只能有限地觸及禮的外層，而無從深入到仁的深層。之後是
性心之學和為己之學都成了由此留下的一片不入視野的空白。這種空白
顯然不是出於保存，而是出於眼不能到，心不能到和手不能到。因此，
這種留下的空白反映的其實是對人之為人的精神一面之陌生和漠然，比
之評判和撻伐，漠然在本質上其實是一種更深的隔膜、疏離和精神斷裂。

　　對於這一代努力要從「一切社會關係的羈絆中解放出來」的「新青年」
來説，這種隔膜、疏離和斷裂的普遍存在，正説明他們在外向掙脱束縛

56　王安石著，唐武標校：《王文公文集》上冊，上海：上海人民出版社，1974
　　年，第308頁。

57　朱熹：《四書章句集注》上冊，第128頁；下冊，第372頁。

的過程中，雖極度伸張自我意識，但這種自我意識裏其實並沒有自我審視；沒有自我評判；沒有對於自我作為個體人類所內含的局限性和不圓滿性的自覺認知；沒有對於人性的認真思考。於是其間剩下的便只有一個空空洞洞地營造出來的無所不能的自我。因此，相比於「從一切社會關係的羈絆中解放出來」的向外掙脫，則這種一片空洞的自我意識顯然更容易催化出內在的自我膨脹和自我獨尊。陳獨秀說：「社會進化，因果萬端」，而其「至要」全在「偉大個人為之中樞」。若以當日他眼中所見滿目皆是的那些「我們可厭的中國人」[58] 為反襯，能夠制宰時勢而成為一世之「中樞」的「偉大個人」，無疑都應是新文化願想中的這種無所不能的自我。而比陳獨秀的概而論之說得更酣暢淋漓的，是胡適的以詩言志：「我笑你繞太陽的地球，一日夜只打得一個迴旋；我笑你繞地球的月亮，總不會永遠團圓；我笑你千千萬萬大大小小的星球，總跳不出自己的軌道線；我笑你一秒鐘行五十萬里的無線電，總比不上我區區的心頭一念！」[59] 這些話既是以我寫我，則直露而見的，正是以人類的至上性表達出來的自我的至上性。在那個時候，魯迅沒有他們兩個人那麼豐沛的樂觀主義和浪漫主義，但事涉自我，卻又很容易表現出身在新文化之中的人同此心，心同此理。因此，直面一個看不到光亮的中國，他曾言之明瞭地說：「此後如竟沒有炬火，我便是唯一的光。」[60] 陳述的同樣是一種個體自我獨尊和自我恢張的自信。作為新文化運動的代表人物，他們之間的這種共性，反映的是新文化帶來的思想趨向，迨其彌漫而成時潮，則一時廣披而成了影響過一代人的東西。因此，在他們之後，又有沿著同一條路徑接踵而來的郭沫若以「天狗」作自況的吟詠：「我是一條狗呀！我把月來吞了，我把日來吞了，我把一切的星球來吞了，我把全宇宙來吞了，我便是我了。我是月底光，我是日底光，我是一切星球底光，我是X光線底光，我便是全宇宙底 Energy 底總量！」以及「我飛

58　陳獨秀：《陳獨秀文章選編》上冊，第165、221頁。
59　胡適：《胡適全集》第10卷，第72頁。
60　魯迅：《魯迅全集》第1卷，第400頁。

奔，我狂叫，我燃燒」和「我便是我呀！我的我要爆了」，等等。[61] 雖説
這一段被稱作詩的文字裏可以讀到的詩意非常稀薄，但就其中宣泄的人
的膨脹、獨尊和無所不能而言，顯然已是後來居上。這些人物以他們各
自的懷抱發為表述，寫照了個體人類的内涵和高度因個人主義而發生的
前所未有的變化。在這種前所未有的變化裏，致力於打倒偶像之神性的
新文化，彷彿同時又在以一種自我中心的宇宙觀造出了人本身的神性。

三　科學主義與個人主義的相剋：
「宇宙觀」反照下人的渺小和人生的「沒有意義」

　　然而這種由新文化造出來的具有至上性和神性的個體人類，卻從一
開始就面對著同樣出自新文化的科學主義的制宰，並沒有一點商量餘地
地被置於這種制宰之下。

　　陳獨秀説：「近代歐洲之所以優越他族者，科學之興，其功不在人
權説之下，如舟車之有兩輪焉。」[62] 這一論斷最初被他用來「敬告青
年」，隨後又在回聲四起中成為新文化人物的共識。其間胡適尤能以其
一腔信仰之執著化為論説之宏廓：

> 這三十年來，有一個名詞在國内幾乎做到了無上尊嚴的地位；無
> 論懂與不懂的人，無論守舊和維新的人，都不敢公然對他表示輕
> 視或戲侮的態度。那名詞就是「科學」。[63]

這些話不僅在弘法，而且在護法。雖説三十年來科學已為中國人所識
得，但新文化運動之不同於「三十年來」，在於科學在他們手裏由識得而
變成了「萬能」。[64] 然而以知識和學養的實際構成而言，陳獨秀由秀才起

61　《時事新報·學燈》，1920年2月7日。

62　陳獨秀：《陳獨秀文章選編》上冊，第78頁。

63　胡適：《胡適全集》第2卷，第196頁。

64　陳獨秀：《陳獨秀文章選編》中冊，第377頁。

家作報人，之後又做了一個從來沒有上過課的文科學長，於科學一行只能算是猶在旁觀之列。胡適雖因長兄督導，赴美研習農學，但性不能入，遂半路絕塵而去，轉為在彼邦以西學解讀中國諸子。魯迅和郭沫若都曾在日本學醫，又都脫身而出，折入文學，並各自成一代文豪。五四之後傅斯年留學歐洲，一度有志「專力於心理學，以此終身」，[65] 但一圈轉下來，回到中國的落腳之處，仍然是舊日相熟的歷史語言。此外，還有羅家倫進北京大學，入學考試中數學一門的成績為零分。然則以群體為對象綜貫論之，顯然是這些在中國崇奉科學和代表科學的新文化人物，其才識情性、學術志趣和職業取向大半對應的都是人文而不是科學。因此，在他們和科學之間其實尚有一道門牆，只能算從門外看門內。而後是他們筆下的科學雖被尊為「萬能」，但科學本身卻又常在缺乏固定性和精確度之中。彼時陳獨秀由法蘭西文明起講而尤重拉馬克（Jean-Baptiste Lamarck），其意中的科學，要義遂全在以進化論籠罩天下；[66] 胡適依傍於美國思想而尤重杜威，其意中的科學，要義遂全在以實驗主義籠罩天下。同他們比，魯迅早年其實並不相信科學的「無上尊嚴的地位」：

若夫自謂其言之尤光大者，則有奉科學為圭臬之輩。稍耳物質之說，即曰：「磷，元素之一也，不為鬼火。」略翻生理之書，即曰：「人體，細胞所合成也，安有靈魂？」知識未能周，而輒欲以所拾質力雜說之至淺而多謬者，解釋萬事。不思事理神閟變化，決不為理科入門一冊之所範圍，依此攻彼，不亦慎乎。[67]

他引為痛惡的，正是用科學籠罩天下的思想傾向。然而十一年之後，他給傅斯年寫信，已明白主張《新潮》雜誌少刊載「純粹科學文」，而須以借

65　中國社會科學院近代史研究所中華民國史研究室編：《胡適來往書信選》上冊，北京：中華書局，1979，第104頁。

66　陳獨秀：《陳獨秀文章選編》上冊，第79頁。

67　魯迅：《魯迅全集》第7卷，第240–241頁。

科學「發議論」為要務，尤須自覺於對「中國的老病刺他幾針，譬如說天文忽然罵陰曆，講生理終於打醫生之類。現在的老先生聽人說『地球橢圓』，『元素七十七種』，是不反對了。《新潮》裏裝滿了這些文章，他們或者還暗地裏高興」。[68] 以其後一段話比前一段話，可謂態度劇變。雖說他後來的主張並不足以說明他自己已經真信科學萬能，但他論科學之為用的不重知識只重議論，又注力於把議論當作利器，用來對付「中國的老病」，則非常典型地反映了新文化人的共同旨趣。因此，新文化雖為科學造就了光焰萬丈的聲勢，但就科學知識的實際傳播而論，《新青年》一類刊物在知識的具體性、深入性和累積的程度上都遠不能及1909年以來即已專設「新知識」一欄，用心為世人說聲、光、化、電之學的《東方雜誌》。

　　相比於知識的客觀性，由科學發為議論是一種引申的東西，並因之而更多地屬主觀派生的東西。在這種思想走向裏，科學因萬能成為利器，同時是本屬人類對自然認識的科學被編入新文化之中，又在這個過程裏獲得了一種意識形態的性質，從而變成了一種當日胡適名為「大法」的主義。[69]「大法」和主義都是為了把科學從自然界引進中國社會，用之以說明中國社會的過去、現在，並規劃中國社會的將來。所以科學不僅覆蓋了形而下，而且覆蓋了形而上。然而把科學當作撻伐中國「老病」的利器，科學的對手猶在新文化之外；但把科學當成「大法」而支配六合之間的一切人和事，則科學的一路鋪敘，最終不能不推倒和壓碎的，則是作為個人主義的根蒂而內在於新文化之中的人本主義。兩者之不能相容，突出地表現於20年代前期由人生觀與科學引發的群起論爭之中。

　　人生觀之所以成為一個牽連科學的問題，是因為本與新文化同路的張君勱相信前者是「主觀的」，後者是「客觀的」，因此前者出自於人的「自由意志」，而不在後者的「因果律所支配」之內。[70] 若以文藝復興運

68　魯迅：《魯迅書信集》上卷，第22頁。

69　胡適：《胡適全集》第2卷，第214頁。

70　張君勱、丁文江等：《科學與人生觀》，濟南：山東人民出版社，1997年，第35、37頁。

動因人性自覺而產出人本主義；因人本主義而產出人的獨立的自主意識，以及新文化運動沿著個人主義層層發皇，正在為個體人類造出的那種近乎神性的無所不能作度量，張君勱的立論其實不能算錯。但把人生觀移到因果律之外，本質上是在以人的精神世界之個別性和或然性為鏡光，反照出科學所擁有的自然法則之各有限度。對於重心全在解說中國的社會現象和思想現象，並已主義化了的科學來說，便是一種迎頭相撞，新文化人物的群起筆伐遂因之而起。由此積留的文字記錄了當時的眾論紛雜，但大體而言，其間能夠以自己的表述比較完全地代表新文化理想中的科學者，則是胡適，以及為胡適極度推重的吳稚暉。而科學之由學理而變為主義，以及人在其中的定義和定位，亦因人生觀引出來的論爭而得以詳為闡述，並因詳為闡述而格外明瞭。

吳稚暉說：

> 人是活物，有十四種原質，一隻蒼蠅有若干原質，一棵玫瑰樹有若干原質，這都不能去驕傲毛廁裏的石頭，因為那石頭也有若干原質，立於相等的地位。[71]

又說：

> 我以為動植物且本無感覺，皆只有其質力交推，有其幅射反應，如是而已。譬之於人，其質構而為如是之神經系，即其力生如是之反應。所謂情感、思想、意志等等，就種種反應而強為之名，美其名曰心理，神其事曰靈魂，質直言之曰感覺，其實統不過質力之相應。蒼蠅之神經系，有如彼之質，生如彼之力，亦即有如彼之反應，成為蒼蠅之感覺、蒼蠅之心理、蒼蠅之靈魂。玫瑰樹神經之質大異，力之反應亦大異，遂為玫瑰樹之感覺、玫瑰樹之心理、玫瑰樹之靈魂。毛廁裏的石頭，神經系之組織，絕非吾人所能識別。則其質之構成，我等不能言，而其力之反應，我等亦

71　張君勱、丁文江等：《科學與人生觀》，第341、345、349頁。

不能言，遂為石頭之感覺、石頭之心理、石頭之靈魂。其實毛廁
裏的石頭呀、玫瑰樹呀、蒼蠅呀、人呀，何嘗有什麼感覺，什麼
心理，什麼靈魂，只質與力之構造及反應，各各不同罷了。[72]

在他的「宇宙觀」裏，質和力構成了「機械式之生命」。[73] 因此共有質和
力的人、蒼蠅、玫瑰、石頭都共有這種「機械式之生命」，彼此之間並
沒有根本上的不同。其時梁實秋曾說吳稚暉行文特色在於「又長又冗」，
常常「令人捉不到他的思想的線索和辯駁的論點」；而且「文法錯誤欠妥
的地方，不可計數」。[74] 就這一段話裏的沒有實證、沒有歸納、沒有演
繹而言，其言之滔滔的臆想臆說正庶幾乎近之。然而胡適則因這些話而
盛讚吳稚暉，以至於把他抬到了最先向張君勱發難的丁文江一群人的頭
上。他看中的不是吳稚暉的文章，而是吳稚暉能把人類徹底歸為「機械」
的本事：

就是一班擁護科學的人雖然抽象地承認科學可以解決人生問題，
卻終不願公然承認那具體的「純物質、純機械的人生觀」為科學的
人生觀。我說他們「不願」，並不是說他們怯懦不敢，只是說他們
對於那科學家的人生觀還不能像吳稚暉那樣明顯堅決的信仰。[75]

因此，「若沒有吳老先生把他的『漆黑一團』的宇宙觀和『人欲橫流』的人
生觀提出來做個押陣大將，這一場大戰爭真成了一場混戰，只鬧得個一
哄散場！」吳稚暉所說的「漆黑一團」和「人欲橫流」，前者是指宇宙不過
是質和力，後者是指人類不過是質和力。胡適之所以激賞之，既在於兩
者「一筆勾銷了上帝，抹煞了靈魂，戳穿了『人為萬物之靈』的玄秘」，
以此直接促成了迄今為止的精神世界在觀念上的碎裂；也在於兩者與他
名之曰「自然主義的人生觀」的自為立說心心相印：

72　張君勱、丁文江等：《科學與人生觀》，第341、345、349頁。
73　張君勱、丁文江等：《科學與人生觀》，第341、345、349頁。
74　梁實秋：《梁實秋文集》第6卷，第286頁。
75　胡適：《胡適全集》第2卷，第208、212–213頁。

在那個自然主義的宇宙裏，天行是有常度的，物變是有自然法則的，因果大法支配著他——人——的一切生活，生存競爭的慘劇鞭策著他的一切行為，——這個兩手動物的自由真是很有限的了。[76]

比之吳稚暉的臆想之而臆說之，胡適的自為立說開列了天文學、物理學、地質學、生物學、生理學、心理學、人類學、人種學及社會學等等名目以為後援，自謂是「建築在二三百年的科學常識之上的一個大假設」，[77] 以顯示他為世人登壇說法的更有根據和更富學理。然而就其間的一脈相承而言，「常度」、「法則」、「因果」之對於人類，實無異於吳稚暉的「質」和「力」。在「漆黑一團」、「人欲橫流」和「自然主義的人生觀」裏，這種「質」、「力」、「常度」、「法則」、「因果」的涵義和意義都在於構造出一個宇宙的本質，以說明人與物共處其間，不僅是可以對比的，而且是可以對等的。有此對比和對等，於是原本以自然為主要對象的科學，便同樣可以用來推演社會的情狀和預測人類的將來。

科學的主義化所要營造的是一種無遠勿屆的廣泛性和普遍性。但與隨之而來科學的全面覆蓋社會和全面管制社會相為因果的，是人在本性上被重構的大幅度變化。自一面而言之，由於吳稚暉非常物理地把沒有準確含義的「質」和「力」當作法門，用來貫穿和匯通人、蒼蠅、玫瑰樹和毛廁裏的石頭，以剷平四者原本在物類上的區別而共歸於質地上的同一，然後才可能推導出胡適極為傾倒的勾銷上帝，抹煞靈魂，滅裂「人為萬物之靈」的「純機械的人生觀」。然而這種貫穿和匯通既以「純物質」為至上，則本質上已是人在這個思想推演過程裏失掉了人的屬性而成了物化的東西。雖說科學之化為主義始終以進化論為立場，但由科學的泛化所帶來的人與物的等類和等齊顯然不能算是一種進化。自另一面而言之，胡適力持「因果大法」罩定天地之間，是為了說明科學可以統括張君勱那一派伸張的形而上的人生觀，從而在罩定物質世界的同時又

76　胡適：《胡適全集》第2卷，第208、212–213頁。

77　胡適：《胡適全集》第2卷，第208、212–213頁。

罩定人的心靈世界。由此形成的是人在其中被淹沒於無邊無際之中。於是，在舊日的天人合一被打破之後，科學主義又造出了一種新的天人合一。然而在舊日的天人合一裏，人雖受制束，猶能自立，所以天人之間可以發生感應。其間遂多見人與物相對之際的「萬物靜觀皆自得，四時佳興與人同」。[78]「自得」與「佳興」，都在以人的移情和怡然表現出物我共處的從容和寬裕。作為對比，在科學主義的天人合一裏「天行」的「常度」，「物變」的「法則」與人類之間，並沒有出自兩面的互相對應和感應，而只有前一面對後一面的單向「支配」和全盤「支配」。人之由「萬物之靈」而變作「兩手動物」，正說明身在這種天然合一之中，人已被看成是一種被決定的東西，被擺布的東西，被安頓的東西。所以胡適稱之為「自由真是很有限的」。自由之「很有限」，以不算太過絕對的修辭，實際上表達了其題中本有的絕對主義。古人說「天道」，今人說「常度」和「法則」。兩頭指的都是外在於人而又時時影響於人的力量。若引「天道」之下尚能有子產所說的「天道遠，人道邇」[79]之分，以見人心裏尚能有遠近之間的區別之不同於上下之間的區別，則胡適據為重器的「常度」和「法則」既能夠直接限勒人的自由，就自由的本義和範圍而論，已是「常度」和「法則」之下，人的本體性、主觀性、主動性以及自覺性、自主性，自我意識和自願選擇的可能性，都成了無從發生和無處立腳的東西。而後是「天道」之外不復再有「人道」，天地之間遂只剩下了一種為科學所獨有，而以理性為名義的絕對主義。這種絕對主義既是對於世界的概述，也是對於人類的定義。因此人在這個世界之中，只能是身在絕對之中。於是，新文化一面以人權詮釋民主，再以個人主義詮釋人權，把人的至上性推到了前所未有的高處；一面又借助於主義化了的科學派生出缺乏溫情的絕對主義，用之以為人造命和定命，使人跌到了前所未有的低谷。

78　程顥、程頤著，王孝魚點校：《二程集》上冊，北京：中華書局，1981年，第482頁。

79　楊伯峻編注：《春秋左傳注》第4冊，北京：中華書局，2009年，第1395頁。

　　對於陳獨秀言之侃侃的科學與人權「若舟車之有兩輪焉」來說，「兩輪」之間的這種角抵和扞格所構成的不能不是一種無以自圓的深刻矛盾。科學歸屬於理性，所以在新文化中被接源於啟蒙運動；個人主義歸屬於人本主義，所以在新文化中被接源於文藝復興運動。但這兩段在西國相隔了數百年的歷史一旦同時移入中國而共居於同一個思想空間之中，則其各顯神通的結果，便直接導致了新文化中與人相關的觀念和論述在這個過程裏被撕成了兩段。因此個人主義雖出自新文化，並能得一時之聲光迫人和遠播八方，但在新文化的一重要義和另一重要義的自為闡說之中，又只能算是一種夾處於不同學理之間，還沒有弄得十分貫通的東西。

　　科學主義對於個人主義的這種學理上的扼制，構成了新文化內裏的自相矛盾。然而越出新文化的界限，這種因科學的泛化而成為主義的思想形態在那個時候更直接和更實際的影響所及，是在其伸手接管人生觀的同時，著力於把「純物質」和「純機械」的工具思維和工程思維當成彌天大法，此長彼消之間，實際上已淹沒了數千年來人類在以自身為對象的漫長思考中積累起來的價值觀念和價值理性。論其本義，人生觀的中心問題應是回答人生意義。但相信「『宇宙一切』皆可科學解說」的吳稚暉說「概括起來說，人便是外面只剩兩隻腳，卻得到了兩隻手，內面有三斤二兩腦髓，五千零四十八根腦筋，比較佔有多額神經系質的動物」。而所謂「人生」，不過是「兩手動物唱戲」。[80] 人類的精神現象依託於大腦的活動，因此，截掉人類大腦的活動過程而將其本質地歸為「腦髓」、「腦筋」和「神經系質」，立意全在於用這種可以稱量，可以數清的「三斤二兩」和「五千零四十八根」來解釋精神並化約精神。所以人生猶如「唱戲」，說的正是人生其實並沒有觀念上的價值可以提煉和升華。胡適擁護這種「兩手動物唱戲」的「人生觀」。又更著意於用宇宙上的「無窮之大」和時間上的「無窮之長」作襯托，以說明人不僅歸屬於一個物質

80　張君勱、丁文江等：《科學與人生觀》，第354、360、412頁。

世界，而且只是這個物質世界裏「藐乎其小的微生物」。[81] 這是一種從西方學來的思維。深研科學史的英國人丹皮爾（William Cecil Dampier）曾為這種思維作解説曰：

> 人類原來僅比天使低一級，現在從自然中心的地球來觀察創造，乃僅僅成了有機進化鎖鏈中的一環。在一個小小的，偶然環繞於千萬恒星之一的一個行星上——一個不足道的東西，盲目的，不負責的力量的玩意。[82]

作為一個判斷，這些都是把人類當作「藐乎其小的微生物」所內含的題中應有之義。然則由此引申以説人生，實際上又比「唱戲」更無厘。同時的陳獨秀説人生觀，則由科學本乎「根據實際尋求實際」起講，簡捷而且獨斷地推論出「自然界及人類社會」的真相本來就是「死板板的實際」。然後歸結説「世界上那裏真有什麼良心，什麼直覺，什麼自由意志」，[83] 人生中的是非之辨和善惡之辨遂因之而全被消解。

這些論説都在闡述「科學的人生觀」，但這些論説又在申明，「科學的人生觀」是一種人在其中沒有地位的人生觀，並因之而是一種看不到真實人生的人生觀。所以，它們雖然有那個時候以新思潮為名目的強勢，卻始終面對著梁啟超在「試問人生是什麼」這個題目下的發問：

> 如達爾文之用生物進化説來講人生，微考詳博，科學亦莫能搖動，總算是壁壘堅固，但是果真要問他人之所以異於禽獸者安在，人既自猿進化而來，為什麼人自人而猿終為猿？恐怕他也不能給我們以很有理由的解答。[84]

81　胡適：《胡適全集》第2卷，第208、214頁。

82　所引為任鴻雋譯文，見任鴻雋著，樊洪業、張久春選編：《科學救國之夢：任鴻雋文存》，上海：上海科技教育出版社、上海科學技術出版社，2002年，第558頁。

83　陳獨秀：《陳獨秀文章選編》中冊，第350、354頁。

84　梁啟超：《飲冰室合集》第5冊，《文集》之三十九，第115頁。

「人之所以異於禽獸者安在」是一個與人生俱來並與人生長相伴隨的問題，因此又是一個人生無法迴避的問題。這個問題注目的是倫理和價值。但就其本義來説，進化論提供不了倫理和價值，所以進化論回答不了這個問題；「科學的人生觀」同樣提供不了倫理和價值，所以「科學的人生觀」也回答不了這個問題。

當科學伸手接管人生觀的時候，這種被科學接管了的人生觀同時便成了新文化的人生觀。十五年之後任鴻雋説：「我們對於物質科學」的太過「迷信」，以至於把它們當成「生命的配給者」，實際上已造成了科學與社會相處的一種「困難」：

> 在這科學的時代，我們免不了瞭解科學的責任，但我們所面對的最高問題，不是化學、物理、工程所能給我們答案的。它們在倫理上是中性的。
>
> 它們能幫助更多的人類得到康健與長壽，但它們很難發現新的人生目的，或人與人關係的藝術，或幫助獲得和平與成功的政府所需要的社會道德。[85]

以這種後來的感悟返視當日的獨斷，則新文化以「科學的人生觀」立名目，給中國人帶來的「兩手動物唱戲」的人生觀，「人欲橫流」的人生觀，「微生物」的人生觀，以及沒有「良心」、沒有「直覺」、沒有「自由意志」的人生觀，其共有的旨義和趨向都歸於掃掉食色之外的人生內容和人生目的。而後形成的是一個沒有人文和義理的人生與世界。陳獨秀批評梁啟超、張君勱之日，説的是「他們對科學的信仰」被「破壞」掉了。然則以彼律此，他之甘心固守「科學之權威是萬能的」，顯然也是信仰之力多於學而後知。[86] 科學之成為信仰以支撐「科學的人生觀」，正説明「科學的人生觀」之無從實證和不可驗測。以此對比胡適倡為天經地義的「拿證據來」，構成的正是一種彼此不能相容的背反。因此以

85　任鴻雋：《科學救國之夢》，第614頁。
86　陳獨秀：《陳獨秀文章選編》中冊，第376–377頁。

科學來到中國的傳播過程作對照，陳獨秀在這個時候說的「信仰」與任鴻雋後來說的「迷信」，兩頭之間的界限實際上非常模糊而很不容易分得開來。

信仰造出了一個沒有人文的世界，但作為起家於人文並以文化攪動天下的知識分子，其心中的世界又是不應當沒有人文的。因此新文化運動的這一面還引出過陳獨秀有觸於胸中之所積的批評和自我批評：「現在主張新文化運動的人，既不注意美術、音樂，又要反對宗教，不知道要把人類生活弄成一種什麼機械的狀況，這是完全不曾瞭解我們生活活動的本源，這是一樁大錯，我就是首先認錯的一個人。」[87] 與他所「信仰」的科學主義及其人生觀相比，這些話表達了一種顯然的矛盾。然而兩者之間的無從勾連，又說明了這是一種沒有同一性的矛盾。因此它們所寫照的，其實是科學主義籠罩之下的「科學的人生觀」與常理和常識的兩頭徊徨。胡適也有類似的徊徨，所以在他傾力推舉吳稚暉，並把人比作「微生物」之後，又有一段文字例舉科學之有助於人的「能力的增加」、「想像力提高」、「對於宇宙的美感」以及用因果律「解釋過去，預測未來」和「增加他對於同類的同情」等等，最後總歸於「這個自然主義的人生觀裏，未嘗沒有美，未嘗沒有詩意，未嘗沒有道德的責任，未嘗沒有充分運用『創造的智慧』的機會」。[88] 然而這些都不是「科學的人生觀」裏可以邏輯地延伸出來的東西，雖能說得文情並茂，卻太過附會牽強，既不能使人信為言之成理，也不在他自己的內在理路之中。因此，此後五年，有人寫信向他請教「人生有何意義」，他回答說：

> 生命本身不過是一件生物學的事實，有什麼意義可說？生一個人與一隻貓，一隻狗，有什麼分別？人生的意義不在於何以有生，而在於自己怎樣生活。[89]

87　陳獨秀：《陳獨秀文章選編》上冊，第514頁。
88　胡適：《胡適全集》第2卷，第214頁。
89　胡適：《胡適全集》第3卷，第817–818頁。

然後定論之曰：「生命本沒有意義，你要能給他什麼意義，他就有什麼
意義。」[90] 在這種對話裏，問的一方關注的是「人生」，而答的一方回應的
是「生命」，兩者其實並不等義。所以其間構成的只能算是一種答非所
問。然而胡適為自己的「自然主義的人生觀」所設置的那些「美感」、「詩
意」、「想像力」、「道德責任」等等物事，則在他將「人生」等同於「生
命」，又將「生命」，等同於「一件生物學的事實」的知識秩序面前次第碎
裂，全都成了無從附貼的東西。然則以科學為啟蒙，亦見新文化運動中
的啟蒙有時候是越啟越蒙。

　　就人生觀的中心問題是在回答人生意義而言，胡適用「生命本沒有
意義」來回應「人生有何價值」，正像是科學和人生觀論爭之後的一種結
論。這種結論出自科學「支配」下的人生觀，因此實際上不僅代表胡適，
而且代表吳稚暉、陳獨秀以及深信「舉凡一切精神界物質界，咸支配於
科學中」[91] 的各色新人物。對於「科學的人生觀」來說，由此表達的是一
往無前的徹底性。但「人生」之不同「生命」，本在於人在其中，已廣涉
人己、物我，並既因前後傳承而延續，又因古今不同而變遷。所以進入
了人生的生命實際上不再僅僅是「一個生物學的事實」，而是一種由層
層關係決定，並存在於層層關係之中的事實。古人所說的人倫和今人所
說的社會性，都是由此而生的對人的規定性。因此，關係之為關係，正
否定了「你要能給他什麼意義，他就有什麼意義」的可能。而後是身在
關係之中，個體人類的人生過程便為關係所牽，常常要在不斷面對問
題、不斷回答問題和不斷解決問題中實現。這個過程裏問題的綿延和問
題的匯積與人相伴相隨，最後都會促成對內向自身心靈的追問和對外向
人類終極的追問。於是而有儒學關於天人之際的思索，人禽之際的思
索，修身與立命的思索，以及此後繼之而起的漫長思想歷程。作為一種
了無窮期的自我認識和自我關懷，人生意義的尋求正是由此發生，並且

90　胡適：《胡適全集》第3卷，第817–818頁。

91　劉東、文韜編：《審問與明辨：晚清民國的「國學」論爭》上冊，北京：北京
　　大學出版社，2012年，第323頁。

由此而成為每一代人的問題。意義的尋求，核心在於價值的尋求。因此，「科學的人生觀」沿「科學萬能」一路走到極端，用「生命本沒有意義」淹掉了人生意義，實際上是在以其本身無法越出的「倫理上」的「中性」為世間立定規，消解了人類社會中的價值。顧頡剛後來說：蔡元培辦北大，「最注意的是文科」，尤著意於思想。[92] 而後是新文化起於北大，借為發端之地的也是文科。然而就文科的重心皆在以人為主體的社會和由社會牽引的人類活動，並最終脫不掉人生意義的尋求而言的。則這種出自新文化的「生命本沒有意義」，正顯示了作為一個過程的新文化運動，其首尾之間不能收束的既悖且詭。而對於那個時候的中國人來說，則是一方面，在二十年維新思潮營造了高高在上、俯視眾生的國家觀念之後，新文化把人推到了思想潮流的中心，並使之成為這個世界的主體。但與之一路同來的另一方面，是新文化又在引科學為理據，以說明人類自身對於這個世界在本性上的並無意義可言。而掃除了人對於這個世界的意義，實際上已掃除了崇高、神聖、超越；掃除了人對人類命運的關切；也掃除了想像力、理解力，以及已知與未知的區別。剩下來的，便是沒有了內在世界的個體與群體面對著一個委瑣、細小、均平、破碎而一片混沌的外在世界，既與之同存，也與之同化。因此人的解放便同時面對著人的失路和人的迷茫。

92　鍾叔河、朱純編：《過去的學校》，長沙：湖南教育出版社，1982年，第12頁。

第三章

思潮嬗蛻：個人與社會之間的此消彼長

一 「五四運動」：
個人主義同國家意識和社會意識的相逢與交衝

　　1919年的五四運動改變了新文化運動的歷史環境，並因此而改變了作為一種思想潮流的新文化運動本身。而後是兩者都會影響原本能以一面之理自立其說的個人主義。

　　五四運動因巴黎和會中國外交失敗而起。但這個過程實際上所帶來的已是民國歷史的一種顯然轉折。曾經參與過辛亥革命的陳獨秀曾追論辛亥革命的「錯誤」，以及這種錯誤留給後來的影響，指為大端的尤在於其只求「單調的反滿」，而並不顧及中國社會「反抗外國帝國主義收回權利的要求」，遂使「帝國主義之長驅直入，革命後反比前清更甚」：

> 專排滿清而放鬆了帝國主義的侵略，不但放鬆了，而且滿口尊重
> 外人的條約權利，力避排外的惡名，軍行所至，皆以冒犯外人為
> 大戒；致使外力因中國革命而大伸，清末權利收回運動，無形消
> 滅，借外債，送權利，成為民國史之特徵。同時軍人以兵亂政，
> 亦為前清所未有，至如軍閥與帝國主義者勾結為患的局面，亦可
> 以說是辛亥革命方法錯誤所遺下的惡影響。[1]

1　陳獨秀：《陳獨秀文章選編》中冊，第616頁。

這些話說明的是，被稱作「帝國主義」的外力在民國年間進入中國的程度明顯深於晚清；同時是民國年間的中國人懼外的程度也明顯地超過了晚清中國人。雖說五四前八年裏有過「二十一條」逼挾下的普遍憤激；有過《中日陸軍共同防敵協定》觸發的集群抗爭，以見鬱積於深層之中的人心不死，但其噴薄一發都起於此又止於此，留不下彌久彌遠的回聲。因此，以八年為整體，更多見的是政府以彼邦臉色之陰晴為憂喜的「根本問題，概未解決，推波助瀾，枝節叢生，遂使友邦尊重之念，變為鄙夷」的常在惴惴之中；[2] 而後是國人既在這個過程之中，「由懼外而媚外」，相伴而來的便常常是「始則惕亡，終則悲觀，而絕望，而厭世，而放恣矣」。[3] 比之晚清的處士橫議和天下滔滔，其情狀尤覺等而之下。時至五四運動前半年，當日的時論刻劃世相説：

> 中國人，上自大總統，下至挑糞桶，沒有人不怕督軍團，這是人人都知道的了，但是外交團比督軍團還要屬害。列位看看，前幾天督軍團在北京何等威風！只因為外交團小小的一個勸告，都嚇得各鳥獸散。什麼國會的彈劾，什麼總統的命令，有這樣屬害嗎？這就叫「中國之兩團政治」！[4]

這段話以「兩團」為對待之稱，而又實證地寫照了最終支配和影響中國內政的實際上是外國人。然則以當時人的表述和觀感為立此存照，顯然是八年之間的上行下效，已在民初中國積成了一種中西交衝以來罕有其匹的普遍渙散、迷離和麻木，後來的歷史學家論史之際遂概言之曰：「在中國近代歷史上，士大夫最崇洋的一段便是民國初年那一段。」[5] 因此五四運動以「外爭主權，內除國賊」[6] 回應強權對於中國的扼迫，蓬蓬然起於一個沒有公理的時代，並一路遠播南北，催生出中國社會各個階層的群起

2　經世文社：《民國經世文編》第4冊，第2033頁。
3　經世文社：《民國經世文編》第8冊，第5192頁。
4　陳獨秀：《陳獨秀文章選編》上冊，第305頁。
5　唐德剛：《雜憶胡適》，北京：華文出版社，1990年，第75頁。
6　《晨報》，1919年5月5日。

迴響，這個過程本身已為民國另造了一種世風。瞿秋白總括而論之，說是經此震動，「便把辛亥以來反動派與革命派爭相『保障外人的生命財產尊重條約權利』，而求帝國主義者之援助的局面更變了，換句話說便是把義和團失敗後之『尊洋主義』的天經地義打破了」。[7] 與之相隨而來的，是曾為「尊洋主義」所抑的民族意識和國家意識重新漲起於社會思潮之中。

張國燾當日身在局中，後來追憶這一段歷史，著力描繪的便是其時「成為五四運動的發動者和組織者」的北大學生之「狂熱愛國」。[8] 同樣身在局中的羅家倫曾推重段錫朋為五四「知識青年群中始終其事的實際領導者」和大家心悅誠服的領導者，而以群類作區分，則歸其傾向於「國家主義」和「國家民族」一面。[9] 兩者說的都是一種代表性。五四後三十多年，胡適說：「從我們所說的『中國文藝復興』這個文化運動的觀點來看，那項由北京學生所發動而為全國人民一致支持的，在一九一九年所發生的『五四運動』，實是這整個文化運動中的一項歷史性的政治干擾。它把一個文化運動轉變成一個政治運動。」[10] 若以張國燾的話和羅家倫的話與之作對比，則這種「轉變」顯然是從國家意識和民族意識的重新漲起開始的。在胡適的意中，對於1919年以前的新文化運動所預設的本來意義而言，它們都是一種不在範圍之內歧出。其間含結的矛盾，應是他取法「歐洲文藝復興」，以個人「抬起頭來，主宰了他自己的獨立自由的人格；維護了他自己的權利和自由」為「大解放」的那種理想的個人主義，[11] 同國家意識與民族意識直面相逢，而後兩者抵牾於前一面所內涵的個人至上和後一面內含的國家至上之間。由此形成的分野，便成為他用「政治」與「文化」來區別五四運動和新文化運動，並視「政治」為「文化」之「干擾」的由來。

7　楊琥編：《民國時期名人談五四》，第169頁。

8　張國燾：《我的回憶》第1冊，台北：東方出版社，1991年，第46頁。

9　羅久芳、羅久蓉編：《羅家倫先生文存補遺》，台北：中央研究院近代史研究所，2009年，第58、68–69、72頁。

10　胡適口述，唐德剛譯注：《胡適口述自傳》，第206頁。

11　胡適口述，唐德剛譯注：《胡適口述自傳》，第193頁。

在新文化人物中，他是至老猶在用心用力辨析這種區別的人。但以近代中國思想變遷的歷史過程説先後，無疑是民族意識和國家意識的出現在時間上更早於個人主義，因此也能夠更早地為中國社會熟識和多見。五四運動後一個南方學人説：「自昔閉關一統之世，知有天下，而不知有國家。迨海禁既開，稍知西方，於是有中西對舉之名，如中文、西文，中學、西學，中醫、西醫之類是也。邇來國家觀念，普及於人人，於是國民、國文、國語、國樂、國技、國粹、國故、國產種種冠以國字之一類名詞，復觸目皆是。」[12] 雖然他把「海禁既開」之後和「邇來」分作兩段來講，但既以「中西對舉」判分彼我，則由其所舉而例示，亦見二十年維新思潮涵養出來的國家意識，在民初中國雖然不彰，卻並未泯滅。新文化人物大半都經歷過這段歷史，從而大半都是沿著這條路走過來，並對其間產出的觀念稔熟已久。因此，他們中的許多人面對這種個人主義和國家意識兩頭交集的歷史場面，並沒有格外用心，去分辨前者附著的新文化運動與後者附著的五四運動之間的異同，而是置於一體，概以同懷視之。羅家倫後來説：「新文化運動所產生的思想變化」是促成五四運動的「原因」之一；而五四運動以其別開生面而後浪高過前浪，又擴大了「新文化運動的勢力」，使之「普及於青年及一般民眾身上去」。[13] 雖與胡適的判斷不盡相同，卻以其更多的模糊性而更真實地代表了當日的多數見識。

羅家倫著眼的，是大體上同屬一群的人物在思想運動和政治運動之間的過渡，以及後起的政治運動和先行思想運動為時勢所牽引而匯合於同一個歷史過程裏的事實。但對個人主義來說，新文化由此所得的是一種外來的道理，而在五四運動中蓬勃發抒的國家意識則出自深重的自我憂患，它們代表了另一種道理。胡適為之辨異同，留意處大半應在這些地方。而兩者之同時存在於那個時候的中國，便不能不成為兩者之間的

12　顧實：〈國立東南大學國學院整理國學計劃書〉，載劉東、文韜編：《審問與明辨》下冊，第595–596頁。

13　羅久芳、羅久蓉編：《羅家倫先生文存補遺》，第59、67頁。

相互對比和國人對兩者的評判和選擇，並使出自國家意識的另一種道理一旦立起，最先的影響便是直接堵擋了個人主義。其間非常典型的，是盛讚五四運動之「愛國熱忱」，並令黨人相助，「有一分之力當盡一分之力」[14]的孫中山。他在五四之前對新文化運動以遠看旁觀為基本態度，之後又力持「天賦人權」不能合於「現在中國革命之需要」為定見：

> 歐洲當時是為個人爭自由，到了今天，自由的用法便不同。在今天，自由這個名詞究竟要怎麼樣應用呢？如果用到個人，就成一片散沙。萬不可再用到個人上去，要用到國家上去。個人不可太過自由，國家要得到完全自由。到了國家能夠行動自由，中國便是強盛的國家。要這樣做去，便要大家犧牲自由。[15]

他用國家至上為道理，推翻了新文化引入的各色外來的道理，以及由此孵化派生的道理，遂使個人主義成了一種不能成立和不應成立的東西。就其融為孫文主義的一部分言，孫中山的這些話在20世紀前期的中國不僅具有當下的和即時的代表性，而且具有支配後來的影響力。

作為自成一路的政治人物，孫中山始終在新文化運動之外，與他相比，原本致力於讀書修身，以「正風俗為救國惟一要事」[16]的惲代英，五四之後已進入新文化運動的範圍之中。因此毛澤東在30年代追述自己在湖南發起新民學會，曾引惲代英為主幹的湖北「社會福利（利群）社」為同類，並皆歸於「或多或少地是在《新青年》影響之下組織起來的」。[17]然而溯其思想來路，則五四之後的「利群」社，其先本已有五四之前的「互助社」，兩者的前後傳承，都在於「自助助人」[18]的立群和

14　陳錫祺編：《孫中山年譜長編》上冊，北京：中華書局，1991年，第1172–1174頁。

15　孫中山：《孫中山全集》第9卷，北京：中華書局，1986年，第120、282頁。

16　惲代英：《惲代英日記》，北京：中共中央黨校出版社，1981年，第205頁。

17　中國社會科學院近代史研究所近代史資料編輯組：《五四運動回憶錄》上，第7頁。

18　惲代英：《惲代英日記》，第159頁。

合群。而群之能立能合和應立應合，又源自於他更早對於權利與義務的深思：

> 吾中國數千年聖哲之所傳說，每每為義務論。自海禁開，值歐洲大革命，平等自由之學說，隨太平洋之潮流而東注，而義務論之樊籬稍稍撤矣。

> 今則共和幸告成矣，權利論之勢力，日興而未有已。下者爭權利於鄉，上者訟權利於國。人事以之而日紛，風俗以之而日壞。茫乎禍海，誰生厲階？皆權利論之賜也。[19]

因此，他發心勸世，期望的是「天下之人，如真欲治平者，請自今無言權利，無言競爭，舉天下之富貴貧賤，皆使服膺於義務之說」。[20] 權利的立腳點在個人，義務的立腳點在群體。然則以「無言權利」而「服膺於義務之說」為世人說法，其自覺擇定和明白表達的正是一種反個人主義的人生取向，並因此而與前期新文化中的「個人本位主義」與「科學的人生觀」之類不在互相感應之中。當他進入新文化運動範圍之內的時候，與之相伴的仍然是這種人生取向。所以，1920年他曾以〈怎樣創造少年中國〉為題作長篇論述，其中一段話說：「眼前的家庭，固然不能說是滿意，但父兄究竟是人，未必便全然沒有人性。父兄究竟是有血緣關係的人，未必便全然不顧人情。在一方面，他固然有些死守著謬誤的風習道德，為我們進行之累；然而他亦只是社會傳統慣習的錮禁者，一切事不出於他自己的意識。所以在別方面，他亦並不致多甚麼成心，更不能說是有甚麼惡意。」作為對比，他更不喜歡的是子弟那一面以自我為本位的無情無義：

> 但是一般少年耳食了些自由解放的名詞，只知看社會黑暗的一部分，全不看他光明的一部分。又只知責備人家，全不知責備自己，

19　惲代英：《惲代英文集》上卷，北京：人民出版社，1984年，第1–2、5頁。
20　惲代英：《惲代英文集》上卷，第1–2、5頁。

於是家庭還沒有過分的壓抑，自己已經有了過分的怨望。這樣的
人，簡直是假借反抗惡家庭的名，向父母鬧少爺公子的闊派。[21]

然後慨而論之曰：「我自命是信得過新文化的人，但是我真不願看這樣
不堪的新文化運動。」[22] 他不肯把這些裹挾於新文化之中的「一般少年」
認作自己的同類，而劃分彼己的界限顯然也在個人主義。這種思想路跡
說明：他在五四之後匯入新文化運動，實際上是以自己的反個人主義跳
過了新文化倚為重心的個人主義那一段溝坎。與屢起屢挫又屢挫屢起的
孫中山相比，他是另一種典型。而他能夠跳過個人主義以匯入新文化，
則全在五四以後茁長於新文化運動中的合群以「創造少年中國」，[23] 以及
與之相類的呼聲和回聲一時群鳴，為新文化本身提供了一種以國家意識
為內涵的走勢和取向。

　　在20年代中國多災多難的時勢裏，隨五四而起的國家意識因其具
體而成其真實，又因其真實而成其可信。而後是具體、真實和可信最終
都會化為既有事實，又有邏輯的說服力，以至於六、七年以來慣用人權
反對國家主義，並用個人主義詮釋人權的陳獨秀，此日亦不再固守舊
轍，以往昔之是非為是非了。1921年，他說：

> 羅素離中國最後的演講〈中國人到自由之路〉裏面說：「中國最要緊
> 的需要是愛國心底發達，而於有高等智識足為民意導師的尤為要
> 緊。」這句話恐怕有許多高論家罵他不徹底，更要責備他和從前熱
> 心主張的世界主義反背了。我獨以為這正是對中國人很適當的卑
> 之無甚高論。[24]

並用此以映照世相，引出一派憤激：

21　惲代英：《惲代英文集》上卷，第217頁。
22　惲代英：《惲代英文集》上卷，第217頁。
23　惲代英：《惲代英文集》上卷，第160頁。
24　陳獨秀：《陳獨秀文章選編》中冊，第132頁。

中國人民簡直是一盤散沙，一堆蠢物，人人懷著狹隘的個人主義，完全沒有公共心，壞的更是貪賄賣國，盜公肥私，這種人早已實行了不愛國主義。[25]

第一段話為羅素辯護，要旨是為愛國主義辯護。第二段話痛惡中國人的「不愛國主義」，要旨是痛惡中國人的「狹隘的個人主義」。合兩者通觀之，則其立論的重心顯然是在伸張國家的至上性。就其個人而言，已更像是回到了十八年前在《蘇報》上力倡「合群愛國」的立場了。[26]而與此相關聯而形成調侃的，則是被他舉而掊擊的「狹隘的個人主義」，雖然與他曾經力為倡說闡揚的個人主義從字面上劃出了一種不同，但在那個時候中國社會的眾生相裏，這種能在紙上分開的東西，其實際形相本是混沌一片而無從辨別的：

你說婚姻要自由，他就專門把寫情書、尋異性朋友做日常重要的功課。你說要打破偶像，他就連學行值得崇拜的良師益友也蔑視了。你說學生要有自動的精神，自治的能力，他就不守規律，不受訓練了。你說現在的政治、法律不良，他就妄想廢棄一切法律、政治。你說要脫離家庭壓制，他就拋棄年老無依的母親。[27]

在他所對舉的這些悖反裏，都是個人主義提供的學理，直接助成了「狹隘的個人主義」。而其間的相為因依太過信而有徵，遂使曾經深信個人主義的陳獨秀後來不再相信個人主義。隨之是思想的大幅度丕變：

我們唯一的希望，只有希望全中國有良心、有知識、有能力的人合攏起來，早日造成一個名稱其實的「開明專制」之局面，好將我們從人類普通資格之水平線以下救到水平線以上。[28]

25　陳獨秀：《陳獨秀文章選編》中冊，第132頁。
26　陳獨秀：《陳獨秀文章選編》上冊，第12頁。
27　陳獨秀：《陳獨秀文章選編》中冊，第121、137頁。
28　陳獨秀：《陳獨秀文章選編》中冊，第121、137頁。

時至此日，其意中已是「中國改造非經過開明專制的程敘不可」。所以他認為自己陳述的是一種出自「正當的愛國心」的「實話」。[29] 但他由昔日的激烈反專制走向此時的「開明專制」，其轉變之際所排除掉正是個人主義賴以立足，並曾經被他看成是天下之事惟此為大的獨立、自由、平等、權利。七、八年之間，陳獨秀由個人至上回到了國家至上，比之孫中山和惲代英，其心路歷程無疑又別屬一種典型。而作為新文化中先倡個人主義的代表人物，他在思想上的這種轉身橫跨兩端，實際上不僅反映了個體在時潮起落中的內中無定，而且反映了個人主義作為一種外來的主義、城市的主義和青年的主義，在那個時候的中國本以懸空飄浮為一年四季中的常態，能自作聲光，而不能落地生根，以入人之腦又入人之心的事實。

這些各成一類的歷史人物彼此對比，也相互映襯，以其共處於同一種潮流起落之間而各有理路的迎拒、選擇和前後變化為社會思想作寫照，說明了個人主義在中國難以徑情直遂地一路走到頭。然而作為一種廣披四方並富有衝擊烈度的新思潮，個人主義又一定不會在這種漚浪相逐裏與時俱遷而消失於了無痕跡。就近代中國社會的新陳代謝說因果，其中尤其影響了當時的人物和後起之歷史的，是個人主義既以個人為本位，則其傳播思想的過程，同時又在為思想所到的地方帶來一種舊日所未有的視角，使身在這個過程中的一代人眼光改變之後，慣見的東西常常成了被審視、詰問和思考的東西。於是而有五四前後讀書人眼中的問題、心中的問題、身邊的問題、遠處的問題一時湧起，互相爭鳴又彼此共鳴。其間胡適筆下的「人力車夫生計問題」、「女子解放問題」、「男子解放問題」、「貞操問題」、「家庭制度如何救正問題」；[30] 毛澤東筆下的「女子教育問題」、「女子職業問題」、「戀愛自由及戀愛事實問題」、「姑媳同居問題」、「廢娼問題」、「放足問題」、「私生兒待遇問題」、「廢妾問題」、「婚姻制度改良及婚姻制度應否廢棄問題」、「家族制度改良及家族

29　陳獨秀：《陳獨秀文章選編》中冊，第 121、137 頁。
30　胡適：《胡適全集》第 1 卷，第 327、633 頁。

666 | 第四編 新文化運動中的個人主義

制度應否廢棄問題」、「宗教改良及宗教應否廢棄問題」、「勞動時間問題」、「勞工教育問題」、「工價問題」、「小兒勞作問題」、「餘剩均分問題」、「遺產歸公問題」、「男女工值平均問題」、「自殺」問題；[31] 邵力子筆下的「生計問題」、「勞動問題」、「學徒解放問題」、「人權問題」、「調查貧民窟問題」、「考學問題」；[32] 李大釗筆下的「學生問題」、「勞動教育問題」、「貧民生活」問題；[33] 沈定一筆下的「國民工廠設立問題」、「田賦均一及加徵問題」；[34] 以及陳獨秀筆下的「吃飯問題」[35] 和惲代英筆下的「個人生活問題」[36] 等等。大半都屬久已有之的社會現象而又與個體的生存狀態尤其切近者。由於這種切近，當個人成為本位和主體之後，它們便因其困苦窒難的近在眼前，而最先從原本的熟視無睹中次第昭顯，變得引人注目，並在個人主義的烘托和引申之下，化為一個一個以人為中心和歸屬的大問題。這些問題都因個人成為主體而起，但就其本性來說，這些問題的歸屬又都在社會一面。所以，以近代中國思想演變中的這一段歷史敘述來龍去脈，則中國社會之能夠作為一種認識對象，整體地和深入地進入一代人的思想視野，顯然是由這些以人為中心而從現實中翻攪出來的問題開其端緒的。

以先後為序，是此前二十年的維新思潮裏已出現過「社會」一詞，但那是一種沒有個體問題和中國問題的「社會」，在多數中國人眼中，便如同隔霧看花，不過是遠離自身生活，從而遠離個體的日行起居和悲歡喜樂的一個名詞，與之相對比，則此日的思想過程裏，社會既由問題引入，遂因問題的具體性和切己性，助成了社會的具體性和切己性，而

31　毛澤東：《毛澤東早期文稿》，長沙：湖南出版社，1990年，第396–397、429頁。

32　邵力子：《邵力子文集》，上冊，第27、44、252頁；下冊，第592、811、869頁。

33　李大釗：《李大釗全集》第2卷，第85、291頁；第3卷，第274頁。

34　沈定一：《沈定一集》上冊，第146頁。

35　陳獨秀：《陳獨秀文章選編》上冊，第423頁。

36　惲代英：《惲代英文集》上卷，第207頁。

後推己及人，又由此及彼，在人與人的連類而及中形成了問題與問題的
連類而及。隨後是個體的問題和個別的問題演生出群體的「教育普及問
題」、「公共娛樂場建設問題」、「公共育兒院設置問題」、「勞工組合問
題」、「勞農干政問題」、「民族自決問題」、「勤工儉學如何普及問題」、
「蠶絲改良問題」、「造林問題」、「鄉村汽車路建築問題」、「模範村問
題」，[37] 以及「社會心理」問題、「適應社會與改造社會」問題、「破壞與建
設」問題、「改造輿論」問題、「民意的權威」[38] 問題、「青年與農村」問
題、「我與世界」問題、「物質變動與道德變動」問題、「人治與自治」問
題、「自由與秩序」[39] 問題、「言論自由問題」、「政治與社會問題」、「個
人對於社會的責任問題」、[40]「智識階級之團結」[41] 問題等等，每一個問題
都出自當日的中國社會，因此，在這種人的連類而及和問題的連類而及
裏，已是中國人的問題為中國社會築成了一種整體的構造和對象化了的
構造。近代中國以社會為主題的思想歷史因之而走入了一個前所未有的
階段。

　　社會因問題的形成和匯聚而進入中國人的思想視野。論其始末和
緣起，個人主義的一面之理曾在這個過程的實際發生中施為催化，喚出
了引來後浪的前潮。然而這個過程由問題走向社會的一路推演，同時又
會因社會之別成一種意義而促成新思潮與新思潮之間的頡頏，並明顯地
改變和減殺了個人主義本身對中國人的影響。在那個時候的各色新知
裏，個人主義以個體為本位，與之對比而見的是，作為認識對象的社會
則始終是一種群體的存在和群體的聯結，因此，置身於社會之中的個

37　沈定一：《沈定一集》上冊，第141–147頁。

38　邵力子：《邵力子文集》上冊，第384、439頁；下冊，第489、564、597頁。

39　李大釗：《李大釗全集》第2卷，第304、360頁；第3卷，第101、214、253
　　頁。

40　郭雙林、高波編：《高一涵卷》(中國近代思想家文庫)，北京：中國人民大
　　學出版社，2014年，第213、266、270頁。

41　周月峰編：《杜亞泉卷》(中國近代思想家文庫)，北京：中國人民大學出版
　　社，2014年，第504頁。

人，顯然不同於個人主義闡述裏的個人。由這種不同的立論，便會派生出李大釗稱作「個人與社會間的權限問題」。在中國的個人主義論說裏，這是一個曾被忽略掉的問題，但社會一旦進入思想視野，則又成了一個已經來到眼前而沒有辦法迴避的問題。而「權限」反映的其實是矛盾：

> 極端主張發展個性權能者，儘量要求自由，減少社會及於個人的限制；極端主張擴張社會權能者，極力重視秩序，限制個人在社會中的自由。「個人主義」(individualism) 可以代表前說；「社會主義」(socialism) 可以代表後說。

他所說的「社會主義」，顯然還沒有後來使用這個名詞時所表達的那種特定的學理內涵，而是泛指一種把重心置於社會的立場。李大釗列舉這兩面的「極端」，用意是為了說服這兩面的極端：

> 個人與社會，不是不能相容的二個事實，是同一事實的兩方面；不是事實的本身相反，而是為人所觀察的方面不同。一云社會，即指由個人集成的群合；一云個人，即指在群合中的分子。離於個人，無所謂社會；離於社會，亦無所謂個人。故個人與社會並不衝突，而個人主義與社會主義亦決非矛盾。[42]

雖說這些話都能言之成理，而以後來的事實作對比，這些話又是在以太過簡單的道理統括一種複雜多態的關係。所以身處兩頭極端的牽引之間，真能聽得進而且守得住其中之理的人實際上並不多。但這些話應事而發，其論題和論旨反映的則都是當日真實的思想現象和思想走向。因此，引李大釗的論說以作觀照，正可以明白地看到，本以「個人從一切社會關係的羈絆中解放出來」為共識和共趨的個人主義，在這種深化了的思想環境裏已不能再維持一種既無須歸屬於，又無從歸屬於任何社會關係的抽象個人，並用之以展示自我解放的理想境界。李大釗並不以反對個人主義為立足點，然而其意中的個人，只能是「群合中的分子」。

42　李大釗：《李大釗全集》第3卷，第253頁。

同一個意思，用儒學的老生常談來表達，便是長在「人倫並處」[43] 之中。
而以個人為「群合中的分子」，則個人不僅是與他人同生同存的，而且
是與他人相為因依的。作為對應的事實，是其時一批一批由新文化召喚
出來而被目為新青年者，一旦自以為脫出了舊軌，便大半都集群而聚於
以思想為標幟的名目之下，少見真有人想隻身橫行天下的。這個過程中
形成的眾多以社團為形式的「群合」，以及人在「群合」之中用宗旨為名
義營造的公共意識和集體意識，反襯的正是新文化所描畫的個人主義烏
托邦的實際限度和自我限度。

　　由於把個人看成孤身孑立而沒有牽掛的個體，所以，新文化運動一
開始便獨以青年為希望之所在，置其他群類於論域之外並漠然視之和蔑
乎視之。其中最極端地代表了這種排他性的，便是陳獨秀創辦《(新)青
年》雜誌之日直白言之的「陳腐朽敗之分子」，與「新鮮活潑之青年」之間
的對立。在他的定見裏，中國的青年人群和青年人群之外，而被統括為
「彼陳腐朽敗之分子」的各色人等，是可以與之截為兩段而互不相干地自
為演變的。其背後顯然還沒有兩者共處於同一個社會之中的意識。就一
場思想運動而論，這種設定的對象其實也同時成了設定的範圍；而設定
的對象又是排他的對象，則不能不使這種被稱作啟蒙的思想運動常常會
表現出對於大眾的俯視和渺視。因此陳獨秀既說「吾民之德弊治污」，又
說「吾苟偷庸懦之國民」；[44] 胡適也說中國人「這樣又愚又懶的民族」，是
「一分像人九分像鬼的不長進的民族」。[45] 即使是不願自居於高高在上的
魯迅，其筆下的狂人、阿Q、孔乙己以及祥林嫂，大半都是精神上各有
病象的人物和先期已被置於救療之列的人物。而俯視和渺視得尤其自覺
的，則要算是錢玄同在給周作人的信中言之自如而說得直截了當的一
段話：

　　你譯的那些小說，原是給青年學生們看的，不是給「粗識之無」的

43　梁啟雄：《荀子簡釋》，北京：古籍出版社，1957年，第118頁。

44　陳獨秀：《陳獨秀文章選編》上冊，第140、172頁。

45　胡適：《胡適全集》第4卷，第666頁。

人和所謂「灶婢廝養」看的。今後正當求學的學生，斷斷沒有不認得外國字的，所以老實用了外國字，一定無礙。若是給「粗識之無」的人和所謂「灶婢廝養」看的書，自然不能十分道地。[46]

其傲慢雖然發露於一時一事，而呈現的則是當日多數文化導師的群體氣象。前期新文化論域的廣度和傳播的廣度也因此而不能見其之大。

然而當社會整體地進入思想視野之後，後起的一代人雖應新文化的召喚而匯入潮流，但以他們為主體的各種社團則明顯地表現出一種對於大眾的關切和關注，並在一個互為感應的時代裏不斷伸張，又以此影響了曾經為他們作過啟蒙的老師一輩知識人。因此，作為新思潮的個人主義還沒有消歇，「民眾」、「勞工」、「農夫」、「平民」、「庶民」、「公眾」、「國民全體」、「國民人格」、「勞動階級」、「中國的百姓」以及更深入一點的「工廠調查，農村生活」和更具體一點的「唐山煤廠工人生活」[47]等等都已進入報章論說之中，使知識人的論域明顯地下移，又明顯地擴大。這些名詞所對應的都是這個社會裏的多數人和下層人，略同於錢玄同眼中的「粗識之無」和「灶婢廝養」。但當思想路向已由文化轉向社會之日，則多數和下層所對應的內在涵義與外在尊卑顯然已經前後不同。其間直接闡說這種內涵，並為當日留下了一種範式的，是蔡元培以「勞工神聖」為名稱所作的演講：

> 此後的世界，全是勞工的世界呵！我說的勞工，不但是金工、木工等等，凡用自己的勞力作成有益他人的事業，不管他用的是體力、是腦力，都是勞工。所以農是種植的工，商是轉運的工，學校職員、著述家、發明家，是教育的工，我們都是勞工。我們要自己認識勞工的價值。勞工神聖！[48]

---

46 錢玄同：《錢玄同文集》第1卷，第346頁。

47 中共中央馬克思列寧恩格斯斯大林著作編譯局研究室編：《五四時期期刊介紹》第1集，北京：生活 · 讀書 · 新知三聯書店，1959年，上冊，第103、271頁。

48 蔡元培：《蔡元培全集》第3卷，第219頁。

他以各色人等比附勞工，推論既泛且廣，但反映的則是知識人中的先覺者面對這些身處下層而構成了多數的人口，其認識中已經發生和正在發生的大幅度變化。而比之為「神聖」，則是既已承認了他們是在「用自己的勞力」成就他人和「有益他人」；也已承認了他們實際上是這個社會裏真正的主體。百年之後回看當時，蔡元培的話之所以成為一種範式，正在於以此開先的理路後來源源不斷地繼起於新思潮之中，並一路彌漫擴張，而最終沉積為20世紀中國社會思想裏的時代內容。然則以前期新文化獨取青年的排他和狹隘為對比，蔡元培的話又寫照了新文化運動自身因社會進入思想視野而促成的自我嬗蛻。這是一個思想改變了時勢，時勢又改變了思想的過程。

二　迂迴曲折的思想路徑：
由個人主義引渡而來的「多數人的主義」

在這個過程裏，社會是由問題為緣起而成為真實觀念和具體觀念的。但因問題而見社會，同時也説明進入中國人思想視野的社會，其現實存在和直觀形象從一開始便是一種與弊象連在一起的東西，一種有毛病的東西。那個時候少年中國學會以「本科學的精神，為社會的活動，以創造『少年中國』」為宗旨，曾聚集了許多後來各自秀出一時，並在20世紀中國的政治、思想、文化、學術歷史中留下過自己個人痕跡的人物。而以「科學的精神」之純屬抽象和「少年中國」之猶在以未來相對比，則其宗旨中最實在的，從而最可用心的，其實也只有「社會活動」這一項了。所以左舜生説：「我以為詮釋學會宗旨，最須注意社會活動四字。」這些人物因社會而「群合」，然而在他們的論説裏，卻常常把社會徑直稱作「現在的惡生活」、「這個萬惡之社會」[49]以及「舊社會中

49　張允侯等編：《五四時期的社團》第1冊，北京：生活·讀書·新知三聯書店，1979年，第224、298、300、305、323、357頁。

各方面的生活，都是一樣的惡劣而無意義」[50] 等等。由於因問題而見社會，遂使問題和社會實際上已在相為表裏之中。然則直面世路裏種種出自「黑暗」和「萬惡」的問題，問題裏所含結的「黑暗」和「萬惡」，便都在歸納中交集，成了社會的「黑暗」和「萬惡」。在那個時候的新人物裏，這是一種普遍意識，因此，少年中國學會之外，還有流派紛呈的其他種種團體以「麻木」和「盲目」稱社會，以「黑暗、惡濁、悲觀、厭煩」稱社會，以「壓迫」稱社會，以「慘待」稱社會，[51] 都是見不到光明和祥和的否定性評判。這些各有出處而又集為共識的表達，正說明進入了中國人思想視野的社會，從其開始成為認識對象的時候起，其實已同時被當作窮加追究的對象和應該下手收拾的對象了。與之對應而起的，便是這些團體以「幫助社會」、「評論社會」、「改造社會」、「創造一個新中國社會」，以及以社會為對象的「奮鬥」[52] 作宣述所共同匯成的另一種共識。隨之而來的，是關注社會和改造社會合而為一地蓬蓬然起於新思潮中，成為一個雖然後起而已進入了中心的主題。蔣夢麟在回憶錄中追敘其間來華的杜威和他在中國引出的反響，印象深刻的也在這一方面：

> 杜威引導中國青年，根據個人和社會的需要，來研究教育和社會問題。無庸諱言的，以這樣的方式來考慮問題，自然要引起許多其他的問題。在當時變化比較遲鈍的中國實際社會中自然會產生許多糾紛。國民黨的一位領袖胡漢民先生有一次對我說，各校風潮迭起，就是受了杜威學說的影響。此可代表一部分人士，對於杜威影響的估計。他的學說使學生對社會問題發生興趣也是事實。這種情緒對後來的反軍閥運動卻有很大的貢獻。[53]

50　張允侯等編：《五四時期的社團》第1冊，第393頁。

51　張允侯等編：《五四時期的社團》第1冊，第71、179頁；第2冊，第337頁；第3冊，第50頁。

52　張允侯等編：《五四時期的社團》第1冊，第133、167、251、237、305頁。

53　蔣夢麟：《西潮・新潮》，第127頁。

在他把學生當作主體所描述的這種思想萌動裏，最能引人注目的地方顯然都出自關注社會的意願和改造社會的懷抱。然而他和胡漢民雖褒貶不能盡同，卻全以為中國新人物的這種思想走向是杜威影響的結果，則其推想又都太過直觀從而太過簡捷。杜威的女兒在多年以後説：杜威的中國之行，對他的社會和政治觀點的發展起了決定性的作用，具有深刻的和持久的影響。[54] 她所展示的是中國人和中國社會影響了杜威的一面。然則由後一面映照前一面而通論這一段歷史情節的象徵意義，顯見得其中的內容比胡漢民和蔣夢麟的推度都要複雜。

　　與個人主義之立腳於個體相比，社會的主體既在多數與大眾，則以社會為對象而生成的關注和關懷也在多數與大眾。隨之而來的，是「從前」和「今日」之間形成了一種自覺的分野：「從前之改革家皆從高上做起，吾輩今日則從底下做起。換言之，從前所謂改革家無非轟轟烈烈做幾樁事情，而所謂大多數人之幸福，則在所不問。吾輩今日則從底下做起，以求大多數人之幸福。」[55] 這一段話裏的「大多數人」，在同時的時論裏又被稱作「我們中國的百姓」、「勞動階級」以及「男女同胞」[56] 等等，所指都是合為一體而不可以個體區分的人群。作為一種直接的關聯，其間又有過「所謂文化運動，是專注重於智識階級方面的多，能顧到勞動階級的卻少」[57] 這樣身在文化運動之中批評文化運動的表達。由此反映的，是發生在那個時候的因知識人關注對象的改變而改變了知識人自身立場的過程。這個過程曲折而來，並反射了種種中國的現狀，因此，這個過程不會是全在杜威的影響之下從無到有地生成的。但杜威來到中國，則又適逢其會地直接面對著這個正在初起的過程。在前期新文化運動已經

54　簡‧杜威著，單中惠譯：《杜威傳》，合肥：安徽教育出版社，1987年，第49、52頁。轉引自袁剛、孫家祥、任丙強編：《民治主義與現代社會：杜威在華講演集》，北京：北京大學出版社，2004年，第6頁。

55　張允侯等編：《五四時期的社團》第1冊，第293頁。

56　張允侯等編：《五四時期的社團》第1冊，第71頁；第3冊，第255頁；第4冊，第21頁。

57　張允侯等編：《五四時期的社團》第4冊，第21頁。

作了鋪墊之後，其學說中的相應內容都會引出新思潮的迴響，所以胡漢民和蔣夢麟的直觀之見不能算是全無根據的信口而談。然而比這種直觀更富深度的內容，則在於被稱作新思潮的東西其內裏其實並不一致，而且這種過去猶在朦朧之中的不相一致此日正變得越來越明顯，並在多士群鳴中越來越趨向於各立主張的分化之中。是以杜威的學說雖自有深度和廣度，而經其時胡適按照自己的眼光做選擇、概括和詮說，又以他自己的這種詮說發為鼓吹之後，則它們在五四以後的中國所能留下的影響和所能得到的迴響，實際上大半都是以實驗主義和自由主義的個人主義為實際範圍的。蔡和森後來稱之為「美國思想」。[58] 顯見得對於內裏並不一致的新思潮來說，杜威的影響所產生的迴響，其實並不一致。

當日正在主持少年中國學會，並因之而同屬新思潮一脈的王光祈說：

> 美國式政治的民本主義，究竟與大多數人的幸福有無關係？我現刻極鄙視政治，凡有朋友談到「政治」二字，我就聯想到「少數人的最大幸福」、「供野心家的利用」、「世界擾亂的原因」、「萬惡之原」。美國人因拜金主義，造成一種世界無敵的財閥，一般平民生活在這種財閥之下，與我們生活於軍閥之下同是一樣苦痛。[59]

他所說的「政治的民本主義」應同義於民主；而「美國式政治的民本主義」則尤近於自由主義的個人主義。與這些道理相關的論說其時本已進入了新文化之中，但當他以「多數人」為對象，以「大多數人的幸福」為立場提出問題的時候，這些已經進入了新文化的論說顯然並不再能令人心悅誠服了。曾作《胡適之評傳》的美國歷史學家格里德（Jerome B. Grieder，亦譯賈祖麟），在涉及這一段中國思想歷史時說過：「自由主義的內容決定了它不是面向人民大眾的理論。」[60] 以王光祈的話為實例，可謂極中

58　中央檔案館編：《中共黨史報告選編》，北京：中共中央黨校出版社，1982年，第6–7頁。

59　張允侯等編：《五四時期的社團》第1冊，第293頁。

60　傑羅姆·格里德：〈五四知識分子的「政治」觀〉，載王躍、高力克選編：《五四：文化的闡釋與評價》，第166頁。

肯綮。因此，杜威的女兒追憶杜威的中國之行深刻地影響了他後來的政治、社會觀點的發展，一方面說的應是杜威來到中國，看到了種種原本沒有想到過的問題，一方面說的應是這些問題足夠重大，所以此後能夠長久地影響他的思考。而就杜威來華之日中國新文化運動自身的演變而言，這種以社會為關注對象的思想潮流顯然既是最能引人注目的，又是與自由主義深度隔閡的。然則杜威的中國之行之所以具有歷史敘述的象徵意義，正在於起自當日中國的這個思想過程，以其改造社會的主題為尺度，非常具體地丈量出了自由主義與那個時候的中國人之間太遠的距離。因此，在他來華期間二百多場講演的一派熱鬧之後，是其去後少有餘響的寂然。而與之成為對比的，則是社會進入思想視野之後在層層深翻中不斷地派生出問題，也不斷地派生出思想。

　　作為思想演化所生成的重心轉移，由新文化催生的這種改造社會的走向，與同在新文化之中的自由主義不能互相對接，說明了新文化運動偏倚於個人主義取向來解釋民主，又偏倚於科學主義取向來解說科學的路數，已無從延伸而入以多數為對象，並以多數人的幸福為關懷的社會問題之中了。新文化運動起於二十年維新思潮之後，因此，經陳獨秀的提煉概括而被目為要義的民主和科學，背後都有著這段歷史所給予的進化論的支托。有此「物競天擇，適者生存」作為公理的支托，而後各有學理的民主和科學才能臂力遠伸地轉化為新舊之爭中的武器和工具。然而思想演化所生成的重心遷移，又使這種武器和工具此日已變得非常局限。比之科學主義把人歸結為本質上等同於動物、植物和礦物的「質與力」，從而無從回應「人生有何意義」的詰問，則擅長以「物競」為道理，以證成個體的自由、權利和幸福之理所當然的個人主義，在多數人的幸福面前實際上不僅無以為應，而且兩頭之間正相悖反。社會進入視野，使新文化運動中已有的觀念技窮乎此而不復再能周延八方。隨後是上個世紀90年代克魯泡特金（Peter Kropotkin）在英國發表的《互助論》，因其立論異乎「物競」而成為中國人眼中的新義，並在這個時候被引入了新文化運動之中。當日的時論對比而言之曰：「最初所為的個人，是個人的個人，最後所為的個人，是社會中的個人。最初為個人的行為便是競

爭，最後為社會的行為，便是互助。」所以「應該瞭解競爭是舊的，互助是新的。新是生的，舊是死的」。[61]

　　在二十年「物競天擇」之理一路彌漫而滔滔然天下皆是之後，這種推重「互助」以排拒「物競」的論說，非常明白地昭示了思想潮流中基本觀念的新陳代謝。同時是時論的言之諄諄，又說明作為一個特定的觀念，真正用來與「物競」相對待的「互助」同樣是從外國人那裏移接過來的。而以時序之先後論其間的源流，則清末聚於巴黎的中國無政府主義者其實已經沿此理路而別入一種境界。一則記載說：「李煜瀛（石曾）則是最早介紹互助論者，他與吳稚暉是中國最早介紹無政府主義的。蔡[元培]先生本人也是提倡柯魯泡特金（Kropotkin）互助論的。」[62] 三者皆直接間接地出於當年巴黎那一脈而共奉互助論，並一同由前朝的亂黨變為民國初期的文化名人。但清末中國已經開始接受的互助論在很長的時間裏找不到本土能夠與之對應的群體，因此久在思想潮流的邊緣而未曾引發遠播的響聲和回聲。然則這種本在邊緣的東西之能夠發皇於新文化運動之中，顯然並不是因為理論自身的恢揚，而是因為改造社會的思想運動提供了一種足以與之對應的，而由多數人構成的社會主體。蔡元培曾推許五四後一年成立的工學互助團可以寄託「大希望」，是因為他們自覺自願地踐行「互助」。然後以此發端，申論互助與社會進步之間的關係說：

> 小工業的時代各作各的工，成績總是有限。後來分工細了，工業大大的進步，這是互助的效果。從前勞工與資本家反對，勞工總是失敗，後來同業的勞工聯合起來，一國中各業的勞工聯合起來，各國各業的勞工聯合起來，資本家不能不讓步了，這也是互助的效果。但是資本家與勞動還是對峙，還是互競，所以工業上還免不了苦況。也有人說貧富不平等的原因，就在教育不平等。一部分的人可

61　沈定一：《沈定一集》上冊，第94–95頁。
62　陳平原、夏曉虹編：《北大舊事》，第98頁。

以受高等教育，在學術上有點兒貢獻，但不是獨學便能成功，是靠多少師友的助力。況且學術為公，政治上雖有國界，學術研究沒有國界，所以能達到現在的程度，這是互助的效果。

而後沿此理路遠望將來，期之以「全世界做成一個互助的團體」。[63] 一個美國歷史學家曾論蔡元培的「世界觀在某些重要的觀點上和許多同時代的人差距甚大」。相比於其他新人物，他更用心於「倫理生活」和「人道主義」。[64] 以其數十年言行的自成一格而一以貫之的立場和懷抱相度量，這個判斷大體上是正確的。因此，他之所以主張「互助生存」而「反對達爾文的『競爭生存』的學說」，[65] 應當有其個人既定的精神性格和人生態度的原因。但以他在新文化運動中不以學說作激揚鼓盪，而自能得眾望所歸的個人影響[66]言之，則這種取捨之間的言之明瞭，又會因人格感召而成為思想導向。

同他相比較，後起的一代人倡說「互助」，更自覺而且更著力的，已全在於用學理為感召和學理為導向。其時一種以《進化》立名的雜誌説：

> 一八七九年，動物學家嘉司黎Kessler搜集許多事料，證明物種的向上進化，「互助公例」比那「互競公例」還重要些。有一位克魯泡特金，是地理學家，也是著名的無政府黨，因此搜集許多動物上的事料和歷史上互助的證據，作了一本《互助論》（一九〇七年出版），證明互助在生物社會的利益是很大的。他說：「動物團結而成社會，最弱的蟲鳥和哺乳類都可借社會的保護抵拒強權；生產

63　蔡元培：《蔡元培全集》第3卷，第379頁。

64　戴維翰：〈蔡元培的人文主義與與中華民國的教育改革〉，載姜義華、吳根梁、馬學新編：《港台及海外學者論近代中國文化》，第475–476頁。

65　陳敬編：《無政府主義在中國》第1輯，長沙：湖南人民出版社，1984年，第537頁。

66　見羅家倫、傅斯年、陶希聖、毛子水、羅章龍、段錫朋以及許壽裳的回憶，見陳平原、鄭勇編：《追憶蔡元培》，北京：中國廣播電視出版社，1997年。

養育不須過勞，並可託庇社會隨時安居。故互助不但為反抗天然界的敵力和他種侵害的利器，也可算是向上進化的好工具。」

人類同樣由「團結而成社會」，因此，就「人類社會發展」須經「較不高尚至於較高尚」，才可達到「為全世界人類造幸福的目的」而言，與之相匹配的便只能是這種「互助」的「進化」。這種借助學理以作灌輸的闡述，在達爾文的進化論之後又另立了一種異乎其趣的進化論，以説明「如今的進化論和從前的創造論是相反的」。其用意顯然不僅在作前後對比，而且是在弘揚「如今」的真理性以反襯「從前」的不合理性。所以，之後又曾舉達爾文後出的《人種由來論》（《人類的由來及性選擇》）已並不全同於其先出的《種源論》（《物種起源》），並就此作推論，以證成克魯泡特金所説的「他已將『物競天擇，適者生存』的觀念完全改變了」，進而判定斯賓塞一類以「生存競爭」來概括達爾文之不能成立。[67]在以達爾文命名的進化論傳入中國二十多年之後，這是中國人第一次合群地表現出來的對於進化論的反思和反詰。雖説像這樣以一種進化論究詰另一種進化論的取而代之猶未做到自外及裏，不能算是已經有足夠的思想深度，但它對上一代人以來天下共信為「天演公理」的「物競天擇」所表達的直接懷疑，則為後來的深思提供了一種起點。而在慣於以新思潮懷疑舊思想的時代裏，由此表現出來的以新思潮懷疑新思潮之能夠由邊緣進入主流，又説明其內中自有順乎人心和合於時勢的一面，所以，在五四前後的中國文化運動裏，這種被稱作「如今的進化論」的東西曾引發出議論紛紛並造成過廣泛的影響。除了名為進化社的團體以旁徵博引為長技的這種專論之外，當日還有出自長沙新民學會中人的「誠使人類都能秉『創造』與『互助』的本能，努力向物質與精神兩方面的文明上去發展」的展望；有出自少年中國學會中人的以「真自由、真平等的互助主義同新式的社會組織」合一為「世界的新思潮」之認知；有武漢互助社立為宗旨的「自助助人」；有工讀互助團立為宗旨

67　張允侯等編：《五四時期的社團》第4冊，第184頁。

的「本互助的精神，實行半工半讀」；有北京大學平民教育講演團用之以向民眾宣述的「互助的意義及吾人今後的責任」等等。[68] 在此之外，又有以「合作主義」為名稱的種種陳説和團體。[69] 與「互助」相比較，這一類陳説和團體雖未必盡屬同義，但就其主張而言，則大體都與「物競」相悖相歧而與「互助」皆在近義之列。

在陳獨秀用民主和科學總括新文化的時候，這些不能為民主和科學收歸的思想走向顯然都不在他的預計之內。而後是這種不在預計之內的思想走向又帶來了不在預計之內的思想過程，並最終使預想本身成了被抉破的東西：個人主義助成了社會進入中國人的思想視野；進入了思想視野的社會又因主體歸於多數而共立互助主義，以之為群己之間的準則；隨之而來的因果所及，則是這種群己之間的互助準則對於「物競」的全盤否定，同時也間接然而明瞭地否定了正在把「物競」用作群己之間的道理和手段，用之以力爭個體自由、平等、獨立、權利的個人主義。相比於引新文化之外的「吾中國數千年聖哲」之説抵拒個人主義，這個過程的邏輯開展和前後承接，昭示的顯然已是另一種別樣的理路了。這種由預想開始而突破了預想的過程，只能説是新文化改變了新文化。

然而作為一個觀念，互助從一開始就不是一種懸空而來和懸空而立的東西。它出自無政府主義的思想血脈之中，因此以附著於無政府主義思想為常態。與之相應而見的，便是無政府主義在新文化運動中的蓬蓬然而起。雖説論其始末源流，晚清中國已經有人自歸於無政府主義，但以世界主義為立場的無政府主義，常常在這些人身上同種族主義為立場的反滿意識一體共存而了無抵牾，已反映了本身流派紛呈而內涵複雜的無政府主義，一入中國便又有了更多的複雜性和模糊性。在清末那一段反滿的歲月裏，無政府主義留給普通中國人的感知中，印象最深刻的，恐怕多半不是學理而是暗殺。是以民國初年的議論猶常常不能忘記「無

68　張允侯等編：《五四時期的社團》第1冊，第69、122、252頁；第2冊，第173、373頁。

69　張允侯等編：《五四時期的社團》第4冊，第1–150頁。

政府黨有主張暗殺者，此其大缺點也」。[70] 然而就其實際而論，自辛壬之交天下鼎革以後，無政府主義中的這一面已經在日漸褪去之中了。除了鄧中夏在《中國職工運動簡史》中提到的，廣東無政府主義者曾直接走入下層社會，發起過「機器總工會」、「理髮總工會」、「茶居工會」[71] 一類大小不等的勞工團體以外，民國前期的無政府主義主要是一種見之於刊物論說，並存在和傳播於知識人之間的思想。而無政府主義學說的本性，則決定了無政府主義者崇尚自由聯合而不會有太過嚴密的組織，與之相對稱的，便是無政府主義在中國的思想邊界和人物邊界常在不甚清晰之中。在當日的無政府主義者眼中和後來研究無政府主義的著述裏，除了晚清以來即以無政府命世的吳稚暉、李石曾之類以外，蔡元培、吳玉章、陳延年、汪精衛、陳獨秀、李大釗、易白沙、錢玄同、周作人、匡互生等等都曾經對無政府主義有過信仰、傾向或同情。[72] 這些人物此日各屬一類，後來又各分東西，但也正因為如此，他們之間的這一面共相，又真實地說明了無政府主義的實際傳播在那個時候的新人物中所達到過的廣泛程度。

　　然而分別省察，辨而論之，則各人看無政府主義，中意的東西其實並不完全一樣，因此取來當作法式的東西也並不完全一樣。在蔡元培一生的行狀裏，常常被人提到的是他在北京大學立「進德會」以造風氣。陶希聖說：「進德會有三種等第，甲種會員：不嫖、不賭、不娶妾；乙種會員：於前三戒外，加不作官吏、不作議員二戒；丙種會員：於前五戒外，加不吸煙、不喝酒、不食肉三戒。」[73] 把這些當作志行和踐履，則中國人更容易看到的是他身上與儒學相淵源的一種君子人格。[74] 但

70　張允侯等編：《五四時期的社團》第4冊，第173頁。

71　陳敬編：《無政府主義在中國》第1輯，第508頁。

72　陳敬編：《無政府主義在中國》第1輯，第516–517、537頁；阿里夫·德里克著，孫宜學譯：《中國革命中的無政府主義》，桂林：廣西師範大學出版社，2006年，第139、152頁。

73　陳平原、鄭勇編：《追憶蔡元培》，第213頁。

74　陳平原、鄭勇編：《追憶蔡元培》，第37頁。

以無政府主義在中國的傳播歷史說其間的源流，則「該會的名字來自於1912年成立的一個無政府主義團體，採用了師復『心社』的宗旨」，而且其「宣言」也明白地引之以為前史。[75] 因此在君子人格之外，「進德會」之出現於北大，同時又反映了蔡元培的關懷與無政府主義中內含的道德理想主義之深度契合。同他相比，吳稚暉自始便更迷戀和迷信無政府主義中的科學主義傾向，以及由此派生的「機器促進大同」，而使「人人高尚純潔優美」的那一類烏托邦。[76] 兩者之間的這種差異成為具體的實例，說明了無政府主義在內涵上的廣義性。由於這種廣義性，包羅一體地統括了自由、平等、博愛、公道、真理、解放和反傳統、反國家、反政治、反家庭等等旨趣的無政府主義，便常常能與新文化運動中對應的部分發生共鳴，並在受眾一面很容易變成互相混同的東西。以至於當年在北大讀書的朱謙之後來說：「在那個時候，所謂新思想，就是指的無政府主義思想。」[77] 而同一個時間裏也在北大讀書的川島，則以「我的腦子就像一隻雜色的染缸」來形容自己在「新思想」交匯之下的感受，而其間名列前茅的色彩之一便來自「可魯泡特金」。[78]

　　這個過程使原本算不上顯學的無政府主義獲得了一種後來的聲光，並因新文化運動造成的思想震盪而得以彰顯於知識人之中。相隔十多年之後，毛澤東對斯諾 (Edgar Snow) 追憶五四前一年他在北京的思想經歷，說那個時候自己「對政治的興趣繼續增加」，而且「頭腦越來越激進」：

　　我正在尋找一條出路。我讀了一些關於無政府主義的小冊子。很受了影響。我常常和一個北大的學生，名叫朱謙之的，討論無政

75　阿里夫・德里克：《中國革命中的無政府主義》，第162頁。

76　阿里夫・德里克：《中國革命中的無政府主義》，第98、107頁；吳稚暉著，羅家倫、黃季陸編：《吳稚暉先生全集》，台北：中國國民黨黨史史料編纂委員會，1969年，第418頁。

77　陳敬編：《無政府主義在中國》第1輯，第507頁。

78　陳平原、夏曉虹編：《北大舊事》，第247頁。

府主義和它在中國的可能性。在那個時候我贊同許多無政府主義的主張。[79]

他所敘述的，顯然是一段不容易輕易忘卻的思想經歷。與他同屬一輩的惲代英也受過無政府主義的熏染。他在加入少年中國學會之日曾自述信奉「安那其主義」有年，且「自信懂得安那其的真理，而且曾細心的研究」：

> 但是，我不同不知安那其的人說安那其，因為說了除挑起辯難同驚疑以外，沒有甚麼好處。我信只要一個人有了自由、平等、博愛、互助、勞動的精神，他自然有日會懂得安那其的。我亦不同主張安那其的人說安那其，因為他們多半是激烈的、急進的，嚴格的說起來還怕是空談的、似是而非的。所以同他們說了，除了惹些批駁同嘲罵以外，亦沒有甚麼好處。我信只要自己將自由、平等、博愛、勞動、互助的真理一一實踐起來，勉強自己莫勉強人家，自然人家要感動的，自然社會要改變的。[80]

這是一種精神上的無政府主義和踐行中的無政府主義，論其信仰之誠，其實更深一層。他帶著這種無政府主義進入少年中國學會，而目的在於「我們結會以為國家社會」。[81] 然而以學理辨宗旨，無政府主義固以反國家和反政治為本來面目，因此，比之蔡元培和吳稚暉的各成一路，毛澤東一面著意於政治，一面又「贊同許多無政府主義的主張」；惲代英一面立足於國家，一面又「研究」、「懂得」和接受了無政府主義，則兩者在顯示無政府主義傳播程度的同時，又非常明白地說明，中國人手中的無政府主義不僅能隨各人意願之所向而自為擇取，而且能在過濾之後兼容於不同的宗旨之內，以應對中國人的問題。是以在毛澤東那裏，無政府主義可以是一種與政治相關的學說；在惲代英那裏，無政府主義可以是

79　中國社會科學院近代史研究所近代史資料編輯組：《五四運動回憶錄》上，第9頁。

80　惲代英：《惲代英文集》上卷，第109頁。

81　張允侯等編：《五四時期的社團》第1冊，第336頁。

一種與國家觀念共存的學説。他們的代表性在於：就個人而言，這種經由自我主張和自我立場過濾的無政府主義信仰，其實已預伏著在更明晰的學理面前，這種「贊成」、「研究」和「懂得」都可以被替代，並因之而促成主體大幅度轉變信仰的可能。但就當日社會進入了中國人的思想視野，以及由此觸發的群議改造社會而言，無政府主義中的相應部分卻借助於這種擇取和過濾，曾經被當作為社會療病的藥方而成為最先引來濟急的東西。

　　新文化運動由民主和科學發端，也以民主和科學為通體貫連的主旨。然而其間慣性地用個人主義闡釋民主，又用科學主義闡釋科學，前一面和後一面的各自推演走到極端，最後直面的是一種脱出了社會存在的抽象的人，一種無從回答人生意義的空洞的人。因此，當改造社會後浪逐前浪而來，成了新文化運動中的大問題之日，兩者都沒有辦法提供一種可以在總體上與之相應對的解釋和回答。作為一個實例，1919年末「《新青年》宣言」說：「我們理想的新時代新社會是誠實的、進步的、積極的、自由的、平等的、創造的、美的、善的、和平的、相愛互助的、勞動而愉快的、全社會幸福的。希望那虛偽的、保守的、消極的、束縛的、階級的、因襲的、醜的、惡的、戰爭的、軋轢不安的、懶惰而煩悶的、少數幸福的現象，漸漸減少，至於消滅。」[82] 這段文字以社會為論説對象，比之1915年的《青年》雜誌，主旨已明顯不同。但其間的連串堆砌只有修辭沒有內容，表達的猶是一派空洞和模糊。而與這種空洞模糊成為反襯和對比的，則是對於未來社會本自有著一種以理想為預設的無政府主義，其學理中所含有的社會批判和社會展望，便成了那個時候能夠直接用來回答和回應社會改造的東西，從而成了比民主和科學更切題的東西。20年代初，瞿秋白曾概述新文化運動由「初起時候」的「群流並進，集中於『舊』思想學術制度，作勇猛的攻擊」，到社會進入思想視野之後，則其間已是別樣景象：

82　陳獨秀：《陳獨秀文章選編》上冊，第427頁。

根據於中國歷史上的無政府狀態的統治之意義，與現存的非集權的暴政之反動，又激起一種思想，迎受「社會主義」的學說，其實帶著無政府主義的色彩——如托爾斯泰派之宣傳等。或者更進一步，簡直聲言無政府主義。於是，「德莫克拉西」和「社會主義」有時相攻擊，有時相調和。實際上這兩個字的意義，在現在中國學術界裏自有他們特別的解釋，並沒有與現代術語——歐美思想界之所謂的德莫克拉西，所謂社會主義——相同之點。[83]

在他的直觀所見裏，作為新文化運動裏後起的一種思潮，社會主義最初是由無政府主義催生出來的。而「『德莫克拉西』和『社會主義』有時相攻擊，有時相調和」，則又寫照了新文化運動的後半段和前半段之間的各有追求和各有主張。這種前後不同所映照的歷史內容，其實是一場由文化開始的思想運動，重心已在從文化轉向社會了。

在瞿秋白所指的這一段「迎受『社會主義』的學說」的時間裏，蔡元培說：「我們理想的世界，就是全世界的人都能合於『各盡所能，各取所需』的公則。」又由此上溯「我們中國本有一種社會主義的學說」，並全幅引述了孔子所說的「人不獨親其親，不獨子其子。使老有所終，壯有所用，幼有所長，矜寡孤獨廢疾者皆有所養。男有分，女有歸。貨惡其棄於地也，不必藏於己；力惡其不出於身也，不必為己」，指之為「就是『各盡所能，各取所需』的意思」。[84] 李達論同一個題目，是以「社會主義是什麼」設問，然後以破與立的兩頭對比作回答說：「社會主義，是反對個人競爭主義，主張萬人協同主義；社會主義，是反對資本萬能主義，主張勞動萬能主義；社會主義，是反對個人獨佔主義，主張社會公有主義；社會主義，是打破經濟的束縛，恢復群眾的自由。」[85] 與這種直接了

83　中國社會科學院近代史研究所近代史資料編輯組：《五四運動回憶錄》上，第81頁。

84　蔡元培：《蔡元培全集》第3卷，第374、434頁。

85　林代昭、潘國華編：《馬克思主義在中國：從影響的傳入到傳播》下冊，北京：清華大學出版社，1983年，第62–63頁。

當的論斷相比，惲代英更重說道理：「我們就生物學理說，社會主義是當然的。因為宇宙的大法是注重大群，不注重小己的；就經濟狀況說，社會主義是必然的。因為分工的結果，人類生活是互助共存的，不是獨立自給的。這樣可知所謂社會主義，不僅是勞工的不平之鳴，不僅是被掠奪者的企謀報復的舉動。這是在學理上，事實上，有圓滿根據的一種人的運動。」[86] 在這三個人當中，蔡元培久與無政府主義相淵源，並常常被人劃到無政府主義一面，李達已經初知「共產主義」且能識得無政府主義的局限，[87] 惲代英則此日猶屬少年中國學會，應未脫出「安那其主義」而又不全在「安那其」之中。就其既有的思想構成而言，三者之間各自成一類。但就他們對社會主義的表述而言，其最終的關注所及顯然皆能由共鳴而互通。蔡元培引述孔子的「人不獨親其親，不獨子其子」；李達伸張「萬人協同主義」；惲代英深信「互助共存」之理，都是在以互助論說社會主義。而蔡元培之著眼於「全世界的人」；李達之著眼於「群眾」；惲代英之著眼於「大群」，又都是在以人口中的多數說社會主義。

互助論本來附著於無政府主義，但在五四前後的中國，它又實際地承當了思想上的渡引和前導，把原本不足以影響主流的社會主義引到了新思潮之中，並因此而使自己在當日社會主義傳播的過程中成為最容易辨識的東西。所以，李達雖站在無政府主義的範圍之外，但他用「萬人協同」與「個人競爭」相對舉來說明「主張」和「反對」，以陳述社會主義的宗旨，則其理路之取義，正明顯地類同於彼時無政府主義所力倡的以互助的進化論頡頏物競的進化論。因此，由李達作觀照，可以看到的是，作為一個觀念，互助不僅渡引了無政府主義的社會主義，也渡引過無政府主義流派之外的社會主義。而蔡元培、惲代英與李達一樣以人口之多數為社會主義的根本，則又可以看到：社會主義在中國雖發始於無政府主義，但對無政府主義團體之外的大部分信眾和受眾來說，這種學說能夠動人之心的地方其實並不在於無政府主義而在社會主義，而社會

86　林代昭、潘國華編：《馬克思主義在中國》，第123頁。
87　林代昭、潘國華編：《馬克思主義在中國》，第63頁。

主義之能夠動人之心，則全在於它本質上是一種多數人的主義。1918年，李大釗作〈法俄革命之比較觀〉，把俄國革命歸於社會主義，並尤其著重於其中的「人道的精神」和「愛人的精神」。[88] 與吸引他的「人道」相對應的顯然也是天下的多數人。所以，當後來的唯物史觀比無政府主義更有學理，從而比以理想為學理的無政府主義更有說服力地用經濟關係解析了社會的深層結構、社會的存在狀態和社會的歷史變遷，進而論證了由「根本改造經濟組織」著手，以「謀社會中最大多數的最大幸福，實行將一切生產機關歸為公有，共同生產共同消費」的「社會主義」之後，[89] 相當數量由無政府主義入門的社會主義者，都自覺自願地轉向了被稱作「勞農主義」的科學社會主義，匯入了中國最早的馬克思主義群體之中。這種不同社會主義學說之間的彼此立異和此消彼長，也因此而成了中國近代思想史中引人注目的內容。

　　然而多數人的主義既因社會進入了中國人的思想視野而來，則由此引發的觀念上的起落和變遷，便一定不會僅僅限於因社會主義學說而聚合的人群之內。五四後一年，蔣夢麟說：

若新文化運動的唯一成果是提高了知識階級的權威，那全國民眾卻沒有從中得到什麼好處。

社會進步不是少數知識分子獨立完成的事。只有大多數農民獲得進步才能完成。若社會中少數人天天討論文化，大多數人還不知地球是圓的，社會因此而分裂成兩個互不相關的世界，它怎麼會進步？

自十八世紀以來，社會進步總是從較低階層發生的。一旦低層的普通民眾掌握了主動，上層貴族會發現不可能維持平衡。[90]

88　李大釗：《李大釗全集》第2卷，第226頁。

89　蔡尚思編：《中國現代思想史資料簡編》第1卷，杭州：浙江人民出版社，1982年，第709頁。

90　蔣夢麟：〈社會運動與教育〉，《新教育》，1920年第2號。轉引自傑羅姆·B·格里德爾著，單正平譯：《知識分子與現代中國》，天津：南開大學出版社，2002年，第319頁。

因此，從社會一面著眼，前期新文化運動的走向其實是一種偏向。若這種「少數人」不能顧及「多數人」的現象長此存在，則「你們知識分子，是我們社會的精英，將來農民開始進步時，你們會失去自己的地位」。[91]作為一個自立於新文化人物群中的知識人，蔣夢麟以「多數人」為映照，反思新文化運動性屬「知識階級」的少數性，以及文化無涉於多數的懸空性，皆富有深度地反映了新思潮的重心由文化轉向社會之際，時勢對知識人的影響程度和知識人的思考所達到的程度。而與這種文化轉向社會因果相接的另外一面，則同時又會發生身入實際社會的過程對文化和文化人所造成的影響與改變。所以，蔣夢麟之後五年，又有出自同一個過程的郭沫若言之切己的自述：

> 我的思想，我的生活，我的作風，在最近一兩年內可以說是完全變了。我從前是尊重個性、景仰自由的人，但在最近一兩年之內與水平線下的悲慘社會略略有所接觸，覺得在大多數人完全不自主地失掉了自由、失掉了個性的時代，有少數的人要來主張個性、主張自由，未免出於僭妄。[92]

對於一個此前在精神上自比「天狗」，志在吞月吞日吞星星宇宙的人來說，這種變化不僅寫照了一度亢張的自我意識因個體融入社會而漸次消解，而且反映了往昔鼓盪一時的個人主義，今時已在曾經為之鼓盪的後起者的心中開始退潮。蔣夢麟說的「多數人」，對應的是社會；郭沫若說的「大多數人」，對應的也是社會。就其各自的思想來路而言，兩者顯然都產生於社會主義的學理之外，但在那個時候的中國，他們又都能與社會主義學理沿同一個路向而行，並以其各自立說的參差不齊展現出更具普遍性、廣泛性和真實性的事實，以說明二十年維新思潮裏未曾有過的，這種以多數人為重心而構成的社會觀念，在新文化

91　蔣夢麟：〈社會運動與教育〉。

92　郭沫若著，黃淳浩校：《文藝論集》（匯校本），長沙：湖南人民出版社，1984年，〈序〉。

運動之後，已醒目地進入了中國知識人的思考，又深度地影響著中國知識人的思考。

三　社會進入思想視野和中國人思想走向的深度變遷

與個體和社會在觀念中的此消彼長同時發生的，是曾經在二十年維新思潮中推到了高處的國家主義意識，先在初起的新文化中被個人主義所附託的人本主義所撻伐，之後又在五四期間隨「外爭主權」的血脈賁張而重新回到了人心中的高處。然而比之二十年維新思潮一路後浪接前浪而來的層層遞進和越演越激，這個時候的國家主義意識，則既是重起於民初中國懼外和崇洋成為一時之世相之後；又是重起於新文化以人權反國家主義和無政府主義以世界主義反國家主義之間。因此，重起又常常是在大幅度思想轉折中實現的。五四以後的國家意識之不同於晚清的國家意識，其區別正在於此。五四之後的國家意識之構成了新文化運動的內容之一，也在此。

1920年初，蔡元培「回顧」五四說：「自去年五四運動以後，一般青年學生，抱著一種空前的奮鬥精神，犧牲他們的可寶貴的光陰，忍受多少的痛苦，作種種警覺國人的功夫。」然後列舉各類事實，總歸之曰：

> 一年以來，因為學生有了這種運動，各界人士也都漸漸知道注意國家的重要問題，這個影響實在不小。[93]

他尤其推重的顯然是學生「運動」以「種種警覺國人的功夫」，催長了國民的國家意識，因此這種推重同時又表達了自己的國家情懷。但許德珩的回憶裏另有一段情節說，五四運動前一年，「為了學生救國會和《國民》[雜誌]的事，我曾找蔡元培談過一次話。他當時有些傾向無政府主義，不贊成我們用『愛國』名義，說極端愛國主義不好。我與他辯論，

93　蔡元培：《蔡元培全集》第3卷，第384頁。

問他：『你為什麼以前也辦愛國女學呢？』他說：『那是那個時候。』」[94]以後面一節記述比前面一段論說，可以看到的是，處清末民初之間，蔡元培曾由力張「愛國」轉變為世界主義，則此日之倡揚中國人的憂國憂時，已是再度轉身了。迨七七事變前兩年，汪精衞請蔡元培晚餐，席間，蔡元培「苦勸他改變親日的行為，立定嚴正的態度，以推進抗戰的國策。在座的都看見先生［蔡元培］的眼淚滴在湯盤裏，和湯一道咽下去」。[95] 比之學理，眼淚從內心流淌出來，顯然更深一層。

　　二千多年以來，由於儒學的關懷在天下和萬世，其義理所罩，便自始即人類意識重於族類意識。所以，其一路延續一路熏染而成積之既久之後，中國人從人類意識走向世界主義，其實無須太多的說服。[96] 因此，作為一種思想現象，清末中國知識人的民族主義時或與世界主義密邇相伴，以及民初中國知識人之容易親近世界主義，都應以此為其中之內緣。然而蔡元培的轉身之後再度轉身又說明，世界主義本是一種理想主義，但在一個並不按世界主義行事的世界裏，同時又是迫來的逼扭常常在打破理想和校正理想，使嚮往世界主義的中國人不得不以民族主義自立和以民族主義自守。因此，曾經言之斬絕地說過「我只承認大的方面有人類，小的方面有『我』是真實的」，而把兩者之間的「家族、地方、國家」都視為「偶像」而一概棄之的傅斯年，不久之後便與時俱變，脫出了這種一廂情願的獨斷，而更加相信「幾百年或千年後的究竟，或者『世界共和國』的組成，不以民族為單位。但現在還只有以民族為單位的世界運動」。比這種文字表達更加直露的，是北伐勝利之後的一次酒後發抒：「我們國家整理好了，不特要滅了日本小鬼，就是西洋鬼子，也要把他趕出蘇伊士運河以西，自北冰洋至南冰洋，除印度、波斯、土耳其

94　張允侯等編：《五四時期的社團》第2冊，第39頁。

95　陳平原、鄭勇編：《追憶蔡元培》，第203頁。

96　余家菊說：「我國民族的根性，確實是最能容受世界主義的。」見余子俠、鄭剛編：《余家菊卷》（中國近代思想家文庫），北京：中國人民大學出版社，2013年，第156頁。

以外都要『郡縣之』。」[97] 雖是一時放言，而內裏則自有久蓄於壓抑之下的民族憤懣。他們以自己的心路說明：五四以後的國家意識和民族意識常常是由思想主體歷經前後相悖的逆轉而來的。逆轉於兩種道理之間，便成為這一段思想歷史裏的一個特點。於是在世界主義尺度下被看成是「偶像」的國家，又在「以民族為單位」的尺度下成了本位。這一面的理由，余家菊言之明瞭地表述為「一國本是一集團」，而「集團的根基就在集團意識」。被他當作「根基」的這種「集團意識」只能以附著於國家作為主體，所以，由此引述，便很容易重歸國家至上：

> 最近所謂的新思潮風起雲湧，夾泥沙而俱下。什麼自由戀愛喲，愛情神聖喲，主情主義喲，盛極一時。結果除卻為少數無行之徒所利用外，更使全國青年顛倒於男女問題。男女問題，非不可講，但是硬要把它看作當今青年之最大的唯一問題，實屬有點著迷了！

以天下滔滔而「內亂迭生，外侮紛乘」為眼見的事實，並以此與「新思潮」相對比，其意中「第一位」的問題，便非常不同地移到了「充分明瞭中國今日之國勢」。這是中國人的「緊急問題」，尤其是青年中國人的「緊急問題」：

> 看看人家在我境土內如何競爭，看看人家是如何謀我，看看外人之在我國是如何驕橫，看看僑胞之在外國是如何備受欺凌，看看外國不得不謀我的原因，看看我國其所以招人謀害的原因。[98]

其間不僅有真實性，而且有殘酷性和痛苦性。因此，自他眼中看去，「新思潮」雖然「風起雲湧」而其實殊不足道，正在於「新思潮」裏沒有國家意識。而起端和歸宿皆在於個人和自我的「自由戀愛」、「愛情神聖」、「主情主義」一類物事之被他視同「泥沙」，又俱見國家意識已置於「第一

97　傅斯年：《傅斯年全集》第1卷，第386頁；第5卷，第490頁。
98　余子俠、鄭剛編：《余家菊卷》，第275、279頁。

位」之日，這些曾由個人主義賦予正當性和合理性，並因此而得以張揚的東西，在時潮變遷之中，已經失掉了能夠張揚的理由。

比之蔡元培和傅斯年用文字所表達的思想轉變，余家菊的話顯然持論更激。然而同一個時間裏的「外侮紛乘」又在不斷地提供實例為之作印證，並因這種印證而使之更能影響那個時候的多數。他的論說因1923年的國慶而起，與之相對稱的，是一則綜述1923年中國「外交」的時論，非常具體地對來自外力的窒扼以夾敘夾議作層層羅舉：

> 這一年間庚子賠款展緩之期既滿，而退還之說總只是口惠而實不至，法意比西甚至要求改以金佛郎支付賠款，意圖加增我們幾倍負擔。關稅增加至七五，在華會已有成議，但迄不開會實行。租借之地，日本則於大連旅順皆不交還；英國交還威海衛，卻強迫我們承認有損主權的交還條件。至五月臨城案發生，英國利用機會，鼓吹護路案，美國法國亦進行長江聯合艦隊的組織。最近廣東要收回廣州關餘，不許解交北京，居然英美艦隊駛入內河，舉行示威運動。

然後概括論之曰：「華會以後，中國的國勢更形危險。英美對中國只有比日本更惡辣可怕，現在稍有知識的人亦都承認了。」[99] 以1919年的五四運動作對照，這一段綜述既說明了四年以來外患不止不息的積重之勢；也說明了四年以來中國人對外患的關注越多自覺和警醒。而相比於當日的同仇敵愾集注於「日人」，則此日合英美法日意比西為一體而通論之，在這種擴展了的周延裏，已不僅有更多認識的廣度，而且有更多認識的深度。而後是「帝國主義」一詞雖屬自外傳入，卻因其能夠歸納、提煉和總括這種周延擴張裏所包含的深化了的認知內容，從20年代開始得以大量進入時論，並成為此後百年裏中國人用來闡釋民族矛盾的一個中心概念。[100]

99　田曉青編：《民國思潮讀本》第3卷，北京：作家出版社，2013年，第18頁。
100「帝國主義」一詞晚清已間或出現於時人筆下，例如陳天華所說的「帝國主義何其雄，歐風美雨馳而東」。但多在含義模糊不清之中，與此日殊異。

　　知識人引「國勢」以警世，現顯的是這個過程所促生理性化的國家
意識。而這個過程在人心中的內化，又會促生情感化的國家意識。20
年代前期，郁達夫的一篇小說寫一個死於異邦的中國青年，而尤為哀怨
動人的，是其臨命之日「把自己的痛苦，歸咎於中國的荏弱」：

　　祖國呀祖國！我的死是你害我的！
　　你快富起來，強起來罷！
　　你還有許多兒女在那裏受苦呢！[101]

用心於這一段文學史的夏志清説現代中國小説「富於寫實」，20年代和
30年代尤其如此。[102] 循此以作釋讀，則郁達夫筆下的這種深深的哀怨
雖出自摹擬，實際上正寫照了久在民族壓迫之下的中國，人心中的種種
情感化的國家意識，常常是被苦難澆灌出來的，因此不僅是真實的，而
且是長久的和普遍的。蔡元培為五四運動敍述始末次第，説是：「維爾
賽對德和約，我國大多數有知識的國民，本來多認為我國不應當屈服，
但是因為學生界先有明顯的表示，所以各界才繼續加入，一直促成拒絕
簽字的結果。」[103] 這種大多數人的不肯屈服既已形成心同此理，則五四
運動雖由學生開先，而學生運動真正的歷史影響，其實是在把固有而蟄
伏的國家意識從人心中喚了出來。這是一個由理性化的國家意識發端的
過程，但其間又明顯地交纏著情感化的國家意識。而此後的中國之不同
於此前的中國，其大端之一，正是這種國家意識從此前的人心中移到了
此後的政治潮流和思想潮流裏面，並由此自成一個過程。1923年加入
國民黨的廣西青年陳克文後來自敍緣起説：「因為聽了孫中山先生三民
主義的演講，再加上當時內憂外患交相煎逼，青年人受了刺激，很自然

101　夏志清著，劉紹銘等譯：《中國現代小説史》，上海：復旦大學出版社，
　　　2005年，第364頁。
102　夏志清：《中國現代小説史》，第364頁。
103　蔡元培：《蔡元培全集》第3卷，第384頁。

走上這條路來。」[104] 以「內憂外患」相度，則具見這個過程同時又在再生出更多理性的國家意識和情感化的國家意識。由此綿延和積累，至1925年，因「帝國主義的英人，仗著他們在中國領土上佔有的特權地位，把他們對待殖民地土人慣用的殘殺手段，施之於上海租界內無抵抗的工人與學生們」，[105] 而致上海震動，中國震動，並逼出了中國人以「帝國主義者八十多年來壓迫」[106] 為怒火的五卅運動。當時人說：

> 上海此次慘禍，國人無不憤激，年來民氣消沉，全國不啻為一墟墓。回顧清末之國會請願，抵制美貨，熱心禁煙，恍如隔世。數年來民氣不絕如縷者，厥維學界，五四運動，奸人膽裂，全國快心。現在上海學界，受英日之凌虐，較之美禁華工，及二辰丸事件等，重大奚啻倍蓰。我國國勢不振，政府又處積歲之下，欲其以外交手腕，達交涉之目的，何異緣木求魚。吾儕不能不奮起決策，為生死存亡之爭。[107]

這一段議論以「民氣」串聯五卅與五四，並因追懷「民氣」而追懷清末中國的群起排外，既說明了中國人的國家意識雖是一種思想形態，而其終極的源頭卻不在思想而在外患的侵逼；也說明了在源頭未絕之日，這種被稱作「民氣」的東西雖間有起伏，但又一觸即發，應事而起，常在生生不息之中。以此作襯比，則倡人權的新文化以人權至上為「近世文明」之要義，[108] 對晚清以來居於至上的國家主義深作質疑，其言之滔滔固能自成理路，然而這種理路以「萬國之上猶有人類」所要對付的「狹隘的國家主義」，其實本根並不在學理而全在「國勢」。因此，當「近世文明」張

---

104 陳克文著，陳方正編：《陳克文日記》下冊，台北：中央研究院近代史研究所，第1340頁。
105 〈關於滬案性質的辨正〉，載田曉青編：《民國思潮讀本》第3卷，第29頁。
106 上海社會科學院歷史研究所：《五卅運動史料》第1卷，上海：上海人民出版社，1981年，第7頁。
107 〈經濟絕交〉，載田曉青編：《民國思潮讀本》第3卷，第24頁。
108 陳獨秀：《陳獨秀文章選編》上冊，第79頁。

人權以訾議國家主義的論說猶在餘音未歇之際，從1919年的五四運動
到1925年的五卅運動的漚浪相逐之間，熟識的國家意識已與茁長「民
氣」交相匯融，節節高漲於中國的政治潮流和思想潮流之中。顯見得在
中國人困於民族矛盾而深受其苦，深受其害的時代裏，「國勢」凌夷之
痛一定會比「近世文明」的道理更亟迫，也因之而一定會更能感應人心
和掀動人心。兩者的消長，以一個民族的歷史命運反照了思想面對時勢
的有時而窮。因此曾經最先筆鋒銳利地反國家主義的陳獨秀，五四之後
已不再高亢：

> 思想高遠的人反對愛國，乃是可惡野心家利用他壓迫別人。我們
> 中國現在不但不能壓迫別人，已經被別人壓迫得幾乎沒有生存的
> 餘地了。並非壓迫別人，以為抵抗壓迫自謀生存而愛國，無論什
> 麼思想高遠的人，也未必反對。[109]

民族矛盾引入論說之中，則人情物理皆不能不變。亦見陳獨秀雖以塑造
青年的思想而被看作是新文化運動的導師，但生當一個劇變的時代，其
自身的思想也常在接受塑造的狀態之中而今日之我不同於昨日之我。所
以五卅運動前一年，他由評說歷史起講而通論「民族革命」，立意又更
深入了一層：

> 義和團誠然不免頑舊迷信而且野蠻，然而全世界(中國當然也在其
> 內)都還在頑舊迷信野蠻的狀態中，何能獨責義和團，更何能獨責
> 含有民族反抗運動意義的義和團！與其憎惡當年排外的義和團之
> 野蠻，我們寧憎惡現在媚外的軍閥、官僚、奸商、大學教授、新
> 聞記者之文明！[110]

而後以「全民族的意識與利益」為立場，統括言之曰：「我讀八十年來中
國的外交史、商業史，我終於不能否認義和團事件是中國民族革命史上

---

109 陳獨秀：《陳獨秀文章選編》上冊，第420頁。
110 陳獨秀：《陳獨秀文章選編》中冊，第574–575頁。

悲壯的序幕。」[111] 對於排外的「野蠻」和「媚外」的文明作這種區分與褒
貶，顯然已不再把「近代文明」當成真諦。其間顯示的變化，應當有著
新史觀不同於舊史觀的影響，但由此表達出來的，則都是「民族革命」
詮釋之下理性的國家意識和情感化的國家意識。而最先力倡個人主義的
陳獨秀向愛國主義回歸，又正是在以其九年之間思想變遷的心路曲折為
實例，說明了近代中國的國家觀念既因民族矛盾而生，又隨民族矛盾而
走，兩者都出自歷史過程本身之中。所以，一場「輸入學理」以「再造文
明」[112] 的文化運動雖能改變中國，但其自身又不能不同時被這種植根於
歷史過程的東西所影響而發生改變。

　　在民國初期的「年來民氣消沉」之後，這種重起於五四運動，並在
五卅運動中走向高潮的「國人無不憤激」以民氣造為震盪，自外觀而言，
彷彿是再現了此前二十年由維新思潮所催漲的國家主義意識。然而審視
而論之，前此二十年裏志士群起吶喊，多持「共講愛國」以「丕興國家」[113]
之理說立憲、說革命、說國民義務，遂使至上的國家常高懸於眾生頭
頂，成為一種獨張富強和獨取富強的東西。與之相比較，五四之後國家
意識重起於時潮之中，本與社會作為認知的對象和改造的對象而進入中
國人的思想視野的過程相隨而來，又相為因依。兩者既發生在同一個時
間裏，也發生在同一個文化運動裏，而引導兩者的主體，實際上又大半
都同屬一個社會群類。因此，與前一段歷史中的國家觀念因高懸而成孤
懸顯然不相對等的是，五四之後重起的國家觀念既與新思潮相交疊而發
為聲光，則其背後和四周便已經有了一個立起於新思潮之中的由多數人
構成的社會。摻雜於兩者之間而且勾連於兩者之間的，應當還有遠去的
世界主義所留下的人道精神。

　　有此後來的國家觀念不同於以前的國家觀念，於是而有國家社會之
連同一體，成為國家論說中後來不同於以前的涵義和旨歸。1920年，

111　陳獨秀：《陳獨秀文章選編》中冊，第574–575頁。
112　胡適：《胡適全集》第1卷，第699頁。
113　陳天華：《陳天華集》，長沙：湖南人民出版社，1958年，第235頁。

陳獨秀由五年之前的「批評時政，非其旨也」[114]轉過身來「談政治」，筆下累累數千言，末了則歸其要義於「用革命手段建設勞動階級（即生產階級）的國家，創造那禁止對內對外一切掠奪的政治、法律，為現代社會第一需要」。[115]他敘述的是一種用理論作描畫的對於國家的理想，就立意而論，其嚮往中的國家顯然重心全在於社會。1923年陶孟和作文論「平民教育運動」，特別祈祝這一場「偉大的運動」能既廣且久地延續於「全國的男女老幼」之中。而念茲在茲，其寄託之所在，正是「從此我們可以一雪以前國民識字程度低下的恥辱。至少在識字程度上也可以與各文明國家相比擬」。[116]當日的平民教育，歸屬應在改造社會一面，但陶孟和以國家意識為尺度，則具見國家之能夠以此自立於世界民族之林，則對於國家來說，這一面所提供的不僅是一種影響，而且是一種造就。比之陳獨秀說理想，他言之以常理，而立論的起點又都非常明白地以國家與社會之間的不可離析為此中之本相和當然。後一年沈定一在上海大學作演講，著力闡發「民族主義是中國國民革命軍的第一支先鋒隊」，之後說「其次，我們要在民生主義注意」，並舉「我在雲南四川各偏僻地方，人家櫥灶裏有兩個竹筒，一竹筒裝辣椒，一竹筒裝鹽，一家老少弄點飯菜伴點辣椒或鹽，便算生活了」的親見親聞為例，期能信而有徵地說明「生活低落到這個樣子，國際資本侵略又那麼樣猛烈，民生問題的確是國民革命組黨底主要問題」。[117]他以國民黨為立場，因此這種「民生主義」與「民族主義」的對舉裏自有一種出自三民主義的理路。但孫中山初立民生主義之日，用意本在引歐美「社會革命」之「決不能免」為「前車之鑒」，使「雖還沒有」這種「社會問題」的中國能夠「預籌個防止的法子」。[118]然則與那個時候他心目中的民生主義直接對應的，其實主要是歐美世界裏正在導向國內衝突的問題，而不是當時中國人面對的

---

114 陳獨秀：《陳獨秀文章選編》上冊，第82頁。
115 陳獨秀：《陳獨秀文章選編》中冊，第1、10頁。
116 陶孟和：《孟和文存》第3卷，上海：亞東圖書館，1926年，第13頁。
117 沈定一：《沈定一集》下冊，第627–628頁。
118 孫中山：《孫中山全集》第1卷，第327頁。

現世中的問題。所以，同這種本來的設定相對照，此日沈定一用雲南四川為事例來說民生主義，實際上顯示的是民生主義的內含已切入於此日的中國社會。這種變化隨一場文化運動而來，因此這種變化所反映的，正是社會進入中國人的思想視野之後，社會的具體性和當下性構成了民生主義的具體性和當下性。而後直觀「生活低落」與「國際資本侵略」的同時共在和相為因果，便使「民生主義」與「民族主義」的對舉在新思潮的反照之下，更多了一重國家社會連為一體的自覺意識。在這些產生於20年代的個體表達裏，作為一種觀念的國家顯然不僅是與社會並存的，而且常常是同社會相依連，並由社會來說明的。相比於此前二十年維新思潮以自上而下地灌輸「國家思想」、「國家觀念」、「國家之責任」及「愛國保種」、「吾國之國魂」[119] 等等營造出來的位居至上，卻又沒有底盤和附託的國家論說，則此日的表達和闡發顯然已自成一種義理和別立了一種境界。

　　隨後的20年代末期和30年代，「中國社會性質論戰」和「中國農村社會性質論戰」沿此源頭一路延伸，先後起於動盪時世之中，並在政治和學術的交匯中成為長久存在和不斷深入的問題。這個過程以各自論說發為群相交爭，陶希聖說：「自帝國主義的經濟勢力侵入以後」促成變遷，已使中國演化為「金融商業資本之下的地主階級支配的社會，而不是封建制度的社會」；[120] 李一泯說：身處帝國主義與民族資本家兩重「掠奪關係」之下，中國的勞動問題便因其「殖民地」的「特質」而與「帝國主義國家的勞動問題異其性質」；[121] 胡秋原說中國社會是「國際帝國主義殖民地化的先資本主義社會」，即「次殖民地的封建社會」；[122]《中國農村》發刊詞說：「研究農村問題」，目的是明瞭「農村生產關係」及其「在殖民地化過

119　張枬、王忍之：《辛亥革命前十年間時論選集》第1卷，上冊，第173頁；
　　　第1卷，下冊，第731、939頁；第2卷，上冊，第245、453頁。
120　高軍編：《中國社會性質問題論戰》上冊，北京：人民出版社，1984年，第
　　　41、115頁。
121　高軍編：《中國社會性質問題論戰》上冊，第272頁。
122　高軍編：《中國社會性質問題論戰》下冊，第664頁。

程中的種種變化」，來尋找「壓迫中國農民的主要因子」。以期這些因子「一經剷除，非但農民可以活命，我們的民族也便有翻身獨立的一日」，[123]等等。這些各自立說雖因其內含的真理性不相等量而常常各成異同，並因此而被稱為「論戰」，但面對的問題和對於問題的思考則同是帝國主義衝擊下中國的現狀和中國的將來，從而都是以國家自立和民族解放為立場，對蟬蛻中的中國社會作審視和認知。這個過程既在尋找普遍性，也在尋找特殊性，與20世紀頭十年裏中國人不知「吾之史性、素養、節度三者，與西方全異厥趣」，而「吾盡棄之，以模擬所全異者之形」[124]的盲目相比，無疑是一種深化。這是一種因社會進入視野而使國家意識獲得了社會內容的深化。因此，雖然作為一個思想階段，這個時候的論說已經超過了新文化運動，而作為一個後起的思想階段，這種深化又是從新文化運動中形成的問題和取向裏一路推衍派生而來的。

---

123 薛暮橋、馮和法編：《〈中國農村問題〉論文選》上，北京：人民出版社，1983年，第32頁。

124 章士釗：《章士釗全集》第6卷，第278–279頁。

蔡元培的文化品格和民初中國的新文化

　　蔡元培起家翰林，之後又了無牽掛地脱出了這種舊日被稱作「遊歷清華」[1] 並為萬人仰視的生涯，一變而為牖啟民智的新黨，再變而為鼓吹革命的亂黨；迨民國繼起，又以行其所學為抱負，先後做教育部長，做大學校長，做大學院院長，做中央研究院院長。由此留下的一路行跡，多半都在文化一面。沈尹默後來曾概括而論之曰：「綜觀蔡先生一生，也只有在北大的那幾年留下了一點成績」，[2] 以説明人生在世的為時勢所造就和為時勢所限制。但這種事後追論既以歷史為尺度來評述作為歷史人物的蔡元培，則「留下」的「成績」，指的應是個人對於歷史的貢獻。因此，19世紀40年代初，梁漱溟説是「中國近二三十年之新機運，蔡先生實開之」：

> 蔡先生一生的成就不在學問，不在事功，而只在開出一種風氣，釀成一大潮流，影響到全國，收果於後世。這當然非他一人之力，而是運會來臨，許多人都參預其間的。然而數起來，卻必要以蔡先生居首。[3]

1　陳立夫：〈悼孑民先生〉，《中央日報》，1940年3月24日。
2　王世儒、聞笛編：《我與北大》，北京：北京大學出版社，1998年，第75頁。
3　梁漱溟：《梁漱溟全集》第6卷，濟南：山東人民出版社，1993年，第330頁。

他説的也是蔡元培「在北大的那幾年」，而以「開出一種風氣」為其力行之所在，又尤其明切地寫出了民初中國的文化潮動，以及蔡元培身在潮動之中而能以自己的識見和取向為士林開先，以影響和促成了潮流走向的立己立人。

一　在文化飄零的時代重築承載文化的學術中心： 蔡元培和北京大學

19世紀90年代之後，中國社會裏思潮湧起，又思潮澎湃。由此形成的是一個以思想改造社會的歷史過程，而與之俱來的則是思想和學術兩頭在總體上的此長彼消。人在其中，隨湧起和澎湃而走，遂很容易以「於道徒見其一偏，而由言甚易」為理所當然。因此，總體而言，這個過程不斷地產生出議論，而在一路澎湃的同時，也不斷地積累著膚淺和破碎。時至民國初年，嚴復統論當日的知識人説：

> 至挽近中國士大夫，其於舊學，除以為門面語外，本無心得，本國倫理政治之根源盛大處，彼亦無有真知，故其對於新説也，不為無理偏執之頑固，則為逢迎變化之隨波。何則？以其中本無所主故也。[4]

雖説他以「無理偏執之頑固」與「逢迎變化之隨波」相對舉，但就民初中國的世相作衡量，後一面無疑更明顯。而以這種「舊學」與「新説」應對之間的「本無所主」為大弊，則此中的毛病顯然不在思想不夠，而在學術不夠。然則蔡元培生當斯世斯時，以出長大學而與嚴復筆下的一世頹波相面對，其文化品格的實現，便不能不以此前的歷史變遷所造就的既定文化環境為起點。

吳稚暉曾作〈蔡先生的志願〉，著意於申論「他的唯一志願，一定要盼望中國出些了不得的大學問家」。並詮釋説：

4　嚴復：《嚴復集》第3冊，第632、648頁。

我們總是說：我國有五千年歷史，四百兆方里土地，是一個文明大國。但仔細想想，我們所以能夠稱為文明大國，並不完全是因為歷史久，土地廣的關係。要是我們沒有伏義、神農、堯、舜、禹、湯、文、武、周公、孔子這些人，也要感覺到國家雖大，內部拿不出什麼東西來，不免空虛了。我們之所以能夠自尊自貴，足以自豪者，因為從前出了伏義、神農、堯、舜、禹、湯、文、武、周公、孔子這些偉大人物。蔡先生盼望我們能夠出一些有學問的大人物，意思也是如此。

他由歷史繫乎人物而及人物繫乎學問，用意在於說明：蔡元培身當一個學術零落的時代而以振起學術為「唯一志願」，寄託的是懷抱遠大。因此，「辦大學來造就大人物，他也曉得這不是一時的事，不過是來開一個頭。開了頭以後，幾十年幾百年乃至幾千年下去，可以繼續不斷收到效果」。[5] 在吳稚暉為蔡元培概述的這種預想中的「志願」裏，大學因學術而有了一種可以自立的本位；學術因大學而有了一種以學聚人而期人能弘道的生生不息，而後是大學和學術都會變得今時不同往昔。以民初中國的亂世混沌為對照，其間明顯地有著學人濟時的理想主義。以此為志願，則梁漱溟所說的「開出一種風氣」也應當是以這種理想主義為起端的。

由於學術成為這種理想裏的本位，所以本位所在，則匯集於學術之中，並構成了學術本身的各色流派，雖歧義紛呈，卻從一開始便應有彼此之間的平等和對等。其間的道理，蔡元培曾統括而論之曰：

> 我對於各家學說，依各國大學通例，循思想自由原則，兼容並包。無論何種學派，苟言之成理，持之有故，尚不達自然淘汰之命運，即使彼此相反，也聽由他們自由發展。

並舉「陳君介石、陳君漢章一派的文史，與沈君尹默一派不同，黃君季剛一派的文學，又與胡君適之的一派不同，那時候各行其是，並不相

5　吳稚暉：《吳稚暉先生全集》第3卷，第720頁。

妨」，以及「對於外國語，也力矯偏重英語的舊習，增設法、德、俄諸國文學系，即世界語亦列為選科」[6]的事實，以陳說他按自己的理想行事所曾經達到的廣度。他守定學術本位，而學術本位的實質歸根到底是一種真理本位。所以，因「言之有理，持之有故」而成「學派」，說的應是學派內裏之各有趨近真知的合理性；而不同學派之間的「彼此相反」和互相立異，說的又是每一種學派之各持一端以為常態，同時也決定了它們各自所內含的真理性其實都是有限度的。合兩面而通論之，則不同學派之應當對等和能夠對等，既在於真理尺度之下的各自據有一面之理，又在於其各自的一面之理皆不足以統括真理。因此，「兼容並包」的要義，正是本其對等而予之以平等，在學派與學派的共存之中造就學派與學派之間的互相比較、互相交匯和互相攻錯。而後形成的學派的各自「自由發展」，便實際地提供了一種從總體上超越具體學派，以期在層層累積真知的漫長過程中不斷地走向真理的可能。雖說學派由人物構成，人物又因其社會性而成其多樣性和複雜性，但以「兼容並包」為取則和立場，則學術之外的多樣性和複雜性都被有意地擋在了視野之外和範圍之外，於是身在「兼容並包」裏的人物便僅僅成了學術的人格化。

在數十年中西之爭、古今之爭、新舊之爭，以及十數年政爭不斷、政朝起伏造成的人以群分之後，這種學術的人格化所致力的，是重造一種「為學問而求學問」的純粹和明淨。1919年蔡元培作〈致《公言報》函並答林琴南函〉，其中一節論「教員」之可否，一「以學詣為主」，對於其願想中的這一面言之尤為詳盡明切：

> 其在校外之言動，悉聽自由，本校從不過問，亦不能代負責任。例如復辟主義，民國所排斥也，本校教員中，有拖長辮而持復辟論者，以其所授為英國文學，與政治無涉，則聽之。籌安會之發起人，清議所指為罪人也，本校教員中有其人，以其所授為古代文學，與政治無涉，則聽之。嫖、賭、娶妾等事，本校進德會所

6　蔡元培：《蔡元培全集》第7卷，第200頁。

戒也，教員中間有喜作側艷之詩詞，以納妾、狎妓為韻事，以賭
為消遣者，苟其功課不荒，並不誘學生而與之墮落，則姑聽之。
夫人才至為難得，若求全責備，則學校殆難成立。[7]

作為往昔的志士，蔡元培在晚清已深度地介入過政治，其間的極端，是
主持光復會之日曾注力於製造炸彈以圖轟然一擊。[8]但時至民初，這些
話又非常瞭然地說明，作為一個本性上的學人，用其本來的識度相權
衡，其實是學術之於人類社會，猶比政治更深一層，從而又比政治更能
觸及根本：「政治問題，因緣複雜，今日見一問題，以為至重要矣，進
而求之，猶有重要於此者。自甲而乙，又自乙而丙丁，以至癸子等等，
互相關聯。故政客生涯，死而後已。」然則純然以政治對付政治，「有見
於甲乙之相聯，以為畢甲不足，畢乙而後可，豈知乙以下之相聯而起
者，曾無已時。若與之上下馳逐，則夸父逐日，愚公移山，永無躊躇滿
志之一日，可以斷言」。以這種了無止境而見不到結果的過程為反照，
「則推尋本始，仍不能不以研究學問為第一責任也」。同樣的意思，更富
信心而言之更加切直的，還有「試問現在一切政治社會的大問題，沒有
學問，怎樣解決？有了學問，還怕解決不了嗎？」[9]就思想之前後相接而
形成的連續和深化而言，在他所作的這種推比裏，應當既有著晚清革命
以來自身獲得的政治閱歷，也有著直面民初政象之潮起潮落而世無寧日
的深思。所以，身處南北紛爭的天地玄黃之間，蔡元培不會沒有自己淑
世的政見和歸屬的政派，然而以學術為本位，則政治取向之異同又不僅
是一種外在的東西，而且是一種可以截斷的東西。有此絕斷，才可能有
梁漱溟稱為「有容」的器局和顧頡剛概述為「學術自由，百家爭鳴」的宏

7　蔡元培：《蔡元培全集》第3卷，第271頁；第4卷，第263頁。

8　全國政協文史和學習委員會編：《文史資料選輯（合訂本）》第26冊，北京：
　　中國文史出版社，1986年，第77輯，第10頁。

9　蔡元培：《蔡元培全集》第3卷，第313、385頁。

大場面。[10] 在一個知識分子主動或被動地大幅度趨向政治化的時代裏，他顯示的這種個體的文化品格，既區別於「政客生涯」中的人物，也區別於同時的新文化人物。

1917年陳獨秀致書胡適論「文學革命」，說是「容納異議，自由討論，固為學術發達之原則，獨至改良中國文學，當以白話為文學正宗之說，其是非甚明，必不容反對者有討論之餘地，必以吾輩所主張者為絕對之是，而不容他人之匡正也」。[11] 在這一場以新文化為名目的思想過程裏，他所說的「以白話為文學正宗」曾是一個萬眾注目的大問題，比之懸在高處的民主和科學，尤能引發關切而生成回應。因此，陳獨秀為之明立噤口的界限，以「必不容反對者有討論之餘地」為理所當然，這種不為他人留一點餘地的隻手獨斷，正顯出了他所說的「自由討論，固為學術發達之原則」實際上的言不由衷和沒有內在的思想根基。梁漱溟後來追憶，說他以「每發一論，辟易千人」[12] 為常態，指的無疑也是其慣性地「不容」討論多於「自由討論」。以此為事實，則陳獨秀的文化品格顯然另屬一類而全然不同於蔡元培。而胡適五年之後論此一段文學革命的史事，以為「當日若沒有陳獨秀『必不容反對者有討論之餘地』的精神，文學革命的運動決不能引起那樣大的注意」，並因之而心悅誠服於「陳獨秀的勇氣」。[13] 其推重之詞既已把陳獨秀的獨斷演繹為「精神」，又說明同在新文化運動之中，胡適的文化品格中也曾有過與陳獨秀相通的一面。而傅斯年當日為《新潮》一群人作自我描畫，直謂之「用個不好的典故，便是『愛之欲其生，惡之欲其死』；用個好的典故，便是『見善若驚，疾惡如仇』」。[14] 他所說的好與壞，顯然也都是由這一面衍生而來

---

10 梁漱溟：《梁漱溟全集》第6卷，第336頁；陳平原、鄭勇編：《追憶蔡元培》，第169頁。

11 陳獨秀：《陳獨秀文章選編》上冊，第208頁。

12 梁漱溟：《梁漱溟全集》第6卷，第332頁。

13 胡適：《胡適全集》第2卷，第332頁。

14 傅斯年：《傅斯年全集》第1卷，第294頁。

的。但「愛」與「惡」，「驚」與「仇」的對立之間，最難以自然生成的正是
兼容並包。因此，雖然後人回溯當日的北大，名人往往各有故事，而蔡
元培與陳獨秀、胡適之間的往來又常常成為其中之為人樂道者。[15]但就
他們各自的文化品格而論，則與陳獨秀、胡適之熱心以文字鼓盪天下相
對比，蔡元培的心力始終都貫注於北京大學。而後是與賀麟所說的文字
鼓盪之下「不惟新與舊不相容，即此派新思想家與彼派新思想家亦互相
水火」[16]相對比，又有黃炎培所說的「吾師[蔡元培]之長北京大學也，合
新舊思潮而兼容之，絕不禁百家騰躍」[17]的顯然不同。此日論史，兩者
都已被置於新文化運動之中，然則兩者之間的差異，同時也正具體地顯
示了新文化人物群中不同的文化品格施為實際影響之後，最終為新文化
運動所帶來的不容易概而論之的歧義和多義。在彼時以文字激盪而致天
下景從的一派聲勢裏，蔡元培的文化品格只能算是少數，但這種居於少
數的文化品格卻能以其所擁有的更多的沉潛，為當時和後來造就了富有
深度的歷史因果。

　　沈尹默說：「蔡先生曾云『自今以後，須負極重大之責任，使大學
為全國文化之中心，立千百年之大計』。」[18]以後來的事實作觀照，則蔡
元培之不同於同時代的文化人物，正源自其內心獨有的這種自覺。在
二十年維新思潮的攪動沖刷，以及清末十年新政以來的大幅度社會變遷
之後，民初中國的文化與學術，大半已在潮起潮落中變成了以報章的附
庸為存在狀態，在「舊宅第已毀而不能復建之」[19]的兩頭不到岸裏，找不
到一個可以類聚和託身的地方。於是學術本身連同依傍於學術的人物，

15　陳獨秀：《陳獨秀文章選編》下冊，第642頁；傅斯年：《傅斯年全集》第5
　　卷，第491頁；梁漱溟：《梁漱溟全集》第7卷，第191頁。
16　賀麟：〈「五四運動」的意義和現階段的思想〉，載楊琥編：《民國時期名人
　　談五四》，第428頁。
17　黃炎培：〈吾師蔡元培哀悼詞〉，載陳平原、鄭勇編：《追憶蔡元培》，第
　　117頁。
18　王世儒、聞笛編：《我與北大》，第75頁。
19　康有為：《康有為政論集》下冊，第714頁。

皆不能不以飄零為常態。與之對應而見的，便是章太炎筆下的「人心之
俶詭，學術之陵替，尤莫甚於今日」。[20] 比之嚴復的統括而論，「陵替」
所指，已不僅是內在的碎裂，而且是外在的脫散。蔡元培出自這個時
代，從而面對著這個時代和困頓於這個時代，因此，「自今之後，須負
極重大之責任」所表達的自覺，自始已深度浸漬於沉重的危機意識和憂
患意識之中。而以「千百年之大計」為心中之所期，來比照「學術之陵
替，尤莫甚於今日」的世情，則其懷抱本在收拾與重造中國的文化重心
和中國人的文化歸依，就志度而論，顯然又大過吳稚暉說的「造就大人
物」。但在一個道術已為天下裂的時代裏，以「全國文化之中心」營造北
京大學，其意中的北京大學便不能不成為一個歸攏學術的匯聚之地。他
質而言之曰：「夫大學者，囊括大典，網羅眾家之學府也，《禮記‧中
庸》曰：『萬物並育而不相害，道並行而不相悖』足以形容之。」[21] 由此發
端而志在行遠的過程本與他個人的文化品格內相感應，而其個人的文化
品格進入了這個過程，又成為一種實際的引導和化育。之後是曾經名列
於「兩院一堂」之中而常常被訾議的北京大學，因蔡元培帶來的「學問」
與「作官」之間的嚴分界限和明示取去，已剝掉了京師大學堂以來久積
而成的以趨附官場為當然的「衙門」氣息。其直接的結果是「當時北大學
生與政客和軍閥，在蔡先生的教導下分家了」，[22] 遂使原本依附的對象變
成了可以審視和評斷的對象。北京大學因這種分途而變，使理想中的學
術本位獲得了轉化為現實的可能，又在學術本位從理想轉化為現實的過
程中，以自己所兼容並包的學術、人物、學風、群體，形成了一種別開
生面而自為恢張的既深且大。

　　蔣夢麟曾事後概敘其間的景象說：

20　章太炎著，湯志鈞編：《章太炎政論選集》下冊，北京：中華書局，1977
　　年，第779頁。

21　蔡元培：《蔡元培全集》第3卷，第211頁。

22　陳平原、夏曉虹編：《北大舊事》，第46–47頁；陳平原、鄭勇編：《追憶蔡
　　元培》，第170頁。

為學問而學問的精神蓬勃一時。保守派、維新派和激進派都同樣有機會爭一日之短長。背後拖著長辮心裏眷戀帝制的老先生與思想激進的新人物並坐討論，同席笑謔。教室裏，座談會上，社交場合裏，到處討論著知識、文化、家庭、社會關係，和政治制度等等問題。

繼之又以追懷之心作歷史類比說：

這情形很像中國先秦時代，或者古希臘蘇格拉底和阿里斯多德時代的重演。蔡先生就是中國的老哲人蘇格拉底。[23]

他描述了一種可以直觀而見的學術平等和學術自由，使人能夠彷彿地感知孔子所說的「君子和而不同」。在三十年洋務運動的取新衛舊之後，維新變法以除舊布新為宗旨開啟了另一個時代。而後是一路累積而累進，時至民初中國，已使輿論之強音盡歸於「新舊之間，絕無調和兩存之餘地」以及「建設之必先以破壞也」[24] 一類單面的激越。然則以此日之世景相比照，顯見得蔡元培之能夠被蔣夢麟比為「中國的老哲人蘇格拉底」，並不是因為他躡而從之地跟著時趨走，而是因為他身在風會所扇之間的自守定見而不為時趨所奪。在他與時趨之間的這段距離裏，為中國人立「全國文化之中心」所懷抱的造就宏大，顯然不會僅止於為輸入的新學理造沛然莫禦之勢。因此，單面的激越雖當日已據有炎炎聲光，但在北京大學的學術平等和學術自由面前，則同樣是只能以其「言之成理，持之有故」而常在蔡元培的包容之中，成為文化的一部分。於是而有林語堂記述中的按人分類而濟濟一堂：

那時的北大前進者有胡適之、陳獨秀、錢玄同、劉半農等，復古者有林琴南、辜鴻銘等，而全國思潮的潮流交錯，就在北大自身

23　蔣夢麟：《西潮·新潮》，第121頁。
24　陳獨秀：《陳獨秀文章選編》上冊，第186、189頁。

反映出來了。此外三沈兩馬（士遠、兼士、尹默、幼漁、叔本等）主持國學方面，在思想上是前進的，方法上是比較科學的。

單就刊物而論，《現代評論》、《語絲》而外，還有《猛進》，是徐炳昶、李宗侗等所辦的。

若加上梁漱溟說的蔡元培「以印度哲學講席相屬」為召請，以及羅章龍說的北大「在蔡先生的支持下成立了馬克思學說研究會」，[25] 則以人物繫學術和以學術說史事，後來長久地影響了20世紀中國的自由主義、社會主義和現代意義的文化保守主義，此日皆曾在蔡元培為中國人立「全國文化之中心」的過程裏咫尺相聚，並就此留下了它們與北京大學有過的深度淵源。然則百年之後回顧當時，顯然是蔡元培的力行兼容並包，其文化品格鑿成的歷史痕跡之既深且遠，已在歲月的反照之下灼然可見。

蔡元培為北京大學造就了一種民初中國無可匹比的文化高度，因此蔡元培時代的北京大學便成了民初中國的一種文化象徵。1915年入學的馮友蘭曾親歷過這種因造就而變化的過程，在這一方面尤言之明瞭而能中肯綮：「蔡先生把在當時全國的學術權威都盡可能地集中在北大，合大家的權威為北大的權威，於是北大就成為名副其實的最高學府，其權威就是全國最高的權威。在北大出現了百家爭鳴，百花齊放的局面，全國也出現了這種局面。」[26] 他由「蔡先生」說到北大，又由北大說到「全國」，而其筆意已經觸及的，則是近代中國文化的歷史嬗蛻至民初而一變的關節之所在。

自有文字記載以來，中國人的文化已在數千年延續不斷之中久成其源遠流長。與這種源遠流長相表裏的，是文化本身在每一個時代的中國社會裏都能找到和生成對應的社會結構，以承載自己的延續和發展，並得此依託而築成每一個時代的文化重心。清人趙翼說：

25　林語堂：《林語堂名著全集》第16卷，長春：東北師範大學出版社，1994年，第375頁；陳平原、鄭勇編：《追憶蔡元培》，第222頁；梁漱溟：《梁漱溟全集》第7卷，第186頁。

26　馮友蘭：《三松堂全集》第14卷，鄭州：河南人民出版社，2001年，第216頁。

漢時，凡受學者皆赴京師。蓋遭秦滅學，天下既無書籍，又少師
儒。自武帝向用儒學，立五經博士，為之置弟子員。宣帝因之，
續有增置。於是，施、孟、梁丘、京氏之《易》，歐陽、大、小夏
侯之《書》，齊、魯、韓之《詩》，普慶[慶普]、大、小戴之《禮》，
嚴氏、顏氏之《公羊春秋》，瑕丘江公之《穀梁春秋》，皆在太學。
成帝末，增弟子至三千人。

之後的代相遞進由前漢而後漢，又致「遊學增盛，至三萬餘人」。這些
實錄說明：漢代中國的文化匯聚和文化延續都實現於太學，太學也因之
成為當時的文化重心。繼之而起又相為嬗遞的是「及東漢中葉以後，學
成而歸者，各教授門徒，每一宿儒門下著錄者至千百人，由是學遍天下
矣」。[27] 而「鄭興父子、賈逵、馬融之徒，皆開門講學，弟子多至萬六千
人」。[28] 與太學相比，由此開始的過程更富廣度地傳播了文化。但這個
過程裏有學問之傳承卻並無典籍之流通，因此師之所在即文化之所在，
於是而有四面八方負笈而來者的集為「宿儒」門下的成千上萬。其間的
丕變，已使中國文化的匯聚、延續，從而中國文化的重心從太學移到了
「宿儒」的私門之中。而與這個開始於東漢後期的過程相伴而見的，是
出現在同一個時間裏的由累世經術致累世公卿，以及從這兩頭派生出來
的一茬一茬門生故吏，遂使文化重心常常會化為政治重心。而後是這兩
種重心在迭合中的一路演變，最終形成了漢末至魏晉南北朝四百多年裏
以文化為底色的門閥士族，並且一脈長流，在四百多年之後，其餘波仍
延及於隋唐。雖說在後來的歷史評說裏，門閥士族曾是一種久被訾議的
東西，但四百多年裏士族之能夠代相承接於君權起落，王朝來去之間，
在沒有穩定性的世局裏成為一種穩定之所在和物望之所歸，支撐了這個
過程而成為基石的，是士族中人因文化自覺而著力於化文化為教育的代
相塑造。一則記載說：「華歆遇子弟甚整，雖閑室之內，嚴若朝典。陳

27　趙翼著，欒保群、呂宗力點校：《陔餘叢考》，石家莊：河北人民出版社，
　　1990年，第243–244頁。

28　劉實：〈國學通論〉，載劉東、文韜編：《審問與明辨》上冊，第113頁。

元方兄弟恣柔愛之道，而二門之裏，兩不失雍熙之軌焉。」[29] 另一則記載說：「[何]承天五歲失父，母徐氏，廣之姊也，聰明博學，故承天幼漸訓義，儒史百家，無不該覽。」[30] 前一面重的是以家風、家範、家教成就其德性，後一面重的是以經訓、義理、史事成就其學識。由這一類軼事的累積所催生的《世說新語》一書，把漢末和魏晉人物當作主體，並用「德行」、「言語」、「政事」、「文學」等等名目各歸事類，以狀寫那個時代文化景觀的總體面貌和局部細節，而其間的人和事大半都出自門閥士族。這種留存於記述之中的歷史故事，以其人物的長盛不衰，說明了士族的累世不墜與士族之能夠產生出優秀子弟的相為因依；也說明了在一個文化無從攏聚的時代裏，中國文化的延續不絕和新機衍生實際上主要是在門閥士族裏進行的。若以沒有士族的五代比士族影響群倫的南北朝，則後一面的意義尤其明瞭。迨五代之亂既息，宋初因講學而聚學人於書院，遂為文化的授受別開一途。此後九百餘年之間，書院雖曾歷經變遷而有起有伏，但時至清代晚期，時論猶以「各省書院之設，每府州縣多或三四所，少亦一二所；其陶成後進為最多，其轉移風氣亦甚捷」[31] 為當時的寫照。這種「陶成」和「轉移」的過程都以文化為內容，通觀而論，說的正是九百餘年裏文化的聚積和傳承主要是依託於書院而得以實現的。

　　二千多年以來，太學、士族、書院在次第代謝中先後成為各個時代文化所在的地方，於是而有中國文化的綿延不絕和源遠流長。概述這個漫長的過程，意在說明清末仿西法，在興學的宗旨下用學堂取代書院所導致的這個過程的中斷。曾經最早倡學堂，並力主廢書院以興學堂的梁啟超，民初已深惡「近世學校」的「學業之相授受，若以市道交也。學校若百貨之廛，教師備於廛，以司售貨者也，學生則挾資適市而有所求者

29　余嘉錫：《世說新語箋疏》，北京：中華書局，1983年，第12頁。

30　沈約：《宋書》第6冊，北京：中華書局，1974年，第1701頁。

31　舒新城：《中國近代教育史資料》上冊，北京：人民教育出版社，1962年，第71頁。

也。交易而退，不復相聞問，學生之與教師，若陌路之偶值」。[32] 由此發生的「交易」裏會有各成一段一段的知識，卻不會有文化意義上的「陶成」和正面影響世局的「轉移」，從而既無從匯集學術和文化；也無從延續學術和文化。這種景況本是中外連屬的通病，但對中國人來說，則是十多年之間，已是「中國原有的精神固已蕩然，西洋的精神也未取得」，新學問和舊學問都無從託身。而「進學校的人」則大半「除了以得畢業文憑為目的以外，更沒有所謂意志」，顯見得人物的委瑣出自學校的委瑣。他因之而深深懷念舊日的書院。[33] 在當日的輿論中這一類話遠不是僅見的，因此，更銳利一點的，還有直言「今日之教育，操之一二書賈之手」，[34] 以見斯文一脈的文不在茲。它們指述的都是本應叢集文化的學校在實際上的不能收聚文化，而後是從晚清到民初，中國文化總體上越來越像一池斷梗浮萍。與書院時代的地方各有文化中心相比，已顯然地異化為一種前所未有的學無所養和學無所歸。雖說這一段追溯涉事長遠，但正是借助於這種追溯所顯示的二千多年裏中國文化之自有承載，用之以對比和反照民初中國文化的承載在社會劇變中的斷裂，後人讀蔡元培，才能更切入地懂得他傾力於為中國人立「全國文化之中心」，同時是在為中國文化再造一種新的承載，以期匯合古今中外而別開一重生面。[35] 而蔡元培時代的北京大學在近代中國文化史上的意義也正因此而見。

　　1919年傅斯年陳說其心目中的北京大學曰：

　　向者吾校作用雖曰培植學業，而所成就者要不過一般社會服務之人，與學問之發展無與；今日幸能正其目的，以大學之正義為心。又向者吾校風氣不能自別於一般社會，凡所培植皆適於今日社會之人也；今日幸能漸入世界潮流，欲為未來中國社會作之先

32　梁啟超：《飲冰室合集》第4冊，《文集》之三十六，第35頁。

33　梁啟超：《飲冰室合集》第5冊，《文集》之四十三，第5–6頁；梁啟超：《〈飲冰室合集〉集外文》中冊，北京：北京大學出版社，2005年，第1034頁。

34　經世文社：《民國經世文編》第4冊，第2637頁。

35　周作人：《知堂回想錄》，第522頁。

導。本此精神，循此途徑，期之以十年，則今日之大學固來日中
國一切新學術之策源地；而大學之思潮未必不可普遍中國，影響
無量。[36]

其間既有著顯然的文化自負，也有著顯然的文化自覺。兩者都出自北大
的「今日」不同於「向者」，而展示的則無疑都是梁啟超向「近世學校」追
問、求索而不可得的那種他稱之為「精神」的東西。精神表達的是內在
一面，與之同時發生而相為對映的，還有已經集聚和正在集聚舊學新知
的北京大學以其自身的文化感應社會，並直接影響了當日中國萬千人的
一面。蔣夢麟説：

> 北大是北京知識沙漠上的綠洲。知識革命的種籽在這塊小小的綠
> 洲上很快地就發育滋長。三年之中，知識革命的風氣已經遍布整
> 個北京大學。

> 之後，北大所發生的影響非常深遠。北京古都靜水中所投下的每
> 一塊知識之石，餘波都會達到全國的每一角落。甚至各地的中學
> 也沿襲了北大的組織制度，提倡思想自由，開始招收女生。北大
> 發起任何運動，進步的報紙、雜誌，和政黨無不紛起響應。[37]

民初中國久在因黨派立異而政爭，因軍人干政而戰爭之中。以至楊蔭杭
曾以「武人與議員之爭」和「武人與武人之爭」作統括，指為「民國以來」
時局之大端和常態。[38] 因此，蔣夢麟所記述的北京大學在彼時以其「非
常深遠」的「影響」聲光遠播，程度猶在政爭和武力以上，實際上寫照的
已是一種民國歷史中的前此之未有。在這種前此未有裏，北大把文化引
到了一個本由政客和武人主導的世界之中，同時是北大又在用自己兼容
並包和思想自由所造就的知識團體與文化氣象，為「大學者，囊括大

36　傅斯年：《傅斯年全集》第1卷，第79頁。

37　蔣夢麟：《西潮・新潮》，第122、128頁。

38　楊蔭杭著，楊絳整理：《老圃遺文集》，武漢：長江文藝出版社，1993年，
　　第587頁。

典，網羅眾家之學府也」樹立了一種舉世共見的範式。由此因果相連，遂使風氣所到之處，北京大學的變化又促成了南北大學的變化。於是在宋元明清的書院因清末世變而斷截之後，民國大學共性地起而延接二千多年的傳統，因匯集學人學派而成為一種重築的文化載體；又因守護文化而同時為社會守護了出自知識人的清議。若引此以讀梁漱溟所說的蔡元培一生的成就「只在開出一種風氣」，正因之而能看見其間之一端。

二　兼容中西：新文化的護法和儒學造就的君子人格

　　與這種營造「全國文化之中心」的過程期於層積累進相比，蔡元培長北大之日，以更激烈的思想震盪攪動八方而引來回聲不絕的，是起於北大的新文化運動。此後二十年，歷史學家蕭一山由事及人而總論之說，其間的「胡適、錢玄同、陳獨秀、李大釗等都是代表人物，而蔡先生則居於護法地位，也可以說是領袖人物」。[39] 比之「代表人物」，顯然是「護法」和「領袖人物」又高了一層。其論說出自對於歷史現象的觀察，因此當年身在局中的羅家倫後來追敘舊事排比前後，持論亦與之相近似。[40] 然而以新文化運動之內含的多義和前後的互歧為著眼點，則被看作「護法」的蔡元培，同時又在以其並不能與這些「代表人物」完全等同而歸於一體的文化品格為立場，實際地顯示了彼時共聚於新文化之中的人物在相互應和之外，還會有彼此之間的並不相同。1934年蔡元培作〈我在北京大學的經歷〉一文，其中一段由《新青年》說到「文學革命」，而自述其當日的主張，則尤以不作一邊倒為自覺意識，「我素信學術上的派別，是相對的，不是絕對的。所以每一種學科的教員，即使主張不同」，但能自為立說，即可共生並存，期能以此提供一片廣袤，「令學生有自由選擇的餘地」。繼之又舉「胡適之君與錢玄同君等絕對的提倡白話文學，而劉申叔、黃季剛諸君仍極端維護文言的文學，那時候就讓他

39　楊琥編：《民國時期名人談五四》，第61–62頁。
40　羅久芳、羅久蓉編：《羅家倫先生文存補遺》，第57頁。

們並存」為共知的實例，以說明自己取則的是常理常情，遂既不全在「絕
對」一面，也不全在「極端」一面：

> 我信為應用起見，白話文必要盛行，我也常常作白話文，也替白
> 話文鼓吹；然而我也聲明：作美術文，用白話文也好，用文言文
> 也好。例如我們寫字，為應用起見，自然要寫行楷，若如江艮庭
> 君的用篆隸寫藥方，當然不可；若是為人寫斗方或屏聯，作裝飾
> 品，即寫篆隸章草，有何不可？[41]

其時倡白話的一方挾進取之勢而成進攻之勢，以至尤喜咄咄逼人而且出
口傷人的錢玄同直接把文言歸本於「獨夫民賊」和「那些文妖」。[42] 因此，
蔡元培雖「也替白話文鼓吹」，而以錢玄同為尺度作丈量，則其不肯一
意排他地為白話文歸除天下，顯然是心中另有一種尺度。這種兩者之間
的不能完全重合雖在蔡元培的敘述中見之於文學革命一端，但就其各有
自己對於中國文化認知和判斷是非的來龍去脈，從而各有自己對於中國
文化的願景和願想而言，又不會僅止於文學革命一端。

　　作為一種醒目的歷史現象，當日身在新文化之中的人物大半樂以西
國的文藝復興運動為新文化運動作歷史類比，其自覺自願的程度猶且過
於自比啟蒙運動。這一面的意思，傅斯年稱之為「人道主義」，羅家倫
稱之為「人本主義」，胡適稱之為「對人類（男人和女人）一種解放的要
求」，陳獨秀稱之為「新文化運動是人的運動」。[43] 在此前二十年間的維
新思潮漚浪相逐，以其不止不息的富強意識造就了國家至上的觀念以
後，斯時一時俱起的「人道主義」、「人本主義」、人的「解放的要求」以
及「人的運動」，共以人本身為主體和目的，顯然是意在為中國人另立

41　蔡元培：《蔡元培全集》第6卷，第351頁。

42　錢玄同：《錢玄同文集》第1卷，第86頁。

43　傅斯年：《傅斯年全集》第1卷，第29、291、296頁；張曉京編：《羅家倫
　　卷》（中國近代思想家文庫），北京：中國人民大學出版社，2015年，第200
　　頁；胡適口述，唐德剛譯注：《胡適口述自傳》，第192–193頁；陳獨秀：
　　《陳獨秀文章選編》上冊，第517頁。

一種至上性。而文藝復興之被用來為新文化作比附，也正在於文藝復興運動所實現的以神為本位轉向以人為本位。有此前後之間的不同，則後起的思想代謝，已在比較完整的意義上催生了近代中國雖由前二十年延續而來，但又不同於前二十年的另一個思想階段。新文化運動過去十多年之後，蔡元培為《中國新文學大系》作「總序」，由「歐洲近代文化，都從復興時代演出」起講，而歸旨於「五四運動的新文學運動，就是[中國文化]復興的開始」。顯見得其意中的新文化運動，也是一種能與文藝復興相類比，並在這種類比中獲得了可以顯示和說明自身意義的東西。而後舉「歐洲復興時期以人文主義為標榜，由神的世界過渡到人的世界」[44] 為通論，又尤其說明，其意中的新文化運動能夠與文藝復興相匹配，正在於中國的文化運動所表達的以人為中心的自覺。從晚清到民國，與同屬一個時代的人物相比，蔡元培始終以其更多的人道情懷為一己之明顯的個性。即使是在反滿革命之日，他的論說裏也更多地為滿漢之間留一點餘地和寬厚。[45] 因此，新文化運動中的「人道主義」、「人本主義」、人的「解放」和「人的運動」便會非常自然地喚出他本有的胸中之所積。他之被看成「護法」和「領袖」，其實大半都是因這種感應而起的。然而陳獨秀由人權說人本，歸結到「個人本位主義」；[46] 胡適由「自由發展」說人本，歸結到「為我主義」。[47] 他們以其各自擁有的代表性，典型地說明了新文化運動中的人本主義自始即已落腳於個人主義。而在19世紀末期以來天演進化已彌漫四布的思想環境裏，與這種個人主義一路俱來的自由、平等、獨立、權利便非常容易地會與「物競天擇」融為一體，[48] 使「個人本位」和「自由發展」都成了只能實現於自我擴張之中的東西。而後是個體的走向解放和個體的自求權利都成為引導潮流的主題。這個過程為個體吹漲了「一種個人從一切社會關係的羈絆中解放出來的

44　蔡元培：《蔡元培全集》第6卷，第568、575頁。

45　蔡元培：《蔡孑民先生言行錄》，濟南：山東人民出版社，1998年，第6頁。

46　陳獨秀：《陳獨秀文章選編》上冊，第98頁。

47　胡適：《胡適全集》第1卷，第612、614頁。

48　陳獨秀：《陳獨秀文章選編》上冊，第75頁。

要求」，[49]同時又使作為個體的人在這種論說中一步一步既失掉了具體性，也失掉了差別性，最終同化為一種以外向求取為法則的抽象存在。當時的一則時論說：

> 人生在世，究竟是為什麼的，這個問題，人人要問，人人都解答不了，胡適之先生也說：這個問題是沒有答案的。[50]

「人生在世，究竟是為什麼的」，追尋的是人生的意義。在人類的思想歷史裏，這是一個每一代人都要直面的問題，從而既是一個古老的問題，也是一個恒新的問題。而作為個體人類自己對自己的發問，其間所涉及的實際上是內在於人心之中的精神世界，是人的自我省視和自我超越賴以發生的起點。因此，胡適以「沒有答案」為漠漠然置之的了不著意，反映的正是新文化人物之力倡個人主義，但在他們的預設中，這種被置於本位的個體人類，其傾力所注，其實都歸向於外在的自由、平等、獨立、權利一面，而個體作為人之為人所應有的精神所託和心靈依傍則大半都不在關切之內。[51]有此兩頭之間的不相對稱，遂使個人主義造就的一群一群正在不斷進取的人，同時又會因其內在一面的意義缺失而成為一種空洞化的人。對於蔡元培來說，這種兩頭不相對稱，以及由此產出的空洞化了的人物類型，其實已不在喜聞樂見之列。

　　當個人主義喚起的一代人正在努力於「脫離奴隸之羈絆」而走向「解放」[52]之日，與之同一個時間發生而互相成為對比的，是蔡元培正用心於在北大「推廣進德會」。[53]陶希聖後來說：「進德會有三種等第，甲種會員：不嫖、不賭、不娶妾；乙種會員：於前三戒外，加不作官吏，不

49　史華慈語。見王躍、高力克選編：《五四：文化的闡釋與評價》，第252頁。

50　沈定一：《沈定一集》上冊，第126頁。

51　胡適後來回答「人生有何意義」之問說：「生命本身不過是一件生物學的事實，有什麼意義可說？生一個人與一隻貓，一隻狗，有什麼分別？」見胡適：《胡適全集》第3卷，第817頁。

52　陳獨秀：《陳獨秀文章選編》上冊，第74頁。

53　蔡元培：《蔡孑民先生言行錄》，第13頁。

作議員二戒；丙種會員：於前五戒外，加不吸煙、不喝酒、不食肉三戒。」並以其切近而得的感受，把「進德會」對於北大「學風」的影響，列為僅次於「學術自由」的大端。[54] 與「個人本位主義」之視「羈絆」為束縛而以「脫離」等同於「解放」相比，「進德會」的三種等第顯然都是在自己約束自己，從而都是自己把自己置入束縛之中。前者是一種向外求取，要的是個體應有的權利和常在不斷擴張之中的權利；後者是一種向內求取，要的是個體在德性上的自趨圓滿和日趨圓滿。身在新文化運動之中而被看成「護法」，蔡元培不會不知道個體權利的正當性，以及爭取個體權利的合理性。然而這種內向求取和外向求取之間的明顯區別又說明，同新文化中多數人的執著於關注權利相比，蔡元培更關注的是正在爭取權利和已經擁有權利的人本身。就人生的內在限度和外在限度而言，獲得權利的實際意義，本質上不過是獲得了一種選擇的自由，但選擇的自由並不等同於選擇的結果，所以權利本身不會天然地趨善和成善。而後是作為本與權利主體重疊的選擇主體，人本身便不能不同時又成為這個過程裏須用文化造就的對象。這一層道理不為當日的高亢論說所涉及，卻具足地映照出「進德會」的由來和立意。人在其間的自我約束雖各立條目，而對個體來說，由條目而引入「進德」的過程是在理一分殊中自我引申，區分什麼是對的，什麼是錯的；什麼事是可以做的，什麼事是不可以做的；什麼人是好人，什麼人是壞人。由此以約束為進德，開啟的是一種以人生意義為指向的人生過程，然則以「進德會」為實例，顯然是曾經作為一個問題已被胡適漠漠然置之的「人生在世，究竟是為什麼的」，同樣作為一個問題，卻始終是蔡元培常在心中而不能不去懷的東西。兩者的背後各有一種對於人本的理解，因此，以內向的求取和外向的求取為分界，則自始即引人本主義自為標榜的新文化運動，實際上已同時有了兩種人本主義。

　　陳獨秀的「個人本位主義」和胡適的個人「自由發展」都以自由、平等、獨立、權利為支撐。然而這些出自歐西的觀念本是從歐西的歷史文

54　陳平原、鄭勇編：《追憶蔡元培》，第213頁。

化中產生和形成的，因此這些以人為主體的觀念在自己所屬社會裏的運用和表達，都脫不出歐西歷史文化在它們形成過程中與之俱生，並在後來一直與之俱存的對於人性中光明一面與黑暗一面的審視和思考。[55] 隨後是在審視和思考留下的思想環境裏，彼邦的自由、平等、獨立、權利都會各有自己的人文內涵和實際限度。然而這些觀念移入中國的過程已截斷了它們同自己歷史文化的連結，並徹底地脫出了它們在本土的思想環境。於是來到中國的自由、平等、獨立、權利，便很容易在一路傳播中一路自為演繹，從各有內涵和限度的觀念蛻化為流失了本義的詞彙，並最終成為一種以「自認為獨立自主之人格以上，一切操行，一切權利，一切信仰，唯有聽命各自固有之智能，斷無盲從隸屬他人之理」[56] 為至高境界的東西。這些文字描畫的是一種自我獨尊的人，也是一種孑然孤立的人，兩者都以「固有之智能」為唯一的因依，遂使其「獨立自主之人格」與個體自身的人性自始即全無一點勾連。然而人格本以人性為起點，並且是在人性的根基中養成的，因此這種人格與人性的兩相隔絕，已使個體的人格雖被名為「獨立自主」，實際上卻成了一種沒有來路而無從附託的物事了。

與新文化運動中用文字作鼓盪的這一面相比，蔡元培以「進德」立會而著力於知行合一，主旨也在造就人格。但造就人格而以進德為起點，則既說明了他識度中的人格本自人性，又說明了他識度中的人性是不圓滿的。因此「進德」之取義，表達的正是一個由不圓滿走向圓滿的漫長過程。然則自外觀而言，顯然是在一個群趨權利的時代裏，蔡元培對這一面的關注和力行，已以其別成一格於時趨之外，比陳獨秀和胡適更切近地對應於歐西歷史文化中本來的思維軌路與既有取向。在當日的

55　漢密爾頓（Alexander Hamilton）說：「我們應該假定每個人都會是拆爛污的痞三，他的每一個行為，除了私利，別無目的。」見張灝：《幽暗意識與民主傳統》，北京：新星出版社，2006年，第30頁。他被尊為美國「開國諸父」之一，參與擬定憲法，顯然熟知自由、平等、獨立、權利。但對作為自由、平等、獨立、權利主體的人，同時又抱有很深的人性懷疑。

56　陳獨秀：《陳獨秀文章選編》上冊，第74頁。

文化運動裏，這是一種奇異。但就個人的文化蘊積和學術思想說淵源，則蔡元培之不同於陳獨秀、胡適，卻又更能契合歐西歷史文化深層內含的那一部分關切所在，其實並不取之於歐西，而是出自於儒學，從而依託的大半是故家舊物。一則記述說，清末「西洋社會主義家，廢財產、廢婚姻之說，已流入中國。子民亦深信之，曾於《警鐘》中揭〈新年夢〉小說以見意」。但這種被稱作「西洋社會主義」的無政府學說，其理想的主義又曾在彼時的中國一經操弄而全失理想：

> 爾時中國人持此主義者，已既不名一錢，亦不肯作工，而惟攫他
> 人之財以供其揮霍。曰：「此本公物也。」或常作狹邪遊，且誘惑
> 良家女子，而有時且與人妒爭，自相矛盾。以是益為人所姍笑。
> 子民嘗慨然曰：「必有一介不苟取之義，而後可以言共產。必有坐
> 懷不亂之操，而後可以言廢婚姻。」對於此輩而發也。[57]

這個過程裏發生的毛病不是出在主義本身，而是出在附著於主義的人。而由此引出的「必有一介不苟取之義」和「必有坐懷不亂之操」，則非常明白地說明，主義之能夠在真正意義上的得以實現，本與個體自身的德性完善是相為因果的。這一段歷史情節發生於新文化運動十餘年之前，但以他身在自由、平等、獨立、權利蔚為主義之日而力倡「進德」相度量，則縮連兩頭而貫穿於前後之間的，始終是同一種理路。這是一種在中國二千多年的歷史裏久已有之的理路。王安石說：「為己，學者之本也；為人，學者之末也」：

> 是以學者之事必先為己，其為己有餘而天下之勢可以為人矣，則
> 不可以不為人。故學者之學也，始不在於為人，而卒所以能為人
> 也。今夫始學之時，其道未足以為己，而其志已在於為人也，則
> 亦可謂謬用其心矣。[58]

57　蔡元培：《蔡子民先生言行錄》，第7頁。
58　王安石：《王文公文集》上冊，第308頁。

儒學相信人性自有善根，同時又深知個體人類並未已善。自前一面而言，則孔子說「吾欲仁斯仁至矣」，孟子說「人皆可以堯舜」。[59] 自後一面而言，則天地之間長有君子小人之分和君子小人之爭。兩者俱存，便是向善的可能與作惡之可怕的俱存，因此，起源古老的「進德」一詞在中國歷史中的代相傳承，其間之寄託本是以向善的可能抑制作惡的可怕。而蔡元培的關注所及與歐西歷史文化之彷彿能夠對應，引人深思的其實也在於這些地方。但與歐西相比，王安石的話又說明：在中國人的歷史文化裏，儒學中的這一部分內容更深遠的意義，還在於由此生成的不斷面對自我，並把自我當成觀照對象和評判對象的自覺。[60]「學者之事必先為己」，是因為「人心惟危，道心惟微」，[61] 個體的「己」是不完善的和不足恃的。與之相為因果，則「為己」的本義正是以克己為「修己」，自我省察而自我成全。由此承載的是一個走向君子人格的過程，但這個過程因深入而廣延，同時又在引人進入人己之間、天人之間、義理之間，以獲得人生價值、獲得人生意義、獲得人生責任，從而形成一個穩定的精神世界。之後的「卒所以能為人也」，則是抱著這種內在的精神世界走到外在世界和應對外在世界。於是而有個體立身的本原和二千多年中國歷史裏的賢人和仁者。

　　蔡元培曾是在這種精神世界裏長成的，而在同時代人的眼中，即使是在迎受新潮之日，他身上也仍然自覺地保留著這種精神世界所給予的人生取向：

> 蔡先生又以克己為他道德生活的核心。他雖然也和當時的名人一樣，醉心於法國革命時代的三個口號「自由、平等、博愛」。可是他解釋這三個口號，是從克己方面出發的。博愛是什麼？他說博愛就是孔子之所謂仁，「己欲立而立人，己欲達而達人」。平等是什麼？就是孔子之所謂恕，「己所不欲，勿施於人」。自由是什

59　朱熹：《四書章句集注》上冊，第128頁；下冊，第425頁。
60　這一面的典型，是孔子自述的「吾日三省吾身」。
61　見《尚書‧大禹謨》。

麼？自由就是義，孟子所謂「富貴不能淫，貧賤不能移，威武不能
屈，此之謂大丈夫」。蔡先生就以這仁、義、恕三個字做著日常道
德生活的標準。[62]

在這種取新學而「以古義證明之」[63] 的闡發裏，蔡元培把出自新學的「自由、平等、博愛」看成是一種精神高度，但引「古義」以「證明之」，又説明他更相信對於個體來説，這種外在的精神高度之進入身心而化為己有，只能實現於自我的「克己」之中。與同一個時間裏的「個人本位主義」和個人「自由發展」一以貫之地把自由、平等、獨立、權利看成是一種可以索取而得的東西和一種以物競天擇為法則的東西相對比，兩頭之間的差別不僅是明顯的，而且是內在的。他陳述的是自己的深思自得和有會於心，而二千多年裏儒學以克己成就「修己」的道理則因之而與新學有了一種交匯之途。以此觀照他在北大以「進德」立會，則就其意中「進德」一詞的本來意義和衍生意義而言，已是把自己認知所在和信受所在的精神世界帶入了新文化運動之中。而後是同在新文化運動之中，蔡元培以他所認知而信受的道理為主張，回答了胡適認為「沒有答案」的人生問題，並在「個人本位主義」催生出來的，因傾力於單面外向進取而失落掉了內在的意義，又因失落掉內在意義而空洞化了的個體人類面前，展現了一種懷抱一己精神世界、心靈世界、意義世界，與眾生一同行走於人世漫漫長路裏的具體的個人和真實的個人。以前者為主體的人本主義與以後者為主體的人本主義共存於新文化運動之中，但兩面之互相對映，顯示的則是這一場文化運動本身內含的錯雜、扞格和矛盾。然而通觀這一段歷史，則作為一種引人注目的文化現象，其間最耐後人長思久想的，其實並不是留下了很多文字的陳獨秀和胡適，而是沒有留下很多文字的蔡元培。

62　許壽裳著，倪墨炎、陳九英編：《許壽裳文集》下冊，上海：百家出版社，
　　2003年，第546頁。

63　蔡元培：《蔡孑民先生言行錄》，第10頁。

　　周作人後來說蔡元培以不尚「偏激」為其文化品格，「我故以為是真正儒家，其與前人不同者，只是收容近世的西歐學問，使儒家本有的常識更益增強，持此以判斷事物，以合理為止」。[64] 馮友蘭後來說「蔡先生是近代確合乎君子的標準的一個人」，並說：

> 一個人成為名士英雄，大概由於「才」的成分多。一個人成為君子，大概由於「學」的成分多。君子是儒家教育理想所要養成底理想人格，由此方面說，我們可以說，蔡先生的人格，是儒家教育理想的最高底表現。[65]

前者說的是他的為學，後者說的是他的為人，而在兩者的立意中，是為學為人都被歸入文化之中，概以儒學為其共有的本相和根底。然而林語堂說：

> 蔡先生是我所敬愛欽佩的一個人。在革命元老中，我認為他比較真正認識西方思想。他書真正看，而思路通達。對西方思想有真認識是不容易的，否則班門弄斧，人云亦云而已。[66]

他印象更深刻的是蔡元培所達到的對西方思想的認識程度。林語堂早年入教會學校，又先後留學美國、德國，是一個熟知西方文化的人。因此他對蔡元培的這一段評說應當是一種出自內行的評說。而以「真正儒家」稱蔡元培的周作人，在另一個地方又曾推崇其「獨有的自由思想的精神，在他以外沒有人趕得上」，並具體比較說：「就是現今美國叔叔十分恭維的胡博士，也恐怕還要差一點兒吧。」[67] 這種引美國人來襯托胡適，又以胡適作襯托來說蔡元培的「自由思想的精神」，主旨無疑也是在寫照蔡元培對西方文化之真髓的把握程度高出一時。

64　周作人：《知堂回想錄》，第332頁。

65　馮友蘭：《三松堂全集》第14卷，第207頁。

66　林語堂：《林語堂名著全集》第16卷，第376頁。

67　鍾叔河、鄢琨編：《周作人散文全集》第9卷，桂林：廣西師範大學出版社，2009年，第702頁。

　　周作人、林語堂、馮友蘭的這些事後追憶，都刻劃了作為一個文化形象而留存在他們心目中的蔡元培。追憶出自歷史中的人和事為歲月磨洗之後，自應更加清晰和更加真實。然而以陳獨秀說的「固有之倫理，法律，學術，禮俗，無一非封建制度之遺，持較晳種之所為，以並世之人，而思想差池，幾及千載」；[68] 胡適說的「正因為二千年吃人的禮教法制都掛著孔丘的招牌，故這塊孔丘的招牌——無論是老店，是冒牌——不能不拿下來，捶碎，燒去」[69] 為代表性言論，顯然是 19 世紀末期以來依中西分類別和新舊分類別的思想走向，至新文化運動已達到了極端。則時處此日，一個「真正儒家」的蔡元培和一個「真正認識西方思想」的蔡元培同集於一身，便不能不使蔡元培在新文化運動中非常獨特地成了一個不可歸類的人。比之各歸一類的簡單明瞭，不可歸類無疑是一種模糊和複雜。但深而論之，這種對比的背後其實各有其不易直觀而見的內容，就一面而言，每一種文化都同時內含著經驗、知識、思想的交集；理性與情感的糾葛；詮釋與錯讀的同生；信仰與懷疑的頡頏；共相與殊相的分合；意識與潛意識、個體意識與集體意識的相扶和相歧；等等。而後是作為一種過程的文化，便慣見經驗溢出思想和思想溢出語言；以及問題觸發紛爭和紛爭生成派別，並常態地表現為當下對之前的否定和後來對當下的否定之否定，而其間最穩定地維持了一種特定文化之根本的精神性存在，則既是一種深處的存在，又是一種抽象的存在。因此引西人所說的「文明本身是一個混合體」[70] 為總而言之，顯然是作為整體的文化總是會不同程度地交染於模糊，而處在變遷之中的文化又常常是與模糊相伴而行的。然則真正地進入文化和具體地深入文化，實際上已不能不面對模糊和進入模糊。就另一面而言，時當兩種不同的文化交逢之日，純以各歸一類為簡單明瞭，則由此所造就的只能是一種劃分壁壘。而以壁壘既成之後的這種以整體性對整體性為起點，被稱作文化

68　陳獨秀：《陳獨秀文章選編》上冊，第 75 頁。

69　胡適：《胡適全集》第 1 卷，第 763 頁。

70　艾愷：《世界範圍內的反現代化思潮：論文化守成主義》，貴陽：貴州人民出版社，1991 年，第 53 頁。

運動的過程遂只能沿此一路趨進，演化為一種空泛的整體性壓倒另一種空泛的整體性的過程，一個既抹掉了本來的模糊性，同時又無從深思於彼此之間，以成其用心審量和層層切入的過程。在後起的學者眼裏，遂只見其「清淺」而不見其「深摯」，並因之而成為一個「不但對於中國自己的古典文化沒有瞭解，對於西洋的古典文化也沒有認識」[71]的過程。其間用「清淺」對比「深摯」，尤其昭然地顯示了簡單明瞭之能夠形成，本是與人為的選擇、過濾和捨棄相為表裏的。之後是簡單明瞭得到了易於遠播的「清淺」，而同時失落掉的「深摯」裏卻有著許多更真實的東西和更本質的東西。

　　生成於新文化運動之中的這兩個方面，以及它們之間的相互對照，構成了一種留存於歷史之中的反襯，使人在事後省思之際能夠更清楚地看出蔡元培的模糊和矛盾，其實比當日一時群趨的簡單明瞭更具深刻性。因此，1940年蔡元培病逝於香港，蔣夢麟為之作論定說：

> 一位在科舉時代極負盛名的才子，中年而成為儒家風度的學者。經德、法兩國之留學而極力提倡美育與科學。在教育部時主張以美育代宗教，在北京大學時主張一切學問當以科學為基礎。
>
> 在中國過渡時代，以一身而兼東西兩文化之長，立己立人，一本於此。[72]

傅斯年發抒其「景仰」說：

> 蔡先生實在代表兩種偉大的文化，一是中國傳統聖賢之修養，一是法蘭西革命中標揭自由平等博愛之理想。此兩種偉大文化，具其一已難，兼備尤不可覯。先生歿後，此兩種偉大文化在中國之氣象已亡矣。至於復古之論，歐化之談，皆皮毛渣滓，不足論也。[73]

71　李長之：〈五四運動之文化的意義及其評價〉，載楊琥編：《民國時期名人談五四》，第391頁。

72　陳平原、鄭勇編：《追憶蔡元培》，第120頁。

73　傅斯年：《傅斯年全集》第5卷，第491頁。

他們兩人當年都在新文化之中，而傅斯年尤曾跡近各分一類而簡單明瞭那一脈。但二十年之後返視歷史，其共有的敬意和欽服則都歸於蔡元培，歸於其一身匯合了「真正儒家」和「真正認識西方思想」的文化取向與文化高度，以及由此派生的人生氣象。而由這些話引申而思，則其間既可以看到陳獨秀因急迫而偏狹與蔡元培闊大而且從容的不同；也可以看到胡適好以知識泯滅義理與蔡元培廣求新知而守定義理的不同。因此以二十年之後說二十年之前和二十年以來，他們的話又折射了民國初年中國文化的曲折嬗蛻。

後 記

　　三十多年前隨陳旭麓先生學史，我是沿著曾(國藩)左(宗棠)李(鴻章)那一代人留下的行跡和心路走入近代中國的歷史場景之中的。這些人的人生內容與近代中國的歷史變遷深相交融。從19世紀40年代初的中英鴉片戰爭到50年代末的英法聯軍之役，「二十年之間，中國再敗於泰西」。中國人的辦法對付不了西方人，而後是以「借法自強」回應西來的衝擊，那一代中國人懷抱「萬不得已之苦心」移用西方人的辦法來對付西方人。於是從60年代開始，以造船造炮為起點而周延伸展，促成了以洋務為中心的三十年歷史過程。讀史於此積年，舊作〈從庚申到甲午：古今中西之間的衝擊與回應〉的關注所及，都在此三十年之間。

　　「從庚申到甲午」，標示的是這個歷史過程起端於一場民族戰爭，又截止於另一場民族戰爭。但與庚申年的英法聯軍之役留給中國人的「堂堂天朝，竟任夷隊縱橫，為之人哭」的「曷勝憤怒」和身當其衝的那一代士大夫背負「臥薪嘗膽之志」力圖自強而「禦外侮」的制夷意識相比，則甲午年的中日戰爭以割地賠款為了局，而與割地賠款一時俱來，又比割地賠款更深更久地影響了後來的，則是中國的自我形象經此一戰而在人心中的破碎。當日的時論對比中國和外國，言之斷然地說：「觀其宰相之謀成後戰，則我之執政可恥；觀其士卒之步伍嚴肅，則我之將帥可恥；觀其儒者之鈎深索隱，則我之士可恥；觀其田夫之蕃育稼畜，則我之農可恥；觀其勞工之神明規繩，則我之工可恥；觀其公司之操奇計贏，則我

之商可恥。」可謂從上到下，人人都因全不如人而被置於「可恥」的一網所罩之中。由此發端，又有追索「中國之所以不振者」，推沿而及「二千年來之學」、「二千年來之政」，歸咎於「華族之弱，不得不以宋儒為罪首」的深究痛責。之後是「近今風尚，競譚西學，而有志之士，皆思變法」。

之商可恥。」可謂從上到下，人人都因全不如人而被置於「可恥」的一網所罩之中。由此發端，又有追索「中國之所以不振者」，推沿而及「二千年來之學」、「二千年來之政」，歸咎於「華族之弱，不得不以宋儒為罪首」的深究痛責。之後是「近今風尚，競譚西學，而有志之士，皆思變法」。

在三十年以洋務為中心的歷史過程守定自我以效西法之後，這種否定自我以效西法，是翻然改轍的大變和引人深思窮想的大變。繼之而起的已是另一個歷史過程。多年讀史，隨庚申到甲午一路而來，則沿其翻然改轍而入深思窮想，我近十年來的關注所及也更多地移到了這個繼起的歷史過程之中。以時序說由來，自19世紀中葉到19世紀末期，中國人歷經古今中西交衝的起伏不息，由庚申之變而初識變局，由甲午戰爭而身臨危局，由庚子國變而直面殘局。之後是19世紀與20世紀之交，變法、革命、立憲，共和次第而起，反照了浸灌而入的西潮催生出人心丕變，演化為劇烈的社會變遷。上個世紀40年代，蔣夢麟概敘這一段歷史說：

> 由華東沿海輸入的西方文化，卻是如潮湧至，奔騰澎湃，聲勢懾人；而且是在短短五十年之內湧到的。西方文化在法國革命和工業革命之後正是盛極一時，要想吸收這種文化，真像一頓飯要吃下好幾天的食物。如果說中國還不至於脹得胃痛難熬，至少已有點感覺不舒服。因此中國一度非常討厭西方文化，她懼怕它，詛咒它，甚至踢翻飯桌，懊喪萬分地離席而去，結果發現飯菜仍從四面八方向她塞過來。

上個世紀30年代，梁漱溟指述同一個歷史過程，而意在抉其因果：

> 先是這老社會受新環境包圍，感覺得有點應付不了，稍稍變化他自己以求其適應。所謂變化他自己，質言之，就是學一點西洋。不料這變化竟是變不得的。因其文化自身既達於極高度的妥當調和，改變一點，則其所以為妥當調和即不如初，好比配置穩洽，扣搭密合的一件東西，稍一變動，即見反斜罅漏。所以這變化的結果除了讓自身失其原有調和外，不能有何正面的積極的成功。環境仍未能適

應，更覺著急，勢必有再一度變化，再變的結果更是對內失調，對外不能適應。抑且從其對內失調，而對外更無力。數十年來變化不能自己，每一度變化輒引人更深度的崩潰，要想成功的卻一件得不到（民治不成、黨治不成、學校制度的失敗、工業制度的失敗等）。在這過程中，始所面對的原是外圍環境，國際問題感觸親切，乃其後來，轉成了對內問題。因內部失調嚴重，矛盾衝突日烈，其刺激自比較更直接，即從內部的矛盾衝突而促其社會構造崩潰，以其崩潰而矛盾衝突益烈，如是輾轉無已。

前者說的是「五十年之內」的西潮浸灌而無從消受，外來不能化為內在；後者說的是「數十年來」的變遷劇烈而但見前顛後蹶，層層解體。

西潮浸灌與變遷劇烈的兩頭交作，推倒了三十年以洋務為中心的歷史過程始終恪守，旨在護持自主的「中體西用」，而後是20世紀初年中國人所直面相對的人間景象，已是因無體無用而世無定則，人無定見；因「新舊混雜」而「新舊交哄」；因「中國之變，古未有其變」而斷離自古而來的「中國之學」；因四民無從歸聚而各在一盤散沙之中；因政治結構的脫散而政潮起伏跌宕；因社會結構的脫散而人無安身立命之地，由此形成的世路無序，史事舛錯，人物流變，使這一段歷史不僅矛盾，而且雜亂；不僅五光十色，明滅無常，而且漫漶模糊，難識難辨。因此，以20世紀初年的中國為對象而求切近地認識那個已經遠去的時代，則累年用功夫於這種矛盾、雜亂、五光十色和漫漶模糊之間，期能以歷史本身來說明歷史，我的閱讀、思考和撰述常常是與心長力拙之苦相伴相隨的。但當此《兩頭不到岸》成書之日，返視多年付出的心力，因獲益較多而印象尤其深刻的，則大半又是困而知之更多於學而知之。治史之苦樂俱在於此。而問題引出問題，就治史的題目來自歷史產生的問題而言，我的問題、旨趣和關注仍在20世紀初年的中國，因此我的苦與樂至今仍在過渡時代留下的這段歷史中綿綿延續。

楊國強

2022年12月